László Passuth · Divino Claudio

László Passuth

Divino Claudio
Ein Monteverdi-Roman

VEB Deutscher Verlag für Musik Leipzig

Titel der Originalausgabe:
A Mantuai Herceg Muzsikusa
Übersetzung ins Deutsche von Heinrich Weissling

ISBN 3-370-00310-4

3. Auflage

Lizenznummer 418-515/A 25/89
Printed in the German Democratic Republic
Gesamtherstellung: Karl-Marx-Werk Pößneck V 15/30
Schutzumschlag und Einband: Wolfgang Lenck, Leipzig
LSV 7001
Bestellnummer 518 333 0
01850

1

Tizian ist tot! – Wie schon seit mehreren Jahrhunderten beratschlagten die Väter im Rat von Venedig auch diesmal an einem Samstag. Hätte sich ein Unbefugter in den Sitzungssaal, die Sala dei Pregadi, gewagt, er hätte annehmen können, daß hier eine Feier nach unbekannten Riten im Gange war. Vor jeder Bank glühten in Tonschalen auf kleinen Tischen wohlriechende Kräuter, ihr Duft und der Rauch ihrer Glut hüllte die roten und die schwarzen Talare ein.

Den zweiten Monat schon läuteten ununterbrochen die Glocken in der Republik des heiligen Markus. Die Stadt hatte sich verändert: Der Karneval war verstummt, statt seiner verscheuchten die Psalmen der frommen Begleiter der Leichenzüge die Stille auf den Marktplätzen und vor den Lazaretten: Hierher brachte man zur Abenddämmerung oder bei Tagesanbruch die an der Pest Verstorbenen.

Venedig sah sich diesem Gespenst nicht zum erstenmal gegenüber. In den alten Jahrbüchern waren die Pestjahre schwarz umrahmt – seit 1348, als das »Große Entsetzen« das ganze Europa, vielleicht die ganze Welt heimgesucht hatte. Die Stadtväter ahnten, wo die Seuche herkam: von dort, wo die Galeeren die Seide, die Gewürze, die seltenen Hölzer und die dunkelhäutigen Sklaven herbrachten. Im Kessel der Tropen entwickelte sich der Gifthauch: Es genügte, daß die Besatzung eines einzigen Schiffes gegen die Vorsichtsmaßnahmen verstieß, das Fasten versäumte, ihre Fracht unter schlechtem Stern aufnahm oder sich am Reisbranntwein berauschte, schon nistete sich die Krankheit ein, und es konnte passieren, daß nur noch ein mit Gewürzen beladenes Totenschiff auf dem Meer trieb.

Brach auf einem Schiff die Seuche aus, war der Kapitän verpflichtet, die gelbe Flagge zu hissen. Aber wie oft wurde dies – entgegen den strengen Gesetzen – verheimlicht, nur damit der Eigner die Ware noch schnell an den Mann bringen konnte. Ein einziger Tag genügte, und die Seuche drang in die engen Kanäle; am Abend versuchte der vom Schüttelfrost gepackte Schiffer noch, sich in einer Schenke mit einem heißen Getränk zu kurieren, am Morgen war er vielleicht schon ein stiller Toter, aber sein Zinnbecher machte unter den Gästen der Schenke weiter die Runde.

Die Senatoren hatten ihre Familien aufs Festland geschickt, von ihnen selbst aber forderte die Pflicht, daß sie ihren Platz in Zeiten der Gefahr nicht verließen. So versammelten sie sich also jeden Mittwoch und jeden Samstag, berieten alle Maßnahmen und Gesetze, die dann der Große Rat sanktionierte.

Es war die traurige Pflicht des Sekretärs, die Totenlisten zu verlesen. Leisen Schrittes ging er durch den Saal der Magnetnadel und blieb für eine Minute im Vorzimmer des Rates der Zehn stehen. Noch einmal glitt sein Blick über die drei Pergamentrollen, die er vor dem Senat vorlesen mußte. Die erste enthielt die Namen der an der Pest verstorbenen Patrizier, auf der zweiten waren die Bürger erfaßt, auf der dritten aber kamen kaum noch Namen vor; da hieß es einfach nur: Zweiunddreißig als Schiffslader beschäftigte Bergbewohner, vier aus der Judengasse, unter Umständen: und gestorben sind drei Freudenmädchen.

Der junge Sekretär versah sein Amt seit nicht ganz einer Woche; sein Vorgänger war zwischen Mittwoch und Samstag zu den Vielen gewandert, die Tag für Tag mit Kalk übergossen in namenlosen Gemeinschaftsgräbern beigesetzt wurden, wie das Gesetz der Republik, der *Serenissima*, es forderte. Wer zu seinen Lebzeiten Venedig gedient hatte, sollte ihm auch im Tode durch die aus seinem Leichnam aufsteigende Seuche keinen Schaden zufügen.

Im Senat saßen zum größten Teil Stadtväter mit grauen Bärten. Ihr Haar glänzte weiß im Schein der rauchenden Flammen: Morosini, der Sekretär, war noch ein junger Mann, glattrasiert, einer jener dreißig jungen Adligen, die man alljährlich nach der Laune des Losentscheids in den Großen Rat setzte, damit sie die Kunst ihrer Väter schon frühzeitig erlernten. Jetzt war er Sekretär geworden, übernahm gemäß seiner Aufgabe die Meldungen der Leichenbegleiter, faßte diese zusammen und unterbreitete sie dem Senat. Hätten die Väter von ihm verlangt, die Insel Zypern mit einem einzigen Schiff von den Türken zurückzuerobern, wäre das kaum ein gefährlicherer Auftrag gewesen.

»Tizian ist tot«, verkündete seine Stimme.

Die Stimme drang zu den riesigen Wandgemälden empor, die auf der einen Seite des Saales einen Augenblick aus einer siegreichen Schlacht der Republik und auf der anderen das Wunder der Glorifizierung des Dogen darstellten. Entsprechend der Vorschrift durfte der Sekretär vor dem Senat nicht sprechen, er hatte nur vorzulesen. So: Zwölf Edelleute, hundertfünfundneunzig Bürger, rund dreihundert Fremde. Aber diesmal traf ihn kein einziger mißbilligender Blick, als er mit eigenen Worten allen anderen die Trauer verkündete. Ein leises Raunen lief durch die Bankreihen, die Greise schienen noch gebeugter, und durch ihre Seufzer stieg der Rauch empor.

Die meisten dachten an Tizian wie an die Republik selbst: Für diesen einen Menschen waren die Gesetze der irdischen Vergänglichkeit wohl nicht gültig. Tizian der Maler war bereits Meister, als der älteste der hier versammelten Stadtväter geboren wurde ... Wer unter ihnen war der älteste? Die Greise musterten sich verstohlen ... Sechzig ... siebzig ... nahe der Achtzig. Die hilflosen Greise waren von der Last der Sitzungen befreit. Tizian aber hatte laut verkündet, er werde mit hundert Jahren – das wäre im nächsten Jahr gewesen – sein schönstes Bild malen und dem Senat schenken. Hundert Jahre alt, aber kein verhutzelter, einfältiger Greis, kein blasser Widerschein seines einstigen

Glanzes. Noch gestern schritt er kerzengerade, stand mit dem Pinsel an seiner Staffelei, alle Gesandten machten ihm ihre Aufwartung, seit Kaiser Karl seinen Pinsel aufgehoben hatte. Er war der Meister Venedigs, lebte hier in der Stadt, und seine strahlenden Farben brachten den Glanz der Serenissima überall dahin, wohin seine Bilder gelangten. Wenn der spanische König oder der Heilige Vater der Serenissima grollten, eine Leinwand von der Hand Tizians versöhnte sie. Wenn eine außerordentliche Gesandtschaft nach Wien aufbrach, wußte man, daß sich am kaiserlichen Hof vor einem seiner Madonnenbilder alle Geheimtüren öffneten. Er war seit vielen, vielen Jahrzehnten ein Eckpfeiler der Macht Venedigs – wie die Gefängnisse unter den Bleidächern, der Hafen oder das Arsenal.
Aus der ersten Bank kam leise die Frage Contarinis.
»Welchen Wunsch hat der Meister geäußert, wo wollte er beigesetzt werden?«
Gewichtige Worte. Contarini war Mitglied des Rates der Zehn, in dessen Händen die Macht über Leben und Tod lag. Der Rat wachte über die Gesetze, konnte selbst den Dogen mit einer Strafe belegen, und keiner konnte sich seinem Urteil entziehen. Eben deshalb richteten sich alle Blicke fragend auf Contarini: Wußte er, einer der obersten Richter nicht, daß es zu Zeiten des Schwarzen Todes kein Testament gab, kein Letzter Wille auf eine bestimmte ewige Ruhestätte Gültigkeit hatte, daß niemand in einer Familiengruft beigesetzt werden durfte? Aber der Ratsherr drehte sich halb zur Seite, direkt den Mitgliedern des Rates zu, und mit einer Stimme, die jetzt schneidend war wie eine Klinge, wiederholte er die Frage.
»Wo wünschte der Meister beigesetzt zu werden?«
Der Sekretär schaute ihm in die Augen und verstand ihn.
»In der Frari!«
Die Stimme, als hätte er die Antwort gar nicht vernommen, fuhr fort:
»Wir selbst sind das Gesetz. Wir schaffen die Gesetze, weil sie nach unserem fehlbaren Verstand dem Wohle der Republik dienen. Wir verwerfen sie, wenn sie uns einengen wie ein zu klein gewordenes Gewand. Das Gesetz verbietet es, daß die Toten in Seuchenzeiten eine andere Ruhestätte erhalten als das gemeinsame Grab vom selben Tage. Dieses Gesetz ist für alle gültig: für Adlige und Nichtadlige gleichermaßen. Aber die Väter wissen, daß Tizian solange er lebte, ein treuer Sohn Venedigs war, fast ein Jahrhundert lang. Wie könnte die Serenissima sein Andenken besser ehren, als wenn sie ihn in dieser traurigen Stunde als einzigen aus der Vielzahl der Bürger heraushebt. Im Namen des Rates der Zehn erkläre ich: Wir sehen keine Gesetzesverletzung darin, wenn wir den Leichnam Tiziano Vecellios ohne größeren Glanz und Prunk, aber entsprechend seinem Wunsch in der Kirche Santa Maria dei Frari zur ewigen Ruhe betten.«
Hundert schmale Rauchfähnchen – der Dunst der die Gefahr vertrei-

benden Kräuter – stiegen in die Luft empor. Es war ein heißer Sommertag, da wurden die Metalldächer glühend, und die Väter würden, wären sie nicht seit ihrer Jugend daran gewöhnt, in ihren schwarzen Talaren bei dieser drückenden Hitze nach Atem ringen. Die Worte Contarinis klangen weiter:

»So müssen wir handeln, immer wenn wir das Empfinden haben, daß eine Epoche in der Geschichte Venedigs zu Ende geht. Diese ist nicht immer gekennzeichnet durch eine gewonnene Schlacht, eine verlorene Insel, die Ausmerzung der inneren Zwietracht oder die Festigung unserer Gesetze. Die Vorfahren der hier versammelten Väter brachten, als sie die Pfähle für die ersten Häuser in diese feuchte Landzunge rammten, bereits die Glut des Feuers mit sich, das einst die Schönheit von Hellas und unserer aller Mutter Rom erhellte. Seit damals verkünden unsere Meister in Bildern, Statuen, Kirchen und Palästen, aber auch im strahlenden Gesang und mit menschlicher Stimme, daß unsere Republik klein, aber ewig ist.

Väter, wir, die wir hier sitzen, um zu wachen – wir haben auch Angst. Es kann sein, daß einer unserer Diener schon die Pestbeule unterm Arm betastet, und daß wir bis zum Abend bereits entsetzt aus unserem Palast fliehen. Es kann sein, daß wir selbst das mahnende Zeichen des Schwarzen Todes an uns entdecken. Aber die Annalen Venedigs lehren uns, daß jede Seuche einmal zu Ende geht. Dann wird die Signoria aus Dank eine Säule errichten, eine Kirche erbauen lassen oder ein anderes gutes Werk beschließen. Aber wenn die Kirche erbaut ist, wer wird sie schmücken, wenn der Pinsel aus der Hand des größten Meisters entglitten ist? Wen wird es geben ... wenn auch Messer Paolo Veronese und Tintoretto uns verlassen, wen wird es geben, der das ungeschriebene Gesetz der Schönheit aufrechterhält? Wenn wir Tizian in ein gemeinsames Grab legen, und wenn wir seinen Leichnam mit Kalk übergossen der Vergänglichkeit überantworten, werden uns die Senatoren künftiger und glücklicherer Epochen dafür vielleicht tadeln. Die Glut darf nicht erlöschen: Das Genie wechselt nur den Platz. Nach unserem Gesetz ist hier, im Rat, jedes Wort erlaubt. Gibt es jemanden, der mir widerspricht?«

Wie ein Mann erhob sich der Senat von Venedig. Der Kapitän der Wache, der den Befehl von einem Prokurator bekommen hatte, stieß seinen Stab dreimal auf. Die breiten Flügeltüren öffneten sich, und die Senatoren mit den Räucherschalen in der Hand verließen den Saal. Sie verkündeten mit dieser stummen Geste, daß die Stadtväter am Tage, an dem Tizian gestorben war, keine weiteren Beschlüsse faßten.

2

Als Baldassare Monteverdi von der Universität in Padua in seine Geburtsstadt Cremona zurückkehrte, veränderte er dies und jenes an dem alten Haus, das er von seinem Vater geerbt hatte. Er ließ die kleine Pforte neben dem großen Tor zumauern. Das war die *Porta dei Morti,* das Tor der Toten, das nur geöffnet wurde, wenn die Familiaren einen Sarg hinaustrugen. »Im Hause eines Arztes soll es kein Tor der Toten geben«, sagte der fröhliche junge Arzt, der stolz den Doktorhut der berühmten Alma mater Paduas trug. Danach ging er zum städtischen Rat von Cremona, um sein auf Pergament gemaltes Diplom vorzulegen, und ersuchte als alteingesessener Bürger der Stadt um die Erlaubnis, die Heilkunst nach den Vorschriften des Gesetzes und der Wissenschaft zum Wohle der Stadt ausüben zu dürfen.

Das breite Eckhaus wurde neu verputzt. Über dem Haustor, gegenüber dem Madonnenbild, ließ der Doktor das Sinnbild des Äskulap anbringen, der Steinmetz formte eine sich vom Sims des blinden Eckfensters ringelnde Schlange. Nach einer Woche hatte sich das alte Haus des jungen Doktors verjüngt, in dem wohl seit Jahrhunderten die Monteverdis wohnten: Sattler, Kerzengießer, Instrumentenbauer . . .

Wer von Neugierde getrieben oder durch eine Krankheit bewogen in den ersten Tagen ängstlich das Haus des Doktors betrat, hatte das Empfinden, in eine fremde Welt gelangt zu sein. In dem breiten Hausflur, wo früher eine lange Trockenbank stand, reihten sich jetzt Regale mit Kräutern, Wurzeln, Pilzen und Baumrinden aneinander, als wollte Baldassare beweisen, daß man der Natur alle Geheimnisse entlocken kann. Einige Schritte weiter konnte der Besucher seltsame Steine, zu Staub zerstampfte Erze, Schlacke, Schwefel und Salpeter sehen. In der Mitte der Diele stand ein kleiner Kamin, daneben kleinere und größere Blasebälge, die eingesetzt wurden, je nachdem, auf welchen Grad das Feuer geschürt werden mußte.

Aber der wirkliche Zauber begann erst dann, wenn der Patient die Schwelle übertrat. In der Ecke stand eine Statue, die der Doktor aus Padua mitgebracht hatte, dort irgendwo war sie beim Pflügen aus dem Boden zum Vorschein gekommen, und der Bauer hatte dem jungen Arzt den Torso der einstigen »Göttin der Gesundheit« für gutes Geld verkauft. Der Besucher empfand, in eine Hexenküche geraten zu sein: Draußen verrichtete der Kamin die grobe Arbeit, drinnen kamen nur noch die entsprechenden Destillate, getrocknete Kräuter, ausgesiebte Pulver in die Retorten. In Gefäßen von geheimnisvoller Form mischte Doktor Monteverdi die Ingredienzien, und damit auch das gewohnte Tier der Alchimisten nicht fehlte, lag im oberen Fach zwischen getrockneten Eidechsen, aufgespießten Käfern und Skorpionen eine schwarze Katze mit funkelnden Augen. Unten, über der

Glut der »Werkstatt«, der Arztküche, wurden täglich die Elixiere, die Heilsalben, Sude und Betäubungsmittel zubereitet. Der Meister stand auch in der Nacht auf, beugte sich über einen brodelnden Topf, schöpfte den Schaum ab, füllte die Flüssigkeit in ein neues Gefäß, streute Pulver dazu oder träufelte Wurzelsaft darüber, rührte es, bis das Ganze die Farbe wechselte oder ein dichter Dampf daraus aufstieg.

Auf der anderen Seite des Zimmers befand sich die gewohnte Alchimistenwerkstatt: Ihrer bediente sich der Doktor seltener, gleichsam nur an Feiertagen. Wohl gab es in jener Zeit Tausende und aber Tausende Gelehrte und Scharlatane, die die Schlacke der Erze erhitzten, Quecksilber und Schwefel vermischten, Salpeter zusetzten und die Verbindungen beobachteten, in der Hoffnung, die geheime Zahl der Kabbala werde sich offenbaren, der Große Magister, der Stein der Weisen sich zeigen und in der Glut des kleinen Kamins das erahnte, erträumte Gold aufleuchten.

Im inneren Raum standen jene Geräte, die Baldassare Monteverdi noch aus Padua mitgebracht hatte. Der lange breite Tisch hatte unten und oben Riemen für den Fall, daß ein zu operierender Kranker festgeschnallt werden mußte. An der Wand hingen Regale und ein Schränkchen mit Pinzetten, Scheren, Messern, Löffeln, Säge und Beil. Ferner gab es Geräte zum Untersuchen von Wunden, dann Metallspiegel, Klistiere, Schalen für den Aderlaß und eine große Sanduhr, deren Skala die Zeit mit halbminütiger Genauigkeit anzeigte. In der Ecke stand ein Skelett, auf dem Arbeitstisch lag ein Schädel. An den Wänden hingen farbige Zeichnungen mit Darstellungen einzelner Teile des menschlichen Körpers, nach Angaben von Vesalius, dem berühmten Professor von Padua. Wie in einem Labyrinth kreiste das Blut in Arterien und Venen, sah man die Nerven, Muskeln, Fettschichten und Knochen – so, wie er die Geheimnisse der Natur erlauscht hatte. In der Ecke auf einem kleinen Regal befanden sich einige Bücher, die man über die Geheimnisse des menschlichen Körpers geschrieben und gedruckt hatte: die Weisheit der Araber, ein alter Galenos, eine Hippokratesausgabe in Quartformat, Zeichnungen Leonardo da Vincis über den menschlichen Körper: dafür mußte jemand einen Dukaten opfern, der sich des Besitzes dieses Werkes rühmen wollte.

Andrea Amati, der Instrumentenbauer, Freund und Verwandter, weilte beim Arzt zu Besuch. Sein längliches Gesicht war von einem Christusbart gerahmt, seine blauen Augen schauten heiter in die Welt, bis er plötzlich aufstöhnte und sich die schmerzende, von der Gicht geplagte rechte Hand rieb.

Doktor Baldassarc braute draußen die frische Salbe für das wehe Gelenk, indes ging die Tür auf und das älteste Kind der Monteverdis, der siebenjährige Claudio, kam hereingerannt. Eine Minute später erschien in der Türöffnung auch das rundliche, von einer Haube umrahmte Ge-

sicht Frau Maddalenas. Sie rief ihr Söhnchen in ihrem breiten lombardischen Dialekt. Aber Amati lachte.
»Er ist mein Patenkind, schon deshalb steht er meinem Herzen nahe . . . Auch gestern besuchte er mich in der Werkstatt. Mein ältester Lehrjunge begleitete ihn am Abend nach Hause. Wenn Ihr es nicht wissen solltet, Frau Maddalena, er spielt den ganzen Tag bei mir. Die Violinen und Violen interessieren Claudio mehr als der Beruf seines Vaters.«
Der Knabe umfaßte die Knie Andreas und sah ihn schelmisch an. Wie er es von den Gehilfen gehört hatte, so sprach er ihn an:
»Messere, darf ich auch heute kommen? Ich möchte gern sehen, wenn Ihr den Bügel aus der Beize nehmt . . . in die Ihr ihn unlängst hineingelegt habt. Ihr habt mir versprochen, es mir zu zeigen, wenn Ihr die Viola zusammenbaut.«
Frau Maddalena packte den Jungen am Wams und wollte ihn mit hinausnehmen, als draußen die kleine Glocke ertönte. Das bedeutete, daß ein neuer Kranker gekommen war, der den Weg noch nicht kannte, mit bebender Seele zum erstenmal das Haus betrat, zitternd vor dem ihm Bevorstehenden. Es konnte auch sein, daß der Doktor zu einem Patienten gerufen wurde, dem der Barbier oder die Quacksalberin nicht mehr helfen konnten.
Der Arzt lebte von den Kranken, Frau Maddalena eilte hinaus: die alberne Magd könnte ihn womöglich abschrecken, dem Ankömmling, der ohnehin von Furcht gepackt war, schaurige Geschichten erzählen.
Ein hagerer Mann kam hereingehinkt. An der Art, wie er seinen Stock hielt, erkannte Baldassare, daß es ein auf halben Sold gesetzter Soldat war. Jetzt stand er vor ihm, biß die Zähne zusammen, um nicht zu stöhnen, wenn er ihm seine Beschwerden vortrug. Der Arzt gab ihm einen Wink, sich einen Stuhl zu nehmen und zu warten, bis er mit Amati fertig sei. Er richtete einige freundliche Worte an den Kranken, an dessem Tonfall er erkannte, daß er nicht aus Cremona und auch nicht aus der Lombardei war, daß seine Wiege in einem südlicheren Teil Italiens gestanden hatte.
»Sieh mal, Andrea«, wandte er sich wieder an Amati, »du bist der erste, an dem ich diese Salbe ausprobiere. Weißt du, was sie enthält? Es ist der Absud von Kamelknochen. Ich habe sie vergangene Woche von einem reisenden genuesischen Händler gekauft, der mit Knochen handelte. Ja . . . ich habe dafür zwei Scudi bezahlt, erst wollte er mehr dafür haben . . . Aber sie sind es wert. Man sagt, der Sud der Kamelknochen saugt die Gebrechen aus dem Körper, und wenn man ihn mit kochender Schwefelseife vermischt, lindert dies die Gelenkschmerzen. Probiere es aus, meide die Kälte, wickle die Gelenke nachts warm ein. In der Frühe kannst du den äußeren Verband abnehmen. Hab keine Angst, es hindert dich in der Werkstatt nicht, aber schone dennoch deine Hand . . . Wie ich höre, ist mein Sohn alltäglicher Gast bei euch. Sicherlich ist er euch in der Werkstatt im Wege.«

Amati lachte.
»Ich habe mich an ihn gewöhnt. Und ich habe es gern, wenn er in meiner Nähe ist. Wenn ich ihm sage, bringe mir dieses oder jenes Werkzeug ... Er kennt sie schon alle. Wenn wieder ein neues Instrument fertig ist ... Ja, du weißt, bei uns geht das nicht so schnell ... wie bei anderen, ich glaube, ich brauche dir keine Namen aufzuzählen ... Wenn eine schöne Viola fertig ist ... jetzt, da meine Hand schmerzt, kann ich sie kaum noch selbst ausprobieren. So überlasse ich es meinem Gehilfen, aber der versteht nur solche albernen Dorflieder darauf zu fiedeln, er kennt keine einzige Villanella und kein Madrigal. Du solltest sehen, wie sich dann das Gesicht Claudios verzerrt. Unlängst hat er sich auf die Erde geworfen und geweint, ich sollte die Viola ihm geben ... er werde schöner darauf spielen, werde es lernen ... Ich sollte sie ihm anvertrauen. Da sagte ich ihm, wenn du mal groß bist, wirst du mein erster Gehilfe werden. Wer weiß, Baldassare, welcher Beruf den Knaben mehr anziehen wird ... Aber für den Sohn eines gelehrten Mannes paßt die Handwerkerschürze nicht mehr. Dein Sohn wird ein Herr, Vetter! Deshalbt tut mir das Herz weh, wenn dein kleiner Sohn sich bei mir in der Werkstatt aufhält. Ich habe Angst ... ich könnte ihn liebgewinnen ... Es täte mir dann weh, wenn sein Verstand reift und er mich nicht mehr besuchen kommt.«
Sie lachten. Amati stand auf und reichte dem Doktor die Hand.
»Ich werde dir ein Maß Wein schicken, Baldassare, ich habe ihn gestern aus meinem Keller im Weingarten mitgebracht.«
Nun war die Reihe an dem hinkenden Mann. Er stand auf. Der Arzt betrachtete sein Gesicht. Über die Stirn zog sich die Narbe einer schlecht verheilten Wunde, die über das Gesicht verlief und hinter dem Ohr verschwand.
»Das war ein tüchtiger Hieb, den Ihr da abbekommen habt.«
»Ich diente auf dem Schiff des Marcantonio Colonna, bei Lepanto ... Ich komme wegen meines Beines, Messere. Ich wurde von einer Kugel verwundet, aber sie traf keinen Knochen. Jetzt fängt es wieder an zu eitern. Ich laufe jetzt schlechter als damals, als ich verwundet wurde.«
Der Knabe betrachtete mit Bewunderung den Invaliden großer Zeiten. Der Arzt antwortete mit gedämpfter Stimme, versank in der Erinnerung.
»Es sind nun schon fast sechs Jahre her ... Wir kamen gerade von der Universität in Padua und besuchten Venedig ... Es war ein schöner, warmer Oktober, ich entsinne mich noch, wir spazierten draußen auf der Piazza. Den ganzen Tag hatte ich zwischen alten Büchern herumgestöbert, und als sich der Abend neigte, lungerte ich zusammen mit meinen Gefährten, genau wie die glücklichen Bewohner der Stadt des heiligen Markus dort um den Palast herum. Plötzlich tauchte vom Kanal des heiligen Martin her eine Riesengaleere auf. Die Scharfäugigen – ich selbst zähle nicht dazu – erkannten schon von weitem, daß auf

dem Mast das Bild des Erzengels Gabriel wehte, darunter aber schwenkten die Soldaten Roßschweife, türkische Feldzeichen. Als die Galeere in den Kanal einlief, feuerte sie auf einmal all ihre vierzig Kanonen ab. Die Mündungsfeuer leuchteten in der Dämmerung wie der Krater eines Vulkans. Die Venezianer, die alle ihre Schiffe kannten, schrien nun schon von allen Seiten: ›Sieg ... Sieg ... Die Galeere des Giustiniani!‹

Einige Minuten später setzten die Schiffe ihre Boote aufs Wasser: Hohe türkische Gefangene wurden hineingestoßen und von Bewaffneten umringt. Giustiniani stieg mit seinen Offizieren in eine größere Barke. Ich war auf der Piazza, konnte alles gut verfolgen. In wenigen Augenblicken füllte sich der große Platz, daß man befürchten konnte, er werde ins Meer versinken. Alle Bewohner Venedigs drängten in die Innenstadt, schrien, lachten und jubelten. Dergleichen hatte ich noch nie gesehen: Sieg ... Sieg ... Das ganze Venedig widerhallte von diesem *Vittoria.* Da traf Giustiniani vor dem Palast ein. Bis er hinkam, hatte man schon einen roten Teppich über die Stufen gerollt: als erwartete die Serenissima einen fürstlichen Besucher. Der Kapitän war barhäuptig, ein Verband bedeckte seine Stirn. Er hatte bei Lepanto die schwerste Wunde unter allen venezianischen Anführern erhalten. Zur Belohnung durfte er dem Großen Rat melden: Die vereinten christlichen Flotten haben vor neun Tagen die Ungläubigen vernichtend geschlagen.

Alle, die es ermöglichen konnten, kamen zur nächtlichen Sitzung des *Consiglio Grande.* Dunkelheit hatte sich über die Stadt gebreitet, aber in jener Nacht schliefen in Venedig nur die Säuglinge. Der Doge hatte angeordnet: ehe die nächtliche Beratung begann, sollte im San Marco ein *Tedeum* gehalten werden. Die Menge sprengte die Pforten, drückte die Tür der Sakristei ein, während die Geistlichkeit die prunkvollsten Ornate anlegte. Meister Zarlino, der berühmte Kapellmeister erschien, und als die große Pforte der Markuskirche geöffnet wurde, dröhnten bereits beide Orgeln, als wollten sie die Stimme der Schlacht wiedergeben. Der Doge hatte angeordnet, daß die erbeuteten Feldzeichen vor dem Hauptaltar niedergelegt wurden.

Dieses Tedeum kann ich nicht vergessen. Der Chor sang das Werk Meister Palestrinas. Während sich drinnen in der Hauptkirche die Menschen drängten, begann draußen in der Stadt bereits die nächtliche Feier Venedigs ... Wenn Ihr das gesehen hättet ... Da verfolgte man einen Händler aus dem Morgenlande, einen Armenier oder Perser oder einen, der von den Gewürzinseln in die Stadt des heiligen Markus gekommen war. Man hatte ihn für einen Türken gehalten. Die wenigen türkischen Händler, die von berufswegen hier in Venedig lebten, hatten die Gefahr gewittert. Sie waren in das Barbaro-Palais geflohen, dessen Besitzer der Vertreter der Serenissima in Konstantinopel war: Hier fanden sie Schutz. Aber ihre Läden ... Auch die Geschäfte der

Armenier wurden von der Menschenmenge geplündert. Und die Stadtväter . . .? Der Consiglio Grande beratschlagte bis zum Morgengrauen. Sollte Venedig mit dem ihm angebotenen Anteil der Beute zufrieden sein, oder, wenn nicht, wieviel müßte man darüber hinaus dafür fordern, daß die Republik des heiligen Markus mit den sechs stärksten Schiffen der Welt und deren Kanonen die Schlacht bei Lepanto entschieden hatte?
Tizian war noch am Leben . . . In jener Nacht schickte der Große Rat selbst eine Gondel nach ihm, um zu erfahren, ob der greise Meister die Aufgabe übernehme, für den Sitzungssaal den Triumph von Lepanto zu malen? Wozu hatte man sich in jener Nacht nicht alles verpflichtet . . . Wieviel tausend Dukaten als Geschenk für Juan de Austria . . . Die Aussendung von Gesandtschaften, die nah und fern den Sieg verkünden würden: San Marco hat einen Triumph errungen, die Serenissima ist unbesiegbar.«
Der Doktor fuhr zusammen. Er sah die an ihm haftenden Blicke: Weder Amati noch der kleine Claudio hatten ihn jemals so begeistert, so verklärt über verflossene Dinge erzählen hören. Der Fremde versuchte stöhnend sein steifes Bein nach vorn zu schieben. Die Augen Baldassares glitten über das Gesicht: Fieber!
»Geht jetzt. Wenn dich die Hand morgen noch schmerzt, Andrea, komme wieder!«
Leise sagte der Soldat:
»Mir ist von all diesem Ruhm nur eine Kugel geblieben. Ich war auf Deck des päpstlichen Schiffes . . . Auf dem schwarzen Schiff. Vielleicht haben Euer Gnaden davon gehört, daß die einzige Tochter Marcantonio Colonnas einige Tage vor der Schlacht gestorben war. Der Admiral hatte daraufhin angeordnet, alle Planken, Masten und Segel des Schiffes schwarz zu streichen. ›Das nimmt kein gutes Ende‹, sagten wir. ›Wer hat je ein Schiff mit solch Rabenschwingen gesehen? . . .‹ Und dennoch errangen wir den Sieg. Aber um welchen Preis? An meiner Seite fielen mindestens dreihundert Mann, als wir in das Kreuzfeuer fünf türkischer Galeeren gerieten. Ich kam mit einem Flintenschuß davon. Aber die anderen, Messere . . . Die Feldschere waren hilflos. Was sollten sie tun? . . . Die Verwundeten lagen mit gebrochenen Beinen, mit eingeschlagenen Köpfen da, die Sägen und Beile arbeiteten bis zum nächsten Morgen auf diesem schrecklichen Schiff . . . In Venedig freilich wurde gefeiert. Aber wieviel Kameraden hat man in Sackleinen eingenäht ins Meer versenkt? Was ist von dem Ruhm übriggeblieben, Messere? Dreißig Scudi waren mein Anteil von der Beute. Und dieses Bein . . . Ich bitte Euch, Doktor, behandelt mich barmherzig. Ich habe viel . . . sehr viel gelitten.«
Ein Arzt ist wie ein Feldherr. Er muß binnen einer Minute entscheiden, ob er den Kampf gegen die zerstörenden Kräfte des Körpers unverzüglich aufnehmen oder ob er behutsam, ängstlich . . . zeitgewinnend die

Schlacht vermeiden soll. Das Bein war brandig, die Wade angeschwollen, der austretende Eiter kündete von dem um die Knochen verlaufenden Kampf. Monteverdi dachte an Doktor Vesalius, der über eine Leiche geneigt beim Sezieren gezeigt hatte: »Vor einer Woche hätten das Messer und die Knochensäge noch geholfen.« Er schaute dem Soldat in die Augen.
»Mein Freund ... das Leben ist schön, und gewiß habt Ihr das Soldatenhandwerk ohnehin schon satt. Dachtet Ihr schon mal an eine leichtere ... friedlichere Beschäftigung? Ihr könnt ja noch alles werden ... vielleicht nur nicht Organist ...«
Der Mann starrte den Doktor entsetzt an.
»Mein Bein? ... Ihr denkt wohl, es sei nicht mehr zu retten? So viele Jahre nach der Schlacht, wo ich mich so viel damit gequält habe?«
»Es kann sein, daß die Kugel in der Wunde geblieben ist. Und jetzt rächt es sich, daß sich der Wundarzt nicht die Zeit genommen hat, sie zu suchen ... Vier Finger unter dem Knie ... Das Knie könntet Ihr noch gebrauchen, Messere.«
Tiefes Schweigen lag über dem Raum. Man konnte hören, wie die Körner der Sanduhr niederrieselten.
»Wann?«
Der Blick des Arztes ruhte auf der Minutenskala.
»*Hora ruit,* die Stunde enteilt, Freund. Ihr fühlt selbst, wie Euch das Fieber schüttelt, daß der Körper krank ist. Die Adern bringen die Krankheit zum Herzen. Als Ihr zu mir gekommen seid, da habt Ihr doch sicher schon damit gerechnet, daß ...«
»Gibt es keine andere Hilfe?«
»Vielleicht ... vielleicht schaffen die Sude eine gewisse Zeit Linderung, vielleicht geht die Geschwulst zurück und das Fieber fällt. Aber seht, Messere, am Hals und in den Achselhöhlen könnt Ihr schon die Knoten fühlen ... Das Blut ist krank, und der Eiter verbreitet sich durch tausend winzige Kanäle überall im Körper und beschleunigt den Tod. Die Stunden enteilen, mein Freund. Heute noch, wenn Ihr Euch entschließen könnt ...«
»In der Schlacht hatte ich keine Angst ...«
Der Blick des Mannes starrte unschlüssig auf die Sägen. Der Arzt umfaßte ihn mit dem Arm.
»Ihr wißt selbst, ein gelehrter Mann, den die Alma mater mit einem Doktorhut ausgezeichnet hat, wird sich selten mit Wundbehandlung abgeben. Aber mir hat mein Lehrer in Padua mit auf den Weg gegeben, die Behandlung solcher Wunden nicht unwissenden Barbieren zu überlassen. Leichen dienen dem lebendigen Körper, wenn sie ihm ihre Geheimnisse offenbaren. Wenn Ihr Euch entschließen könnt, Messere ... Es wird nicht wehtun ... Ihr werdet nichts von dem spüren, was wir Ärzte ... Operation bezeichnen. Es dauert vielleicht nur einige Tage, daß Ihr wieder aufstehen könnt ... Und ich werde meinen Freund bit-

ten, den, der zuvor hier im Zimmer war und der sich darauf versteht, wie man eine Seele in das leblose Holz pflanzt, er wird Euch mit seinem Schnitzmesser . . .«

Der Soldat erschrak wieder.

»Ein Krücke?«

»Nein . . . Ein Bein, Messere. Dann könnt Ihr schon mit Hilfe eines Stockes laufen . . . Man wird höchstens annehmen, Ihr werdet von Reißen geplagt, deshalb hinktet Ihr . . .«

»Und der Preis, Doktor . . .«

»Ist von den dreißig Scudi noch etwas übriggeblieben?«

»Eine goldene Kette. Von einem türkischen Gefallenen.«

Doktor Baldassare nickte.

»Einige Tage bleibt Ihr hier bei uns. Die Heilung ist nur dann sicher, wenn ich Euch selbst pflege und verbinde, wenn Ihr nur das eßt, was ich Euch verordne, Messere. Ihr werdet während Eurer Genesung mit meinem Söhnchen spielen . . .«

Aus einem Schubfach holte er ein kleines Gefäß hervor, schüttete eine halbe Handvoll Kräuter und einige Beeren hinein.

»Habt keine Angst, es wird nicht wehtun . . .«

In der Ecke stand der Weinkrug. Sorgfältig füllte er daraus in ein Meßglas und goß ihn in das Gefäß. Als der Wein die Kräuter und die Beeren bedeckte, begann er das Ganze allmählich auf dem kleinen Herd zu erhitzen. Es dauerte einige Minuten, dann erfüllte schwerer Duft, dichter Dampf das Zimmer. In diesem Dunst legte Monteverdi, hinter dem Rücken des Kranken, seine Instrumente zurecht.

»Trinkt das bis auf den letzten Tropfen und legt Euch dann hier auf diesen Tisch.«

Der Krieger schaute zur Decke empor, die mit dem Bild sanfter Tauben geschmückt war. Noch kämpfte er gegen die Müdigkeit an, hatte dann allmählich das Gefühl, seine Lider seien aus Blei, seine Lippen konnten keinen Ton mehr von sich geben, seine Zunge war schwer wie ein fremdes Stück Fleisch. Der Meister entfachte mit einem kleinen Blasebalg das Feuer. Nacheinander erhitzte er Zange, Schere, Säge, Beil und Klammern. Aus einem Schubfach nahm er einen ganzen Stoß Linnen, aus einem anderen Scharpien hervor. Kleine Pillen gerieten ihm in die Hand, er wählte . . . nahm aus Schalen blutstillende Kräuter heraus. Mit einem Auge beobachtete er den Patienten. Die Bewegungen des Soldaten wurden langsamer, man sah, daß er noch mit dem Schlaf und der Betäubung kämpfte.

»Hebt die Hand!«

Mit endloser Müdigkeit bewegte er den kleinen Finger. Das Betäubungsmittel hatte fast schon seine volle Wirkung erreicht.

Der Doktor rief ins Nebenzimmer hinüber.

»Maddalena, kochendes Wasser.«

Mit einigen Schnitten schlitzte er die geflickte Strumpfhose auf, die

von blutigem Eiter durchnäßt war. Er nahm Essig, tauchte ein Tuch hinein und wischte das Bein ab.
Der Mann zuckte nicht zusammen, stöhnte nicht auf. Der Arzt betrachtete das vom Brand befallene Glied. Noch lebte es, noch kämpfte es, noch war es eins mit dem Körper des Mannes.
Einige Minuten ... Die Säge in der Hand des Arztes schwingt ... das glühende Eisen schreibt einen roten Bogen in die Luft. Der Meister zündet einige Kerzen an und setzt dann seitwärts einen breiten Metallspiegel auf: Das Spiegelblatt wirft den Schein auf das aufgedunsene, absterbende Glied.
Der Kranke schläft. Mit zarter Hand schiebt der Arzt die hervorgetretene Zunge in den Mund, damit der Patient sie nicht abbeißt, wenn der Schmerz die Betäubung durchbrechen sollte. Er bereitet einen zweiten Becher, mit einem noch stärkeren Betäubungsmittel, falls der alte Soldat plötzlich erwachen sollte. Baldassare seufzt tief. Das Bild seines guten Meisters in Padua erwacht zum Leben, und mit einer plötzlichen sicheren Bewegung drückt er das Eisen mit den Sägezähnen in das kranke Fleisch.

3

Das Schicksal Cremonas wurde von Madrid gelenkt. Es war über ein Vierteljahrhundert her, daß die Könige und der Kaiser Italien unter sich aufgeteilt hatten. In Mailand war der spanische Statthalter eingezogen, und die ganze Lombardei bekam das bittere Brot des »spanischen Friedens« zu schmecken. Verarmte Granden saßen in Regierungssesseln, Kapitäne aus Kastilien trieben die Steuern ein, und an der Grenze des dereinst freien lombardischen Herzogtums erhob sich eine Kette von Wachtürmen.
Die kleinen italienischen Staaten brachen nacheinander zusammen. Die »fünfsaitige Geige«, wie man Italien im Mittelalter nannte, ertönte nicht mehr mit ihrem reinen Klang. Aus der Harmonie von Venedig, Florenz, Neapel, Rom und Mailand waren die dritte und die letzte Saite schon herausgebrochen. Cremona war eine lombardische Stadt und teilte somit das Schicksal der älteren Schwester, Mailands. Der städtische Magistrat regierte die Geschicke der einst freien Stadt scheinbar selbständig, aber er bangte: Jeden Tag konnten die spanischen Kapitäne erscheinen, um ihren Blutzoll zu fordern: soundsoviel Fußsoldaten, Berittene und Kanonen braucht Ihre Katholische Majestät von ihrem fernen »Getreuen« Cremona.
Die Cremoneser zeichneten sich nicht durch große Tapferkeit aus, die Mauern ihrer Stadt hatten nur wenigen Belagerungen getrotzt; bereits zur Zeit der Römer lebten hier emsige und fleißige Menschen, und seit dem Mittelalter teilten sie das wechselvolle Schicksal der lombardi-

schen Städte. Die alten Pergamente der Stadt zeugten von der heroischen Vergangenheit, aber die Gegenwart war ein ruhiger Alltag, nur die Greise entsannen sich, wie anders ... wieviel glanzvoller das Schicksal Cremonas gewesen war, als in Mailand noch kein spanischer Statthalter residierte.
Die Kirchen füllten sich bis zum Bersten, wenn dann und wann ein kühner Prediger eine verlockende Prophezeiung als Gleichnis wählte, wenn der Text des Psalms den Sieg über das Ungeheuer verkündete. Dann brauste der Gesang im Dom auf, nacheinander hoben sich aus dem Chor die einzelnen Stimmen heraus: der Tenor dominierte, Gläubigen und Sängern war er gleichermaßen die Stimme des geketteten Italiens, der tiefe, düstere, grimmige Baß aber, in dem das Verderben grollte, die Spanier selbst.
Cremona empfand die Sprache der Musik klarer als seine ebenfalls unterworfenen Schwesterstädte. Die Wälder der Umgebung belieferten die Instrumentenbauer seit Generationen mit ausgezeichneten Hölzern, und wie sie ihr Geheimnis vom Vater auf den Sohn weitergaben, so bewahrte jede Werkstatt ihre ängstlich gehüteten Rezepturen, das Geheimnis der Beizen und Lacke, den Druck der Pressen und die Zeitdauer, derer es bedurfte, bis aus dem lange gelagerten rohen Holz ein Instrument gebaut werden konnte.
Claudio verbrachte seine Tage in der Werkstatt Andrea Amatis: der zehnjährige, frühreife Knabe nahm den Gehilfen manchmal schon das Instrument aus der Hand, das Aufblitzen seiner Augen besagte: »Laßt mich machen!« Ein andermal wieder stand er hinter dem Meister, wenn dieser in seiner Hexenküche Lacke und Beizen mischte, die dem blanken Holz nicht nur Farbe und Glanz, sondern auch eine Seele verliehen. Wenn Andrea die flache Viola in die Hand nahm (für den Knaben noch ein zu schweres Instrument), eine Saite anzupfte, das Ohr an das schön geschwungene lange Corpus legte, das wie ein lebendiger Leib eines fernen exotischen Wesens anmutete: biegsam, rotbraun schimmernd, elastisch und leicht, dann spürte man, daß das Instrument lebte! Der bärtige Meister mit dem länglichen Gesicht, der von den Geheimnissen der Instrumente vielleicht mehr wußte als jeder andere in Cremona, erzählte dem Knaben manchmal von der rätselhaften Kraft, wenn der Ton – will man dem trügerischen Empfinden glauben – das Notenblatt erbeben läßt. »Kraft oder«, wie er lächelnd sagte, »Fluidum, ähnlich dem, wie dein Vater den Kreislauf der Säfte im menschlichen Körper erklärt ... ja, im lebenden Körper, und diese geheimnisvolle Bewegung stockt, wenn das Leben aus dem Körper weicht.«
Der Ruf von Andreas Violen war weit über die Grenzen Cremonas gedrungen. Aus fernen Städten kamen Kaufleute, manchmal Gesandte von Fürsten oder hohen geistlichen Würdenträgern, um in der Werkstatt Amatis einzukehren: »Woran arbeitet Ihr, Messere?« Und dann

klangen die Florentiner Gulden, die Mantuaner Dukaten, die Ferrareser Scudi . . . dann und wann auch venezianische Zechinen, wenngleich die Serenissima es nicht gern sah, wenn ihre Bürger »in der Fremde« kauften.
Die Zunft der Instrumentenbauer war eine alteingesessene Körperschaft in Cremona: die Kunst des Andrea Amati spornte nun auch die anderen zum Wettstreit an. Wenn sie an Sonntagen bei irgendeinem Instrumentenbauer einkehrten, kam überall ein vor kurzem entstandenes Instrument zum Vorschein, das irgendein Geheimnis barg: entweder war es eine neue Form oder der Meister hatte einen anderen Lack verwendet oder die überlieferten Maße verändert.
Dann beugten sich die bärtigen Häupter zusammen über den Tisch. Sie vergaßen, daß sie in Wirklichkeit im Kampf gegeneinander standen, daß heimliche Eifersucht ihr Handeln beherrschte . . . Sie lebten im Zauber des Klanges.
Amati hütete sein Geheimnis gut. Während seine Violen, diese gedrungeneren, breiteren Instrumente, den Ruhm seiner Werkstatt verkündeten, träumte er von zierlicheren Instrumenten. Die Viola war zu groß, zu schwerfällig, man brauchte ein leichteres, graziöseres Instrument, das nicht mehr mühsam vom Spieler zwischen den Knien gehalten zu werden brauchte, wie die Viola da gamba, oder das den Arm durch sein Gewicht ermüden ließ, wie die Viola da braccio. Man müßte ein leichteres Instrument bauen . . . ein zierlicheres . . . statt einer Viola eine . . . *Violine,* die erträumte Beweglichkeit und Höhe mußte ihr eine Führerstellung im Chor der Streichinstrumente sichern.
Amati kannte den Widerstand der Musiker, die Ablehnung der Zunftgenossen, die Mühe, die er auf sich nahm, wenn er etwas Neues, vom Gewohnten Abweichendes schaffen wollte. Jedermann wußte, je kleiner, handlicher das Instrument war, um so mehr Mühe und Schwierigkeiten brachte seine Herstellung mit sich. Die dünnen Holzplatten mußten miteinander verschmelzen, als wären sie aus einem einzigen Stück. Und würde der kleinere Körper die gewünschte Tiefe, Wohlklang und Süße hergeben, konnte er sich mit dem gewohnten, warmen Klang der Viola messen? Wird die Violine nicht ein Spielzeug für Kinder werden, eine kostspielige Laune für die Söhne des Hochadels, die es dann wegwarfen, wenn sie ernsthaft zu musizieren begannen?
Das Herz Cremonas schlug im Dom. Unter den Gewölben und Bogen klang der Gesang mit jahrhundertealter Sicherheit; in Stimmen gegliedert, zum Chorgesang anschwellend, füllte er die langen Stunden der Andacht aus; wenn ein kirchliches oder städtisches Fest nahte, waren die Fenster des Domes bis zum späten Abend beleuchtet: wer hier vorbeikam, konnte die Aufregungen der Proben belauschen, die häufigen Wiederholungen, die strengen Worte des Kapellmeisters und die unzähligen, geheimnisvoll wirkenden Gesten und Zauberworte, mit denen sich Dirigent, Sänger und Musiker verständigten.

Marc'Antonio Ingegneri war nicht als armer Schlucker, sondern als Kapellmeister in die Stadt gekommen. Der aus Verona stammende Musiker war dreißig Jahre alt, als er das Amt des Domkapellmeisters übernahm. Er war sich bewußt, er konnte den Bewohnern Cremonas imponieren, dem Stolz der Stadt schmeicheln, wenn er als Persönlichkeit seinen Einzug hielt. So vermochte er jene Atmosphäre zu schaffen, in der er als weit über die Grenzen seiner Heimat bekannter Musiker all das finden konnte, was er in diesem stillen kleinstädtischen Leben brauchte.

Ingegneri hatte Italien bereist, in Flandern gelebt und an deutschen und österreichischen Höfen verkehrt und wußte, wo musikliebende Fürsten zu finden waren, auf deren Freigebigkeit man bauen konnte. Ingegneri kannte Meister Palestrina und war auf seinen Wanderschaften auch mehrmals Orlando di Lasso begegnet. In langen, bis spät in die Nacht dauernden Gesprächen hatten sie sich über die sich geheimnisvoll wandelnde Natur der Musik unterhalten und darüber, ob es möglich sei, sich der ungezwungen schwebenden, mannigfaltigen Kunstform des Madrigals zu bedienen, wenn es sich um kirchlichen Gesang handelte, ebenso, wie wenn das schönste Instrument, die menschliche Stimme, die *vox humana,* mit Lautenbegleitung unter dem Fenster der Liebsten erklingt?

Ingegneri war nicht mit leeren Händen nach Cremona gekommen. Er war ein erfahrener Mann. Freunde hatten ihn rechtzeitig in die vielen lokalen Geheimnisse des Rathauses von Cremona eingeweiht, in die für die Bewohner der Stadt so wichtigen Intrigen, ihn aufgeklärt über verwandtschaftliche Verflechtungen und über die Blutrache, die in den italienischen Städten gang und gäbe war. All das war nicht unwichtig zu wissen. Aber genauso war er sich bewußt, daß er echtes Ansehen nur dann zu erringen vermochte, wenn er sich auf eine höhere Macht, auf fürstliche Gunst oder auf das Wohlwollen des Adels stützen konnte. Auch in Cremona lebten Edelleute, die sich grollend in ihre städtischen Häuser zurückgezogen hatten, die nicht unter den Spaniern dienen wollten und die voller Sehnsucht von den Zeiten der Visconti und der Sforza sprachen, als der Mailänder Hof italienisch war und der Pinsel Leonardo da Vincis ihren Festen Glanz verlieh.

So traf Ingegneri bereits mit dem vielsagenden *nob.* vor seinem Namen in Cremona ein. Dieses *nobilis* konnte zwar auch die musikalische Tradition seines Berufes bedeuten, aber im allgemeinen drückte es vornehme Herkunft aus. Er mietete sich ein Haus in der Gegend, in der die Familien von Rang und Stand wohnten, brachte in Erfahrung, wo, bei wem sich die musikliebenden Hochadligen zu treffen pflegten, wo es Haustöchter gab, die sich langweilten und die bei dem berühmten Meister aus Verona gern Lauten-, Flöten- oder Harfenstunden nehmen würden. So geschah es, daß Marc'Antonio Ingegneri bald darauf, daß er nach Cremona gekommen und sich hier eingerichtet hatte,

Margherita de Soresina, die Tochter einer adligen Familie, vor den Domaltar führte.
Durch diesen Bund zählte der Maestro zu den alteingesessenen Cremonesern, auf den die Bürger voller Stolz blickten, besonders, nachdem einige seiner Madrigalsammlungen im Druck erschienen waren und die Dilettanten in den musikliebenden Häusern der Stadt abendlich bei Musik und Gesang der Leidenschaft dieser neuauflebenden Kunstgattung huldigten.
Schon einmal war das Madrigal geboren worden, aus der Dichtung Petrarcas. Es wurde vergessen. Nun entstand es neu; diesmal aber deutete die Musik die Worte aus, sie jubelte, trauerte, eilte dahin, stand stille, rauschte wie die Meereswelle oder sang wie die Nachtigall, je nachdem, wie der Text es wollte. Nicht mehr drei Sänger genügten den Meistern, das auszudrücken, was die Worte sagen wollten, vier, fünf, ja sogar sechs vereinigten ihre Stimmen.
Cyprian de Rore, einst Schüler des großen Niederländers Adrian Willaert, später einer der Lehrer Ingegneris, war einer der Meister, der die Chromatik in seinen Kompositionsstil einbezog und damit die starre Tradition zu durchbrechen begann. Die »Chromatiker« siegten schließlich über die »Traditionalisten«. In den Annalen der Geschichte standen ihre glanzvollen Namen schließlich vereint: Pierluigi da Palestrina, Orlando di Lasso und als letzter der Reihe Gesualdo, der Principe di Venosa. Sie alle führten die Madrigalkunst auf eine nicht erahnte Höhe.
Nur ein Weg führte aus der Werkstatt Andrea Amatis: der ins Arbeitszimmer Marc'Antonio Ingegneris. Doktor Baldassare sprach mit dem Freunde; als Arzt wußte er gut, daß die Natur des Kindes unbeständig und launisch ist, was sie heute liebt, vergißt sie morgen. Aber Claudio, so hatte Meister Andrea gesagt, suche stets und in allem die Musik. Er sitze in der Werkstatt, seine Augen glänzten, wenn er selbst nach einem neuen Instrument greife, das so weit gediehen war, daß man es aus der Presse nehmen und die Saiten aufziehen könnte, um es zum erstenmal zum Erklingen zu bringen. Dann entlocke er dem Instrument Dissonanzen und beobachte aus den Augenwinkeln, wie der Mund des Knaben zucke, wie er unruhig werde, auf seinem Platz hin- und herrutsche, fuchtele, als wollte er ein Unheil abwenden. Schließlich gewahre er den Scherz des Meisters, beruhige sich, setze sich wieder, schüttele mit dem Kopf und sage in der Art eines Erwachsenen: »Da ist etwas dran« oder »Gar nicht so schlecht« und er lache auf.
»Doktor Baldassare, wenn dein Sohn in meiner Werkstatt weilt, ist es, als habe ein jedes Stück Holz und jedes Werkzeug eine Seele. Die Gehilfen singen durcheinander, wie es ihnen gerade einfällt, kein Teufel hat sich bisher um sie gekümmert, ich merkte nicht einmal, wenn sie Stimmbruch hatten oder wenn sie sangen wie ein Kapaun. Aber dein Sohn singt mit ihnen, ordnet das Durcheinander, führt ihre Stimmen an.

Selbst mein mürrischster Gehilfe, der durchtriebene Bruno, folgt ihm aufs Wort. Du solltest ihn unterrichten lassen . . . meine Werkstatt ist zu wenig. Ich sage es dir, sie ist ihm zu eng. Die Kunst des Knaben sitzt nicht in der Hand, er ist geschickt, wenn er mit dem Holz umgeht, die Beizen rührt, wie ich es ihn heiße. Aber ihn interessiert nur die Musik, nicht das Handwerk, wie wir einem Stück Holz den göttlichen Funken entlocken, wie wir erlauschen, wo er sich verbirgt, im Holz, in den Saiten, in der Form des Instrumentes. Es wäre schade, den Knaben Geigenbauer werden zu lassen. Eine Stufe höher . . . Baldassare!«

Claudio ging, in seinem Sonntagsanzug mit seinem Vater, zu Meister Ingegneri. Der Arzt hatte eine goldene Kette umgelegt, seinen in Padua erhaltenen Doktorhut aufgesetzt und sich in seinen dunklen Mantel gehüllt. So schritten sie durch Cremona und bogen in die Straße der Edelleute ein. Der Knabe zeigte keinerlei Befangenheit. Selten, daß der Vater das Sprechzimmer schloß, die Sude und Elixiere der Gattin anvertraute, den Knaben an der Hand über das unebene Kopfsteinpflaster führte, nach rechts und links grüßte. Überall wohnten seine Patienten, sie kannten den Doktor, die Frauen stellten sich unter die Türen: Wohin . . . zu wem mochten sie zu dieser ungewohnten Mittagszeit gehen, pflegte er doch an Werktagen in einer großen Lederschürze, in Hemdsärmeln und mit einer kleinen schwarzen Kappe jene zu empfangen, die seine Hilfe brauchten.

Ingegneri erwartete sie. In dieser Zeit lebte das Wort Schüler noch in biblischem Sinne in den Menschen. So wie Leonardo die künftigen Maler um sich geschart hatte, wie die Dichter Schüler hatten, die neben dem Kopieren auch das Geheimnis der Harmonie des Wortes erlauschten – so freute sich auch der wirkliche Maestro, wenn er sich vor aufgeschlossenen Seelen offenbaren und ihnen ein Quentchen seines Könnens vermitteln konnte. Doktor Baldassare war zwar kein Edelmann, aber ein Patrizier der Stadt, und Ingegneri wußte gut, daß es nicht zu verachten war, wenn man sich mit jedem körperlichen Leiden an den gelehrten Arzt wenden konnte. Meister Amati hatte viel Gutes von dem Knaben berichtet, als der Domkapellmeister sich mit ihm darüber unterhalten hatte, daß man das Orchester der Kirche mit neueren, moderneren Instrumenten ausrüsten müßte: die Flöten seien veraltet, die Trompeten schmetterten zu blechern, die Violen würden von den Musikern nicht mit der nötigen Sorgfalt gepflegt, und man habe im Orchester noch keine einzige Violine aus der Werkstatt Meister Amatis, obwohl mit diesem Instrument das Schwingen des höchsten Soprans am leichtesten zu erreichen sei.

»Maestro«, hatte Amati gesagt, »ich lasse Claudio nur schweren Herzens aus meiner Werkstatt ziehen, aber sein Platz ist an Eurer Seite. Bei mir hat er schon einiges gelernt, das ihm vielleicht nützlich sein wird. Es kann nicht schaden, wenn der künftige Kapellmeister auch weiß, wie der Ton im Schoß des Instrumentes ruht, bevor er geboren wird. Ihr werdet Eure Freude an ihm haben, wenn Ihr ihn zu Euch nehmt. Er ist ein guter Junge, nicht eigenwillig und stets ehrlich. Er sieht den mürrischsten Gehilfen mit Augen an, daß dessen Gesicht sich auf der Stelle aufheitert ... Mir wird etwas fehlen, Maestro, was ich mit meiner anspruchslosen Sprache nicht zu bezeichnen weiß. Wenn ich die Viola in der Hand hätte ... würde ich versuchen, es auszudrükken.«

Ingegneri empfing sie im kleinen Salon, und das war von seiten eines Edelmannes eine große Ehre. Der Maestro war ein vielgereister Mann, der die Welt kannte. Er blickte auf den Knaben und schlug, als würde er mit dem Kind nur spielen, einige Tasten des Clavicembalos an, abwechselnd nach Konsonanzen und Dissonanzen suchend. Er beobachtete das Gesicht des Jungen: wie lange würde er ruhig bleiben, sich am Sitz des Lehnstuhles festhalten, um nicht aufzuspringen, die Hände des Meisters festzuhalten. Der Maestro betrachtete nur seine Augen. Dann ließ er die Finger leicht über die Tasten gleiten, als vertriebe er die bösen Geister. Nun entfalteten sich die süßen Klänge eines Madrigals. Das konnte der Knabe noch nie gehört haben, denn es war erst dieser Tage von ihm komponiert worden. Die Handschrift lag auf dem Notenpult.

»Sing!«

Er stimmte das Lied mit einigen Silben an. Der Knabe übernahm die Stimme, summte leise. Der Doktor zog sich in die Ecke zurück und verfolgte die Probe strahlenden Auges, hörte, wie der klare Knabensopran sich in die Höhe schwang, den angeschlagenen Ton der Saite überflügelte, einem Vogel gleich in der Luft schwebte, für keinen Augenblick die Harmonie vergaß, auch dort sicher blieb, wo Ingegneri ihn auf die Probe stellte, Fiorituren, spielerische, verzierende Variationen einstreute, dann mit tiefem Bariton, der nur durch sein Können verschönt wurde, mit einfiel, um den Knaben herauszufordern, ihn zu beflügeln. Die Tür ging auf, die Gattin des Maestros trat ein, mit der perlenbestickten Haube der Edelfrauen. Sie lächelte und brachte in der einen Hand eine Schale mit Gebäck, in der anderen einen Krug Wein, aber sie blieb in der Tür stehen, betrachtete den Knaben, wie er dastand, lachte, wie seine Stimme brillierte, wie sein Blick entrückt war, wie er den Takt schlug und wie er dem Maestro das Zeichen zum Einsatz gab ... so sangen sie. Ingegneri beobachtete Claudio, er hörte auf die Reinheit seines Tones, die Sicherheit, mit der er die ihm unbekannte Musik vom Blatt sang – auch an solchen Stellen, wo der Meister den Stimmenverlauf nur skizziert hatte, und wo sich zeigen mußte, ob Claudio seine Stimme instinktiv richtig weiterführte –, er achtete auf Claudios rhythmisches Gefühl und auch darauf, wie der Knabe den Inhalt des Textes auszudrücken vermochte. Seine Hände glitten indes spielerisch über die Tasten, ergänzten die fehlenden Stimmen. Mit einem Akkord hielt Ingegneri inne.

»Du mußt noch viel lernen, Claudio!«
Mit den Augen gab er dem Vater, der mit fragendem, unsicherem Blick auf den Maestro schaute, einen Wink. Ingegneri dachte, wie merkwürdig doch dieser Augenblick sei: wie oft mag der Doktor so in Gedanken versunken in seinem Zimmer gestanden haben, wo er selbst über Leben und Tod entscheiden mußte, wo die Patienten, der Vater, die Gattin von seinen Lippen ein einziges Wort der Hoffnung oder der Schicksalsglocke, des nahenden Endes erwarteten. Und jetzt stand der gleiche Baldassare Monteverdi da, gespannt, schwankend zwischen Hoffnung und Angst. Was würde der Maestro sagen, war der Knabe begabt?
»Claudio muß noch viel lernen, ist das Reich der Musik doch unendlich. Aber er befindet sich nicht mehr am Anfang. Der Herr hat ihm die Ohren zum Hören geöffnet, seine Seele ist befähigt, die himmlische Harmonie aufzunehmen. Wenn er seine Aufgaben mit andächtiger Seele verrichtet, wird er auch dann eine Hoffnung unseres schönen Berufes bleiben, wenn er nach dem Willen der Natur in einigen Jahren seine heutige Engelsstimme verlieren sollte ... Wie alt bist du, mein Sohn?«
»Ich werde zwölf.«
»Du bist schon ein großer Junge, kräftig genug, um in den Dienst zu treten. Denn du mußt wissen, mein Sohn, eine Zeitlang wirst du der letzte sein. Du wirst deine Gefährten im Orchester bedienen, ihren Platz einnehmen müssen, wenn diese erkrankt sind oder wenn sie sich – was in diesem verdammten Cremona auch vorkommt – schamlos betrinken. Du wirst auch an meiner Seite sitzen, mein Sohn, wenn wir auf den Instrumenten ausprobieren, wie es klingt, was auf dem Papier geboren wurde. Du kennst die Noten?«
»Meister Andrea hat sie mir beigebracht. Es ist nicht schwer ...«
»Nichts scheint schwer. Aber wie hat sich die Kunst der Schrift entwikkelt, seit der erste Mensch, wer immer es gewesen sein mag, die ersten Zeichen in Stein, Lehm oder in Wachs eingrub. Man hat erfunden, Buchstaben aus Blei zu gießen und diese mit Farbe zu bestreichen, in einer Presse aufs Papier zu drücken. Und so entsteht daraus ein Buch. So ist es auch mit den Noten, mein Sohn. Was alles verbirgt sich in diesen Sperlingsköpfen! Der Ton, Claudio, ist nicht so einfach wie das Wort ... wie die Rede. Es ist mehr und weniger, folgt doch die Musik den Versen, begleitet die Worte, und ihr Ziel ist, deren tieferen Sinn auszudrücken. Aber es war wohl doch eher das Wort, das eher als Funke der menschlichen Vernunft entsprang als der Gesang ... Deshalb, Claudio, muß man das menschliche Wort beobachten, wie sich der Falke mit ganzer Aufmerksamkeit seinem Herrn zuwendet, um dann – wenn man ihm die perlenbestickte Kappe vom Kopf nimmt – aufzusteigen, den Bereich der Erde zu verlassen, um im Glanz der himmlischen Sphäre zu schweben ... Ja, ja, Claudio, es gibt Tausende

Dinge, von denen du noch nichts weißt und auch nichts wissen kannst: all das sind Geheimnisse unserer schönen Kunst. Du kannst sie erlauschen, wenn du die Geduld aufbringst, und du wirst hören, was anderen verborgen bleibt.
Möchtest du denn bei mir bleiben, mein Sohn?«
Der Arzt verneigte sich vor dem Meister. Die Hand legte er auf seinen Beutel, zum Zeichen: er verlange den Unterricht nicht umsonst. Ingegneri wehrte lächelnd mit der Geste eines Herrn ab.
»Darüber unterhalten wir uns später, Doktor Baldassare.«
»Heute setzt du dich zu uns, mein Sohn.«
Die reiche Tafel erinnerte an Venedig. Die glänzenden Farbtupfen im Zimmer hatte der Meister von zu Hause mitgebracht: Decken, Teppiche, Ofenkacheln und einige Bilder an der Wand. Das eine erregte die Phantasie des Knaben: Die Hochzeit zu Kana mit reichgedecktem Tisch; wie sich das Purpur der Gewänder, und das Rot des Weines mit dem Goldblau des Himmels und der Farbe des Rosenholzes der Instrumente vermischte. Große runde Schüsseln standen auf der Tafel, die Gäste griffen mit langsamen Bewegungen nach den Speisen, aber eine Geste Jesu gebot ihnen Einhalt: sein Antlitz war durchscheinend und heiter, als würden seine Augen lächeln. Auf seinem blonden, feingeformten Haupt spiegelte sich der Glanz der Sonne, und in den Falten seines Gewandes tanzten Lichtflecken. Am Rande des Bildes waren Ranken, Blumen, Schoßhunde und zarte kleine Kinderkörper. Claudio betrachtete das Bild.
»Ein Meister aus meiner Vaterstadt hat es gemalt, Paolo Cagliari. Sicherlich habt Ihr seinen Namen schon gehört, Messere.«
Sie betrachteten andachtsvoll das Bild, und nun zeigte Ingegneri seine Schätze: einige seltene Instrumente, Flöten, die in der Form einer Tabakspfeife ähnelten, eine bauchige Laute, ein langes Saiteninstrument, dessen Hals launisch geschwungen war wie eine Ranke. Dann besaß er eine Konstruktion, in der Wasserdruck Orgelpfeifen zum Tönen brachte, eine winzige — mit Schlangenhaut bespannte — Trommel schlug und ein Daumen den Rhythmus tupfte. Ingegneri ließ auch dieses Instrument erklingen.
Die Dame des Hauses schenkte auch dem Knaben in ein, die neueste Mode repräsentierendes, schlankes Kristallglas aus Murano ein: der schwere, wie Gold fließende Wein schien den Kelch des Glases zu durchglühen. Während Claudio die neuen Wunder Stück für Stück betrachtete, erzählte der Maestro dem Doktor von seinen fernen Reisen. Seine Erinnerungen hatten Italien schon weit verlassen, weilten in den Städten Flanderns, wo der eine oder andere Magistrat ein Orchester und einen Chor besaß, wie hier nur die Bischöfe oder der Heilige Vater. Doch er sei auch (hier dämpfte er die Stimme, als wollte er damit anzeigen, daß ein unter Umständen hier lauschender Diener der Inquisition es nicht hören durfte, was er jetzt erzählte) in protestantischen

Ländern des Deutschen Reiches gewesen, wo man mit den Riten der heiligen Kirche gebrochen habe, wo es keine Messen gebe, wo man Psalmen singe und wo während der Karwoche in der Passionsmusik die schönsten Kantaten erklängen.
Ingegneri beschrieb, als er seinen Bericht beendet hatte, mit der Hand einen großen Kreis, als wollte er damit andeuten, daß für einen Musiker die ganze Welt offenstehe.
Wie in Gedanken versunken wiederholte der Maestro mit leiser Stimme den Werdegang des Lernens. Wie der gewissenhafte, sein Handwerk in Kunst verwandelnde Studiosus immer höher steige, wo der Punkt sei, an dem das sich schon früh zeigende Talent die gewöhnlichen kirchlichen Musiker überflügele, die der Magistrat oder das Domkapitel so schlecht bezahle. »Wenn alles gut geht«, sagte der Meister, »kannst du, mein Sohn . . . in zwei Jahren alles lernen, was du brauchst.«
Die Gläser erklangen. Alles weitere war schon das Zeremoniell des Abschiedes. Meister Ingegneri entließ Vater und Sohn in Gnaden.

Anstelle der sanften Worte Andrea Amatis lenkte von nun an der harte Wille Maestro Ingegneris den Knaben. Er durfte nicht zu den Kindern auf der Straße rennen, um mit hölzernen Schwertern zu kämpfen oder mit schweren Lederbällen und Schlägern sich in der Geschicklichkeit mit ihnen zu messen.
»Du mußt auf deine Hände aufpassen. Eine einzige Bewegung, da kann eine Sehne reißen, und du bleibst dein Leben lang gelähmt: das Gefühl für den feinen Griff des Instruments geht dir verloren. Du bist Musiker, Claudio.«
Am Morgen reckte er sich bereits am hohen Schreibpult und kämpfte gegen den auf seinen Lidern lastenden Schlaf an. Er schüttelte die überflüssige, sich an seinem Federkiel wölbende Tinte ab, seufzte tief und begann die Notenköpfe zu malen. Bis zum Nachmittag mußte er mit den Partien fertig werden: im Dom waren Proben angesetzt, und der Maestro ließ die Blätter an die einzelnen Sänger und Musiker verteilen. Während Claudio kopierte, summte er mit dünner Sopranstimme die Motive mit, die er gerade schrieb. Allmählich erschlossen sich ihm die Stimmen, die Welt der *Voces*. Er gewöhnte sich an Ingegneris Stil, an seine Variationen, die Verzierungen, er lernte, die Musik als Ganzes zu begreifen. Er beobachtete Ingegneri, wie er sich ans Clavicembalo setzte, die Noten prüfte, wie seine Finger eine Passage spielten, was er ausstrich, verbesserte. Oder wenn er nach der Flöte griff und seine langen, nervösen Finger blitzartig über das Instrument glitten, seine Augen den Knaben streiften, wobei er ein wenig lächelte: Kunst und selbstgefälliges Spiel vermischten sich miteinander – mit einem Auge beobachtete er seinen Schüler, ob der wohl fühlte, daß er jetzt eines Wunders teilhaftig würde: der Meister komponierte.

Den Genius des Maestro erforschen: Wie begann er? Wo nahm das Motiv seinen Anfang? Wann nahmen die blitzschnellen, einander jagenden Variationen endgültige Form an? Wo faßte er die auseinanderlaufenden, sich scheinbar voneinander lösenden Fäden mit sicherer Hand zusammen? Und siehe, plötzlich nahm er sie zusammen, befreite sie von dem überflüssigen Beiwerk. Das Musikstück war fertig . . .

Wenn sie zu zweit waren, selten genug – denn oft bekam der Meister Besuch, die ganze Stadt wandte sich an ihn, wenn in musikalischen Belangen irgendeine Frage, ein Wunsch oder eine Schwierigkeit auftauchten –, drückte er ihm die schwere Viola da braccio in die Hand: »Probier sie.« Nur selten zeigte er ihm etwas, erwartete, daß er aus der Werkstatt Amatis alle Griffe und Fertigkeiten des Berufes mit sich brachte. Er verlangte mehr . . . immer mehr von Claudio. Es schien, als unterrichtete er ihn gar nicht; er beobachtete ihn nur mit einem Auge, an welcher Stelle er einen Griff verfehlte, wann er zögerte, wann er stutzte vor irgendeinem unverhofften Hindernis. Als ob man jemanden vom Ufer ins Wasser stieß: Versuche allein herauszuschwimmen! Ein Griff Ingegneris hätte genügt, um den dünnen Finger des Knaben auf der Saite zu korrigieren. Und wenn er ihm ein Blasinstrument in die Hand gab, verlangte er von ihm, daß er schon genauso sicher atmete wie der Meister. Das Schönste war, wenn Ingegneri die Viola da gamba zur Hand nahm. Dann klang es, als stiege eine überirdische Stimme daraus empor, so weich wie die eines Engels, wie er sie in der Werkstatt Amatis nie gehört hatte. Der Meister spielte *jedes* Instrument. Er war gleichsam ein Zauberer, und er blendete den Knaben absichtlich mit dieser musikalischen Magie, wenn er die gleiche Melodie auf einem Instrument nach dem anderen spielte: »Lerne es!« Er gab ihm keine Aufgaben auf, zwang ihn nicht zum Üben, er wünschte nur von einem Tag zum anderen, daß der zwölfjährige Claudio Monteverdi alles brachte, was er forderte.

Ingegneri war überschwenglich und maßlos. Aber der Knabe war ihm dankbar, daß er ihn nicht behandelte wie die Schulmeister. Er schrie ihn nicht an, griff nicht nach dem Stock. Manchmal verstand Claudio gar nicht, was der Meister sagte, denn dieser sprach mit ihm wie mit seinen erwachsenen Musikern . . . Ja, manchmal schien er zu vergessen, daß die Füße des Knaben noch nicht vom Schreibpult herunterreichten. Er sah in seinem Zögling nichts anderes als einen seltsamen *Erwachsenen,* der nur dadurch daran gehindert wurde, sich ins Orchester zu setzen oder zu den Sängern zu stellen, daß seine Finger für die Instrumente noch zu kurz waren oder daß sein Atem nicht ausreichte. Und stets mußte er die »Prim« spielen, als stünde er schon am ersten Notenpult und als hätten die anderen Instrumente sich ihm unterzuordnen.

Das Haus Ingegneris lag recht weit von dem des Arztes entfernt, so war man übereingekommen, daß der Meister den Knaben zum Mit-

tagstisch bei sich behielt. Man lebte nicht in großer Fülle, der Herr des Hauses trank kaum Wein. Er scherzte gern bei Tisch, gab viele heitere Geschichten zum besten, auch solche, die nicht für das Ohr eines Knaben geeignet waren. Dann zuckte Frau Margherita scherzhaft zusammen und hob den Finger. Ja, Meister Ingegneri war ein weitgereister Mann, der vielleicht nur zum Ausruhen in die Kleinstadt gekommen war. Hatte er gute Laune, zauberte er Claudio die flandrischen Landschaften vor die Augen, Rom, Neapel, den Hof des französischen Königs und alle Länder, in denen er gewesen war. Zuweilen unterbrach er sich mitten im Satz, legte Messer und Gabel nieder, eilte an seinen Arbeitstisch und schrieb hastig einen musikalischen Einfall auf. Seine Frau kannte ihn, lächelnd und ohne einen Laut bedeutete sie Claudio, ruhig seinen Apfel zu essen. Aber der Maestro behielt im Auge, ob sein kleiner Gehilfe zusah, ob er beobachtete, wie die Schöpfung vor sich ging. Gleich darauf erhob er sich, drückte Claudio eine Flöte in die Hand und legte ein Notenblatt vor ihn: »Versuch es . . . Ich habe es so geschrieben, daß es auch ein Anfänger spielen können muß.« Aus den Augenwinkeln sah er, wie Röte der Empörung das Gesicht des Knaben überzog: der hatte einen Blick auf das Blatt geworfen und ein ganz schweres Flötensolo darauf gefunden.
Am Nachmittag wurde gelernt. Der Meister schrieb den Cantus und Claudio mußte die Gegenstimme, den Kontrapunkt, dazu setzen. Das mußte jeder Musiker im Traum beherrschen, das war das A und O des Berufes, hier kannte der Meister kein Erbarmen. Als würde es nur aus Vergeßlichkeit geschehen, zeichnete er ihm, bevor er sich auf den Heimweg machte, drei Themen auf: »Bis morgen früh arbeitest du sie aus und legst sie mir vor.«
Diese Kindheit war wie das schreckliche und doch so herrliche Bergsteigen. Frau Maddalena, die Mutter, die ein Kind nach dem anderen wiegte, beobachtete besorgt, wie ihr Sohn, der ihr ganzer Stolz war, abends vom Meister müde und erschöpft, mit tiefen Augenringen nach Hause kam; sie belauschte ihn im Schlaf: auch dort brach die Verzükkung mit Musikerworten aus ihm, als würde er mit Geistern sprechen. Sie wandte sich an den Vater: Sieht denn der Arzt nicht, daß sein Sohn krank war? Dieser Mann aus Verona hat ihn verzaubert.
Aber die Augen des Arztes ruhten mit Wohlgefallen auf dem Sohn: Er war zum schlanken, gutgewachsenen Burschen herangereift und kam in den Stimmwechsel: Er beschritt die Stufen, die zum Mannesalter führten; freilich verlor er da seinen schönen klaren Sopran, aber nach dem Wunsche des Vaters sollte Claudio ohnehin nicht Chorsänger werden. Zu Hause war er sanft und still, teilte sein Wissen über Instrumente mit seinem jüngeren Bruder Giulio Cesare. Im Hause Monteverdi (der Vater des Arztes war selbst Instrumentenbauer gewesen) waren noch einige Instrumente geblieben, eine Art Laute und ein Harfenett. Der Siebenjährige sah Claudio verwundert zu, wie dessen flinke

Finger über das Instrument glitten und lachte, wenn Claudio dem alten Instrument, das aussah wie ein Pferdeschädel, süße Melodien und Klänge entlockte.
An manchen Abenden bat ihn der Vater selbst, etwas von seiner Kunst zu zeigen. Der Arzt war müde, mußte sich oft bis spät in den Abend mit seinen Patienten plagen, wurde auch nachts gerufen, nun ruhte er nach der Arbeit, den Untersuchungen, Aderlassen und Klistieren. Die Musik löste die Müdigkeit, und Claudio zeigte gern, was er gelernt hatte. Da öffnete sich manchmal die Tür, Andrea Amati trat ein und brachte wohl auch den einen oder anderen Lehrbuben mit. Eines Abends wickelte er ein in weichen Filz gepacktes Instrument aus, als hätte er es nur zufällig bei sich und sagte wie beiläufig: »Es ist gerade fertig geworden. Probier es aus, Claudio!«
Der Arzt sah, daß sich das Gesicht Amatis rötete, daß er sich krampfhaft an der Tischplatte festhielt und gespannt beobachtete, wie Claudio das Instrument unter das Kinn schob, die Saiten anzupfte, sie mit den winzigen Wirbeln am Hals des Instrumentes stimmte, und schon griff die Hand nach dem Bogen. Sein Blick fiel auf die Canzona, die ihm Ingegneri als Abendpensum aufgegeben hatte. Er maß die Zeilen, sein Auge glitt über die Noten: das war die Handschrift des Maestros, Zeichen, deren Sinn ihm kein Geheimnis mehr war. Auf dem neuen, zierlichen Instrument erklang das Lied in immer neuen Variationen. In den Augen Amatis glänzten Tränen: so hatte er sich den Klang seines Instrumentes erträumt. Auf der Geige Amatis erklang im Hause Monteverdi das erste Konzert.

4

Der venezianische Notendrucker hatte das Bändchen mit einem kunstvollen Titelblatt ausgestattet.

CANTIUNCULAE SACRAE

stand mit zierlichen Lettern auf den fünfhundert Exemplaren, die die Postkutsche aus Cremona gebracht hatte. Doktor Baldassare gab zu Ehren des fünfzehnjährigen Komponisten ein Festmahl, zu dem auch Meister Ingegneri mit seiner Gattin, Donna Margherita, erschienen war. Lange betrachtete der Doktor das schlicht, aber gefällig hergestellte Bändchen, für dessen Druck er freilich selbst hatte aufkommen müssen. Er hatte es bei dem gleichen Angelo Gardano in Auftrag gegeben, bei dem seinerzeit auch die Doktorarbeit des jungen Paduaner Arztes gedruckt worden war. Der Knabe hatte sich gesträubt, aber der Vater war nach dem Prinzip »scripta manent« bereit, sein schwer erspartes Geld für dessen künftigen Ruhm vorzustrecken.
Der volle Titel lautete: Sacrae Cantiunculae Tribus Vocis Claudii Mo-

stesviridi Cremonensis – egregi Ingegnerii discipuli LIBER PRIMUS ... Fromme Lieder für drei Stimmen: erstes Buch des Claudio Monteverdi aus Cremona, Schüler des vortrefflichen Meister Ingegneri – hergestellt in der Druckerei des Angelo Gardano, Anno Domini 1582.
Der Arzt holte eine Flasche süßen, an den Hängen des Vesuvs gewachsenen Wein, den er von einem Patienten geschenkt bekommen hatte. Ehe die Gläser aneinanderstießen, beobachtete der Vater besorgt den berühmten Meister. Ingegneri begann leise:
»Das ist erst der Anfang, Doktor, und ich meinerseits hätte mit dem Druck noch gewartet. Freilich ... heutzutage schadet es nichts, wenn man die Aufmerksamkeit auf sich lenkt ... so kann man weiterkommen. Außerdem ist es der Liber Primus: Von hier aus werden wir seine Entwicklung verfolgen. Möchtet Ihr meine Meinung hören? Diese dreistimmige Musik folgt noch ein wenig sklavisch dem Text, aber es tut nichts! Er wird Zeit haben, sich davon loszusagen ... Da ist zum Beispiel das Alleluja: Das ist mehr die Arbeit eines fleißigen Schülers als die Adlerkralle eines Talents. Das sage ich deshalb, Doktor, weil der Knabe, seit Ihr die Komposition Claudios löblicherweise auf eigene Kosten in Auftrag gegeben habt, im Laufe dieser Monate mit meilenweiten Schritten vorangekommen ist. Entsprechend seines zarten Alters hat er sich bis jetzt nur mit frommen und geistlichen Texten beschäftigt, aber wenn er ein wenig älter wird, fesselt ihn sicher auch das Liebesmadrigal. Doch jetzt müßte man schon nach einem Patron für ihn sehen ... Nein, sagt kein Wort, Doktor. Einen könnte ich Euch sogar schon nennen. Ich denke an den edlen Herrn Fraganesco, aus der Verwandtschaft meiner Gemahlin ... ein großer Musikfreund. Er stammt aus einem alten Ghibellinengeschlecht, Anhänger des Kaisers, und so ist es auch vom Statthalter in Mailand gern gesehen, wenn Claudio seine nächste, die zweite Sammlung ihm widmen würde.«
Der Knabe, über dessen Schicksal sich die Erwachsenen unterhielten, saß im dunklen Mäntelchen in langen blauen Strumpfhosen auf seinem Platz. Aufmerksam schaute er auf seinen Meister – dabei war sein Blick durchdringend, strahlend, seine Augen schienen sich ein wenig aus dem Gesicht herauszuheben und beherrschten es in jeder Hinsicht. Der ovale Kopf neigte sich nach vorn, die starke Unterlippe trat hervor, sein Bart begann bereits zu sprießen, wenngleich ihn noch kein Messer eines Barbiers berührt hatte. Er warf das Haar nach hinten, in einer einzigen breiten Welle fiel es ihm wieder in die Stirn zurück. Der ausgeschlagene weiße Kragen faßte dieses aufgeschlossene, intelligente Knabengesicht in einen lieblichen Rahmen. Ingegneri zeigte auf die Hände Claudios.
»Es sind die Hände eines Musikers. Jetzt kann er selbst den dicken Hals der Viola schon umfassen, die der neuen Geigen sogar zweimal.

Aber achtet darauf, laßt ihn nicht Holz hacken oder im Garten graben ... Er soll auch keine Waffe in die Hand nehmen ... höchstens mit einem leichten Stilett fechten, und er soll auch lernen, mit der Pistole umzugehen. Ein Musikus ist viel unterwegs, muß auf alles vorbereitet sein. Ja, achtet auf seine Hände ...«
»Und wenn Herr Fraganesco das Patronat überninmt?«
»Doktor Monteverdi, Cremona ist eine Kleinstadt. Ich habe nach den vielen Wanderungen Ruhe gesucht und mich deshalb hier niedergelassen. Freilich, wenn jemand den väterlichen Weingarten bestellen will, das kann er auch hier. Aber dieser Knabe muß weiterkommen ... Er muß geschliffen werden, muß sich an den Umgang in der großen Welt gewöhnen. Wohin? Mailand, Florenz ... Neapel ... Rom ... Flandern, Paris, die deutschen Lande, Wien. Er soll sich nicht damit begnügen, wenn ihm die geizigen Herren der Stadt einen Knochen hinwerfen. Um aber weiterzukommen, braucht er Patrone, Gönner. Für mich wird es schwer, wenn er weitergeht, denn den Meister schmerzt es ja, wenn der Schüler ihn verläßt und alles, was er von ihm bekommen hat, als ein Geschenk Gottes mitnimmt. Aber es ist der Gang des Lebens, daß die Jugend aufbricht. Noch nicht heute ... nicht morgen. Vielleicht in zwei Jahren. Solange soll er lernen ... Erzieht Claudio so, daß er überall seinen Mann steht. Er soll tanzen lernen ... die Sprache des *dolce stilo nuovo* beherrschen, sich mit der Klinge in der Hand behaupten und unterscheiden können, welcher Wein gut ist, und welcher einem nicht so leicht in den Kopf steigt. Und er soll sich seine Gönner mit Umsicht wählen.«
»Maestro, das Madrigal, das ich Euch gestern zeigte ...«
»Claudio, es schmerzt dich doch nicht, daß wir über dein Schicksal sprechen? Schau, wenn ich von einem Gönner sprach, so meine ich es gut. Sieh dir deinen Vater an, wie narbenbedeckt und säurezerfressen seine Hände sind: wieviel er arbeiten mußte, bis dieses kleine Buch die Druckerei verlassen konnte. Er tut alles für dich, und er war es auch, der dich in mein Haus brachte, mein Sohn. Und siehst du, du brauchst nur zu lernen ... Aber nicht nur bei mir! Du weißt noch nicht genug. Erst dieser Tage sah ich, wie du dich mit den griechischen Buchstaben abmühtest. Dein Latein genügt auch noch nicht ... Jetzt hat auch in Cremona eine Universität die Pforten geöffnet, wenn sie es im Ruf auch noch nicht mit den großen Alma mater aufnehmen kann: Was hindert dich daran, sie zu besuchen? Höre Philosophie, das braucht ein Musiker. Schleife deinen Geist mit Platon. Und noch einmal, denke an deinen Vater, daß du ihm einmal alles vergiltst.«
Ingegneri stand auf und drückte fast ergriffen die große Arzthand des Vaters.
»Maestro, der heutige Abend in meinem Haus war uns eine große Ehre. Nicht nur deshalb, weil Ihr der Meister meines Sohnes seid, und Ihr, edle Dame, seine zweite Mutter. Auf Eurer Stirn, Maestro, er-

kenne ich den Glanz des Genies. Ich bin gewiß, mein Sohn entscheidet sich für den richtigen Weg, wenn er Euch folgt.«

Pietro Bozzola, der Buchhändler mit dem nach Humanistenart rasierten Gesicht, verneigte sich tief vor dem Edelmann Fraganesco.
»Was kostet es, wenn wir die Madrigale des Jungen drucken lassen? Könnt Ihr mir einen billigen Setzer empfehlen?«
»Hoher Herr, wenn Ihr euch entschlossen habt, dem altehrwürdigen Ruhm Cremonas einen neuen Stein hinzuzufügen, so möchte ich Euch die Druckerei des Meisters Sabbio in Brescia empfehlen. Er führt die Arbeit für den halben Preis aus, wesentlich billiger als die verwöhnten Venezianer. Wenn ich das Werk dann ins Fenster meines Ladens stellen kann, wird es sicher viele Käufer finden. Es dient der seelischen Erbauung, und zugleich sind es Madrigale: Das lockt sowohl die kirchlichen ... als auch die weltlichen Käufer. Auch die Patienten des Doktors werden es kaufen ...«
»Messere, Ihr seid ein musikverständiger Mann. Wie findet Ihr die Madrigale?«
»Maestro Ingegneri hat mir die Ehre erwiesen und mich zu einem kleinen Konzert in sein Haus eingeladen. Aus dem Domchor waren einige Sänger zugegen, und der Meister selbst spielte auf einer Viola da gamba. Als ich das Madrigal hörte, hoher Herr, traten mir Tränen in die Augen. Ist es doch noch gar nicht allzulange her, daß der kleine Claudio noch um seinen Vater herumhüpfte, wenn Doktor Baldassare seine Kranken besuchen ging. Wieviel Kinder habe ich so aufwachsen sehen, doch wen kümmern sie schon? Aber dieser Knabe war mehrmals in meinem Laden, wenn sein Vater irgendein Buch bei mir bestellte. Jedesmal hat er mit gesucht und geforscht, und ich sagte zu ihm: Du kannst auch allein hereinkommen, mein Sohn, kannst dich umsehen nach dem, was dich interessiert. Aber niemals hätte ich mir träumen lassen, daß ein so großer Meister wie Herr Ingegneri, und noch dazu ein Edelmann, ein Instrument in die Hand nehmen und das Opus seines Schülers spielen würde. Es klang so schön, als sie es sangen ... Es waren vier Stimmen, und die Instrumente ...
In Brescia wird man es billig drucken, wenn Euer Gnaden die Kosten übernehmen ... Und die Einnahmen, davon würdet Ihr die Hälfte bekommen, ein Viertel ich ... und ein Viertel soll der arme Doktor für seine vielen Unkosten erhalten, die ihm der Junge macht. Wenn er bei Amati geblieben wäre, würde er bereits verdienen, aber so ...«
»Soll ich das Geld im voraus bezahlen?«
»Es ist so üblich ... nachdem das Werk eine Widmung mit Eurem Namen trägt.«
»Nun, dann schreibt dem Drucker, Messere, daß er ... ja ... meinen Namen kann er auch etwas fetter, in auffälligeren Lettern setzen ... Wie ich sehe, hat der Knabe auch hier, sehr richtig, geschrieben, wer

sein Meister ist . . . Ingegneri? Nun, wenn es so üblich ist! Und mein Name: seht, nur so? Signor Francesco Fraganesco? Ohne einen Titel? Ohne eine Standesbezeichnung? Vielleicht sollte man ›Egregius‹ oder ›Nobilis‹ . . . In der Lombardei ist das mindestens soviel wie in Neapel ein Graf! Ein Glück, daß man hierzulande weiß, wer die Fraganesci sind! Dreißig Scudi im voraus? Wenn Ihr das Manuskript nach Brescia abschickt, Messere, könnt Ihr das Geld bei mir holen. Ich strecke es vor.«

Ein Jahr später gab es keinen in Angelegenheiten der Stadt bewanderten Bürger in Cremona mehr, der nicht wußte, daß von dem im kurzen Mantel zerstreut einhergehenden Sohn des Arztes, dem Schüler des Herrn Ingegneri, schon zwei Musikwerke im Druck erschienen waren und daß eine dritte Sammlung in Venedig gerade zum Druck vorbereitet wurde. In diesen Tagen suchten zwei Kanoniker aus Siena die Buchhandlung Bozzola auf und fragten, wo der ehrwürdige Meister Claudio Monteverdi, der Verfasser der für vier Stimmen komponierten spiritualen Madrigale, wohne. Sie möchten gern für ihren Domchor irgendeine Motette oder ein noch größeres Musikwerk in Auftrag geben. Bozzola lächelte und war gespannt auf die Wirkung: Er schickte seinen Lehrjungen nach Claudio, und nach wenigen Minuten kam Claudio in einem kurzen Wams, unbekümmert, ohne Mütze, mit einem lauten »Laudetur« in den Laden gerannt.
In dem neuen Band waren dreistimmige Werke zu einem Strauß zusammengeflochten. Das Titelblatt bezeichnete den Komponisten auch hier als dankbaren Schüler von Meister Marc'Antonio Ingegneri. Es enthielt einundzwanzig Canzonetten, kürzere Werke für drei Stimmen: verspielt, frisch, launig, als wären sie nur so beim Spiel als Späne in seiner Werkstatt abgefallen. Der Name eines Gönners, eines Mäzens, stand auf dem Titelblatt nicht. Der venezianische Drucker hatte die Kosten bereits vorgeschossen, und Meister Bozzola empfahl das Werk gern Einheimischen und Fremden.
Während der Buchhändler stolz von dem berühmten Sohn der Stadt sprach, entflammte im Hause Ingegneris täglich neu der Wettstreit zwischen Meister und Schüler – manchmal in der mannigfaltigsten Form. Claudio stand da und starrte nachdenklich auf eine Passage in der Messe des Maestros. Sein Finger zeigte fragend auf die eine oder andere Stelle: da horchte Marc'Antonio auf, sagte aber nichts. Bis zum nächsten Tag schrieb er die Passage vielleicht um. Wenn er – gleichsam zur Erholung – ein Werk seiner bis jetzt in acht Bänden erschienenen Madrigale überarbeitete, glitten die Finger Claudios über das Clavicembalo. Sein Gesicht war lauter Lächeln, er durfte dem Meister dessen Werk vorspielen. Plötzlich hielt er inne und schaute zu Ingegneri empor. Der geriet in Zorn, brummte schimpfend vor sich hin, dann setzte er sich doch heran, korrigierte, schrieb neu. Claudio hatte

gesiegt. Der Meister – den viele »Divino« nannten, wie man einst Petrarca und später Aretino diesen Beinamen gegeben hatte – in seiner Arbeitsjacke mit geflickten Ärmeln, trommelte mit den Fingern auf die Tischplatte, dann stand er auf, nahm sein Lieblingsinstrument, die Viola da braccio, in die Hand und spielte ... als wollte er die entschwindende Melodie einfangen. Endlich neigte sich der lange Kopf Claudios nach vorn: er lachte. Sie kannten einander, in diesen Augenblicken waren Meister und Schüler glücklich.

Ingegneri leitete aber auch sicher in der ihm eigenen überlegenen Art. Scheinbar kümmerte er sich kaum um ihn, als interessierte ihn gar nicht, was Claudio trieb. Der Junge verlor den Mut, zerriß das Notenblatt, hörte mit seinem Versuch auf. Dann stand er auf, ging hinaus, kam zurück, setzte sich wieder hin und begann von neuem. Es ging auch jetzt nicht. Hatte er die Stimmen nicht gesetzt wie die Regeln es erforderten?! Doch sagte die Musik ihm noch nicht alles, was der Text ausdrückte. Gegenüber stand die Sankt-Bartholomäus-Kirche. Er sprang auf und lief hinüber. Die Totenmesse war fast zu Ende. Der alte Kantor überließ dem Schüler des Divino gern die Orgel. Im Augenblick war der Altardienst im Gange, und das Instrument hatte zu schweigen. Als aber das »Lux aeterna« an die Reihe kam, erklang die Orgel unter den Händen Claudios. Mit zauberhafter Geschwindigkeit glitten seine Finger über die Tasten, es mutete an, als breite ein Zaubergarten seine Blumen aus, und seltsamerweise entfaltete sich aus der Synthese von Klage und Trauer etwas Heiteres, ein paradiesisches Bild. Es war, als weinten die Trauernden weniger bedrückt, die Ministranten schauten hinauf und flüsterten dem Geistlichen zu: »Oben spielt Claudio.« Eine versöhnende, den Schmerz lindernde sanfte Andacht erfüllte die Kirche. Als die Trauernden die Kirche verließen, verharrten sie. Die Witwe sagte in ihrer Verlegenheit »Messere« statt »Du, Claudio« und hätte dem Jungen einen Scudo in die Hand gedrückt, wenn dieser sie nicht mit klaren, durchdringenden Augen angesehen und gesagt hätte: »Ich habe an den Seligen gedacht, er hat uns im vergangenen Herbst einen Korb Äpfel gebracht.« Er grüßte und rannte zurück in das Haus Ingegneris und fand dort den Meister über die halbfertige Komposition seines Schülers geneigt.

»Versuch es auf dem Clavicembalo«, der Meister hatte an der Stimmführung einiges geändert. Es waren die begleitenden Stimmen gewesen, welche den führenden Tenor nicht gebührend gestützt hatten. Jetzt aber hob er sich triumphierend heraus. Der Maestro konnte nicht widerstehen: Sein weicher Bariton intonierte den Text. Der Divino sang freilich nicht mehr vor der Öffentlichkeit, das hätte seiner Würde Abbruch getan, aber hier in seinem Zimmer verwandelte er sich wieder in den einstigen Chorsänger in Verona, der sich Schritt für Schritt emporgearbeitet hatte. Es war die Stunde der Gnade: Meister und Schüler fanden in dem Werk des Jungen ohne Neid und beglückt zusammen.

Sie begannen von vorn, indessen öffnete sich die Tür, Frau Margherita trat ein: »Heute abend gehe ich zu den Eltern Claudios und berichte, was ihr Sohn schon kann.« Dabei dachte sie, daß sie Baldassare bei dieser Gelegenheit um eine Salbe für ihren schmerzenden Knöchel bitten könnte. Aber plötzlich wurde sie auf den Text aufmerksam: Hat den der Knabe auch selbst geschrieben? Es war durchaus kein frommer Text mehr. Von Feldern und Gärten, von der nahenden Liebe, unumwunden von »amare« war darin die Rede, vom Hirschensprung, von der Zartheit goldener Früchte: Als würde sich alles jetzt entfalten, einen Tag vor dem Mai . . .

5

Er war zweiundzwanzig Jahre alt . . . Zwei Briefe trug er in der Tasche seines kurzen Mantels. Zwei Gönner aus Cremona, Padre Canisio, der fromme Kanoniker, und Graf Marco Verità, dankten ihm damit, daß er das erste und das zweite Buch der Madrigale ihnen gewidmet hatte: Sie ebneten ihm den Weg in die Hauptstadt, nach Mailand, und zum Senatspräsidenten Jacopo Ricardi. Claudio war aus seinem ärmlichen Quartier am frühen Morgen aufgebrochen, um sich erst in der großen Stadt umzusehen, ehe er sich ein Herz faßte, sein Begehren vor seinem künftigen Patron persönlich vorzutragen.
Am Vorabend, als er mit der Postkutsche aus Cremona kommend in der Stadt eintraf, landete er in einem Labyrinth verkehrsreicher Straßen. Die Schranke war noch geöffnet, am Stadttor sah er spanische Musketiere, der andalusische Schreiber mit einem Zigeunergesicht prüfte – mit einer Brille auf der Nase – seine Papiere und schüttelte mißbilligend den Kopf, weil Claudio auf seine spanische Frage italienisch geantwortet hatte. »Soviel hättest du von der Sprache deines Königs schon lernen können, Junge!« fuhr er ihn an, als er auf seinen Paß den Stempel drückte, dessen Wappenschild der habsburgische Doppeladler schmückte.
Morgens sieht jede Stadt verändert aus. Auf dem Domplatz vor dem Palast des Statthalters wurde gerade die Wache abgelöst. Rote Federbüsche wehten auf den Helmen, eiserne Schuhe dröhnten, voran schritt eine Abteilung Lanzenträger, dahinter eine Kompanie Musketiere. Die Offiziere trugen riesige Hüte mit wehenden Federn, hatten gezwirbelte Schnurrbärte und spitze Kinnbärte und schauten hochmütig und starr auf die Passanten, von denen keiner gewagt hätte, selbst auf Steinwurfweite entfernt, den Weg der Wache zu kreuzen. Eine Trompete schmetterte, der harte, fremde Metallklang schrillte über das unebene Kopfsteinpflaster: Claudio hielt sich erschrocken die Ohren zu.
Es war Freitag. In den Kirchen wechselten um diese Zeit die verschie-

denen Zeremonien einander ab, in den Schenken und Gasthäusern der Stadt durften nur noch dünne Suppen und höchstens Fischgerichte serviert werden. Die Inquisition wachte sorgfältig, daß an diesem Tag keine Fröhlichkeit herrschte, daß Ehen nur »in extremis« geschlossen und keine Kinder getauft wurden. Wenn Markt war, brachte man die Possenreißer, Puppenspieler und Gaukler zum Schweigen, in der Stadt Mailand durften keinerlei »Rappresentazioni« stattfinden, im Theater kein Drama, kein Sing- oder Schauspiel aufgeführt werden, sobald der Freitag angebrochen war.

Claudio stand vor der Pforte des Domes. Der weiße Marmorbau mit seinen riesigen Proportionen dünkte ihn wie eine furchteinflößende Festung: Er war wie eine Stadt, die von aufeinanderfolgenden Generationen im Verlaufe von Jahrhunderten erbaut worden war. Nun erhob sie sich mit wundervollen Statuen geschmückt als Abschluß des riesigen Platzes. Das Volk strömte hinein. Von den Stufen konnte Claudio sehen, wieviel Menschen schon zu dieser Morgenstunde auf der Straße waren, herumlungernde, neugierige, andächtige: als würde die große Stadt ständig wogen von Kutschen, Reitern, Wagen und Fuhrwerken . . . Die spanischen Reiter kamen auf gepanzerten Rossen, gefolgt von ihren schmucken Waffenträgern in bunten Pluderhosen, Landsknechten mit Hellebarden; sie alle zogen zum Dom.

Man hatte den Eindruck, der Platz wäre abgeschlossen, doch zugleich wirkte er endlos. Die Orgel spielte eine alte Motette. Dann erklang in der düsteren Pracht tiefer Männerstimmen der für die Trauer am Freitag geschriebene lateinische Text.

Als er den Dom wieder verließ, bedeckte er sich die Augen, so blendend gleißte die Sonne: Als würde sie sich in dem Marmor spiegeln. Die zurückgeworfenen Strahlen waren noch stechender, noch drükkender. Mailand hat keinen Tiber und keinen Arno, damit der Wanderer im Schatten der Platanen und Weiden an ihrem Ufer ausruhen könnte. Der große Zauberer, Leonardo da Vinci, hatte für den launischen Herzog einen Kanal entworfen. Wäre er gebaut worden, hätte man durch mehrstufige Schleusenanlagen die Schätze der Lombardei und die Fische vom Po bis nach Mailand transportieren können. So umgab die Stadt nur ein schmaler, schlammiger Kanal, der zwischen den flachen Ufern nur wenig von stinkendem Laichkraut und Wasserfäden überzogenes Wasser führte. Um diese Zeit, wenn der Mittag nahte, hielt sich der glücklichere Teil der Stadtbewohner zu Hause in sorgfältig verschlossenen Wohnungen auf: Sie hielten Siesta oder gingen ruhig ihrem Handwerk nach. Nur selten betrat noch ein Passant einen Laden. Die Spanier gingen auch nicht mit gutem Beispiel voran. Um die Mittagszeit konnte man keinen von ihnen in den vielen Ämtern der Stadt finden. Die Priester waren die einzigen, die mit der Genauigkeit des Ritus ihren Dienst in den unzähligen Kirchen Mailands versahen.

Claudio ließ sich von einer Erinnerung leiten. In einer alten Chronik hatte er von dem einstigen wundertätigen Bischof Mailands gelesen, der wohl vor über tausend Jahren gelebt und ein wenig auch über die Stadt geherrscht hatte. Er suchte nach Erinnerungen, nach Spuren von Ambrosius, dem ersten großen musikliebenden Bischof, der neben alttestamentlichen Psalmen auch die zarte Pflanze christlicher Hymnen nährte. Auf den Stufen des Domes fragte er in cremonesischem Dialekt, wie er zur Basilika des heiligen Ambrosius gelangte. Der Mann zuckte mit den Schultern und zeigte mit der Hand weit . . . weit . . . Er maß den Jüngling verwundert, als wollte er fragen: Genügt dir für heute eine Kirche nicht? Anfangs glaubte Claudio, sich leicht zurechtzufinden. Von dem Platz gingen strahlenförmig breite Straßen aus. Auf beiden Seiten standen Paläste mit prachtvollen Fassaden, hinter denen entweder hohe Herrschaften wohnten oder spanische Ämter ihren Sitz hatten, und entsprechend sah man in den Toren herumlungernde lombardische Diener oder katalaunische Hellebardisten mit abstoßenden Gesichtern. Aber wenige Schritte weiter folgte bereits ein Labyrinth von engen Gassen, durch die der Fremde plötzlich in ein anderes, echteres, älteres Mailand gelangte. Überall gab es offene Feuerstellen, Weinschenken, flüchtig eingerichtete Fladenbäckereien. Hierher verirrte sich selten eine spanische Patrouille, und wenn sie doch mal ihren Weg nach hier einschlagen sollte, kündigten sie die Burschen aus der Mündung der Via Meravigli mit einem Pfiff an. Dann verzogen sich die herumlungernden Tagediebe, die ihre Reize feilbietenden Freudenmädchen und die Garköche. Wenn das Dröhnen der eisernen Schuhe verhallte, verschmolz erneut der tausendfarbige lombardische Menschenstrom miteinander.
In der Seele der Stadt wallte tiefer Haß, Fäuste erhoben sich in die Luft, wenn die Stille von spanischen Worten unterbrochen wurde. Allein wagte sich nie ein spanischer Soldat zur nächtlichen Stunde in diese engen Gassen; eine Schlinge genügte, um einen Krieger König Philipps in Mailand für immer verschwinden zu lassen. Hier spürte Claudio den Haß, im Stadtviertel der Armen, wo alles Elend an das bessere Gestern erinnerte. In dunklen Behausungen riesiger Mietskasernen lebten Generationen zusammen, aus den als Zimmer gepriesenen Löchern schaute die bittere Not heraus: Zum Skelett abgemagerte Kinder, verängstigte Greise, Mädchen in zerlumpten Hemden lungerten auf den Höfen. Furchteinflößende Stille, erzwungenes Nichtstun und ohnmächtiger Haß saßen über der Stadt. Gestern noch war Mailand die am meisten pulsierende Hauptstadt in Italien, aber seit die Staatskanzlei in Madrid die Zollgrenzen hatte schließen lassen, war es dem lombardischen Herzogtum untersagt, Waren aus- oder einzuführen.
Claudio erreichte die Ecke des Sankt-Ambrosius-Platzes. Eine einsame Säule stand auf dem Platz. Ein Mönch zeigte ihm die Einbuchtung

daran. Vor tausend Jahren habe der Satan in seiner Wut den Porphyr mit den Hörnern beschädigt, als es ihm nicht gelungen war, den Bischof in Versuchung zu führen. Erst mußte Claudio eine riesige offene Halle durchschreiten: Hier warteten in den ersten Jahrhunderten im kalten lombardischen Winter, bei Schnee und Regen, die Täuflinge. Ringsherum berichteten Grabsteine mit lateinischen Inschriften die Geschichte der Menschen, ihre Bekehrung und ihr Dahinscheiden. Die Kirche schien sich mit ihren Mosaikfeldern ins Endlose zu erstrecken. Der Erlöser ragte in die halbe Kuppel empor, wie der über der Welt thronende König. Als Kanzel diente ein römischer Sarkophag. Ob Ambrosius darauf gestanden haben mochte, als er zu der Menge sprach ... und wo mochte er in jener Nacht gewesen sein, als die Arianer die Kirche belagerten? Damals ... in jener Nacht nahm Ambrosius den Psalter, und um sein Volk gegen die nahende äußerste Gefahr zu rüsten, stimmte er selbst einen Psalm an. Erst lauschten die Gläubigen stumm, dann fielen sie in den Gesang mit ein. Die Stimmen der Todgeweihten erfüllten die Basilika. Die Legende berichtet, daß der in den Turm hinaufgeschickte Knabe beim Morgengrauen meldete, die Belagerer seien verschwunden, das Entsatzheer sei eingetroffen. Ja ... sicher war hier das Tedeum des Ambrosius erklungen. Die Bevölkerung Mailands brauchte nicht zu sterben.
Hier mochte er gestanden haben, wo jetzt der Jüngling in seinem kurzen Cremoneser Mantel mit einigen Scudi und seinem Madrigalheft im Ranzen verharrte. Um die Stadt zu erobern – wie einst Ambrosius. Die Uhr schlug elf. Würde er vor den mächtigen Herrn Ricardi, den Präsidenten des Senats, gelangen können?
Vor dem gelbgestrichenen Palast stand spanische Wache: Ihr Leutnant verstand nicht, was der junge Mann begehrte und zeigte. Zum Glück fanden sich welche, die auch italienisch konnten. Ein zweiter Sekretär musterte den Burschen erst spöttisch. Dann sah er in seiner Hand den Notenband, und da er wußte, daß der Präsident ein allgemein bekannter Freund der Künste war, sagte er etwas zu dem Offizier der Wache, und einige Minuten später trat Claudio bereits vor Herrn Ricardi.
Vor dem hohen Herrn lag ein ganzer Stoß Schriften, in dem Raum stand ein breites Schreibpult, an dem zwei spanische Mönche arbeiteten. Der Sekretär meldete mit tiefer Verneigung seinem beleibten Herrn, daß der Jüngling in Besitz der vorgezeigten Empfehlungsschreiben ersuche, von Seiner Exzellenz empfangen zu werden.
Ricardi griff neugierig nach dem Madrigalband, ohne die Empfehlungsschreiben noch das Bürschlein in dem kurzen Mantel besonders zu beachten. Er spitzte die Lippen, pfiff leise vor sich hin, sein Kopf neigte sich zur Seite, und mit dem Finger ahmte er den Chorleiter nach. Das gedruckte Madrigal verwandelte sich in einem kurzen Augenblick zu einer zwar verzerrten, aber lebendigen Wirklichkeit.
Allmählich wich die nach spanischer Mode zur Schau getragene Starr-

heit von dem beleibten Marchese mit dem Doppelkinn und dem aufgedunsenen Gesicht. Plötzlich lächelte er, als hätte unverhofft die Sonne aufgeschienen.

»Und hast du ... habt Ihr, Messere, ein Instrument mitgebracht?« (Einen Augenblick hatte er gezögert, mehr als ein Du stand dem Bürschlein nicht zu, aber nach zwei Bänden Madrigale schickte es sich, ihn mit Messere anzusprechen.)

»Eine Viola da braccio, Eccellenza!«

»In meinem Hause findet heute eine kleine Feier statt: Herzog Sidonia und Graf Albuquerque, die aus Madrid herüberkommen sind, werden mein Heim beehren. Da könnt Ihr Eure Kunst zeigen. Ihr seid wohl kein Edelmann?«

»Ein Bürger aus Cremona ...«

»Freilich ... ein Bürger, nun dafür könnt Ihr nicht. Aber solltet Ihr ein besseres Gewand haben ... so zieht das an ... Ihr habt eins? Dann ist es gut. Sprecht Ihr kein Spanisch? Schade ... aber nicht schlimm, Ihr werdet Euch auch italienisch verständlich machen können. Es werden auch Lombarden unter den Gästen sein. Übrigens hasse ich das alberne Wort Italiener. Es ist zu bequem und trifft überhaupt nichts. Es ist nur Wasser auf die Mühle der Revolutionäre. Vereinigtes Italien! Wirklich lächerlich. Damit Ihr mir das Wort vor den spanischen Herren ja nicht aussprecht.

Dann also heute abend ...«

Ricardi führte ein großes Haus. Wenn durchreisende Granden aus Kastilien den Präsidenten des Senats der lombardischen Provinz beehrten, lobte er die großartigen spanischen Bräuche. Dabei jedoch – nicht umsonst war er ein schlauer Lombarde – achtete er darauf, daß die Hand des Katholischen Königs nicht zu schwer auf den armen Mailändern lastete. Die beiden Granden aus Madrid in ihren steifen Mühlsteinkrausen, mit ihrem spitzen Bart und gezwirbeltem Schnurrbart muteten an, als wäre einer das Spiegelbild des anderen. Ricardi schwänzelte um sie herum, und es schien, als kümmerte er sich kaum um die anderen Gäste. Auf der Tafel gab es keine Blumen: Ihr Welken würde die spanischen Herren zu sehr an die unausbleibliche Vergänglichkeit gemahnen. Der Erzbischof, der die Spanier haßte, hatte sich entschuldigen lassen und statt seiner einen Prälaten geschickt. Einige Würdenträger aus der Stadt und ein Großneffe des Herzogs von Mantua, ein junger Gonzaga, vervollständigten die Abendgesellschaft. Der einheimische Zwerg des Präsidenten mischte spanische, neapolitanische und lombardische Worte durcheinander, torkelte, scherzte und versuchte, die Granden zum Lachen zu bringen. Aber sie verzogen keine Miene, schauten mit überlegenem, kaltem Blick auf dieses »provinzielle« Schauspiel.

Nach dem Abendessen fühlte der am unteren Tischende sitzende Claudio, daß sich der Blick der Obenansitzenden ihm zuwandte. Ricardi er-

klärte im schnellen, mit italienischem Akzent gesprochenem Spanisch, daß es ihm gelungen sei, den berühmtesten Madrigalkomponisten aus Cremona für seinen Abend zu gewinnen. Mit einem gezwungenen Lächeln zeigte er auf ein kleines Podium, auf dem ein Clavicembalo stand. Claudio verneigte sich, nahm Platz an dem unbekannten Instrument und ließ die Finger stumm über die Tasten gleiten. Ricardi hob den großen, dicken Kopf. Gespannte Stille herrschte in dem Saal, als hellklingend, metallisch die Saiten erklangen. Es war das Vorspiel, dessen Tonart das geistliche Lied verriet. Er sang aus den Cantiunculae mit lateinischem Text und begleitete sich selbst. Das fand offenbar den Gefallen der spanischen Herren: Sie nickten beim Erklingen des kirchlichen Gesanges und nahmen die riesigen Federhüte ab, die sie während des ganzen Mahles aufbehalten hatten. Ricardi hob zufrieden den Kopf: Alles ging gut, die Stimme des jungen Mannes war rein, klangvoll, ein geschulter Tenor. Er vibrierte nicht mit der Stimme, wie die hiesigen Sänger, und auch den Text sprach er klarer und deutlicher.
Claudio hielt einen Moment inne. Er lächelte, als er den Akkord auf dem Clavicembalo anschlug und sprach leise, fast nur dahingehaucht den Titel: »*Se andasse Amor a caccia,* nach dem Text Meister Torquato Tassos.«
Bei dem Wort Amor hob der spanische Herzog den Kopf: Nun war es vorbei mit den geistlichen Liedern. Die beiden Granden zogen sich in den Schatten ihrer riesigen Hüte zurück, nur das Blitzen ihrer leuchtenden dunklen Augen verriet, daß sie dem Vortrag mit gespannter Aufmerksamkeit folgten.

Wenn Amor zur Jagd zöge,
Würde Grechino ihn gern begleiten,
Um den verfolgten Damen auf der Spur zu bleiben.
Wie anmutig sie sind, wie schön,
Alle ganz reizende Wesen,
Kindlich beschwingt ihr Schritt.
Grechino, du schlauer, du falscher,
Sollte dein Schicksal es so wollen,
Daß Amor heute zur Jagd zieht,
Ergreif die Frauen, wenn sie vor seinem Pfeil fliehen ...

Die Gäste an der Abendtafel, besonders die Spanier, erschreckte fast diese neuartige, weltliche Musik, ihre an gewohnten Harmonien geschulten Ohren faßten die ungewohnten Dissonanzen kaum ... Die aus den alten Madrigalen ausstrahlende plastische Ruhe schien verflogen: Diese Musik löste sich nicht vom Text, lief neben ihm her, schmückte ihn aus, war erregend gespannt, entfaltete sich, um den Höhepunkt des dramatischen Ausgangs zu erreichen. Und wenn sie den Gipfel erreichte, fiel sie zusammen, erlosch, hatte keine Fortsetzung. Die spanischen Gäste steckten die Köpfe zusammen. War das, was sie da hörten, keine Revolte? Vereinbarte sich das mit den Regeln? Aber der Blick des Jünglings war so klar, so offen, er schaute fragend auf den Hausherrn und wartete, bis Ricardi nickte. Nun hörten sie das nächste Madrigal: *Non si levava alba*... Noch ist der Morgen nicht erwacht... Die Stimmen, wie sie emporstiegen, trugen noch das weiche Grau der Nacht, aus wallendem braunem Nebel entfaltete sich nur langsam, ganz allmählich das Morgenrot... Und dann erklang ganz sanft, als würde es dem jungen Tag in dem eben erst erwachenden Wald lauschen, das Lied.

Noch ist der neue Tag nicht angebrochen,
Noch glänzt die Sonne nicht im Gefieder der Vögel,
Noch leuchtet strahlend Amors Stern am Himmel
Und verfolgt die Schritte zweier Liebender,
Die die glückliche Nacht schloß in ihre Arme.
Sie umschlingen sich wie Akanthuszweige,
Tauschen Liebkosungen, vergießen süße Tränen,
Mit heißen Küssen und bitteren Seufzern
Zögern sie den Abschied hinaus.
Tausend Gedanken kommen auf, tausend Wünsche steigen,
Tausend Verlangen, die nicht mehr in Erfüllung gehen.
So bricht er an, der neue Tag,
Überzieht mit seinem Licht die Liebenden.

Niemand griff in die Schale nach einer Feige, die Pagen standen mit den Krügen in der Hand wie angewurzelt da. Claudio nahm die Viola und ließ sie erklingen: Es war die Melodie der *Cantai un tempo.* Die Finger umschlossen den Hals des Instrumentes, der längliche Kopf neigte sich über den Körper der Viola. Als der letzte Ton verklungen war, verneigte sich Claudio und war schon im Begriff, sich in eine dunklere Ecke des Saales zurückzuziehen, als Ricardi ihn zu sich winkte.

Der Großherr war zum Italiener geworden, die gespielte spanische Steifheit aus seinem Gesicht gewichen, und Claudio dünkte, als glänzten Tränen in seinen Augen. Er reichte ihm die Hand und schüttelte ihm die Rechte. Und nun schien sich ein echtes Wunder zu vollziehen: Der siebente Herzog von Medina Sidonia lüftete im Sitzen leicht den Federhut und raunte kaum hörbar: »Muchas gracias.« Graf Albuquerque (in dessen blaublütige Familie, wie die Fama berichtete, vor etwa zwei Jahrhunderten auf bedauerliche Weise Blut des Oberrabbiners von Saragossa gekommen war) zog hierauf einen schmalen Ring mit

einem grünen Stein vom Finger und reichte ihn dem jungen Monteverdi. Ricardi war glücklich: Es war ihm also gelungen, die spanischen Granden heiter zu stimmen, und ganz sicher würde man auch in Madrid von diesem Empfang in Mailand erfahren.
Als Claudio an den Tisch zurückging, wußte er nicht, ob er die Schlacht dieses Abends gewonnen hatte oder nicht. Ricardi hatte ihn gelobt, aber kein Wort darüber gesagt, ob er in das Orchester der Provinz oder des Hofes gelangen könne. Er hatte so wenig Geld, daß er höchstens noch zwei Tage in dieser teuren Stadt bleiben konnte, wo man selbst für ein Glas Wasser bezahlen mußte. Aber als er seinen Stuhl erreichte, begegnete sein Blick plötzlich einem jungen Augenpaar. Ein fröhlicher junger Mann umarmte ihn heftig.
»Messere, ich lege Euch mein Herz zu Füßen. Es war wundervoll ... Der Gesang, das Spiel ... die Komposition. Verzeiht, mein Name ist Cesare Gonzaga ... Ja, ich komme aus Mantua und bin heute zu Gast im Hause des Statthalters. Nein ... glaubt nicht, daß ich ein naher Verwandter Seiner Hoheit bin. Er ist mein Großonkel ... unsere Familie zählt an die dreißig Mitglieder. Um alle kann sich der Herzog gar nicht kümmern, besonders wenn es sich nicht um Damen handelt, sondern um einen jungen Mann wie mich ... Aber eins ist sicher, wenn ich heimkomme, werde ich mit Seiner Hoheit sprechen. Hättet Ihr Lust, Messere, zu uns nach Mantua zu kommen? Unter uns gesagt, ich sehne mich keine Minute hierher nach Mailand ... Die hier sehen aus, als hätten sie einen Spieß verschluckt, sobald sie einen spanischen Granden erblicken. Diese braven Lombarden werden sich nie in kastilische Granden verwandeln können ... und doch versuchen sie, diese nachzuahmen. In solchen Situationen fühlt man, daß unser kleines Land eine ganz andere Welt ist! Auch in Mantua gibt es freilich so manches Übel ..., aber wir haben wenigstens keine, ich sage es leise, von diesen verdammten Spaniern. Kommt zu uns, Claudio. Unsere ganze Stadt liebt die Musik ... Wenn Ihr die Straßen entlanggeht, bei Tag ... und bei Nacht ... überall hört Ihr die Flöte spielen, die Viola d'amore ... und was weiß ich, welche Instrumente noch. Das kommt daher, daß unser seliger Herzog, mein ehrenwerter Oheim Guglielmo, der Bucklige, selbst auch jeden Tag musiziert hat. Er komponierte Madrigale, und ich habe selbst gesehen, daß er manchmal sogar an den Rand von Schriftstücken winzige Noten malte. Bei einem Todesurteil war es vielleicht ein Miserere ... wenn er jemand Gnade gewährte: ein Deo Gratias. Glaubt mir, Messere, für einen jungen Musikus kann es keinen besseren Ort als Mantua geben ... so liebenswürdig ist der Hof und so gutherzig sind die Damen. Übrigens, die Art, wie Ihr Eure Madrigale vorgetragen habt, war so gut, daß man das Fehlen der übrigen Stimmen gar nicht bemerkt hat. Ich habe noch eine Bitte: gebt mir Eure Madrigalhefte mit, damit ich, wenn ich nach Hause komme, bei meinem Großonkel meinen bescheidenen Worten damit Nachdruck verleihen kann.«

»Wenn Euer Exzellenz sie mitnehmen wollten . . .«.
Die Augen der beiden jungen Männer lachten einander zu.

In dem engen, gemieteten Zimmer erwachte er mit brummendem Kopf: Der gestrige Abend erschien ihm wie ein Traum. Er zählte sein Geld. Bis morgen mußte er durchhalten. Ricardi hatte ihm beim Abschied wie beiläufig gesagt, er erwarte ihn um fünf im Palast des Senats.
Viel Zeit bis zum Nachmittag. Er machte einen Spaziergang um den Castello, der gleich einem Habichtshorst über dem Gewissen der Stadt saß: Davor und dahinter spanische Wachposten, in den Schießscharten Kanonen – den winzigen Häusern gegenüber. Er streifte umher, ging die lange Radialstraße bis hinaus zu den römischen Säulen, kehrte um, warf einen Blick in die Kirchen, suchte das wundervolle Werk Meister Leonardos, das »Abendmahl«, und fand es im Kloster, einem roten Ziegelbau. Das Antlitz Mailands änderte sich ständig. Als er den kleinen Platz erreichte, schien es, als hätte die Sonne alles mit glühender Lava übergossen. Hier also hatte der Meister gelebt? Ein Mönch zeigte ihm den Weg. Im zweiten Saal empfand er erst nur den Hauch der kühlen, feuchten Wände, dann entdeckte er das Fresko, dessen Farben nicht glänzten, eher kraftlos waren. Aber das Bild selbst war so herzergreifend schön, daß er sich an die gegenüberliegende Wand lehnen mußte. Sein Blick glitt von Apostel zu Apostel, und er sah, wie Leben in jedes Gesicht zog, zur Bewegung wurde: als würden sich alle zugleich im Rhythmus bewegen, würden in irgendeiner unbekannten Sprache zu sprechen beginnen – ihre Augen lebten auf, die Farben verwandelten sich in menschliche Körper, und das einfallende Licht glitt über die Falten der Gewänder. Er sah die Zerstörung des bröckelnden Putzes und der zerfressenen Farben nicht mehr – je länger er es betrachtete . . . vielleicht stundenlang, um so rhythmischer, um so durchgeistigter wirkte das »Abendmahl«.
Er verließ den Raum, saß eine Weile im Garten, bis der Frater seine Schulter berührte: Es ist Mittag, mein Freund, wir schließen, es ist Zeit zum Mittagessen. In einer Seitengasse der Hauptstraße verzehrten junge Männer seinesgleichen ihr Mittagessen. In einer riesigen Tonschüssel dampfte safrangelbe Mehlspeise, im Steinkrug stand blaßroter dünner Wein, und das Brot war schliff und schmeckte nach Kleie. Wer mit dem Essen fertig war, suchte in seiner Tasche und legte dem im Sonnenschein blinzelnden Wirt einige kleine Münzen hin, der diese einstrich und kaum zum Gruß nickte.
Zu Hause angelangt, kleidete sich Claudio sorgfältig an, ehe er zu dem Großherrn ging. Er ließ sich in seinem Quartier ein Tintenfaß und einen Federkiel geben. Mit großen Buchstaben schrieb er auf das Titelblatt des zweiten Madrigalbandes: »Seiner Exzellenz Jacopo Ricardi dem hochverehrten Präsidenten des Rates Seiner Katholischen Maje-

stät und des Senats.« Mit Wohlgefallen betrachtete er es: Die gefällige, kalligraphische Schrift ergänzte glücklich die venezianische Druckkunst.

Eine halbe Stunde mußte er warten, ehe er zu Ricardi vorgelassen wurde. Dieser reckte und streckte sich gerade, beendete schnaufend die Siesta, die vom frühen Vormittag bis zum späten Nachmittag reichte und nur durch das Mittagessen unterbrochen wurde.

»Es war schön, sehr schön gestern abend ... Auch die Gäste waren zufrieden. Und das ist viel, sehr viel. So kann man bei *denen* etwas erreichen, amice. Kommen wir zur Sache. Jederman weiß, daß Seine Majestät sehr sparsam ... ich könnte sagen ... geizig ist. Das heißt, er selbst ist freigebig, aber seine Ämter ... In Madrid ... Ich selbst kann keinerlei Entscheidung treffen, kann nur per Post einen Vorschlag unterbreiten. Zum Beispiel könnte ich schreiben, daß die Kapelle des Hofes ... des Statthalters vervollständigt werden muß, man möge Euer Ehren in der Hofkapelle als Sänger oder als Musikus einstellen. Der Statthalter selbst weilt jetzt nicht in Mailand, aber er wird sicher dankbar sein für meinen Vorschlag. Ich möchte hinzufügen, daß Geduld eine leuchtende Tugend bei einem jungen Mann ist. Ihr müßt zu Hause in Ruhe abwarten, bis Seine Majestät König Philipp eine Entscheidung trifft. Warum seid Ihr verwundert? Wir müssen in viel geringfügigeren Angelegenheiten um die höchste Entscheidung ersuchen. Wen wundert es, daß alles lange dauert, wenn in Madrid – wie die Herren erzählen – tagtäglich alle schlafen und nur Seine Majestät arbeitet und wacht. Aber das ist nicht Eure Sache. Nur noch soviel: Bei den Spaniern, merkt Euch das, zählen die Tage nicht, bei ihnen heißt es nicht: hora ruit, sie tun alles mit Blick auf die Ewigkeit. Jetzt haben wir Sommer ... bis zum Herbst kommt die Antwort sicher ... spätestens bis Weihnachten. Inzwischen wartet geduldig in Cremona und befolgt getreu die göttlichen und menschlichen Gesetze, damit keine Klagen über Euch kommen, denn dann kann ich nichts für Euch tun. Wenn Seine Majestät Eurer Einstellung zustimmt, werde ich nicht säumen und Euch benachrichtigen. Es ist aber auch, leider, nicht ausgeschlossen, daß König Philipp der Ansicht sein wird: Dem Hof in Mailand genügen siebzehn Musiker ... Dann allerdings – bin ich völlig machtlos. In dem Fall kann ich Euch nicht helfen. Damit Ihr aber doch nicht ganz umsonst gekommen seid ... für die Widmung ... und für den schönen Abend gestern, nehmt diese drei Dukaten von mir!«

6

Der Wächter des Klosterkerkers Sant'Agata in Ferrara kannte seine Kranken: den fast regungslos vor sich hinstarrenden, stillen Irren, die in Ketten gelegte geistesgestörte Frau, den Schwachsinnigen mit dem glanzlosen Blick, den von Geschwüren geplagten Söldner, der ganze Tage lang gegen die Wand seiner Zelle hämmerte. Am meisten fürchtete er jedoch den edlen Herrn Torquato Tasso. Er war Wärter und Krankenpfleger in einer Person, denn der Medikus des Herzogs besuchte Sant'Agata nur ganz selten, um einen Blick in die unterirdischen Verliese oder die besseren, geräumigeren Zellen zu werfen, den langen dunklen Gang entlangzugehen und die Suppe der Kranken zu kosten.

Schon seit sieben Jahren lebte Tasso, der Dichter, hier, dessen Namen selbst die Herrscher kannten. Nur so war es denkbar, daß man ihm häufig Geschenke brachte, mit Speisen gefüllte Körbe und seltene Bücher. Aber Meister Torquato empfing die Dinge und die Menschen entsprechend der geheimnisvollen Kurve seiner guten oder schlechten Tage. Es gab Zeiten, da starrte er mit gläsernem Blick vor sich hin, unbemerkt flossen die Stunden an ihm vorbei – bis auf ein unbekanntes inneres Zeichen hin das Licht in seinem Gehirn aufleuchtete. Dann griff er rasch nach Papier, seine Feder glitt schnell über den Bogen, wenn er ein Blatt vollgeschrieben hatte, fegte er es zur Seite: Überall auf dem steinernen Fußboden sah man Tintenkleckse, begonnene, ganze oder zerrissene Blätter Papier.

Manchmal unterhielt er sich ungetrübt mit seinem Wärter Giacinto, rief ihn zur Abendzeit zu sich herein, um mit ihm zu bechern. In solchen Stunden mochte er die Einsamkeit nicht. Aber schon bald wurde er unruhig, düster. War er allein, wenn die Dunkelheit in seine gewölbte Zelle einzog, verstellte er mit dem Regal die Tür, fürchtete Gefahr, bangte vor Angreifern, die nur in seiner Phantasie existierten. Wenn er dann eine Lampe bekam, beruhigte er sich, aber nur solange, bis der Wärter das Essen brachte. War die Suppe gesalzener als gewöhnlich oder gewahrte er am Apfel einen Fleck, sah er darin schon die giftmischende Hand seines geheimen Verfolgers. Er war noch kein alter Mann, aber in seinem abgemagerten Gesicht leuchteten nur die beiden Augen. Seit sieben Jahren lebte er hier nach dem Willen des Herzogs von Ferrara, und er hatte das Gefühl, eigentlich in einem Sarg gelandet zu sein, dessen Deckel man zugeschlagen hatte.

Giacinto berichtete den Besuchern, den schlimmsten Anfall habe der Edelmann erlitten, als er ihm arglos ein aus Venedig gekommenes Päckchen in die Zelle brachte. Ja, er kannte die ganze Geschichte schon auswendig: Ein gewisser Celio Malaspina hatte ohne Zustimmung, ja sogar gegen den ausdrücklichen Willen des Dichters von dessen Freunden das Manuskript des »Befreiten Jerusalem« für billiges Geld erworben, es nach der Art eines Freibeuters der Literatur mit seinen ungeschliffenen Versen gespickt drucken lassen und, den Ruf Tassos nützend, auf den Markt gebracht.

Ja ... das war sein ärgster Anfall. Zuerst blätterte der Kranke nur in

dem Buch, dann schien sich die einstmalige Klosterzelle in ein Tintenmeer zu verwandeln. Papierbogen flogen, jedes einzelne Blatt zerriß er in Stücke, schreckliche Verfluchungen knurrend, jammernd und klagend bat er um den Priester, bis er schließlich in Tränen ausbrach, wodurch sich seine Erregung ein wenig legte.
Das war noch im Frühjahr, seither mußte man auf den Kranken ganz besonders achten. Ihm freilich hatte man gesagt, es sei dies der einzige Band gewesen, der für einen Verehrer gedruckt worden war. In Wirklichkeit hatte die Ausgabe des gerissenen Celio ganz Italien überschwemmt. Es gab keinen Schriftkundigen, der nicht den Wunsch gehegt hätte, auch für teures Geld ein Exemplar des »Gerusalemme liberata« zu erwerben. Tasso überflügelte mit einemmal alle zeitgenössischen Dichter und trat als dritter – neben Vergil und Petrarca.
Tasso ließ auf hundert einfallsreiche Weisen seine Briefe hinausschmuggeln, in denen er sich an die Potentaten dieser Erde wandte. Könige, Fürsten, Kardinäle und selbst der Heilige Vater baten Herzog Alfonso, den berühmtesten Dichter Italiens aus dem Gewahrsam zu entlassen. Aber der Herr Ferraras blieb unbeugsam. »Der Geist Torquato Tassos«, so lautete stets seine Antwort, »ist umnachtet. Ließe ich ihn frei, würde er sich selbst etwas antun und Unsere erhabene Person mit unverdienter Schmach überhäufen.«
Auf dem kleinen Staat Ferrara, den der weithin bekannte, unfreundliche Alfonso regierte, lag der erlöschende Glanz eines aussterbenden Geschlechtes. Wenn Alfonso ohne Nachkommen blieb, ließ der Heilige Stuhl das Erbe der Este seinen Besitzungen einverleihen. Es war nicht nötig, daß die von Wahn gepeitschten Worte eines Dichters die Aufmerksamkeit der Welt noch besonders auf Ferrara lenkten. So erging auf Ersuchen von Gesandten, auf Bittgesuche und hohe Vermittlungen in allen Fällen ein kaltes, fürstliches Nein!

Vincenzo, der Herzog von Mantua, der Schwager Alfonsos, kam auf Besuch nach Ferrara. Der sittenstrenge, düster gestimmte Hof wurde mit einemmal vom unwiderstehlichen Charme des launenhaften Jünglings aus Mantua und seinem ihm ähnlichen fröhlichen Gefolge aufgescheucht. Als die Kavaliere in spitzenbesetzten seidenen Gewändern und glänzenden Rüstungen auf ihren wunderbaren Rossen über die Zugbrücke des Schlosses sprengten, schien die Stimmung des Este-Hofes wie ausgewechselt. »Man sagt, nicht alle hübschen Damen von Ferrara hätten verschämt die Augen gesenkt, wenn Herzog Vincenzo ihnen mit heißer Glut seine Komplimente machte«, schrieb am Abend der Hofchronist in sein Buch, und dieser Satz verrät, welch heißer Wind durch das kühle Ferrara fegte, als der genußsüchtige, aller Schönheit und jedem Abenteuer geneigte Herr Mantuas hier eindrang.
Abends saßen die Mantuaner am Spieltisch. Alfonso war ein geiziger Mann, er duldete das blinde Spiel Fortunas nicht an seinem Hofe. Aber

die Mantuaner hatten neumodische buntbemalte Karten mitgebracht, und die Ferrareser brannten ebenfalls vor Verlangen, von den Spielkarten eine Antwort darauf zu bekommen, welcher Stadt die Glücksgöttin mehr geneigt war.
Vincenzo verlor. Lächelnd holte er die Dukaten aus seinem Saffianbeutel, landete aber bald auf dem Grund. Alfonso wurde durch das glücklich begonnene Spiel zu besserer Laune gestimmt: Auf der gestickten Brokatdecke, bei dem Schnabel des silbernen Pfaus, türmte sich schon ein schöner Stoß Goldmünzen.
Der Mantuaner verlor noch immer, als der Hofmeister des gastgebenden Fürsten seinen kränklichen Herrn, auf die neumodische französische Uhr deutend, auf die fortgeschrittene Stunde aufmerksam machte. Vincenzo schaute mit gespielter Verzweiflung auf seinen Sekretär Striggio: Am zweiten Tag hatten die Mantuaner bereits ihr ganzes Reisegeld verspielt. Der Herzog von Mantua riß die diamantene Agraffe von seinem Barett und warf sie auf den Tisch. Der Stein funkelte im Kerzenlicht – Alfonso konnte nicht widerstehen.
»Und was wäre mein Einsatz?«
Vincenzo sah, wie sich die Finger seines Schwagers vor gieriger Leidenschaft wie Krallen bogen: Der glänzende, seltene Stein reizte ihn.
»Ich verlange von dir einen so hohen Einsatz, daß, sollte ich gewinnen, wir beide gewinnen. Nun errate, was dein Einsatz sein soll, Alfonso!«
Die Herren des Hofes umringten die beiden: Die Spannung des Abends hatte ihren Höhepunkt erreicht. Der Blick Alfonsos glitt von dem Stein auf seinen Schwager.
»Wenn ich gewinne, gibst du mir Torquato Tasso!«
Der Beichtvater Alfonsos schlug erschrocken die Hände zusammen. Der in Sant'Agata gefangengehaltene Torquato Tasso hatte nicht nur die Freiheit eingebüßt, sondern auch das klare Licht des Verstandes, war aber immerhin eine düstere Zierde der herzoglichen Krone und vor allem ein menschliches Wesen, durfte man sein Schicksal von der Laune einer bemalten Karte abhängig machen? Aber das Auge des Herzogs von Ferrara ließ seinen Gegner nicht wieder los. Der Augenblick war stärker als alle fürstliche Weisheit: In der Kartenschlacht zwischen Ferrara und Mantua setzte Alfonso gegen die Diamantenagraffe den größten Dichter Italiens.
Vincenzo genoß und nützte das unverhoffte, erregende Schauspiel. Mit langsamen zeremoniellen Bewegungen mischte er die Karten ... ließ sie langsam aus einer Hand in die andere gleiten, zweimal, dreimal: Die Umstehenden sollten sehen, daß keine Hexerei dabei sei, kein Betrug. Nun teilte er aus. Das Glück schwankte hin und her ... lange Zeit liefen Mantua und Ferrara fast Kopf an Kopf nebeneinander. Niemand kümmerte sich mehr um das Gold und den Diamanten – sie waren Italiener, *der Einsatz war Tasso.*
Alfonso legte die letzte Karte hin, Vincenzo tat seine daneben. Der

Anstand gebot, daß sich der Verlierer erhob, und besonders, wenn er der Gastgeber war, und nach dem letzten Spiel seinen Gegner umarmte.
»Warum hast du gerade auf Tasso bestanden, Vincenzo? Du selbst wirst es am meisten bereuen.«
Der blonde Herzog lachte. Er steckte den ihm gebliebenen Schmuck an sein Barett zurück und verneigte sich spielerisch vor seinem Schwager.
»Das Spiel ist aus. Ich bitte Euer Hoheit um die Schlüssel von Sant'Agata!«
Alfonso war totenbleich. Die ihn kannten, sahen, daß er seine bedrohlich aufkommende Leidenschaft mit aller Gewalt unterdrücken mußte. Noch lag die siegreiche Karte Vincenzos auf dem Tisch. Mit der hellen Seite nach oben. Der Herzog griff selbst nach der Feder.
»Der Edelmann Torquato Tasso ist frei.« Und dann die feste Unterschrift: »Alfonso Dux Ferrarae.« Auf der Karte blieb nur noch soviel Platz, daß der Herzog sein geheimes Ringsiegel in das weiche Wachs drücken konnte. Der Abend war zu Ende: Die Mantuaner begaben sich beklommenen Herzens in ihr Quartier.

Tasso stand spät auf. Er hatte gewohnheitsgemäß im Bett liegend die schlagenden Glocken Ferraras gezählt. Da meldete man ihm zwei Besucher. Der eine war der venezianische Drucker und Verleger Manutius und der andere Carlo Gesualdo, Fürst von Venosa, der berühmte Komponist. Minuten später war in der Zelle schon ein Gespräch im Gange. Das Falkengesicht des Edelmannes aus dem Süden der Halbinsel war von Leiden gezeichnet. Alle Welt kannte seine Tragödie: Den empfindsamen Poeten, den in ganz Italien bekannten Madrigalkomponisten, hatte seine Frau betrogen, und Don Gesualdo hatte eigenhändig seine Ehre gerettet, indem er Frau und Verführer tötete. Der düstere Schatten dieses zweifachen Todes lastete auf ihm. Es war ihm nur eine einzige Freude geblieben, die Musik. Er war aus Neapel in die Stadt gekommen, und sein erster Weg führte ihn nach Sant'Agata. Manutius aber besuchte den Dichter, um ihn zu bewegen, das durchgesehene, unverfälschte Exemplar des »Befreiten Jerusalems« seinem Haus zum Druck zu überlassen. Er, der während der Jahre, die Tasso in Gefangenschaft gesessen hatte, häufiger nach Ferrara gekommen war, fand den Dichter diesmal in einer äußerst schlechten Verfassung. Als er aufstand, starrte den Besucher aus dem schmalen, nicht ganz sauberen Spitzenkragen ein abgemagertes, bärtiges, trauriges Gesicht an. Mit einer unwillkürlichen Bewegung rieb er sich die Handgelenke. Ein Jahr lang hatte man ihn in der Kellerreihe der Tobsüchtigen angekettet gehalten: die eisernen Fesseln hatten sich in seine Handgelenke eingefressen. Wenn sich das Wetter änderte, fühlte er es noch immer. Giacinto warf einen Blick herein, an seinem Gürtel klirrte der Schlüs-

selbund: Der Gefangene kannte das Gesicht seines Wärters, er sah den Schreck darin. Er wurde unruhig, Gesualdo und auch der venezianische Verleger gewahrten die plötzlich aufgekommene Erregung. Tasso erblaßte.
»Man wird mich hinrichten! Jetzt kommen sie, mich zu holen!«
In der Stadt eines fürstlichen Zwingherrn war alles möglich, und Manutius kannte viele ähnliche Geschichten aus Venedig. Plötzlich ging die Tür auf, ein Höfling trat ein, hinter ihm der Arzt und einige Leibwächter aus der fürstlichen Wache.
»Messer Torquato, ich überbringe Euch die Begnadigung durch seine Hoheit. Ihr erhaltet die Erlaubnis, das Kloster und unsere Stadt zu verlassen, wenn Ihr das heilige Versprechen ablegt: Unsere Hoheit in Ehren zu halten und nichts zu tun, was den guten Ruf unseres Herrn und unseres Landes beflecken könnte.«
Seit sieben Jahren war er gefangen. Jeden Tag ritzte er einen Strich an die Wand neben dem Fenster ... Wieviel Striche waren es? ... Auf einmal hellte sich sein entsetzter Blick auf. Noch schaute er dem Arzt spähend ins Gesicht: War das Ganze nicht ein teuflischer Scherz?
»Wem habe ich es zu verdanken?«
»Der Herr von Mantua ... Vincenzo hat sich für Euch verwendet. Zusammen mit ihm werdet Ihr Ferrara verlassen. Euer Ehren sind von Minute an frei.«
Sechzehn Jahre mochte Vincenzo alt gewesen sein, als Tasso Mantua besucht und sich von dem Hofpoeten einige Goldstücke geborgt hatte, um sich unbekümmerter auf sein nächtliches Abenteuer begeben zu können ... Die Gruppe der Leibwächter öffnete sich: Wer eintrat, war der zum Manne gereifte hübsche blonde Jüngling, er näherte sich in einem reichbestickten seidenen Mantel, glänzend von Schmuck: In all dem war etwas Theatralisches.
»*Chiaro Vincenzo*«, drängte sich unwillkürlich eine vor acht Jahren geschriebene Verszeile auf die Lippen Tassos: Er hatte sie anläßlich seines Besuches in Mantua zu Ehren des jungen Prinzen geschrieben, als sie sich befreundet hatten, als dieser schwärmerische junge Mann ihm seinen Weltschmerz und all seine Eifersucht gegenüber seinem Vater Herzog Guglielmo, dem Buckligen, offenbart hatte.
In der Tat ... es mutete an wie eine Szene auf der Bühne, als der vor Kraft strotzende Vincenzo den mageren, verängstigten, ungepflegten Tasso umarmte. Eine Minute hielten sie sich so umschlungen, der fürstliche Gönner und der für geisteskrank geltende Dichter.
»Mein Schiff wartet, Messer Torquato. Sicherlich habt Ihr nicht so viel Gepäck, um diese ... Mauern nicht schnell verlassen zu können.«
Ringsherum verstreute Manuskriptseiten, ein ungemachtes Bett, schmutzige Möbel. Er bückte sich und hob ein Blatt auf.
»Eine einzige solche Seite ... und in ganz Italien lächeln die Musen!«
Die Stimmung entspannte sich. Der Kommandant der Sant'Agata trat

ein und ließ auf fürstliches Geheiß Erfrischungen reichen. Während ein Page die Sachen Tassos zusammenzulesen bemüht war, glitt der Blick Vincenzos auf Gesualdo und auf die in der Ecke stehende Viola da gamba Tassos.
»Don Carlo, würdet Ihr nicht zum Abschied den Staub der Seele wegspielen?«
Der Fürst von Venosa, den man den größten Madrigalkomponisten Italiens nannte, lächelte, setzte sich und nahm das Instrument zwischen die Knie. Er hatte einen schönen klaren Bariton. Wenn er sang, fühlte man, welch heiteres, welch unbeschwertes Wesen Gesualdo gewesen sein mochte, ehe die vielen Heimsuchungen über ihn hereingebrochen waren. Er sang eine Strophe Tassos, für eine Minute verstummten alle. Vers und Musik erhellten die ewig modrigen Wände Sant'Agatas.

7

Herzog Vincenzo hatte tausenderlei zu tun. Chieppio, der Schatzmeister, langweilte ihn mit Abrechnungen: die Einnahmen an Zöllen und Steuern waren im vergangenen Monat zurückgegangen. Der Ausflug Seiner Hoheit nach Ferrara aber hatte Unsummen verschlungen. Darauf war die Schatzkammer von Mantua wirklich nicht vorbereitet, daß der Kardinal San Sepolcro dem Herzog in einer einzigen Nacht zwanzigtausend Scudi abgewann.
Torquato Tasso, so meldete man heute, sei erneut von Unruhe gepackt und empfange jedermann mit Argwohn. Seine Angstvorstellungen, daß man ihn vergiften wolle, hatten sich wieder eingestellt. Den ganzen Tag über blätterte er in seinen Manuskripten, vielleicht hatte sich der Satan darin verkrochen ... Und als wollte er sich selbst quälen, zerriß er die dicht beschriebenen Seiten Blatt für Blatt.
Der Dichter arbeitete wieder, seit er sich in Mantua von den Jahren seiner Gefangenschaft in Ferrara erholt hatte, aber seine Arbeitslust, sein wiedererwachtes dichterisches Genie, wechselte mit solchen unruhigen Tagen. Dann klagte er sich selbst an, ungewollt, auf dämonische Verführung hin gegen den Geist des Glaubens verstoßen zu haben. Er wollte dann um jeden Preis büßen, ließ den Inquisitor Mantuas rufen, den bejahrten Dominikanermönch, und forderte von ihm, ausfindig zu machen, wo sich in seinen Schriften der Satan verbarg, und ihn entsprechend seiner Schuld sühnen zu lassen. Der ganze Hof, die Stadt, vielleicht ganz Italien wußten, daß Tasso in diesen Augenblicken nicht bei klarem Verstand war, daß man ihn nicht reizen durfte, daß er sich nach einigen Tagen von selbst wieder beruhigen würde. Schlimm war nur, daß er in diesen Anfällen Briefe an das Heilige Officium, an Kardinäle und Fürsten schrieb, die den erschreckenden Zustand des glän-

zenden, aber geistig umnachteten Dichters offenbarten. Wenn dann und wann ein solcher hinausgeschmuggelter Brief abgefangen wurde, verstand Vincenzo seinen Schwager in Ferrara.

Aber er hatte nicht übermäßig viel Zeit, sich mit Tasso zu beschäftigen. Der Oberbefehlshaber seiner Truppen, Carlo Rossi, der auch das Amt des Hauptintendanten für allerlei Feierlichkeiten und Vergnügungen bekleidete, meldete sich bei ihm. Diesmal führte er in seiner Eigenschaft als Soldat dem Herzog eine langläufige flandrische Muskete vor, mit der man genauer und sicherer zielen konnte als mit den mantuanischen Flinten. Das Stück kostete nur schäbige zehn Scudi. Für die Summe, die der Herzog im vergangenen Monat beim Kartenspiel verloren hatte, hätte man die ganze fürstliche Leibwache ausrüsten können.

Herzog Vincenzo war dreißig Jahre alt, und seitdem er das Erbe seines Vaters, des Buckligen, übernommen hatte, vermehrten sich die Falten auf seiner Stirn. Wie oft hatten sich Vater und Sohn so gegenübergestanden, daß der nüchterne, berechnende, geizige und weise Guglielmo verzweifelt seinen unüberlegten, leichtsinnigen, zum Guten und zum Bösen gleichermaßen neigenden Sohn rügte. Vincenzo begab sich in den Nebenraum, den er unangetastet gelassen hatte, wie er am letzten Tag der Krankheit seines Vaters gewesen war. Hier war ihm dann, als würde er mit seinem Geist sprechen, mit dem in schweren Stunden seines Lebens so oft gehaßten, vielleicht verkannten, eigenwilligen Vater diskutieren. Man hatte den Deckel von dem Clavicembalo des Buckligen – des Gobbo – nicht geschlossen: auch die Noten waren stehengeblieben, aus denen der alte Herzog zum letztenmal gespielt hatte. In der Ecke lagen auf einem kleinen vergoldeten Regal die Saiteninstrumente: Laute, Viola da braccio, eine Viola d'amore und eine Viola da gamba. Denn der pedantische und tyrannische Guglielmo war in seinen Mußestunden nicht nur ein Musikliebhaber, sondern auch ein ausgezeichneter Komponist. Auf dem Tischchen daneben lagen die Notenblätter des Gobbo. Mit gichtigen Fingern schrieb er manchmal die halbe Nacht hindurch seine wie Spatzenköpfe anmutenden Noten, die dann der Notenkopist des Hofes am nächsten Tag auf kostbares Pergament ins reine schrieb. »Meinem lieben Verwandten, dem durchlauchtigsten Herzog von Bayern«, so lautete die Widmung auf dem letzten Madrigal; und am nächsten Morgen war die Feder dem Herzog aus der Hand gefallen. Ein berittener Bote hätte das Musikstück zu einem fürstlichen Jahrestag nach München bringen sollen, wie er mit seinen Motetten und andächtigen Kompositionen die verwandten Höfe zu beschenken pflegte, den kaiserlichen Schwager und den Mantua nicht immer gnädigen Heiligen Vater.

Vincenzo setzte sich für eine Minute an das Clavicembalo, seine Finger glitten über die Tastatur, ohne einen Ton anzuschlagen. Mantua war nur scheinbar ein friedliches, zufriedenes und sicheres kleines Land:

Der Schatten Spaniens lag über der ganzen Halbinsel. Man konnte nicht wissen, wann und woher irgendein verhängnisvoller Angriff erfolgte. Aber hier in der Reggia spürte man von all dem nichts. Wenn er angestrengt lauschte, konnte er hören, wie im Nebenflügel wohlgelaunte Höflinge und Damen schon am Vormittag die Pavane tanzten. Wenn er über all das nachdachte, schien es ihm, daß sich im Leben des Palastes etwas verändert hatte, seit sein Vater gestorben war. Am stärksten konnte man das wohl bei den Musikern merken, sie waren alt geworden. Der Gobbo war immer stolz darauf, daß er die beste Kapelle in ganz Italien besaß. Jeden einzelnen der Sänger und der Musiker hatte er selbst ausgewählt. Mit dem Orchester von Mantua konnte sich nicht einmal die Kapelle des Großherzogs von Florenz messen. In den Wochen und Monaten der Trauer hatte Vincenzo wahrlich keine Zeit gehabt, sich damit zu beschäftigen. Carlo Rossi könnte es bezeugen, wie oft er vor dem alten kränklichen Kapellmeister, dem flandrischen Giaches de Werth, ausgerissen war, der immer wieder um Audienz ersucht hatte: sicherlich brauchte er Geld, neue Künstler ... neue Aufgaben. Im nächsten Monat war Barbaratag. Er trug sich mit der Absicht, seine mütterliche Freundin, seine einstige wundervolle Liebe, Barbara Sanseverino, die Gräfin Sala, durch eine kleine Feierlichkeit zu ihrem Namenstag zu ehren. Die Herzogin hatte Verständnis für diese Zuneigung: Die im fernen Colorno auf dem Gebiet des Herzogtums Parma lebende Barbara war eine Berühmtheit ihrer Zeit. Auch wenn die Jahre verstrichen waren, strahlte ihre Schönheit unverändert, und der Glanz ihres Geistes bestärkte die Legende: Barbara ist ewig. So stimmte die kluge, nachsichtige Eleonora de Medici, die Herzogin von Mantua, zu, die Einladung zum Barbaratag auch in ihrem Namen ergehen zu lassen.
Aber womit sollte man die Festtage ausfüllen? Was schlug Carlo Rossi vor, der Feldherr und Intendant und überdies auch noch Verwandter war? Man könnte auf dem Paradeplatz einen musikalischen Festumzug veranstalten ... einen Bootskorso auf dem Mincio, einen nächtlichen Fackelzug ... mit Feuerwerk im Park. Aber all das hatte es schon oft gegeben zu festlichen Anlässen, und bei der jetzigen knappen Staatskasse würde Meister Chieppio dafür keine Deckung finden. Ganz leise schlugen die Tasten an. Die metallen klingenden Saiten klangen wie ein Klageton. Vincenzo flüchtete aus dem Zimmer des Gobbo, und ihm war, als würden ihn die rügenden Worte des alten Herzogs bis an die Schwelle verfolgen.
Im Audienzsaal wartete Don Cesare Gonzaga, der junge Verwandte. Es war ein Privileg der Familienmitglieder, daß sie ohne Anmeldung vor dem durchlauchtigsten Herzog erscheinen durften. Vincenzo wußte, daß der junge Markgraf erst unlängst aus Mailand zurückgekehrt war, wo er sicherlich auch mit spanischen Herren zusammengetroffen war. Ein solcher Bericht konnte immer etwas enthalten, was

vom Gesichtspunkt Mantuas von Interesse sein konnte. So bat er seinen Hofsekretär Alessandro Striggio herein für den Fall, daß es etwas zum Aufzeichnen gab. Da der Herzog noch vieles zu erledigen hatte, gab er Befehl, für sie drei etwas Leichtes zum Mittagessen im Arbeitszimmer zu servieren.

»Huldvoller Vincenzo«, – diese Anrede stand als Privileg allen Gonzagas zu – »als erstes muß ich Euch berichten, daß mein schönstes Erlebnis jener Abend war, den der Senatspräsident, Herr Ricardi, gegeben hat. Das Abendessen wäre zwar der Tafel Eurer Hoheit nicht würdig gewesen, da gab es zuviel Safran und zuviel gewürzte spanische Soßen, aber was danach folgte, entschädigte für alles. Ein junger Musiker aus Cremona war anwesend. Ich habe mir seinen Namen gemerkt, allein schon deshalb, weil dieser bereits auf zwei Bänden gedruckter Madrigale zu finden ist. Er heißt Claudio Monteverdi. Die Berühmtheit seiner Stadt, Marc'Antonio Ingegneri, ist sein Lehrmeister gewesen. Es ist ein junger Mann, in meinem Alter. Jemand aus seiner Stadt hat ihn an Ricardi empfohlen. Claudio möchte nämlich Cremona verlassen und Aufnahme in einer Hofkapelle finden. Ich habe ihn singen hören ... ich habe gehört, wie er auf dem Clavicembalo und danach auf der Viola spielte. Euer Hoheit wissen, daß ich die Musik nicht nur liebe ... selbst der selige Herzog Guglielmo hat es bestätigt, daß ich etwas davon verstehe. Ricardi, dieser alte Habicht, möchte den jungen Mann für die Kapelle in Mailand gewinnen, besonders deshalb, weil sein Gesang und sein Spiel auch Medina Sidonia und Albuquerque, die ebenfalls an der Abendtafel teilgenommen haben, äußerst gefallen hat. Übrigens möchte ich darüber, was ich mit ihnen gesprochen habe, Euer Hoheit noch besonders berichten.«

»Was schlagt Ihr vor, Cesare? Offenbar habt Ihr schon eine Vorstellung.«

»Huldvoller Vincenzo, vertraut meinem Urteil nicht allein, sondern schickt einen Eurer Leute, der etwas von Musik versteht, nach Cremona. Ricardi kann, das weiß ich, nicht allein entscheiden. Zur Erweiterung der Hofkapelle bedarf es der Erlaubnis König Philipps ... Bis diese eintrifft ... Beeilen wir uns, denn wenn dieser junge Mann ausgereift ist, wird Italien um einen großen Musiker reicher sein ...«

»Habt Ihr seine Kompositionen gesehen?«

»Ich habe eins seiner Hefte mitgebracht. Ich komme nicht mit leerer Hand zu Eurer Hoheit! Das ging natürlich nur so ..., daß ich für eine Nacht einen Schreiber dingte, der es bis zum Morgen abgeschrieben hat. Nehmt es, Vincenzo, als Zeichen meiner Ergebenheit ...«

Das Gesicht Vincenzos überzog mit einemmal ein Lächeln.

»Cesare, Ihr habt Euch verhalten wie ein wahrer Verwandter, dem die Sache unserer Reggia am Herzen liegt. Ich weiß eigentlich gar nicht, warum Ihr unseren Hof so selten besucht ... Gewiß ... gewiß, das Gut zu Hause ... Doch dazu seid Ihr fünf Geschwister. Jetzt sind wir ja unter uns ... Aber seht, die Stelle des dritten Kapitäns unserer Leibwache ist noch unbesetzt ... Die Zustimmung Rossis vorausgesetzt, würdet Ihr, lieber Verwandter, zu uns kommen?«

Der Herzog strahlte. Er liebte es, Gunst zu erweisen, sich mit dem Zauber eines Mäzens zu umgeben. Mit einer leichten Umarmung entließ er den von unverhoffter Gnade völlig verwirrten neuen Gardekapitän. Dann ließ er Rossi rufen, der selbst auch ein begeisterter Liebhaber der Musik war. Der Herzog, Striggio und der Generalissimus beugten sich über die Notenblätter.

»Seht mal, Carlo ... darin steckt eine besondere Kühnheit ... es ist etwas völlig Neuartiges. Eine Dissonanz? Er läßt diese Stimme auf die None springen! Wie meistert das der Sänger? Wie drückt sich das im Gesang aus? Dieser junge Mann bestürmt die Mauern der Musica mit neuen Waffen. Sagt, ist nicht jemand von den Hofmusikern und Sängern bei der Hand ...?«

»Hoheit, Cattaneo, der Bratschist unserer Kapelle, ersucht schon den dritten Tag um eine Audienz. Er hat seine Tochter Claudia mitgebracht und hätte es gern, wenn sie im feierlichen Hochamt das Gloria singen dürfte.«

Laune, Spiel und Ungeduld vermischten sich in einer einzigen Bewegung Vincenzos.

»Nun, dann mögen sie beide hereinkommen. Er soll sein Instrument mitbringen.«

Wenige Minuten später verneigten sich der Musiker mit den etwas gichtigen Beinen und das schöne, braunäugige Mädchen, erregt von der unverhofften Ehre, vor Seiner Hoheit. Cattaneo hielt die Viola in der Hand, wie ihm befohlen war. Vincenzo war gnädig und strahlte.

»Habt keine Angst ... Es geht hier um keinerlei Prüfung oder Probe. Ich habe einige Stücke eines jungen Musikers aus Cremona erhalten. Ich möchte hören ... ob die Kompositionen wirklich so gut sind wie der Ruf des jungen Meisters. Signorina Claudia, seht sie Euch an und sagt uns dann, ob Ihr bereit seid, den Sopran des Madrigals hier vor uns zu singen. Und Meister Cattaneo, würdet Ihr Eure Tochter begleiten?«

Cattaneo nahm ein Notenblatt in die Hand.

»Hoheit, ich habe von diesem jungen Mann aus Cremona schon gehört ...«

»Um so besser! Können wir beginnen, Meister?«

Cattaneo errötete: Das Wort Meister aus dem Munde des Herzogs war fast zuviel, es stand eigentlich nur dem Kapellmeister, Maestro Giaches, zu. Er lächelte seiner Tochter zu, als wollte er sagen: »Hab keine Angst, Claudia!« Cattaneo war ein guter Musiker. Während der Herzog, Rossi und der Sekretär in den bequemen Lehnsesseln Platz nahmen, begann er wie improvisierend, das Gewebe der drei einleitenden Stimmen auf der Viola nachzuzeichnen. Die Notenblätter lagen auf dem Pult: Vater und Tochter standen nebeneinander. Cattaneo

fühlte sich erleichtert. Hier war der pedantische Giaches de Werth nicht zugegen, der alles nach flandrischer Weise gespielt haben wollte: genau, ohne Fiorituren und Melismen .. trocken, genau nach den Noten. Hier erklangen die Töne der wohlklingenden, warm untermalenden Viola nach italienischer Art, halb improvisierend.
Die Stimme Claudias erhob sich. Nach den ersten Takten streifte sie ihre Erregung ab, die Nähe des Vaters verlieh ihrem Gesang Kraft und Mut. Schon seit einem Jahr stand ihr Name unter den Mitgliedern des Hofchores, aber bis jetzt hatte sie noch nie Gelegenheit, ihre Kunst als Solistin zu zeigen. Auch der unbekannte Text ... dieser tiefgründige Vers Tassos, überwältigte sie, die Aufgabe war erregend, ihre Stimme schwang sich empor, die Viola des Vaters begleitete sie ermunternd und sicher, als hielte er ihre Hand ... Freilich, es war nur die Sopranstimme, und es bedurfte der ganzen Kunst, der Ausschmückungsfähigkeit Cattaneos, um die harmonische Verschmelzung der fehlenden drei Stimmen zu ersetzen.
»Ausgezeichnet ... ausgezeichnet, Meister Cattaneo. Ich danke Euch. Graf Rossi wird meinen Dank noch besonders zum Ausdruck bringen. Und was war das Anliegen Signorina Claudias, Carlo? Ach ja ... Oh, schönes Kind, Eure Stimme werde ich künftig immer erkennen. Jetzt will ich Euch in Gnaden entlassen ... Doch sagt mir noch aus ehrlichem Herzen, hat Euch das Stück gefallen?«
»Hoheit ... es ist ein junger Meister, aber ein großer Meister. Euer Hoheit konnten sehen, es war nicht leicht vorzutragen. Diese Cremoneser ... sie können etwas ... können etwas mehr ... Es ist kein Zufall, daß sich Maestro Ingegneri dort niedergelassen hat.«
Vincenzo war erregt und glücklich.
»Carlo, wir werden unter dem Vorwand nach Cremona reisen, dort Instrumente kaufen zu wollen. Schickt schon morgen jemand hin ... Zwei Personen, die nachsehen mögen, was für ein Mensch dieser Monteverdi ist, ob er sich eignet, an meinen Hof zu kommen. Sie mögen sich beeilen. Ich möchte nicht, daß uns Ricardi durch eine Überraschung zuvorkommt ... Den Spaniern ist alles zuzutrauen. Besorgt etwas Geld von Chieppio ... vielleicht wird der knausrige Annibale dies eine Mal gnädig sein. Wenn der junge Mann hält, was er hier verspricht, so mag man mit seinem Vater einen Vertrag abschließen. Und sie sollen ihn mit sich bringen ... Aber ... ihn nicht gleich behandeln wie einen großen Künstler ... eher so tun, als wäre das Ganze nur ein Zufall ... als würden sie den Vertrag nur in eigener Verantwortung abschließen und wüßten nicht, ob ich ihm zustimmen werde. Sendet geschickte Leute, Carlo. Und sollte der junge Mann an neuen Madrigalen arbeiten ... soll er den Band ... vorerst ... niemand anders widmen. In einem Monat haben wir das Barbarafest. Vielleicht können wir bis dahin Claudio bereits eine Rolle geben. Das wäre doch billiger als ein Paradeumzug, nicht wahr, Striggio?«

8

Ein musikverständiger Kanoniker und der Sekretär des Schatzmeisters reisten nach Cremona. Entsprechend ihrer Weisung sollten sie mit dem Instrumentenbauer, einem gewissen Domenico Monteverdi, verhandeln, der schon wiederholt Instrumente an den Hof von Mantua geliefert hatte. Dabei sollten sie bedacht alles über Claudio zu ergründen versuchen, mit dem der Instrumentenbauer offenbar verwandt war.

Meister Domenico war ein Vetter des Arztes. Wenngleich sich die beiden Familien nur zu großen Festen trafen, zog Domenico, als er erfuhr, daß sich die Herren aus Mantua für den jungen Komponisten interessierten, sein Festwams an und begleitete sie persönlich in das Haus Baldassares hinüber. Es war schon nach der Dämmerstunde, da pflegte sich der Doktor, wenn er keine Kranken mehr hatte, in sein inneres Zimmer zurückzuziehen, braute seine Sude und suchte – wie so viele gelehrte Männer seinesgleichen – nach dem Stein der Weisen. Als er erfuhr, daß Fremde sein Haus besuchten und daß es um Claudio gehe, ließ er die Gäste nicht warten, und Frau Maddalena brachte den besten Wein aus dem Keller.

Der Vater stand mit beiden Beinen im Leben, er gewahrte schnell, daß in Wirklichkeit um seinen Sohn gefeilscht wurde. Claudio war zum Glück noch nicht zu Hause, er nahm an einer Probe bei Ingegneri teil, so konnten sich die ernsten Männer in ihrer eigenen Sprache unterhalten. Der Arzt berichtete, welche Ehrungen seinem Sohn bisher zuteil geworden waren. Im Dom habe man seine Motetten aufgeführt, er arbeite an einer Messe, zu festlichen Anlässen erklängen seine Madrigale: der Magistrat, nicht gerade für seine Freigebigkeit berühmt, habe ihm eine Belohnung von dreißig Scudi zukommen lassen. Sein Sohn sei erst zweiundzwanzig Jahre alt, aber schon würden ihn alle Musikverständigen in der Lombardei kennen, und sogar darüber hinaus, soweit seine Madrigale gelangten.

Der Vater feilschte. Schließlich einigte man sich: Claudio trete in den herzoglichen Dienst. Man verhandelte noch, ob mit oder ohne Probezeit. Baldassare bestand darauf, daß jetzt und hier ein Vertrag auf mindestens ein Jahr geschlossen würde. Er kenne die Laune der Fürsten und die Zufälle des Schicksals. Eine Hoftrauer genüge, um die Instrumente für Wochen zum Schweigen zu bringen. Wenn sein Sohn nach Mantua reiste, sollte er einen Anstellungsvertrag in der Hand haben. Wenn der hochwürdige Herr Kanonikus bevollmächtigt sei, Claudio mitzunehmen, dann habe er sicherlich auch die Befugnis, ihn ohne nochmalige Probe zu verpflichten.

»Der junge Mann«, sagte der Hofsekretär, »muß würdig am Hofe auftreten: der Hofmusikus Seiner Hoheit genießt eine Art Stellung wie . . .

sagen wir, ein niederer Edelmann. Er muß die Sprache des Hofes beherrschen ... auf jede Anrede verständig und wohlerzogen antworten. Es ist leicht möglich, daß man ihm die musikalische Erziehung der Kinder des Fürsten oder des weiteren Familienkreises anvertraut. Natürlich muß er lateinisch können, aber man verlangt heutzutage von einem jungen Mann ebenso, daß ihm auch das Griechische nicht ganz fremd ist. Es wird gegenwärtig so viel von Platon gesprochen ... Und wenngleich man sich am Hofe eher im lombardischen Dialekt unterhält, muß er auch das Toskanische fehlerlos beherrschen, wenn Gäste kommen.«

Der Vater erklärte lächelnd, sein Sohn sei ein ausgezeichneter Studiosus der Universität in Cremona und entspreche all diesen Forderungen voll und ganz.

»Darüber hinaus muß er bewandert in diesem und jenem sein, was strenggenommen nicht zu seinem Beruf gehört. So soll er ein guter Reiter sein, wenn dann und wann die Musiker Seine Hoheit in irgendeins der fernen Schlösser begleiten müssen, oder wenn womöglich ein Feldzug erfolgen sollte: eine kleinere Kapelle darf nie fehlen, schon wegen des Herzogs Rang. Jeder italienische Fürst zieht mit einem Orchester in den Krieg. Versteht er sich auf den Umgang mit Waffen? Nein ... es geht nicht darum, daß er als Hofleibwächter eingestellt werden soll ... aber für das Leben im Palast ist es von Vorteil, wenn er mit dem Degen und dem Florett und der Pistole umzugehen versteht. Und besitzt er genügend Kleidung? Wie ich sehe, haben die Cremoneser sehr viel von der spanischen Mode übernommen. Das aber ... offen gesagt, schätzt man bei uns in Mantua nicht ... Das Wams ist zu eng, das Mäntelchen zu kurz, der Hut zu spitz ... Die Männer hier tragen viel zu zeitig einen Bart. Und alle tragen Schwarz ... und Dunkelviolett, sogar schon die Jünglinge ... In Mantua dagegen gehen nur, verehrter Doktor, gelehrte Männer, wie Ihr, im dunklen Talar. Gewiß ... das erfordert Ausgaben: aber das Reisegepäck muß so zusammengestellt werden, daß der junge Mann würdig vor Seine Hoheit treten kann. Und dann bleibt noch die Frage: versteht der junge Musikus die Sprache der hohen Herren ... und hauptsächlich der Damen? Denn am Hofe von Mantua geben sie den Ton an ... Wenn der Herr Kanonikus nicht zugegen wäre, der schon von amtswegen die eitlen Freuden dieser Welt tadeln muß ... würde ich Euch sagen, worauf sich ein solcher junger Mann vorbereiten muß ... Mit einem Wort, wenn Euer Sohn diesen Forderungen entspricht, Doktor ...«

Frau Maddalena schaute herein:

»Claudio ist gekommen.«

Wenige Minuten später trat er ein: man sah, daß er in Eile das Gewand gewechselt hatte und daß sein frisch gekämmtes Haar noch feucht war. Seine kleine runde Kappe hielt er aus Anstand in der Hand, eine braune Locke fiel ihm launisch in die Stirn. Ein schmaler Schnurrbart,

in der Art der Spanier, zierte seine Oberlippe, aber sonst war sein Gesicht von keinem Bart umrahmt. Den Mantuanern fielen seine Augen auf: Diese im Verhältnis zum Gesicht vielleicht ein wenig zu großen Augen, die einem vorkamen, als wollten sie aus ihrer Höhle treten, und die forschend in die Welt schauten. Er trug einen breiten aufliegenden Kragen, den Frau Maddalena gestärkt und geplättet hatte, die Ärmel seines dunklen Samtwamses schmückten Manschetten, und an einer dünnen Goldkette um seinen Hals hing ein Medaillon mit einem Heiligenbild. Er war ein großer, schlanker Jüngling, gutgewachsen, was die dünnen Strumpfhosen verrieten. Er hatte lange Beine, trug schmale Schuhe aus Saffianleder, seine Hände waren schlank, gepflegt und weiß. Er würde sogar einen Höfling abgeben. Die Besucher aus Mantua nickten einander lächelnd zu.
Claudio war gleichsam aufs Amen gekommen. Entsprechend dem Brauch der Zeit hatte der Vater die Verhandlung geführt, und Claudio bekam bereits den flüchtig abgefaßten Vertrag vorgelegt. Vorerst sollte er monatlich fünfundzwanzig Scudi erhalten und den Titel Violaspieler in der Kapelle Seiner Hoheit des Herzogs von Mantua führen. So dürfe er sich nennen ... auch im Druck, wenn irgendwo seine Kompositionen erscheinen sollten. Ja ... Seine Hoheit habe sich schon allergnädigst ein, zwei Kompositionen des jungen Musikus angesehen. Eben deshalb möge Claudio nicht mit leerer Hand kommen: Wenn möglich, solle er Madrigale, Lieder, Motetten für einen neuen Band mit sich bringen. Bei einem jungen Mann gehe das Komponieren ja schnell ... besonders wenn er nicht verheiratet sei!
»Und die Kosten für die Reise und für die entsprechende Kleidung, hoher Herr?«
»Wir wissen, daß es mindestens zehn Tage dauert, bis alles fertig ist. Aber zum Barbaratag plant Seine Hoheit Festlichkeiten: Da muß er sich bereits an der Arbeit der Kapelle beteiligen ... Ja, Seine Hoheit ist gütig und freigebig: Er schickt seine Bezüge für zwei Monate im voraus.« Sie zählten die Summe auch gleich hin, damit er sich entsprechend ausstatten konnte. »Natürlich soll er auch ein Instrument mitbringen. Und wenn wir schon von Instrumenten sprechen ... Wir sitzen den ganzen Abend da und reden, dabei sind wir doch auch Freunde guter Musik ...«
Claudio ging und rief seinen jüngeren Bruder herein. Der hochgeschossene Giulio Cesare brachte die Viola da gamba. Der ältere Bruder schaute liebevoll auf den jüngeren.
»In einem Jahr ... wenn es möglich ist, hätte ich es gern, wenn auch er nach Mantua kommen könnte ... Ihr werdet sehen, hohe Herren, was für ein guter Musiker er ist!«
Frau Maddalena schenkte Wein ein, die Abgesandten setzten sich bequem zurecht. Ihre Mission hatten sie erfüllt, nun mochte ein Trunk die Vereinbarung besiegeln.

Im Empfangszimmer, wo tagsüber Leidende den Arzt mit ihren Klagen bestürmten, erklang das »Vorstellungskonzert« der Brüder Monteverdi.

9

Auf der Via dei Benci, unweit dem Ponte alle Grazie hielt die Florentiner *Camerata* im Palais Bardi eine Sitzung. In dem kunstvollen, hochherrschaftlichen Saal hatten sich die eingeweihten Mitglieder dieses sorgfältig ausgewählten kleinen Kreises beim Lichte riesiger Kandelaber versammelt.
Der Älteste unter ihnen war Vincenzo Galilei, der Musikgelehrte, Humanist und Forscher. Der Hausherr Giovanni Bardi, Graf von Vernio, war selbst ein Schöngeist, Poet und Komponist. Außer ihnen saßen an dem gewaltigen Eichentisch Jacopo Peri, Hofmusikus des Großherzogs, Ottavio Rinuccini, der Dichter, und Giulio Caccini, der berühmte Komponist und Sänger. Meister Cavalieri hatte sich entschuldigt.
Neben Vincenzo Galilei saß ein junger Mann, der den Mantel eines Magister der Pisaner Universität trug. Galileo Galilei war zwar kein ausgesprochener Musikkenner, aber er hatte seinen Vater an diesem Nachmittag begleitet.
Die Camerata war eine Akademie im kleinen Rahmen, in der Form eines Freundeskreises, der vom Glanz des Bardi-Vermögens vergoldet wurde. Ihre Mitglieder irrten nicht blind in der Welt der Ideen herum, sondern hatten sich auf die begeisterte Anregung Meister Vincenzos zum Ziel gesetzt, im Gegensatz zu der entarteten Gegenwart, die Musik des klassischen Altertums, von Hellas und Rom, wiederzuerwekken. In einer Zeit, in der Baumeister, Maler, vor allem Bildhauer, genau wie die Dichter zurückgekehrt waren zu den großen antiken Vorbildern, bewegte sich nur die Musik in einem engen, seit Jahrhunderten unveränderten Gewand. Es war an der Zeit, es zu sprengen . . . diesen polyphonen Fluch abzustreifen, der den menschlichen Gesang in Stimmen zerreißt und dabei den Text seelenlos vernichtet.
Die Stimmung vermittelten einige antike Torsos, Pergamentrollen und in etruskischen Tonlämpchen flackernde Öldochte. Vincenzo Galilei berichtete darüber, daß es ihm gelungen sei, auf die Spur dreier griechischer Originalhymnen zu stoßen: Das sei die verborgene Treppe, die in die Tiefe der antiken Musik hinabführe. In seinem in Vorbereitung befindlichen Buch, das er in Dialogform über die antike und moderne Musik schriebe, veröffentliche er seine Entdeckung und die sich daraus ergebenden Schlußfolgerungen.
Wie haben die Vorfahren gesungen? Wie haben die Hirten am Fuße des Idagebirges gespielt? Wie mag das *Evoë* bei der Weinlese in Latium geklungen haben? Aber das war erst der Anfang. Hat man denn So-

phokles und Euripides in den Theatern von Hellas wirklich nur »rezitiert«? Sollten allein die Worte die Zuschauer verzaubert haben? Gewiß nicht? Platon selbst hat nicht nur einmal darauf angespielt, und der letzte große Autor der antiken Epoche, Boëtius, bringt deutlich zum Ausdruck: Nein! Statt der Musica sacra erklang hier eine »Musica humana« ... Was mag es gewesen sein, was in der Mitte stand – zwischen Musik und Wort?
Vincenzo Galilei beugte sich nach vorn. Gleich einer Quelle brachen seine Worte als Frucht lang reifender Gedanken jetzt plötzlich hervor.
»... Zumindest auf dem Höhepunkt der Blütezeit der griechischen Kunst waren ihre musikalischen Schöpfungen nicht nur die verschiedenen Transpositionen einer einzigen Tonart wie bei uns ... Sie bestanden aus mehreren Tonarten, deren jede voneinander abweichende Intervalle zeigte. So mag die dorische Tonart brillant und feierlich gewesen sein ... die phrygische dazu geeignet, Begeisterung auszudrücken, die ionische und lydische weich und gefühlvoll. Denken wir doch nur an Platon, meine Freunde, was er über die Erziehung der Jugend schreibt: Nur die dorische und phrygische Tonart seien ihrer würdig, die beiden anderen würden sie unnützerweise verweichlichen. Aristoteles war noch strenger, seiner Ansicht nach war nur die dorische geeignet, die Bürger der Zukunft zu unterrichten.«
»Aber was haben Euer Gnaden in ihrer dramatischen Kunst festgestellt?«
»Ich habe die Hoffnung nicht aufgegeben, meine Freunde, Euch die ursprünglichen, wiedergefundenen, vielleicht zusammenhängenden Rezitativ-Rhythmen vorzutragen, die in feierlichen Augenblicken des Dramas den einfachen Dialog der Schauspieler ablösten. Das geht aus den Ausführungen der griechischen Autoren klar hervor. Dieser Übergang von der Rede zum Gesang – hatte natürlich symbolische Bedeutung ... Mag sein, daß sie keine so vorzüglichen Instrumente besaßen wie wir, aber was den menschlichen *Gesang*, die Kunst der Stimme betrifft, waren sie uns sicher weit voraus.«
»Dennoch, Messer Vincenzo, wie kommt Ihr zu dieser Schlußfolgerung ...?«
»Ich greife nur ein Beispiel heraus, Freunde. Seht, bei den Spielen in Delphi müssen Flötenbläser den Kampf Apollos mit dem Drachen vorgetragen haben – ohne das Rezitieren jeglicher Worte, jeglicher Verse ... Der gelehrte Timosthenes berichtet ja darüber, was die Musikanten darzustellen hatten. Im ersten Teil überprüft Apollo seine Waffen ... im zweiten fordert er den Drachen zum Kampf heraus und der dritte schildert den Kampf: Hier müssen die Flötenklänge zum Ausdruck bringen, wie das vom Pfeil getroffene Ungeheuer die Zähne aufeinanderschlägt. Im vierten Teil entfaltet sich der Sieg Apollos, während im abschließenden der siegreiche Gott alle Anwesenden zum Tanz auffordert. In diesem Abschnitt der Aufführung treten

neben den Flöten auch schon Laute, Trompete, Horn und Trommel auf!«
»Verdammter Kontrapunkt ... hier kommen wir nicht weiter«, brummte Caccini mit düsterem Gesicht vor sich hin.
Bardi übernahm das Wort.
»Der Großherzog hat sich erst dieser Tage wieder nach den Erfolgen unserer Forschung erkundigt. Er möchte, falls wir mit Gewißheit auf die Spur der Musik unserer griechischen und römischen Vorfahren gestoßen sind, die Könige der Welt darüber informieren. Bis dahin ... bis dahin versuchen wir, den eingeschlagenen Weg weiterzugehen. Die Theorie ist der Magister der Wirklichkeit, Messer Vincenzo, aber Seine Hoheit erwartet von uns echte Beispiele, Musikstücke, die man aufführen kann.«
»Galileo, reich mir die Noten!«
Der Magister aus Pisa zog das Notenheft des Vaters aus der Tasche.
»Ich möchte mit zwei Werken verdeutlichen, wie ich mir das Rezitativ der Alten vorstelle. Ich habe unseren Vater, Dante, gewählt ... Seht, Freunde, ich habe keine Musik für mehrere Stimmlagen geschrieben. Ich lasse nicht zu, daß der Gesang des Ugolino durch den Lärm der übereinander herfallenden Stimmen verschlungen wird. Die *einzige* Stimme wird auf der Viola da braccio begleitet: Ich allein werde singen ... Ebenso habe ich die Klagelieder Jeremiä vertont. Mit alldem will ich nur beweisen, daß diese Ausdrucksweise geeignet ist, *alles*, jede Leidenschaft und jedes Gefühl auszudrücken.«
Bardi beugte sich lächelnd vor.
»Sicher wird dies der Glanzpunkt unseres Abends, Messer Vincenzo. Aber auch ich habe etwas zu berichten. Freilich ... konnte ich diese Arbeit nicht allein übernehmen. Messer Vincenzo sprach vom Kampf Apollos. Auch ich habe mit meinen Gefährten dieses unsterbliche Göttersymbol gewählt, und wir waren bemüht, mit der Kraft der Musik alle menschlichen Gefühle zum Ausdruck zu bringen. Wir formten sechs *Intermedien* – und zwar so, daß das erste, dritte und fünfte die Rolle der Musik im Universum vom Sinn her beleuchten, während die anderen drei das Leben der Götter darstellen. So habe ich mit meinen Freunden Malvezzi, Luca Marenzio, Peri und Emilio dei Cavalieri unsere Sätze schon zum großen Teil ausgearbeitet: Das erste stellt die Harmonie der Sphären dar, das zweite den Wettstreit der Musen, das dritte veranschaulicht den Kampf Apollos, von dem Vincenzo gesprochen hat, dann folgt das Lied des Arion ... anschließend das Reich der Dämonen, und schließlich steigen Apollo und Bacchus herab und vereinen Rhythmus und Harmonie zu einem Ganzen.«
Das war das bisher größte Unterfangen der Camerata, von dem alle unterrichtet waren. Es war die Arbeit von Monaten, ja Jahren, ehe der besonnene, nachdenkliche Giovanni Bardi seinen Gefährten erklären konnte, daß das Werk Form angenommen habe, daß der Text der

sechs Intermedien fertig sei und daß auch die Musik in Kürze durch die gemeinsame Arbeit der vier Komponisten endgültige Fassung bekommen würde.
Der langhaarige Jacopo Peri, der vom einfachen Sänger zum Lieblingskomponisten des großherzoglichen Hofes emporgestiegen war und der mit seiner empfindlichen, leicht gekränkten Natur schwer einen Widerspruch ertrug, verbrachte jetzt seine Zeit mit tiefgründigen Studien. Er versuchte, vielleicht nur um der Debatte mehr Farbe zu verleihen, sich dem Wesen der Musik von einer anderen Seite zu nähern.
»Freunde ... vernachlässigen wir auch nicht zu sehr das Madrigal? Diese liebliche, schlichte Form, die auf den Lippen Verliebter geboren wurde? Weshalb müssen wir, wie wir es doch tun, auf antike Überlieferungen zurückgreifen, wenn wir tausend lebende Beispiele dafür finden, wie es klingt, wenn ein Verliebter aus überschäumendem Herzen singt. Meiner Ansicht nach ist das echte Rezitativ eine musikalische Form, gehobener als die Alltagssprache, deren Zeichnung vom musikalischen Gesichtspunkt aber vielleicht nicht so scharf ist wie die klare Melodie eines wirklichen Gesanges. Es steht irgendwo zwischen den beiden ... Man könnte es unumwunden mit seinem klassischen Namen Prosodie nennen.«
Ottavio Rinuccini, der noch junge Dichter adliger Herkunft, sprach abgehackt, sinnend:
»Ich halte es für meine Aufgabe, das Geheimnis der *Eleusinischen Mysterien* zu ergründen. Es sind tausend Jahre her, Freunde, seit der Cäsar ihnen mit einem einzigen Federstrich ein Ende setzte, und wir wissen heute nicht mehr, wohin die verborgenen Anhänger dieses Glaubens ihre alles Menschliche beleuchtende Fackel versteckt haben. Wer den Tempel der Demeter einmal betreten durfte, dessen Lippen wurden durch das Siegel ewigen Schweigens verschlossen. Wir wissen nur, daß die frühen Kirchenväter dieses Mysterium, Eleusis selbst, als eins ihrer Hauptfeinde betrachteten. Dabei haben sich die Eingeweihten von Eleusis nicht am Glaubensstreit beteiligt und auch nicht an den Verfolgungen. Sie waren sanftmütig, und sie *wußten* etwas, hinter das die Menschheit seither nicht wieder gekommen ist ... Wir hier sprechen von Musik. Was mögen die Eingeweihten gesungen haben, die Jahr für Jahr, wenn der Frühling kam, hinauszogen aus Athen, an den heiligen Quellen verweilten, während von ihren Lippen der Hymnus erschallte. So erreichten sie die Küste ... Instrumente begleiteten sie unterwegs, und wenn sie ans Heiligtum der Demeter gelangten und sich im Wasser des Meeres gereinigt hatten, begannen die Singspiele, die von Instrumenten begleitet wurden und deren wahres Wesen uns bis heute noch verschleiert ist. Der Raub der Persephone ... Der Wagen des Herrn der Unterwelt, wie er auf der blühenden Wiese anhielt, wo Demeters Tochter mit ihren Gespielinnen Blumen pflückte ... das

Wehklagen der Mutter ... ihr Besuch in Eleusis, der Olivenbaum, die Quelle, die Mädchen, die die alte Frau hereinbaten ... die im Hades klagende Persephone – all das ist reines Drama, das nicht allein mit Worten vorgetragen wurde, sondern das die Eingeweihten singend rezitierten und mit Instrumenten begleiteten. Demeter und Pluto teilten sich in Persephone, und sie blieb, auch im Reich der Unterwelt, wie sie immer war: liebenswürdig, fröhlich, ewig jung, auch des Mitleids fähig, war sie es doch, die Orpheus half ... Sie verwendete sich bei ihrem Gemahl dafür, daß der Sänger seine Eurydike erhielt ... Wenn es hier gelänge, Freunde, uns dem Wesen einen Schritt zu nähern ...«
Er verhielt für einen Augenblick. Das genügte Giulio Caccini, das Wort an sich zu reißen. Dieser Giulio »Romano« paßte nicht ganz in diese Gesellschaft. Der römische Musikus galt als einer der größten Virtuosen der Zeit: Ein wahrhaftiger musikalischer Tausendsassa. Seine Familie hätte eine ganze Kapelle ergeben. Aber was seinen Charakter und die Lauterkeit seiner Person betraf ... entsprach er in vielerlei Hinsicht nicht den Anforderungen. Er hatte eine höchst verdächtige Rolle in der Tragödie gespielt, in der der jüngere Bruder des Großherzogs, Piero de Medici, aus purer Eifersucht seine Frau Leonora getötet hatte. Man erzählte, daß in dem Herzog auf eine Denunziation von Giulio Caccini hin der schändliche Plan gekeimt sei ... Es liebte ihn auch niemand in der Camerata, aber man erkannte sein glänzendes Talent an, und sein praktischer Sinn, sein sicheres szenisches Wissen hoben ihn über alle anderen. »Romano« fühlte sich durch diese »erhabene« Gesellschaft durchaus nicht gehemmt.
»Wenn wir nur nicht zu spät zum Mahl kommen, meine Herren: Während wir uns hier die Grübeleien unserer Freunde anhören ... den Zugang zu den Eleusinischen Mysterien suchen, als wollten auch wir den Stein der Weisen finden, ist man anderswo ... an anderen Höfen vielleicht schon näher an das gekommen, was unser liebenswürdiger Gastgeber als ›Wesen‹ bezeichnet. Das heißt, die Polyphonie stürzen und an ihre Stelle das setzen, was dem Rezitativ ... dem Gesang ... der Prosodie der antiken Welt, wie wir es nennen, ähnelt ... Sprechen wir es offen aus: Wir streben den Triumph der *Monodie* an. Genauer, so zu singen, daß jedermann den Text versteht und daß sein Geist und seine Stimmung die Melodie formen. Wie ich hörte, hat Seine Hoheit dieser Tage eine spöttische Bemerkung über die Camerata gemacht. Er soll gesagt haben: Sie schlafen mit offenen Augen ... Das ist schon ein Zeichen dafür, daß die Großen ungeduldig sind. Als ich vor einigen Monaten in Rom weilte, um bei den höchsten Würdenträgern der Kurie herauszufinden, wie sie über das denken, was wir ›Monodie‹ nennen, und dabei meine eigenen Madrigale vortrug, die ich auf eine, jawohl auf *eine einzige Stimme* komponierte, auf meine eigene, und diese mit einem einzigen Instrument begleitete: *mit meinem*, da sah und hörte ich den Erfolg. Fünf Kardinäle waren zugegen, als ich spielte. Man wollte

mich gar nicht wieder nach Florenz zurücklassen. Die Drachensaat ist schon überall aufgegangen. Alle haben genug von dem Alten ... sie warten auf etwas Neues. Die Frage ist nur, wo man darauf stoßen wird? Hier bei uns, in Neapel, in Mantua oder in Rom. Hören wir auf, Freunde, mit offenen Augen zu träumen.«

»Wenn Ihr, Signor Giulio, unsere Rolle so klar seht, sagt uns doch, worin wir eigentlich übereinstimmen.«

»Wir betrachten den Kontrapunkt als Feind. Genauer gesagt, jene dumme Angewohnheit, daß die Komponisten den Rhythmus der Worte nach Belieben dehnen oder verkürzen, ohne sich im geringsten um den Sinn des Verses oder des Versfußes zu kümmern. So nimmt es nicht wunder, wenn der Text völlig unverständlich wird!«

»Wie könnte man da Abhilfe schaffen?«

»Edler Graf und glorreicher Gastgeber, nach Ansicht der alten Philosophen ist die Musik in erster Linie Sprache und Rhythmus und erst dann Melodie – und nicht umgekehrt!«

»Mich dünkt, als suchten wir unseren Weg doch alle in einer Richtung. Ich befürchte, wir graben umsonst im Humus des antiken Geistes. Wir werden – auf dem Gebiet der Musik – keine Laokoonstatue finden. Daher müssen wir selbst das aufbauen, von dem wir glauben, daß unsere Vorfahren sein Geheimnis schon kannten. Die Monodie ...«

»Und was wird mit der Kirchenmusik?«

»Messer Rinuccini, das sind altüberlieferte, jedermann bekannte Texte. Diese mögen bleiben ... Sie üben keine Zauberkraft auf uns aus. Mögen die Organisten ihre Instrumente weiter dröhnen lassen, die Chöre singen, ohne daß man ein einziges Wort des lateinischen Textes versteht. Wir bringen *neue* Texte. Wenn wir das Rezitativ ... ein wenig auflockern, wenn der Komponist die Mühe nicht scheut, all das darzulegen, was er herausgehoben, ausgeschmückt haben will, und dann gestattet, daß der Sänger das andere entsprechend seiner eigenen Kunst untermalt, schattiert: Dann wird es eine neue Musik geben! Ja ... wenn diese Ungeheuerlichkeit von heute ein Ende nimmt, daß alle durcheinander singen, wer weiß in wieviel Stimmlagen, die Instrumente dies noch übertreffen, wenn die Orgel dröhnt: Wen kümmert dann am Ende in diesem höllischen Stimmengewirr der grundlegende *Text?* Ja, Freunde, wenn stattdessen eine einzige Stimme rezitiert und wenn die Instrumente sie so begleiten, daß sie die Schönheit dieses Textes nicht unterdrücken, im Gegenteil, wenn sie dazu beitragen, daß sein Sinn auf den Schwingen der Musik in immer poetischere Höhen steigen kann, nur dann vermögen wir unser Ziel zu erreichen!«

»Und welche Rolle erhält dann der Chor, Messere?«

»Eine äußerst gefährliche Frage, Signor Peri! Ich möchte jetzt nicht Seneca zitieren, in welche Schranken die Menge gedrängt werden muß – dann, wenn es um die Lösung des dramatischen Knotens geht. Meiner Ansicht nach soll der Chor die Sänger verstärken, soll, wenn es notwendig ist, in das Drama kurz eingreifen, aber nicht weitschweifig, soll die Zeiträume ausfüllen, die Zuschauer auf das Kommende vorbereiten. Aber erwarten wir von ihm nicht übermäßig viel . . . nicht alles. Der Vers wird stets von den Lippen eines einzigen am reinsten wiedergegeben werden.«

»Wann proben wir?« fragte Bardi strahlenden Auges.

»Nennen wir unser Werk . . . *stile rezitativo.* Mag sein, daß dies nur der Anfang ist. Sprechen wir es aus: Unsere Absicht ist«, fuhr Rinuccini fort, »ganze Tragödien in diesem Stil zu singen, um die Kraft des Wortes auf der Bühne so zu vervielfachen. Vorerst aber denken wir nicht daran, uns an Euripides . . . oder Aischylos heranzuwagen . . . Wir trauen uns noch nicht, ein gewaltiges Werk in Angriff zu nehmen. Die Welt der alten Götter und Heroen birgt viele Tausend Geschichten. Man braucht sich nach den Schätzen nur zu bücken und schon . . .«

»Dann also . . .«

»Wäre Messer Giulio nicht ungeduldig geworden und hätte dies den guten Ruf der Camerata nicht bedroht, wir würden noch schweigen. Aber wir beide, mein Freund Peri und ich, haben bereits etwas begonnen. Wir wählten die Geschichte der Daphne . . . Nein, wir sind noch nicht einmal über die Schwierigkeiten des Anfangs hinaus . . . versuchen vorerst nur durch unsere bescheidenen Worte . . . unsere Stimmen . . . unseren Gesang das Ziel zu erreichen. Dabei helfen uns höchstens die Mitglieder unserer Familien. Aber eins können wir versprechen: Wenn unser Schäferspiel fertig ist, so wäre es unser Wunsch, es in dem größten Saal dieses edlen Palastes aufzuführen.«

Caccini beugte sich herb lächelnd nach vorn.

»Wer möchte hier und jetzt Freudenstörer sein? Ein Schäferspiel also . . . Wie Signor Rinuccini zu sagen pflegt . . . ein anspruchsloser Text! Mich, ich gestehe es, zieht der Sänger mehr an: Ich höre die Stimmen von Orpheus und Eurydike, wie sie sich auf den dämmrigen Wiesen der Unterwelt mit Persephone unterhalten. Die Worte Plutos . . . das Grollen Charons: Alle Düsternis des dunklen Reiches . . . Das ist etwas anderes als ein Schäferspiel. Hier könnte man vielleicht finden, was wir . . . Ihr . . . und auch ich, ich gestehe es . . . bis jetzt vergebens gesucht haben. Wollen wir wirklich mit einer schwachen, verspielten *Favola* beginnen, mit einem Märchen aus der Antike?«

Bardi schmunzelte. Die Camerata hielt heute eine Sitzung, und keine unnütze. Gedanken blitzten auf . . . und im Meer der Ideen wußten sie selbst noch nicht, wohin der Weg führte. Die Sitte gebot es, wer einmal seine Ansicht vorgetragen hatte, der war verpflichtet, höflich auch den anderen zuzuhören. Er wandte sich an den jungen Galilei:

»Junger Freund, Ihr habt allen zugehört. Über Euer Wissen – wenngleich auf ganz anderen Gebieten – spricht man selbst schon in Florenz. Ich sage dies nicht aus Schmeichelei . . . Aber wir haben davon gehört, was Ihr am Schiefen Turm in Pisa bewiesen habt . . . Ja, Mes-

sere, Ihr betreibt sicher auch Philosophie, und Aufgabe des Philosophen ist es, alle Meinungen zusammenzufassen. Welchen Schluß würdet Ihr aus dem formen, was Ihr hier, zwischen diesen Wänden, heute gehört habt?«
Der junge Gelehrte lächelte. Eine Minute herrschte Stille. Alle warteten gespannt, daß er das Wort ergriff.
»Als Uneingeweihter bin ich nicht würdig, einen Beitrag zur Debatte zu leisten, aber ich kenne die Arbeit, das Werk meines Vaters, ich spiele selbst ... habe zahlreiche Musikschöpfungen gehört. Ich will versuchen, unparteiisch zu sein. Die Wege Euer Ehren treffen nicht unbedingt aufeinander. Wenn ich es richtig verstanden habe, sucht im wesentlichen jeder etwas anderes.
Am klarsten hat Messer Caccini gesprochen. Er sieht einen einzigen Tag vor sich, den Erfolg. Mag sein, daß er ihn deshalb am schnellsten erreichen wird. Ihr, gräfliche Gnaden, seid die goldene Fassung, in der vielleicht alle Edelsteine, die geschliffen werden, genau Platz finden. Wie ich höre, hat man sechs Intermedien geschaffen, und zu viert habt Ihr begonnen, die Musik dazu zu komponieren. Kann denn ein einheitliches Opus entstehen, wenn so verschiedene Männer daran schaffen? Und wenn ja ... kann man sich in diesem Falle eine einheitliche Wirkung vorstellen?
Ich gestehe, ich kann auch das Argument Messer Caccinis nicht teilen, daß man gleich mit der Erstürmung des Olymps beginnen soll. Denken wir nur an die vielen Debatten, die es gegeben hat, was richtiger sei, die Induktion oder die Deduktion. Warum sollte man nicht mit etwas Bescheidenerem beginnen, um so die Proportionen der Teile auszuprobieren, die darin verborgene Harmonie festzustellen, und erst dann die Ausmaße zu erweitern? Was die Frage der Wiedererweckung des Dramas der griechischen Vorfahren betrifft: Ich glaube nicht daran. Sie waren andere Menschen. Ihre Philosophie kennen wir, sie ist zum Glück nicht verschwunden wie ihre Hymnen. Aber könnte man die Lehren von Platon oder Aristoteles heute blindlings anwenden, ohne sie erst auf dem Schleifstein unserer heutigen Welt ein wenig herzurichten? Seht, Messere, auch die Mathematik ist vorangeschritten ... Wir wissen heute mehr über die Elemente ... das Licht ... den Schall ... die Wärme als die Alten! Aber warum auch sollte man zweitausend Jahre zurückgehen, wo doch die Welt, mit Verlaub, Eure Exzellenzen, vorwärts schreitet und nicht rückwärts: Auch dann, wenn die Sonne um unsere Erde kreist ... und auch dann – was viel wahrscheinlicher ist –, wenn wir in unserer Winzigkeit um den Sonnenriesen kreisen ...«
Bardi blickte auf den Vater. Vincenzo Galilei sah bestürzt und verzaubert auf Galileo. Was verlieh diesem dem Jünglingsalter kaum entwachsenen jungen Mann diese beängstigende, überwältigende Kraft? Er fühlte: Es hatte niemand mehr etwas zu sagen. Der junge Mann

hatte die Schlußfolgerung gezogen. Sein Blick glitt über die Gesichter: Alle waren müde. Sie warteten auf das gewohnte Programm der Camerata, auf das übliche Mahl am Dienstag bei Graf Bardi.

10

Das erste Quartier Claudios in Mantua war das Heim eines hiesigen Arztes: Baldassare kannte den Kollegen noch aus Padua und hatte den Sohn seiner Obhut empfohlen. Als die Postkutsche die Gemarkung Cremonas verließ, sah Claudio jenseits der Grenze keine Spanier mehr. Zum erstenmal in seinem Leben reiste er in ein Land, das man in Italien als frei bezeichnen konnte. An der Zollstation hatten noch die Kontrolleure mit ihren Federhüten gestanden, Musketiere waren bemüht, von jedem Reisenden ein Schmiergeld einzustreichen, untersagten die Ausfuhr Cremonenser Taler und knöpften den Unerfahrenen allerlei Gebühren ab. Überdies prüften sie jedes Papier, ob nicht gegen die Weisung der Inquisition verbotene Schriften hinausgeschmuggelt wurden. Nachdem alles in Ordnung befunden worden war, knallte der Offizier mit der Peitsche, dem Schein nach als Zeichen für den Postillion, aber so, daß er die Wade des in Strumpfhosen gekleideten jungen Mannes traf.
Eine halbe Stunde später hielt die Kutsche schon am Zoll von Mantua, wo laute, wohlgelaunte herzogliche Offiziere in schallender lombardischer Mundart über die »Fremden« schimpften. Den Reisenden schüttelten sie die Hand, überall trafen sie Bekannte, kümmerten sich nicht um das Gepäck und probierten gern den mitgeführten Wein. Einer der Offiziere sah sich mit dem Interesse eines Kunstkenners die Instrumente Claudios an: Eine Bratsche, eine Viola da gamba, eine Violine und eine Flöte. Da sie aus seiner Einladung ersahen, daß der junge Mann Musiker war, bildete die Wache im Handumdrehen einen Chor, und da es in der Postkutsche außer zwei alten Damen keine weiteren Frauenspersonen gab, stimmten sie ein so ausgelassenes Lied an, vor dem die Frauen in die Häuser flüchteten. Dem frechen Text konnte Claudio entnehmen, wovor ... und vor wem er sich in Mantua würde hüten müssen ... Hauptsächlich davor, daß nicht ein eifersüchtiger Ehemann dem jungen Messere die Knochen im Leibe brach.
Nach diesem liebenswürdigen Empfang forderten sie lässig den Zoll: anderthalb Scudi. Das war freilich eine große Summe für einen jungen Mann, aber man verlangte sie wenigstens auf liebenswürdige Weise, nicht so wie die Spanier die halb so hohe.
Es dämmerte, als er in Mantua ankam. Von der Mündung des Mincio her breiteten sich lange, violette Schatten auf die Stadt, und es war, als schwankten die Häuser ein wenig, der aus den Sümpfen emporstei-

gende Nebel hüllte sie ein. Cremona war vielleicht halb so groß wie die fürstliche Residenz, aber nicht das war der augenfälligste Unterschied, sondern die auf Schritt und Tritt sich äußernde Heiterkeit, der ungebundene Frohsinn, die besondere Lebhaftigkeit. Obwohl es gar kein Wochenende war, auch kein Markttag, waren so viele Menschen draußen, spazierten und lachten in den Straßen, aus den Schenken mit ihren Loggien schauten die Zecher heraus, auf den Terrassen und Balkons standen Frauen und Mädchen und plauderten laut miteinander.
Nirgends ein fremder Bewaffneter, und auch die Männer des Magistrats verscheuchten die gute Laune nicht. Einige herzogliche Leibwächter spazierten in zweifarbigen Strumpfhosen, mit einem Federbarett und höchstens mit einem kurzen Degen an der Seite. Sie kokettierten mit den Mädchen oder setzten sich zwischen die Bürger. Eine Adelskutsche rollte vorüber mit dem Vater und seinen erwachsenen Töchtern darin, aber auch die saßen nicht so steif da wie die Cremonenser Hochadligen, die in allem die Spanier nachäfften. Der Vater rief dem Kutscher etwas zu, worauf dieser anhielt, und der beleibte Herr im Samtmantel setzte sich nach einer würzigen lombardischen Begrüßung an einen Tisch zu seiner gewohnten Gesellschaft.
Es schien eine reizende Stadt zu sein. Wo auch die Postkutsche vorüberrollte, nirgends sah man Spuren des Krieges oder einer Feuersbrunst. In den Fenstern der Läden lagen Waren aus, die Kirchen wurden nach der Vesper gerade geschlossen, die Fassaden der Häuser waren fast überall farbig: apfelgrün, blutrot, himmelblau – nach dem Grau, Braun und Ocker in Cremona.
In seinem vorläufigen Quartier fühlte er sich gleich heimisch: Die gleichen Retorten, Glasröhrchen, Sägen, ein Skelett und Klistier wie im Hause Doktor Baldassares. Der Hausherr empfing den Sohn des einstigen Freundes mit ausgebreiteten Armen, die Hausleute titulierten den jungen Musiker gleich Maestro, nach gutem mantuanischem Brauch, wo man den einfachen Edelmann Graf und den Herzog Hoheit nannte, obwohl dieser Titel nur dem toskanischen Großherzog zustand (zum großen Leidwesen der Gonzaga, der Este, Montefeltre, Farnese und der anderen kleinen Fürsten). Von der Universität kamen Studenten zu Besuch, als sich die Nachricht von seiner Ankunft verbreitet hatte. Sie umarmten ihn und nannten ihn gleich Du, ohne jedes Zeremoniell. Alle sprachen zugleich . . . schwatzten, waren selbstsicher. In derben Scherzen unterhielten sie sich über die Höflinge, und sie waren frei von jeglicher Angst, als würde hier gar niemand vor der Inquisition zittern.
Der Postillion war beim Verwalter des Palastes eingekehrt, dem er ein Paket zu überbringen hatte. So war es nicht weiter überraschend, daß schon während des Abendbrotes aus der Reggia ein Leibwächter in bunter Uniform eintraf und Messer Monteverdi suchte. Man ließ den Burschen Platz nehmen, er bekam einen Humpen Wein und erzählte

dann grinsend, der Maestro solle sich morgen bei Seiner Exzellenz Chieppio, dem Schatzmeister (bei diesem Wort zog er eine saure Miene) melden. Aber er solle darauf vorbereitet sein, auch vom Sekretär Seiner Hoheit, von Herrn Striggio, empfangen zu werden. Im Palast habe schon jedermann, den es berühre, von seiner Ankunft erfahren ... und in der Wache habe er gehört, daß für den Barbaratag große Feierlichkeiten geplant seien.
Claudio verbrachte eine unruhige Nacht: das erste reichliche Abendessen in Mantua lag ihm schwer im Magen. Ihm war, als drehten sich die schwersten Instrumente, die Orgeln und Kontrabässe, im Tanz, und er erwachte am Morgen schweißgebadet in dem fremden Bett. Es war noch früh, er stand auf. Der Arzt wohnte am Hang eines kleinen Hügels, vom Ende des Gartens konnte Claudio auf die Stadt hinuntersehen. Die Sonne ließ die breiten, braunen Mauern des Palastes rostrot aufleuchten.

Von der Wache aus, wo alle so nett und liebenswürdig zu ihm waren, als hätten sie nur auf ihn gewartet, betrat er einen wunderbaren Garten. Aus den Rohren der Springbrunnen sprudelte das Wasser, die Strahlen von zwei Reihen dieser Wasserspiele bildeten einen Bogen, zwischen dem die Sonnenstrahlen tanzten, und wer unter diesem plätschernden klaren Silberbogen dahinschritt, wurde von keinem Tropfen Wasser bespitzt. Statuengruppen zeigten den Weg zum Eingang der Pavillons: gewaltige Bäume, Beete mit Blumen, ganze Felder – mit einer Sorte Blumen, unzählige holländische Tulpen, hellblaue Winden, die an den blutroten Ziegeln des Wachturmes emporrankten.
Claudio fühlte sich in eine Traumwelt versetzt; es war der Garten der Reggia. Wer hierher gelangte, sehnte sich vielleicht sein ganzes Leben lang nicht mehr von hier fort. Gerade wurde die Leibwache abgelöst; sie marschierte in silbernen Harnischen, mit kostbaren Waffen, trug leichte blaue oder purpurfarbene Mäntel, das Haar der Offiziere war gekräuselt. Sie verbreiteten eine Duftwolke, hatten Spitzenmanschetten, farbenfreudige Uniformen und alle bunte Bänder, Schnallen und Schmuck ... Von Zeit zu Zeit ging ein Edelmann von einem Pavillon zum anderen: ein Ratsherr, der Hofmeister oder Erste Kämmerer. Claudio schritt weiter durch die Traumwelt. Wo er vorbeikam, erklang hinter seinem Rücken das Losungswort: Die Hellebarden wurden gesenkt, unsichtbare Hände öffneten ihm das breite bronzene Tor.
Ein Mann, den Claudio für einen Hoflakai hielt, schloß sich ihm an und erklärte ihm mit freundlichen Worten, er werde den jungen Maestro jetzt weiter geleiten. Man bitte um ein wenig Geduld, denn man habe angeordnet, daß nicht Seine Exzellenz Chieppio, sondern zuerst Graf Carlo Rossi in eigener Person den Gast empfangen möge. Sein Begleiter gab ihm auch gleich die nötigsten Informationen: Herr Carlo sei ein äußerst tapferer Mann, Oberbefehlshaber der Truppe, als Ge-

mahl von Ippolita Gonzaga Mitglied der fürstlichen Familie und darüber hinaus der Patron jeglicher Hoffeste, Feierlichkeiten, Musik- und Tanzspiele.
Der Besucher brauchte nicht lange im Vorzimmer zu warten. Der Mantuaner General war ein kräftiger, hünenhafter Mann, mit jovialem Gesicht, einem Vollbart und schmetternder Stimme. Er musterte Claudio, als wäre er ein junger Offizier seiner Wache, der sich bei ihm meldete. Er schlug ihm auf die Schulter, sprach ihn mit Du an, was keine Geringschätzung war, eher eine Freundlichkeit, wie wenn man jemanden in die Familie aufnimmt. Im kleinen Saal, wo Carlo Rossi Monteverdi empfing, stand alles voller Blumen. Man sagte, seit anderthalb Jahrhunderten, seit der Zeit der großen Isabella Gonzaga-Este sei dies im Palast von Mantua so Sitte. Gobelins bedeckten die Wände, auf der einen Seite hing eine riesige Landkarte, auf Regalen standen verzierte, ledergebundene Folianten, in den Ecken Waffenarrangements. Rossi setzte sich, blätterte in einem Stoß Papier.
»Du würdest wohl Geld brauchen, mein Sohn?«
Claudio lächelte und senkte den Kopf. Rossi fuhr fort:
»Ich werde dir fünfzig Scudi anweisen lassen. Aber ... damit hast du das Geld noch nicht in der Hand. Mit dieser Anweisung gehst du zu dem Herrn Oberschatzmeister, bringst bei ihm deine Viola zum Erklingen, denn Seine Exzellenz Chieppio ist ein begeisterter Musikfreund. Vielleicht macht er mit dir eine Ausnahme und zahlt den Betrag gleich aus. Denn wir ... und das sage ich dir im Vertrauen, da ist auch Seine Hoheit nicht immer eine Ausnahme ... wir müssen oft warten, bis sich das Schatzsäckel füllt. Sicherlich hast du Mathematik gelernt, mein Sohn. Dann weißt du, daß das Nichts selbst die Araber nicht zu teilen vermochten.«
Er lachte, schenkte Wein in einen Kristallbecher ein und schob ihn dem vor ihm stehenden Jüngling zu.
»Kannst du reiten?«
»Mein Vater hatte ein zahmes Pferd, auf dem er entfernt wohnende Kranke besuchte, denn, mit Verlaub, Euer Exzellenz, mein Vater ist Arzt. Wenn er das Pferd nicht brauchte, bin ich auf ihm geritten.«
»Hattest du schon mal eine Waffe in der Hand? Ja, dürfen die Italiener in Cremona überhaupt eine Waffe in die Hand nehmen?«
»Fechten hat man die Jungen auch bei uns gelehrt ... nur hatten unsere Klingen weder Spitze noch Schneide ... und die Musketen wurden nicht mit Kugeln geladen.«
Carlo Rossi lachte schmetternd.
»Denke nicht, daß ich dich gleich der Truppe zuteilen will. Aber es kann alle Tage geschehen, daß seine Hoheit ins Feld zieht. Er verzichtet auch dort nicht gern auf seine Kapelle. Was will man da mit lauter alten Männern anfangen? Deshalb habe ich mich gefreut, als ich hörte, daß wir einen jungen Musiker bekommen. Gut so, mein Sohn ...

Claudio! Es schadet nicht, wenn du dir manchmal aus dem Stall ein Pferd geben läßt und wenn du dich im Umgang mit der Klinge übst, mit einem der jungen Leibwächter fichtst. Jetzt wollen wir mal nachsehen, ob wir um diese Zeit Seine Hoheit schon stören dürfen. Wenn ja, kannst du, so wie du bist, vor ihn treten.«

Sie gingen durch einen kurzen gewölbten Gang, der mit Heiligenbildern auf goldenem Grund geschmückt war. Claudio dachte, dieser Palast ist das reinste Labyrinth – darin kann man sich nie zurechtfinden. Durch eine Anzahl Vorzimmer gelangten sie in den Audienzsaal. Überall schritt Carlo Rossi voran: gewiß, alle Wachen erwiesen ihm die Ehre, alle Höflinge verneigten sich vor ihm, aber bei weitem nicht auf so dienerhafte Weise, so unterwürfig, wie Claudio das in Mailand bei Herrn Ricardi gesehen hatte. In dem Saal vermochte er dann schon zu unterscheiden, wer ein Ratsherr war, ein Mitglied des Städtischen Magistrats, ein Kanoniker aus dem Dom, ein Wachoffizier, ein Hofsekretär, ein Edelmann oder ein Verwandter. Schreiber und Kanzlisten kamen und gingen, manchmal riesige Folianten schleppend. In seltsamer Weise verschmolz im ersten Eindruck des jungen Mannes die rege Tätigkeit in den Kanzleien mit dem traditionellen Müßiggang des fürstlichen Hofes.

Im Saal herrschte gedämpftes Gemurmel, hier redete niemand mehr im lärmenden Ton, selbst Carlo Rossi sprach nicht mehr laut. Da schlug plötzlich die Tür auf, die nach den inneren Räumen Seiner Hoheit führte, und herausgesprungen kam Josue, der Lieblingszwerg des Herzogs, mit einem schneeweißen, einfältig dreinblickenden Windhund namens Thamar. Das Tier setzte seine Vorderpfoten auf den elenden, schwächlichen Körper, worauf der Zwerg mit gespieltem Entsetzen zusammenbrach. Claudio stand ihm am nächsten, er wurde rot und bemühte sich, den Zwerg unter dem Tier zu befreien. Ein leises Gelächter wogte durch den Raum. Es war eins der gewohnten Spiele Josues: Er erkannte gleich, wer hier fremd war, zum erstenmal diesen Saal betreten hatte, und an dem probierte er seinen Scherz aus. Claudio wich beschämt in die Ecke zurück, aber Rossi zog ihn lachend an sich.

»Siehst du, das war die Probe: Wer steht Josue bei. Du hast sie bestanden. Hier pflegt man Wetten abzuschließen, wie sich der neue Mann in dieser Situation verhält, ob er um sein Gewand bangt, wie ein Spanier, der einen Spieß verschluckt hat, oder ob er ein Mensch ist. Wie ich sehe, können wir weitergehen!«

Sie schritten durch das Spalier der Leibwächter: Der Gast Rossis wurde freilich nicht der üblichen Leibesvisitation unterzogen. Claudio fühlte, daß sein Herz heftig klopfte, und er preßte das kunstvoll geschmückte runde Futteral an sich, in dem sich die schönsten Madrigale seines im Entstehen begriffenen dritten Bandes befanden. Ein Kämmerer kam ihnen entgegen, geleitete sie zu einem noch ranghöheren Kämmerer, der sie in einem hellgetönten kleinen Salon kurz warten ließ, aber gleich darauf öffnete sich die Tür, und sie konnten ins Heiligtum der Reggia eintreten, in das Arbeitszimmer des regierenden Herzogs.

Vincenzo Gonzaga war heute guter Laune. Er trug einen weißen Seidenmantel, hatte mit Appetit und reichlich gefrühstückt, war ausgeritten, hatte gefochten und auch schon etwas gelesen, ehe er sich in sein Arbeitszimmer setzte und sich stöhnend dem Tagespensum des regierenden Fürsten widmete. Nach Schätzung Claudios mochte der Herrscher sechs oder sieben Jahre älter sein als er: Er verlor allmählich seine jugendliche Schlankheit. An seinem sich bereits leicht abzeichnenden Doppelkinn konnte man erkennen, daß er im Alter an Körperfülle zunehmen würde. (Claudio betrachtete den Herzog mit dem Auge seines Vaters und versuchte, die hippokratischen Grundzüge in ihm zu ergründen.) Aber diese würdevolle Erscheinung wurde durch das Lächeln, das vielleicht nie ganz aus seinen Augen wich, durch die Grübchen auf dem Kinn und den Wangen, den kühn emporstehenden Schnurrbart und den fast farblosen, im Dreieck geschorenen Kinnbart außerordentlich liebreizend; sein gekräuseltes Haar wallte in Locken herab. Nur die etwas hängende Unterlippe erinnerte an das Erbe seiner habsburgischen Mutter.

Auf dem Tisch lagen in malerischem Durcheinander Dokumente, Pläne und verschiedene kleine Mechanismen, die der Uhrmacher, der Alchimist oder Physikus des Hofes zur Freude Seiner Hoheit ersonnen hatte. Zu seiner Rechten lag eine kunstvoll gearbeitete, mit Intarsien geschmückte Pistole mit aufgezogenem Hahn, und eine lange Klinge – für den Fall, daß Vincenzo von seiten seines Besuchers doch plötzlich ein Angriff drohen sollte. Da war auch eine eingefaßte, mit Stiel versehene Vergrößerungslinse, die ihm der Herzog von Parma aus Flandern als Geschenk geschickt hatte. Als er Rossi erblickte und hinter ihm den schüchternen jungen Mann im cremonensischen Mantel, streckte er impulsiv seine Hand zum Kuß aus und lächelte huldvoll. Während Claudio das Knie beugte und die weiße, ein wenig fleischige, mit Ringen besetzte Rechte mit den Lippen berührte, entstand ein erneutes Durcheinander. Die Hunde fielen übereinander her: Der winzige Schoßhund wandte sich laut kläffend gegen den mächtigen Spürhund, und der weiße Jagdhund hob erschrocken und unschlüssig seinen langen Kopf. Es wäre schon fast zur Rauferei gekommen, wenn der Herzog seine Hunde nicht durch heftige französische Worte zur Ordnung gerufen hätte. So war für eine Minute eine wohltuende Verwirrung entstanden. Carlo Rossi nützte seine Vorrechte und nahm in einem hochlehnigen Sessel Platz, während der junge Bittsteller aufgerichtet der Huld des Fürsten harrte.

»So jung seid Ihr also, Messere? Ein schöner stattlicher Bursche ... darüber freue ich mich besonders. Da werden ja nicht nur Euer Gesang und Eure Kunst den Hof entzücken. Sehen wir doch mal, weshalb wir

Euch nach Mantua baten? Was gibt es hier für einen Hofbratschisten zu tun? Ich gestehe, fast gar nichts, denn Maestro Giaches de Werth kränkelt häufig, und dann ruhen die Proben für Wochen ... Freitags zum Empfang im Palast werden immer nur die alten Kompositionen gespielt ... Und offen gesagt, spielt die Kapelle ohne Proben und Leitung recht schwach. Zur Zeit meines seligen Vaters hätte man das nicht gewagt.«
Sein Gesicht verdüsterte sich, er stand plötzlich auf. Rossi verfolgte seine Bewegungen. Über das Antlitz des Herzogs huschte ein Schatten der Trauer, es war, als sprächen seine Lippen ein stummes Gebet, an dessen Ende er sich bekreuzigte. All das dauerte nur eine Minute, wonach mit unwiderstehlicher Heiterkeit wieder seine jugendliche Stimme erklang.
»All das, Messere, müßt Ihr verändern. Ihr müßt den Verfall unserer geistlichen und weltlichen Musikspiele ... unseres Chores aufhalten, ja, sie zum Aufschwung bringen. Gewiß, keine leichte Aufgabe für jemanden, der jetzt zu uns gekommen ist ... Und Ihr müßt das alles so angehen, daß Ihr die Musiker nicht gegen Euch aufbringt: Sie sind gefährlich ... Ich zumindest werde nicht mit ihnen fertig. Doch was haltet Ihr hier unterm Arm, Messere?«
Neugierig griff er nach dem schön gedrechselten Holzfutteral, in das der erste Gehilfe von Meister Amati für anderthalb Scudi auch das Wappen von Mantua geschnitzt hatte. In der Art eines Kunstkenners überflog er die Noten, und während er las, schlug er mit dem Finger den Takt auf der Tischplatte. Sein Gesicht war vertieft, man konnte sehen, wie sein Blick über die Notenzeilen glitt. Das gnädig und ein wenig einfältig lächelnde Gesicht wurde mit einemmal spähend, nahm einen sinnenden Ausdruck an.
»Ich freue mich, daß Ihr gekommen seid ... Ich freue mich, Euch schon recht bald hören zu können. Eure Instrumente? Vielleicht könnten wir sie schon morgen probieren ... Gut? Jetzt wird Graf Rossi so gütig sein und nachsehen, ob Ihre Hoheit, die Herzogin, frei ist und ob wir ihr mit Messer Claudio unsere Aufwartung machen können. Ich möchte vor ihr Staat machen mit dem schönen Geschenk dieses Morgens. Habt Ihr schon Geld bekommen? Ich habe unseren Oberbefehlshaber darum gebeten ... Viel Glück, junger Mann, wenn Ihr an der Tür unseres Getreuen, Herrn Chieppio, anklopft. Ja, Carlo, wenn jeder Morgen so beginnen würde ...«
Ein Page kehrte mit der Nachricht zurück, die Herzogin Eleonora sei gern bereit, die Herren zu empfangen. Vincenzo drückte auf einen unsichtbaren Knopf, worauf sich eine kleine Tapetentür öffnete, die durch die Tapisserie verborgen war, und so – die alte Kapelle verlassend, kamen sie an einem riesigen in Gold und Blau prunkenden Kamin vorüber und bogen dann über einen engen Aufgang aus roten Marmorstufen in die Gemächer von Eleonora Medici. Hier durchquer-

ten sie die Räume der Störche und der Vier Elemente und betraten das »paradiesische« Gemach. In der Tür wandte sich der Herzog, vor dem ein Page schritt, um.
»Messere, Ihr seid noch jung. Ich mache Euch aufmerksam, wenn Ihr noch keine Verlobte habt, paßt hier in Mantua sehr gut auf. Zieht einen unserer Kammerherren ... oder unseren Verwandten, Don Cesare ... in Euer Vertrauen ... bevor Ihr jemandem den Hof zu machen beginnt ... besonders wenn die Dame verheiratet ist. In Mantua sind die Väter und Ehemänner sehr leidenschaftlich ... haben kein Fischblut in den Adern, wie dort, wo die Spanier herrschen ... Jeder trägt eine Waffe ... Ich sage dies aus eigener Erfahrung, Messere. Es wäre mir nicht recht, wenn ich Klagen wegen leichtfertiger Abenteuer meines Musikmeisters zu hören bekäme. Ich sage das hier, denn nur noch ein Schritt, und wir werden im Reich der Damen sein. Paß auf, Claudio, und nimm dir in diesen Dingen nicht deinen Herzog zum Vorbild!«
Er lachte, aus reinem Herzen, und drückte auf einen zweiten unsichtbaren Knopf, der die Tür zum inneren Gemach der Herzogin öffnete. Als sie eintraten, hörte man herzhaftes Kichern, und der enge Vorraum war vom Pomadeduft erfüllt.
Claudio kam es vor, als erhebe sich das strenge, ein wenig müde Frauenantlitz aus einem goldenen Netz. Der dunkle Brokat, der an ihrem Körper entlangwallte, ließ sie fast unpersönlich erscheinen: Wie die lebendige Etikette saß sie in dem tiefen, mit einem Doppelwappen verzierten Lehnsessel. Ein langer, schmaler Kopf, ein kluges, forschendes Augenpaar verschönte das Gesicht. Bei ihr war das habsburgische Erbe, die etwas hängende Unterlippe, noch stärker ausgeprägt. (Mütterlicherseits waren sie und der Herzog Geschwisterkinder.)
Der in weißer Seide stolzierende Herzog und die im dunklen Gewand immer ein wenig wie trauernd erscheinende Eleonora: Das war das herzogliche Paar, das Claudio schon am ersten Tag seines Hoflebens kennenlernte. Der Herzog strich freudig über die Pergamentrolle und überreichte sie geglättet seiner Gemahlin.
»Madame, die Zahl unserer Anhänger hat sich heute vermehrt. Cremona ist ärmer geworden. Ich gönne es den Spaniern« (und er lachte über die scherzhafte Entrüstung Eleonoras wegen dieser ›unbedachten‹ Rede). »Wir hoffen, daß der junge Musiker uns treu dienen wird.«
Eleonora blätterte in den Noten: Auch sie war eine Kunstkennerin und las mit forschendem Auge. Plötzlich hob sie den Blick.
»Ich sehe keine geistlichen Lieder, Messere. Ich sage dies nicht aus Kritik, aber in Italien ... und besonders in Mantua überwuchern die eitlen Freuden dieser Welt alles. Sie preisen alles, was sündig und fehlbar ist, und rauben einem allmählich ganz den himmlischen Glanz!«
»Hoheit, das sind in der Tat ... einige weltliche Madrigale. Die spiritualen habe ich in einer gesonderten Sammlung vereint. Ich habe auch

davon welche in meinem Quartier. Wenn ich sie Euch bringen dürfte, Hoheit . . .«

Vincenzo hörte sich die Audienz auf einem niederen Stuhl im Reitsitz an. Drei Palastdamen der Herzogin hatten sich in den engen Vorraum zurückgezogen. Die Lehne des Stuhles krachte ein wenig, als der gewichtige Mann darauf leicht schaukelte.

»Madame, wir wollten Eure Zeit nur für einige Minuten in Anspruch nehmen. Ein Musiker ist ohne Instrument, wie wenn man . . . Meister Torquato Papier und Tintenfaß oder dem Maler den Pinsel raubte. Wie ich hörte, hat Messer Monteverdi berühmte Cremonenser Instrumente mitgebracht. Das schönste, wie mir Don Cesare versicherte, hütet er in der Kehle. Wir wollen hoffen, daß wir schon in Kürze Gelegenheit haben, ihn zu hören. Wir bedanken uns, Madame, daß Ihr uns empfangen habt!«

Mit einer vollkommenen höfischen Verneigung hauchte er einen Kuß auf die elfenbeinfarbenen Finger seiner Gemahlin. Der graue Windhund hob träge den Kopf: das war das Zeichen des Abschiedes. Wieder knackte das Schloß der kleinen Tür, einige Schritte noch, und Claudio fand sich wieder im Arbeitszimmer.

»Messere, ich hätte noch einiges mit Euch zu besprechen, aber Graf Rossi drängt auf die Audienz des Hofingenieurs. Ich kann sie nicht verschieben. So gestatte ich Euch, inzwischen Platz zu nehmen und zuzuhören, womit wir unsere Arbeitstage verbringen.«

Viani, der Hofingenieur, kam und mit ihm sein französischer Kollege. Das war die Welt Rossis: Sie führten dem Herzog die Befestigungspläne der gewaltigen Burg Casale vor, so wie die beiden Ingenieure sie gemeinsam entworfen hatten. Dieses entlegene Festungssystem sollte errichtet werden, um die Provinz Montferrato zu schützen, falls diese angegriffen werden sollte.

»Und wenn die Spanier die Burg umzingeln? Aus der Lombardei kommend?«

Der Ingenieur lächelte. Wenn man in Mantua von Feinden sprach, dachte man immer an spanische Soldaten, an kastilische Kürassiere, an katalonische Musketiere.

Launenhaft wechselte der Herzog immer wieder ins Französische über. Gleich einem gebildeten Architekten und Burgverteidiger glitt sein Finger über das Bastionensystem, über tote Räume, Brückenköpfe, verdeckte Laufgräben und eine Kette von Wolfsgruben. Ja . . . so eine Burg plante er in Casale, die er mit den stärksten Kanonen ausrüsten wollte, eine Burg, die selbst nach einer jahrelangen Belagerung weder von den Parmesanern noch von den Piemontesen und am allerwenigsten von den Spaniern erobert werden konnte.

Der französische Ingenieur verließ nach einer höfischen Verneigung rückwärtsschreitend den Raum. Es blieb Viani, mit dem der Herzog zu friedlicheren Fragen überging. Die Dämme des Mincio müßten ver-

stärkt, die Deiche gegen Überschwemmungen erhöht und die Sümpfe entwässert werden, die mit ihren Miasmen Mantua verpesteten. Noch immer war allen die große Hungersnot vor drei Jahren in Erinnerung. »Wenn uns nur drei fette Jahre vergönnt sind«, hatte Vincenzo gesagt, »werde ich soviel Weizen aufhäufen, wie Joseph in Ägypten: dann können sie uns nicht aushungern.«
War es Absicht, daß er den jungen Mann aus Cremona, den Madrigaldichter, für eine Stunde in die Geheimnisse des Regierens einweihte? Er sollte eine Ahnung davon haben, wie diese innere Werkstatt aussah, von der aus Mantua, dieses reiche, aber anfällige Ländchen von seinem Herrn regiert wurde.
Claudio dachte an die Worte Rossis, die auch der Herzog bekräftigte. Die Anweisung auf fünfzig Scudi war noch kein Geld, sie wurde es erst, wenn Herr Chieppio, dieser hoch oben thronende knausrige Geist, sie auch auszahlte. Aber hier rollten Hunderttausende Golddukaten für Befestigungen, zur Verschönerung des Palastes, für das Gießen von Kanonen. Woher? Wer bezahlte all das? Wer brachte diese Summen auf? Aus wessen Schweiß wurden die Scudi, die der Herzog so freigebig ausgab?
Ja, Rossi sagte leise, daß die Zunft der Waffenschmiede und Kanonengießer von Mantua ergebenst darum ersuchten, Seine Hoheit möge an die Begleichung der vorjährigen Rechnungen denken ... Vincenzo lachte.
»Eine schöne Stadt ... aber ein schweres Land, mein Sohn, dieses Mantua. Ruht Euch heute aus ... Dieser Tag gehört Euch. Morgen reite ich zur Jagd aus. Heute habe ich schon zuviel gearbeitet. Morgen abend würde ich Euch gern anhören ... im Palazzo del Te. Nein ... es ist keinerlei Feier. Wenn wir von der Jagd zurückkehren, verständigt Ihr, Carlo, den jungen Mann, daß er kommen möge. Und Ihr, Claudio, schreibt Euch die Worte der Herzogin ins Herz. Tragt einen Januskopf. Für die Damen stehen die frommen Lieder an erster Stelle, aber im Palazzo del Te sollen um so lieblicher die Liebesmadrigale erklingen. Wir gestatten, daß Ihr Euch verabschiedet ...«

Eine Hofkutsche brachte ihn vor die Tore der Stadt, wo sich bereits eine ausgedehnte grüne Parkzone öffnete, mit Obstgärten der Bürger, mit sorgsam gepflegten, auf Spalier gezogenen Weinreben, unterbrochen von den Kelterhäusern. Ein livrierter Kutscher und ein Diener hatten ihm in den Wagen geholfen und ihm mit besonderer Sorgfalt die Viola da braccio und die Viola da gamba hineingereicht. Es dämmerte, auf der endlosen, von Linden gesäumten, gutgepflasterten Straße hörte er das rhythmische Geklapper der Pferdehufe, in das sich später das aus der Stadt dringende Angelusläuten mischte. Rechts und links erstreckten sich bis zum Horizont hüglige, sanft abfallende Wiesen, von den Weiden trieb man buntgescheckte lombardische Rinder nach Hause. Allmählich wurde die Stadt immer kleiner, und ihm war, als käme er in eine ferne, unbekannte Gegend. Der Kutscher verlangsamte die Fahrt, rief nach hinten und zeigte mit der Peitsche auf ein helles, wundervolles Gebäude, das sich aus den dunkelgrünen Wiesen und Gärten heraushob.

»Palazzo del Te!«

Nach dem Auseinandergehen der Apostel (gemeint ist die Zeit, als nach dem Tode Raffaels seine Schüler Rom verließen und sich in alle Winde zerstreuten) erschien in Mantua der Magier und Tausendsassa Giulio Romano, um auch diese Stadt in seinen Zaubermantel zu hüllen. Dieser Künstler schlug am Ufer des Mincio Wurzeln, lebte bis zu seinem Tode hier, überhäufte Mantua mit allen Launen seines späteren Schaffens, gewann es lieb und sehnte sich nicht mehr nach der strengen Ewigen Stadt – er, dem es vergönnt gewesen war, in seiner Jugend im Rom Raffaels zu leben.

Ein Werk dieses launenhaften Schülers war der kleine Palast: Aus den früheren Stallungen der Gonzaga wollte die Phantasie Giulios die römische Villa Raffaels neu entstehen lassen – aber doch so, daß das Bauwerk in seinem Rhythmus schon von außen zeigte, sein Schöpfer habe es als fürstliches Lustschloß erbaut und ausgeschmückt. Der Palast verfügte über einen riesigen Prunkhof: dorische Säulen säumten mit verspieltem Ernst diesen niedrig wirkenden, eingeschossigen Villenbau. Das war das schönste an ihm. Das Atrium wirkte in der Dämmerung so tief, als öffneten sich dahinter unendliche Räume ... Der Wind wehte, es neigten sich die gedrungenen Bäume, denen die Schere des Gärtners verschiedene Formen verliehen hatte. Der Raum wurde durch Fackeln abgegrenzt, die in eisernen Ringen an den Wänden steckten, und ein launisches Feuerlabyrinth bildeten – und dadurch war die Wirkung des Vorraumes so gesteigert, daß der Gast sich förmlich befreit fühlte, als er das eigentliche Palastgebäude betrat.

Meister Giulio hatte es zur Freude einer fürstlichen Geliebten gebaut, und dies drückte in den Augen der Bewohner der Stadt dem Palazzo auch nach einem dreiviertel Jahrhundert noch den Stempel auf. Auch hier lebte der »Hof«, ein Stückchen der Welt der Gonzaga, aber nicht der seriöse Palast mit der Hofhaltung und den Kanzleien. Die Herzogin kam nur selten hierher, als würde sie sich an irgendeine ungeschriebene Regel halten, als würde sie Abscheu vor den überall gegenwärtigen frivolen Gottheiten empfinden. Der bucklige Herzog Guglielmo, der den Pfad der ehelichen Treue nie verlassen hatte, war nur aus Anlaß besonderer Empfänge in das Te gekommen, und niemand konnte sich entsinnen, seine Gemahlin Eleonora von Habsburg je in dem Palazzo gesehen zu haben.

Der junge Musiker stand wie geblendet an der Schwelle der ineinander übergehenden Räume, neben ihm der Diener, der die schwerere Viola da gamba trug, während er selbst den Kasten der Viola da braccio an sich drückte. Der im Palast heimische Hofdiener zeigte den Weg und gab in seinem lombardischen Dialekt Erklärungen dazu: »Das ist der *Saal der Rosse,* Herr!«

Ein Spiel der späten Strahlen der Renaissance: Der Herr Mantuas hatte seinen sechs schönen Pferden ein unvergängliches Denkmal gesetzt – ihnen zu Ehren den wunderbaren Marmorstall errichten lassen. Die große Kartonskizze hatte Giulio Romano entworfen, aber die berühmten Tierbilder an den Wänden waren Werke seiner Gehilfen. Die goldenen Intarsien der Decke priesen in allegorischer Darstellung die Taten der Gonzaga. Als Claudio die Schwelle der Vorhalle überschritt, hatte er – vielleicht durch das flackernde Licht der Fackeln und der Kerzen – das Gefühl, daß der ganze Palast lebte . . . atmete, sich regte. Diese Wirkung wurde noch verstärkt durch die unzähligen Blumen, Schlingpflanzen, Palmen, durch die farbenprächtigen Uniformen der Leibwächter und ihre silberglänzenden Waffen.

Man reichte den Gast von Hand zu Hand, der erste Diener war bereits zurückgeblieben, ein höherer Höfling nahm sich seiner an, als er den Saal der Giganten betrat. Diesen Saal hatte Giulio wirklich ganz nach eigener Laune, eigenem Geschmack und angeregt durch seine kühne Phantasie ausgeschmückt: ungezügelte Freude des Körpers, Triumph der Kraft und der Gymnastik verkündeten diese Muskelriesen, deren Körper – nur Giulio konnte sich auf so ein kühnes Spiel mit der Perspektive einlassen – von den Wänden bis in die Decke reichten, und so den Eindruck erweckten, als hielten sie diesen mit übertriebener Pracht geschmückten Saal in ihrem Schoß. Hier empfing ihn bereits Lachen . . . Klänge eines Clavicembalos drangen an sein Ohr . . . dann schien plötzlich alles verstummt zu sein, und eine schöne warme Gesangsstimme ertönte. Als der Gesang einsetzte, erstarrte sein höfischer Begleiter. Die Diener mit den Tabletts in der Hand, die Pagen mit den Humpen blieben stehen, ebenso der Zwerg: alle lauschten . . . Claudio schaute fragend auf seinen Begleiter, während seine Hand auf der kunstvoll geschmiedeten Türklinke ruhte.

»Heute haben wir einen Musikabend, Messere, man sagt, die Tochter des Hofmusikus Cattaneo bietet zum erstenmal ihre Kunst dar.«

Die Tür war halb geöffnet, er hörte das Madrigal.

> . . . amante il cielo, amante
> la terra, amante il mare.
> Quella che lassù miri innanzi all'alba
> cosi leggiadra stella . . .

Nach den letzten Worten erklang der Schlußakkord des Clavicembalos, und schon öffnete sich die Tür: Der junge Komponist stand plötzlich mitten im Saal in seinem einzigen Festgewand. In einem kurzen, mit rotem Samt gefütterten schwarzen Cremonenser Mäntelchen, glatten, schwarzen Wams, dunkelroten Strumpfhosen, Schnabelschuhen aus Saffianleder und einem leichten Silberdolch am Gürtel. Als er eintrat, wandten sich alle Augen nach ihm, und er gewahrte im Glanz der Lichter die gemalten Gestalten von Amor und Psyche. Hier waren die Wandbilder graziöser als im Spielzimmer der Gigantenkinder. Alle Figuren, jedes schmückende Beiwerk waren berufen, die Liebe in immer neue Schönheiten zu kleiden. Bilder, Statuen, Gobelins, Duft, Kerzenlicht und die trotz des warmen Wetters im Kamin lodernden Holzscheite verzauberten den Raum von Amor und Psyche in eine weiche, geschlossene sinnliche Welt.

Ein Thron stand nicht im Saal, es gab auch keine strenge Sitzordnung, jeder nahm dort Platz, bunt durcheinander, wo er eben wollte. Der Herzog trug noch das prunklose Ledergewand der Jäger und langschäftige Stiefel. Sein Wams hatte einen hohen Lederkragen, über den weich die Brüsseler Spitze fiel. Sein Haar war nicht so festlich gekräuselt wie am Morgen – unter dem leichten Barett schauten zerzaust, luftig, nach Sonnenstrahlen dürstend die blonden Locken hervor.

Seitlich, am Clavicembalo, standen Vater und Tochter, die gerade ihre Kunst dargeboten hatten. In der Mitte des Kreises, der sich wie das Herz des kleinen Saales ausnahm, saßen einander zugewandt zwei Damen, die, die Gesichter hinter ihren Fächern verborgen, lieblich lachten. Als der edelsteinbesetzte höfische Fächer zur Seite glitt, erfuhr Claudio Monteverdi durch seinen Nachbarn, daß er hier in den Trubel des *anderen* Hofes geraten sei. Die glänzendere, aber ältere Dame war die berühmte Barbara Sanseverino, die »mütterliche« Freundin Seiner Hoheit, während die dämonisch schöne, quicklebendige schwarzhaarige Frau zur Rechten des Herzogs die Spanierin *Agnese* war, die jetzt den Titel einer Markgräfin von Grana führte.

Der Blick Claudios wurde durch das Gesicht Barbaras angezogen, das sich aus einem dreifach übereinander geschichteten flandrischen Spitzenkragen hob: ohne Hut, ohne Haube und Kopfschmuck. Die reiche Pracht ihres rotschimmernden Haares war ihre einzige Zierde. Das andere, was ihm auffiel, war die vielleicht übermäßig gewölbte Stirn der Frau, die Ehrgeiz, männliche Kraft und den furchteinflößenden Willen eines ruhelosen Geistes verriet.

Barbara kam nach Mantua, gleichsam wie wenn ein Fürst den anderen besucht. Ihre Besitzungen lagen in Parma, und sie, aus dem alten Geschlecht der Sanseverinos stammend, lebte als Reichsvasall auf ihren Gütern in Colorno. Die Fama wollte wissen, daß der ältere Herzog von Parma sie schwärmerisch verehrt habe. Vincenzo lernte die in ganz Italien bekannte Frau fast schon im Kindesalter kennen, sie wurde seine Stütze, erste Liebe, Geliebte, Ratgeberin und Erzieherin: seine süße und strenge, verspielte und ernste kleine Mutter, die den heranwachsenen Prinzen mit ihrer Güte und ihren Launen zugleich überhäufte. Wenn der Bucklige oder die Mutter, diese streng moralische

Österreicherin, Vincenzo wegen eines Streiches unter Hausarrest stellen wollten, dann galoppierte er in der Nacht los, und die abgehetzten Pferde kamen erst zur Ruhe, wenn er bei Colorno die Grenze von Parma erreicht hatte.
Ja ... Colorno war ein winziger, aber wirklicher Hof. Die Gräfin war stets umgeben von schönen Frauen rätselhaften Alters und ungewöhnlichen Schicksals. Hier war man weniger auf Etikette bedacht, und der Prinz von Mantua gelangte in die freiere, ungebundenere Welt Boccaccios. So begegnete Vincenzo hier bei einem seiner letzten Besuche vor dem Tode seines Vaters Agnese.
Die Frau war aus Neapel gekommen. Ihr heißes spanisches Blut war unbändiger, und sie war triebhafter veranlagt als die offeneren, natürlichen lombardischen Damen. Sie sprach das Toskanische mit harten Kehllauten und bediente sich lieber der Sprache Madrids. Wenn sich die Sanseverinos auf römische Ahnen beriefen, nannte sie die Gotenkönige als Vorfahren. Was davon stimmte und was Legende war, wußte niemand. Agnese war von edlem Blut, abenteuerlustig, leidenschaftlich – und arm. Das weite Herz Vincenzos fing schon am ersten Abend in Colorno Feuer. In der gleichen Nacht probierten bereits Madrigalsänger ihre Stimmen an einem improvisierten Vers des Prinzen unter dem Fenster der schönen Spanierin. Er kleidete sich in die Farben der Dame, radebrechte ihr zuliebe das Spanische, focht im Turnier für sie, und weil er siegte, erhielt er in der Nacht im Zimmer von Agnese die kostbarste und wundervollste Belohnung. Solange er nur Thronfolger war, ließ sich diese leidenschaftliche, glühende Liebe noch verheimlichen. Sobald er aber nach dem Tode des Buckligen dessen Thron eingenommen hatte und einige Wochen der »strengen Hoftrauer« vorüber waren, konnte ihn niemand und nichts mehr hindern, nach der Art verliebter Männer seiner Liebe zu der schönen Spanierin ohne Einschränkung zu frönen. Alles legte er ihr zu Füßen, und die konfiszierten Besitzungen und der eingezogene Titel eines abtrünnigen Hochadligen waren ein guter Vorwand dafür, um Agnese in den Stand des hohen Adels von Mantua zu erheben. Bald darauf hielt die Markgräfin von Grana für einige Wochen ... oder Monate ihren Einzug in den Palazzo del Te.
Vor Eleonora Medici konnte all dies kaum verborgen bleiben, aber diese kühlblickende, kluge, ihren Mann liebende, tugendhafte Herzogin hatte die diplomatische Nüchternheit der väterlichen Ahnen geerbt. Vincenzo war ihr Vetter, vielleicht empfand sie am Anfang kaum mehr als Verwandtenliebe zu ihm. Ihre häufigen Schwangerschaften, die neugeborenen Kinder entzogen sie ihrem Mann, aber sie hielt die Zügel des Regierens stets fest in der Hand, wenn Vincenzo sie schleifen ließ, krank war oder zu seiner Geliebten reiste. Vincenzo huldigte Eleonora mit Dank und Liebe, umgab sie mit ritterlicher Hingabe, tief empfundener Achtung und einer winzigen Ironie. Wer ihn sah, konnte

ihn für einen vorbildlichen, liebenswürdigen, schwärmerischen Gatten halten, bis das Horn erschallte oder der Sekretär meldete, die Kutsche sei vorgefahren – die ihn zu Agnese brachte.
Barbara neigte sich nach vorn. Der Herzog sagte halblaut, der jetzt eingetretene junge Mann sei sein neuer Musikus, der Madrigalkomponist, von dem Claudia Cattaneo soeben eine neue Komposition gesungen habe, die dieser bei seiner Ankunft ihm gewidmet hatte. Der Blick Barbaras glitt neugierig zu dem jungen Meister: Er stand mit dem Barett in der Hand, ohne Verlegenheit und unbefangen da ... Er war gut gewachsen, aber von schlechter Haltung, sicherlich war er nie in einem Feldlager gewesen, verbrachte sein Leben über Schriften und Noten gebeugt. Seine seltsamen, großen Augen verliehen ihm einen gleichsam faszinierenden Ausdruck. Sein Gesicht war glatt. Über seinen Lippen saß ein hauchdünnes Bärtchen. Plötzlich glitt ihr Blick auf seine Hände: welch ausdrucksvolle, wunderschöne Finger, feinnervig, lang, beweglich – diese Hand war zu allem fähig, verstand sich auf alles, konnte alles.
Zwischen all den Menschen, den Höflingen, Leibgardisten und Edelleuten war Barbara Sanseverino vielleicht die einzige, die schon über jeden menschlichen Hochmut und Standesunterschied erhaben war, die schon alles ausgekostet hatte, was eitle Freuden dieser Welt bieten mögen. Dann und wann, in einer Stunde innerlicher Einkehr hatte sie das Empfinden, sie suchte nur noch den Menschen. Und wie der junge Musikus dastand mit seinem seltsam reifen, tiefen Blick, wie seine Finger den Hals der Viola umspannten, die Art, wie er sich verneigte und lächelte, schuf plötzlich eine besondere Nähe. Selbst Vincenzo gewahrte etwas davon. Er winkte Claudio zu sich und stellte ihn mit einer weiten Geste, aber ohne jedes Zeremoniell den beiden auf vergoldeten Stühlen sitzenden Damen vor. Da glitt der Blick Barbaras plötzlich auf Claudia Cattaneo am Clavicembalo, die zwischen einigen jüngeren Sekretären und Klerikern stand. Sie hatte gesungen, was man von ihr verlangt hatte, nun wartete sie mit ihrem Vater, daß irgendein Würdenträger des Hofes sich ihrer erbarmte und sie in seiner Kutsche mit in die Stadt nahm.
Mit ihrem Fächer winkte Barbara das Mädchen zu sich.
»Wir haben uns an Eurem schönen Lied erfreut, meine Liebe. Um so mehr, da Ihr ja glaubtet, daß der Komponist des Liedes noch nicht hier sei ... nicht hier sein konnte. Wenn Messer Monteverdi dies gewußt hätte, würde er sich sicher noch mehr beeilt haben. Junger Maestro, bedankt Euch also bei unserer lieben Claudia dafür, daß sie Euer Madrigal zu solchem Erfolg geführt hat.«
Eine Geste, und schon wandte sie sich Agnese zu. Da vernahm er mit einemmal Kehllaute ... erst klang es ihm wie harter sardinischer Dialekt. Er begriff: Es war spanisch! So blieb er mit Claudia Cattaneo am Rande des Podiums allein. Das Licht im Saal von Amor und Psyche

verblaßte: Auf einen Wink des Herzogs hatte man fast unbemerkt die großen Kandelaber hinausgebracht, ihr Licht wurde durch das gedämpftere Licht von Öllampen mit Pergamenthüllen ersetzt.
Als er auf Claudia blickte und diese sein Lächeln erwiderte und ihm einen Wink gab, zu den Musikern zu kommen – empfand er plötzlich die Trennlinie. Vor einem Augenblick noch die liebenswürdige Geste des Herzogs, sein Lächeln, der forschende Blick Agneses, die Worte Barbara Sanseverinos, die freundlichen Gebärden der Höflinge – und nun genügte eine Minute, ihn fühlen zu lassen: Hier war er nur Musiker und Diener, und das hier waren seine Herrinnen und Herren. Die Damen unterhielten sich lächelnd hinter ihren Fächern, Seine Hoheit würdigte ihn keines Blickes mehr, war mit seinem ganzen Wesen bei dem galanten Spiel. Claudio fühlte sich plötzlich allein, niemand kümmerte sich um ihn, niemand richtete ein Wort an ihn, und vielleicht wäre er vor Scham versunken in seinem Cremonenser Mantel, mit der Bratsche unterm Arm, wenn ihm die Tochter Cattaneos mit dem warmen Blick und dem lieblichen Gesicht nicht freundlich zugewinkt hätte.
Vor dem halb verborgenen Podest der Musiker, nahe einer schmalen Wendeltreppe standen drei Berufskollegen. Schon an ihrer Kleidung hätte er sie erkennen können: Im Gegensatz zu den in hellen, manchmal sehr grellen Farben gekleideten, übermäßig aufgeputzten Hochadligen trugen sie ehrwürdiges Schwarz und hielten ihr Barett in der Hand. Cattaneo ging dem jungen Bratschisten gleich mit offenen Armen entgegen und führte ihn lächelnd zu seinen Gefährten. Die erste Gemeinsamkeit war das Instrument. Die Hände griffen hastig nach dem in einer weichen Tuchhülle steckenden Instrument, und Cattaneo zupfte an der Viola Claudios. Überrascht hob er den Kopf:
»Welcher Klang!« sagte er begeistert.
»Aus der Werkstatt des Andrea Amati . . .« antwortete Claudio.
»Mantua muß, wie es scheint, wenn es ein gutes Instrument haben will, noch immer nach Cremona gehen!«
Claudia saß unter den Musikern auf einem niedrigen dreibeinigen Schemel. Ein leichtes, perlenbesetztes Netz umspannte ihr Haar, das blaue lange Kleid ließ sie noch schlanker erscheinen. Der leichte Ausschnitt am Hals wurde von einem Spitzenkragen umrahmt, die Opale der Ohrgehänge verschmolzen mit dem Schimmer der Haut. Das Mädchen ähnelte mit seinem Kleid, seinem Schmuck, seiner Gestalt und seinen Bewegungen nicht im geringsten den Damen, die heiter, sich unterhaltend, spielerisch die beiden gefeierten Fixsterne des Abends umwogten.
»Gibt es hier häufig solche Bälle, Messer Cattaneo?«
»Immer, mein Sohn. Zumindest immer, wenn man uns in das Te beordert. Manchmal ist man schon daheim, hat sich ein wenig hingelegt, um auszuruhen, da fährt plötzlich eine Kutsche draußen vor und liest

die Sänger und Musiker, wo immer sie wohnen, zusammen: jemand hat Verlangen nach Musik, ein Namenstag muß gefeiert werden, oder irgendeiner der Herren aus dem Palast hat wieder zu einem bestimmten Anlaß etwas komponiert...«
Er hätte noch weiter gesprochen, mit etwas bitterem Unterton, mit dem Pessimismus der Gichtgeplagten. Aber plötzlich entstand Bewegung unter den Musikern: Vom Eingang her näherte sich im schwarzen Gewand, mit flämischem Hut, auf seinen Stock gestützt ein älterer Mann mit gelbem Gesicht. Claudio hatte sich im väterlichen Hause an diese Gesichter gewöhnt, die einander allmählich ähnlich wurden durch die verhängnisvolle Verwandtschaft der »facies hippocratica«... Ja, das Gesicht des Maestro Giaches de Werth war schon vom Tod gezeichnet. Das hagere Gesicht des Mannes war durchgeistigt, seine meerblauen kühlen Augen und seine glattrasierten Wangen deuteten auf den Norden, auf die Fremde hin. Vincenzo gewahrte ihn, streckte beide Hände aus und begrüßte ihn mit einem höflichen Lächeln, dann gab er seinem Pagen einen Wink, dem Hofkapellmeister einen Stuhl zu bringen. Claudio fühlte, daß der Blick des Maestros jetzt auf ihm ruhte, auf seiner Gestalt, auf seinem Instrument. Dieser forschende Blick entging auch Vincenzo nicht, und mit neu erwachender, natürlicher Freundlichkeit begab er sich höchstpersönlich zu den Musikern.
»Bleibt nur sitzen, Maître Jacques... Unser neuer Musikus Claudio Monteverdi aus Cremona ist von morgen an ein Untertan Eures Reiches. Heute gehört er noch mir... ist unser Gast. Ich freue mich, daß Ihr gekommen seid und dem Wettstreit beiwohnen werdet, den wir auf Wunsch der Damen heute zwischen Madama Europa und Madama Sabina veranstalten: Die beiden Sängerinnen haben sich schon für den Wettstreit gerüstet, werden um das perlenbesetzte Band der Markgräfin kämpfen. Sobald die Abendtafel beendet ist, sind die Musen an der Reihe. Ich empfehle Euch, Maestro, die für den heutigen Tag mit Rosinen zubereitete leichte Pastete zu probieren, sie wird Eurem Magen sicher bekommen... Auch ich habe in den letzten Tagen des Guten zuviel genossen... Ich habe ein wenig zugenommen. Aber Ihr müßt mehr essen, Maestro, wesentlich mehr als ich. Eßt auch vom Pfau. Den hat sich mein armer Vater immer gewünscht, wenn er kränkelte.«
Vincenzo war in seinem Element: Er genoß und spielte seine Rolle, er war der »gute Herzog, der gnädige Herrscher«, der sich um jeden kümmerte, mit seinen Untertanen und Dienern deren Sorgen teilte... Er hatte es gern, wenn ihn der Hof beobachtete, wenn die Leibwächter das eine oder andere seiner Worte erhaschten, sie unter das Volk trugen, in Form Tausender Hoflegenden, die Magister Follino, der Geschichtsschreiber des Hofes, verewigte und die sein Sekretär, der junge Striggio, morgen in der Reggia vor den Angehörigen des Hofes wiederholte... Vincenzo sehnte sich nach Volkstümlichkeit, wünschte,

von allen geliebt zu werden, freute sich, daß überall Hochrufe erschallten, wenn er mit seinem Gefolge durch die Straßen der Hauptstadt sprengte. Er wollte fühlen, daß das »Volk« bereit war, für seinen jungen Fürsten zu sterben ...
Madama Sabina und Madama Europa waren beide Hofsängerinnen. Sie bezogen, genauso wie die Musiker und die Mitglieder des Chores, ein Gehalt und standen auf der Staatsliste. Europa, diese etwas üppige Schönheit mit flammendem Haar, war die Schwester des Hofkomponisten Salomone de Rossi. Auch wenn die Dominikaner es nicht gern sahen, beschäftigte Vincenzo den »Juden« gern an seinem Hofe. Manch eine Sängerin am Hofe Mantuas spielte eine Doppelrolle. Wenn sich von Zeit zu Zeit die wilde und unbändige Abenteuerlust Vincenzos bemächtigte, zog der »gute Herzog« auf verdächtige nächtliche Frauenjagd, und so war das galante Leben des jungen Herzogs natürlich das Lieblingsthema des Hofklatsches. Die Sängerinnen spielten oft die gleiche Rolle wie etwas später am französischen Hof die fürstlichen Kurtisanen. Sie gehörten zum herzoglichen »Inventar«. Und wenn sie das Ansehen des Vaters oder des Gatten nicht schützte, konnte Seine Hoheit über sie verfügen, wie es seine Lust und Laune verlangten. Aber sie konnten stets damit rechnen, daß er ihnen, wenn er ihrer überdrüssig wurde, einen Gatten verschaffte: Einen höhergestellten Beamten der Reggia, einen niederen Edelmann, den er mit einem kleinen Gut beschenkte.
Als der Herzog Claudio zu sich winkte, veränderten sich die Gesichter der Musiker. Sie wurden hart, unerbittlich, und das hieß: Wo kommt dieser Monteverdi her und was will er hier? Aber Meister Jacques fing an, in dem Madrigalheft zu blättern, und plötzlich sahen alle Musikeraugen forschend zu, wie sich der Maestro in die Notenblätter vertiefte. Er gewahrte nicht einmal, daß flinke Hände auch den Tisch der Musiker deckten, daß Diener in der Tür erschienen, mit Speisen den Saal durchquerten und die kunstvoll angerichteten Fasanen hereinbrachten. Giaches de Werth las die Madrigale. In seinem Gesicht zeichnete sich keine Gemütsbewegung ab, aber die Musiker, die das schnelle, unerbittliche Urteil des Meisters kannten, seine mit wenigen falsch ausgesprochenen italienischen Worten geäußerte Geringschätzung gegen jeglichen Dilettantismus in ihrem Beruf, gewahrten: Hier war er bei der Sache, merkte sich Passagen, blätterte zurück. Hielt der alte Werth die Madrigale des Jungen also für gut?
Als Claudio so in der Seine Hoheit umwogenden Menge stand, launenhaft herangewinkt und dann wieder sich selbst überlassen, kam es ihm plötzlich vor, als bewegte sich die mit dem Bilde Amors geschmückte Wand: Spann für Spann öffnete sich langsam die wohlgetarnte Geheimtür, und ein scheu dreinblickender Edelmann in schwarzem Gewand, mit dünnem, ungepflegtem Bart, trat herein. Das Gesicht Vincenzos lief plötzlich rot an. Er sagte leise etwas zu Striggio,

und Falten überzogen seine Stirn. Aber wo Torquato Tasso vorüberkam, huldigten ihm die Herren und Damen, als wäre er ein echter fürstlicher Potentat.
Manchmal vergingen Wochen, ohne daß er sich am Hofe zeigte. Nach dem Willen des Herzogs war er von allen Verpflichtungen und Bindungen befreit. Er lebte, wie er wollte, kam und ging, wenn es ihm beliebte. Die einzige Einschränkung lautete: Man möge ihm möglichst kein Geld in die Hand geben, denn Messer Torquato verstand es nicht, mit Gold umzugehen. Wenn sich seine Schulden schon sehr angesammelt hatten, bemühte man sich, die Gläubiger zu besänftigen, und Herr Chieppio regelte die Angelegenheit. Aber der Herzog hatte es nicht gern, wenn er mit seinem düsteren, unruhigen Wesen die Feierlichkeiten am Hofe störte. Wer hatte ihn gerufen? Wer hatte ihn geholt? In wessen Kutsche war er gekommen? Das zu erforschen, war der Sekretär Striggio berufen, er würde seinem Herrn darüber berichten müssen.
Tasso ging den Saal entlang. An einem kleinen Tisch versuchte ein Page, ihm einen Platz zu weisen, und ein Speisenträger blieb stehen und verneigte sich mit seinem Tablett vor ihm. Aber der Dichter, als hätte er sie gar nicht gesehen, schritt weiter auf die Gruppe der Musiker zu. Er war eine seltsame Erscheinung. Auch wenn man nicht gewußt hätte, daß er der größte Poet Italiens war, wäre dieser Mann mit dem schon schütteren Haar, dem hängenden Schnurrbart und dünnem Kinnbart aufgefallen – durch sein langes Asketengesicht, seine unwahrscheinlich tiefsitzenden funkelnden Augen und seine hagere, fast wie ein Skelett wirkende Gestalt. Man erzählte, er esse in der letzten Zeit kaum etwas, bediene sich der Kur eines Zaubermeisters, die den Körper reinigen und den Geist davon befreien soll, dem fehlbaren Leib zu dienen. Plötzlich schienen die Gäste wie erschrocken, für eine Minute stockte das heitere, summende Gespräch: selbst die Windhunde, die Zwerge und die Leibwächter fühlten dies; als würde der Geist Petrarcas zwischen den gedeckten Tafeln umherirren.
Torquato Tasso ging geradewegs zu den Musikern. Er begann zu sprechen. Seine Ausdrucksweise ähnelte nicht dem Italienisch der Hiesigen. Es klang, als vermischte sich in seinen erhabenen, altertümlichen und doch musikalischen Satzbildungen die Sprache ganz Italiens.
»Ihr seid Claudio Monteverdi?«
Sie standen sich gegenüber. Der Jüngling sah den wunderbaren Blick, der jetzt von keinem einzigen Wölkchen der getrübten Seele überschattet war. Er war klar, wundervoll, verständig. Und das Gesicht mit seinen tausend Falten und Schatten schien ein unvollkommener Spiegel der Gedanken zu sein, die daraus hervorströmten. Claudio stand vor ihm. Alle kannten Tasso. Eine größere Ehrung konnte es nicht geben, als daß er jemanden mit dem Namen ansprach, ihn durch seine Anrede aus der Menge heraushob.

»Ein hiesiger Edelmann ist in Mailand gewesen. Er hat gehört, daß Ihr auf mein *Ecco mormora l'onde* ein Madrigal komponiert habt. Er hat erzählt, man werde es in Kürze in den Druckstock schneiden und es erscheinen lassen. Er sagte, Eure Komposition sei sehr schön. Ich freue mich, wenn mein Vers Euch inspiriert hat. Ich habe ihn vor langer Zeit geschrieben.«
Claudio schaute betroffen auf den Dichter, dessen Gesicht von keinem Lächeln erweicht wurde. Fast entschuldigend sagte er:
»Hoher Herr, seid Ihr mir nicht gram, daß ich mich ohne Eure Erlaubnis an die Arbeit gemacht habe? Seit meiner Kindheit habe ich Euch bewundert, Eure Sprache, wenn ich das sagen darf, für das schönste Instrument gehalten ... Wie oft hätte ich mich gern an Euch gewandt ... Euch die Madrigale geschickt, die ich auf Eure Verse, Eure Sonette komponierte. Aber wie hätte ich es wagen können, mich als Unbekannter an den größten Poeten Italiens zu wenden?«
Er stand verlegen unter der Last des stillen, fragenden Blickes, und zugleich fühlte er, daß sich ihm alle Augen zuwandten. Wie sehr die Anwesenheit Tassos auch störte, und es mochte sein, daß manche hinter seinem Rücken sogar über seine Wunderlichkeiten lachten, so galt es doch als seltene Ehre, wenn Meister Torquato jemanden direkt ansprach. Und jetzt ereignete sich, was die skeptischen Höflinge nicht mehr zu hoffen gewagt hatten: Tasso berührte ganz zart den Arm Claudios, und sein blasses Gesicht wurde von einem Lächeln verklärt. Und als würde er ihn führen, ging er mit ihm in die andere Ecke des Saales, wo das Clavicembalo stand.
»Ich möchte das *Ecco mormora l'onde* von Euch hören.«
Der Saal verstummte. Einen Augenblick zuvor zerfiel er noch in die gewohnten Gruppen des Hofes: Ratsherren, Hochadlige, Müßiggänger und Zwerge. Jetzt schienen die Blicke ganz Italiens beklommen das ungewohnte Präludium zu verfolgen. »Wie jung er ist, Barbara!« flüsterte Agnese ihrer Nachbarin zu, und schon saß der junge Meister am Instrument. Sein langer, kluger Kopf neigte sich über das Clavicembalo, er ließ sich nicht bitten, alles war wie in einem Traum, er vergaß, daß ihn fünfzig Menschen mit verhaltenem Atem umgaben. Der metallische Klang ertönte. Claudio fühlte das meisterhafte, großartige Instrument unter den Händen. Ein Augenblick, und er war damit vertraut, wuchs mit ihm zusammen. Ein gewöhnlicher Sänger würde es nie wagen, ein Vorspiel voranzustellen, wie wenn im Chor der Kirche der Organist fantasiert. Als würde er seine Seele vor Tasso ausbreiten, so sprudelten die Töne hervor. Eine tiefe, warme Männerstimme, weich wie Samt. Er figurierte nicht allzuviel, die Melismen schienen ganz mit dem Text zu verwachsen: Die Ausschmückung drückte Empfindungen des einsamen Mannes aus, seines schmerzenden Herzens. Kurz hob Claudio den Blick: Tasso lehnte sich an eine Säule und betrachtete ihn starr und spähend. Und hinter seinem Rük-

ken bildete der Hof einen lockeren Halbkreis, der Herzog stand inmitten der anderen, gleich einem gewöhnlichen Sterblichen, und er beobachtete strahlenden Auges, fast als sähe er ein Wunder, wie das Werk des bejahrten Dichters mit zerrütteten Nerven und des jungen namenlosen Meisters in geheimnisvoller Brüderlichkeit miteinander verschmolzen.

Wie die Wellen leise rauschen,
Und ein Seufzer steigt vom Laub,
Morgenluft bewegt die Sträucher,
Und im Grün der fernen Zweige
Singen zierlich Vögelein
Ihr leises, sanftes Lied.
Und die aufgehende Sonne strahlt und lacht!
Der Morgen naht und betrachtet sich
Mit erwachenden Augen im Spiegel des leuchtenden Meeres,
Wie Perlen glänzt der morgendliche Tau.
Und helles Licht läuft zum Himmel empor,
Der Gipfel des Berges glänzt wie Gold,
O wundervolle, bezaubernde Aurora!
Du hast als Boten das Lüftchen gesandt,
Dich aber schickt der Wind,
Siehe, die Herzen, die da schmerzen, werden genesen.

Noch schwang in der Luft der metallische Klang, und auf den Tasten, die die Saiten zum Schwingen brachten, ruhten noch die langen weißen Hände Claudios. Tasso verhielt sich stumm, er drückte nur die Rechte aufs Herz und verneigte sich nach dem Jüngling: Die ihn sahen, konnten sehen, daß Tränen über sein gefurchtes Gesicht rollten. Er stand vor einer schmalen, gobelinverdeckten Tür, und verschmolz als schwarzer Ritter für einen Augenblick mit der weichen Zeichnung der Amoretten und Putten auf dem Vorhang und war im nächsten Augenblick verschwunden. Noch standen alle unter dem beklemmenden Eindruck des unverhofften Erlebnisses, alle, die zugegen waren, empfanden, Teilhaber eines nie wiederkehrenden Augenblickes gewesen zu sein, aber der Herzog gab mit der Hand ein Zeichen, die Musiker kannten ihre Aufgabe, ergriffen mit einer Handbewegung die Instrumente, und im nächsten Augenblick verwandelte sich das Bild des verspielten und doch ernsten Saales von Amor und Psyche; das Zeremoniell war zu Ende, die Paare nahmen Aufstellung, und die süße, bis zum Morgen währende Pavane begann.

Tags darauf erschien Meister Werth nicht zur Probe. Er ließ dem zweiten Kapellmeister, Giovan'Giacomo Gastoldi, ausrichten, die ver-

dammten Miasmen hätten sich auf seine Brust gelegt, er habe die ganze Nacht gehustet.
Claudio hörte, wie Serafino leise zu Marinoni sagte:
»Aber gestern abend im Te hat er noch mit gutem Appetit von der Pfauenbrust gegessen ... Nur wenn es um die Proben geht ...«
Im Chor der Santa Barbara kamen und gingen die Sänger und die Musiker nach Belieben. Niemand hatte es eilig, man diskutierte über das Konzert von gestern abend und verteilte an die Musiker die Noten. Der Respekt, den ihnen Meister Werth gebot, lastete jetzt nicht auf ihnen: Anstelle des flämischen Kapellmeisters übernahm heute Gastoldi, einer von ihnen, die Leitung.
Claudio begann sich nun mit seiner Umgebung zu befreunden. Die wenigen Tagen hier in Mantua hatten als Fest, als Vorstellung gegolten. Noch empfingen ihn alle mit lächelndem Gesicht, waren freundlich, als hätte sich lombardische Heiterkeit über die Stadt ergossen. Heute morgen begann die eigentliche Arbeit, und jetzt sah er seine Gefährten, wie sie in geflickten Gewändern, unrasiert, in breit getretenen Sandalen angetrottet kamen. Einer von ihnen holte auf der Chorbank sitzend eine Flasche hervor, goß sich Wein in einen Becher, nahm Brot aus seinem Bündel und tunkte es in den Wein. Das war sein Frühstück. Der Trompeter zog einen der Violaspieler zur Seite. Heftige, abgerissene Worte. Sie feilschten. Ein halber Scudo ... ein viertel Scudo ... Und schließlich wanderten einige Kupfermünzen aus einer Tasche in die andere.
Er hatte nicht mit leeren Händen zu seinen Gefährten kommen wollen und so von den Stücken, die für seinen neuen Madrigalband entstanden, einige abgeschrieben. Gastoldi schlug bereits lächelnd die Notenblätter auf, für eine Minute entstand Stille. Serafino setzte die Weinflasche unter den Orgelsitz, jetzt klirrten auch keine Kupfermünzen: Zwei Dutzend Männerköpfe beugten sich über die rasch verteilten Notenblätter.
Einer hielt *Stracciami pure il core* in der Hand, ein anderer *O Primavera, gioventù del'anno.* Aber die meisten umringten den Maestro. Gastoldi hob die Hand, als würde er dirigieren.
»Schaut mal ... schon dieser Titel: *Perfidissimo Volto.* Welche Leidenschaft, das sieht man unserem Freund Claudio gar nicht an ... Wie soll ich es verstehen: Das herausfordernde Antlitz ... das aufreizendste Gesicht ... wollen wir doch mal sehen. Was ist das hier ... Messer Claudio ... Wenn ich richtig sehe, sind hier nur zwei Stimmen, und die drei anderen ... Schau doch mal, Marinoni, die drei Stimmen begleiten nur, als wären es Instrumente. Läßt sich das mit menschlicher Stimme ausdrücken? Oder soll ich die Gesangsstimmen durch Violen ersetzen?«
»Schau, welch seltsame Akkorde das hier sind und, wenn man darauf achtet, wie die Stimme emporspringt! Eine *None,* ohne Vorbereitung, ja, *senza preparazione*! Aber wenn es schön gesungen wird ... hört man

sogar den Vers heraus. Es eignet sich sogar als Madrigal, zum Singen unter einem Fenster: die schöne Dame versteht jedes Wort ... Zwei singen, drei begleiten oder nur zwei, und die anderen sind Violastimmen ... Wie diese Sexten hier rennen! Dergleichen habe ich noch nie gehört. Und hier, Claudio, du isolierst die erste Stimme, als wäre es deine Absicht, daß gar nicht zwei, sondern nur ein *einziger* Sänger den Text vorträgt, und die anderen nichts weiter seien als Begleitung. Was für Dissonanzen ... Gut, daß Werth nicht da ist ... Vor ihm dürftest du das nicht zeigen. Es ist schon wahr, so etwas können nur junge Musiker probieren ...«
»Probier's ...«
»Du, Marinoni und Serafino, so wartet doch ... Fevino und Foresto: Lauft nicht davon, Claudio beweise uns, daß du deine Musik nicht nur in Noten gesetzt hast, sondern daß man sie auch singen kann. Nun, auf deine Verantwortung ... versuchen wir diese Katzenmusik ... aber so, daß man das Klopfen seines Herzens spürt.«
Marinoni schaute vom Chor hinunter. Einige alte Frauen trippelten um die Altäre, sie hatten sich schon an den lauten Ton der Musiker gewöhnt. Der Sakristan löschte die letzten noch flackernden Wachskerzen und schlurfte zurück, um seine Siesta fortzusetzen. Gastoldi winkte: Wir können! Erst zaghaft, dann immer kühner und sicherer erklang das *Perfidissimo Volto.* Die beiden Leitstimmen vereinten sich allmählich zu einer, die anderen drei begleiteten froh und selbstvergessen den Text. Licht und Schatten huschten über die Gesichter. Sie lebten in der kleinen Republik der Musiker, und das neue Madrigal Claudios kam einem Staatsfest gleich.

11

Der Turmwächter gewahrte die Staubwolke, die sich von Ferrara her näherte. Man wußte bereits seit gestern, daß in den Mittagsstunden eine kaiserliche Gesandtschaft eintreffen würde: Ein Kurier war vom Hof der Este gesprengt gekommen, mit der Meldung, daß der außerordentliche Gesandte des Kaisers an allen Höfen Italiens vorsprechen würde.
Die Mutter Vincenzos, die verwitwete Herzogin, war seit Tagesanbruch auf den Beinen. Das war heute ihr Tag: Im Glanze ihres Hauses sollten die erhabenen Worte aus Wien vorgetragen werden. Rangmäßig hatte Eleonora über ihrem Gatten, dem Gobbo, gestanden, *sie* war die wirkliche *Hoheit,* eine habsburgische Erzherzogin. Seit sie als Witwe in der engen Welt des Palastklosters lebte, war es, als hätte man sie vergessen, und auch ihr Sohn schien die Tradition immer mehr zu verlassen. Heute war der Tag gekommen, an dem man die ghibellini-

sche Vergangenheit aufleben lassen mußte. Denn auch die Erinnerung an das fünfhundert Jahre alte Reichsvikariat war in Mantua verblaßt: Wer kümmerte sich um den Kaiser? Wer richtete die Augen nach Wien oder Prag, da nicht mehr das Heilige Römische Reich das Bestehen der italienischen Kleinstaaten bedrohte, sondern die unersättliche spanische Weltmacht?

Gestern hatte es geschneit: Eine große Seltenheit in diesen Breiten. In den Abendstunden hatte ein Wirbelwind die großen weichen Flocken auf seine Schwingen genommen und sie von der Mündung des Mincio auch in die fürstlichen Gemächer geweht, durch die schlechtschließenden, für den ewigen Frühling gefertigten Fenster. Die Österreicherin, die seit vielen Jahrzehnten auf italienischem Boden lebte, tauchte begierig und durstig die langen Finger in das weiche Weiß und kostete es. Innsbruck ... Tirol ... Alpen ... eine ferne Erinnerung, eine Reise aus ihrer Mädchenzeit wurde in ihr wach, als sie in Begleitung Katharinas, eines anderen Mädchens aus dem Hause Habsburg, hierher gekommen war. Ein junger ungarischer Magnat war ihrem Geleit zugeteilt: István Báthory. Er wurde Fürst ... dann König ... Nun war er tot. Eleonora von Habsburg, die Witwe, die mit ihren Nonnen im Witwenflügel der Reggia lebte und nur mit frommen Mönchen Umgang hatte, trat – an dem Tag, als die kaiserliche Gesandtschaft eintraf – wieder hervor.

Sie hörte die Musik vom Turm. Die herzoglichen Posaunenbläser spielten auf ihren Silberinstrumenten irgendeine alte Melodie: Daran konnte sich, daran durfte sich nichts ändern – seit Jahrhunderten. Denn das war der dem *Allerhöchsten* zustehende Gruß, der nur noch gespielt werden dürfte, wenn der Heilige Vater nach Mantua käme. Es hörte sich an, als würden sich die Gonzaga dessen bewußt, daß der ferne Imperator die ein halbes Jahrtausend alte Bindung wieder belebte. Als der einzige Ursprung aller Rechte, Titel und Privilegien – übte er erneut seine Macht über Mantua aus.

Seit Karl, der in Bologna gekrönt worden war, hatte kein Kaiser mehr in Italien geweilt. Die ferne Feuersbrunst, die einst im Heiligen Land gewütet hatte, näherte sich immer mehr, weitete sich aus bis zur Donaulinie: dort kämpften seit Menschengedenken Christen gegen Ungläubige. Der Kaiser selbst, so wurde geflüstert, sei vom Wahn befallen. Rudolf lebte in Prag, war ein Menschenhasser, seine Liebe galt nur seiner magischen Wissenschaft und geheimnisvollen Mechanismen. Man rätselte, was der ferne, bedauerte und auch gefürchtete Imperator seinem Reichsvikar mitteilen lassen wollte.

Leise meldete der Kämmerer, die hohe Frau möge sich vorbereiten, in einer Stunde werde im Saal des Zodiakus die feierliche Audienz stattfinden. Die Witwe nickte, sie rührte sich nicht vom Fenster. Trotz des Windes und des Schneeregens öffnete sie das Fenster einen Spalt breit und vernahm das Dröhnen und Klirren der schweren gepanzerten Pferde österreichischer Kürassiere, was sie an die Wachablösungen aus ihrer Kindheit in der Wiener Burg erinnerte ... Gleich darauf ratterten Kutschen über das glatte Pflaster des großen Hofes der Reggia ... dann verstummte auch das. Geblieben war der Pulsschlag des Palastes, das erregte Summen in den Gängen. Sie entfaltete ihren bis zur Taille reichenden wundervollen Brüsseler Spitzenschleier, den sie einst von der Statthalterin, von der verwitweten ungarischen Königin, bekommen hatte. Zwei riesige, schwarz gefaßte Diamanten wurden an ihren Ohren befestigt, sie ergriff ihren schwarzen Fächer, und zwei ihrer Damen legten ihr den schweren Witwenmantel um. Ein seltsames Lächeln überflog ihr Gesicht. Nach Jahren würde sie jetzt wieder die Stimme des fernen Lehnsherrn vernehmen.

Die österreichische Gesandtschaft, die Italien besuchte, bestand aus dem bevollmächtigten Minister und Erzkämmerer Graf von Dietrichstein, einem Prälaten, mehreren Sekretären, Schreibern und Kanzlisten, und zu ihrem Gefolge gehörten der Hauptmann des Geleits, ein Arzt, ein Küchenmeister und die Dienerschaft. Der Hof von Mantua, der sich zu dieser Gelegenheit im vollen Prunk um seinen Herzog scharte, sah zum größten Teil zum erstenmal eine kaiserliche Gesandtschaft. Diese in Seide, Samt, silberne Rüstungen und Wolken von Spitzen gekleideten, mit schillernden bunten Bändern geschmückten Herren und Damen sahen verwundert, daß die Gesandtschaft – offensichtlich bewußt – jeden äußerlichen Prunk mied, daß ihre Mitglieder schmucklose Hofgewänder trugen. Die hünenhaften Kürassiere in ihren prächtigen Uniformen waren die einzigen, die die mächtige Hand des fernen Kaisers auch äußerlich symbolisierten.
Es fiel auf, daß einer aus der Gesandtschaft, der die Rolle mit der kaiserlichen Botschaft trug, sich in seiner Kleidung von den anderen Würdenträgern des Hofes unterschied. Auf seinem langen, dunkelroten, pelzbesetzten Rock leuchteten kleine Filigranknöpfe, an seinem Gürtel deuteten neben dem Krummsäbel Tintenfaß und Federbüchse an, daß es sich um einen adligen Kanzlisten handelte. Er erschien schon ein halbe Stunde vor dem Empfang gemeinsam mit dem Prälaten im Saal, und er war es, der leise, in fast feierlichem Ton mit dem Kammerherrn von Mantua verhandelte. Die ihn hörten, erkannten in seinem Italienisch den ein wenig gewählten akademischen Tonfall der Magister des fernen Padua.
Dem Prälaten merkte man an, daß er fieberhaft bemüht war, salbungsvolle Worte aus früheren Tagen in Rom in seinem Gedächtnis wachzurufen.
Der Oberschatzmeister und Minister Chieppio, Viani, der Palastingenieur, Follino, der Geschichtsschreiber des Hofes, und Striggio, der Sekretär des Herzogs, umgaben den jungen Mann. Es schien, als markierten sie mit unsichtbarer Kreide den Halbkreis, wo die Gesandtschaft Aufstellung nehmen, wo der Herzog hervortreten würde. Man

legte das Protokoll fest: wer als erster sprechen und wie der feierliche Empfang verlaufen sollte. Chieppio nahm seine zwiebelförmige Schlaguhr aus der Tasche und nickte dem ungarischen Kanzlisten wichtigtuend zu (er wußte bereits, daß der junge Mann aus Siebenbürgen über Padua in die Hofburg gekommen war), dann bedeutete er den Musikern einzutreten.
In Mantua spielte sich seit Herzog Guglielmo kein großes Zeremoniell ohne Musikbegleitung ab. Selbst der kränkelnde Meister Werth hatte für diesen Tag sein flandrisches Festgewand mit allen Ordensbändern angelegt, und die Mitglieder der kleinen Kapelle erschienen in festlicher Kleidung. Nachdem die Begrüßungsmotette verklungen war, geleiteten zwölf in Papageienfarben prunkende Kämmerer die Gesandtschaft vor den herzoglichen Thronsessel.
Graf von Dietrichstein trug ein schwarzes Hofgewand. (In der Burg trug man stets schwarze Kleidung, da auf Grund der zahlreichen Familie der Habsburger, in der fast ständig ein Todesfall zu beklagen war, faktisch immer Hoftrauer herrschte. Das wiederum vereinfachte und verbilligte den Kleidungsaufwand für die höfischen Würdenträger.) Der einzige Farbtupfen an ihm war das kleine baumelnde Widderfell an seinem Orden vom Goldenen Vlies. Seinen riesigen Federhut behielt er so lange auf dem Kopf, bis er sich dem Thron zuwandte, auf dem Vincenzo zusammen mit seiner Mutter und seiner Gemahlin, den beiden Eleonoren, Platz genommen hatte. In diesem Augenblick nahm der Minister mit langsamer Bewegung die schwere Kopfbedeckung ab, die Mittagssonne ließ sein nach Wiener Mode in Locken gekämmtes, schon graumeliertes blondes Haar aufleuchten. Er stand im Rufe eines erprobten Höflings, war eine Säule der »österreichischen« Partei am Hofe, jener Partei, die den Mittelpunkt des Reiches in der Donaulinie sah und die flandrischen und rheinischen Abenteuer verurteilte, und damit antispanisch eingestellt war. Die Rolle des Prälaten bestand darin, entsprechend seiner kirchlichen Würde den »religiösen« Charakter des kaiserlichen Anliegens zu betonen.
Vincenzo war nach einer durchwachten Nacht zum Empfang erschienen. Barbara gedachte in einigen Tagen nach Hause zu reisen, und sie nahm – des Anstandes wegen – auch Agnese mit. Es waren die letzten berauschenden, glänzenden Tage im Palazzo del Te, aber der Herzog hatte auch einige schwere Stunden gehabt, als ihm die »Mamma«, die lächelnde, aber stahlharte Barbara, seine Liederlichkeit, seinen Leichtsinn und sein Zurückweichen vor jedem ernsten, großen Unterfangen vorgehalten hatte, mit dem er seinen Namen in der Geschichte hätte verewigen können. Mit schwindelndem Kopf, bitterer Erregung und herber Selbstanklage war er nach Hause gekommen und hatte gehört, daß seine Mutter ihn schon am frühen Morgen sprechen wollte. Seine Gemahlin hatte bereits am Vorabend nach ihm geschickt, Minister, Kammerherr und Sekretär hätten alle gern mit Seiner Hoheit

vor dem Empfang gesprochen, aber Vincenzo blieb nur so viel Zeit, daß er die steifste Mühlsteinkrause anlegen konnte und sein Leibdiener ihm das für besondere Anlässe gefertigte fürstliche Prunkgewand anziehen half, daß er sich in den Paradiesflügel begab und dann durch das Spalier der Leibgarde und von Posaunenklängen begleitet, zusammen mit der Herzogin in götzenhaft steifer Würde vor dem in tiefer Verneigung verharrenden und ehrerbietig huldigenden Hof erschien.
Dietrichstein verneigte sich. Die Österreicher sprachen das Latein gebrochen und hart, die modische Sprache am Hof war das Kastilische. Aber der Gesandte wußte, daß dies das einzige Idiom war, das man in Mantua nicht gern hörte. So beschränkte er sich darauf, das Pergament aufrollen zu lassen und den Anfang der im verschnörkelten Kanzleilatein geschriebenen Begrüßung im Namen des Herrschers vorzulesen: *Wir, Rudolf, von Gottes Gnaden Kaiser des Heiligen Römischen Reiches Deutscher Nation.* Das gebot der Anstand, der an den Lehnshöfen aber auch gestattete, daß der weitere Teil der kaiserlichen Botschaft von einer niedriger gestellten Persönlichkeit der Gesandtschaft zu Ende gelesen wurde. Wenn der Graf auch wußte, daß man in der kaiserlichen Kanzlei Vincenzo irgend etwas nachtrug, hatte er doch nicht abwenden können, daß im zweiten Teil eine nachdrückliche Anspielung auf das Lehnsverhältnis gemacht wurde, obwohl nicht der Reichsvikar mit einer Bitte zu seinem Herrn gekommen war, sondern der Kaiser sich an alle Fürsten Italiens wandte, aber in erster Linie an den im Ruf eines reichen, freigebigen Statthalters stehenden Vincenzo Gonzaga.
Die Worte Dietrichsteins – dieses mit deutschem Akzent gesprochene Latein – hätte man am Hof auch sonst nicht besonders gut verstanden. Man wartete also neugierig, was der Kern der Worte des österreichischen Herrn sein würde. Und als er am Ende der zweiten Seite, am Schluß eines langen Satzes ein wenig außer Atem das Schriftstück dem Kanzlisten überreichte, atmeten alle erleichtert auf.
Der Namenlose hob den Kopf. Sein Gesicht erinnerte an einen Falken. Er hatte auch in Wien die klassische, glattrasierte Mode der Paduaer Akademiker beibehalten. Als er zu sprechen begann, zog er die Aufmerksamkeit mit einemmal auf sich. Einige Sätze sprach auch er in Latein, aber das war die gewohnte »Umgangssprache« an der berühmten Alma mater, deren Tonfall und Wendungen jeder am Hofe verstand oder verstehen mußte – und dann glitt der ungarische Kanzlist fast unbemerkt ins Italienische hinüber. Mag sein, daß er beim Dolmetschen hie und da etwas an dem unter Schweiß in der Hofburg verfaßten Kunstwerk änderte, eins war sicher, durch seine Worte klang das Anliegen des inmitten der Prager Magier experimentierenden, Uhren reparierenden, sich mit Formeln abmühenden, sich vor jedem Schatten ängstigenden Kaiser Rudolfs plötzlich aus menschlicher Nähe, wie die Stimme eines gütigen, freundlichen Patrons.

Der namenlose Ungar sprach nicht von dem Lehnsverhältnis, das mit seinen feudalen Ketten diese Stadt, in der einst Vergil geboren wurde, seit einem halben Jahrtausend an den Kaiser der »Barbaren« fesselte. Das Nebelbild der juristischen Illusionen schwand, fast ohne Übergang tat sich in seiner furchteinflößenden Schroffheit vor den Versammelten des Prunksaales das düsterste europäische Panorama auf. Nachdem fast drei Jahrzehnte verhältnismäßig Frieden geherrscht hatte, suchte der Großwesir Sinan einen Vorwand nach dem anderen, um so schnell wie möglich eine rechtliche Handhabe zu schaffen, das Heilige Römische Reich anzugreifen. Einige weggetriebene Rinder, in Brand gesetzte Befestigungsanlagen im Grenzgebiet, einige Gefangene waren schon Grund genug, daß der türkische Sultan Seiner Heiligen Majestät den Krieg erklärte. Es ging um alles: Ein so beängstigendes Unterfangen hatte das Volk des Propheten vielleicht seit einem halben Jahrhundert nicht mehr begonnen. Der Kaiser wandte sich nicht nur als weltliches Haupt der Christenheit an alle christlichen Fürsten, Republiken und freien Städte, ganz gleich, ob sie durch ein heiliges Bündnis an das Imperium gebunden waren oder nicht, sondern auch als der am friedlichen Besitz seines Eigentums bedrohte Herrscher, der bangte, daß Wien das Schicksal von Byzanz erleiden könnte.
Helft also, alle christlichen Könige, Fürsten und Städte! Das Haupt des Heiligen Römischen Reiches verlangte Blut- und Geldopfer, einen Bruchteil des Erbes vieler friedlicher Generationen, um die größte Gefahr zum Stehen zu bringen, die bisher das gesamte große christliche Abendland bedrohte.
Der aufmerksame Blick Vincenzos gewahrte: der Kanzlist übersetzte nicht mehr die schriftlich niedergelegte Botschaft. Womöglich war die kaiserliche Zuschrift schon zu Ende, und alles, was er jetzt im Namen Dietrichsteins vortrug, entsprang vielleicht dem Eifer dieses einzigen Mannes. Aber seine Worte waren so fesselnd, und sie behandelten in der bekannten Sprache so beunruhigend fremde Ideen. Warum war jetzt Tasso nicht zugegen? Er könnte hören: Man braucht sich nicht nach Jerusalem zu begeben, damit Tankred gegen die Ungläubigen kämpfen könne. Wie seltsam, die nächtlichen Worte Barbara Sanseverinos fielen ihm ein. Wenn sie zu zweit waren, duzte sie ihn, wie früher . . . als Kind . . . als Jüngling, der den ersten Manneskuß seines Lebens ihr geschenkt hatte. Sie hatte gesagt: »Du mußt wollen. Streife diese Kraftlosigkeit ab! Kleide dich nicht in den Ruhm anderer! Vergebens hast du Dichter, Maler, Pferde, Musiker, Zwerge und Schauspieler wie kein einziger anderer Fürst: das alles bist nicht du, Vincenzo! Du selbst mußt den Punkt finden, um – mit den Worten des Weisen gesprochen – das Universum aus den Angeln zu heben . . . Noch ist es nicht zu spät, noch bist du jung, Vincenzo. Ich weiß es, wie jung du bist . . .«
Die Zauberkraft des *Volgare,* der Alltagssprache Italiens, zündete, und der Kanzlist gewann plötzlich die Sympathie des Saales.

Die zeremonielle Steifheit lockerte sich, in den in Spitzenkragen gezwängten Rittern begann etwas zu glühen, die Gesichter röteten sich, ein Degen klirrte. Er, der so tat, als würde er lesen, empfand die betroffene, tiefe Stille um sich. Ja ... während er sprach, war er in seinen Worten, in seinem Tonfall Italiener, aber was er sagte, klang düster, furchteinflößend fremd.
Der Namenlose befand sich mit ihnen bereits im Überschwemmungsgebiet der Donau, wo es nur zwei Furten gab, die Mensch und Pferd passieren konnten: Buda und Esztergom. Die erste hatten die Anhänger des Propheten vor einem halben Jahrhundert erobert und auf die zweite wollten sie jetzt endgültig die Hand legen. Wenn die Donaulinie aufgegeben werden müßte, wenn Transdanubien verlorenginge, gäbe es im Heiligen Römischen Reich keine Grenze mehr, die eine einsame arme Nation mit Blut, mit dem Leben und dem Beistand der himmlischen Schutzpatronin noch zu verteidigen vermöchte.
Dietrichstein schaute ein wenig argwöhnisch aus seinem thronartigen Sessel: Er verstand die Worte des Kanzlisten und verstand sie auch nicht. Aber er sah die Wirkung, die im Saal herrschende Aufmerksamkeit, und er beruhigte sich. Vielleicht hatte er doch eine gute Wahl getroffen, als er diesen Ungarn mit dem italienischen Doktorhut in Wien in seine Begleitung aufgenommen hatte. Und die Stimme fuhr fort, schlug zu wie der Hammer auf den Amboß: »Wenn die Ungläubigen die Grenze des Reiches erreichen, bringt sie dort kein Fluß, kein Berg mehr zum Stehen ... auch nicht die Alpen. Vergebens hat man vor knapp einem Vierteljahrhundert bei Lepanto die türkische Flotte zerschlagen: sie sind heute auf dem Festland und zu Wasser stärker als je zuvor. Ihr, glückliche Herren, glückliche Fürsten, glückliche Länder kennt sie nicht, wißt nicht, welch schmutzige Flut sich auf die Länder Christi zuwälzt. Noch könnt Ihr, alle die Ihr hier seid ... und tausendmal so viele, aufbrechen. Vor Esztergom erwartet Euch ein neues Jerusalem, und wenn Ihr, christliche Fürsten, dort den Sieg erringt, ist das ein größerer Ruhm ... ein größerer Triumph für alle Zeiten, als wenn Ihr jene besiegt, die gleichen Glaubens sind wie Ihr.
Zum Überlegen bleibt keine Zeit! Hier stellt sich der Lenz zeitig ein, im Überschwemmungsgebiet der Donau haust der Winter zwei Monate länger. Aber wenn das Wasser zurückgeht, wenn sich von Adrianopel her die Flut der Krieger des Propheten ergießt und niemand da sein wird, dem schwer bedrängten Heer Seiner Majestät zu helfen ... dem schwergeprüften Volk des Landes beizustehen ... Ja, im nächsten Jahr kann es schon zu spät sein.«
Im Saal des Zodiakus schauten zwischen riesigen Weltkarten strengblickende, geharnischte, von Mantegna gemalte Gonzaga mit römischen Zügen auf Vincenzo mit dem seidigen Bart und der Spitzenkrause. Reichshauptleute, Condottieri, mancher schon Sieger über die Türken. Wo war Tasso? Warum kam er nicht *jetzt* hierher, um seinen

unruhigen Geist im Jordanwasser der *Wirklichkeit* zu baden? Donauwellen ... Kanonendonner von Esztergom her ... im großen Saal der Reggia war es, als würde der schneetreibende Wind Hornrufe herantragen. Vincenzo bekämpfte die Müdigkeit des Körpers und den Schlaf, der ihn nach der durchwachten Nacht bedrohte. Seine Hände hielten sich krampfhaft an der Lehne des vergoldeten Thronsessels fest. Er blickte nicht auf Eleonora. Er kannte sie ... oh, wie sehr er dieses Gesicht kannte: In Gedanken nannte er sie »goldene Spinne«. Sie war hart, kalt, ein in Schwarz gehaltenes Heiligenbild, keine Frau. Nicht so glühend pulsierend wie Agnese. Er blickte nicht auf sie, blickte auf niemanden ... Etwas reifte in ihm, er fühlte das Blut in seinen Schläfen hämmern. Er hörte seine eigene Stimme, bevor er das Wort aussprach. »Metamorphose, Metamorphose!« drang es durch seine schweifende Phantasie. »Tue etwas, Vincenzo, mein einstiger Geliebter!« Nein. Barbara konnte er zur Audienz nicht mitbringen. Er hatte ihr versprochen, noch heute ... am Nachmittag oder am Abend ... ganz sicher in den Palazzo del Te zu kommen ... Er sah dem Namenlosen in die Augen. Als wäre es in einem Zweikampf. Ein Duell zwischen Anonymus und dem Herzog Gonzaga. Sein Blick bohrte sich in den des Kanzlisten – nein, dieser Mann las nicht, er sprach in Ekstase ... sprach seinen *eigenen* Text, und es gab niemanden, der aufgesprungen wäre, ihn angeschrien, aus dem Traum gerissen und ihn gezwungen hätte, das vorzulesen, was man in Wien kunstvoll formuliert hatte: Dietrichstein war ein zaudernder, stummer Teilnehmer ... die Stimme aber, gleich dem Werkzeug einer fernen Eingebung, herrschte über den betroffenen Hof von Mantua.
Die Hand rollte das letzte Blatt auf. Die Stimme änderte sich. Erneut klang sie salbungsvoll, im Latein der Kanzlei. Er sprach die Worte fast flüsternd, fast mit tränenfeuchten Augen, gleichsam flehend – Dietrichstein zugewandt. Aber Vincenzo war schon aufgesprungen, entgegen jedem fürstlichen Zeremoniell, und stieß leidenschaftlich den alten Schlachtruf aus. Der in der Tiefe seiner Seele verschüttete Held brach sich Bahn. Augenblick der Verzauberung: Mit einem Schwung warf er sich in den Strom der Ekstase, der Verzückung. Er mußte etwas tun, ehe sich die heroische Forderung Barbaras, seiner Sibylle, wieder im Nichts verlor.
Er ließ den altüberlieferten Schlachtruf der Gonzaga vernehmen, den vielleicht jener Luigi als erster ausgestoßen hatte, den seine Söldner vom Kapitän des Volkes zum Herrn des Volkes erhöht hatten. Sein Galadegen sprang aus der goldenen Scheide, mit einem einzigen Hieb schnitt er den hinter seinem Rücken in Falten herunterwallenden Vorhang ab, in dessen Mitte sich in flandrischer Stickerei das Zeichen der Kreuzfahrer heraushob. Eine Bewegung und das große Schauspiel war vollkommen: Vincenzo legte sich ihn als Mantel um, und von seinen Lippen erschallte erneut der Ruf: SIC!

Als hätte die Hand eines meisterhaften Regisseurs einen Zauber vollbracht: Im Saal löste sich die vom Zeremoniell gebotene Ordnung auf, um einer größeren, älteren, in Manneserinnerungen wurzelnden Order Platz zu machen. Eine heiße, südländische Phantasie lebte in den Seelen, eine im Wohlstand genährte, nach Heldentaten lechzende Sehnsucht: der Schrei des Herzogs befreite den Krieger; in den Seelen vermischten sich die Erinnerungen an Jerusalem, das Heilige Land und das lateinische Kaiserreich. Der erste war Carlo Rossi, der mit andächtigem Gesicht, mit Soldatentreue vor seinem Herrn und Verwandten das Knie beugte. Vincenzo lächelte bereits, unter Tränen, denn seine Begeisterung erstickte fast im Weinen, er berührte die Schulter des Grafen Carlo mit seinem Degen und band ihm sein eigenes Tuch um den rechten Arm. Das war das Zeichen. Die verzauberten Männer im Saal drängten sich alle zu Seiner Hoheit. Worte, Rufe drangen in den Hof der Reggia hinaus, nacheinander traten sie ein, barhäuptig und begeistert, Offiziere, Müßiggänger, Diener, Bürger, in buntestem Durcheinander: Es gab keine Lanzensperre, die ihnen den Weg verstellt hätte ... Der Weg war frei, der Herzog schlug unermüdlich jeden zum Ritter, der ein weißes Tuch um den Arm gebunden und irgendwoher das Zeichen des Kreuzes herbeigezaubert hatte.

Giaches de Werth bewies, daß er ein Meister seines Faches war. Mit einer einzigen Handbewegung versammelte er seine Musiker um sich, im Augenblick griffen sie nach den Instrumenten, und alle achtzehn Musiker stimmten zugleich die große Festmusik an, die zu einem Regierungsjubiliäum des Gobbo komponiert worden war und die de Werth als Abschlußmusik der Audienz ausgewählt hatte. Und als auf der Galerie die Musik erschallte, drangen die Klänge in den Hof der Reggia, und die Bläser oben im Turm gaben mit ihren Posaunen, wie dies auch an jenem hohen Fest gewesen war, das »Credo« ihres Fürsten dem Volk Mantuas weiter.

Dietrichstein sah mit staunenden Augen, fast erschrocken, was die Worte seiner Botschaft bewirkt hatten. Sicherlich gab es die geheimnisvolle Kraft der kaiserlichen Würde ... sicherlich lebte auch in dem ohnmächtigen Imperator irgendwelche überirdische Macht, die dieses heroische Wunder zu vollbringen vermochte ... Nein, in der Hofburg wäre das unvorstellbar gewesen: Die Damen banden ihren Rittern eigenhändig die Tücher um, Küsse und Umarmungen – ohne Scham gewährt – gewannen im Glorienschein der Opferbereitschaft Bürgerrecht. Die Pagen Vincenzos rannten in die Kanzlei, in die Malerwerkstatt, zu den Buchbindern: In wenigen Minuten trugen sie Abzeichen mit der Aufschrift SIC, auf Seide, Leinen und Tuch gemalt: Jeder, der es erwischen konnte, steckte es sich an die Brust als Zeichen dafür, ein neuer Kreuzritter aus Mantua zu sein.

Claudio saß zwischen den Musikern auf der Galerie, die Bratsche in der Hand ... Werth senkte den Dirigentenstab. Er wartete, sah seinen

Herrn fragend an. Aber Vincenzo lebte in einem einzigen Rausch, die feierliche Musik hatte den flackernden, heroischen Entschluß noch vervielfacht. Es war, als spräche er lautlos mit Barbara: »Siehst du, Hexe ... siehst du, Mamma: Ich gehe ... werde ein Held, ich gehe aus eigenem Entschluß. Ich werde allen voranmarschieren. Ich werde das neue Jerusalem an der Donau erobern!« Es bedurfte keiner Musik mehr. Die größtenteils bejahrteren Musiker standen regungslos da, nur drei oder vier der jüngeren kamen die wenigen Stufen herunter, zögernd, ohne so recht zu wissen, was sie wollten, wohin sie gingen. Sein junger Gefährte, Giovan'battista Marinoni, packte Claudio am Arm.
»Paß auf, wenn du hinuntergehst ... dann wirst auch du ...«
»Und du?«
»Wenn du gehst, Claudio, gehe ich mit dir!«
Die Flügeltür tat sich auf. Der Zeremonienmeister öffnete beide Flügel, aber auf seinem Gesicht zeigte sich Schreck: Barbara Sanseverino, Gräfin von Sala, zog ein, von Kopf bis Fuß in Weiß, und auf ihrem Mantel prangte bereits das Zeichen der neuen Kreuzfahrer. Sicherlich hatte man nach ihr geschickt, und sie war zu dieser heroischen Begegnung gekommen, wobei sie sich der Gefahr aussetzte, von dem feindseligen Frauenhof vielleicht nicht ihres Ranges entsprechend empfangen zu werden. Als erstes beugte sie vor der verwitweten Fürstin leicht das Knie, dann auch vor Eleonora Medici. Leichte Röte huschte über das Antlitz der Herzogin, aber sie wahrte die Etikette, umfaßte mit einer symbolischen Umarmung die Frau, die ihren Gemahl einst die Liebe gelehrt hatte.
»Eure Exzellenz haben daran großen Anteil!« kam es von den Lippen Vincenzos. Barbara lächelte und band dem Herzog ihr eigenes Tuch um den Arm. In dieser Minute trieb die Strömung im Saal die Musiker heran. Die Leibwächter, diese größtenteils langen Burschen, hatten das Zeremoniell schon hinter sich, Vincenzo ruhte für einen Augenblick, hatte den Stahl müde gesenkt. Aber seine Huld war an diesem Tag unerschöpflich. Mit einem Lächeln begrüßte er seinen jungen Musikus, nahm ihm eigenhändig das Tuch aus der Hand, berührte sanft mit der Klinge seine Schulter, knotete das weiße Linnen und zeigte dann mit der Spitze seines Degens auf Monteverdi:
»Kapellmeister meiner Feldkapelle!«
Dann knieten fünf Musiker hintereinander vor Seiner Hoheit nieder. Vincenzo zählte: »Genug! Mehr Musiker kann ich nicht mitnehmen.« Der heroische Schwung in ihm hatte sich schon gelegt. Er war wieder Herzog und Schauspieler in einer Person. Er gestattete, daß ihm die Musiker die Hand küßten. In diesem Augenblick fiel das Tuch Claudios herunter: Der Herzog hatte es offenbar mit ungeschickter Hand geknotet. Barbara griff lächelnd danach. »Laßt mich, Hoheit.« Und sie band es mit duftenden, kühlen Händen, während sie rätselhaft lächelnd, mit Augen, die ihre Farbe wechselten, den jungen Maestro ansah.

»Messer Claudio!«
Am hinteren Ausgang des großen Saales, durch den die Musiker den Raum über verborgene Stufen zu verlassen pflegten, um nicht mit den Würdenträgern des Hofes in Berührung zu kommen, stand die Tochter Meister Cattaneos, Claudia. Ihr Vater, der herzogliche Violaspieler, hatte einen Anfall erlitten: Vielleicht hatte ihn die erschütternde Szene ausgelöst, jedenfalls konnte sich der von Gicht geplagte Körper nicht aus eigener Kraft erheben, sein Gesicht wirkte bläulich und aufgedunsen, seine Augen suchten entsetzt nach Hilfe. Schließlich raffte er alle Kraft zusammen, erhob sich, auf die Schulter Claudios und seiner Tochter gestützt, stöhnend und schwerfällig, gewann allmählich seine Fassung wieder und schleppte sich wankenden Schrittes, von beiden geführt, aber auf den eigenen Beinen, auf die kleine, ins Freie führende Tür zu.
Einer der Hofkutscher erbarmte sich des hilfsbedürftigen Musikers. Claudia half ihrem Vater in die Kutsche und forderte Monteverdi mit einer Geste auf, neben ihr Platz zu nehmen. Der herzoglichen Kutsche räumten die Mantuaner die Straße, und so trafen sie nach wenigen Minuten vor dem hübschen Gartenhaus Cattaneos ein. Während der Fahrt erholte sich der Musiker immer mehr, und mit einem gezwungenen Lächeln und sich entschuldigend bat er seinen jüngeren Kollegen ins Haus.
Claudio dachte an das Heim zu Hause: Dort hatten sich der Geruch der gekochten Kräuter, der Elixiere des Arztes so in alle Winkel des Hauses eingefressen, daß selbst der Blinde merken mußte, daß er das Haus eines Medikus betrat. Hier deutete alles auf das Heim des Musikers. Im vorgebauten Erker stand das Clavicembalo, an die Wand gelehnt eine Viola da gamba. Dann gab es hier noch eine Viola d'amore von alter Form, zwei Bratschen und eine neumodische Geige. Regale mit Noten ... Übrigens konnte man sehen, daß die Wohnung das Heim eines früh verwitweten Mannes war, in dem die erwachsene Tochter nie die Pflichten der Hausfrau übernommen hatte. Weinkrug und Zinnbecher standen noch da vom gestrigen Abend. Eine bejahrte Dienerin, deren derber Dialekt ihre Heimat in den Bergen verriet, hatte für Ordnung in Haus und Garten zu sorgen.
Claudio kannte die Ratschläge seines Vaters für solch beleibte, vollblütige und gichtgeplagte Männer genau. Als er sah, daß Cattaneo mit zitternder Hand nach dem Weinkrug griff, schob er diesen mit sanftem Lächeln von ihm weg. »Messere, ich will Euch von der Medizin holen, die mir mein Vater mitgegeben hat: Wenn Ihr davon einige Tropfen in stark gewässerten Wein mischt, wird Euch das beruhigen, Ihr werdet schlafen ...« Und schon war er zum Tor hinaus, sein eigenes Quartier lag nicht weit entfernt. In einer Viertelstunde kehrte er wieder und mischte vor den Augen der besorgten Claudia das Betäubungsmittel Doktor Baldassares in den überschlagenen gewässerten Wein. Der

Kranke trank ihn hastig, Claudia verdunkelte das Zimmer, die beiden jungen Leute setzten sich auf zwei Stühle mit harten Lehnen, ohne zu sprechen. Kein Laut war zu hören, nur das Summen einer verirrten Mücke. Beide suchten sie auf dem Vorhang, um sie zum Schweigen zu bringen, dabei trafen ihre Hände für einen Augenblick zusammen.
»Kommt zu mir hinüber, Messer Claudio . . . wenn Ihr Zeit habt, noch ein Weilchen bei uns zu bleiben. Ihr habt uns schon zu großem Dank verpflichtet.«
Als sie so gingen, warf ein Spiegel ihr Bild zurück: Der schlanke Mann im schwarzen Gewand mit herausgeschlagenem weichen, weißen Kragen, das geknotete Tuch an seinem Arm auf dem schmucklosen und doch festlichen Gewand. Das Nebenzimmer war eine fremde Welt. Hier befand sich ein kleineres Clavicembalo, auf einem Regal die Noten Claudias, eine Laute und in der anderen Ecke eine Spitzharfe. Zum erstenmal sah er sich Claudia aus unmittelbarer Nähe an: Ein hübsches Mädchen mit braunem Teint und glänzendem Haar, das sie mit einer einzigen Bewegung hätte herunterwallen lassen, indem sie das perlenbestickte Häubchen abstreifte, das sie am Hofe trug. Ihre braunen Augen waren freundlich, als würden sie immer lächeln. Ihre langen, schlanken Hände nahmen sich wie Geschmeide auf dem dunklen Taftrock aus, das frische, reizende Gesicht, die graziöse schlanke Linie des Halses hoben sich aus dem gestärkten Spitzenkragen heraus. Ihr Profil war fein gezeichnet, ihre Nase leicht gebogen . . . Die Augen glänzten, eine Locke hatte sich aus ihrem Haar gelöst und hing ihr launisch in die Stirn, bis sie sie nach hinten strich.
»Messere, geht noch nicht . . . bleibt noch eine Weile bei uns, wenn Ihr schon so gut wart und mir zu Hilfe geeilt seid . . . Wartet . . . ich möchte den Knoten festziehen.«
»Die gnädige Gräfin hat den Knoten mit zu sanfter Hand gebunden . . .«
Es war der erste Augenblick, daß etwas Heiterkeit, ein Lächeln über ihr Gesicht huschte, während sie das Tuch richtete, und mit einemmal, wie jemand, dem plötzlich etwas einfällt, ahmte sie einen leichten Hofknicks nach und sagte fast spöttisch:
»Verzeiht, ich habe es vergessen, Ihr seid ja der Kapellmeister der Feldkapelle Seiner Hoheit . . .«
Monteverdi lebte schon lange genug am Hofe der Gonzaga, um zu wissen, daß Herzog Vincenzos Wort allein noch nicht für bare Münze genommen werden konnte, es war kaum mehr als Spiel und Laune, auf die der Schatzmeister nur selten einen Kredit gab. Für einen Augenblick herrschte Stille. Claudio neigte sich über ein Notenblatt, das das Mädchen verlegen umwenden wollte. Er zuckte zusammen. Plötzlich wandten sie sich einander zu.
»*Ecco mormora l'onde* kenne ich . . . auch den zur Jagd ziehenden Amor . . . Ich hörte auch *Arsi e gelo,* bevor Ihr an den Hof gekommen

seid. Wie hätte ich annehmen können, daß der Maestro so jung ist? ... Ich bitt Euch, spielt daraus ... für mich.«
Seine Hände glitten über die Tasten: Winzige Häkchen reißen die Saiten des Clavicembalos an: Sie sind es, die die Musik hervorzaubern. Er spielte, als würde er improvisieren, und er schaute dabei auf Claudia. So probierte er das Instrument, beherrschte es bereits, neigte sich lächelnd über die Noten, und sein gedämpfter, summender Tenor erklang.

Crudel! Perchè mi fuggi?
Grausame! Warum fliehst du vor mir?
Wünschst du schon meinen Tod,
Bist du doch selbst mein Herz,
Und um mich als Toten zu sehen,
Hast du geraubt mein Herz.
Doch, o weh, man kann nicht sterben ohne Qualen,
Ich aber fühle keine, weil du mein Herz entführt hast ...

Der Tassosche Text war klar, schmerzlich und doch heiter, und Claudia übernahm hauchzart die Sopranstimme. Das Duett war leise, um den im Polstersessel eingenickten Vater nicht zu stören. Die Stimme Claudias war fast schon »mezzo«. Claudio verfolgte sie spielerisch, schon hatten sie sich fast erreicht, schwebten leicht dahin und ersetzten, wo es ging, die fehlenden zwei Stimmen. Der Text löste sich auf in ihrem Duett, sein schmachtender Inhalt ging in der Stimme Claudios und Claudias unter. So brach über sie die Mantuaner Dämmerung herein, die der untergehenden Wintersonne im steilen Bogen folgte.

Das Dankschreiben des Gesandten Dietrichstein erreichte den Herzog bereits aus Neapel. Sein floskelhafter Kanzleistil vermochte seine Bitternis nicht zu verbergen: Er hatte höchstens Versprechungen, aber nirgends Soldaten, nur vom Papst etwas Gold erhalten. Italien fürchtete den Kaiser des Römischen Reiches nicht mehr, man lebte in anderen Zeiten als damals, als die düsteren Hohenstaufen an der Spitze ihrer teutonischen Ritter die Alpenpässe überquert hatten. Der Gesandte bedankte sich, daß Vincenzo Gonzaga den Ruf Seiner Majestät verstanden habe und den Mantel der Kreuzritter umlege. Nun ersuchte er ihn, nach dem Recht eines italienischen Fürsten die anderen Potentaten Italiens dazu zu bewegen, sich dem Feldzug gegen die Türken anzuschließen. Er selbst werde auf jeden Fall, ehe er zu seinem kaiserlichen Herrn zur Berichterstattung nach Prag zurückkehre, noch einmal Mantua besuchen, um die Einzelheiten zu besprechen.
Er fand an der Schwelle des Karnevals ein anderes Mantua vor. Nach dem langen Frieden wurde am Hof jetzt alles von Waffengeklirr übertönt. Die Schmiede machten die Nacht zum Tag, aus ganz Italien

strömten Büchsenmacher, Waffenschmiede und Harnischmeister hierher. Zischend ergoß sich das rotglühende Metall in den Werkstätten der Kanonengießer in die Gießformen. Reiter sprengten über den ausgedehnten Übungsplatz unterhalb des Schlosses, durch die Stadt marschierte das mit Musketen und Armbrüsten ausgerüstete Fußvolk. Auch die Bürger wurden vom heroischen Fieber gepackt, sie erboten sich, den Schutz des Schlosses und des Staates zu übernehmen. Zur gleichen Zeit beratschlagte Herr Chieppio mit seiner Generalität in der Kanzlei: woher und wie sollte man die ungeheure Summe auftreiben, die dieser sinn- und zwecklose Feldzug erforderte, auf den sich der hitzköpfige Herzog so unbedacht eingelassen hatte.
Die vorsichtigen Städte und Republiken empfingen die Gesandten Mantuas freundlich. Ihr Magistrat übermittelte dem Herrn Mantuas seine Glückwünsche und ließ ihm – unter Berufung auf eigene innere Sorgen und Gefahren – einige tausend Dukaten als Zeichen des Mitgefühls zukommen. Tag für Tag aber trafen in Mantua herumschweifende Ritter, Abenteurer und heißblütige junge Herren aus allen Teilen Italiens ein. Ein leerstehender Flügel der Reggia und das alte Kastell wurden als Quartier für die neuen Kreuzfahrer eingerichtet. Rossi zählte den ganzen Tag über die Ankommenden und ließ die wenigen Kanonen, Mörser und Feldschlangen erfassen, die durch die spärlichen Hilfsmittel der Fürsten und Städte ergänzt wurden. Vincenzo ging diesmal von seinem Vorhaben nicht ab: Vielleicht wäre dies auch nicht mehr möglich gewesen, wenn er nicht für alle Zeiten seinen Ruf als christlicher Fürst aufs Spiel setzen wollte. So drängte er auf schnellere Vorbereitung, alles ging ihm zu langsam ... alles war ihm zu wenig. Schon im voraus legte er die Marschordnung fest. Er beschloß, daß die »quartiermachende Vorhut« von Carlo Rossi angeführt wurde. Er selbst würde an der Spitze des Hauptheeres gegen die Ungläubigen ins Feld ziehen.

»Mit Verlaub Eurer Exzellenz, ich komme schon zum fünftenmal wegen meines Monatsbezuges!«
Der Hofmusikus und zukünftige Maestro der Feldkapelle stand vor dem Schatzmeister. Nun folgte ein heftiges Verhandeln, Feilschen. Chieppio versuchte den jungen Mann zu überzeugen, daß das Geld für andere Zwecke ... ja, jetzt für andere Zwecke gebraucht würde. Schließlich öffnete sich die Tür des eisenbeschlagenen Schrankes doch, und der Schreiber Chieppios brachte einen Beutel Scudi, aus dem ihm der Schatzmeister seufzend einen Abschlag hinzählte.
»Es ist heilige Begeisterung, Messere, würdig eines großen Fürsten, was unseren Herrscher erfüllt. Es ist mir eine besondere Freude, daß Seine Hoheit gerade Euch als Leiter seiner Feldkapelle ausersehen hat. Ihr fragt mich, wie Ihr Euch für den Feldzug vorbereiten sollt ... wofür Ihr Euch ausrüsten könnt, müßt Ihr doch ein Pferd, Waffen und

Reisekleidung beschaffen. Bitte ... Seine Hoheit hat darauf hingewiesen, daß alle Edelleute, wenn ihr Lehnsherr sie in den Kampf ruft, verpflichtet sind, dem Ruf – wie dies schon das altüberlieferte, ungeschriebene Gesetz besagt – *auf eigene Kosten* zu folgen haben. In solchen Fällen ... also nur sehr selten, muß etwas von den unzähligen Privilegien zurückgezahlt werden, mit denen himmlische und irdische Gunst jene überhäuft, die als Edelleute geboren wurden.«
»Aber ich nehme nicht als Edelmann am Feldzug teil. Euer Gnaden wissen, daß ich als Musikus auf Befehl Seiner Hoheit mitziehe. Wovon soll ich die Ausgaben bestreiten?«
»Als Seine Hoheit Euer Ehren für würdig befand, Euch das Symbol unseres heiligen Unternehmens um den Arm zu binden, hat er Euch offenbar hierin, aber ich muß wiederholen, nur *in dieser einen Hinsicht*, den Edelleuten gleichgestellt. So kann ich also – leider keine Sonderzuwendung für Ausrüstung an Euch auszahlen, höchstens einen gewissen Abschlag auf die rückständigen Bezüge. Ich sehe ein, daß es nicht leicht für Euch ist ... aber das ist nun mal der höfische Dienst, junger Freund. Laßt Euch aber zum Trost sagen, daß alle weiteren Kosten im Felde von der herzoglichen Schatzkammer getragen werden.«
Claudio grübelte, während er das Schatzamt verließ, was er unternehmen sollte. Die Glut des heroischen Unterfangens hatte auch ihn wie alle jungen Männer gepackt. Als hätte ihn ein Hauch nach Abenteuern aus dem wunderbarsten Epos von Tasso berührt. Aber er rechnete: Er brauchte ein gutes Pferd, das ihn nicht im Stich ließ, das den Strapazen gewachsen war, selbst im Norden, an der rauhen Donau, in der Nachbarschaft der Heimat des Boreas. Ebenso benötigte er irgendwelche Waffen, konnte man doch nie wissen, in welche Lage man geriet. Einen Diener konnte er sich nicht leisten, der kostete auch sein Geld. Dann mußte er seinen Bestand an Instrumenten ergänzen, brauchte Kleidung und konnte auch nicht mit nur einigen Scudi in der Tasche losziehen.
Die Post jagte durch die Lombardei. Der berittene Bursche klopfte an der Tür Doktor Baldassares und brachte einen versiegelten Brief. Lächelnd las der Vater das Schreiben.
»... Ich bitte Euch, Vater, mir das eine Mal noch behilflich zu sein. Seine Hoheit hat mich zum Kapellmeister seiner Feldkapelle ernannt, und so muß ich mich entsprechend für den Feldzug rüsten. Ich muß diese Ehre als eine besondere Gunst Seiner Hoheit ansehen ... Ich bitte um Euren Segen, Vater.«
Der Vater schüttelte den Kopf, während er las, die Mutter drückte sich die Hand aufs Herz. Brummend reichte der Doktor dem Postboten das übliche Trinkgeld.
»Hättest auch eine bessere Nachricht bringen können ... Ich habe meinen Sohn als Musiker und nicht als Landsknecht nach Mantua ziehen lassen ... Ich kenne diesen Heldenmut ... und danach kehren sie

elend, als Invaliden mit gebrochenem Bein oder mit einem Arm zurück, die zurückkehren . . .«
Bei Tisch wurde er sanfter gestimmt. Die Familie versammelte sich: Die zwanzigjährige Maria Domitilla, der achtzehnjährige Giulio Cesare, seine fünf Jahre jüngere Schwester Clara Massimilià und der kleine Luca. Mit gemischten Gefühlen, entsetzt, neugierig und neidisch hörten sie, daß Claudio, der große Bruder, nach Ungarn ins Feld ziehe.
»Solange ich meinen Beruf ausüben kann«, sagte der Doktor lächelnd, »wird es immer irgendwie gehen. Seht ihr . . . Claudio hat geglaubt, auf eigenen Füßen stehen zu können, sobald er aus dem Nest ausgeflogen ist, und nun braucht er euren Vater doch. Ich gehe zu Chiaramonte, diesem alten Wucherer, und lasse dem Jungen hundert Taler nach Mantua schicken. Bei solchem Anlaß fällt der Segen des Herzogs nicht so reichlich aus, wie Claudio es in seinen Briefen erhoffte . . . Hundert Taler . . . hundert Taler . . . das Honorar vieler gelehrter Konsultationen, mein Sohn!«
Ein kräftiger, graubärtiger Mann. Wenn er das Haus verließ, ergriff er seinen Stock und schritt lächelnd durch die Straßen von Cremona. Die Leute entblößten das Haupt: Wenn sie den Arzt sahen, fiel ihnen der Tod ein.

12

Der große gebrechliche Mann stützte sich zu nächtlicher Stunde auf den Ellbogen. Erst vor einigen Monaten hatte er das fünfzigste Lebensjahr vollendet, aber sein Haar war schon schütter, kaum ein paar Zähne waren ihm geblieben, der Bart sproß in seinem Gesicht, und sein Schnurrbart hing lang und zerzaust herab.
Dieser unruhige Geist, den man überall kannte, überall achtete, den seine Freunde aber fürchteten, wohnte nun schon seit Wochen im hinteren für Diener und Sekretäre bestimmten Flügel des erzbischöflichen Palastes. Alle wußten: Der größte Poet Italiens hatte nicht mehr lange zu leben. Man plante eine fromme Verschwörung zur Glorifizierung Torquato Tassos. Es galt, den heiligen Vater zu gewinnen, daß er persönlich den unruhigen Tasso auf dem Capitol zum Dichterkönig krönte, so wie man vor 250 Jahren die Stirn Petrarcas mit dem Lorbeer der Unsterblichkeit geschmückt hatte.
Den Eingeweihten schwebte das Fest von Romulus und Remus vor, der Tag, an dem man die sich im mythischen Nebel verlierende Gründung der Urbs feierte. Da sollte der Meister in der zeitlosen Toga der Klassiker erscheinen und das Erbe des ewigen Petrarca antreten. Zwei junge Nepoten des Papstes Clemens, Passeri und Aldobrandini, flehten den heiligen Vater in ihrer Eigenschaft als Kardinäle an, Torquato die

Gunst zu erweisen und ihn von seiner ewigen Unrast, den Wahnbildern, der Selbstanklage und der materiellen Not zu befreien.
Denn die innere Unruhe des Dichters hatte sich bis zum äußersten gesteigert: Wenn er in der Nacht das Rattern eines Wagens, die Schritte einer Wache hörte, sah er bereits, wie die in Kutten und Kapuzen gehüllten Namenlosen des Heiligen Officiums von Bewaffneten begleitet ihn holen kamen, um ihn vor die Inquisition zu schleppen, weil er in sein Epos »Das befreite Jerusalem« sinnlich heitere Liebeselemente gestreut hatte. Und wenn jemand versuchte, geräuschlosen Schrittes an seiner Tür vorüberzugehen, dann vermutete er die Häscher des Herzogs von Ferrara, die ihn festnehmen und nach Sant' Agata zurückbringen wollten ... unter die schreienden, fürchterlichen Irren.
Er wurde von Fieber geplagt, und der Frühling kam nur zögernd. Der junge Kardinal versuchte täglich, seinen Lebensmut durch gute Nachrichten zu stärken: Der Heilige Vater müsse nur noch den Widerstand von ein oder zwei greisen Kardinälen überwinden; wenn die Sonnenstrahlen des Lenzes den düsteren Himmel über der Urbs vertrieben und sich ein Teppich roter Blumen über das Forum Romanum breite, werde sich die feierliche Dichterkrönung auf dem Capitol vollziehen.
Er lächelte. Seit einigen Tagen hatte er sein Lager nicht mehr verlassen. Der Diener, den man mit seiner Pflege beauftragt hatte, meldete seinem Herrn, der seltsame Gast rühre seit Tagen kaum Nahrung an. Manchmal verfolge er all seine Schritte mit argwöhnischen spähenden Blicken und schiebe das Tablett mit einer plötzlichen heftigen Bewegung von sich.
So fand ihn der Kardinal, halb in Ohnmacht. Auf seiner Decke lag ein Blatt Papier. In der Art von Grabinschriften stand darauf in großen Lettern geschrieben:

HIC IACET TORQUATUS TASSUS.

Der Kranke fuhr auf. Er sah, wie der Kardinal düsteren Blickes das Blatt betrachtete. Leicht, wie durch ein Wunder verwandelt, begann er zu sprechen.
»Ich habe das geschrieben, um Eurer Eminenz das Geld für eine teure, sinnlose Grabinschrift zu ersparen. Soll man sich vielleicht den Kopf zerbrechen, wen man mit dem Epitaph beauftragt? Wozu mehr? Nach einem Menschenalter, frommer Freund, wird niemand auf der Welt wissen, wer unter der Inschrift und unter den Schollen ruht. Hic iacet ... genügt das nicht? Warum hätte ich mehr verdient? Wer kümmert sich um mich? Ferrara ist mein Feind. Mantua ist mein Freund, aber es ist fern. In Neapel lauert der Vizekönig schon lange auf mich. Er weiß, daß ich die Spanier nicht gut leiden kann. Ja ... Mantua. Ich hörte, der junge Herzog ... Chiaro Vincenzo ... folgt dem Weg des Tankred. Bene ... Ich hätte eine Bitte an Euer Eminenz. Aber jetzt gleich.«
Er beugte sich nach vorn, seine Stimme wurde wieder ekstatisch.

»Ich bitte Euch, mich noch heute ... jetzt gleich in das Kloster San Onofrio bringen zu lassen. Ich habe ein Gelübde getan, daß ich mich dort in meinem irdischen Elend, mit meinen gebrechlichen Gliedern auf die große Reise vorbereiten möchte. Läutet, ich bitte Euch. Eile ist die Tugend eines jungen Mannes. Laßt uns gehen ... laßt uns gleich gehen ...«

Beim Schein der Fackeln setzte Bewegung im Palast ein, der junge Kardinal überwachte persönlich, wie man den Wagen mit Polstern auslegte, in den man den Schwerkranken hob. Am Tor des Klosters empfing ihn der Prior, und zwei Fratres trugen ihn in den Armen in seine Zelle hinauf wie ein krankes Kind. Aus seinem Fenster konnte er auf den Tiber hinuntersehen. Wenn man es öffnete, damit frische Luft hereinkam, fiel sein Blick auf eine junge Eiche, deren Knospen zu sprießen begannen. Er versuchte, in der glücklichen Erregung der ersten Eindrücke zu schreiben, aber er war so schwach, daß ihm der Federkiel aus der Hand fiel. Er diktierte einem Mönch, als man ihn auf die kleine Bank unter der Eiche hinuntergeführt hatte.

»... Was wird mein lieber Freund sagen, wenn er erfährt, daß Tasso tot ist? Diese Nachricht wird – wie ich meinen Zustand beurteile – nicht lange auf sich warten lassen ... Ich bin nicht nur deshalb in das Kloster San Onofrio gekommen, weil die Ärzte seine Luft so rühmen und weil es eine so herrliche Lage hat, sondern weil ich hier mit den Fratres jenes Gespräch zu beginnen vermag, das ich – wie ich hoffe – im Himmel fortsetzen kann ...«

Der Mönch sah ihn fragend an ... wartete auf die Fortsetzung. Tasso wandte sich ihm lächelnd zu.

»Woher bist du?«

»Aus Regola, Herr!«

Er sah den Frater überrascht an.

»Weißt du denn, daß du im gleichen Ort geboren wurdest wie Cola di Rienzi? Der Sohn des Kaisers ... oder eines Schankwirts. Ist es nicht einerlei? Vielleicht entstammst du auch seinem Geschlecht. Du hast rotes Haar und einen roten Bart wie die teutonischen Imperatoren. Schau ... pflegst du dir diese Stadt zu deinen Füßen auch manchmal anzusehen? Wo mag es gewesen sein, wo Romulus sie zu umpflügen begann? Wie alt mag Romulus damals gewesen sein? Wo mag Augustus auf seinem Triumphzug entlanggezogen sein? Und wo schlich sich der letzte Kaiser hinaus? Der allerletzte? Wie kurz einem von hier die Zeit erscheint. Kaiser, Könige, Päpste ... Petrarca hat man noch auf besondere Art geehrt. Ich aber gehe nicht mehr zum Capitol, um mir den Lorbeer zu holen. Hic iacet ... den Namen könnt ihr sogar weglassen ...«

Man meldete den Kardinal Aldobrandini. Er kam zusammen mit seinem Arzt.

»Läßt man mich auch jetzt noch nicht in Ruhe?«

Erschrocken schob er die Phiole des Doktors von sich. Argwöhnisch schaute er auf das Mittel, das vielleicht geeignet wäre, das Fieber zu mildern.
»Doktor, ich bin so alt wie Vergil, als er gestorben ist. Könnte es für einen italienischen Poeten eine größere Ehre geben, als ebenso mit einundfünfzig Jahren zu gehen wie er? Daran könnt Ihr nichts ändern, Messere. Die lieben, namenlosen Schatten sind meine besten Ärzte, glaubt es mir.«
Der Diener brachte dennoch auf einem Tablett den bitteren Sud. Das Gesicht Tassos verzerrte sich, hastig griff er unter sein Kissen, dahin, wo er seine Waffe zu verbergen pflegte.
»Trink es selbst . . . trink es . . . Es ist Gift! Gift! Gift!«
Der Kardinal gab dem Diener einen Wink, dieser nahm mit saurer Miene einen Schluck von dem übelschmeckenden Sud. Die Augen Tassos leuchteten auf. Er streckte dem Burschen eine Silbermünze hin. Dann sank er auf sein Lager zurück. Allmählich beruhigte er sich . . . das Lächeln in seinem Gesicht wurde fast gläsern. Der Kardinal, der den persönlichen Segen des Papstes Clemens brachte, murmelte erschrocken die letzte erlösende Formel.
Die müde, gebrochene Stimme sprach noch klar und verständlich:
»In manus tuas, Domine . . .«
Er vermochte den Satz nicht mehr zu beenden . . .

–

Die Bahre Tassos wurde auf dem Sankt-Peters-Platz aufgestellt: Alle zogen an ihm vorüber, der Heilige Vater, alle in Rom lebenden Kardinäle, Gesandten und Professoren, der Magistrat der Urbs, die aus aller Herren Länder gekommenen Studenten, Schriftkundige, Neugierige . . . Während die Menge im strahlenden Sonnenschein vorüberzog und dem schwergeprüften Dichter huldigte, marschierten in Mantua bei nieselndem Frühjahrsregen die herzoglichen Heereskolonnen zur großen Parade auf.
Siebentausend Bewaffnete auf der *Piazza d'Armi.* Die Alten sagten, dies sei das schönste Heer, das die Gonzaga je aufgestellt hätten. Diese Parade war wie ein Stadtfest siegesgewisser Mantuaner: auf den Türmen bliesen die Silberposaunen ununterbrochen und die Klänge prasselten wie heißer Regen aus der Höhe herab. Rings um den Platz, auf der Ehrentribünen genauso wie in den Fenstern und Erkern, auf Simsen und Dächern drängte sich die Bevölkerung Mantuas und der Umgebung, die diese einmalige große Feierlichkeit nicht versäumen wollte. Turniere, ritterliche Kampfspiele, Paraden und Festzüge: all dies hatte Platz in diesem glänzenden Spiel, waren doch die ersten Kavaliere Italiens gekommen, um unter der Führung Vincenzo Gonzagas ihren Mut unter Beweis zu stellen. Doch die neue Mode hatte die alten Riten gelockert, die ritterliche Ausrüstung: Panzer, Lanzen und Helme waren weicher und verspielter. Über den leichten, silberbeschlagenen Har-

nischen hingen bunte Bänder, inmitten prächtiger Spitzenkragen und Manschetten glänzten Schmuck und Waffen – gleichsam im Einklang miteinander. Unter riesigen Federhüten und kunstvoll geschmiedeten Prunkhelmen schauten duftende, mit Pomade behandelte, gekräuselte Locken hervor. Über den Handschuhen schillerten Ringe mit mächtigen Steinen, neben den Sattelknöpfen steckten Pistolen mit silberbeschlagenen und perlmuttbesetzten Kolben und am Ende der Degengriffe saß ein Halbedelstein. Der Adel trug freilich keine Uniformen, das war nur etwas für die Söldner des herzoglichen Fußvolkes, so versuchte einer den anderen zu übertreffen, mit möglichst bizarrer kunterbunter Kleidung, kunstvoll gestalteten Waffen und prächtigem Zaumzeug.
Maestro Werth führte die Kapelle an. Die Wangen der Musiker waren gerötet von dem frischen Wind, sie entlockten ihren Instrumenten ein Fortissimo: die Musik mußte schmetternd, heiter, martialisch wirken und ihren Höhepunkt erreichen, wenn Herzog Vincenzo an der Spitze seines Gefolges den Paradehof des alten Kastells verließ.
Als der in kriegerischem Schmuck gekleidete blonde Herzog auf seinem mächtigen Rappen auftauchte, wurde die Musik von dem ohrenbetäubenden Dröhnen der Mörser und Feldschlangen übertönt, die Reiter feuerten ihre Pistolen in die Luft. Die Tausende Zuschauer hielten sich die Ohren zu, als die Salve der Musketiere in unmittelbarer Nähe krachte, aber die Kapelle war hartnäckiger. Als der große, unvergeßliche Festzug zu Ende war, brachen die Musiker vor Müdigkeit fast zusammen, aber auf herzoglichen Befehl durfte die Musik für keine Minute pausieren: die Musen durften nicht stumm bleiben, wenn Mantua in den Kampf zog!
Im Anschluß an die Parade, als der Herzog mit seinem Ehrengeleit, den Aristokraten und namhaften Kavalieren, die sich seinem Heer angeschlossen hatten, in den großen Speisesaal der Reggia einzog, um den Erfolg dieser Heerschau mit einem entsprechenden Trinkgelage zu feiern, löste sich die Kapelle langsam auf, und die Musiker trotteten müde nach Hause.
Cattaneo hatte seinen Schwächeanfall von vor ein paar Tagen schon überwunden. Er war wieder der feste, vollblütige Bürger, mit Adlernase, kräftigem Kinn, rasiertem Römergesicht, so wie es unter den älteren Musikern üblich war. Er gesellte sich zu Claudio, und eine Weile schritten sie im Sonnenschein still nebeneinander her. Alle standen noch unter dem Eindruck des großen Erlebnisses. Claudio wußte, daß dieser schöne Tag in Wirklichkeit sein Abschied von Mantua war. Mit einem plötzlichen Entschluß wandte er sich Cattaneo zu.
»Messere, wenn ich Euch um die Hand Eurer Tochter Claudia bitte, werdet Ihr sie mir geben?«
Cattaneo zuckte zusammen. Wie jeder Witwer hütete er seine Tochter Claudia mit der schönen Stimme wie einen Schatz, wie sein kostbarstes

Gut. Er bangte um sie und wachte über sie, beschützte sie so gut er konnte in den glatten Labyrinthen des herzoglichen Palastes, wo der Titel »Hofsängerin« oft etwas ganz anderes verdecken sollte. Er schaute auf den ihm an Größe überlegenen jungen Mann.
»Aber Ihr zieht doch jetzt ins Feld, Claudio?«
»Bevor ich gehe . . .«
»Wir sind beide Diener Seiner Hoheit. Ohne ihn kann ich nicht meine Zustimmung geben. Aber ich frage Euch, wann habt Ihr Euch mit meiner Tochter angefreundet . . . Wann?«
Claudio neigte lächelnd den Kopf.
»Die Reggia ist groß, aber die einander sehen wollen, Messere . . .«
»Weiß es Claudia?«
»In Cremona habe ich gelernt, daß sich das Tor zum Herzen eines Mädchens durch die Worte des Vaters öffnet. Ich glaube, sie ist mir zugetan.«
»Warum zieht ein Musiker ins Feld, Messere? Vor dergleichen soll sich ein Künstler eher hüten. Ihr seid kein Edelmann, daß Euch Euer Blut triebe!«
»Ich trage das Tuch Seiner Hoheit am Arm. Ich kann mein Wort nicht rückgängig machen.«
»Ihr habt mein Versprechen, Claudio . . . Wenn meine Tochter es auch so will. Aber sollten wir nicht warten, bis Ihr . . . wiederkommt?«
»Wenn meine Todesnachricht eintrifft, ist Claudia ohnehin frei!«
»Ihr zieht mit, um zu musizieren und nicht, um zu kämpfen!«
»Wenn mich die Türken nicht mit einem Krieger verwechseln . . . Aber die schöne Stimme Claudias wird mich sicher beschützen . . . Wenn sie mir ihr Jawort gibt.«
Der Bratschist wandte sich zur Seite, damit sein junger Gefährte die Tränen in seinen Augen nicht sah.
»Nimm sie . . . ich gebe sie dir.«

Der Herzog strahlte, aber er war zerstreut. Er glaubte, der Dirigent seiner Feldkapelle wolle die Ausrüstung der Musiker, die Zusammenstellung der auszuwählenden Musikstücke mit ihm besprechen, und so wies er schon von vornherein, mit fürstlichem Lächeln, auf die Sanduhr, die enteilende Zeit: »cito, cito, citissime«. Und es war, als hätte er die ersten Worte gar nicht verstanden, in denen sich Monteverdi mit der Ergebenheit des Untertans an die Geneigtheit Seiner Hoheit wandte: Er möge seine Zustimmung dazu geben, daß er Claudia Cattaneo ehelichen könne.
Vincenzo hob plötzlich den Kopf. Er dachte: Dieser energische, rauhe Lombarde, dieser Cattaneo, hat gut auf seine Tochter aufgepaßt. Nicht als hätte ihm Claudia . . . irgendwann besonders gefallen, aber er hatte sich an das Mädchen gewöhnt, an ihr liebes, gefälliges Wesen, ihre glänzenden Augen, ihre Stimme . . . das Madrigal hatte ein tiefes, inni-

ges Erlebnis in ihm erweckt ... ihr Agnus Dei, die Solopartien ... wie sich ihr Sopran aus den vier oder fünf Stimmen heraushob. Plötzlich kam ihm eine Idee: Damit bände er Claudio ganz an Mantua. Cattaneo war ein hiesiger Bürger, er besaß ein Haus, das würde den jungen Mann festhalten. Da drohte keine Gefahr, daß man ihm seinen besten Maestro fortlockte ... Der venezianische Gesandte hatte unlängst eine derartige Anspielung gemacht ... Sagte er doch wohl, der Platz eines so guten Komponisten für die Kirchenmusik wäre in der Stadt San Marcos ...
Er dachte an den großen allegorischen Aufmarsch, der heute abend zu Ehren der Gäste stattfinden sollte. Madama Europa würde in der Gestalt der Glücksgöttin ihre süßen Geschenke – singend – ausstreuen. Und es war das Vorrecht der Fürsten, aber auch ihre Pflicht, sich um die Angelegenheiten der Untertanen zu kümmern. Er lächelte gnädig.
»Habt Ihr es Euch gut überlegt, Messere? Wenn es einmal vollzogen ist, dann läßt es sich nicht wieder rückgängig machen. Das sage ich Euch, Euer Herzog!«
Claudio neigte das Haupt.
»Nun gut, schon gut, Ihr wißt genau, daß ich gern meine Einwilligung gebe. Und ich möchte Euch gern beide auf den Weg Fortunas geleiten, die im allegorischen Zug heute hier erscheinen wird. Ja ... seid heute abend beide meine Gäste. Meine Gäste, Claudio! Nein, bringt kein Instrument mit. Heute sollt Ihr nicht mein Musikus sein. Und weiß die junge Braut, daß keine Flitterwochen ... sondern nur Tage des gemeinsamen Glücks sie erwarten? Ich kann Euch nicht davon befreien, mit uns aufzubrechen, Claudio. Ich hoffe, das war auch nicht Eure Absicht.«
»Euer Hoheit waren so gütig, mir das Tuch um den Arm zu binden!«
»Nun gut, schon gut ... Hätten die Kriegsvorbereitungen meine Schatzkammer nicht so sehr erschöpft, würde ich ein würdiges Hochzeitsgeschenk bestellen ... so muß es bleiben, bis wir zurückkehren ... Bei der Beute werde ich Euch natürlich ... reichlich bedenken. Viel Glück, mein Sohn Claudio. Heute abend seid Ihr und Eure Braut meine Gäste!«

Berauschender, letzter Karneval. Wo vor einigen Tagen der riesige Hof vom kriegerischen Lärm und Dröhnen der Truppen widerhallte, begann jetzt ein Maskenzug: In phantasievollen, leichten Gewändern, als Göttinnen verkleidet, saßen die Damen in mit Blumen und Bändern geschmückten bunten Kutschen, alle Requisiten der großen »Rappresentazione« entfalteten sich. Madama Europa mit strahlend weißer Haut und rotblondem Haar streute goldbemaltes Spielgeld in die Menge. Es war das letzte Fest am Hofe, ehe das Heer auszog. Schon morgen würde die Vorhut mit Carlo Rossi aufbrechen und der Herzog mit dem Hauptheer drei Tage später folgen.

In Innsbruck begegneten sie zum erstenmal unwirschem Wetter. Das mantuanische Heer hatte durch alle christlichen Provinzen freies Geleit erhalten, wie dies die alte Tradition der Kreuzzüge verlangte. Dieses mit Bändern geschmückte, bunte, in einer Duftwolke reitende Heer war nicht aufgebrochen, Gebiete zu erobern und Beute zu machen, es zog in der Spur der alten Kreuzfahrer, um gegen die Ungläubigen zu kämpfen. An der Grenze von Innsbruck wurde Vincenzo von seiner älteren Schwester Anna Katharina, die österreichische Erzherzogin und Herrin der Provinz Steiermark geworden war, empfangen. Eine korpulente Frau mit Doppelkinn in schlecht geschneidertem, schmucklosem schwarzem Gewand, in der er kaum die reizenden Züge der einst lieben Anita entdecken konnte. Der Herzog maß die Herren seines engeren Hofstaates mit strengem Blick: Sie konnten das Lachen kaum verkneifen, als sie die schwerfällige Erzherzogin in ihrem unscheinbaren Gewand erblickten.
Man bewirtete sie mit Bier und veranstaltete Schlachtfeste ihnen zu Ehren, Hirten sangen in fremder Sprache. In den von Rauhreif überzogenen Schloßhöfen waren die Wachen bis zum Morgen wie erstarrt. Der Nordwind blies, brachte tagelangen, eiskalten Regen, der die bunten Gewänder der Kavaliere durchweichte.
Vincenzo blieb so lange in der Steiermark, bis er aus Prag die Nachricht erhielt, daß der Herr des Reiches, Kaiser Rudolf, bereit sei, Vincenzo, seinen nahen Verwandten und fernen Vikar, zu empfangen. Der Herzog hatte alles zusammengelesen, was in Italien in den Werkstätten der Alchimisten, im Reich der Magier, aufzutreiben gewesen war. Dazu kamen allerlei Mechanismen, Linsen und Uhrwerke, und mit diesen Raritäten zog das mantuanische Heer langsam gegen Norden auf Böhmen zu.
Überall, wo sie durchzogen bei plötzlich aufgeklartem Wetter, im strahlenden sanften Sonnenschein, scharte sich die Bevölkerung der österreichischen Provinzen an den Wegen und Kreuzungen. Vielleicht hatte sie noch nie ein solches fast märchenhaftes, buntes, glänzendes Heer gesehen. Die Mantuaner zahlten, überall wo sie vorbeikamen, für alles, was sie benötigten, mit Talern und Dukaten: Die Bevölkerung der Umgebung brauchte nicht zu bangen, daß sie gleich Heuschrecken über das Land herfielen wie die herumstreifenden Söldner. Der Befehl Vincenzos lautete: Keines Bauern Fluch darf das Heer begleiten, das für die wahre Sache der Christenheit in den Kampf zieht.
Die Donau war hier noch nicht breiter als der Po. An ihrem Ufer angelangt, erwartete eine festlich geschmückte Galeere den Herzog und sein engeres Geleit. Hier wurde der Mantuaner Verwandte von den beiden Erzherzögen empfangen: Maximilian und Matthias. Vincenzo war in seinem Element: Er strahlte, bemühte sich, mit seinem Zauber die österreichischen Vettern zu berücken. Er wußte – war es doch ein offenes Geheimnis im Reich –, daß Matthias schon damit rechnete,

früher oder später die Kaiserkrone zu erringen; der Geist Rudolfs war offenbar getrübt, und so lag das Schicksal des Imperiums in den Händen der Reichsstände. Vincenzo dachte daran, wenn sein Vater, der Gobbo, an seiner Stelle wäre, der hätte versucht, der plötzlich wiedergefundenen Verwandtschaft irgendeinen Vorteil abzunötigen. Aber er bat um nichts, äußerte keinen Wunsch: Heute war er es, der den hohen Herrn spielte, der glänzte, sich feiern ließ, wie einst Gottfried von Bouillon. Und die beiden Erzherzöge entdeckten auf der Stelle seine Schwäche und erwiesen dem Herrn des kleinen Lehnsstaates die Ehre wie einem Fürsten von europäischem Format, denn der Herrscher von Mantua war trotz aller Verschwendung unermeßlich reicher an Geld als die ewig mit Sorgen kämpfenden Erzherzöge. Als der Abend über sie hereinbrach und sie unter dem sternenhellen Himmel auf der Donau schwammen, begann Maximilian Vincenzo behutsam abzutasten, ob er bereit sei, seinen Geldbeutel »für die Ziele des Feldzuges« zu öffnen.

Vincenzo hatte gleich gemerkt, daß die beiden Erzherzöge über seinen Besuch in Prag nicht übermäßig erfreut waren. Auf Deck wechselte man leise spanische Worte (das war die Sprache, auf die man sich schließlich geeinigt hatte), und vor Vincenzo tat sich allmählich die Hexenküche des Prager Hofes auf. »Nein ... das Übel liegt nicht in der erhabenen Person Seiner Majestät, alle Schwierigkeiten rühren von seiner gauklerhaften, quacksalberischen, betrügerischen Umgebung. Rudolf ist leider ein Urenkel Johannas der Wahnsinnigen, und die Familie befürchtet, die Krankheit der Urgroßmutter habe ihn befallen. Nein ... er ist weit davon entfernt, ein Tyrann zu sein, er ist eher willensschwach. Den ganzen Tag kramt er in seinen Büchern, den Wissenschaften, und seine Menschenscheu nimmt mehr und mehr zu. Sein Günstling *Philipp Lang*, dieser bestechliche Mann von zweifelhaftem Ruf und dunkler Herkunft, herrscht in der Person des Kaisers: Jedwede Schriftstücke können nur auf den Tisch des Herrschers gelangen, wenn man zuvor die Gunst Herrn Langs erworben hat. Dieser Mann hat um den argwöhnischen, geisteskranken Kaiser eine Mauer des Schweigens errichtet: Ohne ihn kann kein Gesandter, kein Schreiben zu Rudolf gelangen. Er peitscht tagsüber das Mißtrauen Seiner Majestät auf, und so bleibt dann für die Nacht der schreckliche, beklemmende Alpdruck. Das unheimliche Geheimnis des Reiches: der Kaiser ist vom Wahn befallen. Wenn der Schicksalsengel nicht hilft, müssen die Kurfürsten handeln, vor allem aber müssen die Verwandten einsehen: Es bleibt keine Zeit zum Zögern ...«

Die Galeere schaukelte sanft auf der Donau, und Maximilian mit der Hasenscharte hörte sich den leidenschaftlichen Ausbruch Matthias' an. Vincenzo lauschte stumm und höflich lächelnd. In Italien wurden dergleichen Familienauseinandersetzungen stiller erledigt.

Prag war keine große Stadt, es wurde von kaum zwanzigtausend Seelen bewohnt, und dennoch war es Reichshauptstadt, die Urbs des Nordens. Es wäre sie auch wirklich gewesen, wenn im Hradschin nicht ein die Menschen hassender, sich nie vor seinem Volk zeigender Kaiser säße, wenn er so lebte, wie es sich für den höchsten Fürsten der Christenheit schickte. Aber Rudolf wurde durch die dreifache Mauer der Wissenschaft, der Mystik und seines eigenen Wahns von der Außenwelt abgeschlossen. Seine inneren Gemächer taten sich nur jenen auf, die das Zauberwort errieten und die Lang für ungefährlich hielt: Alchimisten, hartnäckige Goldmacher, Sterndeuter und Magister der Magie.
So ergab sich, daß die Stadt, die durch das Geld der vielen herumlungernden und mit Bittgesuchen anreisenden Fremden in Wirklichkeit gut lebte, ihren Kaiser nicht liebte. Man hielt ihn für einen mürrischen, einsamen Sonderling, der seit Jahren keinerlei sehenswertes Fest veranstaltet hatte.
Die mantuanische Abordnung machte an der Burg halt, die dem einstigen Kaiser Karl ihren Namen verdankte. Der Besuch war »offiziell«, hatte also im fürstlichen Prunk zu erfolgen: Herolde sprengten zu dem Magistrat von Prag und baten um Einlaß. Als sich Vincenzo der Hauptstadt näherte, begannen die Glocken zu läuten, und Kanonen feuerten Salutschüsse ab; die ghibellinische Vergangenheit bemächtigte sich des Herzogs von Mantua: Das vierte Jahrhundert nun schon, daß die Gonzaga ihr Schicksal an den Wagen des Reiches gekettet hatten. Die Macht des Kaisers war in Italien verblaßt, aber in der Gemarkung von Prag entfaltete sie sich aus ihrem goldenen Nebel. Die Reiterstatue St. Georgs, des Drachentöters, war das Symbol dafür, daß das Haupt der Christenheit aus dieser Hochburg über das Volk Christi wachte.
Die Säle der alten Burg öffneten sich der Reihe nach vor Vincenzo: Ehrenwachen zogen auf, eine lange Reihe von Kammerherren wurde durch diesen seltenen Empfang aus dem alltäglichen Schlaf geweckt. Im kleinen Kabinett wurde der Gast im Namen des Kaisers von Philipp Lang, dem allmächtigen Günstling, empfangen. Er bat Seine »Serenissime«, sich einige Minuten zu gedulden, bis Seine Majestät ihren Besuch entlasse, der ebenfalls eine von weither gekommene fürstliche Persönlichkeit sei.
Vincenzo wurde von der Flamme der Neugierde gepackt: Er dachte an einen Sultan aus dem fernen Morgenland oder an einen arabischen Herzog. Lang flüsterte ihm leise ins Ohr.
»Sigismund Báthory, der Fürst von Siebenbürgen. Er führt Seiner Majestät seltene Mechanismen vor.«
Die Tür öffnete sich. In einem Gewand, das dem ähnelte, das der ungarische Dolmetscher von Dietrichstein trug, erschien der schlanke, eher als hager zu bezeichnende junge Mann. Bis über die Taille reichender Dolman, langer Schnürrock, enganliegende Hosen und Saf-

fianstiefel. Eine Reihe diamantene Knöpfe am Rock, auf der Brust das baumelnde Widderfell vom Goldenen Vlies und ein riesiger grüner Smaragd an der Pelzmütze. In Vincenzo blitzte plötzlich die Frage der Rangordnung auf. Ja ... der Herr des fernen Transsilvaniens war »Princeps«, während er nur »Dux« war. Aber Mantua war seit Jahrhunderten ein freier Lehnsstaat, während Siebenbürgen ein von der Türkenflut berührtes Grenzland war, geboren aus dem Streit zweier Kaiser.

Hinter Báthory schaute – ohne jegliches Zeremoniell – Kaiser Rudolf zur Tür heraus. Er trug ein prunkloses, fast schäbiges schwarzes Magistergewand, ohne jeglichen Schmuck. Er nahm die Brille ab, mit deren Hilfe er zuvor ein Schriftstück gelesen hatte, und hob fast verlegen den das Knie beugenden, ihm die Hand küssenden Vikar und Verwandten aus Mantua auf. Mit etwas strengem Blick maß er das bunte Paradekleid des italienischen Fürsten, seine Ordensbänder, seinen Putz aus Seide und Spitze. Leise, fast ergriffen sprach er den Willkommensgruß. Es war nichts Wahnsinniges, aber auch nichts Kaiserliches an ihm. Ein betagter Mann mit traurigem Gesicht, dem man ansah, daß ihn jede Tätigkeit des Regierens große Mühe kostete.

»Lieber Verwandter, Wir bitten Euch, einige Minuten die Gesellschaft eines Fürsten aus einem fernen Land zu genießen, das zwar Teil Unseres Reiches ist, dessen Fürsten aber auch schon von Unseren Vorgängern anerkannt wurden. Fürst Sigismund, wie Ihr sicher wißt, ist ein durch das heilige Bündnis der Ehe mit Unserem Haus verbundener Verwandter. Meine Nichte, Marie Christine, ist die Fürstin von Siebenbürgen ...«

Lang füllte drei gedrungene goldene Becher mit Wein. Rudolf nippte nur, er setzte sich in seinen Sessel zurück und bot den beiden Fürsten Platz an.

»Es war mein Wunsch, das Gespräch mit Euch beiden zu führen. So habe ich Gelegenheit, den Herzog von Mantua vor Fürst Sigismund mit meinem kaiserlichen Wort zu rühmen. Er war der einzige unter den Vasallen, die Uns zu Hilfe eilten. Doch Ihr sollt wissen, daß Uns eine größere Hilfe als die der italienischen Fürsten von König Philipp, Unserem lieben Verwandten, zuteil wird. Er schickt seine Flotte gegen die Türken in die dalmatinischen Gewässer ... und gleichzeitig greift Fürst Sigismund die Ungläubigen vom Osten her an. Es war Unser Wunsch, daß beide Waffenbrüder sich hier im Hradschin begegnen sollten!«

Der Fürst aus Siebenbürgen war ein Mann mit ruhelosem Gesicht, in das sich früh Falten eingegraben hatten und in dessen Augen eine seltsame, fast frauenhafte Trauer saß. Während Rudolf das Italienische hart, mit Kehllauten sprach, hätte bei dem Fürsten von Siebenbürgen niemand geglaubt, daß seine Wiege nicht in Italien gestanden hatte.

»Ich bin glücklich, Euer Hoheit begegnet zu sein. Wir sind beide Herrscher eines kleinen Landes. Aber meins ist die sonderbarste Provinz der Erde: Genaugenommen hat sie keine festen Grenzen, ihr Lehnsherr ist der türkische Sultan; der Fürst ist katholisch, aber während die Protestanten ihren Glauben frei ausüben dürfen, kann ich mir in Weißenburg nur im geheimen einen Priester halten. Mein Wille wird durch hundert Gesetze in Ketten gelegt, würde ich sie nicht ausspielen, sie nicht hintergehen, könnte ich keinen Schritt ohne den Willen der Stände tun, genauso wie der Doge in Venedig. Glaubt mir, durchlauchtigster Herzog, ich wäre lieber Kardinal in Italien als Souverän in Siebenbürgen.«

Der Herzog von Mantua lauschte ihm überrascht.

»Wo habt Ihr unsere Sprache gelernt, Serenissime?«

»In meiner Kindheit habe ich mich immer danach gesehnt, in Italien leben zu können. Meine Erzieher waren Italiener, nach dem Willen meines Oheims Stephan bekam in der Kanzlei Siebenbürgens nur der einen Posten, der die Universität in Padua besucht hatte. Das blieb auch so, nachdem Stephan Báthory als König von Polen die Tochter von Bona Sforza geheiratet hatte. So bin ich aufgewachsen . . . zwischen Italienern. Ich habe Sänger und Schauspieler am Hof von Weißenburg einstellen lassen . . . Auch sie kamen aus Italien. Ich sehne mich nach Sonnenschein. Wenn es uns jetzt gelingt, die Türken zu schlagen, lege ich die Würde als Landesfürst nieder, ordne meine Familienangelegenheiten, pilgere zum Heiligen Vater und bitte ihn, mich als Kardinal in das heilige Kollegium aufzunehmen.«

Kaiser Rudolf, der all dies nicht zum erstenmal hörte, trommelte gelangweilt auf der Armlehne seines Sessels, dann erhob er sich plötzlich.

»Man muß alles im Hinblick auf das allgemeine Wohl des christlichen Abendlandes beurteilen, Serenissime. Aber jetzt wollen wir Euch als Zeichen Unserer Gunst das Heiligtum zeigen, das die Heimstätte der wahren Wissenschaften ist. Begleitet mich, liebe Verwandte.«

Vincenzo, wie fast alle Fürsten jener Zeit, glaubte an die Alchimie, auch er suchte nach dem Stein der Weisen, und er hegte keinen Zweifel, daß die Konstellation der Sterne die Bahn des menschlichen Schicksals bestimmte. Aber er war dennoch ein Mensch mit forschendem Blick, so sehr, daß er merkte, daß sich der Kaiser, sobald er die Schwelle der »Wissenschaften« überschritt, plötzlich veränderte. Das Gesicht des gelangweilten, trockenen, wortkargen Imperators überzog mit einemmal die Flamme einer fieberhaften, fast kindlichen Begeisterung. Seine zunehmende Schwermut wich, sobald er die Alchimistenküche betrat. Die Sorgen Europas und der Welt schrumpften zu nichts zusammen, denn hier erschlossen sich ihm die Geheimnisse des Universums. Bald darauf ertönten draußen in Prag, im Hradschin die Mittagsglocken, die in jeder Residenz ankündeten, daß sich die Zeit des festlichen Mittagsmahls am Hofe näherte. Aber Rudolf, mit einer riesi-

gen Brille auf der Nase, vergaß, daß die Zeit verging. Durch Linsen, die er aus den Niederlanden bekommen hatte, betrachtete er verzaubert die Bewegung der im Wasser sich tummelnden geheimnisvollen Urwesen, beugte sich dann über einen Kolben und debattierte mit einem gnomhaften Magier mit runzligem Gesicht über chemische Formeln. Von dort gelangten sie in den Saal der Mechanismen. Hier wurde nach dem Geheimnis des Perpetuum mobile geforscht. Ratternde, tickende, sich drehende und pendelnde Mechanismen schienen miteinander zu disputieren, ihr Geräusch erfüllte den Raum. Größere Stille herrschte in dem benachbarten, gewölbten Saal, wo der Astronom und seine Gehilfen ihre Himmelskarten ausgebreitet hatten und die himmlischen Konstellationen errechneten, die als Grundlage für jedes Horoskop dienten: Schlüsse für das menschliche Schicksal mußte daraus der berufene Astrologe ziehen. Der magere Mann redete wie besessen auf Rudolf ein. Vincenzo sah bereits, daß Maximilian und Matthias nicht weit von der Wahrheit entfernt waren: Der Kaiser des Heiligen Römischen Reiches war, wenn auch nicht völlig vom Wahn befallen, so aber doch keineswegs von ungetrübtem Verstand.
Als Vincenzo den Hradschin verließ (der argwöhnische Kaiser und der noch mißtrauischere Philipp Lang hatten nur ihm allein, ohne Begleitung, Zutritt gewährt), hatte er das Gefühl, aus einer von Gespenstern heimgesuchten, düsteren Residenz zu fliehen. Er hatte den Kaiser gesehen und die seit alters bestehende Bindung zwischen dem Reich und Mantua erneuert. In einigen sich seit langem hinziehenden Fragen hatte Lang eine Erledigung versprochen, nachdem er die Dukaten Vincenzos eingesteckt hatte. Gleich schweren Sorgen im Nacken des Reiters lastete das Bild des Prager Besuches auf der Seele des Herzogs, als er bei schönem, heiterem Wetter an der Spitze seines Geleits in Richtung Wien davonritt.
Die lebenslustigere Bevölkerung der Kaiserstadt empfing die Mantuaner mit Neugierde. Die Würdenträger der Burg, Erzherzöge und der Magistrat zogen zu ihrer Begrüßung aus, und hier bot sich für die Mantuaner zum erstenmal die Gelegenheit, entsprechend der Tradition der Ritterturniere, einen echten Paradeumzug durchzuführen. Es war ein warmer Sonntag, alle Fenster, alle Balkone und selbst die Hausdächer füllten sich mit Menschen, als die rasierten, mit Spitzen gezierten und eine Duftwolke verbreitenden Mantuaner Ritter auf ihren seit Tagesanbruch geputzten Rossen unter schmetternden Klängen losritten.
Die Wiener lebten in der letzten Zeit in Furcht und Schrecken vor türkischen Angriffen, und, nachdem ihr Kaiser sie verlassen hatte, waren sie solchem Prunk nicht mehr begegnet. Ein milder Südwind kam auf, die Musiker nahmen auf dem in Eile aufgebauten Podium Aufstellung, und der junge Maestro im Federhut dirigierte mit der Viola in der Hand den rhythmischen Marsch, währenddem die in langen geraden

Reihen marschierenden Fußsoldaten und die graziös tänzelnden Pferde unter dem Balkon des Magistrats vorbeizogen. Vincenzo war in seinem Element: In seinem hermelinbesetzten Fürstenmantel und im Prunkharnisch zog er gleich einem echten Märchenprinzen an der Spitze seines schmucken und glänzenden Gefolges den Graben entlang. Dann verfolgte er selbst, hoch zu Roß, den Vorbeimarsch der Blüte des italienischen Adels. Der Neid der Österreicher – der Kriegsrat verlangte zwar keine Soldaten von den Bürgern, warf aber Sondersteuern auf Kosten ihres Wohlstandes aus – kannte keine Grenzen, leise sagte der Oberrichter der Stadt zu dem Erzbischof: »Wie glücklich könnte das Reich sein, wenn es lauter solche Vasallen hätte und keine Provinzen wie Ungarn, wo es nur Rebellen gibt.«
Am nächsten Tag mahnte Carlo Rossi selbst seinen Herrn: es sei an der Zeit, ins Feld zu ziehen, denn die Untätigkeit zerrütte das Heer. Vincenzo hätte sich zwar noch gern durch die sich langweilenden, hübschen österreichischen Damen feiern lassen und die den »neuen Kreuzfahrern« zukommende Huld geerntet, aber die Worte Rossis wogen schwer, und auch von dem Erzherzog war ein Kurier eingetroffen. So zogen die Mantuaner dann endlich in Richtung Osten.
Von Schloß zu Schloß gaben die heiteren österreichischen Herren dem Herzog und seinem Gefolge das Geleit. Die berittene, galoppierende Schar Vincenzos erschien bei Jagden, auf den Basteien der Burgen, und abends, in seinen Mantel gehüllt, bestürmte der Herzog mit der Laute in der Hand die Herzen der Damen. Währenddessen ritt die Vorhut Rossis schon weit im Niemandsland, entlang der mittleren Donau.
Rossi traf unterhalb von Esztergom ein, als sich da der Belagerungsring allmählich zu schließen schien. Ein etwa dreißigtausend Mann starkes Reichsheer lag im Donauknie, Párkány war eingenommen, aber Esztergom befand sich als Brückenkopf fest in den Händen der Ungläubigen und galt als uneinnehmbarer Angelpunkt der türkischen Befestigungen.
Die Belagerung lastete schwer auf der Umgebung. Den Kern des Heeres bildeten die in den deutschen Landen angeworbenen oder gepreßten Fußsoldaten, Reiter und Berufssoldaten gab es in ihren Reihen nur wenig. Als man dieses bunt zusammengewürfelte, undisziplinierte Kriegsvolk in Marsch gesetzt hatte, war man nur darauf bedacht gewesen, daß Zucht und Ordnung wenigstens in den österreichischen Provinzen nicht zerfielen. Wenn man die ungarische Grenze erreichte, waren gewöhnlich Brot, Wein und Futter zur Neige gegangen, und dann setzte freie Plünderung ein.
Als die Mantuaner die Grenze nach Ungarn überschritten und die wohlhabenden Dörfer gleichsam mit der sanften österreichischen Landschaft hinter sich gelassen hatten, empfanden sie schaudernd, daß sie Niemandsland betraten. Niedergebrannte Gehöfte, zerstörte Dör-

fer kündeten nicht nur von den Zügen der Türken, zeigten nicht nur den Weg kriegerischer Streifzüge seit Jahrzehnten im Grenzgebiet. Die größeren Städte schützten sich mit Mauern und Basteien, solange sie konnten. Die schwächeren aber waren durch die wie Heuschrecken über sie herfallenden Söldner kahlgefressen. Wenn der Tribut nicht aufgebracht werden konnte, gab es keinen Sold, da setzten die Söldner den Roten Hahn auf die strohgedeckten Häuser am Wege, so daß die spitzengeschmückten Mantuaner einen Monat später nur noch Schutt und Asche fanden.
Das Bild änderte sich, als sie sich wieder der Donau näherten, die sie verlassen hatten, um ihren Weg abzukürzen.
Hier wurde alles meilenweit vom Lagerleben beherrscht. Von allen Seiten trieb man Bauern heran, oftmals mit der Knute in der Hand; die Bevölkerung der Umgebung wurde gezwungen, Schanzgräben auszuheben und auf ihren Fuhrwerken Belagerungsgerät heranzuschaffen.
Carlo Rossi sprengte zurück, seinem Herrn entgegen, und geleitete ihn auf dem Weg zum Lager. Aller Glanz Vincenzos schien bei dem nieselnden, windigen, trostlosen Wetter völlig zerronnen zu sein. Seit er die friedliche Landschaft verlassen hatte, wo er sich von Schloß zu Schloß, von Stadt zu Stadt als der einzige heroische Ritter der christlichen Welt hatte feiern lassen, sah er hier in dem armseligen, aufgeweichten, stummen Land nur, daß die Bevölkerung überall floh, sobald die ersten Reiter auftauchten.
Carlo Rossi mochte seinem Herzog schon die ersten Informationen gegeben haben. In diesem Landstrich konnten sie bis zu den ersten Postenlinien ruhig und ohne Sicherung in Marschordnung ziehen, aber sobald sie am Fuße der Berge angelangten, war größte Vorsicht geboten: Die Türken kümmerten sich nicht im geringsten um strategische Regeln und wagten manchmal tollkühne Überfälle. Nein . . . die Ungläubigen hielten sich nicht an die ungeschriebenen, ritterlichen Gesetze christlicher Kriegsführung.
Der Troß und die Viehherden, die den Zug des Mantuaner Heeres begleiteten, sicherten noch die Verpflegung, und wo die Soldaten einkehrten, lernte das Volk die kunstvoll geprägten mantuanischen Silbermünzen kennen, und in den Schenken und auf den Plätzen vor den Kirchen schwand allmählich das Mißtrauen, und es begann sich mit den schmetternd lachenden, fröhlichen, zum Scherzen aufgelegten und tanzenden Italienern zu befreunden. Da war alles noch schön, und wenn der Herzog am frühen Morgen auf den Weckruf aus seinem Zelt trat, erschien ihm der Feldzug noch, wie er ihn sich vorgestellt hatte: Die Hörner erklangen, reichlich Proviant wurde ausgegeben, und die Spähtrupps sprengten bis zum Rand des Hügellandes hinaus, die italienischen Herren im Lederharnisch und mit großen Hüten schwangen sich gähnend und fröstelnd in den Sattel, und das kleine Heer brach gegen Südosten auf.

Manchmal stießen sie auf ein Schloß. Es waren befestigte Behausungen mit runden Basteien und starken Türmen, und Bewaffnete hielten von hochgelegenen Aussichtspunkten am Wege Ausschau. Der Herzog kehrte bei den ungarischen Herren ein. Gewöhnlich waren die Gastgeber ältere Männer, ihr hartes, derbes Latein spiegelte eine ganz andere Welt als die der wesentlich sorgloseren österreichischen Herren: Der größte Teil der jüngeren befand sich im Feld, in Burgen, Heerlagern und bei den kämpfenden Truppen. Schwere Sorgen lasteten über den reichlich gedeckten Tischen: Was sollte aus dem Land werden, wenn die Ungläubigen auch diesen schmalen Landstrich überfluteten? Hier wurde Vincenzo nicht mehr als der Held gefeiert, der mit seinen spitzengeschmückten Kriegern gekommen war, um das Heer des Propheten zu zerschlagen. Die ungarischen Herren lachten bitter, wenn sie darüber sprachen, daß sie vor den ihnen zu Hilfe eilenden Söldnertruppen mehr Angst hatten als vor den Türken: Sie plünderten die Umgebung, so daß das Land arm und verwüstet war, ganz gleich welche Seite es bekommen sollte.
Je mehr sich die Mantuaner dem großen Heerlager näherten, um so häufiger sahen sie kleine, ungeharnischte, schnell dahinsprengende Reitertrupps. An ihren Waffen, ihren Pferden und an der Art und Weise ihres Reitens erkannten sie schon: Es waren Ungarn. Das kaiserliche Kommando hatte sie dazu ausersehen, die türkischen Flügel zu überfallen und zu beunruhigen. Gewöhnlich zeigten blutige Verbände, daß das Spiel hier auf Leben und Tod ging. Oft brachten sie auch gefesselte Gefangene mit. Hier sah Vincenzo zum erstemmal leibhaftige Türken.
Es tagte. Eine Reiterschar in schwarzen Dolmanen bog in das Quartier der Mantuaner ein, als der Weckruf geblasen wurde. Endloser Regen trommelte auf das Dach des Pfarrhauses, als sich Vincenzo von seinem Lager erhob. Schon vor Tagesanbruch war der Kamin geheizt worden, damit sich Seine Hoheit nicht in der Kälte anziehen mußte. Während der allmorgendlichen Zeremonie meldete Rossi, ein kaiserlicher Rittmeister sei als Geleit für die Mantuaner eingetroffen. Seine Hoheit schaute zum Fenster hinaus: Gegenüber der Parochie stiegen die Reiter des Schutzgeleits von den Pferden. Sie mochten die ganze Nacht geritten sein, waren durchnäßt, wo die lederne Rüstung ihren Körper nicht schützte. Es gab viele narbenbedeckte Alte unter ihnen. Bewaffnet waren sie mit leichten Krummsäbeln, Streitäxten und Karabinern. Ihre Pferde machten einen eher mageren, schwächlichen Eindruck, aber das täuschte, denn sie waren sicher die ganze Nacht über bei strömendem Regen getrabt und nicht zusammengebrochen.
Rossi stellte Seiner Hoheit Miklós Pálffy vor, der von diesem Morgen an ihr Wegbereiter war, bis sie das Hauptlager erreichten. Der Blick des Herzogs glitt auf den schlanken, blauäugigen ungarischen Offizier: Auf seiner Stirn befand sich eine kaum vernarbte Wunde.

»Die habe ich mir im vergangenen Jahr auf einem Streifzug geholt...« sagte er lächelnd auf den fragenden Blick. Er hätte am liebsten zum Aufbruch gedrängt, statt sich auszuruhen. Vincenzo starrte schlechtgelaunt durch den grauen Regenvorhang: Bei solchem Wetter fröstelten die warmblütigen Pferde, wurden Mensch und Kleidung unnütz durchweicht. Aber die Botschaft der Erzherzöge lautete: Das Heer solle ohne Verzug aufbrechen, denn man wolle den Belagerungsring um Esztergom enger ziehen. Im Laubengang des Pfarrhauses erwartete bereits das ungarische Frühstück Seine Hoheit: In einem riesigen Tongefäß heißer, gewürzter Branntwein. Er würde den Schlaf der Nacht vertreiben und das Blut in Wallung bringen. »Kreuzfahrer müssen jede Prüfung mit demütiger Seele ertragen«, sagte Vincenzo, nachdem er ein Glas geleert hatte und einige Tropfen des ungewohnten starken Trankes über seinen blonden Bart liefen.
Am Ende des Ganges stand mit großem schwarzem Hut, im dicken Mantel fröstelnd der Kapellmeister. Sein Auge folgte dem Zug der Landschaft, zwischen grauen Schatten zogen unbekannte Vögel dahin, eine grenzenlose Weite, kein Berg, keine Stadt, kein Turm unterbrach die Monotonie. Büchsenschüsse knallten, ein junger Herzog Medici erlegte einige Zugvögel. Das war die erste Beute des italienischen Heeres auf ungarischem Boden. Vincenzos Blick begegnete dem seines Kapellmeisters. Claudio rief seine Gefährten. Einige Minuten später hatte die eifrige kleine Kapelle am Ende des Ganges Aufstellung genommen, und während sich Seine Hoheit zum Aufbruch anschickte, stimmte man für ihn eine heitere Musik an. Es saßen schon alle im Sattel, als der Herr des Hauses erschien, ein bejahrter Dorfpriester in grünlicher Soutane. Mit hartklingenden lateinischen Worten gab er ihnen den Segen. Vincenzo sah verwundert, daß etwa die Hälfte der Husaren Pálffys nicht einmal den Hut abnahm.
»Lutheraner, Kalvinisten ... und sogar Unitarier gibt es unter ihnen, Hoheit, aber wenn es darum geht, sich zu schlagen, stehen sie den Rechtgläubigen nicht nach ...«
Pálffy drängte: Sie mußten aufbrechen, um noch bei Tage in Sichtweite der Burg zu gelangen. Sie sollten in breitem lockerem Zug marschieren, um den in den Basteien Ausschau haltenden Türken das Bild eines furchteinflößenden Heeres vorzutäuschen. Die Glocken der umliegenden Dörfer würden läuten, als käme ein riesiges Belagerungsheer. Es könnte sein, daß dabei ein paar Kugeln der Festungsgeschütze die Mantuaner erreichten, aber dies müsse man um des Aufmarsches willen in Kauf nehmen.
Hat Tasso etwas über Regen geschrieben? Wurde Tankred auf seinem Ritt jemals von einem trägen Regen durchweicht? Mancherorts ragten auf niedrig gelegenen Wiesen nur die Kronen der Bäume hervor, die Stämme fröstelten im Wasser. In dem tiefen Schlamm trabten die Italiener auf gepanzerten schweren Pferden, die Husaren in leichterer

Rüstung sprengten vor ihnen dahin, jagten die Hügel hinauf, drängten nach vorn, wenn aus keinem anderen Grund, so aus Freude am Jagen.
»Warum schickt man uns ein so starkes Geleit? Hier kann es doch noch keine Türken geben, Domine Pálffy?«
»Aus Gewohnheit, Hoheit . . .«
Vincenzo verzog verdrossen den Mund. Ihm schien, als würde dieser narbenbedeckte Rittmeister nicht viel von seiner Kriegskunst halten. Gewiß: Vincenzo hatte noch nie Pulver auf dem Schlachtfeld gerochen, hatte nur als Prinz auf Wunsch seines Vaters die Wissenschaft der Strategie von den allerbesten Meistern gelernt.
Pálffy gewahrte den Unmut in seinem Antlitz.
»Serenissime, es ist sehr schwer, die Türken zu überlisten. Die Spahis sind sehr schnelle Reiter, selbst unsere Husaren können sie kaum einholen. Sie finden die kleinste Lücke, wo sie einbrechen . . . und wo sie entkommen können. Deshalb, Hoheit!«
Die durchnäßten Markgrafen – acht Gonzaga und zwei Medici begleiteten ihn – schimpften, entfernten mit Lederhandschuhen den Dreck vom Saum ihrer Mäntel. Aber am Vormittag rissen die Wolken allmählich auf, matt, als käme sie zu Besuch, zeigte sich zum erstenmal die ungarische Sonne. Pferd und Mensch trabten fröhlicher dahin, und als in der Ferne der Burgberg von Esztergom auftauchte, erklangen erneut die mantuanischen Silberposaunen.
Ihr Vorbeimarsch unterhalb der Burg war Zeremoniell, und Herzog Vincenzo war wieder in seinem Element. In der Gemarkung eines eingeäscherten Dorfes hielten sie letzte Rast, bei aufgeklartem Wetter wurde das Zaumzeug der Pferde in Ordnung gebracht. Ritter und Soldaten bürsteten sich und kräuselten sich das Haar. Weiche Tücher wischten über die nassen Harnische, die regennassen Federn wurden aufgerichtet. Von den Troßwagen holte man Kleidung zum Wechseln: Nun strahlten und glänzten die spitzenverzierten Mantuaner wieder. Die Ungarn warteten im Sattel, sie schielten spöttisch zu den Welschen hinüber, die sich dort herausputzten. Sie wurden erst wieder besserer Laune, als auf Befehl des Herzogs von einem mantuanischen Packwagen ein Faß mit süßem, fast schwarzglänzendem Wein herabgerollt wurde. Das war gemeinsame Sprache, die alle Soldaten verstanden.
Pálffy sprengte mit einigen seiner Reiter den Hügel hinauf. Von hier zeichneten sich die braunen, hie und da unterbrochenen Häuserreihen mit der für uneinnehmbar gehaltenen Festung darüber schon klar ab. Wer scharfe Augen hatte, konnte erkennen, daß sich auf den Basteien beturbante Türken versammelten und vor einer verlassenen Kirche Kamele weideten. Das Heer schwenkte nach der Seite und entfaltete sich entsprechend dem Vorschlag Pálffys in einem breiten Bogen. Vincenzo sah gegenüber einen aufblitzenden Schein, und dann schien ein Blitz den Himmel entzweizureißen. Die eiserne Kugel eines schweren Ge-

schützes der Festung grub sich gewaltig krachend unweit von ihnen in den Boden und pflügte einen Graben wie das Wild in seinem Todeskampf.
»Ich hab's gesagt, Hoheit, es wäre besser, nicht so viel Zeit mit der Vorbereitung zu verlieren . . .« Die fünfte Kugel fegte zwei mantuanische Troßwagen hinweg. Erstes Blut, erste Verluste. Vorerst waren nur Pferde und ein Koch verwundet worden, aber schon das wilde Geschrei, das Durcheinander, das Todeswiehern der Pferde gaben einen Geschmack vom wirklichen Krieg.
»Auch ich bin in Padua gewesen, Hoheit . . . habe Tassos Verse gelesen. Ich weiß, man schätzt ihn über alle Maßen. Aber Messer Tasso hat in Wirklichkeit wohl nie mit Türken gekämpft . . . Haltet Euch nach dem linken Flügel, Serenissime, ich möchte nicht, daß Euch etwas zustößt. Noch einige Minuten, und wenn wir flott reiten, erreichen uns die Geschütze aus der Festung nicht mehr . . . dann sind wir am Ziel. Der Feind hat unseren Aufmarsch gesehen. Wenn möglich, Hoheit . . . jetzt etwas Musik!«
Auf dem Rücken eines Pferdes zu spielen, waren die Musiker nicht gewöhnt: Sie wechselten im dröhnenden Feuer auf einen Planwagen über, die Instrumente in der Hand begann beim Aufblitzen der Geschütze die mantuanische Serenade. Die Vorbereitungen dauerten nur einige Minuten, aber sie genügten, daß ein gutes Dutzend Mantuaner sich im Blut wälzte.
Vincenzo verstimmten die ersten Todesfälle. Bis sie den Wald erreichten, wo sie schon in Deckung waren, hatte er das Gefühl, vor dem unverletzlichen, überlegenen Feind zu fliehen. War das das SIC, das Gelöbnis Mantuas, keinen Schritt zurückzuweichen? Pálffy tröstete den Herzog lächelnd:
»Nur ein Vorgeschmack, Hoheit. Wir werden ihnen Antwort geben, wenn bei uns die Hörner zur Belagerung blasen. Wir sind ja nicht zum Vergnügen unter Esztergom gezogen, so hoffe ich.«
Die Kanonen sind die Orgel eines Feldlagers: Die mantuanische Artillerie mußte die Begrüßungssalve der kaiserlichen Geschütze erwidern. Pálffy gab dem Herzog einen Wink, und in einem weiten Bogen sprengten sie von Rossi gefolgt auf eine Anhöhe hinauf: Wie ein riesiges Gerippe, so entfaltete sich vor ihnen das Bild des Heerlagers. Ein gewaltiger Halbkreis umschloß die Burg: Ein Abschnitt war darin noch nicht vollbesetzt. »Das wird«, zeigte ihr Führer, »das Lager der Mantuaner.« Vincenzo schüttelte den Kopf: Dieser Abschnitt unterschied sich durch nichts von den anderen. Verärgert hob er den Feldherrnstab (den nahmen schon die Vorväter der Gonzaga mit, wenn sie ins Feld zogen), und der im Stil der Frührenaissance geschnitzte Elfenbeinkopf bewegte sich: Er zeigte nach vorn. Nun folgte die betörende, schwindelerregende Jagd. Auf eine einzige Bewegung ordnete sich die mantuanische Reiterei, der Herzog, dieser großartige Reiter sprengte, als

wäre er mit seinem Pferd verwachsen, den Hang hinunter, und hinter ihm folgten die sich entfaltenden, mit Spitzen und Federn geschmückten Kolonnen.
Die Reiter verfielen erst in einen leichten Trab, dann wurde der Rhythmus immer schneller, bis das ganze Heer in Galopp überging. Ein wundervolles Bild, das ganze Lager sah staunend zu, wie bei aufbrechendem Sonnenschein fünftausend gepanzerte mantuanische Ritter heruntergeprescht kamen. Federbüsche flatterten im Wind, Bänder schwebten hinter ihnen her, in der Farbenorgie der Krausen, Handschuhe und Mäntel erschallte der Kampfruf der Gonzaga. So erreichten die Mantuaner den Lagerabschnitt der Erzherzöge.
Als Seine Hoheit ankam, war bereits der Generalstab des ganzen Reichsheeres vor das abgesperrte Wagen- und Zeltlager der Erzherzöge Maximilian und Matthias geströmt. Wallonische, flämische, spanische, neapolitanische, tschechische Worte mischten sich mit allen deutschen Dialekten des Reiches. Alte Kampfgefährten erkannten einander, waren doch viele Italiener auf den großen Schlachtfeldern Europas gewesen. Der Vorhang vom Zelt des österreichischen Anführers öffnete sich, und mit steifer Pracht trat der Erzherzog heraus. Der Etikette entsprechend wurden die Federhüte gleichzeitig in die Luft geschwenkt, zwei Armpaare breiteten sich aus, der Silberharnisch und der schwarze Samt trafen aufeinander.
Während die Zeremonie andauerte, richteten mantuanische Quartiermacher das Zelt Seiner Hoheit auf, das den Kern des Gonzaga-Lagers bilden würde. Ein blauer Seidenhimmel mit eingewebten sanften silbernen Halbmonden reichte von vorn bis hinten. In einer Stunde war das Werk soweit gediehen, daß Vincenzo in seiner improvisierten Residenz bereits Gäste empfangen konnte. Das Zelt bestand aus mehreren Gemächern, der geräumigere Vorderteil bildete das Hauptquartier, auf einem niedrigen breiten Tisch lagen bereits Karten ausgebreitet. Gleich nebenan hatte die mit ins Feld gezogene herzogliche Kanzlei ihr Zelt aufgeschlagen.
Vincenzo war aus Mantua gekommen, wie einst Gottfried von Bouillon sich an die Spitze des Heeres gestellt hatte: Ihm schwebte eine einheitliche Christenheit vor, für die er im Schatten der Olivenbäume von Jerusalem mit einer einzigen Welle des Glaubens Wunder vollführen könnte. Hier inmitten des Überschwemmungsgebietes der Donau sprachen die berufsmäßigen kaiserlichen Kriegsingenieure von verdeckten Gräben, von vorgeschobenen Geschützen, berechneten die Brotrationen der Söldner. Das Futter für die Pferde mußte schon requiriert und die Bauern zu Schanzarbeiten getrieben werden. Draußen setzte der Regen wieder ein.
»Wann greifen wir an?«
Die österreichischen Offiziere wechselten Blicke. Vor Wochen mochten auch sie mit solchem Kampfeseifer angekommen sein. Bis heute

war nichts davon geblieben als die täglichen Pflichten der hartnäckigen Belagerung. Aber sie wollten den Italienern die Lust nicht nehmen.
»Der Angriff muß gründlich vorbereitet werden, Serenissime. Mit Rittern kann man heutzutage keine Festung einnehmen ...«
»Und wenn ich sie mit den Mantuanern stürme!«
»Ein Mißerfolg, Hoheit, würde uns alle zurückwerfen.«
»Und wenn ich doch Befehl zum Sturmangriff gebe?«
Die Stimme des Erzherzogs klang jetzt schneidend, nicht im geringsten familiär.
»Serenissime, das Oberkommando liegt in meiner Hand. Niemand darf ohne meinen ausdrücklichen Befehl vor Esztergom eine Aktion unternehmen. Es ist erfreulich, daß die Mantuaner von soviel Kampfeseifer beseelt sind, aber sie müssen sich noch ein Weilchen zurückhalten. Ja, sich in Geduld üben, Serenissime!«
An diesen Ton war Vincenzo nicht gewöhnt. In ganz Italien gab es niemanden, auch nicht den Heiligen Vater, der es wagen konnte, sich gegen seinen Willen zu stellen. Hier ... an der Donau sollte er nichts anderes sein als einer der Heerführer? Er hob den Kopf und änderte den Ton.
»Wenn wir nicht kämpfen, so wollen wir uns vergnügen, ihr Herren! Seid heute abend zur *Vesper* meine gern gesehenen Gäste.«
Das Zelt stand bereits fertig, gleich einem Wunderwesen aus dem Märchenland, ein riesiges blaues Meer auf dem lehmigen Feld, mit seinen Doppelwänden und kleinen Gemächern. Es war ein Prachtwerk, und Vincenzo brannte vor Verlangen, seinen Zeltpalast vorzuführen.
»Messere«, sagte er zu Claudio, »heute abend nach den Freuden des Gaumens übernehmt Ihr die Hauptrolle. Ich weiß, wie fleißig Ihr allezeit mit Euren Musikern übt, dennoch möchte ich sehen, womit wir unsere Gäste begrüßen.«
Es wurde gewählt. Fünfstimmige Madrigale, kürzere Motetten, Tanzmusik, Soldatenlieder. Sie blätterten Noten durch, und Vincenzo traf nach kurzem Zögern die Entscheidung. Auf seinen Wunsch hielt Monteverdi eine kurze Probe. Während die Dämmerung hereinbrach, klangen aus dem blauen Zelt die Töne der Viola da gamba, die der klagenden Männerstimme ähnelt. Als der Abend nahte, wurden im Zeltabschnitt der Mantuaner die Fackeln angezündet; sicher sahen selbst die Feinde aus der Festung oben, daß man sich unten vergnügte. Eine Leuchtrakete war das vereinbarte Zeichen: Die Gäste machten sich auf den Weg zum Lager der Mantuaner. Die Doppelwände des Zeltes hielten den Wind ab, filtrierten aber die Luft, und die Instrumente klangen darin wie in einem Saal.
Die Vesper begann als ein Fest der Männer. Die kaiserlichen Gäste hatten kaum etwas an ihrer Alltagskleidung verändert. Auch von ihren Waffen trennten sie sich nicht, denn es konnte ja jede Minute Alarm geben, sie mußten für einen Ausfall der Türken gerüstet sein. Freilich, das waren nur die üblichen Vorsichtsmaßnahmen der Belagerung, alle

wußten, heute war mit einem ruhigen Abend zu rechnen. Im Küchenzelt bemühten sich die Köche, das Mantua der Friedenszeit hervorzuzaubern.
Als die Abendtafel beendet war, brachte man das aus mehreren Teilen zusammengesetzte Podium für die Musiker herein, zusammen mit den Notenständern, und der junge Maestro zog an der Spitze seiner fünf Musiker ein. Vor dem Zelt hatten in losem Halbkreis die herzoglichen Trompeter Aufstellung genommen. Als gehörten auch sie zur Kapelle, eröffneten sie mit ihren Signalen das *Concerto.*
Claudio leitete die Musik zum erstenmal vor solch hohen Potentaten. Zwei durchlauchtige Erzherzöge, verbündete Feldherren, in seinem gepolsterten Sessel der in Ehren ergraute Mansfeld, hochgestellte Ratsherren der Wiener Kanzlei und der Feldbischof Erzherzog Matthias'. Sie saßen friedfertig nebeneinander auf frisch gezimmerten, mit Lehnen versehenen Bänken, die man mit kostbaren orientalischen Teppichen bedeckt hatte. Noch einmal wurden die Pokale gefüllt, der Maestro setzte sich an das Clavicembalo, der einleitende Akkord erklang, und die sich in Sänger verwandelnden Musiker stimmten eine Motette zur Begrüßung an.
Überall in Europa hatten die Höflinge schon von den Musikern des Herzogs von Mantua gehört. »Er gibt ein Vermögen aus für allerlei Komödiantenvolk, siedelt herumstreifende Histrionen an seinem Hof an, und er hat die geistliche Musik herausgeholt von dort, wohin sie doch gehört: aus den Kirchen, und er hat sie zum Hort eitler Freuden dieser Welt gemacht«, sagte der Bischof leise zu Mansfeld, während er mit geringschätzigem Lächeln, aber doch neugierig auf das Konzert wartete. Die Musiker standen im Halbkreis, an ihren schwarzen Samtwämsen trugen sie das Wappen der Gonzaga, ihre rasierten Gesichter waren ihrem Meister zugewandt, und als das Clavicembalo die neue Strophe einleitete, übernahmen sie, ungezwungen, sicher, in der Art geschulter Sänger nacheinander ihre Partien.
Die Gäste klatschten keinen Beifall, das war offenbar italienischer Brauch, sie nickten nur, riefen zustimmend, und Begeisterung spiegelte sich in allen Gesichtern. Gedämpftes Gemurmel herrschte im Zelt, während noch Stühle gebracht wurden und die Musiker erneut zu ihren Instrumenten griffen. Sie begannen mit einem geistlichen Lied. Die Doppelwände des Zeltes dämpften wundervoll: Das Konzert des Kammersextetts hörte sich in dem engen Raum an wie ein volles Orchester, das Spiel der Saiten vibrierte vielleicht noch mehr, klang wohl noch farbiger als unter der hohen Decke in Mantua. Ein großer Teil der Gäste hatte noch nie Kammermusik gehört. Was sie kannten, waren polyphone Chorgesänge aus den Kirchen, geeignet, die Seelen der Soldaten, die den Text der Lieder ohnehin nicht verstanden, in einen stillen Schlummer zu wiegen. Aber hier diese sechs Männer auf dem Podium, und besonders der junge Mann mit dem langen Kopf und den glühen-

den Augen, schienen sich in Zauberer zu verwandeln. In ihren Klängen öffneten sich unbekannte Welten, niegehörte Schönheiten entfalteten sich in dem halbdunklen Zeltraum.
Die huldvolle Einladung des Herzogs galt auch all denen, die man ihm persönlich zugeteilt hatte. So betraten, als die Darbietung schon in vollem Gange war, zwei Männer den Vorraum des Zeltes. Einer von ihnen war Miklós Pálffy, der für diesen Abend das Galagewand ungarischer Großherren angelegt hatte, der andere ein hünenhafter, aber ein wenig gebeugter Mann in der Feldkleidung der ungarischen Krieger, geschmückt mit einer breiten Goldkette. Sie kamen auf Zehenspitzen, sorgsam darauf bedacht, daß nicht ihre Waffen auf dem Fußboden aufschlugen. Vincenzo hörte dennoch die Schritte, erkannte seinen Wegbegleiter und Gast von vor wenigen Tagen, der mit seinem Gefährten zwischen den Pagen, Speisenträgern und Dienern im Vorraum stehenblieb und sich gegen die Zeltpfosten lehnte. Er streckte die behandschuhte Rechte aus und winkte die beiden Männer herein. Die Musiker blätterten gerade in ihren Noten, so nahmen die beiden am Ende der Bankreihe Platz.
Die geistliche Motette wurde durch heißere Rhythmen abgelöst. Es folgte »Là tra il sangue«. Das war das erste der neuen Madrigale Monteverdis. Mit der Viola in der Hand begleitete der junge Meister seine Sänger. Der ausgezeichnete Wein in den Bechern wurde nicht alle. Es herrschte angeregte Stimmung, alle fühlten das Wunder: Kaum einen Kanonenschuß von der Festung Esztergom entfernt, wer dachte da an den bevorstehenden Ansturm, an die Trübsal regnerischer Tage? Die Seele füllte sich mit etwas Neuem, etwas Unbegreiflichem, das in der Sprache der Krieger noch keinen Namen hatte. Der Herzog gewahrte es . . . er kannte die Gesichter seiner Musiker, sah, daß sie müde wurden. Da ordnete er eine Pause an. Nachdem die Musik verklungen war, führte Miklós Pálffy den unbekannten Gast zum Herzog. Der Mann trug keinerlei Schmuck, keinen kaiserlichen Orden. Seinen Lederharnisch zierte kein Wappenschild. Aber in seinem Gesicht, das das Leben mit Falten und Narben gezeichnet hatte, war etwas Überwältigendes.
»Hoheit, ich empfehle Eurer Gunst meinen Freund, der darum gebeten hat, an Eurer Vesper teilnehmen zu dürfen. Freiherr Valentinus Balassi, Ritter und Poet, Euer Hoheit zu Diensten.«
Pálffy und der Herzog waren wie Freunde geworden: Der ungarische Rittmeister war der erste Wegbegleiter des Herzogs gewesen. Seine Hand hatte ihm die Welt der verwüsteten Dörfer gezeigt, durch seine Worte klang die Bitterkeit, die dieser Mann empfand, als er zeigte, wo in seinem Vaterland der schreckliche Mars durchgezogen war. Der andere, der hünenhafte Mann, beugte leicht das Knie und fuhr nach einigen lateinischen Worten in etwas hartem, aber fließendem Italienisch fort.

»Das Zelt ist verräterisch, Hoheit. Wir kamen hier am Hügel vorbei, und wie der Magnet das Eisen, so zog uns beide die Musik an. Ich habe von italienischer Musik nur gehört, ihr aber nie mit eigenen Ohren gelauscht. Ich danke Euch, wenn Ihr gestatten wollt, sie hier aus der Nähe zu genießen.«

»Ihr seid ein Poet, wie ich höre ... Was schreibt Ihr?«

»Nur noch kurze Verse, Hoheit, zwischen zwei Gefechten oder auf der Wanderschaft in der Fremde. Aber, wenn ich fragen darf, lebt der Meister des *Aminta* noch ... Torquato Tasso, der größte Dichter, der je gelebt hat?«

Draußen rüttelte der stärker werdende Wind die Zeltplanen, drinnen wandten sich die kühlen Fischaugen des Erzherzogs argwöhnisch zu Vincenzo. Was hatte der Herzog von Mantua mit dem ranglosen Ungarn zu schaffen, von dem ein Kanzleirat gerade berichtete, soviel er wisse, sei er am Hofe von Wien keine *Persona grata.* Aber hier war Vincenzo der Gastgeber und überaus glücklich, daß er einem Fremden von seinem unlängst verstorbenen lieben Freund Tasso erzählen konnte: Er war sein Freund ... hatte ihn als Jüngling in einem Gedicht als chiaro Vincenzo verewigt ...

Pálffy erhaschte den mißbilligenden Blick Seiner erzherzoglichen Durchlaucht. Er neigte sich zu ihm und sagte deutsch:

»Er ist der Sohn János Balassis, Durchlaucht. Er ist freiwillig aus Polen zurückgekehrt und hat mich gebeten, ihn in meine Truppe aufzunehmen. Er ist ein tapferer Mann.«

»Ihr haftet für ihn, Pálffy. Unter den Balassis gab es, soviel ich weiß, schon oft Rebellen.«

Die Musiker hatten sich ein wenig ausgeruht, einige Bissen gegessen und kehrten nun auf das für sie errichtete Podium zurück. Die Feldherren, die mit einem einzigen Wort, mit einer einzigen Bewegung ihres Stabes ganze Reiterscharen in den Kampf und in den Tod schickten, denen ein Trompetensignal genügte, um mit ihren Geschützen eine ganze Stadt in Trümmer zu schießen, sahen wie verzaubert die Ordnung, die geheimnisvolle Sicherheit des Rhythmus, wie der Akkord des Clavicembalos den Rahmen der Melodie aufzeichnete, und plötzlich wurde sie, als disputierten launische Kinder, in einzelne Stimmen zerpflückt. Es war, als würde jeder für sich, Schmetterlingen gleich, seinen Gefährten suchen, bis sie in der Schlußharmonie mit bewundernswerter Leichtigkeit zu einem Klang verschmolzen.

Der junge Meister saß den Gästen gegenüber, die Fackeln beleuchteten die Gesichter: Er sah ... empfand die mit Furcht vermischte Begeisterung, die dieser neue Eindruck aus der Tiefe der Seele hervorrief. Er benötigte keine Noten: Es war sein eigenes Werk, das sie angestimmt hatten. Sein Blick glitt auf den am äußersten Rand der Bankreihe sitzenden Mann. Eine spontane Sympathie zwischen Männern, wie sie so einander fanden, sich lächelnd ansahen. So endete das Madrigal, nach

dessem letzten Cembaloakkord die Saiten in der tiefen Stille noch lange metallisch nachklangen.
Ein Offizier in schlammverkrusteten Stiefeln begehrte Einlaß. Er meldete dem Erzherzog:
»Durchlaucht, von Visegrád her werden türkische Verstärkungen gemeldet. An der Donaulinie herrscht Unruhe, die Ungläubigen treiben die Menschen hinaus und lassen entlang des Stromes Dämme aufschütten. Der von der Patrouille zurückgekehrte Leutnant meint, der Pascha beabsichtige bei Visegrád Fuß zu fassen.«
Die Vesper verwandelte sich in einen improvisierten Kriegsrat. Die Stabsoffiziere begaben sich in den »Arbeitsraum« des Zeltes. Claudio wurde mit einem gnädigen Lächeln entlassen, aber der Herzog hatte noch einige Worte für ihn.
»Es war schön, Messere, alles ist gut verlaufen. So hatte ich mir die Vesper vorgestellt. Leider werden die Musen jetzt von Mars verdrängt. Morgen sprechen wir weiter. Ich danke Euch, Claudio.«
Die Pagen und Kämmerer standen zögernd da. Was sich hier im Zelt abspielte, entsprach kaum der mantuanischen Etikette. Die beiden Ungarn waren gerade im Begriff hinauszugehen, als aus dem Zeltinneren Miklós Pálffy hineingerufen wurde. Die Musiker packten ihre Noten, die Instrumente und Notenständer zusammen, es war drückend warm, auch zehrten die vielen Kerzen die Luft auf. Claudio wischte sich das schweißnasse Gesicht, als der Fremde zu ihm trat. Auch Claudio war groß und schlank, aber zu dem Ungarn mußte er aufblicken.
Seine Augen kannte er schon. Sein entzücktes Lächeln hatte er vom Podium aus gesehen, mit seiner Stimme mußte er sich erst befreunden: mit diesem hartklingenden Italienisch, das er so sprach, wie er es aus Büchern, nach den Worten der Poeten gelernt haben mochte. Sie zögerten: Sollten sie dabei bleiben oder zu Latein übergehen, das Monteverdi mit italienischem Tonfall, aber fließend sprach. Sie blieben beim Italienischen.
Der Fremde legte Monteverdi seine riesige Hand mit der vertrauten Bewegung heimischer Großherren auf die Schulter. Die Musiker betrachteten erst verwundert den fremden Krieger in seinem seltsamen Gewand, mit dem sich der Maestro in seiner Muttersprache unterhielt, dann entfernten sie sich, erinnerten ihren Meister aber noch mit lauten Worten an das Abendessen, das ihnen Herzog Vincenzo hatte bereitstellen lassen.
»Ich habe mich immer danach gesehnt, den Klang der Sprache zu hören, die ich lese ... Jetzt habe ich mehr erhalten. Echte Musik ... Seltsam Euer Name: Grüner Berg ... Grüne Berge ...?
»Seine Hoheit hat Euch die Ehre erwiesen, ich sah Euch als seinen lieben Gast. Es freut mich außerordentlich, weil ich fühlte, daß unsere Musik Euer Gefallen gefunden hat. Bitte, wie darf ich Euch ansprechen, Herr Graf?«

Der hünenhafte Mann lachte fröhlich. Wie er so die Schulter Claudios umfaßte, erreichte er mit seinem langen Arm den Hals der Viola, er zupfte daran . . .
»Einst habe auch ich gespielt . . . aber auf der Laute. Ich habe gesungen . . . und mich begleitet. Nein . . . ich bin kein Graf . . . auch kein Herzog . . . Bei uns gibt es nichts anderes, nur freie Krieger, die Verse schreiben und ihre Haut auf den Markt tragen dürfen. Ich hätte eine Frage, habt Ihr Tasso gekannt? Ich hörte schon von Seiner Hoheit, daß er vor nicht allzu langer Zeit gestorben ist. Ihr habt seine Verse gesungen. Ich habe sie gleich erkannt: Ich trage sie bei mir, in meiner Tasche.«
Der kleine ledergebundene Oktavband war in Venedig gedruckt, man sah ihm an, daß sein Besitzer häufig darin blätterte.
»Ich hörte, Euer Ehren sind auch Poet. Schreibt Ihr Eure Verse in lateinischer Sprache?«
»Einst hat man bei uns in lateinischer Sprache gedichtet. Vielleicht habt Ihr, Messere, schon mal von Janus Pannonius gehört. Man kannte ihn weit und breit in Italien. Aber ich schreibe meine Verse nur zur eigenen Freude . . . in der gleichen Sprache, wie Pálffys Husaren sprechen.«
»Würden Euer Ehren mir nicht wenigstens eine Zeile übersetzen? Ich kann nicht scheiden, ohne wenigstens eine Zeile gehört zu haben!«
Der Hüne mit der gebeugten Gestalt lehnte sich an die Zeltstange, die von seinem Gewicht erbebte. An seinem Gürtel trug er neben dem schweren Krummsäbel und dem Dolch Tintenfaß und Feder. Er nahm ein Blatt hervor und glättete es.
Lächelnd und mit dem Rhythmus der fremden Sprache ringend übersetzte er:

Trost, guter Gefährte, schenkt frohe Laune nicht,
Mein betrübtes Haupt zieht es stets in die Fremde,
Weil mir das Leben dieser Welt als Hölle erscheint.

Sein Lächeln war so tief, so traurig, und Claudio dachte, ob denn die Dichter alle so gehetzt, so ewige Wanderer sind? Balassi reichte dem Musiker das Blatt.
»Wenn Ihr wollt, komponiert auf diesen traurigen Vers eine Melodie . . . Denn wir können es nur in der Art, wie unsere Soldaten singen: derb, ungeschliffen, auf eine einzige Stimme. Aber so ist es unser eigen!«
Miklós Pálffy trat mit gerötetem Gesicht aus dem Innenzelt.
»Bálint*, der Herzog möchte sich um jeden Preis von Mars krönen lassen. Das Heerlager vor Esztergom ist ihm zu eng: Er will sich schlagen. Er hat gehört, daß die Ungläubigen Visegrád noch mehr verstärken. Er bat um ein Kommando, um die Burg zu erobern. Ganz allein, mit seinen Mantuanern. Der Erzherzog sieht das nicht gern. Ein Miß-

* Ungarische Form für Valentin

erfolg würde den Belagerungsring schwächen ... Aber der Herzog läßt sich nicht zurückhalten.«
»Und was hast du damit zu tun, Miklós? Du hast mir in die Hand versprochen, daß wir die Festung belagern.«
»Als ich das Zelt verließ, nahm er mich beiseite. Es sei Männersache, sagte er, in gewissen Situationen einander zu helfen. Er wollte den Weg nach Visegrád wissen. Ich sollte ihm ungarische Wegweiser geben. Ich würde selbst mitreiten, sagte ich, aber dürfe es nicht ohne Erlaubnis. Seine Hoheit könne es sich leisten, das zu tun, was er für richtig halte. Doch er möge aufpassen ... das hier ist keine harmlose Hasenjagd.«
Sie standen draußen vor dem Zelteingang. Unendlich hoch, fast im Sternendunst zitterte die hie und da erleuchtete türkische Festung von Esztergom in der späten Nacht.
»Sie ist unheimlich hoch, Bálint. Geh in dein Quartier und achte auf die Heiducken. Es wird viel Blut fließen, ehe sie da oben ihren Siegestanz aufführen können.«
Während die Wache abgelöst wurde, zogen die Musiker im Gänsemarsch in ihre weiten, schwarzen Mäntel gehüllt aus dem Zelt, mit den Instrumenten unter dem Arm. Es war, als bereite man sich für eine friedliche, geruhsame Nacht vor, als zur gleichen Zeit fast flüsternd, von Zelt zu Zelt, von Wagen zu Wagen der Befehl des Herzogs von Mantua weitergegeben wurde: *Fertig machen!* Das große Zelt bleibt, alles andere Gepäck auf die Wagen laden! Noch diese Nacht brechen wir auf!
Claudio blieb für eine Minute zurück. Er betrachtete mit den beiden Ungarn die Burg mit den Sternenaugen. Bálint Balassi reichte ihm die Hand und trottete nach seinem Quartier. Claudio holte seine Gefährten ein. Sie fröstelten. Als sie in Mantua das Kreuz auf ihre Mäntel hefteten, ahnten sie nicht, wie endlos lang die Nacht unter Ungarns Himmel sein konnte.
Hatten sie auf ihrem bisherigen Weg nach Esztergom das Gefühl, durch eine Einöde zu ziehen, so befanden sie sich jetzt in der Tat an der Grenze des Niemandslandes. Pálffy hatte dem Herzog eine Abteilung Husaren beigegeben, die diese sich weit ausdehnende Hügellandschaft wie ihre eigene Hand kannten. Wenn sie ohne Hindernis ununterbrochen hätten reiten können, würden sie den Weg bis Tagesanbruch zurückgelegt haben. Aber mit einem Heer, mit Geschützen und dem Troß war das Vorankommen auf dem aufgeweichten Boden schon weit schwieriger. Die Türken durften nichts ahnen, deshalb war Vincenzo unter dem Schleier der Nacht aufgebrochen. Doch dadurch hatte sich die Gefahr nicht vermindert: Jeden Augenblick konnten sie auf die Vorhut oder gar auf das Hauptheer der zum Entsatz herbeieilenden Türken stoßen. Vergebens hatte Mansfeld den Herzog vor einer Falle gewarnt. Seine Hoheit ließ sich nicht zurückhalten. Er war

ein souveräner Herr und bestand auf seinem Recht, sein und seines Volkes Blut dort zu vergießen, wo es ihm beliebte. Die österreichischen Heerführer hatten Blicke gewechselt: Wenn er um jeden Preis in sein Verderben rennen wollte, so waren es nicht die Kaiserlichen, die dabei umkamen. Sollte er aber Erfolg haben, erleichterte dies die Belagerung. »Amen«, hatte der frisch hinzugekommene Feldbischof gesagt.
Eine halbe Stunde später blieben die Kanonen stecken. Erbeutete anatolische Büffel mußten vorgespannt werden. Diese schleppten brav die bronzenen Riesen heraus. Rossi führte die Vorhut mit dem Leutnant Pálffys an – vor ihnen breit gefächert zu zweit oder zu dritt die ungarischen Streifen: Kriechend im Gestrüpp, verdeckt von den Kronen der Bäume spähten sie von Hügelkuppen in die stille Nacht.
Rossi sagte verärgert und brummend zu seinem Waffengefährten: »Seine Hoheit will nicht ohne Sieg nach Mantua zurückkehren. Er will nicht hinter Tankred zurückstehen. Und wir wissen nicht einmal, was für eine Burg dieses Visegrád ist.«
Als sie die Donaulinie erreichten, brach der Tag an: Die Spähtrupps kamen zurückgesprengt, bis hin zur Burg gebe es keine Spur von türkischen Truppen. In dem dämmernden Licht starrte ihnen ein furchteinflößender, in Trümmern liegender Palastriese entgegen. Es hatte aufgehört zu regnen, als Herzog Vincenzo von Ungeduld erfüllt, mit den beiden Medici und einigen jungen Gonzaga vorausritt. Von der Burg des Königs Matthias ... von seinem wunderbaren Palast kreisten noch Legenden in Italien, an den einst verwandten Höfen: Vincenzo hatte noch als Kind im Schloß der Este in Ferrara davon gehört. Aber er sah sich entsetzt um, als sie die Ruinen erreichten, die nach der fürchterlichen Verheerung vom Palast übriggeblieben waren. Der Marmorschmuck war heruntergebrochen, die Säulen übereinandergestürzt, der Brunnen aus rotem Mamor umgefallen ... der kleine Herkules und der Kopf der Hydra schauten noch aus dem Schlamm heraus, der ihnen als Leichentuch diente, aber das von den Bergen herunterströmende Wasser wälzte große Schuttmassen von den Hängen in die zerfallenden Mauern. Es mutete an, als wollte der Berg zurückerobern, was man ihm genommen hatte, als man seinen Leib aushöhlte, um eine der berühmtesten königlichen Residenzen der christlichen Welt darin zu erbauen.
Kläglicher Lauf der Vergänglichkeit: Es ist, als hätten boshafte Giganten in dem Prunkhof gehaust. Hinweggerollte Amorköpfe, zerbrochene Steinputten, überall zeigten zerstreute Überreste von Waffen und Eisenstücken: hier hielten sich Truppen auf, lebten Menschen, ehe die Türken kamen und sie ausrotteten.
Feuer durfte nicht angezündet werden. So half nur der feurige Trank der Magyaren, die Kälte zu vertreiben. Rossi nützte die Dämmerung, stieg in das obere Stockwerk, um nachzusehen, ob irgendwo ein überdachter Raum zu finden war, zumindest für den Herzog und sein engeres Gefolge. Es hieß, der Frauenflügel, der Palast der italienischen

Beatrice, stehe teilweise noch unter Dach. Sie schritten an der Kapelle vorbei, dem Feldherrn folgte der Kriegsingenieur, der von hier oben schnell die Linie des Donauknies skizzierte, die Furt, den Brückenkopf, den Anlegeplatz der Boote und den gewaltigen Bergfried, der gleich einem drohenden Felsen, eine Kanonenschußweite entfernt, Wache hielt. Von da führte die Doppellinie eines Schutzwalles hinauf zur eigentlichen Burg, die von hier unten gesehen durch Wälder verdeckt wurde. Eine ungarische Streife hatte einen herumstrolchenden afrikanischen Krieger gefangen. Erschrocken schaute er auf die aus dem Nichts auftauchenden Erscheinungen, sprach stotternd, und selbst der gut türkisch sprechende Dolmetscher verstand ihn kaum. Schließlich erfuhr man von ihm doch, daß etwa anderthalbtausend Mann in der Burg seien, daß sie Nahrung und Wasser hätten, vor einigen Tagen Verstärkung erhalten hatten und daß dreißig starke Kanonen die Burg schützten. Sie rechneten nicht mit einer Belagerung, denn sie waren der Ansicht, das christliche Heer könne nicht aufbrechen, solange es das türkische Esztergom in seinem Rücken habe.
In dem einstigen gewölbten Kreuzgang schlugen sie ihr provisorisches Feldlager auf. Der Kriegsingenieur erklomm mit einer ungarischen Streife ein Stück der kahleren Hügelseite, nahm die Burg in Augenschein und ergänzte von hier seine Skizze, soweit die Dämmerung es gestattete, zeichnete die Verteidigungswerke, Basteien und Türme ein. Die Italiener waren in ihrem Element: Belagerung galt bei ihnen von alters her als Krone der Kriegskunst. Indes kamen allmählich die Geschütze an, die langsamen Büffel wurden weggeführt und wieder Pferde vor die Kanonen gespannt. Vincenzo zog seine Uhr. Sechs Uhr.
»Carlo, was mag Tankred gefrühstückt haben, ehe er auf Sturm gegen die Basteien Jerusalems zog?«
Rossi lachte, winkte dem Küchenmeister, für den Herzog zu decken. Ein Medici mit einem Sperbergesicht stand neben dem Herzog: Sicherlich möchte er den Ruhm mit ihm teilen. In dieser Minute traf aus dem erzherzoglichen Lager eine Stafette ein.
»Großherr Pálffy läßt sagen, die ungarischen Reiter mögen wie befohlen zurückkehren. Seine Durchlaucht, der Erzherzog, hat angeordnet, heute morgen mit der Belagerung zu beginnen.«
Der Leutnant schwieg düster mit verärgertem Gesicht. Er verspürte keine Lust, die Welschen zu verlassen. Vincenzo legte ihm die Hand auf die Schulter.
»Wir danken Euch für die Führung. Wenn Ihr jetzt aufbrecht, seid Ihr noch rechtzeitig im Lager ... um an der Belagerung teilzunehmen, aber ohne uns ...« Er zog eine filigranverzierte Pistole aus dem Gürtel und reichte sie dem Mann.
»Zur Erinnerung an die heutige Nacht, Amice!«
Unter den zerstörten Arkaden lungerte das Hofvolk unentschlossen herum. Dieser beängstigende Anblick von einstiger Größe und Zerfall

lastete auf den Italienern wie ein Alpdruck. Ein unzerstörter Winkel: Schon war man geneigt zu glauben, das Ganze sei nur ein böser Zauber, und siehe, dahinter gähnte die nackte Felswand. Der Koch fand den Herd der einstigen königlichen Küche. Die Küchenjungen schmierten die schadhafte Seite mit Lehm aus: Nach wenigen Minuten fachten sie aus rauchlosen Holzkohlen Feuer an und buken den Fladen für Herzog Vincenzo. Dann folgte eine kurze Andacht. Ein gestiefelter Feldkurat sprach das Gebet. Danach wurde ohne Zeremonie Wein ausgegeben, währenddessen sich der Stab über die Skizze des Kriegsingenieurs beugte. So gesehen war Visegrád eine Burg, die weniger durch Mauern als eher durch die Natur geschützt wurde. Dennoch konnten die mantuanischen Geschütze binnen einiger Stunden überraschend Breschen schießen und dann hielten die nach herkömmlicher Weise errichteten, mehrere Jahrhunderte alten Mauern der Belagerung wohl kaum noch stand.

Der Befehl lautete, um sieben sollten die Geschütze mit dem Feuer beginnen. Hier gedachte der Herzog ein Geheimnis Mantuas auszuprobieren, die in bogenförmiger Flugbahn fliegenden Petarden.

Einige Minuten fehlten noch an sieben: Die Kanoniere standen schon alle mit brennenden Lunten an den Geschützen. In diesem Augenblick bog zwischen den zum Burgkern führenden Wällen ein Reitertrupp herunter, um am Rande der Ebene zu verschwinden. An ihren Spießen schwebten Roßschweife, die Feldzeichen der Türken, ihre Turbane schimmerten durch den grauen Morgen.

Zwei Dutzend Husaren, soviel waren von der Abteilung Pálffys zurückgeblieben, setzten ihnen nach. Von hier aus dem Stockwerk des einstigen Palastes sahen der Herzog und sein Geleit begeistert dieses wilde, verwegene Reiterspiel. Am Ufer der Donau (manchmal schien es, als befänden sie sich schon in den Wogen) hetzten die zwei fast gleichen Reitertrupps einander in schwindelerregender Jagd, tauschten die Rollen, verschmolzen miteinander und teilten sich wieder. Es war schier unmöglich, Pelzmützen und Turbane auseinanderzuhalten. Schließlich erkannte man, daß die Husaren die Spahis im scharfen Ritt auf das herzogliche Lager zutrieben. Während die Jagd noch andauerte, gab eine Rakete um sieben Uhr das Zeichen, und die mantuanischen Geschütze erdröhnten.

Diese Petarden waren der Stolz der italienischen Fürsten. Ihre Feuerkraft ersetzte tausend Krieger. Von dem gewaltigen Dröhnen schien der zerstörte Palast noch mehr zu beben, Steine ... Simse, Seitenwände stürzten durch den Luftdruck herunter. Der Herzog beobachtete das Ganze hinter einem Felsvorsprung. Sein Stab, sein engeres Gefolge, darunter auch Claudio, waren neben ihm. Eine einzige Salve – dann sah man, daß an den Fenstern des Bergfrieds und in der Umgebung der Burg beturbante Köpfe erschienen, die Geschütze in der Burg aber schwiegen noch.

Alarm, die Hornisten des Herzogs bliesen auch ohne Befehl, es entstand ein Heidenlärm, die Musketiere begannen ohne Grund und blindlings zu schießen. Wer noch nie einen richtigen Kampf gesehen hatte, konnte glauben: dies sei eine Schlacht!
Über den Kopf des Herzogs flog eine eiserne Kugel und schlug unweit von ihm in das Gesims ein: Tausende Marmorsplitter säten den Tod. Don Antonio de'Medici faßte ihn am Arm, sie krochen hinunter; der einstige Prunkhof lag geschützt, so daß ihn keine Geschosse erreichen konnten. Die Reitertrupps jagten sich noch in der Ebene, aber schon etwas ermüdet. »Schneller feuern«, kam der Befehl des Herzogs, gerade als die Husaren an die zehn Türken – blutig, zerzaust, aneinandergebunden – herangetrieben brachten. Ein altüberliefertes Zeremoniell: Mit eiserner Faust zerrte man an der Leine und riß sie vor den Füßen des Herzogs auf die Knie. Der eine war ein echter Mohr, ein zweiter ein schlitzäugiger Tatar, ihr Offizier ein stolzer Araber mit flaumigem Bart, daneben ein blauäugiger Janitschar mit seidigem, blonden Bart . . . Sie waren Gefangene, und die Gefangenen waren in dieser Gegend die kostbarste Ware, soviel hatten sie unterwegs von Pálffy schon gelernt. Wie es den Anschein hatte, waren die ungarischen Husaren gern bereit, ihre Beute zu verkaufen. Die Augen Vincenzos leuchteten auf: Gefangene für die Parade. Sie würden dabei sein, wenn der Triumphzug nach den Klängen der Musik aus der Reggia biegt. Der Zahlmeister löste widerwillig seinen Beutel. Taler wechselten den Herrn, die Husaren schwenkten die Mützen. Die gefesselten türkischen Reiter schauten mit haßerfüllten Augen auf ihren neuen Herrn: Sie begriffen, was ihnen widerfahren war. Der Herzog betrachtete sie mit Wohlgefallen: Die passende Allegorie für den Prunkwagen des Mars!
Der Wind schien den lauter werdenden Kanonendonner zu vervielfachen. Noch nie hatte Claudio einen solch gewaltigen, ohrenbetäubenden Krach gehört: Es schmerzte! Die Erde bebte, Säulen lösten sich von den schwankenden Sockeln, ein Marmorblock stürzte herab. Die Ritter schickten sich schon zum Sturm an, aber der Kriegsingenieur war vorsichtiger. In der Burg feuerten noch alle Geschütze, ihr Widerstand war nicht gebrochen.
Die Türken räumten den Bergfried unten, den sie wie die Ungarn Salomonsturm nannten. Die Besatzung wurde zurückgezogen, aber es war Vorsicht geboten, vielleicht hatten sie Minen gelegt: Behutsam arbeiteten sich die mantuanischen Pioniere heran. Das Kanonenfeuer schien nachzulassen . . . und dann verstummte es auf beiden Seiten ganz. Claudio atmete erleichtert auf: Für sein empfindsames Gehör war das Werk der Kanoniere eine barbarische Mißhandlung. Die Trompeten schmetterten: Der Beg wurde nach üblichem Brauch zur Übergabe aufgefordert. Man versprach der Besatzung Visegráds freien Abzug, wenn sie sich ergab. Bis zur Dämmerung ereignete sich nichts,

als der Abend hereinbrach, führte man einen mit weißer Fahne angekommenen türkischen Hauptmann mit verbundenen Augen vor den Herzog. Dreihundert Räume sollte dieser Palast einst gehabt haben, wie der ungarische Leutnant erzählt hatte, der etwas von dem einstigen Ruhm gehört haben mochte. Jetzt hatte man sich einen überdachten Winkel suchen müssen, in dem man mit einigen Bänken und kreuzbeinigen Tischen das Feldlager errichten konnte. »Hassan, der tapfere und unbesiegte Verteidiger von Visegrád«, sagte der türkische Unterhändler in seiner blumenreichen Sprache, »ist nur bereit, die Burg an den Pascha von Mantua zu übergeben. Er weiß, daß Eure Hoheit kein Untertan des Reiches ist, kein Österreicher, und von Eurem Reichtum erzählt man Legenden. Die Türken sind bereit, die Burg zu räumen und von Visegrád abzuziehen, wenn ihnen der Herzog über das Versprochene hinaus im geheimen noch hunderttausend Dukaten zahlt.«
Es wurde hartnäckig und mit List gefeilscht, ein Spiel ganz nach dem Geschmack der Gonzaga. Vincenzo zeigte dem Türken die Skizze des Kriegsingenieurs: Ein einziger Ansturm der fünfzehntausend tapferen Krieger, und in Visegrád bleibe kein Feind am Leben. Der Türke strich sich lächelnd den Bart. »Hoheit . . . wie mir scheint, haben die Kanonen Hassans dein Heer schwer dezimiert, denn meine schwachen Augen können, wenn ich hinausschaue, kaum ein Viertel davon zählen . . . Hassan ist nur deshalb zur Aufgabe bereit, weil er darauf nicht vorbereitet war, daß sich unter den ungläubigen Fürsten ein so kühner Mann fände, der wagte, die Burg direkt im Rachen des türkisches Reiches anzugreifen. Hunderttausend Dukaten sind für dich doch kein Geld . . . Wenn du dich nicht beeilst, Herr, wird in einigen Tagen das Entsatzheer zur Stelle sein, und du erhältst Visegrád nie.«
Schließlich einigte man sich auf zwanzigtausend Taler. Vincenzo rechnete. Jeder Mantuaner, der bei der Belagerung fiele, würde ihn Geld kosten. Die Familien würden kommen, Besitzungen, Ämter und Renten fordern. All dies nach dem Recht des gefallenen Kreuzfahrers. Mansfeld hatte ihm eine Woche für die Eroberung Visegráds gegeben: Gelang es ihm nicht, die Burg zu nehmen, mußte er mit Schimpf und Schande in das Lager vor Esztergom zurückkehren. Solange die Kanonen dröhnten, waren alle große Helden, aber würden seine spitzenverzierten, wohlfrisierten Ritter durch Wald und Gestrüpp im Dreck und Schlamm von Baum zu Baum auf dem Bauch kriechend die Hauptburg erobern? »Keinen Scudo mehr . . .« Der Parlamentär schluchzte: Hassan werde ihn vierteilen, ihn aufspießen lassen, wenn er mit einem so mageren Ergebnis zurückkehre. Der Dolmetscher wandte sich an den Herzog: »Hoheit, versprecht diesem schmutzigen Krämer dreihundert Goldstücke in die eigene Hand, und er wird seinen eigenen Herrn verraten . . .«
Visegrád war den Preis wert. Es wechselte in einem verteidigungsfähi-

gen Zustand den Herrn mit Geschützen und fast heilen Mauern, die das christliche Heer nur auszubessern brauchte. Der Herzog gab den mantuanischen Geschützen Befehl, das Feuer einzustellen. Er schaute auf den Türken, der von seinem Rücken einen Teppich nahm und sich in die Ecke zum Gebet zurückzog. Er ließ Claudio rufen.
»Messere, wie lange braucht Ihr, um – wenn auch nicht die ganze Messe – so doch das Gloria für die Festmesse zur Eroberung Visegráds zu schreiben?«
Die Sonne erreichte das riesige rote Marmorbecken des zerstörten Brunnens – er ähnelte einem Zierbrunnen in Cremona, durch dessen Wasserspeier an großen Stadtfesten Wein sprudelte. Das war bis jetzt die größte Aufgabe, mit der ihn sein Herzog beauftragte. Das östliche Geschütz dröhnte, hochgeschleuderte Steinbrocken zeigten, daß das Geschoß getroffen hatte. »In drei Tagen müßte es fertig sein, Claudio!« Seine behandschuhte Rechte winkte, man sollte kein Pulver mehr verschwenden! Der türkische Unterhändler wurde gerade abgeführt, nachdem man ihm gründlich die Augen verbunden hatte. »Die Sänger müssen es einstudieren, damit es im Hauptlager gleich vorgetragen werden kann. Das andere . . . die anderen Teile der Messe werdet Ihr schreiben, ehe wir nach Mantua zurückkehren . . . Ja, mit Instrumentalbegleitung, die den Kampflärm wiedergibt. Hier gibt es keine Orgel, so muß man aus den vorhandenen Instrumenten herausholen, was sie herzugeben vermögen. Das Gloria wird jetzt gebraucht. Wenn ich in Visegrád einziehe, ist es mir das Wichtigste!«
Claudio sah noch die blutgeäderten Augen des Türken, ehe man ihm das schwarze Tuch vorgebunden hatte. Mit gierigen Fingern hatte er die Goldstücke in den Beutel gezählt. Das war nur eine Kostprobe! Den Rest würde Hassan bekommen, wenn die friedliche Übergabe erfolgte. In dem Raum war es inzwischen dunkel geworden. Über den einst prächtigen, heute dachlosen Saal hatte sich die Nacht gebreitet. In drei Tagen das Gloria? Hier? Inmitten dieses Lärms, dieser Unordnung und dieses Tumults? Marinoni ermutigte ihn: »Keine Angst! Ich werde dir helfen!«

Die Mantuaner nahmen entlang des Schutzwalles Aufstellung. Die beiden Medici hatten mit ihren Kriegern verabredet: Sie würden sich so einordnen, daß sie am Tor einen Streit entfachen, die Türken überfallen und ihnen die Beute entreißen konnten. Sie versuchten auch, Aldobrandini zu überreden, sich ihnen mit seinen Scharen anzuschließen. Aber der Römer ging auf ihr Angebot nicht ein: Er hatte seinen Schwur auf Vincenzo geleistet und hielt es für seine Pflicht, darauf zu achten, daß kein Makel an der Ehre des Herzogs haftete. Claudio kam gerade vorüber, als der römische Hauptmann mit finsterem Gesicht die Medici verließ. Leise raunte er ihm zu, damit niemand von dem Kriegsvolk der Medici es hörte, was die Florentiner vorhatten. »Messere, Ihr

könnt leicht mit Seiner Hoheit sprechen, warnt ihn, daß sein gegebenes Wort auf dem Spiel steht.« Claudio begriff und stieg mit einem Stock in der Hand den glitschigen Waldweg hinauf. An einer vorspringenden Stelle fand er den Herzog und sein Geleit. Als wollte er ihm ein Notenblatt zeigen, bat er, sich ergebenst verneigend, um Gehör. Vincenzo begriff nicht gleich, aber ging einige Schritte mit ihm zur Seite. Der Kapellmeister zeigte ihm das Notenblatt und berichtete ihm dabei mit gedämpfter Stimme die ihm übertragene Botschaft. Das Gesicht des Herzogs klärte sich auf, lächelnd schaute er auf Claudio: »Ja ... die Musik ist gut, Claudio. Graf Rossi wird den Gesang verstärken ...«
Alles stand auf des Messers Schneide. Nach der Vereinbarung durfte der Herzog den Bergrücken nur mit fünfhundert Kriegern erklimmen. Wenn sich das Tor öffnete, würde Seine Hoheit die vereinbarte Summe entrichten. Der andere Teil des Heeres sollte eine Sicherungskette bilden, damit der Abzug nicht gestört wurde. Aber vielleicht stellte der Türke eine Falle; fiel aus und nahm den Herrn Mantuas vor den Augen des hilflosen Heeres gefangen, unbekümmert der gestellten Geiseln.
Vincenzo hatte den Wasserturm und die das Tal absperrende Mauer hinter sich gelassen: Im Schatten des Nordturmes betrat er den Burgbereich, als die mantuanischen Posaunen erschallten. Der Siegesmarsch scheuchte das Wild und die Vögel in der Umgebung auf, eine Krähenschar erhob sich lärmend, vielleicht lauerte sie auf Beute. Im unsichtbaren Kern der inneren Burg ertönte plötzlich die Antwort: Türkische Pauken und danach die klagenden, langgezogenen Töne eines Blasinstrumentes wie bei einem Begräbnis.
Der türkische Wachposten oben auf der Mauer der Bastei rief seinem Herrn hinunter, was er sah. Der Pascha von Mantua habe den Torturm passiert und den Innenhof erreicht: In diesem Augenblick öffnete sich das Tor des Palas, von dem die Legende berichtete, daß hier jahrhundertelang die heilige Stephanskrone aufbewahrt wurde. Aber einer Frauensperson war es gelungen, sie selbst von hier zu stehlen.
Hassan trat heraus, im Harnisch, mit einem Federbusch auf dem Turban, hinter ihm seine Hauptleute und sein Dienstvolk. Feierlichen Schrittes näherte er sich dem Herzog, kreuzte die Hände auf der Brust, dann verneigte er sich und berührte mit einer Hand die Erde.
Der Dolmetscher übersetzte die Worte des Herzogs von Mantua:
»Im Namen des Kreuzes erobere ich zurück, was uns der Halbmond geraubt hat!«
Vincenzo trat auf einen hervorstehenden Steinsockel. Der weiße Mantel mit dem Kreuz darauf hüllte jetzt seine stattliche, volle Gestalt ganz ein. Seine Klinge sprang aus der Scheide, und in der Art der alten Ritter ritzte er ein Kreuz auf das Burgtor. In diesem Augenblick erdröhnte unten die Salve der mantuanischen Geschütze. Während dieses Zeremoniell in der Burg dauerte, nahm Carlo Rossi einige Hun-

dertschaften Musketiere zu sich und verstärkte mit ihnen den gefährdeten Weg von der Burg bis zum Fuße des Berges. Vincenzo stand bereits am Fenster des Palas, den die Türken räumten: Von hier konnte er die eilige Vorbereitung der abziehenden Burgbesatzung und dann den Zug selbst verfolgen. Die Schätze des Begs wurden auf Wagen geladen, die meisten Krieger schleppten riesige Bündel, andere packten die geraubten Kostbarkeiten auf den Rücken von Pferden, Maultieren oder Kamelen. Der Harem des Begs bestand aus vier verschleierten Frauen. Erschrocken flatterten sie in dem grellen Sonnenschein umher, bis ein Planwagen ihre in Pluderhosen steckenden Gestalten verschlang.
Die Sonne schien, ununterbrochen klangen hüben und drüben die Instrumente, die Mantuaner jauchzten vergnügt: Der Herzog hatte ihnen zur Freude des großen Tages dreifachen Sold versprochen, und keiner von ihnen brauchte ins Gras zu beißen. Nur der Quartiermeister und der Kriegsschatzmeister waren mißmutig. Ein neuer Aderlaß an der Kriegskasse, sagten sie untereinander. Wozu brauche der Herzog dieses schäbige Visegrád? Will er es vielleicht samt Basteien und dem Berg umsetzen – nach Montferrato?
Noch ein letztes Feilschen: Es ging um das Verhältnis von Scudo, Taler, Dublone und Dukaten. Beide Seiten hatten vergessen, dies zu Papier zu bringen. Schließlich kam man überein. Statt Doppeltaler bekam der Beg halbe Dukaten. Ihm war der Boden zu heiß unter den Füßen, und er wäre schon gern am Ufer der Donau gewesen.
»Können wir aufbrechen, hoher Herr?«
Ein Offizier Rossis beugte sich ans Ohr Seiner Hoheit.
»Wir bitten Euer Hoheit, nicht von der Seite des Türken zu weichen, bis er am Fuße der Burg angelangt ist.«
Die türkische Besatzung begann sich nun aufzustellen, in lockeren Reihen. Alle waren um ihr Gepäck bemüht. Hätte man sie jetzt angegriffen, wären sie hier bis auf den letzten Mann umgekommen.
Aber an der Mauer, die zum Wassertor führte, standen Musketiere, und unten in der Ebene wartete die Reiterei, die den Herzog nicht in die Burg begleitet hatte. Als der erste türkische Trupp unten ankam, schwang sich Vincenzo an der Spitze seiner Garde selbst aufs Pferd. Als täte er es nur zu seinem Vergnügen, begleitete er Hassan und sein etwa anderthalbtausend Mann starkes Kriegsvolk, das nun allmählich auf die alte römische Heerstraße bog. Aber der Herzog wußte bereits, daß an der ersten Wegbiegung die Krieger der beiden Medicis auf der Lauer lagen: Bis dahin mußte er den Weg der Türken sichern, wenn er nicht wollte, daß seine Ehre verlorenging.
Als würde man sich nur zufällig begegnen, kamen ihnen die leer ausgegangenen Medici entgegen: Der Herzog von Mantua strahlte, er war überschwenglich liebenswürdig, großherzig, versprach Himmel und Erde, während ihnen die türkische Beute aus den Fingern glitt . . .

Indessen hatten die mantuanischen Krieger die von den Türken verlassene Burg überflutet. Dem Versprechen Vincenzos zufolge gehörte alles, was die Türken zurückgelassen hatten, ihnen. So nahm der Traum aller Soldaten seinen Anfang: Die freie Plünderung. Alte Legenden erwachten zum Leben. So strömten ganze Scharen mit Spaten und Schaufeln herbei und suchten nach Schätzen.
Der Herzog schloß sich mit Carlo Rossi in die Räume ein, die Hassan soeben verlassen hatte.
»In die Flanke der Türken haben wir hier eine Bresche geschlagen. Wenn wir in der Nacht aufbrechen, können wir im Morgengrauen Buda überrumpeln. Das wird dann das wahre Jerusalem, Carlo. Eine der größten Hauptstädte der Christenheit. Wenn wir Buda nehmen ... ist es fast, als hätten die Mantuaner Byzanz erobert.«
»Es wäre gegen alle Strategie, Hoheit. Mit einigen tausend Mann im Herzen des türkischen Reiches? Selbst wenn es gelänge, wie lange könnten wir uns halten.«
»Gehört das Glück nicht den Mutigen, den Kühnen, Carlo? Noch bleiben uns drei Tage von der Zeit, die uns Mansfeld gegeben hat: Wir können sie nützen.«
»Euer Hoheit setzen das ganze Heer aufs Spiel ... eine stärkere Vorhut täte es auch.«
»Ich reite selbst. Das gebietet die Ehre der Ritter. Erst dann glauben uns unsere lieben Cousins, die Erzherzöge!«
Schließlich einigte man sich: Das halbe Heer sollte in Visegrád bleiben, die leichte Reiterei aber im Morgengrauen aufbrechen. Rossi bliebe hier in Bereitschaft: Sobald Vincenzo nach ihm schickte, zöge auch er gegen Buda.
Als befänden sie sich in einem unbewohnten Gebiet, so brach bei Morgengrauen das knapp dreitausend Mann starke Heer auf. Es führte weder Troßwagen noch Geschütze mit sich. Zwei Bauern hatten sich bereit erklärt, ihnen an Waldessäumen und durch von den Türken nicht berührte Gebiete den Weg zu zeigen. Anfangs ging auch alles gut, aber langsam wurden die Wege enger, auf den Pfaden durch die Wälder hatten höchstens zwei Reiter nebeneinander Platz. Vom Osten kam Wind auf, fegte durch den Wald und vervielfachte die beängstigenden Laute. Es gab keinen Pfad zum Ausweichen, keine von Menschenhand geschaffenen Wege. Nur der große dunkle Wald, in dem kreuz und quer umgestürzte Bäume lagen. Aus der Ferne vernahm man dann und wann eine klägliche Tierstimme. Von gar nicht allzuweit klang ein unbekanntes Brüllen, das einem das Blut erstarren ließ. Der Dolmetscher suchte nach dem Wort ... »Ein Wisent.«
Durch den dichten Wald kamen sie nur langsam vorwärts. Am Nachmittag brach zeitig die Dämmerung herein. Bei Einbruch der Dunkelheit beschloß man, den Morgen abzuwarten, nicht weiter zu ziehen. Sie fanden eine mächtige Lichtung, zusammengedrängt suchten sich

die Krieger einen geschützten Winkel. Der Herzog forschte nach Erinnerungen bei Tasso. Hat es in dem »Gerusalemme liberata« so viel Abenteuer gegeben? Feuer durfte nicht angezündet werden. Die feuchte Kälte drang durch Mark und Bein. Die Männer aus dem Süden saßen und lagen unbehaglich da, als der aufgestellte Wachposten von Visegrád her einen kleinen Reitertrupp meldete.
Miklós Pálffy kam auf die Lichtung geritten: Sein linker Arm hing in der Schlinge, sein Blick war verärgert, er vermochte seine schlechte Stimmung kaum zu verbergen. Er bat eiligst, unter vier Augen mit dem Herzog sprechen zu dürfen.
»Hoheit, habt Ihr bedacht, was Ihr da unternehmt? In Esztergom hat sich die Nachricht verbreitet, daß sich Visegrád ergeben hat. Der Erzherzog schickt mich, um die Verbindung mit den Mantuanern herzustellen. Seine Exzellenz, Graf Rossi, hat mir berichtet, was Euer Hoheit vorhaben. Ja . . . Ihr reitet schnurstracks in die türkische Falle, Hoheit, Buda kann man nicht mit dreitausend aufgeputzten Reitern erobern.«
So hatte wohl noch niemand mit Vincenzo gesprochen, seit er auf dem Fürstenthron saß. Aber die lateinischen Worte des düsteren, unrasierten ungarischen Offiziers mit dem verbundenen Arm prasselten nieder wie zentnerschwere Felsblöcke.
»Auch von Visegrád hat man behauptet, Domine Pálffy, daß es uneinnehmbar sei. Jetzt ist es von meinen Soldaten besetzt. Buda wird auch nicht von Drachen bewacht. Ein überraschender Angriff, und der Lorbeer gehört uns!«
»Hoheit, glaubt mir, sooft Reichsheere die Budaer Burg des Königs Matthias zu belagern versuchten, haben sie eine Schlappe erlitten. Der Türke kann dort fünfzigtausend Mann zusammenziehen. Alle Burgen und Städte unterstehen ihm. Seine leichten Reiter sind zweimal so schnell wie das gepanzerte Heer Euer Hoheit. Ich gestehe, ich habe meine Seele dem Herrn empfohlen, als ich mich mit zwanzig Mann hierher wagte. Ich tat es für Euer Hoheit und für die dreitausend guten christlichen Ritter, die Ihr in den sicheren Tod führt. Wenn Ihr noch einen Schritt weiterzieht, riskiert Ihr morgen . . . übermorgen . . . oder höchstens in drei Tagen, ins Gras zu beißen.«
»Was ratet Ihr?«
»Euer Hoheit haben mit der Eroberung Visegráds einen schönen Triumph errungen. Kehrt mit diesem Ruhm um, solange es nicht zu spät ist . . . nach Esztergom. Der . . . gescheiterte Ansturm von vor drei Tagen hat ohnehin eine neue Lücke in den Belagerungsring gerissen. Am Tag, nachdem Ihr das Lager verlassen hattet . . . haben auch wir angegriffen . . .«
Er zeigte seinen Arm.
»Mir ist es noch mit Müh und Not gelungen, hinter einem Haus Dekkung zu finden, als die türkischen Geschütze zu feuern begannen, als

die Hölle losbrach. Auch versteckte Batterien, deren Stimmen wir bis jetzt nicht vernommen hatten ... Wallbüchsen und Feuerwaffen aller Art. Wir begannen mit einem Scheinangriff: Die daran beteiligt waren, sind zum größten Teil gefallen. Entsinnen sich Hoheit meines Freundes? Wir waren zusammen. Als wir gegenüber der Wasserstadt anlangten, rief Kurtz, ein deutscher Hauptmann, großsprecherisch: Er werde die Burg allein einnehmen, er brauche keine Ungarn dazu. Darüber geriet mein Freund in Zorn. Wir waren von einigen hundert Mann umgeben, hauptsächlich Heiducken und Husaren, die vom Pferd gestiegen waren, bunt zusammengemischt. Über unsere Köpfe hinweg beschossen die Geschütze die Burg, wir glaubten, ungehindert vorrücken, durch die Breschen eindringen zu können. Wo sich Deckung geboten hätte, verstellten uns die Deutschen den Weg. Als wir in freieres Gelände gelangten, waren wir kaum fünfzig oder sechzig Mann. Bálint zog voran, als hätte er den Verstand verloren. Vor ihm schritt sein Waffenträger, an seinem Speer ein Wimpel mit dem Bild König Davids.«

»Eins ist sicher, in Italien hätte man Tasso nie an einem Sturmangriff teilnehmen lassen!«

»Möglich, daß Balassi sterben wollte. Während wir uns kriechend vorwärtsbewegten, nach Deckung suchten, ging er mit seinem riesigen Körper aufrecht voran. Über unsere Köpfe flogen bunt durcheinander Kugeln, Brandkränze und Pulvertöpfe. Bálint ging voran. Plötzlich schrie er auf und wankte. Das Geschoß einer Wallbüchse hatte ihn von der Seite getroffen und ihm beide Beine weggerissen. Einige Minuten später hauchte Kurtz seine Seele aus. Ich rief einem Schützen zu: Räche den Herrn! Er spähte durch die Bresche, erblickte oben einen türkischen Offizier, schoß und traf ihn mitten in die Stirn.«

»Was ist mit Eurem Freund geschehen, Domine Pálffy?«

»Soldaten schafften ihn auf vier Lanzen zurück. Ein ungarischer Pater verabreichte ihm die Letzte Ölung. Der Verwundete rief ihm mit fester Stimme zu, um sich nicht vom Schmerz übermannen zu lassen: ›*Tamen, mi pater: id decrevimus ut sic fiat!*‹ Hoheit, wer so spricht, der will sterben! Da band ihm mein Barbier die blutenden Stümpfe ab. ›Entweder er bleibt am Leben oder er stirbt‹, sagte der Feldscher. ›Ein großer, starker Mann, der hält das aus, wenn ihn nicht das Wundfieber überkommt.‹ Am gleichen Abend schickte Erzherzog Matthias seinen eigenen Wundarzt. Die beiden Ungarn hatten nur gesalbt, verbunden, das Bluten zu stillen versucht, der Mähre schickte sich an, die Wunde zu säubern und mit glühendem Eisen zu behandeln. Pater Dobokay und ich standen daneben. Bálint sah uns an, als der Wundarzt mit seinen Instrumenten kam. ›*Nunc animis opus, Aenea, nunc pectore firmo*‹, Hoheit entsinnen sich noch dieser Worte aus der Äneis ... Er sank ohne einen Wehlaut in Ohnmacht, als der Wundarzt mit der qualvollen Behandlung begann ... Aber es half nicht. Fieber überkam ihn, und am dritten Tag ...«

»Er ruhe in Frieden!«
Bei windigem, nebligem Wetter machten sie sich auf den Rückweg. Vincenzo ließ den Kopf hängen. Noch hatte er seine Klinge nicht gezogen, seine Pistole nicht abgefeuert, noch mit keinem Ungläubigen die Lanze gebrochen. Er glaubte aus der Ferne die Stimme Barbara Sanseverinos zu hören. »Tue etwas ... tue etwas«, es klang wie ein Echo.
Manchmal stieg ein Ungar vom Pferd und preßte das Ohr auf die Erde: ob nicht Pferdegetrappel zu hören war. Es war das gefährlichste Niemandsland, durch das sie jetzt ritten. Auf Schritt und Tritt konnten sie auf die von Fehérvár geschickten türkischen Verstärkungen stoßen. Aus dem Gestrüpp vernahm man ein Pfeifen, die Heiducken griffen nach ihren Karabinern. Im Gesicht Pálffys spannte sich die Haut. Starr richtete er sich im Sattel auf, spähte, Krähen krächzten. Er ritt nach vorn und hob die Hand. Im Dämmerlicht kam der Bursche angekrochen. »Es mögen an die drei Kompanien sein.« Eine Streife oder die Vorhut eines sich nahenden Heeres? Pálffy war der geborene Hauptmann auf solch barbarischem Schlachtfeld. »Die Leibgarde ... Eurer Hoheit nach vorn.« Unter den bunt herausgeputzten Reitern in blauen, gelben und silberfarbenen Gewändern gab es echte Gonzaga und Bastarde. Die Augen Vincenzos entdeckten Claudio in seinem schwarzen Gewand.
»Was sucht Ihr hier vorn, das ist kein Platz für Euch!«
»Um zu sehen und um zu hören, Hoheit!«
Die behandschuhten Finger des Herzogs schrieben verärgert einen Kreis in die Luft.
»Meinen Poeten soll keine Kugel treffen. In dieser Minute kann ich meine Kapelle entbehren. Verstanden, Claudio?«
Die Heiducken saßen ab und umwanden die Hufe der Pferde mit Filz. Notgedrungen machten es die Mantuaner ihnen nach. Auf den Hals ihrer Pferde gebeugt, ritten sie los wie Geisterscharen. Im Wald gaben sich die eng aufgerückten Streifen mit Vogelstimmen Zeichen. Pálffy winkte, die Husaren prüften die Karabiner, luden sie und schütteten Pulver in die Pfannen. Vincenzo zückte sein breites Schwert: Sein Urgroßvater hatte es vom französischen König erhalten, als die erste fremde Flut sich über Italien ergoß. Ohne Kommando ritten sie los, der Rhythmus des Trabs wurde schneller. Voran jagten die Ungarn, von der zweiten Reihe an folgten die Mantuaner. Bis zum Kamm deckten wallende, tiefhängende Wolken ihren Weg. Jenseits des Bergrükkens tauchten in Flintenschußweite Spahis auf, die Meister in kleinen Gefechten. Höllischer Lärm entstand, die Türken bemerkten zuerst nur die Heiducken. Von ihnen wußten sie: Es waren immer nur wenige. Die türkischen Reiter waren mit langen Lanzen bewaffnet, eine Schwenkung und schon begann der Nahkampf.
In dem Durcheinander war keinerlei Ordnung zu erkennen. Vincenzo

blieb für eine Minute an einem Baum halten: Sein Pferd scheute vor den krachenden Schüssen, erschrak zwischen den fremden Schatten, würde ausbrechen, wenn es die eiserne Faust seines Reiters nicht zurückhielte. Man konnte nur wenige Schritte weit sehen: Plötzlich tauchte ein Hüne auf, der auf ihn zugejagt kam. An seinem Turban wehte ein Tuch, und dieses schwebende Weiß machte deutlich, wie schnell er auf den Herzog zustürmte. Vincenzo hielt krampfhaft den Griff seiner Pistole. Mit einem einzigen Schuß hätte er den Feind niederstrecken können, aber das ungeschriebene Gesetz gebot dem Ritter, dem Fechten nicht auszuweichen, wenn sich zwei gegenüberstanden. Sein Gefolge wollte schon hinzusprengen, aber die Hand Rossis hielt es zurück. Er wußte: Seit seiner Kindheit war dies das von Tasso beschworene Wunder, nach dem sich Vincenzo in seinen Sternstunden sehnte. Seit fast vierhundert Jahren war es die Sehnsucht aller Ritter: Den Ungläubigen Aug in Aug gegenüberzustehen.
Am Waldessaum, im dürren Laub umkreisten einander die Pferde. Vincenzo zog die Augen ein wenig zusammen, er sah nicht deutlich im Morgengrauen ... War sein Gegner in der Tat schwarz oder gaukelte ihm die Dunkelheit nur etwas vor? Mit einem Riesenschwert schlug sein Gegner auf ihn ein, mit wilder Wucht, während der Herzog nach der Kunst der alten italienischen Schule mit einer einzigen Bewegung der Klinge auswich, dann beschrieb sein behandschuhtes, spitzenverziertes Handgelenk einen einzigen Halbkreis, und mit dieser verspielten Bewegung traf der Toledaner Stahl die nackte Hand des Gegners. Es war kein starker Hieb, fast nur eine spielerische Riposte, aber er genügte, dem Hünen eine leichte, aber schmerzhafte Wunde beizubringen. Aber dieser ließ seine Waffe nicht fahren. Der Treffer stachelte seine Leidenschaft nur noch mehr an und ließ sein Gesicht noch rasender erscheinen. Rossi beobachtete den Kampf gespannt, mit der Pistole in der Hand: Sollte sich das Spiel zum Bösen wenden, würde er seinem Herzog beistehen. Neben sich entdeckte er ein blasses Gesicht. Claudio beobachtete den Zweikampf. Rossi hatte oft genug mit Vincenzo gefochten: Er wußte, daß er ein großartiger Gegner war, aber im dritten Gang gewöhnlich schon ermüdete, und dann ließ seine Aufmerksamkeit nach. Die Entscheidung mußte zuvor fallen ... Das Gelände, in dem sie kämpften, war geräumig, zweimal schon jagten die Gegner aneinander vorbei. Beim zweitenmal blitzte die Klinge des Herzogs – es war eine spanische Finte – von hinten auf und traf den beturbanten Kopf aus der Rückhand. Aber zu schwach, der Schwung des Armes reichte nicht, den Schädel zu spalten, so glitt die breite, gerade Klinge über den Turban, ritzte mit der Spitze die Stirnhaut, dann drehte sich die Waffe und traf mit dem Blatt den Gegner an der Schläfe: Der Hüne, der gerade seine Schwert hob, glitt bewußtlos aus dem Sattel. Die Mantuaner umringten bereits ihren Herzog. Rossi steckte beglückt seine Pistole in die Satteltasche zurück. Zwei Heiducken sprangen vom

Pferd, sie verstanden sich darauf, mit der Leine umzugehen, sie fesselten nun den bewußtlosen Feind. Vincenzo betrachtete mit zusammengepreßten Lippen den Mann, den er im ehrlichen Kampf besiegt hatte, und dann glitt sein Blick auf die Klinge seines Schwertes: Das an der Blutrinne langsam entlanglaufende Blut schien die seit hundert Jahren trocknenden Blutrosen auf dem Schwert der Gonzaga aufzuweichen. Cesare Gonzaga, der junge Verwandte, beugte vor ihm das Knie: »Hoheit, erlaubt mir gütigst, daß ich es mit meinem Handschuh abwische . . .«
Ein Wort und das Schauspiel entfaltete sich: Es waren Italiener – sie breiteten einen Mantel zu Füßen des Herzogs, und alle, die in seiner Umgebung waren, knieten der Reihe nach hin und baten den siegreichen Gonzaga, sie zum Ritter zu schlagen. Aber als er die Hand hob, fühlte er, daß die Klinge des Türken seinen Handschuh durchschnitten hatte und aus einer geritzten Wunde am Unterarm tropfte langsam Blut. Er blickte auf Pálffy, und der ungarische Hauptmann sagte lächelnd:
»Wären Euer Hoheit nicht der Herzog von Mantua, würde ich Euch in die Reihen der Grenztruppen aufnehmen . . .«
Das war das höchste, was ein solch hartgesottener, kriegerischer Mann sagen konnte, ohne übermäßig zu schmeicheln. Pálffy stieg vom Pferd, zog das aufgeschlitzte Hirschleder auseinander, darunter das Hemd mit der Spitzenmanschette und suchte die Stelle mit dem blutenden Kratzer. Einen Wundarzt hatten sie nicht bei sich. Pálffy zog aus dem Schoß seines Schnürrocks eine in ein Blatt gewickelte Baumwurzel. Er drückte sie auf die leichte Wunde und umband sie mit seinem Tuch. »Das ist unsere Heilkunst im Feld, Hoheit. Selbst auf einen Streifzug ziehen wir nie ohne blutstillende Wurzel.« Ermattet ließ Vincenzo geschehen, daß Pálffy ihn nach Gutdünken behandelte. Sein Blick ruhte noch in der Ebene, wo sich noch vereinzelt Husaren, Spahis, Reiter aus Afrika und Ritter aus Mantua jagten, auf einer Lichtung, am Waldessaum, im dürren Laub. Einige Schritte von ihm entfernt kam jetzt der gefesselte Gefangene aus seiner Ohnmacht zu sich. Wenn Tasso das erlebt hätte! Wenn Barbara dies hätte sehen können: Er hatte wie ein Mann gekämpft. Endlich fühlte sich Vincenzo befreit!

Der Posten stützte sich auf seine Lanze, dann schwenkte er die Waffe und zeigte: Dort, wo sich die Flußaue der Donau ausbreitete – ein schmaler Streifen war zu sehen – die Furt. Dort ging das Niemandsland zu Ende, dort begann das Pfahlwerk des türkischen Brückenkopfes.
Claudio dachte: Tasso ist nie im Heiligen Land gewesen, hat niemals die Pforte Jerusalems gesehen. Und dennoch, wie treffend hat er diese morgenländische Welt geschildert, die sich vor seinem geistigen Auge auftat. Wenn er hier gewesen wäre und gesehen hätte, wie sich die un-

garischen Reiter und die Spahis in dem grauen, durchnäßten Gelände jagten, wären dann in dem »Befreiten Jerusalem« andere Strophen geboren worden? Doch Messer Torquato konnte nie einen Blick über den Erdwall werfen, hinüber über den Fluß nach der auf steilem Felsen thronenden Burg, wo – wie es hieß – die Könige Ungarns lange regiert hatten.

Der Posten stand in der Vertiefung der Schanze, wurde aber von den Schanzkörben nur bis zu den Hüften verdeckt. Die vorgeschobene türkische Stellung lag höchstens drei- oder vierhundert Schritte von hier entfernt. Jeden Augenblick konnte ihn eine gutgezielte Musketenkugel niederstrecken.

Den jungen mantuanischen Wachposten hatte er hier kennengelernt, aber er wußte, daß sein Vater daheim in Mantua, im Nachbarbezirk, Bäcker war. Der junge Mann hatte sich aus Abenteuerlust dem Heer angeschlossen. Wenn er heimkehrte, hieß es, werde er vom Herzog ein Stück Land bekommen. Als wäre er sein Bruder, so sah Claudio ihn an.

»Warum paßt du nicht besser auf? Man könnte auf dich schießen!«

»Wir kennen einander schon, der Ungläubige und ich. Wenn ich auf dem Dudelsack spiele, Herr, klingt eine Minute darauf von drüben die Pfeife auf. Sie gibt häßliche, schrille Laute von sich, aber ich habe mich schon daran gewöhnt . . . warte vielleicht sogar schon auf ihre Klänge. Sie bedeuten, daß ich einen Freund drüben habe und daß wir beide einander nichts tun. Mitunter geschieht es auch in der Nacht. Ich und auch er blasen mal auf unseren Instrumenten. Und ich zähle die Sterne. Was kann ein Wachposten sonst machen, um den Schlaf zu vertreiben?«

»Zeig mir deinen Dudelsack.«

Ein dörflicher Meister mochte ihn gemacht haben. Er hatte dem Rohrende die Form eines Ziegenkopfes gegeben und mit buntbemalten echten Hörnern geschmückt, und die Phantasie der Krieger hatte den Windsack mit übermütigen Zeichnungen bedeckt. Der Bursche sah verwundert, daß der Meister den Dudelsack in die Hand nahm, in das Füllrohr blies, den Sack unter den Arm klemmte, und schon drang aus der Bordunpfeife der ständig brummende Baßlaut. Die aus dem gefüllten Sack dringende Luft belebte auch die Spielpfeife, und nachdem die Finger Claudios die Löcher gefunden hatten, klang die Melodie auf dem Dudelsack wie auf einer winzigen, unvollkommenen Orgel.

Anfangs verhielt sich das Instrument wie ein unbändiges Fohlen, wieherte, gab stoßweise die Töne von sich, aber in der Hand des Meisters wurde es allmählich gefügig. Er probierte die Spanne zwischen Höhe und Tiefe, und eine Minute später entlockten die schlanken weißen Finger bereits eine fröhliche Melodie. Der Bursche aus Mantua sah ihn verwundert an, er war Zeuge, wie Monteverdi in wenigen Minuten ein neues Instrument erlernte. Aber dieser kümmerte sich nicht um die staunenden Blicke, selbstvergessen und beglückt versuchte er den Dudelsack immer wieder aufs neue, spielte ihn immer vollkommener, bis im anderen Lager der unsichtbare Kamerad die Türkenpfeife aufschrillen ließ.

Der Wachposten legte ihm die Hand auf die Schulter.

»Zurück, Herr, das war eine Warnung!«

Die Finger Claudios lösten sich von den Grifflöchern. Das Füllrohr glitt ihm aus dem Mund, der Windsack erschlaffte und streckte sich auf der Erde gleich einem toten Untier. Die Türkenpfeife. Auf dem Wasser tanzend, drangen die Töne herüber: Vielleicht wurden sie noch verstärkt durch den Südwind, der auf der Donau hohe Wellen peitschte? Wie dieses Musikinstrument der Ungläubigen schreien, kreischen konnte! Es war gar nicht menschlich, zu welchen Höhen es sich aufschwang ... nein, dieses Spiel war nichts für Christenohren ... Es klang endlos langgezogen, hatte keinen erkennbaren Rhythmus, die Melodie keinen Anfang und kein Ende. Es klang trostlose Trauer daraus, wie wenn ein gefangener Vogel seinem in der Freiheit gebliebenen Partner sein Leid klagte. Kann man diese traurige und schrill klingende Pfeife je vergessen? Wie könnte man diese Töne in Noten festhalten? Was würden die Gelehrten sagen, daheim am Tisch der Camerata, wenn sie das hörten? Vielleicht klang die Musik der Ahnen auch so, von der Vincenzo Galilei geschrieben hatte und die sie nach den Angaben einstiger gelehrter Autoren wieder zu erwecken trachteten?

»Ist es möglich, Herr, daß die Menschen in allen Gegenden der Welt anders musizieren?«

Er antwortete nicht, lauschte den Pfeifenklängen, die jetzt niederglitten, aus Höhen, die das menschliche Ohr kaum noch ertrug ... die Melodielinie wurde ausgeschmückt, schwebte wie ein Vogel auf und nieder ... schwang sich wieder empor, sank herunter ... Das Ganze wiederholte sich, bis es schließlich in die Tiefe stürzte wie die Zauberkugeln des jungen Herrn Galilei vom Rand des Schiefen Turms in Pisa. Beide Künstler schwiegen. Dann schrillte die Pfeife noch einmal unverhofft auf. Der Wachposten packte seine Lanze und duckte sich in der Vertiefung der Schanze.

»Wir bekommen Feuer!«

Es war, als näherte sich von fern ein Gewitter und als öffnete sich plötzlich der Himmel. Die Bastei schwamm im Feuerstrom, das Mündungsfeuer überzog die bleifarbene Dämmerung mit rotem Schein. Die Kugel flog über das morastige Land und durchschlug zwanzig oder dreißig Schritte von ihnen entfernt den Rand des mit Ruten durchflochtenen, festgestampften Schanzwalles.

Das Zelt der Musiker hatte freilich keine Doppelwände wie das prunkvolle Feldquartier Seiner Hoheit. Die Planen schlossen an den Stangen nicht dicht ab, und der kalte ungarische Regen rieselte hinein. Für sie

galt der allmorgendliche Weckruf im Lager nicht. Hatte sie der Hunger nicht herausgetrieben, kauerten sie oft bei Kerzenlicht, spielten Karten, würfelten oder starrten vor sich hin ins Nichts. Teodoro Bachino, Marinoni, Serafino, Favino und Foresto begannen dann irgendeine endlose Debatte, nur um die Zeit irgendwie totzuschlagen. Claudio, als dem Hofe eng verbunden, ging — entsprechend seinem Amte — allmorgendlich zum Befehlsempfang in das Hauptzelt, warf einen Blick in das Zelt von Herrn Rossi, brachte Nachrichten, kümmerte sich um Verpflegung und drängte auf den fälligen Sold.
Seine Hoheit war heute in trüber Stimmung. Er schüttelte nur mit dem Kopf, hatte keinen Wunsch . . . keinen Befehl. Wenn die Musiker etwas zu seiner Erheiterung tun wollten, so lag es in ihrer Hand . . . Es würde ihnen kaum gelingen.
»Vielleicht sollten wir *L'Amfiparnasso* von Herrn *Vecchi* spielen . . .«
Man lachte. Wer hätte sich nicht der berühmten Madrigal-Komödie des Orazio Vecchi vom vergangenen Jahr erinnert, die nur einen Fehler hatte, daß sie kein Ende nehmen wollte . . . Sie floß dahin, endlos dahin . . . Ein Madrigal ging ins andere über: Anfangs schüttelten sich alle vor Lachen, schließlich nickten selbst die interessiertesten Zuschauer ein.
Claudio stand im Zelteingang und spähte nach den gekräuselten bleifarbenen Wolken am grauen Himmel. Er hörte noch die letzten Worte ihres Gesprächs, als er wieder zu den anderen hineinging. Bachino war unter den fünf der geschulteste Musiker: Er komponierte selbst, hatte geistliche und weltliche Stücke aufzuweisen, dazu besaß er die schönste Stimme in dem kleinen Kreis der Musiker. Aber Freundschaft empfand Claudio nur für Marinoni, diesen Sänger und Violaspieler mit den flammenden Augen, der so an ihm hing und der ihm von Zeit zu Zeit bescheiden und ängstlich seine Kompositionen zeigte.
»*Amfiparnasso* wirkt, Battista, als wollte man aus lauter Fleckchen ein Gewand nähen. Aus Madrigalen kann man keine Komödie zusammensetzen. Sag, Teodoro, hast du bei der Vorführung den Text verstanden?«
»Wären die Komödianten nicht auf der Bühne herumgehüpft, hätte ich nie gewußt, um was es ging . . .«
Sie schwiegen. Wieder ergriff Claudio das Wort.
»Man müßte von einer anderen Seite an die Sache herangehen . . . Die aus Florenz gekommen sind, sagen, daß dort die gelehrte Gesellschaft der Camerata die Musik der Griechen wiedererstehen lassen möchte.«
Terri Serafino lachte bitter auf.
»Laßt doch die Toten. Wer will heute noch wissen, ob die Ahnen von damals überhaupt singen konnten? Und was sie für Instrumente hatten? Was auf behauenen Steinen und Skulpturen zu sehen ist, das hilft einem nicht viel weiter . . .«
Als spräche er mit sich, im Traum, fuhr Claudio fort:

»Wißt ihr, wenn man seine Heimat verläßt und so umherzieht wie wir, Wochen und Monate hindurch, dann erscheint einem alles, was zu Hause ist, anders, so rein, aber auch winzig klein, so, als würde man seine Stadt oben von einem Turm betrachten. Ihr habt doch gehört, wie es in Wien war? Wo wir entlangkamen ... von Innsbruck an schien es, als wäre die Musik ausgestorben ... Das, was wir als Musik empfinden. Die Bauern haben gesungen, doch anders als unsere Bauern ... und wenn wir in einer Schenke einkehrten, haben wir das auch dort gehört, wenn sich Handwerksburschen in einem Chor vereinten. Gewiß ... in Innsbruck habe ich auch einige sehr schöne Stimmen gehört ... aber die Musiker waren durchweg ungebildet. Zitherspieler ... Dudelsackpfeifer oder Leute, die auf schlechtgestimmten Lauten klimperten. In Wien, in Prag ... und in den Schlössern aber, wo es einigermaßen brauchbare Musiker gab, waren diese alle unter unserem italienischen Himmel geboren ... wenn sie nicht aus den Niederlanden kamen. Einem einzigen Franzosen sind wir im Schloß von Herrn Harrach begegnet ... Und die anderen? Als wüßten sie gar nicht, wie man der Harmonie dient!«
»Warum gerade bei uns, Claudio?«
»Ich glaube, Battista, bei uns in Italien wird es nie ganz erlöschen, was wir mit einfachem Wort als Harmonie bezeichnen. Bei uns hat es immer *irgendwelche* Musik gegeben ... seit der Zeit der Römer, vielleicht sogar schon vor der Zeit des Äneas ... Als ich die berühmten Bücher des Boëthius über Musik gelesen habe, da kam mir der Gedanke zum erstenmal. Seht doch ... warum spielt auch in Cremona fast jeder, der auf sich hält, irgendein Instrument? Andrea Amati, mein Patenonkel, baut die wunderbarsten Musikinstrumente ... von Jahr zu Jahr vollkommere Violen und Violinen . .«
»Wo hörst du solche Madrigale wie bei uns?«
»Der alte Constanzo Porta ist immer wieder nach Cremona zurückgekehrt. Er hat noch bei Meister Willaert gelernt. Ihn bezeichnen die Bewohner der Stadt als Vater des Madrigals, obwohl schon viele vor ihm diese schöne Kunst gepflegt haben ... Aber Porta bringt mehr als die anderen ... Viadana war sein Schüler ... ‚Ist es möglich, daß die Wiege der Musik vielleicht doch in Cremona gestanden hat ... daß die Bewohner dieser Stadt irgendeine geheimnisvolle Inspiration erfüllt ...«
»Und die Flandrer?«
»Ich verehre vor allem Lassus. Aber manchmal bekam ich auch Werke von Franzosen in die Hand ... Man weiß nicht so recht, welcher ein Niederländer und welcher ein Franzose ist. Sie sind ununterbrochen auf Wanderschaft.«
»Ich mag die Motetten Gomberts am liebsten ... Bei den Franzosen ist es gut ... dort werden Akademien gegründet, sie haben Geld dafür, Freunde ...«

»Bei uns? Hier mußt du warten, bis dir Herr Chieppio einen halben Dukaten auszahlt ...«
»Don Gesualdo hat es leicht. Er ist Herzog und braucht seine Madrigale nicht zu verkaufen.«
»Beneide keinen, den im Traum der Tod verfolgt.«
»Wer kennt Gesualdo? Du, Claudio?«
»Wenn ich seine Kompositionen spiele, habe ich das Gefühl: Er ist es, der die schönsten Madrigale geschrieben hat ... Nur ... versteht ihr: Die Musik Gesualdos kommt einem manchmal vor wie der Wellenschlag eines sanften Meeres, um dann plötzlich in Dissonanzen auszubrechen, wie sie nur dieser ruhelosen Seele eigen sind ... Herzog und Mörder, sagt ihr. Er hat seine Frau umgebracht und deren Geliebten, und jetzt sucht ihr hinter jedem seiner Akkorde, hinter jeder Dissonanz diesen Aufruhr der Seele ... Ich weiß nicht, ob ihr recht habt. Vielleicht darin, daß niemand Gesualdo befiehlt. Er hat keinen Gebieter, erhält keinen Lohn, braucht nicht auf den Befehl seines Herrn zu warten. Wie die Vögel ... Ob es anderen gefällt oder nicht, er singt oder musiziert, wie es ihm gefällt: Er ist frei.«
»Bist du nicht frei, Claudio?«
»Wenn ich hinausgehe, in die Nähe der Donau, zu den Schanzen und den Wachposten ... und hoch oben die Basteien betrachte, da sehe ich am Brückenkopf, wo der Türke einen Durchbruch durch Palisaden verwehrt, manchmal die Ungläubigen mit ihren Turbanen ... und wenn ich den Wind höre, wie er auf den hundert und aber hundert Instrumenten des Röhrichts spielt, dann bin ich frei.«
»Und wenn du hereinkommst?«
»Wenn ich hereinkomme, Battista, muß ich daran denken, was zu Hause sein mag. Claudia habe ich zu meinen Eltern nach Cremona geschickt. So brauche ich daheim nicht für Nahrung und für den Lohn einer Magd aufzukommen. Sie verträgt sich gut mit meinem Vater, und meine Schwestern haben Claudia gern. An den Sonntagen singt sie sicher in der Kirche. Damit verdient sie sich sogar etwas ... Aber siehst du, für Gesualdo ist es kein Problem, einen Band drucken zu lassen. Zu Willaert sind die venezianischen Drucker mit gezogenem Hut gekommen: Er soll ihnen sein Manuskript zur Herausgabe überlassen. Und ich ...? Ich muß es mir vom Munde absparen, was die Druckstöcke ... der Schnitt ... und das Papier kosten. Vielleicht ... kommt davon etwas zurück, aber erst nach Jahren, wenn die Venezianer dann und wann einen Band verkaufen ...«
»Und dennoch, Claudio ... gibt es soviel Musiker in Italien ...«
»Ja, als wäre der Heilige Geist in uns gefahren. Als ich in Mailand weilte, versammelten sich dort nachmittags die Musiker auf dem Domplatz ... In Florenz kann sich die Camerata die Musiker aussuchen, die sie will ... In Neapel werden, wie ich hörte, die Sängerinnen mit den schönsten Stimmen an den Hof des Vizekönigs geworben. Und

Rom? Wißt ihr, wie es in Rom aussieht? Jeder Kardinal hat seine eigene Hauskapelle ... seine Sänger und Sängerinnen ... Und die Kastraten? Wer sie einmal gehört hat, kann sie nicht wieder vergessen. Diese armen Verschnittenen, die wir bemitleiden und die die Kinder ihrer hohen Stimme und ihres bartlosen Gesichtes wegen verlachen, verdienen durch das Wohlwollen des Heiligen Vaters mehr als wir hier alle zusammen. Wer die Leidenschaft nicht kennt, leidet darunter auch nicht ...«

»Wozu ist soviel Musik gut, Claudio?«

»In Florenz, so sagt man, sei vor hundert Jahren der schönste Beruf der des Malers gewesen. Jetzt ist es, als wären die Farben auf ihrer Palette vertrocknet. Wer könnte heute in die Fußtapfen Mantegnas, Michelangelos oder Tizians treten? Vielleicht ist es doch wahr, daß es Musen gibt, und daß manchmal eine die andere besiegt ... Mater musica: Das hören wir hier und dort ... Seht ihr, hier befinden wir uns in einem fremden Land. Hier, auf dieser vom düsteren grauen Himmel überspannten Erde, da dünkt es einen, als würden nur die Vögel und das Röhricht singen, als seien die Menschen stumm. Bis ich sie am Lagerfeuer belauschte.«

»Ist das Gesang, Claudio?«

»Von weitem hatte ich ihn schon gehört. Das ist *Unisono.* Sie kennen nicht mehrere Stimmen. Es klingt, als würden wilde Sabiner singen. Aber es klingt kraftvoll ... hart ... Und seht ihr, man muß dabei das Gesicht des Menschen beobachten. Verbirgt sich Feuer in ihren Augen? Was sagt ihr Text? Wenn du es hörst ... wird dein Herz ergriffen, du fühlst: Es sind Männer, die hier geboren wurden in dieser Landschaft ohne Städte, zwischen niedergebrannten Dörfern, Burgen und ewigen Kämpfen ... Und wenn man es hört ... Wartet ...«

Sie verstummten. Claudio hob den Finger. Der Wind hatte sich gedreht. Nun war es, als würde er vom jenseitigen Ufer des Wassers den Gesang des Muezzins stärker herübertragen ... Das Auge erspähte nur ein winziges, beturbantes Wesen, das sich auf der Galerie des schlanken Turmes verneigte, und das Ohr vernahm den hoch empor schwingenden monotonen Flug dieser tiefen Männerstimme ... wie sie leiser wurde, figurierte ... von neuem begann.

Es war still. Für einen Augenblick dachten alle an zu Hause. Sie sahen einander nicht in die Augen. Heimkehren ... nach Italien!

Der herzogliche Page suchte Claudio.

»Zur Abendtafel werden deutsche Herren als Gäste erwartet, Maestro. Seine Hoheit läßt bitten, daß beim Mahl die Kapelle erscheint. Ihr sollt Euch so vorbereiten, daß nur heitere Lieder gesungen und gespielt werden, nichts Trauriges ... nichts Sentimentales. Die kaiserlichen Herren haben Verlangen nach gutem Wein und nach Gesang. Ja ... Ihr sollt auch die Violen mitbringen. Seine Hoheit läßt bitten: So laut wie möglich, Maestro.«

Sie sahen einander an und brachen auf. Teodoro Bachino legte Claudio die Hand auf die Schulter.
Er hielt seine Viola unter dem Arm. Sie schauten hinaus. Der Weg im Lager war ein wenig abgetrocknet, in ihre weiten dunklen Mäntel gehüllt, machten sich die sechs Musiker fröstelnd auf den Weg.

Der Oberwachtmeister beugte sich über das Blatt. In der einen Spalte standen die Toten, in der anderen die Kranken. Mit schneller Feder rechnete der Schreiber zusammen.
»Unsere Verluste von gestern: Siebenundachtzig Mann. Wir werden jeden Tag weniger, Messere, ohne einen Flintenschuß. Wer von der Epidemie erfaßt wird, quält sich ein paar Tage, und dann ist es um ihn geschehen.«
»Was sagen die Feldschere?«
»Sie geben bittere Absude zum Trinken. Vielleicht halfen sie dem einen oder anderen. Aber wer weiß schon, was das für eine Krankheit ist? Die Ungarn bezeichnen sie als Ruhr und heilen sie mit Hungern. Man übersteht sie oder wird durch sie hingerafft. Oder man kommt durch Hunger um. Man sagt, die Türken würden davon nicht betroffen. Sie essen nur, was der Prophet ihnen erlaubt. Aber das ist nicht das einzige Übel, Messere. Auch eine andere Krankheit greift um sich. Sie verläuft seltener tödlich, aber die Gesichter werden davon, als hätte eine schreckliche Hand sie breitgedrückt. Die Nasen schwellen an, werden wund. Erst glaubten wir, es sei eine hiesige Art der Franzosenkrankheit. Doch diese überstehen mehr ... Unsere Ärzte kennen auch diese nicht.«
Die Kreuzfahrer hockten gegenüber von Esztergom. Die bisherigen Angriffe waren ohne Erfolg geblieben; was jetzt geschah, nannte man Blockade. Die mantuanischen Geschütze verschossen ihre täglichen Rationen: Sie waren besser als die der Kaiserlichen, richteten in den Festungsmauern größere Schäden an. Aber der Erzherzog – belehrt durch die Erfahrungen – zögerte noch und schob den Angriff auf. So geschah im Grunde nichts, aber das Lager schien in seinen Fugen zu krachen, Gleichgültigkeit und Langeweile bemächtigten sich der Seelen. Die Tagesrationen an Brot und sonstiger Nahrung wurden immer schmäler, der Wein säuerte in den Fässern. Auch hatte es am Vorabend eine Auseinandersetzung bei der Soldauszahlung gegeben. Nur die Abende waren schön, wenn die Lagerfeuer aufflammten und die geschnitzten selbstgefertigten Instrumente herbeigeholt wurden: Geschickte Tausendsassa aus dem Lager begleiteten darauf den Gesang der Krieger.
Der Halbmond stieg hinter Esztergom auf: Als wäre auch er ein Zeichen des Padischah. Das Wetter war wärmer geworden, der vom Süden kommende Wind trug die Stimmen aus einem Lager ins andere. Die Italiener fröstelten auch jetzt noch, wärmten sich, in ihre weiten

Mäntel gehüllt, an den Feuern. Die Musketiere hatten sich einen Dudelsack verschafft ... vertrieben mit Musizieren die herannahende Nacht.
An einen Baumstamm gelehnt, lauschte Claudio ihren verliebten, klagenden Liedern. Alle kannten ihn. Oft streifte er schon am frühen Morgen am Rande des Lagers umher, stieg das Bachufer hinunter und starrte auf den schäumenden kleinen Wasserfall. Er zog dahin, während die Liebesmelodie der Villanelle die Sehnsucht der Krieger nach Frauen weckte. Der Maestro mit dem glatten Kinn stand an der äußersten Postenkette, auf dem aufgeworfenen schlammigen Erdwall: Das war schon Niemandsland, kaum einen Flintenschuß von den verstärkten Palisaden des vorgeschobenen türkischen Brückenkopfes entfernt. Verstümmelte Bäume ragten gen Himmel: Die Kronen waren hinweggefegt worden von Kanonenkugeln, die in dem aufgeweichtem Lehm einen Trichter schlugen. Bis hierher wagte sich Claudio vor und betrachtete verzaubert die Burg mit ihren wie Sterne leuchtenden Lichtern, diesen riesigen heidnischen Dorn in der einst christlichen Landschaft. Der Wind trug den Gebetsruf des Muezzins über die Donau, Kamele wiederkäuten am Ufer, asiatische Büffel wurden dahingetrieben.
Einige Schritte noch und die langgestreckte Postenkette der Mantuaner war zu Ende. Hier erhob sich ein flüchtig errichtetes Palisadenrondell mit Geschützstellungen, dahinter, in westlicher Richtung, lagerten bereits im Schutz des benachbarten Sternwalls Heiducken. Der Wind nahm zu, auch die Stille der Nacht war mit beteiligt, daß er ihren herübergetragenen Gesang hörte. Er ging auf sie zu, bog Sträucher auseinander, trat über die verkohlten Trümmer eines niedergebrannten Gehöftes. Eine vom Wasser ausgewaschene Schlucht trennte die beiden Lager voneinander. Am Rande bot sich ein weißer Stein als Sitzgelegenheit an, er ließ sich nieder und lauschte von hier dem Gesang der Ungarn. Als hätte man es mit zwei verschiedenen Welten zu tun – ihr Lied hatte keinerlei Ähnlichkeit mit italienischen Melodien. Die Gesichter der Sänger konnte er nicht sehen, er versuchte, sie sich nach ihren Stimmen vorzustellen: Es mochten bejahrte Krieger sein, deren Kehle vom Alter, vom eisigen Wind und vom Wein angegriffen war. Es klang wie ein Schnaufen in diesem rauhen, dann mit einemmal weich gewordenen Unisono ... und plötzlich fiel auch eine junge Stimme mit ein: Ein überraschend weicher, lyrischer Tenor. Worüber mochten sie singen? Wer hatte den Text geschrieben? Wo wurde er geboren? Er lauschte: Das düstere Rezitativ der Alten erinnerte sicher an den Tod; verzweifelt bemühten sie sich, an der Melodie festzuhalten, während sie mit den jungen Kriegern wetteiferten, aus deren Stimme die Sehnsucht herauszuhören war: Wenn der Krieg erst zu Ende ist. Für Claudio hörte es sich an, als würden sie sich durch die Strophen beißen, die sie nach ihrem eigenen Ebenbild formten ... In diesem Gesang gab es

keinerlei Verschmelzung in der Harmonie, es fehlte die fromme Andacht. Es war unheimlich einfach, als plötzlich alle schwiegen und dann nur eine einzige Stimme die Stille der sternenlosen Nacht brach. Es war der Tenor von zuvor: Klagend, lyrisch, herzergreifend – als würde er allen Schmerz dieser heimatlosen Heiducken zum Ausdruck bringen.
Claudio brauchte die kleine Schlucht nur zu umgehen. Schon stand er mitten unter ihnen. Er konnte der Neugier nicht widerstehen, er wollte sie nicht nur hören, er wollte auch sehen, wer sie waren, die diese seltsame, fremde Melodie sangen. Vom Rande des Erdwalls sah er das Lagerfeuer. Es war ein breiter Flammenbogen, und es wurde ständig aufgelegt. Das Feuer verbreitete keinen Rauch und keinen Ruß wie ihres, das die fröstelnden Gonzaga-Söldner mit ungeschickter Hand speisten. Eine hölzerne Feldflasche machte die Runde. Bevor sie der Krieger an den Mund führte, schüttelte er sie mit besorgter Miene, ob sie nicht etwa schon leer war. Der vorletzte schüttelte sie dann umsonst – hierauf brach ein wildes, fast wieherndes Gelächter aus ... Wie anders sie doch lachten, lauter ha ... ha ... ha ... Er könnte es in Noten fassen, wenn ... Einen Augenblick herrschte Stille, es war, als würde jemand die Krieger von der Seite dirigieren, und in der Stille erhob sich eine Stimme ...

Viele Heere brechen auf,
Viele Fahnen wehn voraus,
Trommeln und Trompeten schallen,
»Jesus!« tönet es von allen.

Und bei der zweiten Strophe – denn er empfand, daß eine zu Ende war – sangen schon mehrere ... ein Dutzend Stimmen das Unisono.

Schrecklich ist der Waffen Glänzen,
Dröhnend die Kanonen hallen,
Schreie sich im Heer erheben.
Viele trifft es, viele fallen ...

Schmach den Feigen, die da fliehen;
Nur wer wagt, wird auch gewinnen.
Leichter der den Tod empfängt,
Der für den wahren Glauben kämpft.

Der du läßt die Winde blasen,
Wolken hoch am Himmel treiben
Und des Meeres Wogen brausen,
Schenke Frohsinn diesem Haufen.

Fünfzehnhundertvierundneunzig
Schrieb dies auf in guter Laune
Einer aus dem Heere Gottes,
Gesegnet sei sein Name, Amen . . .

Das Lied war zu Ende, als sie den Mann in der fremden Kleidung erblickten, der keine ernste Waffe trug, nur einen leichten Dolch neben dem Tintenfaß. Sie hielten ihn für einen Schreiber. Als die Strophe sich ihrem Ende näherte, gab er lautlos ein Zeichen, sie sollten weitersingen. Er suchte sich einen Armvoll Heu, drückte es auf die feuchte schlammige Erde, lächelte, ließ sich darauf nieder, als gehörte er zu ihnen, während das seltsame, langgezogene Unisono erschallte, von dem er nichts verstand, nicht wußte, warum die Soldaten es sangen und warum sie aufhörten, denn ihm klang es wie etwas, das weder Anfang noch Ende hatte. Seitwärts erblickte er eine dickbauchige Laute. Er streckte die Hand danach aus, zwei Mann gaben sie weiter, reichten sie ihm zu. Wie war dieses in Nürnberg gebaute deutsche Instrument ins Lager der ungarischen Heiducken gekommen? Als er sie in die Hand nahm, schauten nur ein oder zwei Krieger aus den Augenwinkeln auf ihn, aber als er sie zum Erklingen brachte, der erste Akkord unter seinen Fingern ertönte, umgaben ihn immer mehr mit neugierigen Blicken.
»Sing«, sagte eine Stimme im harten Latein. Sie deuteten auf ein breiteres Strohlager, näher am Feuer, warfen eine Decke darauf und forderten ihn auf, dort Platz zu nehmen wie auf einem Thron. Die Stelle, wo er saß, war etwas tiefer, weil ringsherum eine aus Lehm gestampfte Brustwehr die Seiten des Walls erhöhte. Villanellen und Frottolen singen? Eine vier- oder fünfstimmige Komposition mit einer Stimme? Und siehe, wie reich sie selbst so im Solo klang, voll und schwellend, wenn das Instrument die Harmonien übernahm. Da entwickelte sich der Rhythmus aus dem Versmaß, und die Lautenklänge unterstützten seine Entfaltung . . .
Die Stimme des geschulten Meisters begann – er fühlte es – allmählich die Herzen zu ergreifen. Die Männer rückten näher, er erkannte den, der vorher lateinisch zu ihm gesprochen hatte. Es mochte ein Offizier sein nach seinem mit Edelsteinen besetzten Säbelgriff. Eine kurze Pause . . . so verlangte es der Text. Der Heiduckenoffizier reichte ihm plötzlich ein Gefäß mit Wein: Claudio wischte den Rand ab, wie er es von den Soldaten gesehen hatte, und nahm einen Schluck. Der Wein war schwerer, als er ihn gewöhnt war, aber kratziger. Die Krieger warfen Distelstengel aufs Feuer, die Glut sprühte Funken, er sah die Neugierde, den zu Bewunderung neigenden Ausdruck in ihren Augen. Der Sternwall wurde wieder von Gesang erfüllt . . .
Vom Waldessaum gesellten sich auch einige Krieger in anderen Uniformen zu ihnen. Von ihren dunkelroten Mänteln her kannte er sie bereits, das waren keine Ungarn, sondern Kroaten. Nun standen, saßen

und lagen vielleicht schon an die fünfzig Mann um ihn. Klagend verklang der letzte Akkord auf der Laute, und der Rhythmus der letzten Zeile schwebte noch durch die Stille wie eine Rauchwolke. Als er verklungen war, klatschten die Krieger nicht, wie dies alle Italiener taten, wenn ihnen die Musik gefiel. Der Offizier neigte den Kopf, entnahm seinem Brustbeutel eine kleine Silbermünze, und als hätte er damit die Schleusen geöffnet, flogen breite Kupfergroschen und kaiserliche Achteltaler auf den ausgebreiteten Schafspelz. Dieser Tage mußte es auch hier Sold gegeben haben ... vielleicht erst gestern abend. Man hielt ihn für einen fahrenden Sänger, der die Soldaten gelegentlich erfreute und der einen Anspruch auf Wein und einige Groschen hatte. Er öffnete seinen Mantel mit dem silbernen Wappen Mantuas und ließ die Farben der Gonzaga und seine goldene Kette sehen. Lächelnd winkte er, dann griff er in seine kleine Börse, entnahm ihr einen halben Dukaten, und zu den vielen Kupfermünzen und dem einzigen Silberstück rollte die Goldmünze Mantuas. War er ein Zauberer, der aus dem Nichts Gold hervorbrachte? Wer hatte je einen Schreiber gesehen, der die Hand nicht zum Nehmen, sondern zum Geben ausstreckte? Ein junger Heiducke hob das Dukatenstück auf und prüfte mit dem Fingernagel seinen Klang. Sicherlich hatte er noch nicht viele Goldmünzen gesehen. »Vinum liquas?« fragte der Offizier, der ihn abschätzte, ihn bereits für einen Herrn hielt. Claudio nickte lachend, zwei Heiducken bekamen den Pelz mit den vielerlei Münzen an vier Ecken zu fassen: Weiter hinten stand das Marketenderzelt. Dorthin zogen sie mit dem Geld, unter lautem Gelächter. Ob der Offizier wohl Horaz kannte, der geschrieben hat: »Vina liques.« Der seine einstige »weißarmige Geliebte« so ermunterte ... Plötzlich dachte er, ein schönerer Text ließe sich für ein Madrigal nicht finden ...

Die Schranken waren gefallen. Die Sänger fanden zueinander, und er spürte, daß sie ihn aufnahmen, ihm zuliebe sangen. Zwei verschiedene Stimmen, zwei verschiedene Welten, als die Ungarn und die Kroaten abwechselnd sangen. Sie wurden sanfter, Freude, Glanz zog in ihre Gesichter ein. Die Kroaten schwiegen, während das Lied der Ungarn lauter oder leiser wurde. Dann tranken die Männer in den roten Mänteln und stimmten wieder ihrerseits ein Lied an. Claudio erkannte plötzlich: Das klang seidiger, weicher, kraftvoller, da fehlten die harten Einsätze, die rauhen, vielleicht unbegründeten Fortissimi, die hier am Rande des Niemandslandes mit den Lagergeräuschen verschmolzen. Die Kroaten dehnten die Melodie ... schmückten sie aus, sangen in mehreren Stimmlagen, wiederholten den gleichen Vers fünf- oder sechsmal. Claudio betrachtete die Gesichter der Ungarn: Eine Weile hörten sie aufmerksam zu, dann fielen ihnen die Augen zu, sie gähnten und streckten sich zum Schlafen hin.

Der Offizier stieß einen Pfiff aus, aus der Dunkelheit löste sich ein Schatten: Ein mit Muskete bewaffneter Wachposten. Mißtrauisch und blinzelnd sah er sich in dem vom Feuer erleuchteten Kreis um, sein Kopf mit der Pelzmütze neigte sich nach vorn, erblickte die Feldflasche und griff auch schon danach. Mit dem Durst abgelöster Wachposten nahm er einen kräftigen Schluck. Der Offizier sagte langsam und akzentuiert lateinisch: »Er hat lange das Brot der Ungläubigen gegessen, er kennt ihre Lieder.« Dann sagte er etwas zu ihm. Der Posten sah ihn fragend an, lächelte dann wie einer, der stolz über den erhaltenen Auftrag ist. Aus seiner Innentasche zog er eine lange Pfeife hervor, wer weiß, woher er sie hatte: Auf dem perlmuttbesetzten Rohr waren unbekannte Schnörkelzeichen. Mit einemmal schrillte das Instrument auf. Die Burschen hoben plötzlich die Köpfe, als würde in allen irgendeine verborgene Erinnerung lebendig: schleichende Spähtrupps, hinter Sträuchern aufblitzende Augen, als sie der Musik lauschten, bei der sich die Ungläubigen ohne Wein vergnügten. Wie der Heiducke spielte, klang es wie ein Lied der Teufel. Die Worte – hie und da ließ er einige Silben fallen, wenn er die Flöte absetzte – verstand niemand, und dennoch wußten alle, was den närrischen Spahi bewegte. Die Pfeife erwärmte die Herzen der Krieger, alle umringten den Burschen. Plötzlich begann er zu singen.

Be sejrane gjderüken . . .

Unlängst wollt zur Schenk' ich gehen,
Blieben doch zwei Mädchen stehen;
»Bursche«, fragte das eine mich,
»Wer ist schöner, sie oder ich?«

»Die Frage will ich nicht entscheiden,
Durch meine Schuld soll keine leiden.
Hübsch seid ihr, möcht keine kränken,
Wollt mir doch die Antwort schenken!

Dunkel ist euer Augenpaar,
Wie Orangen euer Busen gar.
Schön seid ihr beide von Statur,
Und süß nicht eure Worte nur.«

Sie sprach weiter: »Ich bitt dich schön,
Wen von uns möchtst du erstehn?
Für welche gäbest du mehr Geld?
Verrat mir's doch, um alle Welt.«

»Ich will dir die Wahrheit sagen,
Kurz und knapp auf deine Fragen:
Die an ihrer Brust das kleine
Muttermal hat, ist die Feine.«

Gespielt ernst begann er mit tiefer Stimme, schaukelte dabei mit dem Bauch, als ahmte er einen feisten Pascha nach. Dann klang seine Stimme gepreßt, um sich unvermittelt wie ein Vogel in die Höhe zu schwingen, die man dem einfachen Burschen mit der sonst so rauhen Stimme nicht zutraute. Sein Lied war türkisch. In Asien geboren die Melodie, im Reich des Sandes, des Sturmes, der jagenden Kamele: Die Krieger des Propheten trugen es in die Feldlager dreier Kontinente. Ein wildes, für christliche Ohren ungewohntes Lied aus der Wüste. Käme der Feldprediger jetzt hier vorbei, ihn schauderte sicherlich vor dem Lied der Ungläubigen. Es war ein offenes Geheimnis, daß auch die Heiducken in dieser Art zu singen verstanden, wenn sie unter sich waren oder wenn der fremde Schreiber es zu hören wünschte.
Der Sänger spielte eine richtige Posse ... die Umstehenden wußten nicht mehr, was echt und was gespielt war. Abwechselnd, in der Art eines Derwisches, hob er die Beine, hüpfte gleich einem Storch im Kreise, dabei schrillte die Pfeife oder es folgte ihr die Stimme gleich dem trillernden Vogelgesang. Die Heiducken, die die Späße des einfachen Volkes, der Marketender, Fuhrleute und Zauberer, und der Akindschi, der besoldeten Reiter der türkischen Armee, kannten – wie zwei Feinde einander so kennen –, staunten über ihren Kameraden, der mit seinen Possen die Türken noch übertraf.
»Claudio ... wo steckst du, Claudio?«
Marinoni bahnte sich keuchend einen Weg durch die Sträucher, ganz außer Atem, der Saum seines schwarzen Mantels war vom Schlamm ganz durchnäßt.
»Seine Hoheit läßt nach dir fragen ...«
Vermutlich hatte er sich von dem Gesang leiten lassen. Er trug seine Bratsche, am Riemen befestigt, auf dem Rücken und schlitterte behutsam auf dem glitschigen, lehmigen Boden. Man sah gleich, daß er kein Soldat war, er bewegte sich schwerfällig, mit den Händen balancierend. Claudio klopfte seinem liebsten Musiker auf die Schulter und nahm ihm mit einer einzigen Bewegung das Instrument ab. »Wir machen ein richtiges Konzert, Battista«, sagte er lachend und griff in der Art eines Virtuosen in die Saiten. Es war sein Lieblingsinstrument, die Viola da braccio, deren tiefere Lagen wie Menschenstimmen klingen konnten.
Die Soldaten umringten sie. Marinoni hatte sich schon ein wenig erholt, er hielt sich an einem Ast fest und wartete darauf, was der Maestro intonierte. Er erkannte die Villanelle ... sie hatten sie schon zusammen gespielt, vierstimmig. Claudio gab das Zeichen, der schöne Bariton Marinonis klang wie die fünfte Saite, allmählich begannen die Stimmen und die Saiten nach den spielerischen Gesetzen dieser süßklingenden Kunstgattung miteinander zu ringen. Der Kreis schloß sich enger. Claudio fühlte, wie ihm das unerklärliche Fluidum entgegenströmte, das fremde Menschen auch ohne Worte einander näher-

bringt ... miteinander verbindet. Die Augen der Burschen leuchteten, andachtsvoll, mit kindlicher Freude lauschten sie wie einer ihnen fremden Sprache der Schönheit, dere geheimnisvollen Sinn sie nur ahnten. Der Soldat, der zuvor nach der Art der Türken Späße gemacht hatte, heftete den sehnsüchtigen Blick des Kenners auf die Finger der spielenden Hand. So klang das verspielte, anmutige Lied, dessen Text Petrarca vor einem Vierteljahrtausend an den Ufern der kühlen Gewässer von Avignon in Reime gesetzt hatte.
»Der Herzog läßt dich rufen, Claudio.«
Der Gast, der die Glut des Abends entfacht und die endlosen Stunden der Wache an dem spärlichen Lagerfeuer versüßt hatte, winkte mit einer leichten Handbewegung, er wollte sich verabschieden, kam aber nicht aus dem von schweren Soldatenhänden geformten, festen Ring: Alle wollten ihm die Hand schütteln. Lateinische Wortfetzen flogen ihm entgegen, die die Soldaten unterwegs aufgeschnappt hatten. Der Offizier schaute ihm in die Augen und fragte leise lateinisch:
»Kommst du morgen wieder zu uns?« Er lachte.
»Was wird morgen sein?« Solange er ihren Blicken nicht entschwunden war, riefen ihm die verzauberten Soldaten noch hinterher.

Der Herzog hatte schlechte Laune. Seit Tagen wünschte er keine Musik zu hören, saß gelangweilt in seinem Zelt, in der Kanzlei, spazierte bis zum Rande des Lagers oder legte sich in seinen großen Sporenstiefeln auf das ausgebreitete Bärenfell. Ungeduldig empfing er Claudio.
»Messere, wo treibt Ihr Euch rum? Wenn Euch etwas zustößt, wie soll ich Madama Claudia Rechenschaft geben?«
Claudio senkte das Haupt, wartete. Er kannte seinen Herrn gut genug, um zu wissen, daß er sich nicht um ihn kümmern würde, wenn er nicht irgendwelche Anordnungen treffen wollte. Er rief ihn näher zu sich und sagte leise:
»Morgen bei Tagesanbruch stürmen wir die Festung. Der Befehl des Erzherzogs ist eingetroffen. Es lohnt nicht mehr, sich heute abend schlafen zu legen. Kommt mit Euren Musikern in mein Zelt ... Die höheren Offiziere, die am Sturm teilnehmen, werden auch zugegen sein. Ich möchte, daß die Musik ... das Lied nicht verklingen, bis die rote Rakete das Signal zum Angriff gibt. Wein wird es nicht viel geben. Wir können nicht betrunken zum Angriff gehen!«
Eine endlose Nacht im blauen Damastzelt Vincenzos unter silbernen Halbmonden. Die Waffenschmiede putzten die Rüstung Seiner Hoheit, luden seine Pistolen, schliffen seine Klingen. Der Herzog lag auf seinem Feldbett, den pelzverbrämten Mantel über die Beine gedeckt. Er lag auf dem Rücken und starrte mit offenen Augen an die Zeltdecke, dann gab er einen Wink, seine Musiker konnten beginnen. Geblieben waren nur jene, die niemanden hatten. Die meisten waren in ihre Zelte gegangen, schrieben ihr Testament oder einen Brief, probier-

ten vielleicht ihre Waffen, um nicht unvorbereitet zum Sturm zu gehen. Viele von ihnen hatten in Wirklichkeit noch kein Pulver gerochen, die älteren, die auf den französischen, flämischen oder italienischen Schlachtfeldern gewesen waren, schauderten vor diesen wenigen Stunden, während die Nacht sich über Esztergom ausbreitete: Es war überall gleich – Wellen der Begeisterung und der Beklemmung wechselten einander ab. Vincenzo, als hätte er eine Reise in die Tiefe seiner Seele unternommen, wandte sich plötzlich Claudio zu.
»Du kommst nicht mit! Nur ein Wahnsinniger läßt seinen Poeten zum Sturm ziehen!«
Er hatte es ausgesprochen, nun fühlte er sich erleichtert. Dabei wäre es schön gewesen, mit Musikklängen loszumarschieren, spitzenbesetzt und mit von Duftwassern erfrischtem Antlitz. Hinter ihm wie auf allegorischen Turnieren die Musiker: Claudio Monteverdi dirigierte, während die Krieger die holprigen Gassen der Stadt hinaufstiegen, bis hin zur gefürchteten, von den Geschützen glattgefegten Burgebene. Das Jerusalem hier an der Donau schwieg – mit seinen gähnenden Kanonen, Wehrgängen und Fallgruben. »Du kommst nicht mit, Claudio!« So war ihm sein Gewissen leichter. Und während er in Gedanken Abschied vom Palazzo del Te nahm, umschlang Agnese seinen Kopf, beugte sich über ihn, summte mit tiefen spanischen Kehllauten ein Liedchen, ihr Augenpaar kam näher, immer näher ... Er wandelte an den Ufern des Bewußtseins, während ihm – wie er glaubte – die Wellen des Acheron gegen die Füße schlugen. Und ihm war, als würde das Gesicht Barbaras seine Agnese vertreiben. Mamma, sie war die erste, die den heranwachsenden Prinzen mit in ihr Bett nahm und ihn lehrte, was Liebe ist. Die doppelte Zeltwand dämpfte die Laute. Er winkte, genug von der Musik ... er begehrte nichts ... Begehrte er nichts? ... Er wünschte den Priester zu sprechen. Aber nicht den Kaplan mit den wässrigen Augen oder den beleibten österreichischen Feldbischof. Hier im Lager nebenan gab es einen ungarischen Pater. Er hatte für den Poeten seiner Heimat, der beim letzten Sturm gefallen war, die Grabrede gehalten. Eine Minute nur, bis Diener mit Fackeln dahin rannten, wo sich das Quartier des Paters befand. Der Herzog wartete voller Ungeduld: All seine Nerven waren gespannt – vielleicht kam der Priester doch nicht? Pater Dobokay sprengte auf dem Pferd heran. Er war ein junger Mann, der am Herrenhof seines Vaters die Pferde ohne Sattel geritten hatte. Die Leibwächter betrachteten verwundert diesen hartgesottenen, unbändigen ungarischen Priester. In einem kleinen Beutel brachte er die Devotionalien, in einer silbernen Dose den Leib des Herrn. Vor dem Zelt stand eine Bank, er setzte sich für einen Augenblick, wollte allein bleiben. Der Klang einer einzigen Viola durchbrach die Stille. Allmählich verklang auch sie, und der Leibwächter zeigte dem Pater den Weg zum inneren Eingang des Zeltes.
Der Priester kannte die Nacht vor dem Sturm bei solchen Großherren.

Die Krieger hatten sich daran gewöhnt. Sie verlangten nicht nach nächtlichem Besuch. Aber bei den Fürsten regte sich in dieser Stunde das Gewissen. Von draußen hörte man einen Chor. Der Pater erkannte eine der kurzen Motetten Palestrinas. Im nächsten Augenblick stand er vor dem Herzog, der ihn stehend empfing. Im Ledergewand und in Stiefeln.
Im Vorraum des Zeltes wurde es lebhafter. Nacheinander kehrten die Herren zurück: Offiziere der Garde, Familiaren, die morgen mit Seiner Hoheit zum Angriff zogen. Aber Vincenzo hatte Wachen vor dem inneren Zelteingang aufstellen lassen. Dem Pater wies er neben sich einen Platz an. Bis die rote Leuchtrakete gen Himmel emporschoß, wünschte er die Zeit im frommen Gespräch zu verbringen.

Die Heiducken, Söldner und Musketiere sanken in einen bleiernen dumpfen Schlaf. Sie hatten am Abend getrunken, bis die Müdigkeit sie übermannte. Mit Ausnahme der Wachen hatten sich alle zur Ruhe begeben, nur noch vereinzelt glimmte Glut am Rande des Lagerfeuers. Die Soldaten wußten, daß es Torheit war, vor dem Sturm zu wachen. Aber im Zelt, am Tisch saßen die Mantuaner. Die Morgendämmerung war noch weit, als Vincenzo und hinter ihm der hagere, glattrasierte Pater erschienen. Der Herzog mutete jetzt in der Tat wie ein gesalbter Kreuzritter an, sein Gesicht strahlte, und sein Bart leuchtete im Kerzenschein. Er schaute zur Zeltöffnung hinaus: Es war, als würde vom Osten her dämmerndes Morgengrauen den Himmel aufhellen.
Noch eine Stunde . . . noch eine halbe Stunde bis zum Beginn des Angriffs. In diesem Augenblick traf der Kurier des Erzherzogs ein. Das Kriegsgeheimnis verlangte es, daß man erst unmittelbar vor Aufbruch erfuhr, in welcher Reihenfolge die einzelnen Truppenteile zum Angriff zogen. Dies war freilich entscheidend für die große Frage: Leben oder Tod. Die als erste zum Sturm ansetzten, auf schwankenden Leitern gegen unzerstörte Festungsmauern: Sie würden das Mittagessen kaum erleben. Der Offizier zog aus seiner mit Spitzen besetzten Manschette den versiegelten Brief hervor.
»Voran stürmen die Ungarn und die Kroaten, die zweite Reihe bilden die Mantuaner. Wenn sie zurückgeschlagen werden, folgen in der dritten Reihe die bayrischen, sächsischen und rheinischen Truppen.«
Die Herren wechselten Blicke. Sie lebten schon lange genug in dem Belagerungsring, um zu wissen, was der Unterschied zwischen Heiducken und dem gepreßten Fußvolk aus dem Reich war. Sich in den Fußtapfen der Ungarn zu halten, bedeutete mehr Sicherheit für das Leben . . .
Alessandro Striggio, der Sekretär des Herzogs, legte die zwiebelförmige Schlaguhr vor seinen Herrn. Es war einige Minuten nach fünf. Er gab einen Wink, die Waffenschmiede traten ein und legten dem Herrn Mantuas mit fachkundigen Bewegungen die Rüstung an. Unterhalb

des Hügels nahm die Sturmkolonne Aufstellung. Es hatte sich schon herumgesprochen, daß die Mantuaner in der zweiten Welle zum Angriff gingen. Nach und nach entstand in den Reihen der Italiener mit ihren Helmen, Federhüten, Lederstiefeln und Rüstungen eine gewisse Ordnung: Leitern, Pulver und Blei wurden ausgegeben und Geschütze in Stellung gebracht.
Das Grau rang mit dem sich im Osten rötenden Himmel, Stimmen der erwachenden Natur drangen über das Überschwemmungsgebiet: Das morgendliche Kreischen der Vögel, das Heulen der Wölfe schreckte das Sumpfgebiet auf. Jetzt setzte Nieselregen ein, ein Krachen im Wald: Ein Baumstamm mochte umgestürzt sein. Eine rote Kugel pflügte am Himmel entlang, blieb für einen Augenblick gleichsam schwebend stehen (das war eine Erfindung der Neapolitaner Feuerwerker, von ihnen hatte sie die kaiserliche Armee gekauft). In diesem Augenblick feuerten alle Belagerungsgeschütze. Die Erde erbebte, die Zeltstangen wankten, die eine noch stehende Mauer des einstigen Gehöftes stürzte laut krachend ein. Die Kanoniere atmeten mit blassem Gesicht, wer vergessen hatte, den Mund zu öffnen, dem sickerte Blut aus der Nase. Vom ungarischen Lager her erhob sich ein furchteinflößendes Geschrei.
Als zögen apokalyptische Scharen in den Kampf: Die Heiducken griffen an. Da war keine Rede von regelmäßigen Reihen, von Trommelwirbel und dem Takt der Wachtmeister. Von sich aus, fluchend und erbittert schleppten sie die Leitern. Plötzlich gaben die bisher stummen Kanonen aus der Festung Antwort, aber die Belagerer hatten die erste Feuerlinie schon hinter sich. Den toten Raum hatten sie noch nicht erreicht, aber sie stiegen schon die winkligen Gassen der Stadt hinauf, hinter Trümmern und Mauerresten Deckung suchend.
Als der Rauch der Salve sich verzogen hatte, trieben Staubwolken dahin, stürzte ein Mauerbrocken oder ein Felsen in die Tiefe, aber der Wind vertrieb die Wolken und die Basteien standen da, ein wenig mitgenommen, die Zinnen verdeckten die Zerstörungen im Inneren. Die Geschütze in der Festung feuerten jetzt ununterbrochen, glühende Kugeln schlugen im Quartier des Reichsheeres ein.
Claudio stand am Rande des Hügels, auf dessen gegenüberliegender Seite das herzogliche Zelt aufgeschlagen war. Lockere Farbtupfen tauchten vor seinen Augen auf, er hörte den gellenden Ruf der Kanoniere, und er wußte schon, wenn sie mit der Lunte nahten, mußte er den Mund öffnen, damit der Luftdruck das Trommelfell nicht zerriß. Sein Auge folgte jenen, die nach vorn drangen: Sich ausbreitende braune Flecken in dem blassen, ziegelfarbenen Befestigungsraum. Oben stürzte dann und wann ein Mauerabschnitt ein, dahinter tauchten Bauern auf, mit Schaufel und Spaten, die man in dem sich verstärkenden Feuer herantrieb, die Schäden auszubessern.
Vincenzo gab mit dem Stab das Zeichen, dann reichte er das von

einem römischen Meister kunstvoll geschnitzte Feldzeichen seinem Pagen. ›Von nun an‹, verkündete stolz seine Miene, ›haben die Waffen das Wort.‹ Statt eines Hutes schmückte ein Silberhelm seinen Kopf. Er hatte keine Sporen an den Stiefeln und seine Rüstung war ohne Zierat. Einen Mantel trug er nicht, um damit nicht hängenzubleiben. (All dies waren Ratschläge der Waffenschmiede.) Er trug das altehrwürdige Gonzaga-Schwert und zwei Pistolen im Gürtel. Rings um ihn sein Gefolge, mit dem Herzog verwandte Gonzaga, Medici und Rossi. Der unausgesprochene Befehl lautete natürlich, daß die Herren erst dann in Richtung des Glacis aufbrachen, wenn die Söldner den Weg bereits gesäubert hatten. Von dem Herrn Mantuas konnte niemand verlangen, daß er sich auf der Leitersprosse schlug wie ein gewöhnlicher Fußsoldat. Ja ... oben auf der Bastei ... an der Mauer, wo Mann gegen Mann kämpfte, wo kein siedendes Pech heruntergegossen und keine Leitern umgestoßen wurden: Dort begann die würdige Aufgabe für die Edelleute.
Claudio hatte scharfe Augen, er konnte weit sehen. Er kannte die Ungarn wohl besser als jeder andere Mantuaner. Welcher mochte sein Freund von gestern sein ... wo war er, der Heiducke mit dem Lederharnisch, der junge Krieger mit der Türkenpfeife, der lateinisch sprechende Offizier, der ihn gefragt hatte, ob er morgen wieder käme, mit den Worten: »Cras redibis?« Sie stürmten voran. Heute warteten sie nicht auf Monteverdi im ungarischen Lager ... Im grauen Vorfeld des toten Raumes vermehrten sich plötzlich die braunen Tupfen. Wenn sie diesen Abschnitt überquert hatten, konnte sie – soviel verstand er von der Kunst des Festungskampfes – unmittelbar unterhalb der Festungsmauer kein Geschützfeuer mehr erreichen. Die braunen Tupfen wuchsen an: Während brennende Pechkränze durch die Luft flogen, verschmolzen die Lederharnische und Pelzjacken mit der schmutzigen, morastigen Erde, dem Schlamm und den Staubwolken der einstürzenden Festungsmauer. Von hier, vom Hügel aus bot sich ein wunderbares Bild: Gleich Ameisen bewegten sich die Krieger nach vorn, mit winzigen Leitern in den Händen, hingen ihre unsichtbaren Haken in die Mauerspalten, immer mehr und immer höher kletterten sie hinauf ... Jetzt wirbelte ein schlecht gezielter Schuß der kaiserlichen Kanoniere Staub gerade über ihren Köpfen auf ... mag sein, daß der eine oder andere getroffen wurde. Die Leitern wurden aneinandergefügt, so kletterten sie in halsbrecherischer Weise empor. Vor den herunterbrechenden Mauerbrocken schützten sie den Kopf mit ihrem Schild. Noch einige Sprossen, und die erste Welle war oben auf den beschädigten Mauern.
Er war nicht der einzige, der das Geschehen von hier beobachtete. Rossi schwang den Arm, die Fanfarenbläser stießen alle zur gleichen Zeit in die Instrumente. *Jetzt bricht Tankred auf, um Jerusalem zu erobern.* Die Mantuaner schritten in Marschordnung, entsprechend den

Regeln der Kriegskunst, schleppten frischgezimmerte, gestrichene Sturmleitern. Die Schwerter der Offiziere wiesen die Richtung. Als sie am Fuße der Mauern anlangten, konnte man schon erkennen, daß sich nur die erste Angriffswelle in Todesgefahr befand: Die zweite konnte erst nachrücken, wenn Platz zum Angreifen war. Vergingen Minuten oder Stunden, während sie hier vom Hügel aus zuschauten? Der tote Raum füllte sich mit dem Blut der Verwundeten und Toten: Als wäre es das grausame Spiel von Giganten – die Verteidiger stießen mit gewaltigen eisernen Haken die Leitern von den Mauern ab, das hölzerne Gerät schwebte und riß jene mit in die Tiefe, die sich nirgends mehr festklammern konnten.
Aufleuchtende und verschwindende Turbane, das pausenlose Blitzen der Handfeuerwaffen . . . und siehe, jetzt wurden die braunen . . . sich vom Erdboden kaum unterscheidenden Heiducken allmählich durch die Reihen der bunten, vielfarbigen Mantuaner abgelöst . . . genauer: Sie verdichteten sich am Fuße der Leitern, die Bewegungen verlangsamten sich, kamen an manchen Stellen zum Stehen. Spitzen, Federn, Pluderhosen, Harnische, bunte Mäntel überfluteten die unteren Leitersprossen. Verstehen konnte man es nicht, man sah nur, daß die Angreifer laut schreiend und lebhaft gestikulierend einander aufforderten, in den schützenden toten Raum zu kommen.
Plötzlich zerriß eine grüne Rakete den Himmel. In der Sprache der Heerführer: Angriff beenden, Sturm abbrechen. Was war geschehen? Warum kam der Sturm ins Stocken? Oder war das Ganze nur ein Scheinangriff gewesen? Was bezweckte Mansfeld, der die ganze Operation leitete? Wollte er mit dem Angriff die Türken nur ermüden, ihnen einen Vorgeschmack von der Kraft der Belagerer geben, sie beunruhigen, die leichteren Befestigungsanlagen zerstören und die Verteidiger bewegen, von sich aus Verhandlungen mit den Angreifern anzustreben.
Die Aktion versetzte das Lager in freudige Stimmung: Es war gelungen, sich den Basteien zu nähern und die Ungläubigen ohne allzugroße Verluste zu beunruhigen. Alle fanden es selbstverständlich, daß man zu dieser Kraftprobe die Heiducken vorangeschickt hatte. Sie waren ein bodenständiges Volk, und sie kannten die Kampfweise der Türken. Wenn sie umkamen, setzte der eines christlichen Kriegers würdige Tod einen Punkt hinter das unstete Soldatenleben.
Die Hauptwachtmeister erfaßten die Verluste, die Feldschere amputierten Beine und Arme; es war gelungen, einige Türken mit Fangleinen von den brüchigen Mauern zu reißen, diese trieb man nun von Lager zu Lager, um sie zur Schau zu stellen. Mantuaner hatten nur noch vereinzelt die Sturmleitern bestiegen, das Zeichen zum Rückzug war gerade ertönt, als die Reihe an ihnen gewesen war. Nach ihrer Rückkehr, unter Horn- und Trommelklängen, in Kampfordnung, hatte der eine oder andere zerrissene Kleidung, ein verräuchertes Gesicht, und

sogar leichtere Verwundete gab es unter ihnen. Jene, die einen Dukaten oder Taler in der Tasche hatten, blieben zurück: Die Heiducken verkauften ihre türkischen Gefangenen billig. Es war ein Rechenexempel: Der wohlhabende Türke würde sich für das Zehn- oder Zwanzigfache des bezahlten Preises freikaufen müssen. So vergrößerte sich die Zahl der Gefangenen im Lager Herzog Vincenzos. Die Heiducken wußten, wo sie Geld für die schopftragende Ware bekommen konnten.
Claudio vermochte sich nicht von dem Hügel zu trennen, das Bild, die Bewegung waren unvergeßlich. In der Ebene, am Rande der Stadt sah man eine Wagenreihe, im aufgehenden Sonnenschein sprühten die Kanonen goldene Funken. Der die Festung verteidigende türkische Hauptmann würde dem Pascha von Buda sicher berichten: »Esztergom hat den Ansturm auch heute abgewehrt.« Claudio verfolgte mit dem Blick die dahinziehenden Vögel und erwog, welcher die Brieftaube aus der Festung sein mochte.
Der Herzog kehrte an der Spitze seines Stabes zurück. Sie hatten den Rand des Glacis erreicht, in besonderer Gefahr aber hatten sie nicht geschwebt, nur einige Geschosse von Wallbüchsen hatten in ihrer Nähe eingeschlagen. Die heroische Entschlossenheit währte solange, bis er im Gesicht ein heftiges Stechen empfand. Es mochte sein, daß die Erregung und die Kampfvorbereitung den Schmerz bis jetzt unterdrückt hatten, nun, da sich die Spannung löste, hatte er das Gefühl, sein Gesicht würde anschwellen, immer mehr schmerzen. Als er sein Zelt erreichte, spürte er das Fieber in seinen Schläfen pulsieren. Der Arzt kannte diese Krankheit im Lager schon: Der Herzog war nicht der erste, der über Gesichtsschwellung und Hämmern in den Schläfen klagte. Er bereitete vor den Augen Striggios den Sud, von dem er selbst erst einen Schluck nehmen mußte, als Beweis, daß er kein Gift in das Heilmittel gemischt hatte. Draußen am Hang des Hügels wälzten sich an dem kühlen Morgen immer mehr Krieger in ihrer bitteren Qual. Dann gab es noch eine Krankheit im Lager, die man in Italien nicht kannte. Die Ungarn bezeichneten sie als roten Durchfall, die anderen einfach als Ruhr. Sie hatte nur einige Tage gebraucht, um auch auf die Zeltstadt der Mantuaner überzugreifen.
»Der Herzog ist krank«, verbreitete sich die beunruhigende Nachricht. Striggio, der Sekretär, bat Seine Hoheit, sich zu überwinden und sich im Vorraum des Zeltes zu zeigen, damit man sähe, daß das Fieber ihn nicht überwältigt habe. Nach dem bewegten Morgen zog allmählich Ruhe im Lager ein, für heute gab es keinen besonderen Dienst, man hatte die Auszahlung des Soldes versprochen.
Claudio mußte daran denken, daß die Krieger des »Befreiten Jerusalem« keine Sorgen wegen Brot, Sold oder Futter für ihr Pferd hatten, zumindest stand bei Messer Tasso darüber nichts geschrieben. Ihm jedoch bereitete es genügend Sorge, wie er seinen jungen Hausstand einrichten sollte, wovon er dem Wucherer die fünfzig Scudi zurückzahlen

würde, die er sich über den Betrag vom Vater hinaus geliehen hatte. Wenn Seine Hoheit in der Festung reiche Beute machen würde, bekäme davon sicher auch der Maestro di campo. Doch darauf war vorerst kaum Aussicht, der schmale Sold aber reichte hinten und vorne nicht, und die Taschen der mantuanischen Herren waren größtenteils schon leer. Der Hornist blieb vor dem Zeltlager stehen und blies zum Mittagessen. Das bedeutete, daß der Herzog mit seinem Geleit jetzt ins Speisezelt zog, wo die Köche schon warteten. Als Vincenzo erschien, sah der Sohn des Arztes betroffen die blauen Flecken um die Nase, die aufgedunsenen Lippen und gewahrte, daß sich sein ganzer Gesichtsausdruck erschreckend verändert hatte. Einige Male hatte Claudio diese Krankheit in der Hexenküche seines Vaters gesehen. »Gesichtsrose«, sagte dann Doktor Baldassare, »manchmal kann sie sehr gefährlich werden.«
Die Speisenträger brachten die Schüsseln, Vincenzo stocherte teilnahmslos im Essen. An der Tafel wurde heftig debattiert, pro und contra wegen des unterbrochenen Angriffs von heute morgen, ob nun Schlappe oder Erfolg – jedenfalls wollte man den Grund erfahren. Sie waren Italiener, seit Jahrhunderten geübt im Festungsbau, im Angriff, in der Kunst der Belagerung, jeder wußte eine gallige Bemerkung auf die Kaiserlichen: Mansfeld sei zu alt, die Erzherzöge seien hilflos, die Reichssöldner im Ernstfall keinen roten Heller wert, die Heiducken undiszipliniert, lose, große Massen würden bewegt, das Zusammenspiel sei gering, die Belagerungsgeschütze taugten nichts. Das Gebiet, auf dem sich der Belagerungsring erstreckte, sei ausgeplündert, öde und leer. Windböen lösten einander ab, der Luftzug drang durch die doppelte Zeltwand. Die Stimmung des Herzogs griff auf die Markgrafen und Barone über, die wie flügellahm auf den unbequemen Bänken hockten. Die Worte stockten, auf allen Lippen schwebte die stumme Frage: Wie lange sollte die Belagerung noch dauern, wie lange sollten sie noch an dieser elenden Felsburg an der Donau ausharren? Und wenn sie sie eroberten? Was würde dann geschehen? Gelänge es damit wirklich, die Macht der Ungläubigen zu brechen?
Der fiebernde Herzog neigte den dröhnenden Kopf. Seine verschwollenen Augen starrten mißmutig auf den Teller. Er sprach kein Wort, man sah, daß er mit sich selbst rang, innerlich unzufrieden war: In solchen Fällen war es das beste, ihn in Ruhe zu lassen. Ein einziges Wort, auch die Schmeichelei eines Höflings, konnte ihn bis zum Äußersten reizen. Die Musiker standen wieder mit Spitzenmanschetten und sauberen Kragen da, ihre Hände ruhten auf den Instrumenten, sie warteten, wann Seine Hoheit das Zeichen zu geben geruhte, daß die Tafelmusik beginnen konnte. Aber Vincenzo blieb stumm, und seine Hand rührte sich nicht. Rossi, der neben ihm saß, sah, daß sein Gesicht immer röter, immer erregter wurde. Der Herzog blickte zur Zeltdecke hinauf: Bläulich schmutzig sickerte der Regen herein.

»Ich habe beschlossen: Wir brechen das Lager ab, ich habe mein Gelübde erfüllt. Man ließ uns bei der Belagerung nicht zum Zuge kommen. Wir kehren nach Mantua zurück!«
Rossi sprang auf. Seinem Beispiel folgte auch einer der Herzöge Medici, und es schien, als wollten sie die Hand des erhabenen Verwandten festhalten. Aber auch der Herzog stand nun schon, die Speisenträger erstarrten in der unpersönlichen Haltung der Diener, die Pagen setzten die Weinkrüge ab.
»Bei dieser Heerführung wird Mantua nicht gebraucht. Mir ist zu Ohren gekommen, daß man im Quartier der Erzherzöge sagt: Wir wollten gar nicht kämpfen. Man könne uns nicht gegen die Türken schikken. In die Burg von Visegrád, die wir erobert haben, hat man deutsche Besatzung gesteckt. Auch hat man mir mit keiner Silbe gesagt, daß das von heute morgen nur ein Scheinangriff sein würde. Dabei verlieren wir von Tag zu Tag mehr Krieger wegen allerlei hiesiger Krankheiten. Ich selbst fühle mich auch nicht wohl . . .«
Graf Carlo machte schon seit Tagen vor Seiner Hoheit Anspielungen, daß die herzogliche Kriegskasse allmählich zur Neige gehe, er könne die Soldaten nicht versorgen . . . die Tage würden kühler, die Türken zögen Verstärkungen zusammen . . . Doch damals wollte Vincenzo noch nichts von der Rückkehr hören. Jetzt mußte er, Rossi, so tun, als überraschte ihn der plötzliche Beschluß seines Herrn.
Die Nachricht drang ins Lager hinaus: Nach einer halben Stunde erfuhren es bereits die Soldaten in den Postenstellungen. Die gelangweilt herumlungerten, düster die Toten dieses Tages beerdigten, unter dem ewig grauen, verregneten und windigen fremden Himmel, inmitten unbekannter Gefahren, lebten plötzlich auf, im Lager von Mantua begann ein zersetzendes, wimmelndes Durcheinander. In der Nacht wurde ein improvisierter Kriegsrat gehalten: Daran beteiligten sich bereits die Militärintendanten, die Trainoffiziere und die Hauptwachtmeister. Das Fieber des Herzogs schien auf den Sud hin ein wenig zurückzugehen, aber er aß und trank noch immer nichts. Von dem Reservevieh wurde einiges geschlachtet, und die Krieger bekamen Sonntagsverpflegung. Die Kettenposten wurden verdoppelt, damit zum Reichslager keine Nachricht hinüberdringen konnte.
Schließlich gewahrte der Herzog Claudio. Den ganzen Tag über hatte er den Musikern kein Augenmerk geschenkt.
»Geht es mit der Missa vorwärts? Ich habe seit Tagen nichts davon gehört!«
»Hoheit, das Gloria ist fertig . . . aber das ist nur ein Teil. Zur Ausarbeitung der gesamten Messe brauchte ich einige Wochen.«
»Zu Hause. Oder unterwegs, Claudio. Aber jetzt möchte ich, daß die Musik diesen langen häßlichen Tag verschönt. Wenn ich dabei einschlafe, tut es nichts. Dann träume ich wenigstens schön. Beginnt!«
Der längliche Kopf Monteverdis beugte sich über die Viola da gamba.

Heute verspürte er Lust, auf diesem Instrument zu spielen, inmitten der fünf anderen Musiker. Wortlos teilte Marinoni die Noten aus. Striggio, der herzogliche Sekretär, der selbst der Sohn eines Musikers war und im Ruf eines ausgezeichneten Dilettanten stand, setzte sich zwischen sie, um, wenn nichts anderes, die Noten umzublättern.
Draußen unter dem schwarzen Mantel der Nacht regte sich das mantuanische Lager ... als wollte es sich von seiner Stelle bewegen. Hundert und aber hundert Hände entfernten Zeltpflöcke und Stangen, in allen Händen waren anstelle von Waffen Werkzeuge, und unbekannte Geräusche durchbrachen die Stille der verregneten Nacht. Die Gemeinen schwitzten vergnügt, die Offiziere rannten auf und ab, die Ritter legten Reisegewänder an, ihre Diener verpackten das Gepäck. Wer es jedoch ermöglichen konnte, warf einen Fetzen auf die schlammige Erde und ließ sich nahe dem Zelt Herzog Vincenzos nieder. Es gab Musikstücke, die sie kannten, und andere, die sie noch nie gehört hatten. Sie rätselten, wie der Titel, der Text der Motette, der Villanelle lauten mochte ...
Die Instrumente verstummten, Gesangsstimmen lösten sie ab. Dann wurde es für einige Minuten still. Nur ein einziges Instrument leitete eine andächtige Partie ein.
Die Nebenzelte des Herzogs waren schon abgebrochen, nun war die Reihe an der Kanzlei. Zimmerleute in ihren ledernen Mützen waren am Werk, ihre Axtschläge dröhnten rhythmisch in der Dunkelheit.
Und nun erklang mit einemmal ganz piano, dann immer stärker werdend – so kräftig es sechs Sänger vermögen – das Gloria von Visegrád. Ein Zimmermann schob die Mütze zurück, legte das Werkzeug aus der Hand, blieb stehen, kam dann einige Schritte näher und sah sich um: auf Bänken, Mänteln oder Stroh lagen hohe Herren, mit offenen Augen träumend, den Kopf in die Hand gestützt. Ein Söldner kümmerte sich nicht um den Gesang, spaltete ein Brett. Einer der Kameraden stieß ihn in die Seite, andere hielten einen am Arm fest, der Zeltstangen über den Boden schleifte. Das Gloria klang, drang durch die Wände des Zeltes. Es war, als streichelte es das Lager der Mantuaner, den Feldherrn, die Krieger und die Gräber.

13

Der Arzt zeigte Maddalena den Brief Claudios. »Wenn er sich nicht an das Hofleben gefesselt hätte ... könnte er jetzt ruhig auf dem Dirigentenstuhl einer Kathedrale sitzen. Aber du siehst, was er schreibt: ›tener un certo rango‹ – ja, dieses standesgemäße Leben kostet viel. Gewiß, am Hof kann er nicht mit geflickten Ärmeln erscheinen. Er muß sich eine Kutsche halten oder mieten, im Haus werden auch ein Diener und

eine Magd gebraucht, freilich, das ist auch Sache der Familie Cattaneo . . . aber es kostet doch Geld. Wenn es die Lage erfordert, muß er von Zeit zu Zeit selbst Aushilfskräfte für die Kapelle einstellen. Und siehst du, jetzt braucht er wieder fünfzig Scudi.«
»Wenn er es wenigstens zu etwas brächte, aber er ist noch immer Bratschist in der Kapelle . . .«
»Als er vor dem Feldzug den Titel Feldkapellmeister erhalten hatte, hatte ich nichts dagegen . . . er sollte gehen, er ist jung, es schadet nicht, wenn er eine kleine Kostprobe vom Kriege erhält. Er brauchte Stiefel, Pferd und Waffen. Und wir glaubten alle, wenn in Mantua der Dirigentensessel frei würde, könnte kein anderer ihn einnehmen, nur Claudio. Jetzt ist, wie er schreibt, der alte Meister Werth gestorben. Und der Herzog hält unseren Claudio noch für zu jung für dieses Amt . . . er hat Benedetto Pallavicino ernannt, du weißt, der hier gewohnt hat . . . auf dem Platz S. Abbondio . . . Also auch ein Cremonenser. Aber kann er sich im Ruf mit unserem Claudio messen?«
»Wozu braucht er die fünfzig Scudi?«
»Der Herzog ist der »Gerusalemme liberata« überdrüssig. Jetzt bereitet er sich für eine Reise nach Flandern vor. Da nimmt er seine besten Musiker mit. Nun bedarf es keiner Rüstung, sondern eines neuen Samtwamses, Taftmantels, neuer Spitzen. Gewiß . . . gewiß . . . er muß standesgemäß erscheinen. Da ist es ein Glück, wenn der Alte helfen kann, aber fünfzig Scudi sind viel Geld . . .«
Die kleine Glocke am Tor ertönte. Die Magd rief:
»Messer Germelli liegt im Sterben. Bevor man den Priester ruft, läßt man den Padrone bitten, ihn zu besuchen . . .«
Baldassare stand auf, nahm seinen Stock und seine Medikamententasche und verließ etwas gebeugt das Zimmer. Auf der Schwelle blieb er stehen.
»Siehst du, solange man nach mir schickt, solange man hier Vertrauen zu mir hat, solange vermag ich Claudio zu helfen.«
Im Hause Germelli hatte man schon den Maurer rufen lassen, der in der Nacht die kleine Pforte der Toten aufbrechen sollte. Aber der Arzt verjagte den sich zum Aderlaß anschickenden Barbier, und der treue Schüler des großen Vesalius begann seinen Kampf mit dem Tod.
Spät in der Nacht ging er nach Hause. Der Diener Germellis ging mit der Lampe vor ihm her. Frau Maddalena hatte schon mehr solcher Nächte durchwacht. Eine Wärmflasche im Bett, etwas Herzhaftes zu essen und die Stille des Morgens, damit der Arzt etwas Schlaf nachholen konnte. Als er jetzt eintraf, sah die Frau ihren Mann in der gewohnten Art nur stumm und fragend an . . .
»Diesmal hat er überlebt. Blutegel sind immer besser als ein Aderlaß. Die Dummköpfe glauben, das kleine Tier heile durch das, was es aussaugt, dabei steckt das Elixier in dem, was es dem Kranken einspritzt. Ich habe noch einen ganzen Topf voll Blutegel. Die saugen besser . . .

es sind welche aus Ungarn. Claudio hat sie von seinem Burschen im Überschwemmungsgebiet der Donau sammeln lassen. Bei uns kann man höchstens im Frühjahr in der Gegend des oberen Po welche finden. Ja ... Vesalius hat einmal gesagt: ›Was der Blutegel in den Körper spritzt, das verhindert, daß das Blut gerinnt ...‹ Bei Germelli bin ich im letzten Augenblick gekommen. Wir haben gekämpft ... diese häßlichen kleinen schwarzen Tiere haben heute abend den Tod verscheucht. Germelli hat so sein Leben Claudio zu verdanken, und ich verdanke ihm die Goldstücke ... Es schickt sich, Maddalena, daß ich dieses Geld meinem Sohn schicke.«
Er legte fünf schöne Halbdukaten auf den Tisch. Seine Augen glänzten, von Tränen und vor Müdigkeit. Die Frau legte den Arm um den gebeugten Rücken ihres Mannes.

In Spa, dem in ganz Europa berühmten Badeort, warteten die Edelsteinhändler und Diamantenschleifer schon auf den Herzog. Entsprechend den Sitten der Zeit lockte das leichtere, ungezwungenere höfische Leben so manchen fürstlichen Sproß, Kardinal und Künstler zu den wundersamen Heilquellen, die dann umringt wurden von Abenteurern, Geldverleihern, Doktoren der schwarzen Magie, sich langweilenden Schönen. Und »an den Ufern des plätschernden reinen Wassers« gediehen genauso reichlich Liebesabenteuer wie verdächtige politische Aktionen oder hochfliegende philosophische Gespräche. Die Lebensform des ersten europäischen Badeortes bildete sich heraus: Die hohen Herren heilten mit Schlamm, Bädern und Salben ihre Leiden: Gicht, Podagra und Franzosenkrankheit. Abends in den geräumigen Sälen rollten die beinernen Würfel oder man spielte mit kunstvoll gemalten Karten. Vermögen wechselten den Besitzer, und die anwesenden flämischen Wucherer strichen dabei reiche Ernte ein.
Die Mantuaner frönten in Spa der Liebe, dem Müßiggang und dem Kartenspiel. Musik wurde nur wie kleine Brosamen nach dem einen oder anderen üppigen Mahl ausgestreut. Claudio trieb sich den lieben langen Tag in den Straßen der übrigens langweiligen, öden Kleinstadt herum. Sein Quartier mußte er mit seinen Musikern teilen, er genoß keinen bevorzugten Titel, war einer unter den Violaspielern des Herzogs. Einen Rang genoß er nur vor seinen Kollegen: Sie betrachteten ihn untereinander als den wirklichen Maestro.

Es war ein regnerischer Nachmittag. Im herzoglichen Quartier war man des Regens überdrüssig; Seine Hoheit blätterte – wenn er sich nicht zu einer Kartenschlacht rüstete – mißmutig in mitgebrachten Akten und gähnte gewaltig. In dieser lauen, freudedämpfenden Stimmung ließ sich ein vortrefflicher geistlicher Würdenträger beim Herzog melden: Jacques David du Perron, Bischof von Evreux, der ausgezeichnete französische Komponist. Er war Seiner Hoheit nicht unbekannt, hatte dieser doch bereits mit seinem Vater, dem Gobbo, im Briefwechsel gestanden. Der namhafte französische Humanist, ein Freund von Ronsard und Baif, war nach Spa gekommen, um seine träge Galle zu kurieren. Hier hatte er erfahren, daß sich einer der größten Mäzene Italiens zur Zeit in der Stadt aufhielt, und er kam in das Quartier der Mantuaner, um Seiner Hoheit, der sich hier inkognito vergnügte, einen Besuch abzustatten.

Vincenzo fing Feuer. Der Bischof – seine kirchliche Würde nur durch ein schmales violettes Band andeutend, ansonsten kleidete er sich wie die Mitglieder der französischen »noblesse de robe« – hatte seine Musiker mitgebracht, die draußen im Vorzimmer geblieben waren. Perron meinte, wenn der Herzog Freude daran hätte, wollten sie gern ein kleines, echt französisches Konzert improvisieren.

»Claudio? Wo ist Claudio?«

Man fand ihn im bescheidenen Quartier der Musiker. Einige Minuten später standen sich die beiden Maestros Aug in Aug gegenüber. Die Unterredung ging zwar nicht leicht, aber auf dem Weg zwischen dem italienischen Französisch und dem französischen Italienisch verstanden sie einander doch, und Monteverdi wußte nun schon, daß er in der nächsten Stunde zu hören bekommen würde, was Gallien und Flandern seit Meister Lassus hervorgebracht hatten.

»Auch wir forschen nach dem Geheimnis der Alten, Maestro, aber vielleicht nicht so wissenschaftlich, nicht auf Platon und Boëthius gestützt wie die ehrenwerten Florentiner. Wir sind, ich will es gestehen, einfach drauflos gegangen, und es mag sein, daß wir für unsere Musik deshalb den Ausdruck *›mesurée à l'antique‹* gebrauchen, weil wir sie damit besser von der Polyphonie trennen und das Interesse gebildeter Geister dafür wecken können und weil wir uns selbst daran erfreuen. Oh, mein Herr, welch reizvolles Spiel, die leichten und schweren Silben, den Anapäst oder Daktylus im Rhythmus der Musik auszudrücken.«

»All das mit Tönen? Mit Verlaub ... das ist Spielerei.«

»Spielerei! Bediente ich mich Eurer Sprache, würde ich es *scherzi musicali* nennen ...«

Monteverdi lächelte.

»Ein schöner Name, hochwürdiger Herr. Musikalische Scherze? Wenn Ihr gestattet, werde ich ihn gelegentlich verwenden. Aber darf ich fragen, was Ihr und Eure Musiker heute spielen werdet?«

»*Vaudeville* und *airs de cour* bezeichnen wir diese Stücke, die eigentlich Spottlieder waren, aber auch andere kraftvolle Gemütsbewegungen auszudrücken vermögen ... Zorn oder Angst ... Man kann in diesem Stil auch Tanzmusik machen, denn der Hof, die Höfe der vielen Herzöge und Pairs verlangen alle nach *ballet de cour* ...«

Vincenzo war ungeduldig. Die Debatte der beiden Meister erinnerte ihn an die Dispute der Alchimisten – nur der Wissende konnte sie verstehen. Es blieb dem Dilettanten, die Theorie aus dem Werk abzuleiten.

Es waren vier Musiker. Das Lied, das sie als erstes sangen, eine Chanson, war ganz überraschend: die anführende, hohe Stimme wurde vom Sänger mit der besten Stimme gesungen. Die anderen drei spielten und sangen begleitende, nicht gleichberechtigte Stimmen. Den vollständigen Text sang nur der erste Sänger mit einer seltsamen, die Worte mehr sprechenden als singenden Tongebung, die in den Schlußzeilen jeder Strophe erst in wirklichen Gesang überging.
Volle Stimmen ... ein mit langen Melismen ausgeschmückter Gesang, jede Stimme imitierte die andere ; man empfand die Achtung vor dem Kontrapunkt. Diese Musik war nicht reizvoll durch ihre Harmonie, sondern durch ihren freien Rhythmus. Claudio war diese Musik fremd. Sie ähnelte in nichts dem, was er je in Italien gehört hatte. Es waren Gedichte, nach antikem Muster skandierte Verse, aber unverkennbar französisch. Für den nicht eben kunstvollen Aufbau der Stücke wurde man um so reichlicher entschädigt durch den meisterhaften farbigen Vortrag und den spielerischen Schwung: Die vier Musiker spielten und scherzten und schienen nicht im geringsten gehemmt durch die Anwesenheit des hohen Herrn. Ihre Mimik allein schon war eine virtuose Leistung und vereinte sich glücklich mit dem Wort und der Musik zu einem Ganzen.
Monteverdi beobachtete den Herzog: Vincenzo drückte die Daumen fest an die anderen Finger und skandierte, wie er als Knabe während schläfriger Unterrichtsstunden Distichen heruntergeleiert haben mochte. Der süße französische Text ließ ihn in Träumereien versinken, er versuchte, die Melodie mitzusummen. Als die Musik verstummte und der Bischof von Evreux den Musikern einen Wink gab: Für heute genug, sie sollten vor Seiner Hoheit das Knie beugen und sich mit einem Handkuß für die Belohnung von je einem Dukaten bedanken, warf der Mäzen Claudio einen vielsagenden Blick zu.
»Wenn dies wirklich der antiken Musik entspricht, so haben es die Alten großartig verstanden, Poesie, Melodie und Rhythmus miteinander zu vereinen ... Ich fand es nur ein wenig monoton ... ja, diese Textprosodie ist irgendwie eintönig. Was haltet Ihr davon, Messer Claudio?«
»Hoheit, für die Franzosen ist das so gut. Ihre Sprache ist dazu auch geeignet. Aber ich weiß nicht, ob man diese ›Musique mesurée‹ mit unserer italienischen Versform in Einklang bringen könnte ... Es ist die Leichtigkeit, Hoheit, die ich am meisten bewundere. Bei ihnen ist es, als wäre die Musik in der Tat Spielerei, wie der Herr Bischof es ausdrückte: Scherzi musicali ...«
Am Abend in seinem Quartier fügte er noch einige Zeilen als Nachschrift dem Brief an seinen Bruder Giulio Cesare hinzu: »Du sollst noch erfahren, daß ich heute zum erstenmal echte französische Musik gehört habe, wie ich sie gedruckt bereits vor drei oder vier Jahren gesehen habe, in Form von Motetten und Madrigalen, aber es waren dar-

unter auch Kanzonetten und Arien. Ich glaube, wenn ich nach Hause komme, werde ich der erste sein, der versuchen wird, diese musikalischen Scherze in lateinischer Sprache oder vielleicht gar in unserer Vulgärsprache bei uns zu verbreiten. Und wenn es gelingt, Giulio Cesare, werden wir sie *Scherzi musicali* nennen . . .«
Die Tage begannen spät, und die Musiker mußten Nacht für Nacht abwarten, bis die Kartenschlachten gegen Morgen ein Ende fanden. Seiner Hoheit Vincenzo lächelte das Glück selten – Striggio und Chieppio, die die Sorgen der Reise mit dem Herzog teilten, verhandelten den ganzen Vormittag mit Geldverleihern, nicht selten erfolglos. Als der Inhalt der herzoglichen Reisekasse schon bedrohlich zusammengeschrumpft war, wurde beschlossen, keinen Tag länger in Spa zu verweilen, sondern nach Antwerpen zu reisen, wo der Statthalter und seine Gemahlin den Herzog aus Mantua ohnehin schon erwarteten.
Der Sekretär reiste voraus. Er belegte in der flandrischen Hauptstadt für einige Tage Quartier, verhandelte mit dem Magistrat und dem Hof des Statthalters über die Einzelheiten des Empfanges, und dabei versuchte er behutsam bei den örtlichen Edelsteinhändlern herauszufinden, welchen Preis sie für das eine oder andere seltene Stück, für eine Perle, einen Smaragd oder Diamant aus der Sammlung Gonzaga bezahlen würden. Den Perlen war ihr Ruf vorausgeeilt: Fünf kunstverständige Generationen der Gonzaga hatten diese mattschimmernden Schätze zusammengetragen. Der Herzog war bereit, sich von einem ansehnlichen Teil der Sammlung zu trennen, wenn er hier einen besseren Preis erzielen konnte als daheim in Italien.
Antwerpen war eine vom Krieg gezeichnete Stadt. Allmählich überwand sie die schrecklichen Zerstörungen, die ihr die spanische Belagerung vor ein paar Jahren zugefügt hatte. Die Basteien ragten noch geborsten gen Himmel, selbst in den Straßen der Innenstadt sah man vielerorts Spuren der Brandfackeln der Söldner. Aber das Leben in dieser wichtigen Stadt begann langsam wieder lebhafter zu werden, und in den Augen des Antwerpener Magistrats galt der fürstliche Besuch als Zeichen des neuen Vertrauens. Der Ruf Vincenzos war freilich auch nach hier gedrungen: Die Meister der sieben freien Künste erwarteten sehnsüchtig den als Mäzen bekannten Herzog, alle verfolgten eigene Ziele, und selbst der städtische Magistrat unternahm alles, um die Aufmerksamkeit Seiner Hoheit auf die verkäuflichen Schätze Antwerpens zu lenken. Der Magistrat wußte, daß der unausgesprochene Titel des Herrschers von Mantua »Mäzen der Maler« lautete. Über die Kunstschätze der Reggia wußten die flämischen Kunsthändler ohnehin Märchenhaftes zu berichten. Man beschloß, Seine Hoheit in das größte und vornehmste Atelier Antwerpens zu geleiten, dem sein Meister, der Edelmann Otho van Veen, Erbherr von Hogeveen, Glanz verlieh. Die vornehme Umgebung des Hofmalers, die herrschaftlichen Umgangs-

formen und die aristokratische Kunst würden den Herzog sicherlich beeindrucken.
Tatsächlich verlief alles wie bei einem Besuch zwischen Fürsten. Meister Vaenius hatte den Eingang zu seinem Atelier mit den Wahrzeichen seiner vier Domänen tapezieren lassen, an den Wänden waren die schönsten Tapisserien und die Familienwappen angebracht. Er empfing den vor seinem Palast in einer vergoldeten Prunkkutsche vorfahrenden Herzog im Gewand eines Edelmannes, mit dem Degen an der Seite. Als Vincenzo aus der Kutsche stieg, war bereits ein Purpurteppich bis zum Torbogen ausgerollt: Der blonde Herzog betrat lächelnd und winkend die Vorhalle.
Die Feder auf dem Hut des Malers fegte beim Gruße – wie die spanische Hofetikette dies verlangte – über den Fußboden, er beugte leicht das Knie, sein Gesicht strahlte. Hinter ihm nahmen in malerischer Gruppe seine Schüler, Lehrlinge und Diener Aufstellung – alle in Festgewändern.
In dem hallenartigen Atelier hingen gewaltige Altarbilder neben Porträts spanischer Granden in schwarzen Gewändern. Diesen spitzbärtigen Gesichtern mit gezwirbeltem Schnurrbart verliehen nur die Augen Leben: In ihren Blicken strahlte himmelsbestürmende Frömmigkeit, aber auch das unerbittliche Zeremoniell des irdischen Daseins.
Der Meister zeigte auf die Bilder. Ein Name schwebte in der Luft ... »Der neunte Herzog von Infantado, Hoheit ...« Und dann weiter: »Seine Exzellenz der Prior von Crato ...« Dann verstummten seine Lippen, er betrachtete den Mäzen, der in dem seltsamen Zauber der gemalten Welt versank. Hier verstellte sich Vincenzo nicht. Er taute auf, sobald er die Atmosphäre der Werkstatt eingeatmet hatte. Vor einer Komposition blieb er stehen: Mächtige Heilige mit leerem Blick, duldsame Märtyrer, ein vom Glanze der Verklärung leuchtendes himmlisches Panorama. Aber hier und da traf sein Auge auf ein wie ein Stilleben wirkendes Detail, auf ein echtes, wie Fleisch und Blut wirkendes Gesicht einer Episodengestalt, auf lächelnde Augen, einen graziösen Hund, einen als liebliches Kind gemalten Putto oder Engel. Vincenzos Blick war an den größten Kunstschätzen Italiens geschult: Seit seiner Kindheit lebte er in der Reggia mit der von Mantegna an die Wand gemalten Familienchronik in der Camera degli Sposi zusammen. Die gewaltigen Leinwände, die pompösen Allegorien des Meisters Vaenius offenbarten ihm etwas von den lyrischen Ausbrüchen des auf den Zeitgeschmack bauenden, von seinen Bewunderern verhätschelten, mit sich selbst aber vielleicht nicht ganz zufriedenen Malers.
»Nun folgen nur noch Bilder und Skizzen meiner Schüler, kaum würdig, die hohe Aufmerksamkeit Eurer Hoheit zu fesseln.«
Vincenzo lächelte, wobei er dachte: Ein echter Kunstsammler wird keine Gelegenheit versäumen, seinen Geschmack an der Arbeit namenloser kleiner Meister zu prüfen. Überdies fühlte er sich wohl in diesem

Haus, liebte den Geruch der Farben und Temperas, ging als Künstler in dieses große Unisono der Farben ein.
Dieser längliche Raum war bei weitem nicht mehr so luxuriös gestaltet wie der Prunksaal Otho van Veens. Er hatte am Fenster eine Nische. Hier erblickte der Herzog zwei Bilder. Das eine stellte eine lächelnde, bejahrte Frau mit spitzer Nase, dunkler Haube, im schwarzen Gewand der Bürgersfrauen dar. Das andere – es erhielt gerade etwas Licht durch schwache Sonnenstrahlen, die durch die in Blei gefaßten Fensterscheiben eindrangen – das Bild eines Jünglings, mit einem tiefsitzenden, ein wenig frauenhaften Velourhut. Er hielt graziös sein Gewand, dieses schlichte schwarze Gewand, das ein schmuckloser schmaler Kragen von dem sich aus dem Schatten entfaltenden Gesicht trennte ... Das Gesicht? Es war das Gesicht eines ein wenig verträumt, aber doch selbstbewußt dreinblickenden, die Freuden der Meditation genießenden jungen Mannes: Seine klug forschenden, halbgeöffneten Augen schauten fast argwöhnisch in die Welt.
Staunend stand der Herzog vor dem Bild. Er wandte sich um: Seine Begleitung war hinter ihm zurückgeblieben, nur Striggio und Monteverdi waren ihm gefolgt. Die anderen probierten bereits den Wein aus den prächtigen Bechern des Herrn van Veen.
»Dieses Bild ist ein Meisterwerk ... Claudio ...«
Die Augen Vincenzos funkelten, er vergaß, daß er der Herrscher von Mantua war und stand bezaubert vor der Schönheit der Leinwand. Er trat noch ein wenig zurück, faßte seine beiden Begleiter am Arm und verdeutlichte ihnen von hier, einige Schritte entfernt, die feinen Züge des Gesichtes, die weiche Harmonie der gesamten Komposition, ging dann ganz nahe heran, prüfte die Pinseltechnik, das Auftragen der Farben, die äußeren Merkmale des Berufes. Leise sagte er im mantuanischen Dialekt:
»Diese beiden Bilder hier sind mehr wert als alle anderen zusammen ...«
Jetzt trat der Herr des Hauses mit vielen Entschuldigungen zu ihm. Chieppio hatte sich im anderen Raum nach den Preisen erkundigt, so konnte er dem Herzog nicht folgen. Er erhaschte den Blick Vincenzos.
»... Ja, Hoheit, das ist ein Werk meines ersten Gehilfen. Eine große Ehre für uns beide, daß Ihr es gewahrt habt ... Ein vortrefflicher junger Mann, er heißt Peter Paul Rubens, ein ehrbarer Bürger unserer Stadt ... noch keine zwanzig Jahre alt, aber schon Mitglied der ehrwürdigen Sankt-Lukas-Gilde. Übrigens ist er hier, wenn Euer Hoheit seine Huldigung zu empfangen beliebten ...«
Vincenzo sah den jungen Mann an: War es sein Selbstporträt? Wenn ja, so hat der Spiegel seine Züge nicht ganz getreu wiedergegeben. Mag sein, daß sich das Gesicht in diesem Alter schnell verändert. Das Auge war unruhig und dennoch sinnend weich der Blick, über das Ge-

sicht huschte eine Skala von Empfindungen – und zu all dem gesellte sich die Grazie der Bewegung der schöngewachsenen Gestalt, all das wirkte ungewöhnlich bei einem jungen Mann, der keine höfische Erziehung genossen hatte. Das Barett in der Hand, beugte er lächelnd das Knie und richtete sich dann mit der Sicherheit einer wirklich aristokratischen Persönlichkeit auf. Vincenzo sprach in seinem breiigen Französisch zu ihm, hörte aber überrascht, daß der erste Schüler des Meisters ihm in fast reinem Italienisch antwortete. Vincenzo respektierte die Etikette und ließ sich mit dem Schüler in Anwesenheit des Meisters nicht in ein längeres Gespräch ein. Er sprach einige nichtssagende, herablassende Worte, doch als Meister van Veen zum Tisch eilte, um Seiner Hoheit den Ehrenbecher zu reichen, wandte er sich schnell im Mantuaner Dialekt an ihn: »Messer Pietro Paolo, besucht Uns morgen mittag in Unserem Quartier!«
Er nickte lächelnd zum Zeichen, daß er ihn in Gnade entlassen hatte und wandte sich wieder wie nebenbei an den Meister.
»Wer ist dieser Jüngling? Ein Edelmann?«
Der Meister neigte sich in der Art der Höflinge zum Herzog und flüsterte ihm mit leisen, weltmännischen Worten ins Ohr, was in Antwerpen so gesprochen wurde.
»Der Jüngling ist, Euer Hoheit, der Sohn eines gewissen *Jan Rubens,* der ein namhafter Rechtsgelehrter in Flandern war, der aber lange Jahre hindurch eine Kerkerhaft verbüßen mußte, weil ihn sündige Liebe an eine fürstliche Persönlichkeit band, von der ihn außer unseren heiligen Gesetzen auch seine niedrige Herkunft trennte. Der Graf von Nassau, der Bruder . . . der Herzogin Anna von Sachsen, ließ den Mann auf seiner Burg gefangensetzen . . . Nur mit Mühe und Not ist er freigekommen, und er hat dann auch nicht mehr lange gelebt . . .«
Die Leidenschaft der Fürsten: Ein beliebtes, frivoles Thema an den italienischen Höfen. Vincenzo dünkte, als hätte er schon irgendwo von der Leidenschaft der launischen, vernachlässigten, schönen Anna von Sachsen zu ihrem Rechtsberater gehört. Sein Blick glitt über den in der Reihe des Geleits untertauchenden schwarzgekleideten Jüngling. Als er weiterschritt, sagte er leise zu Monteverdi:
»Gern würde ich diesen jungen Mann in Mantua sehen . . .«

Die herzogliche Prunkkutsche mußte an einem kleineren, geschlossenen Platz vorüberfahren. Als sie hier anlangten, drängte sich an der Ecke eine Menschenmenge. Die offene Seite war mit Seilen abgesperrt. Am Ende des sich verjüngenden, rechteckigen Platzes stand ein bühnenartiges Podest: Hier war eine Theatervorstellung im Gange, vielleicht schon seit Stunden. Freilich spanische Schauspieler, eine auf Grund der politischen Verhältnisse durchziehende Wandertruppe. Dazu gehörten auch einige Musiker, die Federhüte trugen und seitlich Platz genommen hatten. Seine Hoheit winkte, die Kutsche hielt an.

Aus dem Fenster konnten sie das Geschehen genau beobachten, ohne sich unter die Menge mischen zu müssen.
Unter den Alteingesessenen von Antwerpen gab es unter hundert höchstens einen, der spanisch konnte, aber in der Stadt wimmelte es von angesiedelten Fremden, wie Steuereintreiber, Regierungsbeamte und andere spanische Beamte, die hier auf Kosten der Einheimischen lebten; diesem maulaffenden Volk bereitete das Mutterland mit den blutrünstigen, romantischen Tragödien eine besondere Freude.
Den ganzen Tag über spielte man die Mantel- und Degenstücke, sie dauerten fünf bis sechs Stunden, mit kurzen Pausen, die durch Possenreißer und das Spiel von Musikanten ausgefüllt wurden. Vincenzo, der die Sprache Kastiliens verstand, versuchte sich in die Verstrickung des Stückes zu vertiefen: Vertauschte Kinder, fürstliche Bastarde, befreite Burgfräuleins, tödliche Rache, Verschwörung, himmelstürmende ewige Liebe, sich öffnende Klosterpforten waren die gewohnten Motive des Spieles ... Und siehe, plötzlich schien die übrigens unaufmerksame Menge zu erstarren: Der Hauptdarsteller stellte sich fast unbewegt in die Mitte der Bühne und begann jene Tirade, die das Bild abschloß, den Kern eines jeden spanischen Dramas bildete. Der Schauspieler sprach den manchmal mehrere hundert Zeilen langen, gewaltigen Monolog erst verhalten ... und setzte ihn in immer fieberhafterem Tempo fort. Gelang es ihm, fehlerlos und ohne sich zu versprechen diese meist unverständliche, aber blendende Versanhäufung herunterzuleiern, verschmolzen Schauspieler und Publikum in diesem seltsamen, spanischen Paroxysmus der Spannung in einem einzigen Beifallssturm.
Sobald die Ovation sich legte, erschien ein moralpredigender, bärtiger alter Herr und begann ein umfangreiches Rezitativ. Auf ein unsichtbares Zeichen traten die Musiker langsam hervor und begleiteten auf ihren Saiteninstrumenten erst leise, dann mit anschwellender Dynamik den Sprechgesang: Von der zweiten Strophe an verkündete schon der Histrio mit grauem Bart, aber jugendlicher Stimme die Moral in seinem schönen Bariton.
Begeistert verfolgte Vincenzo aus dem Fenster der Kutsche das nie geschaute spanische Schauspiel. Er überlegte und suchte dann mit dem Blick den mit seinen langen Beinen unbequem auf dem Seitensitz hokkenden Claudio.
»Warum schreibt Ihr, Messere, nur Madrigale und fromme Motetten? Vielleicht könnten auch wir einmal irgendeine Komödie aufführen ... Aber nicht nur gesprochen ... Und mit besseren Schauspielern und besseren Sängern. In der Reggia wäre alles möglich: Welch glänzendes Fest könnte das werden ... Laßt Euch das durch den Kopf gehen, Claudio! Denkt daran, wenn ich es vergessen sollte!«
Den sich verneigenden Schauspielern schickte er einige Goldstücke, dann fuhr die Wagenreihe dem herzoglichen Quartier zu.

Peter Paul Rubens wartete im Vorzimmer des Herzogs. Vincenzo war in gnädiger Laune. Die Verhandlungen Chieppios mit den Inhabern der Bank des portugiesischen Juden da Costa nahmen einen guten Verlauf: Es wird gelingen, eine Perlensammlung des Herzogs geschlossen zu verkaufen. Das waren freilich nicht die schönsten Stücke der berühmten Kollektion, aber sie genügten, daß Herzog Vincenzo sein Gastspiel in Flandern sorglos fortsetzen konnte.
Vincenzo richtete ein paar herablassende Worte an den zwanzigjährigen Maler, und es schien, als gelte seine Aufmerksamkeit gar nicht den Antworten. Während dieser sprach, versuchte er ihn abzuschätzen: Er hatte sich graziös verneigt, er war bestrebt, das Italienische mit schönen Wendungen zu sprechen, und wenn er ins Französische wechselte, so gebrauchte er direkt die Sprache des Hofes. Er sah ihn fragend an.
»Wo habt Ihr die Sprache Italiens gelernt, Messere?«
»In Flandern. Dort habe ich mich für Italien, als meine künftige Heimat, entschieden.«
»Sprecht Ihr noch weitere Sprachen?«
»Außer dem Latein und meiner Muttersprache noch englisch, spanisch und deutsch.«
»Ihr seid noch sehr jung, Messere. Reicht Eure Zeit zu all dem und auch noch dazu, Bilder zu malen?«
»Hoheit . . . mir genügt nicht ein Pinsel, mit dem ich arbeite. Ich gestehe, ich habe großes Interesse für die Welt . . . für die Angelegenheiten der Länder und Menschen.«
»Ihr habt erwähnt, daß Ihr gern Italien als Eure neue Heimat wählen möchtet. Warum wollt Ihr Antwerpen verlassen, wo man Euch bereits schätzt?«
»Die meisten Tage des Jahres sind hier grau. Im Atelier können wir sehr häufig nur bei Lampenlicht arbeiten. Meister Tizian hatte es leichter. In Venedig scheint sicherlich immer die Sonne . . .«
»Venedig? Dort ist man über einen fremden Maler wenig erfreut, Messere. Die Republik San Marco ist geizig, wenn es sich nicht um Einheimische handelt. Wenn Ihr nach dem Süden kommt, so rate ich Euch, Venedig nur einen Besuch abzustatten.«
Im Gesicht des Herzogs erschien ein gönnerhaftes Lächeln, seine Stimme wurde noch freundlicher.
»Nicht weit von Venedig liegt Unser Mantua. Aber kommt nicht mit leeren Händen, Messere. Bringt einige Bilder mit. Euch, Pietro Paolo Rubens, steht von heute an mein Hof offen.«

14

Die Florentiner Camerata hielt wieder Zusammenkunft. Seit dem Weggang Giovanni Bardis nach Rom vor sieben Jahren und dem Tode Vincenzo Galileis versammelten sich die Mitglieder nun im prunkvollen Palazzo Jacopo Corsis. Im großen und ganzen waren es dieselben, die vor fast zwei Jahrzehnten die gelehrte Gesellschaft gegründet hatten: Peri, nun schon längst Hofkomponist, Caccini, mittlerweile in ganz Italien berühmt, Rinuccini, der Lieblingsdichter des Großherzogs, der Komponist und kunstsinnige Generalintendant des toskanischen Hofes Emilio de' Cavalieri und der geistvolle Piero Strozzi, Bardis alter Freund. Sie alle saßen um den schön geschnitzten Tisch zusammen mit dem jungen Komponisten Marco da Gagliano, mit Dilettanten und Mäzenen.
Neugierig wandten sie sich dem langhaarigen und verklärten Jacopo Peri zu, der für den heutigen Tag sein Traktat *Über neue Methoden der Gesangskunst* vorbereitet hatte.
»Ehe ich der hohen Versammlung meine Komposition vorführe, möchte ich begründen, was mich bewogen hat, auf diesem Gebiet zu wirken und eine neue Richtung zu suchen ... Es handelt sich hier zweifellos um dramatische Dichtung, mit dem Gesang aber wollen wir das ergänzen, was der Schauspieler in Worten spricht: So kann es meiner Meinung nach kein Geheimnis mehr sein, daß unsere Vorfahren aus der klassischen Zeit, die nach Ansicht vieler auf der Bühne ganze Tragödien singend vorgetragen haben, einen solchen Vortragsstil gehabt haben müssen, der ihr Werk über die gewöhnliche Rede gehoben hat, sich fast auf die Ebene der Melodien begab und also zwischen Gesang und Rede stand.

Ich mußte die bisher üblichen Formen des Gesanges aufgeben, wenn ich den Weg finden wollte, der zur verschütteten Vortragsweise der antiken Dichtung führt. Ich kam so zu der Ansicht, daß jener Gesang, den die Alten diastematisch nannten, zwischen langsamen und schnellen Tönen maßvoll ... ich möchte sagen, mäßig dahinschreiten soll ... Ich wage nicht zu behaupten, daß wir damit schon herausgefunden haben, wie die Alten den Text gesprochen oder gesungen haben, aber es scheint mir die einzige Möglichkeit zu sein, unsere Musik dem Text anzupassen. In der Praxis kann das so aussehen, daß wir Komponisten den Gang der Melodie mehr oder weniger ausgearbeitet aufschreiben, je nachdem der Sänger mehr singen oder mehr rezitieren soll. Dort, wo der Text starke Gefühle ausdrückt, kann der Sänger dieses Melodiegerüst seiner Kunstfertigkeit entsprechend ausschmücken, verzieren, wie das auch von den Instrumentalisten gemacht wird.
Der gleichen Meinung ist die Euterpe unserer Zeit, die großartigste Sängerin Italiens, Vittoria Archilei, die so gütig war und meine Kom-

positionen gesungen hat. Ja, die göttliche Vittoria hat meine Musik nicht nur mit jenen Fiorituren ausgeschmückt, die ihrer Kunst den unerreichbaren Zauber verleihen, sondern sie ist eingedrungen in die Idee der von uns verkündeten Gesangsweise, hat deren Kraft verstanden, aber auch ihre Schönheit und Leichtigkeit. Der Zauber ihrer Stimme hat all das offenbart, was man nicht in Worte oder Notenköpfe fassen kann . . .«

Herr Corsi dankte Peri und brachte seine Hoffnung zum Ausdruck, daß das entstehende Werk dem Freundeskreis in jeder Hinsicht würdig sein werde und übergab damit das Wort an Giulio Caccini, dem Widerpart Peris.

»Freunde«, begann Caccini, »meine Absicht war, in einer ausführlichen Abhandlung darzulegen, wie ich mir die geeignetste Form der Gesangskunst vorstelle, jene neue Art, die, um mit den Worten unseres Freundes Peri zu sprechen, auch bereits den Beifall der Vittoria Archilei gefunden hat. Aber ich glaube, unserem Ziel dadurch zu dienen, wenn ich im Druck nicht die Theorie, sondern das Werk selbst erscheinen lasse. Ja . . . die Lieder, das bescheidene Ergebnis meiner Arbeit von anderthalb Jahrzehnten. Es sind schlichte Lieder, die keinen anderen Zweck verfolgen, als die in Worte gefaßten Gefühle künstlerisch zu begleiten, zu untermalen und zugleich auf empfindsame Weise der Kunst des süßen Gesanges zu dienen.

Ich gestehe, ich habe im edlen Dienst der Camerata in ein oder zwei Jahren mehr gelernt als während der Jahrzehnte, in denen ich dem Kontrapunkt huldigte. Ich habe begriffen, was bereits die Philosophen der Antike lehrten: Man darf nicht mit der Musik den Sinn der Worte verschleiern, die Worte auf Kosten des Verses sinnlos ausdehnen oder verkürzen, nur um sie dem Kontrapunkt anzupassen. Das ist sicher eine Qual der Musen, wenn es wahr ist, was Platon behauptet, daß die Musik nichts anderes sei als Text und Rhythmus, und daß es Aufgabe der Stimme sei, in den Sinn einzudringen und diesen zu verschönen, doch ganz anders als es der Kontrapunkt in unserer heutigen Musik erfolglos zu erreichen versucht, wo man viele Strophen überhaupt nicht verstehen kann, ganz gleich, ob es sich um lange oder kurze Silben handelt – wie sehr sich die Menge auch für die Sänger, ihre gefeierten Lieblinge begeistert.

Ich habe versucht, mich sowohl bei den Madrigalen als auch bei den Motetten nach meiner dargelegten Auffassung zu richten, ich habe auf den Saiten jene Töne gesucht, die den in Worte gekleideten Gefühlen am ehesten entsprechen und uns dabei am klarsten das Wesen der göttlichen Grazie empfinden lassen.

In der Gesangskunst ist aber nicht allein das Detail entscheidend, es kommt vielmehr auf die Gesamtwirkung an. In allen Lagen ist die Intonation das Wichtigste, und dazu kommt die Art, wie dies geschieht. Mit gekünstelter Artikulation, mit unnatürlicher Vortragsweise lassen sich

wohl kaum gute Sänger erziehen. Denn wer sich die Kunst des schönen Liedes aneignen will, darf drei Dinge nie außer acht lassen: Er muß sich die Fülle der Empfindungen, die Begeisterung für das Schöne und die Leichtigkeit bewahren. Die Gefühle werden durch leisere oder kraftvollere Intonationen herausgearbeitet: Das kommt im Gesang würdig zum Ausdruck und ist geeignet, den Zuhörer zu bewegen. Leichtigkeit bedeutet, alles zu vermeiden, was unseren Gesang einengt, trocken und wirkungslos macht. Gestalten wir ihn vielmehr einfallsreich, arioso, so wie im Gespräch die Themen einander abwechseln. Damit sichern wir dem Gesang alle Vorteile der Rhetorik, ohne auf die schmückenden Elemente, die Passagen, Triller und Melismen zu verzichten, denn maßvoll zugemessen, lassen sich diese allen Gefühlen beimischen.«
Peri wandte sich an Rinuccini.
»Signor Ottavio, ist Euch diese Ausführung verständlich?«
»Schon Galilei hat erklärt: ›*Oratio harmoniae domina absolutissima*‹, die Musik muß als treuer Diener ihrem Herrn, dem Text, folgen. Das hat man schon vielfach dargelegt, im Grunde genommen tut auch Messer Giulio nichts anderes. Erneut Vincenzo Galilei zitierend, glaube ich, daß wir den Instrumenten noch zu wenig Aufmerksamkeit schenken. Er ließ uns ahnen, wenn es Wirklichkeit würde, was er so treffend *pittura verbale* nannte, müsse dies auch auf die Sprache der Instrumente übertragen werden. Hier werden die Gesetze des Fortschritts sicher erst später ... vielleicht erst nach unserem Tode geboren werden.«
Corsi dankte ihm und gab Rinuccini das Wort: »Wir bitten Messer Rinuccini, zu unser aller Belehrung seine Meinung zu sagen.«
»Nur soviel, daß es besonderer Regeln bedarf, sowohl beim Text als auch im Gesang und bei den Instrumenten, um dem Durcheinander der Polyphonie auszuweichen und an ihre Stelle unsere reine Priesterin, die Monodie, zu setzen. Diese aber müssen wir zuerst auf den Text, also auf die Strophen, die Verszeilen aufbauen. Das ist das Fundament, meine Herren. Die Frage ist nur, ob man mit einer einzigen Stimme die erforderliche Wirkung bei jenen erreichen kann, die seit ihrer Kindheit an die polyphone Musik gewöhnt sind ... Kann bei ihnen ein einziger Sänger das erhabene Gefühl der Begeisterung auslösen oder sie zu Tränen rühren? Wird nicht allein der Text diese Gefühle erzeugen? Wozu aber die Polyphonie verbannen, wenn wir keinen anderen Stil schaffen, der imstande ist, diese Gefühle zu tragen?«
Peri gliederte seine Sätze gelassen und vorsichtig.
»Wir müssen stets nach dem Ursprung forschen. Betrachten wir, wie sich die Kettenglieder der Historie ineinanderfügen. Die Autoren der Antike haben gelehrt, daß sich nur ganz allmählich aus dem Akzent die lateinischen Hymnen und noch später die Laudi herausgehoben haben. Was hier geschah, war so geschlossen, so unabänderlich wie ein heiliges Zeremoniell. Soviel können wir aus den ehrwürdigen Autoren her-

auslesen. Aber ich frage, was haben die Römer in den Schenken gesungen? Bei was für Liedern haben die Frauen gewaschen? Da hat es sicher keinen Kontrapunkt gegeben ... Beweisen uns die Komponisten der Frottolen nicht, daß man die Stimmen so setzen kann, damit der Text verständlich bleibt?«
Marco da Gagliano ergriff das Wort
»Messer Peri, auch unsere Kirche geht heute nicht mehr davon aus, daß es den Massen der Gläubigen *genügt*, sich in dahinwälzende Ströme der Musik zu stürzen und so zu versuchen, ihre Seele zu läutern – ohne ein einziges Wort vom Text zu verstehen. Seit dem Tridentinischen Konzil wissen die ehrwürdigen Väter, daß Text gegen Text steht, wenn es darum geht, gegen die Anhänger Luthers und Calvins den Sieg zu erringen, denn die Ketzer singen die Psalmen in ihrer eigenen Muttersprache für alle verständlich.«
Messer Doni mit der sanften Stimme sagte:
»Das kann ich selbst bezeugen. Ich habe es unlängst in Rom gehört, als die Sänger des Chors Seiner Heiligkeit geprüft wurden. Sie hatten zu zeigen, daß sie die Messe verständlich zu singen imstande sind. Ihr Präfekt hatte ihnen vorher eingeschärft: ›ad decantandas aliquot missas ... si verba intelligerentur.‹ «*
Caccini fiel ihm ins Wort:
»Was es heißt, stundenlang zu singen, weiß nur der, der selbst in einem Chor aufgewachsen ist. Ich habe eine kleine Berechnung angestellt. Wenn wir – wie das schon einige Male erörtert wurde – Polizianos ›Orfeo‹ in der Weise aufführen wollten, daß wir statt mit Worten unsere Gefühle mit Tönen auszudrücken versuchten, so würde dies, an der Länge des Textes gemessen, mindestens siebzig Stunden dauern. Ein großer Vorteil der Polyphonie ist, daß sie weder Anfang noch Ende hat. Man kann jederzeit aufhören, da den Text ohnehin niemand versteht. Nun, meine Herren, in Athen haben die Zuschauer auch nicht drei Tage auf einem Fleck ausgeharrt und selbst dem theaterhungrigen Spanier wäre es zuviel, den ganzen Tag Verse anzuhören und am Abend nicht nach Hause zu dürfen.«
»Poliziano, Messere, ist ein ungeeignetes Beispiel«, sagte Rinuccini. »Vielleicht kann man eine Motette oder eine Villanelle so vortragen, daß jedermann sie versteht ... mit dem Sänger weint und lacht. Will man ein längeres Werk vortragen, muß man eins ins Auge fassen, das in der Mitte zwischen dem uferlosen Werk Polizianos und einer kurzen Kanzonetta liegt. Wer von uns hätte nicht an ein *Dramma per musica* gedacht?«
Peri stand feierlich auf. Das bedeutete, daß er sich zu einer ernsten Erklärung anschickte. Er nahm eine Papierrolle hervor.

---

* »zum Absingen irgendeiner Messe ... wenn nur die Worte verstanden werden können.«

»Seit neun Jahren verbessere ich mein Werk, entsprechend der Lehre des Horaz. Da uns aber auch unser allergnädigster Herr zum Fleiß angespornt hat, hielten wir die Zeit für gekommen, die süße ›Eurydike‹ aus dem Scheintod zu erwecken. Wenn wir das Werk vortragen, werden wir aus unmittelbarer Nähe sehen, was an dem Versuch gut ist und was wir meiden müssen. Wenngleich Ärzte Versuche nie an der Person des Königs anstellen ... wie sie sagen: in corpus regis, so bietet uns doch die nahende fürstliche Hochzeit die Möglichkeit, daß die Camerata endlich eine Rolle erhält.«
Die scharfen Worte Caccinis unterbrachen die Zustimmung.
»Aber mein ›Rapimento di Cefalo‹ ist doch eher entstanden als dieses gemeinsame Werk von Signor Rinuccini und Signor Peri. Auf unserer letzten Sitzung habe ich schon einige Ausschnitte daraus vorgesungen. Wie könnte ›Eurydike‹ das Recht für sich in Anspruch nehmen, während der Hochzeitsfeierlichkeiten als erstes ausgeführt zu werden?«
Corsi versuchte, Caccini, dessen eifersüchtige Natur allen bekannt war, zu besänftigen.
»Messer Giulio, wer wollte Euch das streitig machen? Welch herrlicher Augenblick war es doch, als das Clavicembalo unter Euren Fingern erklang ... Aber wir wollen Florenz und der Welt beweisen, daß die Camerata lebt. Und ein einziges Werk genügt dazu nicht. Es hat uns zehn Jahre harter Arbeit gekostet, das Geheimnis der antiken Musik Schritt für Schritt zu enträtseln, ihr Wesen zu entdecken. So ist es uns gelungen, die seit tausend Jahren verstummte Musik zu neuem Leben zu erwecken. Deshalb freuen wir uns alle über die ›Eurydike‹ unserer Freunde. Aber wer wollte deshalb Euer ›Rapimento‹ vernachlässigen? Unser Großherzog verlangt ja mehr ... mehr als nur diese beiden Werke ...«
»Wir haben keine Sänger! Die wir haben, reichen nicht!«
»Aus Rom bekommen wir leider keine. Der Heilige Vater ist über das Ehebündnis zwischen Florenz und Gallien nicht erfreut. Er läßt keinen einzigen Kastraten aus seinem Chor zu uns. So bleibt uns nur Mantua. Wir müssen Herzog Vincenzo bewegen. Das Wichtigste ist die Solopartie des Tenors ... Der fehlt uns. Den Sopran, so glaube ich, würde Francesca, die Tochter Messer Giulios, die eine sehr schöne Stimme hat, gern übernehmen.«
Corsi nickte lächelnd: Wenn Caccini Geld witterte, verstummte er gleich. Peri sagte leise, nachdenklich:
»Wir alle kennen den Namen Monteverdi. Er ist heute der beste Madrigalist Italiens ... Er ist nicht Mitglied der Camerata, verkehrte nicht in unserem Kreis, seine Musik ist nicht die, die wir anstreben, aber niemand kann leugnen, daß er ein Meister seiner Kunst ist. Wenn wir uns um ihn bemühen, ihn zu den Feierlichkeiten einladen, wird er sich sicher bei dem Herzog dafür verwenden, daß wir den besten Tenor seines Hofes geliehen bekommen. Ich denke an Francesco Rasi. Damit

wäre der Erfolg der beiden Dramma per musica schon gesichert... Ich werde Claudio mit der ersten Post schreiben. Wenn wir Ermutigung erhalten, ersuchen wir Seine Hoheit, daß auch er einige Zeilen in diesem Sinne an Herzog Vincenzo richtet.«
»Wann findet die nächste Sitzung der Camerata statt?«
»Sobald die großen Feierlichkeiten vorbei sind, treffen wir uns wieder!«

Noch vor einem halben Jahrhundert, bei der Vermählung König Heinrichs II. mit Katharina von Medici nannte man in Paris die florentinische Prinzessin die »Krämerstochter«. Diesmal war der Gesandte Heinrichs IV., des allerchristlichsten Königs, auf feierliche Brautschau zu Maria von Medici gekommen. Die Verbindung bedeutete nicht nur die allerreichste Mitgift, sondern auch die Vereinigung mit dem vornehmsten Fürstengeschlecht Italiens. Diese Vermählung wurde zu einem Eckpfeiler der Politik des regierenden Großherzogs Ferdinand. Er war nach dem Tode seines Bruders auf den toskanischen Thron gekommen und hatte den Bischofshut und wahrscheinlich auch die Tiara gegen das großherzogliche Barett getauscht. Auch als Fürst blieb er ein berechnender, kühler Mann. Er kannte alle politischen Ränkespiele in Europa, und er füllte die Uffizien mit Kunstschätzen an.
Als der Familienskandal Heinrichs IV. den guten Ruf Margaretes von Valois in den Schmutz gezogen hatte, ermunterte Ferdinand bereits durch seine Vertrauten den französischen König diskret, die Angelegenheit seiner Scheidung in Rom zu ordnen und die Nichte des Herzogs, die ehrbare Medici-Tochter, als Braut zu erwählen.
Im Oktober des Jahres 1600 erstellten die Hofastrologen das Hochzeitshoroskop Heinrichs und Marias. Herbstlicher Sonnenschein ergoß sich über Florenz, die Stadt der Lilien: Zur Hochzeit waren alle Fürsten Italiens geladen, und es war natürlich, daß auch der nahe Verwandte, Vincenzo Gonzaga, nicht fehlen durfte, wenn der Kardinal die Hand der Maria von Medici und die des Bevollmächtigten des Königs ineinanderlegte. Was dieser Ehebund für die toskanische Schatzkammer bedeutete, darüber berichten vergilbte Pergamente und Zahlenkolonnen in Rechnungsbüchern. Die fürstlichen Höfe dieser Zeit waren stets bemüht, einander mit immer prächtigeren Festlichkeiten zu überflügeln.

Der Großherzog hörte sich die Edelleute Bardi, Doni und Corsi an und entschied auf Grund ihrer Vorstellungen, daß nach dem kürzeren Stück von Caccini im Palazzo Corsi, natürlich vor geladenen Gästen, ›Eurydike‹ von den Herren Peri und Rinuccini aufgeführt werde. Für die Vorbereitungen standen kaum einige Wochen zur Verfügung, und während dieser Zeit mußten die Sänger, der Chor und die Musiker ausgewählt werden. Aber man hatte auch an die Kulissen zu denken, der Prunksaal des Palazzo Corsi mußte in einen Bühnenraum ver-

wandelt und der Hofmechaniker angehalten werden, sinnreiche Maschinerien zu entwerfen, damit man mit der Metamorphose der Götter keine Schande erlebte.
So verwandelte sich der Palazzo Corsi, dieser stille Adelssitz, zum Schauplatz fieberhafter Vorbereitungen. Während die Handwerker des Großherzogs die Bühne erhöhten, eine Versenkung einbauten, Podeste errichteten, das Gestühl aufstellten und zugleich die Wirkung der Kerzen und Lampen, des höllischen roten Feuers erprobten, erschienen bereits die Darsteller, um zu proben, manche mit unrasiertem Gesicht und in abgetragenem Wams. Einmal kam der Großherzog höchstpersönlich, um sich alles anzusehen und den Ort und die Vorbereitungen selbst in Augenschein zu nehmen. Auf den Proben war ohnehin fast immer jemand zugegen: ein Würdenträger des Hofes, ein Neugieriger aus dem Palast oder ein durchreisender Edelmann. Wenn sie sich still verhielten, störte das niemanden. So schenkte man auch den beiden in dunklen Mänteln und mit Federhüten erschienenen Fremden keine Aufmerksamkeit, die sich in die rohe, aus Holz gezimmerte, noch ungepolsterte Bankreihe setzten.
Messer Rasi aus Mantua war noch nicht angekommen, obwohl Herzog Vincenzo die Teilnahme seines besten Sängers zugesagt hatte. Die Familie Caccini hatte den Peris wieder etwas übelgenommen, und während die versöhnenden Verhandlungen im Gange waren und die hübsche Francesca schmollte, übernahm ein kastrierter Chorsänger die Rolle Eurydikes.
Die Probe war im Gange: Der einheimische Sänger, der Rasi vertrat, markierte anfangs seine Rolle nur, ohne richtig zu singen. Aber allmählich begann sein Gesicht zu glühen und er bemühte sich mit seinem klaren, aber kraftlosen Tenor, die für einen Virtuosen geschriebene Rolle des Orpheus glänzen zu lassen.
Der Herzog von Mantua und sein Hofmusiker hatten unauffällig in einer der letzten Bankreihen Platz genommen. Vincenzo schlug in der Art eines echten Dilettanten den Takt. Kunstverständig genoß er den Text Rinuccinis und flüsterte die leicht zu erratenden Reime im voraus... In Wirklichkeit ereignete sich auf der Bühne nichts. Rinuccini legte seinem Helden nur erhabene, dichterische Worte in den Mund, und die Musik Peris mit ihrer ergebenen Texttreue folgte ihnen mit sanften Melismen; auf der halbfertigen Bühne standen Götter, Halbgötter, Barden, in der Unterwelt büßende verliebte Frauen wie in einem Oratorium als Gruppe nebeneinander: Der Zauber des Wortes, der Rhythmus der dichterischen Schöpfung nährten dieses erhabene, ein wenig langweilige Rezitativ.
Als die Darsteller eine kurze Pause und zugleich eine Besprechung hielten, stand der Herzog auf, nickte mit dem Kopf und ging hinaus, ohne sich zu erkennen zu geben. Der andere blieb da, rückte aber in die zweite Bankreihe vor. Jetzt, da die Anwesenheit des Herzogs ihn

nicht beeinträchtigte, konnte Claudio alle Bewegungen der Probe mit gespannter Aufmerksamkeit verfolgen. In seiner Phantasie zeichnete sich bereits alles ab, was hier noch fehlte, hatte er doch schon an manchem Hoffest in Mantua teilgenommen, an musikalischen Umzügen, meisterhaft inszenierten Tedeums, Turnieren und Reiterspielen. Das alles erforderte viele mühsame Proben, und das endgültige Ergebnis zeigte sich immer erst in der letzten Minute. Als er nach langen Stunden das Ufer des Arno erreichte, klang ihm die Musik Peris noch in den Ohren, und der Aufbau des entstehenden Spieles war ihm nicht mehr fremd.

Zur Aufführung der ›Eurydike‹ kam es am zweiten Tag der weißen Hochzeit. Als hätten Zauberhände allen Schweiß der eiligen Proben weggewischt, verwandelte sich der Palazzo Corsi zum strahlenden Adelssitz, in den für einen Abend die ganze überschäumende Lebensfreude des toskanischen Großherzogs Einzug hielt.
Neben dem Thron des Großherzogs standen zwei liliengeschmückte vergoldete Armsessel: Der eine für Maria, der andere für den Prokurator des durchlauchtigsten Gatten, der den Bräutigam bei dem feierlichen Zeremoniell vertrat. Unmittelbar hinter ihnen nahmen die verwandten und befreundeten fürstlichen Persönlichkeiten Platz, seitwärts die Kirchenfürsten, die Kardinäle, fünf an der Zahl, die gekommen waren, um auf Einladung ihres einstigen Kardinalsbruders sich am Glanz von Florenz zu erfreuen.
Auf der anderen Seite fanden die ausländischen Gesandten ihren Platz. Hier wechselte der Glanz orientalischer Seide mit spanischem Prunk: die Gesandten der berberischen Fürsten, des persischen Schahs, des chinesischen Kaisers, zwei aus Madrid herübergekommene Hochadlige aus Peru und ein von Schmuck strotzender indischer Prinz ergänzten das Bild, das die Ritter und die Damen des toskanischen Hochadels in einen wundersamen Rahmen faßten.
Vertreter des niederen Volkes, die Bürger, die Beamten des Hofes und der Kanzlei bekamen am Ende des Saales auf der Galerie Platz. Etwa ein Drittel des Saales nahm die Bühne ein, die gemalte, angedeutete Stufen vom Zuschauerraum trennte. Einen Vorhang verwendete man noch nicht. Die Kulissen zeigten dem Prunk des Saales angepaßte vergoldete Säulen. Wenn diese Dekoration durch eine sinnvolle Konstruktion gedreht wurde, verwandelten sich die Säulen in Bäume, ergaben eine Waldkulisse – das Laub der Bäume griff unterhalb der Decke ineinander.
Seit der Probe, auf der Herzog Vincenzo und Claudio zugegen waren, hatte sich die Darstellung vielfach geändert und neu geformt. Peri und Caccini hatten sich versöhnt, und Francesca trat an die Stelle des Kastraten. Auch Rasi war eingetroffen und hatte mit der Sicherheit des weitberühmten, beliebten Tenors in wenigen Tagen Atmosphäre um

sich geschaffen und seine blasse Rolle mit pulsierendem Leben erfüllt. Anfangs spielte er den Orpheus, übernahm aber nach plötzlichem Entschluß die Rolle des Thyrsis. Er überredete Peri, den Komponisten, den Orpheus zu spielen und Jacopo Corsi, den Herrn des Palastes, sich als Dirigent an das Clavicembalo zu setzen. Unterdrückte Spannung wogte durch den Zuschauerraum: Ein solches dramatisches Spiel hatte noch nie jemand gesehen. (Der venezianische Gesandte diktierte für seine obligatorische nächtliche Meldung seinem Sekretär leise die Einzelheiten.)

Als erstes erschienen behende Diener, die die Kerzen löschten. Der Saal versank in Halbdunkel, während die Bühne im Licht Hunderter Kerzen erstrahlte. Der Akkord des Clavicembalos erklang, und der Sprecher, für den Rinuccini auf Wunsch des Großherzogs in den letzten drei Tagen einen Prolog geschrieben hatte, trug das in Strophen gegliederte, refrainartig wiederkehrende, gereimte Rezitativ bereits nach den Regeln des Dramma per musica vor. Er war in einen zeitlosen Peplon gehüllt, die Falten seiner Kapuze reichten ihm bis ins Gesicht, seine Stimme war ein tiefliegender Tenor, und er sprach den Vers so deutlich, daß jede Silbe ungebrochen die Galerie erreichte.

Io che d'alti sospir vaga e di pianti
Sparso di doglia or di minaccie il volto
Fei negli amfiteatri
A popol folto scolorir per pietà volti e sembianti ...

Während des Interludiums erklangen die Instrumente, dann belebte sich die Bühne. Drei Hirten lehnten sich an die in einen Wald verwandelten Säulen: Stab, Flöte und Herdenglocke symbolisierten ihren Beruf. Ihr Dialog wurde unterbrochen von dem einfachen, seitlich stehenden kleinen Chor. Dann erschien im glänzenden Seidengewand die Tochter Caccinis, die launenhafte Francesca. Als hätte Eurydike immer hier, in der Welt der Hirten, gelebt, begann sie mit ihnen ein Gespräch. Als sich ihre Stimme langsam, fast unbemerkt von der Prosa trennte, um sich in immer höhere Gesangsregionen zu schwingen, empfanden die Mitglieder der Camerata an ihrer Textaussprache stolz, daß die Tochter Caccinis in den Jahren der Vorbereitung und den Wochen der Probe die Einheit zwischen Rede, Rhythmus und Ton mit instinktiver Sicherheit verwirklicht ... sie ineinander verschmolzen hatte.

Nachdem Eurydike die Bühne verlassen hatte, trat Peri mit einem Blumenkranz auf dem langen Haar in der Rolle des Orpheus heraus. Alle wußten: Er war die Seele der Camerata, der erste Komponist des Hofes, der auch gern einmal eine Sängerrolle übernahm. Mit virtuoser Reinheit, maßvoll und sicher brachte er den erhabenen Text Rinuccinis: die Stimme des Orpheus war nicht übermäßig stark, paßte sich sanft den Worten der Hirten an – bis Thyrsis erschien.

Das Drama stand: Die Darsteller genossen im Zeichen der Kontemplation die stille Freude des Daseins. Doch Daphne traf ein – von ihr erfuhren Hirten und Sänger, aus ihrem im ruhigen Rhythmus vorgetragenen, nicht im geringsten leidenschaftlichen Rezitativ, daß die verliebte Gemahlin des Orpheus das Opfer eines Schlangenbisses geworden war. Der Chor übernahm das Wort, ein neues Interludium folgte, dann flammten im Zuschauerraum wieder die Kerzen auf. Pause.
Die Diener des Hauses Corsi kamen in Stiefeln und mit Hüten: Sie rückten die Säulen wieder auf ihre Plätze. Die Szenerie stellte jetzt das unterirdische Höhlenreich König Plutos dar, mit Flammen, rotglühenden Scheiterhaufen und Felsklüften. Zugleich wendeten sie auch die von der Decke herunterhängende Draperie: Auf goldenem Grund züngelten feuerrote Flammen.
Der Großherzog blieb regungslos auf seinem Platz sitzen, erhob sich nicht, deutete damit an, daß er keine Pause wünschte, die Vorstellung weitergehen konnte. Es war nur soviel Zeit, daß die Pagen mit einigen Bechern Erfrischung auf ihren Tabletts durch die Reihen eilen konnten, als die Lichter schon wieder erloschen und unter den Fingern von Herrn Corsi die einleitenden Akkorde erklangen.
Orpheus irrte durch die Unterwelt, wo ihn Götter umgaben: Venus, Pluto, Proserpina mit ihrem süßklingenden Sopran, dann fiel dröhnend der Baß Charons ein. Orpheus kämpfte: Seine Musik, sein von Leidenschaft kaum durchglühtes Saitenspiel und sein Gesang, wollte mit der Zauberkraft der Kunst Eurydike aus ihrem Kerker in der Unterwelt befreien. Er kämpfte gegen den Tod, als Halbgott: Er trotzte den Gesetzen der Vergänglichkeit, wollte mit der Zauberkraft der Liebe und des Gesangs mit seiner Geliebten die Oberwelt erreichen. Der Chor blieb während dieser Szene stumm, erhielt erst am Ende eine kurze Rolle von kaum zwanzig Takten.
Die letzte Szene führte auf den ersten Schauplatz zurück: Die Diener drehten die Säulenkulissen um, und die Welt der Hirten tat sich wieder auf. Die Hirten lagen, standen müßig da oder stützten sich gegen eine Säule. Dann erschien Orpheus und berichtete in seinem sich langsam dahinwälzenden leidenschaftslosen Rezitativ, was ihm und der unglücklichen Eurydike widerfahren war, wie er gegen das Schicksal angekämpft, wie durch die Kraft böser Mächte sein kühnes Vorhaben gescheitert sei und was er empfunden habe, nachdem er nun Eurydike für immer ... nunmehr für alle Zeiten verloren habe. Der Chor beendete das Rezitativ. Während noch der Schlußsatz des Schäferspiels erklang, schwamm der große Saal plötzlich im Lichterglanz, und der Chor wandelte sich entsprechend der Regel, der Sitte und des Anstandes in eine Tanzgruppe, um den Zuschauern in einem einzigen gewaltigen Ballett die Beklemmung von der Seele zu nehmen.
Die Wirkung war verblüffend. Der venezianische Gesandte sah echte Tränen in den Augen der florentinischen Damen, die sonst keine noch

so glühende und leidenschaftliche Huldigung der Ritter zu bewegen vermochte. Der Großherzog war klug. In seinem völlig illusionslosen Gesicht spiegelte sich Entzücken, besonders die Szene in der Unterwelt löste allgemeine Bewunderung aus: Das Reich Plutos mit den Feuereffekten, den Schleudermechanismen, seinem blitzenden Lichtspiel und seinen funkenspeienden Wunderwesen war darauf berechnet, die kindliche Phantasie der Zuschauer erschauern zu lassen.
Die Darsteller standen im lockeren Halbkreis um Seine Hohheit, und Ferdinando reichte mit einer aus seiner Kardinalszeit bewahrten, salbungsvollen Geste die Hand zum Kuß. Er schloß die Augen ein wenig, und als Corsi, der Herr des Hauses, barhäuptig vor ihn trat, machte er mit der behandschuhten Rechten eine leichte Bewegung, die wie eine Umarmung anmutete. Das war das Höchste, was der Großherzog dem Palazzo Corsi entbieten konnte.
Die Hofsänger stimmten im Treppenhaus eine feierliche Motette an, als sich der Großherzog erhob und mit seinem Gefolge das Palais Corsi verließ. Das Publikum genoß die Freude an der gesellschaftlichen Begegnung noch eine Weile, niemand sprach mehr von dem aufgeführten Stück, das seine Aufgabe erfüllt hatte: Alle bereiteten sich auf das große nächtliche Feuerwerk vor. Nur der venezianische Gesandte wandte sich an seinen Sekretär: „Schreibt auf, Messere: Der getreue Diener der Serenissima ist der Ansicht, daß jenes Spiel, das er heute abend gesehen hat, noch nicht ganz vollkommen ist, daß dies aber bereits ein neues Kapitel in der Geschichte der *Rappresentazione* eröffnet . . .«

Claudio streifte über die Piazza Santa Croce. In einigen Tagen würde sich hier das Reiterturnier entfalten, und an den Vormittagen würden Ballspieler nach der Tradition Giuliano de Medicis gegeneinander kämpfen. Aber jetzt, am Abend, war dieses breite, sich lang hinziehende Viereck mit dem braunen Kirchenriesen im Hintergrund verlassen. Es schien, als wäre er aus dem prunkvollen herzoglichen Geleit geflohen, und während die Feier aus dem Palazzo Corsi in den Palazzo Pitti hinüberwogte, spazierte er auf dem stillen Platz, setzte sich auf eine Bohle eines halbfertigen Podiums und erfreute sich an dem tiefen Blau des florentinischen Sternenhimmels. Er blieb mit all dem allein, was ihn aufgewühlt hatte, und er hatte das Empfinden, daß es an der Zeit war, seine innere Unruhe zu bezwingen. Er sah sich an einem Scheideweg: Er war dreiunddreißig Jahre, sein erster Sohn Francesco wurde gerade sechs Monate alt, Claudia war auf Einladung seines Vaters nach Cremona gereist, um den Hundstagen in Mantua mit seinen aus den Sümpfen aufsteigenden Ausdünstungen zu entgehen. Ja . . . er war dreiunddreißig Jahre alt, und seine Träume von vor zehn Jahren waren größtenteils unerfüllt geblieben. Hatte das Schicksal es gewollt, daß er nach Mantua gekommen war, in den Dienst eines launischen

Herzogs, der manchmal mit guten, manchmal mit bösen Worten zahlte, aber stets mit wenig Geld, und der selbst mit seinen Höftiteln geizte. Denn der Rangliste nach war er immer noch »Hofviolaspieler«, soviel wie ein besserer Kanzlist, wenn er den Reihen der Diener auch entwachsen war. Standesgemäß leben und sich dabei mit den schmalen Monatsbezügen begnügen! Claudia mußte deshalb im Kirchenchor und manchmal auch bei Festlichkeiten am Hofe singen. Wenn die Freunde der Musik in Italien auch wußten, daß die Madrigale Monteverdis selbst die Kompositionen Gesualdos in den Schatten stellten, so konnte er doch nur schwer mit Bittschriften erreichen, daß er den für den Druck eines neuen Bandes erforderlichen Vorschuß zusammenbekam. Dabei mußte er zusehen, wie Seine Hoheit das Geld zum Fenster hinauswarf, wenn er von irgendeiner Laune gepackt wurde. Pferde, Karten, Schmuck, Perlen, Bilder, Frauen: Wenn er wollte, gab es für ihn nichts Unmögliches – er verschaffte es sich.
Ein kühler Wind wehte über die Santa Croce. Madrigal, Villanelle, Kirchenmotetten, das Gloria von Visegrád, aus dem schließlich doch keine Messe geworden war ... Und wenn der Herzog erregende neue Musik hören wollte, mußte er nach Florenz kommen. War es der rechte oder der falsche Weg, auf dem sich die Camerata befand? Diese Versammlung von Musikgelehrten, die sich auf Platon berufend gegen die Polyphonie ins Feld zog, die genauso ein Fundament der göttlichen Ordnung war wie die gotischen Bögen der Santa Croce. Aber konnte man zur heutigen Aufführung sagen, daß es ein schwaches Spiel gewesen sei? Die Laune einiger Großherren, der Versuch einiger Dilettanten? Gewiß, mit Ausnahme von Rasi, der wußte, was Spiel auf der Bühne bedeutete, standen die anderen nur da wie in einem Oratorium, und wäre die Textaussprache nicht so klar, so fehlerlos gewesen, aus dem Spiel auf der kleinen Bühne hätte niemand die Handlung erschließen können. Wie gelangweilt doch Peri gesungen hatte: Wie hätte dieser langhaarige Mann mit seinem Gesang je die Verzweiflung, die den Himmel bestürmende, die Hölle bewegende Liebe glaubhaft machen können, die Orpheus empfunden haben mochte? Wie hätte die eitle Caccini-Tochter jemanden bewegen können, der über die Melismen hinaus die Tiefen der Seele suchte?
War es der richtige Weg oder der falsche, den die Camerata eingeschlagen hatte? Was hätte er an der Musik verbessern können, wenn ihm die Partitur *vorher* in die Hand gekommen wäre? Freilich ... er sah es mit dem Auge des Künstlers, kannte jede Stimme, hatte er die Aufführung doch schon zweimal gehört: Er wußte, was und wie man es während der Proben verändert hatte, was das Verdienst und was der Fehler der Sänger war. Warum spielten nur so wenig Musiker? ... Dadurch war die Wirkung doch kaum größer als bei der gewöhnlichen Kammermusik, an die sich schon jedermanns Ohr gewöhnt hatte, genau wie man gewöhnt war, daß sich die versammelte Gesellschaft fröh-

lich unterhielt, während die vier Instrumentalisten fleißig fiedelten ... Und der Chor? Warum lungerten die drei Hirten so gelangweilt herum, wo sie doch eine Rolle zu spielen hatten, sie mußten die Nachricht übernehmen ... und an Orpheus weitergeben. Wenn es wahr ist, daß die griechischen Tragödien nicht gesprochen, sondern gesungen wurden, warum wandte man sich dann nicht an den Urquell, warum ahmte man nicht Sophokles nach?
Und dennoch, wie groß war der Erfolg. Selbst aus dem kühlen Blick des Großherzogs strahlte Lächeln, Corsi wurde der Held des Tages, und auch die beiden Autoren wurden gefeiert. Peri war ein guter Musiker und Rinuccini ein guter Dichter. Wie mochten sie an ihrem Werk gefeilt haben, bis sie so weit gelangt waren, aber während der Zeit brauchten sie sicher nicht nach Geld zu laufen, brauchten sich ihre Monatsbezüge nicht auf hunderterlei Weise, manchmal durch unwürdiges Gefiedel, durch Nachtmusik zu verdienen: Das Vermögen der Bardi, der Corsi und der Doni gewährleistete, daß für alle Versuche der Camerata reichlich Geld vorhanden war.
Morgen, dachte er ... morgen würde er mit dem Herzog sprechen. Vincenzo würde sicher in gütiger Laune sein, war er doch ein verwöhnter Gast am Hofe Medici, stöhnte nicht unter der Last des Herrschens, über die er in Mantua zu klagen pflegte. Morgen ...
Als er seinem Quartier zustrebte, stieß er mit Alessandro Striggio, dem Sekretär des Herzogs, zusammen. Seine Hoheit verbrachte die Nacht mit einem galanten Abenteuer: Die Damen des Medici-Hofes empfingen Mantua sicherlich mit offenen Armen. Er hatte seinen Sekretär entlassen, so kam Striggio in der wundervollen Nacht zu Fuß über die Arnobrücke und erfreute sich an dem hellerleuchteten Florenz. Die Nacht lockerte die starre Hofetikette, und der Sohn des einstigen Orchestermusikers und Komponisten sah in Claudio einen Bruder, mit dem er den ungarischen Feldzug und die glänzende Reise durch Flandern geteilt hatte. Sie sprachen mit wenigen Worten, errieten die Gedanken des anderen.
»Rasi wäre als Orpheus besser gewesen!«
»Zazzerino – wie sie Peri wegen seines langen Haares spöttisch nennen – dürfte überhaupt nicht mehr auf offener Bühne singen. Aber wie habt Ihr, Messer Claudio, das Dramma per musica selbst gefunden?«
Sie gingen einige Schritte stumm nebeneinander her. Monteverdi legte Striggio den Arm um die Schultern.
»Ihr werdet selbst empfunden haben, daß es als Anfang gut war ... aber es hätte mehr hergeben müssen. Als ich so daherkam, dachte ich an Sophokles. Ich habe dieser Tage viel in seinen Dramen gelesen. Der Chor, Messere, der Chor. Warum haben Rinuccini und seine Freunde nicht versucht, den nachzuahmen? Warum spürt der Zuschauer nicht, daß in Wirklichkeit Eurydike und Orpheus auf der Bühne stehen? Hier ragten nur Pluto ... und Proserpina heraus. Die anderen waren alle

über einen Kamm geschoren. Warum waren sie alle gleich? Darüber habe ich nachgesonnen.«
»Dem Herzog hat die Aufführung gefallen, aber auch er lobte sie nicht ohne Vorbehalt. Er sagte nur, als wir in den Giardino Boboli, den königlichen Garten, gelangten: ›Siehst du, Alessandro, ich habe in Italien den besten Musikmeister, dennoch muß ich nach Florenz kommen, damit ich und auch er etwas Neues lernen! Wenn wir nach Hause kommen, wollen wir uns darüber unterhalten. Merke es dir und erinnere mich daran, wenn wir in der Reggia ein Musikfest vorbereiten.‹ In solchen Fällen, wenn Seine Hoheit Du zu mir sagt, ist er immer in sehr gütiger Stimmung ... Und noch etwas ... bevor wir den Palast erreichten, blieb er stehen. ›Schon morgen will ich mit Claudio sprechen, erinnere mich beim Aufstehen daran!‹ Es ist besser, Messere, wenn Ihr auf das Gespräch vorbereitet seid. Es freut mich, daß wir uns getroffen haben ...«

Rasi kam in das Quartier Seiner Hoheit und brachte auch Herrn Rinuccini mit. Im Gästeflügel des großherzoglichen Palastes lag am Morgen nach der großen Feier noch schläfrige Stille, nur die Hellebardisten zogen durch die Gänge, aber heute nicht in ihren eisernen Schuhen, um den Schlaf der herzoglichen Gäste nicht zu stören. Monteverdi erwartete sie bereits im Vorzimmer.
»Mein Freund Peri war sehr müde. Er bleibt heute bis Mittag im Bett. Es kann sein, daß er Angst davor hatte, sein Werk könnte eine zu strenge Kritik erfahren. Messer Claudio, ich frage Euch, habt Ihr schon mal eine Rappresentazione ähnlich der ›Eurydike‹ gesehen?«
»Vor drei Jahren ... als Herr Orazio Vecchi in Modena mit dem ›Amfiparnasso‹ einen Versuch anstellte. Er selbst nannte es Commedia harmonica, in Wirklichkeit aber war es nichts weiter, als daß er aus heiteren Madrigalen eine Komödie gestaltete. Lauter Figuren ... in den Partien, die den Zuschauer zum Lachen bringen. Ich entsinne mich noch, da war Pantalone, der trunksüchtige spanische Kapitän ... ein gewisser Francatrippa, der verschlagene Diener. Aber ich glaube, Messer Vecchi hatte nicht vor, weitere solche Komödien zu schaffen. Deshalb hatte ich große Freude an dem Anfang, an dessen Quelle ich mich gestern erfreuen durfte.«
»Sprecht offen von unseren Fehlern, Maestro. Wir haben gestern und heute so viel Lob erhalten, daß wir auch bittere Pillen vertragen können.«
»Mein Vater, der Arzt ist, hat mich gelehrt, wie man den Kranken bittere Pillen verabreicht. Aber Ihr seid kein Kranker, sondern ein Künstler, der uns allen große Freude bereitet hat. Während ich der Vorführung lauschte, ich will es gestehen, überkam mich eine seltsame Erregung. Ich hatte das Empfinden, als wäre auch ich ein Autor des Werkes ... als hätten wir es zusammen geschrieben ... voller Ungeduld

wartete ich auf das Ende des Kampfes, den die Melodie mit dem Text führte ... Als sich das Rezitativ zum Gesang wandelte, erwachten wirkliche Arien zum Leben ... Das Werk, Messer Rinuccini, war lauter Kampf ...«

»Gegen die Polyphonie?«

»Ich kann nicht mit Haß auf die Polyphonie blicken, weil ich darin das geheiligte Heim der menschlichen Stimme verehre. Warum sollte man beide nicht miteinander versöhnen können? Warum sollte die Kunst der Stimmen nicht weiterleben können, wenn sie die Sehnsucht der menschlichen Seele zum Ausdruck bringt, die keine Worte hat? Und warum solltet Ihr nicht gleichzeitig die Wissenschaft der griechischen Ahnen vertreten können, wenn Ihr die Melodie in ein profanes Gewand kleidet? Ja ... der selige Herr Tasso hätte sich sicher gefreut, wenn er gehört hätte, welche Achtung dem Text zuteil wird, in der Art, wie Ihr es verkündet, als *Domina absolutissima*! Aber gestern abend tauchte Zweifel in mir auf, Messer Rinuccini, ob dies genügt?«

»Warum seid Ihr nicht offener zu uns, Maestro?«

»Die Camerata verkündet doch die dreifache Einheit von Wort, Ton und Rhythmus, nicht wahr? Aber ich habe das Gefühl, die Darsteller auf der Bühne singen nicht genügend ... arioso. Als wollten sie mit all ihrem Bestreben jegliche Verzierung ... Melismen vermeiden, hier denke ich besonders an Herrn Peri, nur um den Text besser, so gut wie nur möglich, verstehen zu können. Das, ich gestehe es, wirkte auf mich ein wenig ärmlich, wenn ich an den Reichtum denke, der mir beispielsweise aus der Polyphonie Palestrinas entgegenströmt. Anstatt daß gewaltige namenlose Partien miteinander ringen, die Möglichkeiten des zweigeteilten Chores ausnützen, müssen hier ein oder zwei Sänger und die kurzen Interludien des Chores den Raum ausfüllen. Und zudem hatte ich das Gefühl, als lebten die Darsteller noch immer im ... Oratorium. Sie bewegen sich nicht ... Aber es ist nicht meine Aufgabe, darüber zu sprechen ...«

»Ich bitte Euch, ich bitte Euch sehr, fahrt fort, Messer Claudio.«

»Ihr seid ein gesegneter Poeta laureatus: Jede Zeile der ›Eurydike‹ lobt ihren Dichter. Aber die Glut der Verse durchdringt nicht genügend die Diktionen der Sänger. Als Orpheus den Hirten berichtet, wie er Eurydike fand und wie er sie wieder verlor, glänzten da Tränen in den Augen von Herrn Peri? Hat man empfunden, daß tiefster Schmerz am Herz des leierspielenden Halbgottes nagt? Ich bitte um Vergebung, aber ich lobe Herrn Rasi nicht deshalb, weil er zugegen ist und weil er das gleiche Brot ißt wie ich ... aber Messer Rasi bewegte sich meisterhaft, nicht nur seine Stimme erfüllte die Bühne, sondern sein ganzes Spiel. Die anderen – Ihr habt mich um Offenheit gebeten – haben sich nicht viel von den Chorsängern unterschieden, die darauf warteten, daß ihnen die Orgel oder das Cembalo den Einsatz gab.«

»Wenn ich richtig verstehe, hättet Ihr gern gesehen, daß die Darsteller in ihrem menschlichen Wesen, in ihrer alltäglichen Vulgarität auf der Bühne agiert hätten.«

»Ich finde, der Mensch ist in seinem Schmerz und in seiner Freude, wenn diese aus tiefster Seele rühren, nie alltäglich. Und der Zuschauer wird bestimmt am stärksten davon berührt, wenn er echten Gefühlen begegnet. Madama Francesca blieb vor Herrn Corsi stehen, wendete den Blick nicht von den Tasten, atmete ganz genau so, wie sie es im Chor gelernt hat. An diesen Stellen empfand ich: Der Text ist doch nicht alles ... ist nicht das vollkommene, fehlerlose Rezitativ. Und das getreue Arioso, das das Plätschern der Reime sanft umarmt, enträtselt vielleicht doch nicht das Geheimnis, nach dem wir suchen ...«

»Messer Claudio, wenn ich Euch zuhöre, schäme ich mich. Wir wollten mit unserem bescheidenen Festspiel keinerlei Geheimnis enträtseln. Unsere Absicht war, an einem einzigen Abend das unseren Hof erfreuende große Ereignis zu feiern. Aber wie ich sehe, schwebt Euch viel mehr vor. Euren Worten muß ich entnehmen, daß Ihr Euch schon mit dem Gedanken beschäftigt habt, uns zu zeigen, wie Ihr das Dramma per musica deutet. Vielleicht habt Ihr Euch sogar schon verpflichtet ...«

Monteverdi sprang mit gespieltem Entsetzen von seinem Platz.

»Messere, wollt Ihr, daß ich Euer Feind werde? Ein einziges Wort dieser Art genügt, um mir bei Seiner Hoheit Vincenzo zum Verhängnis zu werden. Er läßt mir dann ausrichten: Bis Weihnachten – oder bis zu einem anderen hohen Fest – hat unsere mantuanische Rappresentazione fertig zu sein! Denn unser Herr, der Herzog, kennt die Zeit nicht ... Und dann kann ich zur nächtlichen Stunde den Wanderstab nehmen und hinüber in die Lombardei fliehen ... Ich habe gestern mit der ergebenen Seele eines Schülers dem gelauscht, was Ihr geschaffen habt ... Wollte ich alles zusammenfassen, könnte ich nur eines sagen: Im gestrigen Werk gab es nur eins, was fehlerlos war, und das war der Text. Sollte ich jemals ein solches Werk in Angriff nehmen, um es mit den Schwingen des Stile rappresentativo zum Fliegen zu bringen, würde ich mich an Euch wenden, mir Eure schönen Worte, Verse, die des Orpheus würdig sind, geben lassen, um sie zur Herrin meiner Harmonie zu machen. Wenn Ihr, Messere, dieses Bündnis eingehen wolltet ...«

In der Tür des Vorzimmers erschien Striggio: Seine Hoheit habe sich bereits im Bett aufgesetzt und lasse bitten ...

Heerlager vor Kanizsa. In Streifen lag der spärliche Schnee, die Mantuaner hauchten sich beim schwachen mit nassem Holz gespeisten Feuer in die Hände. Es war der neue Feldzug Herzog Vincenzos. Diesmal hatte er sich umsichtiger und mit größerer Sorgfalt darauf vorbereitet. Er brachte weniger Seide, Musiker und Grafen, dafür mehr Kanonen, wärmere Kleidung und mehr Wein mit. Um die von den Türken besetzte, berüchtigte Burg von Kanizsa zu erobern, bedurfte es keiner Musiker. Da war es mehr wert, wenn sich an diesen auf den Winter zugehenden Tagen ein oder zwei Damen zum Vergnügen des Herzogs fanden ... freilich keine Damen von zu Hause, sondern nur bessere Kurtisanen.

Die Belagerung war, wie so oft, äußerst langweilig: Der frühe Winter hatte das gewohnte Bild der Erde verändert. Wenn sich nach dem Schneetreiben das Wetter beruhigte, fuhren am Horizont die kleinen Bauernschlitten dahin. Verstärkte sich der Wind, hockten alle in ihren Zelten und genossen den Wein einmal kalt, einmal heiß.

Abwechslung bedeutete die Post aus der Heimat, wenn sie wieder nach langer Zeit eintraf. Ein paar neue Bücher, schwärmerische Briefe bekannter und unbekannter Damen an den Helden. Schriftstücke aus der Kanzlei, die darauf warteten, daß Seine Hoheit sein Handzeichen darauf setzte. Daheim floh er oft entsetzt vor diesen Sorgen des Regierens: Hier spiegelte sich in jeder Zeile und jedem Casus das heißersehnte, sonnige Italien.

Man rang mit den Türken im stummen Kampf. Wo gingen das Brot für die Krieger und das Futter für die Pferde eher zur Neige: drinnen oder draußen? Wer länger durchhielt, dem gehörte der Sieg. So würde sich sicher auch heute, an diesem frostigen Tag, nichts ereignen.

Er zog die Post an sein Feldbett, erkannte die ihm so vertrauten energischen Buchstaben Barbaras. Lange Zeilen, in einem etwas belehrenden Ton. Liebevoll ... aber es hörte sich an, als würde sie in der Tat allmählich die Rolle der »Mamma« übernehmen ... Und Agnese? Sie berichtete davon, daß ihr Sohn, der Marchesino, Scharlach bekommen, ihn zum Glück aber überwunden habe ... Sie schrieb spanisch, so wie man es in Avila die Klosterzöglinge lehrte.

Striggio half beim Öffnen der Briefe. Wenn es der Herzog überdrüssig war, die Schrift zu entziffern, übernahm der Sekretär den Brief und las ihn vor.

»Siehe da, auch Monteverdi erinnert sich unser. Doch wie ich sehe, schickt er uns diesmal kein Madrigal. Aber schau nur, Alessandro, seine Schrift ist, als würde er statt der Buchstaben Notenköpfe malen ... lies vor!«

An der Stimme Striggios erkannte Vincenzo stets, ob er den Briefschreiber mochte oder nicht. Dieses Spiel amüsierte ihn hier geradezu. Die angenehme Männerstimme füllte den kleinen Raum des sorgfältig ausgeschlagenen Innenzeltes.

»Meinem gnädigsten Herrn, dem Herzog von Mantua –
im Lager von Kanizsa.
Durchlauchtigster, gütiger Herr!
Wenn ich mich nicht beeilte, nach dem Ableben des Herrn Bernardo Pallavicino Euer Hoheit inständig um den Titel zu bitten, den einst der selige Herr Werth getragen hat und der das Primat über unsere Musiker verleiht, dann könnten Euer Hoheit, wenn ich nur mein Beileid ausspräche, das so auslegen, daß mich trotz all Euer Huld eine Furcht vor dieser Bitte zurückhält, wohl gerade wegen meiner ungenügenden Fähigkeiten. Es könnte aber auch sein, daß Euer Hoheit mein Schweigen als genau das Gegenteil auffaßten: Als übersteigerten Wunsch, der mit verschlossenen Lippen darauf wartet, was ich als einfacher Diener Euer Hoheit inständig erflehen müßte, einen Weg suchend Eure Gunst zu gewinnen. Desgleichen: Wäre ich nicht bestrebt, die Gelegenheit zu suchen, wie und wann ich Euer Hoheit zu dienen vermöchte, so hättet Ihr sicherlich Grund, Eure Unzufriedenheit gegenüber meiner Lässigkeit und Unbekümmertheit auszudrücken und würdet mit Recht meine bescheidenen Fähigkeiten vergessen, die ich in meinen Motetten und Messen stets dem glänzenden Geschmack Euer Hoheit entsprechend einzusetzen bemüht war. In dieser Hinsicht – so hoffe ich – haben Euer Hoheit vielleicht keinen Grund zur Klage. Habt Ihr doch Eure Güte und Eure huldvolle Zuneigung nach dem Tod des berühmten und namhaften Herrn Striggio, des Älteren, (hier erbebte Alessandros Stimme, und Vincenzo malte mit einer frommen Bewegung das Kreuzzeichen auf seinen Lederharnisch) zum Ausdruck gebracht, aber genauso habe ich weiter unter Herrn Giaches de Werth gedient und dasselbe geschah unter dem vortrefflichen Herrn Franceschini, und letzten Endes änderte sich meine Bereitschaft auch nicht, als diese Ehre entsprechend dem Willen Euer Hoheit Messer Pallavicino übertragen wurde. Nicht so sehr aus übertriebener Bescheidenheit als vielmehr aus Untertänigkeit und Treue gegenüber Euer Hoheit bewarb ich mich bisher nicht um diese Stelle, wenn dieses Amt im Dom vakant wurde, und es mag sein, daß man mir mit Recht meine Nachlässigkeit vorhalten könnte: Warum ich nicht mit größerer Ausdauer und Ergebenheit um diesen Titel nachgesucht habe … Aus all diesen Gründen und in der Hoffnung, daß Euer Hoheit in Ihrer endlosen Güte meine tatsächlichen Verdienste ohnehin höher einschätzen, ersuche ich Euch, mir das Amt des Musikmeisters der herzoglichen Hofhaltung und des Domes zu übertragen. Sollten Euer Hoheit mir diese Huld erweisen und so verfügen, so nehme ich es mit der Untertänigkeit entgegen, wie es die Pflicht des Dieners ist, wenn ihm Gnade und Auszeichnung von seiten

eines so großen Fürsten erwiesen wird, wie Ihr es seid. So verneige ich mich im voraus vor dem Willen Euer Hoheit und bitte den Herrn, den reichen Quell seiner Gnade über Euch zu ergießen und all das zu erfüllen, was der treue Diener seinem Herrn aus vollem Herzen wünschen kann.
Gegeben zu Mantua am 28. November 1601
Euer Hoheit untertänigster und ergebenster Diener
Claudio Monteverdi.«

Vincenzo streckte die Beine auf der mit Kissen weich gepolsterten Liege aus und neckte mit der Stiefelspitze seinen trägen Windhund. Nachdem Striggio verstummt war, richtete er seinen Blick fragend auf den Fürsten. Der schwingende Rhythmus des Briefes schien den Herzog in einen Wachtraum gewiegt zu haben ... er brachte etwas aus Italien ... dessen Wellen er unter den traurig stimmenden Hügeln von Kanizsa empfand. Die Wärme der Reggia, schöne Chöre, die das Herz beklemmende Musik von Madrigalen. Er nahm den Brief dem Sekretär aus der Hand. Striggio, der alle Zuckungen im Antlitz seines Herrn kannte und der den fernen Claudio ohnehin als Freund empfand, glättete den unteren Rand des Briefbogens, der für das fürstliche Responsum freibleiben mußte. Stumm reichte er dem Herzog die eingetauchte Feder. Vincenzo lachte auf, warf sich auf den Rücken und hatte das Gefühl, jetzt wieder der Herzog aus dem Märchen zu sein, der entsprechend seinem Herzen mit beiden Händen Huld austeilen konnte ... ja, er sei der »gütige« Gonzaga, der seinen bedachten knausrigen Vater an Glanz übertraf. Er malte sein »Fiat« hin, und darunter schon mit halbgeschlossenen Augen »Vinc. Dux Mant.«. Das war die Handschrift, die man in der Kanzlei so gut kannte, daß man aus den Zügen zu schlußfolgern vermochte, in welcher Stimmung sich Seine Hoheit befunden hatte, als er das allergnädigste Handzeichen auf das Schriftstück setzte.
»Schreibt ihm, Alessandro, *a titolo privato,* nicht als Amtsperson. Ich freue mich, daß er zu Weihnachten das Hochamt schon als Maestro di musica dirigieren würde. Fragt auch an, womit er seine Zeit verbringt? Ob er daran gedacht hat, worüber wir im vergangenen Jahr in Florenz gesprochen hätten? Ja ... mich würde auch interessieren, ob er den neuen Madrigalband schon in die Druckerei gegeben hat und wem die Widmung gilt, mir oder der Herzogin? Seht Ihr, jetzt bedauere ich es, dies eine Mal keine Musiker mitgebracht zu haben. Da brauchte ich nicht diesem verdammten, die Wölfe reizenden Wind zu lauschen ... Wenn Ihr ihm schreibt, teilt ihm auch mit, daß die Erfüllung seines Wunsches nach meinem Herzen gewesen sei ... Ein geschickter Brief, nicht wahr, Striggio? Er übertreibt die Schmeichelei nicht ... gebraucht sie vielmehr wie ein guter Fechter den Degen ...«

In der Kanzlei von Mantua wurde um einer größeren Wirkung willen auf jedem Schriftstück, das das Handzeichen Seiner Hoheit trug, vermerkt, daß die Entscheidung entsprechend dem Beschluß des im Felde weilenden Herzogs getroffen worden sei.

»Dum sub arce Canisia contra turcos pugnavit«, schrieb der Historiker des Hofes, und Meister Viani, der Baumeister des Palastes, sann bereits darüber nach, wie man den Triumphbogen mit Amoretten und Glorietten bemalen sollte, wenn Seine Hoheit zu Weihnachten nach Hause zurückkehrte. Ja ... jetzt rechnete man in der Tat mit einem Sieg, nicht so wie bei Esztergom, wo die ungeschickten Erzherzöge den ganzen Schwung des Heeres ungenützt ließen. Kanizsa wurde von Seiner Hoheit persönlich belagert, und wie die Nachrichten besagten, war es nur noch eine Frage von Tagen, wann die stolze Burg des Paschas Hannam kapitulierte.

Wenn Vincenzo seine Musiker auch zu Hause gelassen hatte, zwei der Hofalchimisten waren da und arbeiteten emsig in einem abgesonderten Teil des großen Zeltes. Es konnte auch nur noch eine Frage von Tagen sein, wann die im geheimen entwickelten Pulver ihre Küche verließen: Das eine sollte giftig, das andere von einschläfernder Wirkung sein. Und man war überzeugt, daß sich die Tore der Burg Kanizsa nach einigen Schüssen von allein auftun würden, und in den verwinkelten, zur Burg führenden Gassen anderthalbtausend die Burg verteidigende Janitscharen im bleiernen Schlaf lägen. Vincenzo kam zufrieden aus der Alchimistenküche und summte händereibend die hundertjährige heitere Frottola des Marchetto Cara:

Forse che sì – forse che no
Il tacer nuocer nun può.
Forse che no – forse che sì
Non fia il mondo ognor così.

Ein reizendes, rätselhaftes Liedchen »Vielleicht ja – vielleicht nein« ... es verhüllte vieles ... es klang ihm im Ohr. Ehe er ins Feld gezogen war, hatte er es eine Nacht lang gesummt. Diese Nacht war vielleicht erregender als je eine zuvor. Den Rausch des Abenteuers hatte der Kuß einer Cousine noch versüßt: Eine Gonzaga-Tochter, heißblütig, von der er gegen Morgen Abschied nahm. Und nun hatte er in der heutigen Post unter den Briefen das Schreiben der Marchesina gefunden. Dank des Besuches am Dreikönigstag war ein kleiner Cesare geboren. Vincenzo schaute zum Zeltfenster hinaus in die Landschaft. Sie nahm sich aus wie ein riesiges in Schnee gemaltes Labyrinth. Vielleicht ist es mein Sohn ... vielleicht nicht ... Einem plötzlichen Einfall folgend begann er einen Brief an den Baumeister Viani zu diktieren.

»... an die Decke des Zimmers wünsche ich mir reiche Stuckverzierung ... Arabesken ... Ranken, ja, eine solche Dekoration soll die Lettern umschließen:

FORSE CHE SI – FORSE CHE NO

soll es jedermann ins Auge stechen, der den Raum betritt ... Warum seht Ihr mich so verwundert an, Messer Striggio? Das ist das neue Motto. Das schreiben wir auf die Siegesfahnen, wenn wir Kanizsa erobern. Schreibt an Claudio, ich wünsche ein neues Madrigal mit dieser Anfangszeile!«

Graf Hermann Rusworm, der grausame Günstling Kaiser Rudolfs, wurde ins Zelt geleitet. Bis jetzt war Herzog Vincenzo vor Kanizsa kaiserlicher Heerführer gewesen, man hatte keinen Oberbefehlshaber über ihn gesetzt. Nun hatte Seine Majestät beschlossen, Rusworm zum ersten Kommandanten zu ernennen. Und schon begann das Spießrutenlaufen: Nach der kurzen Antrittsvorstellung wurde gleich die erste Beratung abgehalten.

Wie ein Schulmeister, so behandelte der österreichische Graf die Mantuaner. Er habe höchstpersönlich überprüft, wie locker und lückenhaft die Postenkette sei, es gebe zuviel Kranke, und die Offiziere zögen selbst zum Requirieren in die Dörfer aus.

Erst klang Vincenzo noch die süße Frottola in den Ohren, dann war mit einemmal seine gute Laune verflogen, und er hörte sich mit feuerrotem Kopf die Ausführungen des hünenhaften Kürassierobersten an. Striggio hatte etwas auf einen Bogen Papier geschrieben und reichte ihn seinem Herrn, als zeigte er ihm eine Meldung: »Bitte bewahrt Eure Ruhe, Hoheit!«

In der Nacht kauften die Mantuaner von den Bauern sämtliche Fuhrwerke auf. Die Besitzer der Fronhöfe, die Häusler und die Kleinadligen drehten erst zweifelnd, dann mit immer mehr Vertrauen die in der Umgebung schon bekannten mantuanischen Taler in den Händen. Selbst die *Rara avis*, eine in dieser Gegend seltene Goldmünze, klang in den Beuteln der Zahlmeister.

Bei Tagesanbruch verließ Vincenzo Gonzaga – nunmehr zum dritten und letzten Male – das Heerlager des erhabenen Kaisers in Ungarn.

Im bleiernen Regen und auf vereisten Straßen brach das von der Belagerung und von Krankheiten dezimierte mantuanische Heer auf. Das »Forse che si – forse che no« schien jetzt das nahende Schicksal anzudeuten. »Wenn wir nur heim nach Mantua kommen«, war die Parole auf dem von türkischen Streifen gefährdeten Weg, auf dem die Geschütze und die Wagen auf Schritt und Tritt steckenblieben.

Vincenzo hatte vor Kanizsa seinen Geburtstag gefeiert, am 18. September: Damals feierte man noch im heiligen Rausch des bevorstehenden großen Sieges der Christenheit. Jetzt plagte ihn die Gicht im rechten Bein, sein Magen war überladen, er fröstelte selbst in dem Pelzmantel und der Regen lief ihm am Hals unter den Harnisch. In seinem stoppligen Gesicht bildeten sich Tränensäcke unter den Augen, seine

Stirn war von Falten durchzogen: Niemand hätte den vollblütigen, immer zu einem Abenteuer bereiten Herzog in ihm erkannt.
Er war vierzig Jahre alt. Noch im Frühjahr war er verkleidet über die Grenze in die Lombardei gereist, um dort die Schankmagd in einer Schenke aufzusuchen, von der er nicht wußte, daß ihr Bruder ein für gutes Geld kaufbarer Meuchelmörder war. Vincenzo genoß in der Kammer des schönen schwarzhaarigen Mädchens die plebejische Liebe, während sich der Bruder den spanischen Offizieren erbot, für einen angemessenen Lohn dem Geliebten seiner Schwester, dem Herzog von Mantua, den Hals abzuschneiden. Die Sache kam dem spanischen Statthalter zu Ohren, und er schickte einen berittenen Boten in die Reggia: Seine Hoheit, der Herzog, sollte ein andermal den Statthalter verständigen, wenn ihn die Liebe in der Lombardei ereilte ... Der Skandal war groß, der venezianische Gesandte erfuhr — wie alles — auch diese Nachricht, aber Vincenzo, in stürmischer Nacht mit heiler Haut nach Hause gekommen, bewahrte das Abenteuer als liebe Erinnerung.
Francesco, sein ältester Sohn, dieser trockene, unerbittliche Prinz, neigte sich mit düsterem Blick über den Betschemel, wenn die Flammen der Fama um seinen Vater hochschlugen. Der junge Herzog war kein Schürzenjäger wie sein Vater, vielmehr ein bedachtsamer, würdevoller Herr, der auf seinen blonden, gierigen und maßlosen Vater wie auf ein schlimmes Wundertier blickte, das dem kleinen Land unzähliges Geld kostete.
Während der bleierne Regen auf ihn niederfiel, hatte Vincenzo Zeit, so im Sattel, im wogenden Halbtraum, sein Leben zu überdenken. Das war wohl der letzte Feldzug, zu dem er ausgezogen war, um zu beweisen, er, Vincenzo Gonzaga, sei noch immer der einzige gesalbte Ritter der Christenheit, der nicht erobern wollte, der keine Beute erhoffte, der sein Schicksal und vielleicht sein Land für ein fernes ... Tassosches Ideal aufs Spiel setzte ...
Striggio hatte Mitleid mit seinem verbittert dreinblickenden Herrn.
»Hoheit, was wäre, wenn Ihr diese ungarische Epopöe schreiben ließet. Nein, ich denke an kein Epos ... Messer Tasso ist gestorben. Wir brauchen keinen Epigonen. Aber anders ... vielleicht in einem Drama? Auf der Bühne ... vielleicht auf einem Platz. Geschütze kommen angerollt, man bringt erbeutete Fahnen, türkische Gefangene, die noch nicht freigekauft sind ... Reiter sprengen daher, dazwischen erklingt jeweils ein Interludium ... ein musikalisches Zwischenspiel. Vielleicht könnten Euer Hoheit aus Graz an Messer Follino schreiben: Es ist Aufgabe des Geschichtsschreibers am Hofe, mit kunstvoller Feder aufzuzeichnen, wie Euer Hoheit Kanizsa erobert hat!«
»Aber Striggio, Kanizsa ist doch nicht gefallen.«
»Hoheit, hier geht es nicht um Klio ... nur darum, mit welcher Apotheose das Stück schließen soll, wenn die Truppe Fedeli es spielt. Diese

Schauspieltruppe, die die Gunst Euer Hoheit genießt, steht in der Tat in dem Ruf, daß es nirgends in der Welt ihresgleichen gibt. Ich an Eurer Stelle würde eine neue große Komödie schreiben lassen. Darin soll Herzog Vincenzo . . . personifiziert, als erster Ritter der Christenheit in die brennende Hauptburg eindringen. Die Wirklichkeit, Hoheit? Warum sollten die Worte des österreichischen Dummkopfes Euch verdrießen? Wer schenkt morgen Rusworm sein Ohr? Die Welt soll von der Bühne erfahren, was Wirklichkeit ist. Und so wird diese Wirklichkeit auch der Serenissima zur Kenntnis gelangen, wenn ihr Gesandter seine Meldung von der Rappresentazione schickt. Damit könntet Ihr, Hoheit, dem zuvorkommen, daß die Venezianer über den Feldzug in Ungarn das erfahren, was die Wiener zusammenreimen werden. Man könnte es vielleicht binnen weniger Wochen schreiben und von Fedeli aufführen lassen . . . Sub arce Canisiae wäre ein guter Titel, Hoheit . . . Aber man brauchte auch Musik dazu.«
»Es gibt nur einen einzigen Menschen, der das nackte Wort in den Samt der Musik zu kleiden versteht . . .«
»Es kostet Euer Hoheit nur ein Wort, und Monteverdi würde seine Kunst auch hier versuchen. Das Textbuch würde . . . vielleicht ich übernehmen . . . Ich wollte Euer Hoheit ohnehin schon bitten, mir gestatten zu wollen, daß ich den Text für ein Dramma per musica schreibe. Ich habe von meinem Vater gelernt . . .«
Ödes Grenzland, peitschender Regen, der auf die grauen Schneewehen niederprasselte. Wie flehend war plötzlich die gegenüber anderen so spöttische Stimme Alessandros geworden.
»Bene . . . bene . . . wenn wir zu Hause sind. Dann wollen wir über all das sprechen. Wenn Ihr Follino schreibt, könnt Ihr ihm mitteilen, er soll sich vorbereiten, daß wir – nach unserer Rückkehr – den Sieg von Kanizsa feiern. Ob die Burg gefallen ist oder nicht? Es ist wirklich ohne Bedeutung: Forse che sì – forse che no . . . Wer wird in hundert Jahren wissen, wer Kanizsa erobert hat?«

16

Lelio Arrigoni, der römische Gesandte Mantuas, begab sich sonntags auf eine sonderbare Erkundung. Seine Hoheit hatte ihm in einem eigenhändigen Brief aufgetragen, die Hochämter zu besuchen und zu beobachten, ob es im Chor oder auch in der Sängerschar der Gläubigen irgendwo einen außergewöhnlichen Sänger gebe. »Wenn es sein muß«, schrieb er, »besticht die Sakristane und erkundet, ob es nicht einen entmannten Chorknaben mit hellklingendem Sopran . . . oder ein Mädchen mit seidenweicher Stimme gibt, deren Kunst sich in der Umgebung schon herumgesprochen hat . . .«

Arrigoni überquerte eben die Piazza del Popolo, wo er für seinen Herrn einige Gemäldekopien bestellt hatte. Als er an der Kirchenpforte vorüberging, drangen ihm Orgelklänge ans Ohr. Wie er dem wohlklingenden Lied entnahm, mochte man gerade beim Agnus Dei angelangt sein. Am Weihkessel blieb er stehen. In diesem Augenblick erfüllte ein wundersamer Sopran den Raum der morgendlichen Kirche: Das Agnus hob sich aus dem Chor, strahlte, schwebte in die Höhe, um zurückzufallen und erneut emporzusteigen. Verzaubert und reglos lauschte Messer Lelio der Messe bis zum Schluß. Er kannte bereits die Stimmen der Mitglieder des ärmlichen Chores, die Kraft und die Sicherheit der Intonation – und obwohl er nicht auf den Chor hinaufsehen konnte, wußte er, daß die Besitzerin des Soprans nur ein ganz junges Mädchen sein konnte. Als die Mitglieder des Chores langsam die Wendeltreppe herunterkamen, war es nicht schwer, unter den Frauen der Umgebung und einigen aus Altersgründen aus dem päpstlichen Chor ausgeschiedenen Sängern das schlanke, halb als Kind gekleidete Mädchen zu entdecken, das wohlgelaunt, aber vom Singen noch halb außer Atem zur Kirchenpforte heraustrat.
Es kostete ihn eine dünne Silbermünze, und innerhalb kurzer Zeit hatte er über das Mädchen alles erfahren. Caterina Martinelli – in der Umgebung riefen sie alle mit ihrem Kosenamen Caterinuccia – war das Kind gottesfürchtiger Eltern, das dritte Jahr der geschätzte Sopran des Kirchenchores, das wochentags zu Hause im Haushalt behilflich war. Der Vater bekleidete ein Amt bei Seiner Heiligkeit, war Kontrolleur der Salzkammer. Lelio Arrigoni besuchte noch am gleichen Nachmittag die Eltern. Vorsichtig versuchte er zu erfahren, wie er mit dem Vater zurechtkommen sollte, wenn er das Mädchen für den Hofdienst gewinnen wollte. In allen besseren römischen Häusern der Kleinbürger gab es irgendein Instrument, und die Lieder pflanzten sich abends von Hof zu Hof fort. Caterinuccia stimmte gern, ohne sich lange bitten zu lassen, die lieblichen römischen Frottolen an, die hier in der Armengegend der Piazza del Popolo Wurzeln geschlagen hatten. Als Arrigoni abends den Heimweg antrat, überlegte er, ob er mit seinem Bericht warten sollte, bis sich in ein oder zwei Wochen so viel Staatsgeschäfte angesammelt hatten, daß er diese mit der gewöhnlichen Post wegschikken konnte oder ob er um der größeren Wirkung willen unverzüglich einen berittenen Boten nach Mantua schicken sollte.
Vincenzo wartete nach der Jagd auf das Mahl, als der römische Kurier eintraf. Er berichtete in der Kanzlei, wie er sein Pferd angetrieben, wie schnell er den Weg zwischen der Urbs und Mantua zurückgelegt habe, um die wichtige Nachricht eher überbringen zu können. Bis der Bericht Arrigonis vor Seine Hoheit gelangte, saß Vincenzo bereits mit düsterem Gesicht an der Abendtafel. In seine geschwollenen Beine hatte sich die Gicht eingenistet, und in diesem Augenblick interessierte ihn keine einzige Dame seines zahlreichen Hofes. Arrigoni war ein bered-

ter, vom Anwalt emporgestiegener Diplomat, der sich darauf verstand, die Ware mit andeutungsvollen Worten anzupreisen. Der Herzog ließ den Kurier rufen.
»Hast du das Mädchen gesehen?«
»Hoheit, ich habe meinen Herrn in das Haus der Eltern begleitet. Ich habe auch mit der ehrenwerten Signorina Caterinuccia gesprochen ... Sie ist fast noch ein Kind ... aber schon sehr schön, und wie lieblich sie singt ...«
Die Tischgefährten, die bedrückt die verdrossene Laune des Herzogs empfanden, fühlten sich mit einemmal erleichtert: Der Blick Vincenzos belebte sich. Er wurde gesprächig. Lächeln strahlte aus seinem Gesicht, und er gab dem Burschen mit eigener erhabener Hand ein Goldstück. Es folgte ein schnelles Abendessen, danach diktierte er die Antwort an Arrigoni. Der Kurier sollte die Nacht durch schlafen und in der Frühe in die Ewige Stadt zurückkehren.
Erste Voraussetzung sei, schrieb er, die Moral. Das Mädchen käme für einen Hofdienst nur dann in Frage, wenn drei Ärzte (mindestens einer von ihnen solle ein den Doktorhut Seiner Heiligkeit tragender Physikus sein) übereinstimmend schriftlich bestätigten, daß das Mädchen Martinelli noch unberührt sei. Solange Messer Arrigoni dieses Dokument nicht gesehen habe, solle er keine Verhandlungen führen. Rom sei groß ... da gebe es viele verdächtige Fremde, die keine Rücksicht auf ehrbare Moral nehmen. Erst wenn diese Bedingung erfüllt sei, könne der Gesandte mit weiteren Verhandlungen beginnen.
Seine Hoheit dachte sich die Sache so, das Mädchen müsse ein oder zwei Jahre geschult werden, bis sich seine Stimme entsprechend entwickle, und erst danach könne es in den Dienst des Hofes treten. Er hatte sich noch nicht entschieden, ob er es nach Florenz zu irgendeinem Mitglied der Camerata schicken oder ob er in Mantua unter seiner eigenen Aufsicht für seine Ausbildung sorgen sollte.
Noch am gleichen Abend verbreitete sich die große Nachricht am Hofe. In der Galleria degli Specchi wurde eine kleinere Feier abgehalten. Hier erwogen bereits die am Hofe einander gegenüberstehenden Parteien, was dies vom Gesichtspunkt Madama Europas und Madama Sabinas bedeuten würde. Morosini, der neue venezianische Gesandte, meldete noch am gleichen Abend in seinem wöchentlichen Bericht den Fall des Mädchens Martinelli und ließ sogleich seinen Kollegen in Rom ersuchen, ihn über alles zu unterrichten, was der getreue Vertreter der Signoria wie kein anderer in dieser Sache in Erfahrung bringen konnte. Der Hof lebte auf. Nach den eintönigen Staatsgeschäften war endlich etwas Denkwürdiges, Erwähnenswertes in Sicht.
Am Morgen unterbreitete Messer Chieppio, der es gern hörte, wenn man ihn mit übertriebener Huldigung Kanzler nannte, seinem Herrn einen Vorschlag.
»Hoheit, ich würde nicht empfehlen, die junge Dame nach Florenz zur

Ausbildung zu schicken. Der Medici-Hof ist sehr neidisch: Sollte das Mädchen tatsächlich eine so gute Stimme haben, würde man unter irgendeinem Vorwand sein Fortgehen verhindern. Darüber hinaus möchten Euer Hoheit an die Caccinis denken. Die drei Mädchen, wenn sie erfahren, daß sie eine ernste Rivalin zu befürchten haben ... so sind sie zusammen mit ihrem Vater zu allem fähig ... Außerdem wären es überflüssige Ausgaben, das Mädchen in der Toskana ausbilden zu lassen ...«

»Das Geld darf bei so etwas keine Rolle spielen, Annibale.«

»Euer Hoheit sind verstimmt, wenn ich über die ernste Lage der Staatskasse spreche ... Verzeiht es mir. Aber ich sehe nicht ein, warum wir das Mädchen nicht zu Hause ausbilden lassen könnten, wo doch nach Euer Hoheit Willen einer der größten Musikmeister Italiens hier lebt.«

»Claudio?«

»Er muß die Ausbildung des Mädchens übernehmen. Damit ist allen gedient, Hoheit. Die Romanina, wie man sie hier liebevoll nennt, wird mit in das Haus Cattaneos ziehen, und Euer Hoheit erhöhen den Monatsbezug des neuen Maestro di musica um so viel, wie der Unterhalt des Mädchens kostet. Es gibt keine Extraausgaben ... und Euer Hoheit könnten gütigst und aus der Nähe beobachten, wie die Ausbildung verläuft ... wie sich die Kunst des Mädchens aus seinen plebejischen Umhüllungen entfaltet.«

»Ihr seid freilich auch bei Monteverdi wieder im Rückstand?«

»Nicht ganz drei Monate ... aber ich habe ihm dieser Tage einen kleinen Abschlag gezahlt. Er zeigte mir seinen Anzug. Hoheit, er hat wirklich recht: Der Maestro di musica kann nicht mit zerrissenen Ellbogen am Hofe erscheinen. Das war sein einziges Argument, das die Kanzlei bewegt hat.«

»Ehe ich eine Entscheidung treffe, will ich erst noch mit Monteverdi sprechen.«

»Als ich am Flügel der Musiker vorüberkam, hörte ich, daß sie probten. Die Pavane schallte nur so. Laßt ihn rufen, Hoheit ...«

Er kam barhäuptig, mit ausgeschlagenem Kragen, ohne Spitzen. Sein Wams war an den Ellbogen tatsächlich mit roten Flecken besetzt. Er trug dicke Strümpfe und schwere Schnallenschuhe: So kamen die Musiker durch die hintere Tür der Reggia zur Probe. Als er Chieppio sah, überkam ihn Beklemmung: Was für eine Angelegenheit mochte es sein, die keinen Augenblick Aufschub duldete, nicht einmal soviel, daß er sein in der Reggia hängendes schwarzes Samtwams anziehen konnte. Aber als er in das Gesicht Seiner Hoheit blickte, sah er, daß es nichts Schlimmes war. Der Herzog von Mantua voller Gunst duzte ihn diesmal.

»Claudio, hast du auch schon von dem Mädchen gehört, in dessen Kehle sich der größte Goldschatz Europas verbergen soll? Aber er ist noch voller Schlacke ... ist sicherlich noch voller Schlacke. Lelio Arrigoni, der das Mädchen gehört hat, ist kein so guter Musiker, um alles beobachten zu können. Verstehst du, warum ich dich habe rufen lassen? Ich brauche wohl gar nichts weiter zu sagen ... Ja, nimm es so, als Zeichen unserer Dankbarkeit. Ich habe an dich gedacht. Das Mädchen ist, wie man mir berichtet, fast noch ein Kind, aber seine Stimme sei schon vollkommen. Dennoch, in diesem Alter läßt sie sich sehr leicht verderben, wenn sie eine falsche Ausbildung erhält. Schon wetteifert man um das Mädchen. Wie ich höre, soll selbst Herr Caccini darum ersucht haben, es ausbilden zu dürfen. Aber ich vertraue nur auf meinen Monteverdi. Übernimmst du die Aufgabe, Claudio?«

»Hoheit, Eure Gunst kommt sehr unverhofft. Schließlich könnte es sein, daß sich Seine Exzellenz Arrigoni geirrt hat. Wer kann uns garantieren, daß, um mit den Worten Euer Hoheit zu sprechen, die Kehle des Mädchens tatsächlich einen Schatz birgt? In diesem Alter ...«

»Heute erwarte ich von dem Mädchen noch kein Wunder. Du mußt seine Stimme schleifen, damit es in ein, zwei Jahren die größte Sängerin Italiens werden kann.«

»Der Wunsch Euer Hoheit ist mir Befehl. Ich werde es unterrichten.«

»Aber das ist noch nicht alles, Claudio. Die Schülerin soll sich vom Meister nicht trennen. Sie soll unter seiner Aufsicht stehen ... den ganzen Tag über. Lelio berichtet, daß das Mädchen bescheiden und von ehrbarer Herkunft ist, bis jetzt aber nicht viel gelernt hat, daß es singt, wie die Vögel im Walde singen. Ich habe beschlossen ... ja, ich hätte gern, wenn die Romanina in deinem Hause wohnen würde.«

Der Maestro hob plötzlich den Kopf: Der Herzog sah, daß Blut in sein Gesicht stieg. Er konnte sich nicht entsinnen, ihn jemals so erregt gesehen zu haben. Dies gewahrte auch Chieppio und trat näher, um, wenn es sein mußte, Monteverdi am Wams zu zupfen.

»Die Gunst Euer Hoheit ehrt mich sehr, aber ich bitte um Erlaubnis, offen nach meinem Herzen sprechen zu dürfen.«

Der Herzog sagte mit einem gewissen Unbehagen:

»Ich glaubte, Euch mit diesem Beschluß eine Freude zu bereiten. Ihr dürft sprechen!«

»Hoheit, ich bitte um Gnade ... ich bin nicht erst heute in die Reggia gekommen. Auch Messer Cattaneo kennt die Sitten ... Ich weiß gar nicht, wie ich es sagen soll, Hoheit ... aber selbst die Allergrößten halten sich nicht immer an die heiligen Gebote ... Ich bin ein armer Mann, Hoheit, aber ich bin nicht Euer Untertan. Mit Eurer gütigen Erlaubnis würde ich fortgehen, wenn man mich zu etwas zwingen wollte, was meine Moral verletzt. Das Haus Cattaneos ist ein sehr bescheidenes Heim. Aber es ist ein reines Haus. Da darf niemand eintreten, der seine guten Sitten verletzt. Euer Hoheit werden in Eurer Weisheit verstehen, woran ich denke.«

Der Herzog lächelte. In seinem Gesicht sah man keinen Ärger, eher in-

teressierte, herrschaftliche Herablassung. Hochmütig, pfauenhaft sagte er:
»Soviel ich weiß, Claudio, habt Ihr keinen Grund zur Klage. Ich glaube nicht, daß je jemand die Tugend Madama Claudias anzutasten versucht hätte. Wenn sich jemand aus unseren höchsten Kreisen von der Leidenschaft hinreißen ließe, würde ihn die Strafe ereilen. Wenn du aber geradewegs an mich gedacht haben solltest, will ich dir hierauf auch eine Antwort geben. Ich nehme das Mädchen nicht deshalb in meinen Dienst, um meine Lust an ihm zu stillen ... um das dem Fürsten zustehende Jus primae noctis in Anspruch zu nehmen. Ich möchte, daß das Mädchen zu einer Künstlerin wird, dessen Stimme den Ruhm des Hofes in Mantua verkündet. Ich habe es nicht gesehen ... ich habe keine anderen Absichten mit ihm. Deshalb möchte ich, daß es vor den Versuchungen in dein ehrbares Haus kommt ... könntet ihr euch doch zu zweit, du und Madama Claudia, in die Aufgaben der Erziehung teilen.«
»Euer Hoheit beehrten mich durch Eure offenen Worte. Ich bitte ergebenst, mir Euer Manneswort zu geben, daß, solange das Mädchen in meinem Hause lebt, dahin niemand ... kein Mann ohne meine Erlaubnis seinen Fuß setzen darf, und daß das Mädchen ohne meine Zustimmung mein Heim nicht verlassen darf. Ich spreche es aus, Hoheit, ich bitte um uneingeschränkte *patris potestas*, um väterliche Macht, die niemand – selbst Euer Hoheit nicht – antasten darf. Nur dann bin ich bereit, die Aufgabe zu übernehmen, Hoheit, anders nicht!«
In Vincenzo kämpfte der Hochmut des Herrschers aus Gottes Gnaden mit der instinktiven Bewunderung, die er dem ihm an Moral überlegenen, dem unverhofft mutig und sich würdevoll verhaltenden Claudio gegenüber empfand. Er faßte die Sache am leichteren Ende und bemühte sich, die Last des Augenblickes zu mildern. Zu Chieppio gewandt, sagte er:
»Nicht wahr, Annibale, man braucht nicht alles so ernst zu nehmen, wie unser Freund Claudio es tut? Nun gut, mein Freund, du erhältst die väterliche Macht durch mein ritterliches und fürstliches Wort. Aber du selbst mußt dich auch daran halten, Claudio. Du bist jünger als ich, und wie verlautet, soll die Romanina sehr hübsch sein ... Bist du also bereit?«
Claudio beugte lächelnd das Knie. Er hatte über den Herzog gesiegt.
Als sie allein geblieben waren, wandte sich Vincenzo an Chieppio: »Es ging nicht leicht ... Aber nun kann das Mädchen kommen!«

Es schaute mit lächelnden Augen in die Welt, war blond und unterschied sich so von den dunkelhaarigen römischen Mädchen. Sein Haar war ein wenig kraus: Das mochte das sizilianische Erbe seiner Mutter sein. Es war nach der Art junger Mädchen, nach der tugendsamen Mode der päpstlichen Stadt gekleidet. Seine Gestalt würde man erst er-

kennen können, wenn das mantuanische Hofgewand sich leicht um sie schmiegte.
Unzählige Schwierigkeiten, langes Feilschen waren der Reise Caterina Martinellis vorausgegangen. Der Vater war ein starrköpfiger, hartnäkkiger Römer, so verbrachte Messer Lelio Wochen damit, alle Einzelheiten des Kontraktes zu klären. Das Mädchen hatte die geforderte Probe bestanden: Gelehrte Doktoren bezeugten seine Unschuld, und so war die Reihe an dem Herzog, um mit einer schönen runden Summe die Zukunft Caterinuccias zu garantieren. Der Vater bedingte sich eine fromme Erziehung, passenden Unterhalt und darüber hinaus eine ständige Rente für die Eltern aus; das war bereits ein Zugeständnis, denn anfangs beharrte er darauf, daß die ganze Familie Martinelli mit Kind und Kegel nach Mantua übersiedeln sollte.
Ernste Schwierigkeiten bereitete auch die Erlangung der Zustimmung des Heiligen Stuhles zum Wegzug des Mädchens. Im päpstlichen Chor durften zwar keine Frauen mitwirken, und so war es eigentlich einerlei, ob es in Rom in einem vorstädtischen Chor eine Sängerin mehr oder weniger gab, aber im Kardinalskollegium saßen einige Gonzaga feindliche Vertreter, die wegen des lockeren Lebenswandels am mantuanischen Hof dagegen waren, daß man ein ehrbares Frauenzimmer in den moralischen Verderb ziehen ließ. So wurde aus der Sache an der Kurie ein Casus: Vincenzo mußte in einigen älteren, in der Schwebe befindlichen Angelegenheiten Zugeständnisse machen, der Bestallung mehrerer umstrittener kirchlicher Ämter zustimmen: als all das geordnet war, erhielt Lelio Arrigoni das versiegelte Schreiben: Das Mädchen durfte Rom verlassen.
Die Eltern – auch das war vertraglich vereinbart – durften ihre Tochter nach Mantua begleiten und sich dort an den Aufregungen der Unterbringung beteiligen. Anschließend aber mußten sie – auf Kosten des Herzogs – nach Rom zurückkehren.
So trafen sie dann abends in der Hauptstadt der Gonzaga ein – an dem vor Neugier gespannten Hof. Aber Seine Hoheit hatte befohlen: Niemand dürfe sich dem Mädchen nähern, ehe es sein zukünftiges Zuhause gefunden habe.
Striggio brachte die Familie Martinelli in einer Hofkutsche zu Monteverdi. Die Martinellis wußten bereits, in wessen Haus Caterinuccia kommen, wer ihr Ziehvater und ihre Ziehmutter werden würde, sie wußten auch, daß ein Kind im Hause war, ein kleiner Junge, drei oder vier Jahre alt. Monteverdi hatte es von seinem Vater gelernt, daß man warten mußte, bis sich der Gast in Ruhe umgesehen hatte, seine Erregung abstreifte und im Empfangszimmer kurz verschnaufte. Verwundert betrachteten die Martinellis die vielen Instrumente: Das Clavicembalo, in der Ecke die Violen, die Blasinstrumente, auf dem Regal die Laute und daneben eine Harfe. An der Wand waren in einer malerischen Gruppe ein runder türkischer Schild, ein Spieß und ein Krumm-

säbel vereint: Die Kriegsbeute Claudios aus Ungarn. Neben dem Fenster hing eine gelbliche Kreidezeichnung mit den drei Buchstaben P. P. R. am Rande – die hatte er in Antwerpen erworben, als er im Geleit Seiner Hoheit Rubens besucht hatte. Ein schlichtes Zimmer im Vergleich zu dem Prunk des Hochadels in Mantua, aber den Martinellis schlug auch hier etwas von der Atmosphäre des Hofes entgegen, in die ihr Töchterchen kommen würde. Auf dem Tisch stand das Meisterwerk Claudias: Runde lombardische Honigkuchen, in einem Kristallkrug Wein und daneben venezianische Gläser.

Claudia begrüßte als erste die Ankommenden. Mit einem einzigen Blick, mit den Augen des Künstlers musterte sie das Mädchen, sein reizendes, klares Gesicht, seine schon etwas volle Gestalt, dann das Ehepaar Martinelli, das argwöhnisch und doch beglückt dastand, wie Leute, die etwas zu verlieren haben. Einmal im Leben bot sich ihnen das Glück, und sie hatten es am Schopfe gepackt.

Mit gesenktem Blick sprach das Mädchen die einstudierten Höflichkeiten. Claudia, die wieder ein Kind erwartete, war noch immer verklärt schön, hatte aber in der letzten Zeit etwas abgenommen. Sie sang seltener, fast nur an großen Festtagen, seit ihr Gatte mit dem Titel Maestro geehrt worden war. Aus Madama Claudia wurde allmählich Signora Monteverdi, die nur noch eine Stufe vom Stand der Edelfrauen am Hofe trennte.

Claudia führte Martinellis im Hause herum, zeigte ihnen den Garten, das eigene Zimmer des Mädchens, in das sie viele Blumen gestellt hatte. Als sie zurückkehrten, kam ihnen der Maestro schon lächelnd entgegen. Mit seinem dichten, leicht ergrauten Haar, seinem feinen länglichen Gesicht und seinen in die Seele blickenden Augen war er ein fast zeitloser, achtunggebietender Mann, zu dem die Martinellis alle drei instinktiv Vertrauen faßten. Unterdessen hatten sie bereits alles besprochen, wie man Caterinuccia außer im Gesang auch in anderen weltlichen Wissenschaften ausbilden werde, wer sich um ihre Seele kümmern und wie man sie verpflegen würde ... Und da Claudia von ihrer Stellung her Hofsängerin war, erkundigten sich die Eltern vorsichtig auch nach den Aussichten ihrer Tochter.

Caterinuccia kehrte in ihr Zimmer zurück: Daheim in der dürftigen römischen Mietswohnung mußte sie sich ein Zimmer mit ihren Geschwistern teilen. Hier hatte man eigens für sie ein kleines Clavicembalo ins Zimmer gestellt, damit sie tagsüber üben konnte. Auf dem Fensterbrett standen auch einige fromme Bücher, alles war sauber, hell und freundlich. Schweren Schrittes kam der »Großvater«, Cattaneo: Seine harte, lombardische Aussprache verstanden die Römer kaum: Frau Claudia spielte die Dolmetscherin und nach einem Glas Wein freundete man sich auch mit ihm an.

Auf Ersuchen Cattaneos gingen die Eltern erneut mit in den Garten, denn sie hatten die Kuh, den Hund und die Zugpferde noch nicht ge-

sehen. Caterina blieb allein mit dem Maestro, von dem ihr in der Frühe eine böse Zunge in der Reggia zugeflüstert hatte: »Du kommst zu einem Zaubermeister.« Sie hatte Angst vor ihm ... und fühlte sich zugleich von ihm angezogen. Der Spiegel in den Augen des Meisters war so tief wie das Wasser im Lago di Nemi. Und der Zaubermeister saß unentschlossen, ein wenig zaghaft seinem künftigen Mündel gegenüber, das kein Kind mehr war und noch keine Hofdame. Er lächelte ihm zu, schlug einige Akkorde an, seine Finger glitten über die Tasten, jetzt fanden beide zueinander, ganz leise, freundlich sagte er: »Singst du mir etwas vor, Caterina?« Das Mädchen kannte nur die Orgel, betrachtete entzückt das Spiel der über das leichte graziöse Instrument gleitenden Finger. Hauchartig sang es ein Bruchstück aus einem Kanon, den es am letzten Sonntag gesungen hatte, als es von der ihm lieben Madonna daheim in einem Lied Abschied nahm. Viele hatten in der Kirche geweint, es war zur Sache der ganzen Umgebung geworden, daß der mantuanische Drache ihnen Caterinuccia entriß. Jetzt tat es ihr so wohl, daß der Meister den Kanon gleich kannte, intonierte ... den Ton traf, bei dem man so leicht mit dem Singen beginnen konnte ... Sie war gar nicht mehr müde ... ruhte beim Singen aus, wie der Vogel im Flug. Sie atmete ganz instinktiv ... ungeschult, ohne dabei zu überlegen.
Damit noch nicht genug ... denn gleich daran schloß sich leise die Anfangszeile eines römischen Madrigals an. Der Meister schien in der Tat ein Zauberer zu sein, denn er kannte auch dies ... Schon trafen sich lächelnd ihre Blicke ... mit einem Kopfnicken zeigte er an, wann sie einsetzen mußte, und während das Mädchen sang, blieb Claudia in der Tür stehen und sang leise, ganz leise, um das Kind nicht zu stören, eine zweite Stimme – Caterina blickte zu ihr auf, Tränen schossen ihr in die Augen, doch sie lächelte durch sie hindurch. So verklang das Lied, und das Mädchen vergaß jetzt, was man es in Rom gelehrt hatte, es stürzte zu Claudia, vergrub sein Gesicht in ihren Rock, weinte und lachte, ergriff die Hand der Frau und bedeckte sie mit Küssen. Dann rannte es zu Claudio und küßte auch ihm die Hand, als wäre er eine priesterliche Person.
»Danke, Don Claudio«, sagte es mit römischem Titel.
»Die Gnade Gottes beschütze dich in unserem Heim, Caterina«, sagte der Mann leise, ernst, wie jemand, der den Segen erteilt. Eine Minute standen sie so da, ergriffen, zu dritt. Von draußen hörte man lautes Sprechen: Giacomo Cattaneo trat mit den beiden Martinellis ein.

17

Mit der Sonderpost traf der junge Mann in Mantua ein, und als die Kutsche vor dem Palazzo Colloredo anhielt, lief der Majordomus des Grafen barhäuptig hinunter, um den weitgereisten Gast zu begrüßen. Peter Paul Rubens stieg mit seinem riesigen Federhut, den Degen an der Seite in das im Kerzenlicht erstrahlende erste Stockwerk hinauf, im Empfangsraum flammten die Kerzen im Lüster auf, und der Herr des Hauses empfing den kaum mehr als zwanzig Jahre alten flämischen Maler wie eine Persönlichkeit seines eigenen Standes.
Er kam aus Venedig. Der italienische Sommer hatte ihn gebräunt, sein rötliches Haar gebleicht, in Blond verzaubert. Sein Gang war elastisch, aber würdevoll, und in seiner ganzen Kleidung erweckte er den Eindruck eines vollkommenen Ritters. In Venedig war sein in Antwerpen von einem Sprachlehrer erlerntes Norditalienisch schon viel weicher geworden, geblieben war nur noch, daß er mit Vorliebe gewählte, dichterische Wendungen gebrauchte, worüber die lauten, natürlichen Lombarden gewöhnlich lächelten.
Er ließ sich in der Reggia auch nicht als untertäniger Bittsteller melden. Der Majordomus des Palazzo Colloredo und zwei Pagen überbrachten dem Herzog schon im voraus seine Geschenke: Jeweils eine in Venedig von ihm selbst angefertigte Kopie eines Tizians und eines Veroneses, daneben ein kleineres eigenhändiges Gemälde, die Darstellung eines Speisezimmers mit einem Stilleben, einem Vogel und mit Hunden.
Als Minister Chieppio die Galleria degli Specchi entlangging, um sich zu vergewissern, ob für das Musikfest am Freitagabend alles in Ordnung war, sah er die in der Mitte des Ganges auf dem Ehrenplatz hängenden Bilder.
»Dieser Flame wird uns viel Geld kosten, Alessandro.«
Striggio lächelte. Er wußte, Seine Hoheit fieberte förmlich, seit er gestern abend gehört hatte, daß Rubens angekommen sei. Ja, Seine Hoheit hatte im voraus seinen ganzen Hofstaat ermahnt, den jungen Meister ja nicht zu kränken, indem sie die italienische Malerei lobten und über alles, wie üblich, geringschätzig sprachen, was flandrische, spanische oder deutsche Gemälde oder Tafelbilder betraf. Pietro Paolo Rubens, der schon zu Hause ein anerkannter Meister sei, werde trotz seines jugendlichen Alters ein strahlender Diamant am Hofe Mantuas werden.
»Ich kann die Musiker schon kaum bezahlen, und nun kommt ein weiteres Maul, das ich stopfen muß ... Und der wird sich nicht mit so wenig begnügen wie Claudio!«
Er schritt den langen glänzenden Saal entlang, Diener, Leibgardisten und Pagen verneigten sich tief vor dem Minister des kleinen Staates. Ja ... diese musikalischen Freitagabende waren die Höhepunkte im

Hofleben Mantuas: Allmählich trafen im Empfangssaal die Damen, geistlichen Würdenträger und Ritter ein, und alle rätselten – stets war dies das wichtigste Thema – wie das Programm des heutigen Abends aussehen würde. Ganz natürlich, daß diesmal doch in erster Linie der neue Ankömmling, der aufgehende Stern am Himmel Mantuas, die Neugier aller Anwesenden erregte. Madama Sabina, die Künstlerin des heutigen Abends, war bereits in voller Pracht eingetroffen. In ihrem roten Haarkranz leuchteten Spitzen, edelsteinbesetzte Spangen und künstliche Blumen. Sie lustwandelte durch den Spiegelsaal und bewunderte sich selbst, wenn ihre Schleppe von dem sich von den Kandelabern entfaltenden Licht erfaßt wurde.
Rubens erschien an der Seite Striggios auf dem Gang, der zu den fürstlichen Gemächern führte. Er trug einen großen Kragen aus Brüsseler Spitzen, einen breitrandigen flämischen Hut, ein schwarzes Patriziergewand, einen Degen und Schnallenschuhe. Alles an ihm strahlte dunkle spanische Eleganz aus, an seinem Gewand gab es keinen einzigen prahlerischen Farbtupfen, der ahnen ließe, daß er ein Meister der Palette war. Bevor er nach Mantua gekommen war, hatte er einige Monate in Venedig verbracht, wo er mit andächtiger Seele die Bilder der Großen kopiert hatte. Der Zauber Tizians, seine Farbenpracht und der unerhörte Reichtum seiner Kompositionen hatte ihn genauso überwältigt wie alle, die aus dem Norden kamen. Venedig war nur eine Übergangsstation, hier war er geblieben, solange das wenige Geld reichte, das seine Mutter – vor seiner Abreise – zusammengescharrt hatte. In der Stadt San Marcos hatte er sich verändert. Er streifte die flämische Schwerfälligkeit ab, verwandelte sich, dem Rat einiger wohlwollender Edelleute folgend, in einen vollkommenen Höfling, blieb herablassend, maßvoll, leutselig, und wenn es sein mußte, wurde seine Grandezza um einen Grad »spanischer« als die der echten kastilischen Herren.
Seine Hoheit ließ noch auf sich warten. Es waren die schönsten und erregendsten Minuten in der Galleria degli Specchi, wenn der Hof bereits in der Spannung des nahenden Festes lebte, die Paare einander gefunden hatten, hinter den Fächern spitze Bemerkungen gemacht und die neuen Gewänder begutachtet wurden. Stets gab es auch den einen oder anderen Gast, der gerade von einer fernen Reise zurückgekehrt war und viel zu erzählen hatte. Dieses berauschende Summen legte sich erst, wenn der Haushofmeister mit seinem Stab klopfend die Ankunft Seiner Hoheit verkündete.
Der Herzog war in weiße Seide gekleidet, eine seiner Lieblingsfarben, obwohl er darin beleibter erschien als in seinem dunklen Gewand. Sein Blick glitt über die auf beiden Seiten huldigenden Paare, und er entdeckte Rubens, der sich entsprechend der Hofetikette mit dem Federhut in der Hand verbeugte. Mit einer Bewegung winkte er ihn zu sich, und es war dies die größte Gunst, wenn Seine Hoheit die Galerie lust-

wandelnd entlangging, lächelnd, fast im Tanzschritt, mit dem Günstling des Abends zu seiner Linken.
»Dem armen Tasso ist solche Ehre nie zuteil geworden«, sagte Carlo Rossi, der mit dem Recht des Verwandten die Launen des Herzogs gern kritisierte, zu seinem Nachbarn.
Der Maler hob den Blick und blieb mit einer jähen Bewegung stehen: Nur aus dieser Perspektive vermochte er das Deckenbild zu erfassen, das die Schüler Giulio Romanos nach Entwürfen ihres Meisters gemalt hatten. »Mir erscheinen die Gestalten ein wenig leblos«, sagte der Herzog leicht, fast entschuldigend, und wartete gespannt, was sein Gast erwidern würde. Aber Rubens schritt wortlos, lächelnd an der Seite des Herzogs weiter, bis Vincenzo in der entgegenliegenden Biegung der Galerie für einen Augenblick stehenblieb. Plötzlich hob er den Kopf. »Mit der Musik beginnen wir heute etwas später«, wandte er sich an den Kämmerer, und schon öffnete sich die Tür, und sie befanden sich im Inneren der herzoglichen Gemächer. Nur gedämpft verbreiteten die Kerzen ihr Licht: Pietro Paolo sah eine Ecke, an einer kostbaren Holzverkleidung hing ein in Flandern gewebter, in Italien entworfener Gobelin. »Giulio Romano«, sagte der Herzog. Für einen Augenblick blieben sie stehen, aber schon geleitete der rastlose Vincenzo den Gast weiter. Und dann standen sie am Eingang des Palastflügels der Herzogin – das waren die Gemächer Eleonoras, daneben befand sich das winzige Reich der Zwerge: Möbel, Wandteppiche, Geschirr, Tür und Klinken – alles war wie in einem wirklichen Puppenhaus. Noch eine Tür, und in der Kapelle für die Zwerge beleuchtete ein winziges ewiges Licht den spanngroßen Altar.
Sie gelangten in die *Galleria della Mostra*: Hier herrschte bereits die galoppierende Phantasie des maßlosen Giulio: Die Flamme seines Meisters Raffael leuchtete manchmal in ihm auf ... und erlosch wieder. Bei dem schwachen, gebündelten Licht sah Rubens Rücken, gekrümmte Körper, sich im Schatten verlierende Torsos; die Gesamtheit der Komposition ließ sich so, am Abend, nicht erkennen. »Morgen, bei Tageslicht werdet Ihr es Euch ansehen, Messere.« Der Kerzenschein fiel auf den Marmor einer Statue. Der Gast konnte nicht erkennen, ob die mantuanische Erde den Schatz freigegeben hatte oder ob es eine Kopie war, die irgendein Gonzaga aus Rom hatte bringen lassen. Noch einige Schritte, bis sie über die Sala Grande in den rasenbewachsenen Hof gelangten. Der Hauch des Mittelalters wehte hier plötzlich die reichen Marmordekorationen, die graziösen Bogen und launischen Linien mit einemmal fort. Da stand der Castello in seiner braunen, wuchtigen Pracht, so wie es in der Phantasie der kleinen Tyrannen Italiens Gestalt angenommen hatte: Eine rote Bastei, Türme mit Falltüren, durch Ketten bewegte Tore, überdachte Gänge, ein den Turm umgebender Wehrgang, dann eine sanfte, treppenlose Steigung: Hier konnte man auch zu Pferd in die obere Etage gelangen.

»Man nannte sie den Phönixvogel ... Isabella d'Este hat hier gelebt ...«
Die Stimme des Herzogs klang so andächtig, daß ihn der junge Meister überrascht ansah. Das Gesicht Vincenzos hatte sich ganz verklärt: Als er an seinen Ahnen dachte, zog das Schicksal der Gonzaga an ihm vorüber. »Fackeln!« Seine Hoheit ergriff selbst das rußende Licht. Der Castello war ein einsamer, verlassener Bau, in dem zur Zeit niemand wohnte, der von keiner einzigen Kerze erleuchtet wurde. Aber schon faßte er Rubens beim Arm ... In dem Halbdunkel zögerte er für einen Augenblick. Der Leibgardist folgte seinem Herrn stumm. Im Wappensaal hing ein dunkelgerahmtes Bild – erst der flackernde Fackelschein enthüllte die Züge des Gesichtes. »Bring noch eine Fackel!« Jetzt schien das Licht von zwei Seiten in das lächelnde Gesicht Isabellas.
»Meine Urgroßmutter war sechzig Jahre alt, als Tizian dieses Bild gemalt hat!«
Unter der dunklen starren Haube entfalteten sich langsam, mit zauberhafter Rätselhaftigkeit die Gesichtszüge. Ein herrlich geformter Mund, feingeschwungene Brauen, eine fast orientalische Weichheit; dann glitt das Licht herunter auf den weichen schwarzen Samt über den Schultern, in den Prunk der Perlen und der durchsichtigen Seide. Wie mochte diese Frau gewesen sein, die trotz ihrer sechzig Jahre nicht auf die Kunst des Glänzens verzichtete, die sie ein langes Leben hindurch in jeder Minute ausgeübt hatte. Offenbar hatte der Pinsel des Meisters die Falten geglättet, den Zügen einen weicheren, volleren Rhythmus gegeben, den so oft besungenen Glanz der Augen Isabellas auf der Leinwand vielleicht noch betont, aber selbst so, wie die tote Isabella zwischen dem unruhigen Schein zweier Fackeln hervortrat, bewunderte der flandrische Meister wie verzaubert die Kunst Tizians. Schon in seiner Kindheit hatte er den Aberglauben der Zeit abgestreift, und jetzt stand er doch erschauernd diesem Zauber gegenüber, wurde erneut in einem von Geistern bewohnten Haus zum kleinen Jungen, dessen Vater daran zugrunde gegangen war, weil er eine launische, nicht mehr junge Herzogin geliebt hatte.
Vincenzo zog Pietro Paolo in die Fensternische. Der Leibgardist stand mit den beiden Fackeln starr vor dem Bild. Als würde er seinem neuen Freund ein Geheimnis anvertrauen, flüsterte ihm Vincenzo zu:
»... In der Natur gibt es keine Wunder. Meine Urgroßmutter war in der Tat sechzig Jahre alt, als der Maler sie malte ... Aber es ist nicht ganz sie, die sechzigjährige. Federigo Gonzaga, ihr Sohn, wollte es, daß der größte Meister Italiens seine Mutter in ihrer vollen Blüte verewigte: Solange die Gonzaga leben, soll dies das Heiligtum der Familie sein, wo sie vor dem ungebrochenen Glanz Isabellas niedersinken können. Aber als Tizian kam, fand er nur noch die bejahrte Frau vor. Aber meine Urgroßmutter erinnerte sich, daß Francesco Francia sie als junge Frau porträtiert hatte. Ein Bild, das sie besonders liebte. Sie

konnte sich auch entsinnen, daß sie es vor reichlich einem Vierteljahrhundert als Zeichen ihrer Gunst nach Ferrara verschenkt hatte, einem gewissen Herrn Zaniello. Die Erben erklärten sich nach langem Hin und Her bereit, das Bild auszuleihen ... Aber es war schon damals kein gutes Geschäft, dem mantuanischen Hof etwas zu leihen, Messere! Tizian, dem göttlichen Meister, gefiel der Auftrag, daß er Francia kopieren sollte, wohl auch nicht besonders. Es dauerte drei volle Jahre, ehe das Bild fertig wurde ...«

»Woher wissen Euer Hoheit all das?«

In der Ecke stand ein mit Perlmuttintarsien geschmücktes Schränkchen. Vincenzo, der seit seiner Kindheit alle Geheimnisse im Castello kannte, ließ eine Feder aufspringen: Auf einem verblaßt blauen, golddurchwirkten Kissen lag der vergilbte Brief Isabellas. Leise las er:

„... so sehr gefällt Uns Unser Bild, das Meister Tizian gemalt hat – konnten Wir Uns doch gar nicht mehr vorstellen, in dem Abschnitt Unseres Lebens, in dem Uns der Maler dargestellt hat, wirklich so schön gewesen zu sein ...«

Leise sagte Rubens:

»Wenn Euer Hoheit gestatten, kehre ich morgen mit Palette und Leinwand hierher zurück, damit es noch ein Bild von der großen Markgräfin gibt: Mit den Augen Francias, von der Hand Tizians, mit der Demut des Peter Paul Rubens ...«

Wortlos schritten sie weiter. Der seltsame, feierliche, fast sakrale Zug im Gesicht des Herzogs verstärkte sich noch.

Im Saal an der Wand erblickte er als erstes den kahlen Kopf des »Sekretärs«, sein Profil mit der Hakennase. Vielleicht hätte *Mantegna* auf seinem Fresko Judas so darstellen können. Der einstige Herr Mantuas wandte sich sinnend, mit fast traurigem Blick seinem treuen Diener zu: Von diesem zu allem bereiten Sekretarius erfuhr er die Nachrichten aus aller Welt. Auf Befehl des Herzogs brannten in wenigen Minuten alle Kerzen in der *Camera degli Sposi*, im Gemach der Verlobten, und nach dem Halbdunkel der rauchenden Fackeln übergoß strahlendes Licht die beiden gewaltigen Wandbilder.

Rubens entsann sich plötzlich, daß er vor kurzem in Padua das einstige Haus Mantegnas besucht hatte, wo die Verwandten die Briefe des längst verstorbenen Meisters zeigten. »... Gleichzeitig mit Unserem Brief«, schrieb der Markgraf von Mantua an den Meister in Padua, »überbringt der Kurier die noch ausstehenden dreißig Dukaten. Eine Zeitlang wirst du damit auskommen ... Dann gedenken wir reichlicher für dich zu sorgen ...« Aber er vertrieb die Erinnerungen, und auf den Bildflächen tat sich ihm in ihrer tiefen Wirklichkeit die Welt der seit anderthalb Jahrhunderten toten Gonzaga auf.

Über dem Kamin: Lodovico und seine Familie, das andere Fresko stellte die Ankunft des Kardinals Francesco dar. Der kleine Saal wird durch Bogen geteilt, die graziös die Last der Decke tragen. Darunter bewegen sich, als würden sie noch heute leben, mit der natürlichen Sicherheit der Hausherren die Vorfahren der Gonzaga aus dem Quattrocento. Männer mit rasiertem, klassischem Gesicht, mit ruhigen Zügen, in reich gefalteten Gewändern. Siehe, jetzt übernimmt der Sekretär den Befehl seines Herrn, die stämmige Barbara von Brandenburg schaut mit ihrem unter der Haube hervorleuchtenden Blick zu, hinter ihnen der älteste Sohn Federigo ... Vincenzo zitierte aus der geheimen Familienchronik:

»... Das Bild hält den Augenblick fest, als der verlorene Sohn ins väterliche Haus zurückkehrt ... Mein Ahnherr war einem Täubchen aus Siena nachgeeilt. Er wollte keineswegs die häßliche Margarete von Bayern heiraten ... Auf dem Bild ist sie sogar zu sehen ... Nur steht sie weit hinten ... hier ...«

Es war ein Stutzer mit glotzenden Augen, in dessen schmachtendem, fast gläsernem Blick sich Hochmut und Melancholie auf seltsame Weise vermischten. Vincenzos Finger tanzte vor der gewaltigen Wandfläche, als zeigte eine Geisterhand mit langen Schatten der Reihe nach auf jene, die einst gelebt hatten.

»Seht Ihr, diesen Rodolfo liebte ich unter allen am meisten! Er lehnt sich gegen eine Säule. Man sieht, daß er sich nach etwas sehnt. Als ich ein Junge war, stand ich hier und betrachtete ihn: Ich wäre immer gern Rodolfo ähnlich gewesen ...«

Kinder, Höflinge, im Hintergrund eine traurige Frau mit Haube: Schon nach einer Minute lebte Rubens im Jahre 1460, am Hofe Lodovico Gonzagas, und sein Blick glitt dahin, bis sich das friedlich erscheinende Familienpanorama öffnete, um in eine breitere Landschaft überzugehen: Vor den Toren Mantuas breitet sich tatsächlich ein elysäisches Gefilde aus, hier wartet der Markgraf auf seinen aus Bologna ankommenden Sohn, den Kardinal. Den Herrscher Mantuas nennen die Hofchronisten den »Gerechten« – hier richtet er den Blick auf den pausbäckigen Jüngling in dem hellen Gewand, dessen Lebensgier durch die leichte Kardinalskappe kaum verhüllt wird, während der Fürst selbst mit seinen starren, regelmäßigen Zügen wie ein Römer wirkt: Das rasierte Gesicht, die feinen, fast frauenhaften Züge seiner Hände deuten eher auf einen Musiker als auf einen Tyrann des Quattrocento. Diese römische Stimmung wird noch gesteigert durch die Landschaft. Im Hintergrund von Mantua das Colosseum und die kleine römische Pyramide und gleichsam in einer dritten Ebene das Bild eines auf einen erdachten Hügel gebauten toskanischen Städtchens: Häuser, Straßen und Plätze streben dem alten Turm zu.

»Mein Vater hat häufig hier gestanden und Lodovico betrachtet. Messere, mein Vater war kein schöner Mann. Oh, nicht so wie Mantegna den Marchese gemalt hat. Aber er war klug ... sein Gesicht ... ja, sein Gesicht, Messere ... schaut, ich will Euch den Gobbo zeigen.«

Unter seinem Wams zog er ein Medaillon hervor, öffnete seinen filigra-

nen Verschluß und trat nahe an den Armleuchter heran: Zwischen Pelzwerk hob sich der Kopf hervor, mit einem überraschend, fast ekstatisch zum Himmel blickenden Augenpaar, und erst in zweiter Linie fiel das Licht auf das Gesicht, dessen unterer Teil von einem dunklen Bart bedeckt wurde; das nach hinten gestrichene kurze Haar gab eine gewölbte Stirn frei, die Nase war lang und gerade ... durch die zarte, süßliche Kunst des Miniaturmalers hindurch fühlte man in diesem Antlitz zähen Willen, Schwierigkeiten trotzende Manneskraft. Das Auge des jungen Rubens verglich plötzlich die einander gegenüberstehenden Jahrhunderte, den Ahnherrn und den Nachkommen. Leise sagte er:
»Möchtet Ihr, Hoheit, daß ich das Bild Eures seligen Vaters male?«
Vincenzo blickte ihn überrascht an. Andere Maler würden um die Gunst flehen, in einer so heiklen Aufgabe ihre Fähigkeiten unter Beweis stellen zu dürfen. Der rotblonde Flame aber stand lächelnd dem blonden Herzog gegenüber, der fast sein Vater hätte sein können. Die winzige Unmutswolke in den Augen Vincenzos löste sich auf. Er nickte lächelnd, während sich Rubens abwandte, um das sich entfaltende Freskenbild noch einmal zusammenzufassen.
Sein Auge maß die Perspektive Mantegnas anders ab, forschte nach den beruflichen Voraussetzungen der Komposition – eine Minute, und schon war er es, der das Wunder der Camera degli Sposi am besten kannte. Vielleicht sah er sogar, wie diese Gonzaga in Wirklichkeit waren: Wo der Pinsel verschönte und bei wem er ungeschminkt die gierigen Züge der Seele wiedergab. Welches Modell mochte sich während des feierlichen Sitzens bewegt haben? Vielleicht hatte der strenge, wortkarge Meister aus Padua die jüngeren sogar angefahren: »Verhaltet Euch ruhig, Marchesino!« oder »Haltet den Hund fester, damit er nicht herumläuft!« ... Die Wirklichkeit um Rubens wich, er schritt wie ein folgsamer Schüler in der Spur Mantegnas, trug die Palette und versuchte, mit dem Auge die verborgenen, nur dem Meister bekannten Regeln der Perspektive zu erfassen, und als würde er hier an Mantegnas Seite leben und die ihn überkommende Müdigkeit gewahren und leise zu ihm sagen: »Maestro, ich mache weiter ... ruht Euch aus ...«, und er würde ihm die Palette aus der Hand nehmen und wie er die braunen, ockerfarbenen und stierblutroten Töne mischen ... und diese Farben wären dennoch strahlender als jene, die Meister Andrea auf die Wand der Camera aufgetragen hat ... bis der müde Maler aufschreckte, würde auf dem Fresko in goldenen Strahlen die hereinscheinende Sonne tanzen.
Vincenzo begab sich ebenfalls zu dem Bild mit dem Kardinal. Das war leichter zu erreichen als die Familiengruppe, die sich über dem Sims des Kamins hinzog. »Messere, nach der Überlieferung hat sich Meister Andrea in diesem bescheidenen Höfling selbst dargestellt ...«
Ja, instinktiv hatte Rubens schon seit geraumer Zeit diesen Kopf beobachtet: Warum fesselte das Gesicht dieser im Hintergrund stehenden

Gestalt seine Aufmerksamkeit mehr als die prächtige fürstliche Gruppe im Vordergrund. Ein Beobachter mit halbgeschlossenen Augen, das steife Barett durchschnitt die Linie der Stirn, das Gesicht war stolz, umschloß einen fast hochmütigen Blick, vielleicht verriet er sich dadurch, daß ihm die Weichheit des Höflings fehlte, das verpflichtende, servile Lächeln. Ja, ihm schien ... als stünde Meister Andrea ein wenig gekränkt da in seinem aufgezwungenen Hofstaat, zurückgezogen zwischen zwei aufdringlichen, zu allem entschlossenen Höflingen ... Wer von denen verstand Mantegna, den düsteren Meister, der über die Anatomie des menschlichen Körpers mehr wußte als die gelehrtesten Doktoren? Seltsam ... warum wollte dieser ins Bild gestellte Mantegna davongehen? Rubens sah, wie sich seine Muskeln spannten – er hatte gerade den Augenblick im Kreise der müßig herumstehenden Hofgesellschaft festgehalten, als er ausbrechen wollte ... Ja, Mantegna langweilte diese eitle, zur Schau gestellte Zeremonie offensichtlich.
Die Stimme Vincenzos schreckte Rubens auf.
»Als der Kardinal ankam ... oh, dieser Besuch war auch nicht so einfach ... auch dieser hat seine Geschichte, Messere ... aber sie haben sich versöhnt, Vater, Sohn und die Geschwister ... Hier, in diesem Saal wurde am nächsten Tag das große Werk Polizianos, ›Orfeo‹, aufgeführt. Nach der Überlieferung mit Musikbegleitung! Schon damals liebte man in der Reggia die Musik. Wenn man die Künste miteinander vergleichen darf, Messere, könnte man sagen: Wir Gonzaga haben, leider, nie malen gelernt, aber wir waren allesamt ein wenig Musiker. Mein Vater hat sehr schöne Madrigale geschrieben ... mein ältester Sohn versucht, in seine Fußtapfen zu treten, Ferdinando, der Kleinste, kopiert Noten, und er möchte bei den Proben dabei sein, wenn der Maestro Monteverdi selbst musiziert.«
Er wandte sich um. Jetzt hatte sich seine innere Spannung gelöst, er gab sich weltmännisch herablassend. Auf seinen Wink hin flammte auf dem langen Gang eine Kerzenreihe auf. Als schritten sie durch einen Geisterzug toter Meister: An den Wänden hingen Bilder von Tizian, Mantegna, Correggio, Bellini, Raffael ... dann eine launische Zeichnung von Giulio Romano und daneben ein sanftes Heiligenbild Fra Angelicos in einem dreigegliederten Rahmen.
»Hoheit sind mit diesen Bildern die größte Macht. Dafür könnt Ihr alles in der Welt kaufen!«
Forschend wandte sich Vincenzo ihm zu: verschwunden war der vom Zauber entflammte Dilettant mit den feuchten Augen, den die wachgerufene Welt seiner Ahnen in Begeisterung versetzt hatte. Leise fragte er:
»Auch die Spanier?«
»Wir haben sie kennengelernt ... in den südlichen Grafschaften der Niederlande. Wer ihre Sprache beherrscht ... kommt mit ihnen aus!«

»Habt Ihr Spanisch gelernt?«
»Ich spreche es nicht schlechter als die Sprache Eurer Hoheit.«
»Ihr habt gesagt: Mit diesen Bildern ließe sich alles kaufen?«
»Wenn Eure Hoheit meine Worte auf die Goldwaage legen, ich stehe zu ihnen.«
Sinnend zog er ihn mit sich bis zum Fenster: Die Nische bildete hier einen kleinen Wintergarten, alles war erfüllt vom Duft der Blumen. Der Herzog sprach ganz leise.
»Wenn Ihr mit einigen Bildern ... den größten Teil würdet Ihr von diesen kopieren ... aber auch mit einigen Originalen ... nach Madrid reisen würdet. In meinem Namen zum König ... in Wirklichkeit zu Lerma, seinem ersten Minister. Wenn Ihr sie ihm bringen und in jener Sprache mit ihm sprechen würdet, die die Spanier verstehen ...«
»Hoheit, ich bin gekommen, um Euch zu dienen. Mit dem Pinsel und auf andere Weise!«
»Seht Ihr, Messere, es betrübt mich immer, daß es Menschen gibt, die nur eine Sache verstehen. Mein Ideal ist ... der Uomo universale, der universale Mensch ... Ich denke dabei an Leonardo ... oder Pico della Mirandola. Manchmal scheint mir, als wären die Giganten auf dieser Halbinsel völlig ausgestorben ... Es mag sein, daß ich, wenn ich nicht als Herzog von Mantua geboren worden wäre, sondern ... versteht Ihr mich? ... als Künstler ... Vielleicht hätte ich es zu etwas gebracht. Aber keinesfalls nur in einer Kunst ... Signor Rubens, ich vertraue Euch die Bilder an. Ihr seid der einzige, der Künstler ist und auch Höfling. Wir fühlen uns im Würgegriff Madrids. Gleich von drei Seiten. Wenn Seine Katholische Majestät will, ist Mantua in zwei Wochen verloren, ohne daß die anderen italienischen Fürsten auch nur den kleinen Finger rühren können, uns zu helfen. Ich darf es nicht auf einen Kampf ankommen lassen. Ich muß lächeln. In Madrid wachsen am Hofe ständig Infantinnen auf, und ich habe zwei heiratsfähige Söhne ... Ihr reist als mein Gesandter!«
Striggio stand wie ein Schatten an der Seite seines Herrn. »Als mein Gesandter«, hörte er und dachte: »Aufgeblasener Flandrer! Seine Hoheit, wenn er einen Fremden sieht, überschüttet ihn gleich mit seiner Gunst. Wer ist dieser Rubens im Grunde genommen ...?« Vincenzo erhaschte seinen Blick. Kumpanenhaft, spitzbübisch hakte er zugleich bei beiden Männern ein.
»Alessandro, Ihr habt mir bereits vor Kanizsa versprochen, irgendeine Favola ... eine Heldengeschichte zu schreiben, und wir wollten Monteverdi fragen, ob er uns eine Musik dazu komponiert. Sicherlich rauben Euch die galanten Abenteuer zuviel Zeit. Nehmt Euch ein Beispiel an Eurem Herzog: Neben den schönen Damen bleibt mir auch für alles andere noch Zeit!«
Er reckte sich wie ein Pfau und lachte, bis sie die Tür erreichten, hinter der sich die Welt des Hofes auftat. Im Schein der halb niedergebrann-

ten Kerzen nahm er wieder eine stattliche, würdevolle Haltung an, unbekümmert um die einstündige Verspätung, während der die Gäste wartend plauderten. Dreimal klopfte der Stab, die Hörner erschallten, und man schob den mit rotem Samt gepolsterten Lehnstuhl für Vincenzo heran. Er sah sich um: Musiker und Sänger waren auf ihren Plätzen. Claudio saß am Clavicembalo. Er nickte huldvoll. Der erste helltönende Akkord erklang.

18

»Ich bin gekommen, um mich zu verabschieden, Maestro!« Es mutete an, als füllte die große, kräftige Gestalt des Antwerpener Meisters das ganze Zimmer. Der Fremde war gerade während der Gesangsstunde Caterinuccias eingetreten, und das Mädchen verneigte sich mit einem von Claudia erlernten Hofknicks vor Rubens. Im Zimmer lagen Notenblätter verstreut, Cattaneo saß in einem bequemen Sessel, schlug den Takt und versuchte stellenweise summend das Agnus Dei des Mädchens zu begleiten. Rubens sah auf dem Tisch einen dünnen Band liegen. Aus Gewohnheit hob er ihn auf, las den Titel.
»L'Artusi, ovvero delle imperfettioni della musica moderna.« Mit seinem in die Seele dringenden Blick gewahrte er gleich, daß sich das Gesicht Monteverdis plötzlich verfinsterte.
»Euer Antlitz ist umwölkt, Messere ... Was ist die Ursache dafür?«
»Euer Ehren betrachten dieses Buch ... So, auf den ersten Blick ... sagt es nichts ... Denn Ihr wißt doch sicherlich nicht, wer dieser Artusi ist ... und was dieser stachlige Titel verhüllt: *Die Unvollkommenheit der modernen Musik!* Ihr seid unter einem glücklicheren Himmel geboren und seid aus Gnade des Herrn kein Musiker. Freilich ... Ihr könnt sehr viel musikverständige Herren und Künstler fragen, keiner wüßte zu sagen, wer dieser Artusi ist. Ich weiß es, leider, er lebt in Bologna. Er trägt priesterliches Gewand, aber wie er angreift ... darin ist nicht das geringste von christlicher Nächstenliebe ... Blättert nur darin ... auf jeder Seite ... fast in jedem Satz Worte wie: Unvollkommenheit ... Dummheit ... Fehler ... und all das, so könnte man annehmen, nur so im allgemeinen gegen die heutige Musik ... gegen die moderne Musik. Aber selbst die Art, wie er angreift, ist die eines Maulwurfs. Nein ... kein einziges Mal nennt er mich beim Namen: Monteverdi. Er greift nur meine Madrigale heraus ... seht, hier ›Anima mia perdona‹ ... oder ›Che tu se'l cor mio‹. Diese sind bereits im Druck erschienen ... Doch hier, weiter, er prangert auch ›O Mirtillo‹ und ›Cruda Amarilli‹ an, obwohl diese noch nicht veröffentlich wurden. Sie mögen in Handschriften im Umlauf sein ... so zu Seiner Hochwürden Giovanni Maria Artusi gelangt sein.«

»Es ist Sache des Künstlers, Maestro, den Angriff zu ertragen!«
»Euer Ehren mögen die gütigen Götter seit Eurer Jugend Rosen vor die Füße gestreut haben. Vielleicht umschwebten sie Euch schon, als Ihr mit Euren ersten Skizzen begonnen habt. Euch würde es aber auch schmerzen, wenn Euch solch ungerechter Angriff träfe ... Von dort, woher Ihr ihn am wenigsten erwartet. Seht nur hier: ›... all das ist eine Verhöhnung dessen, was in der Harmonie schön und gut genannt werden kann‹ oder hier weiter: ›... es klingt schroff für das Ohr und verletzt den Genuß des Kunstverständigen ...‹ Hier: ›Septimen und Nonen, ohne jegliche Vorbereitung des Ohrs‹ ... Ja, nach Ansicht Herrn Artusis widerspricht dies den geheiligten Regeln. Als wollte er einen direkt vor die Inquisition zitieren. ›Er macht Fehler, die selbst ein kleines Kind gewahren müßte.‹ Ich frage Euch, Messer Pietro Paolo, ist eine solche Sprache unter Künstlern angebracht?«
Rubens lächelte. Er lebte bereits in der Erregung der Vorbereitungen der großen Reise, und er folgte einer Laune, als er den stillen, sympathischen Meister in seinem Heim besuchte. Ja ... in den Niederlanden, wo man ungeschminkt redete, hatte er sich an die derben, heftigen Debatten unter den Künstlern gewöhnt, und so erschien ihm diese zimperliche Welt, die fast frauenhafte Empfindsamkeit, sobald es sich um gedruckte Buchstaben handelte, beinahe lächerlich. Sein Auge begegnete dem Blick Caterinas. Jeder Mann am Hofe kannte den im Hause Claudios verborgenen Schatz des Herzogs ... ja ... dieses Mädchen war sehr schön ... Er sah es an, während er zerstreut fragte:
»Und wer ist dieser Signor Artusi eigentlich?«
»Er war Schüler des großen Zarlino ... Ich kenne einen Band Madrigale von ihm, vielleicht gibt es gar nicht mehr. Vierstimmige Kanzonetten. Ein anderes Werk behandelt den Kontrapunkt ... ein dünnes Bändchen ... Die ihn persönlich kennen, bezeichnen ihn als einen aufgeblasenen Menschen. Er ist mir auch im Geiste nicht verwandt!«
»Messere, heutzutage können sich nur die Herzöge auf alle Künste gleichermaßen verstehen, genauer unser gütiger Vincenzo. Ich gestehe, von Eurer Kunst nicht mehr zu wissen, als ich mit meinen beiden Ohren gehört habe. Seit meiner Kindheit lauschte ich dem schönen Chor im Dom von Antwerpen ... den Vespern, zusammen mit meiner Mutter, die eine fromme, andächtige Frau ist. Doch jetzt am Freitag war Euer Werk und die Harmonie der Musiker so herrlich, daß mir das Herz wehtut, weil ich in wenigen Tagen Abschied von Mantua nehmen muß.«
»Ich hörte, die Gunst Seiner Hoheit ...«
»Als erstes reise ich nach Rom, um einige Kopien von alten berühmten Bildern zu malen ... Dann führt mich mein Weg nach Madrid. Aber das muß geheim bleiben, wenngleich ich glaube, daß hier viel zu viele wissen, was Seine Hoheit beschließt. Warum kränkt Euch dieser Artusi so sehr?«

»Morgen, Messere, wird das Buch am Hof von Hand zu Hand gehen. Was wissen die schon, was Septimen und Nonen *senza preparazione* sind? Unsinn: *sie sind nicht vorbereitet,* nur weil sie nicht im Schatten der Kirchen in Bologna geboren wurden ... Was weiß der schon, wozu die Stimme fähig ist, wenn sie sich aus den Fesseln befreit ... sich aus dem Schatten erhebt. Frei und rein vereint sie sich mit dem Text. Stimme und Harmonie umschlingen den Text wie der Verliebte seine Geliebte.«
Caterinuccia senkte errötend den Kopf.
»Klarer, Messere ...«
»Unter uns bezeichnen wir das, was Artusi schmähend moderne Musik nennt, *seconda prattica,* irgendeine zweite Möglichkeit, die sich neben der Polyphonie allmählich entfaltet hat ... aber vielleicht nicht ganz aus deren Boden. Auch die namhaften Landsleute Euer Ehren ... Lasso, Willaert, Rore kennen es ... Jeder versucht, die Krise der heiligen Musik auf seine Weise zu lösen ... Ich bin bei uns nicht der erste. Vielleicht habt Ihr von Messer Gesualdo gehört oder von Peri und Marco Gagliano in Florenz ... Wozu soll ich noch mehr aufzählen? Sie alle sind Artusi verhaßt, weil wir etwas anderes wollen als den ewigen Chor ... oder die Kammermusik, die nur in ihrer düsteren Gesamtwirkung glänzt, der Text aber allen verborgen bleibt. Einen anderen Weg einschlagen? Die Gelehrten unserer Kunst suchten den Schlüssel bei Platon. Ihr werdet das verstehen, wißt Ihr doch, was es heißt, wenn man den Quell der Weisheit der Alten gefunden hat. Raffael konnte bis spät am Abend in Rom malen ... Was hat Michelangelo von der Kunst der Ahnen gesehen? Heutzutage werden Kirchen errichtet, die von dem Erbauer des Pantheons inspiriert sind. Aber die Musik wurde in keinen marmornen Sarkophag gebettet ... als sich nach Meister Boëthius niemand mehr darum kümmerte ... Man müßte sie aus winzigen Teilchen, aus Bruchstücken zusammensetzen. Hier ein verborgener Hinweis ... dort eine Aufzeichnung, die den Gelehrten den Pfad zeigen kann. Ja, wir alle forschen nach diesem verborgenen Erbe, Messere. Und da trifft einen solch unverdienter Angriff. Ist die Harmonie die Herrin des Wortes? Oder steht das Wort über allem? Diese zweite Praktik, Messere, das ist die Frage, die ich in meinem Leben noch lösen möchte. Selbst dann, wenn man aus Bologna mit solchen Steinen nach mir wirft ...«
Als würde er gelangweilt spielen, begann Rubens mit kräftigen Fingern die Saiten der Laute zu zupfen. Ein feines Ohr konnte heraushören, daß das Instrument vollkommene Akkorde wiedergab. Mit heiteren meerblauen Augen beobachtete er lächelnd Claudio:
»Schaut, Messere, wenn wir über Komposition sprechen, empfinden wir in unserem Inneren stets den Kampf zwischen Form und Inhalt ... des Zusammenhanges von beiden. Wenn ich Euer Ehren zuhöre, empfinde ich, wie sich in Eurer Kunst Wort und Musik, mit gelehrten

Worten Oratio und Harmonia, umarmen, wie zwei Freunde und dennoch ewig miteinander ringend. Aber sagt mir, Messer Claudio, auf Ehre und Gewissen, kann es Euch, den man – und das ist keine Schmeichelei meinerseits – für den größten Komponisten Italiens hält, befriedigen, daß Ihr für die Festtage andächtige Musik komponiert, daß ein neues Agnus Dei erklingt, eine Motette oder ein Madrigal, unter Umständen irgendein Stück für das Hoffest?«
»Was könnte Eurer Ansicht nach mehr sein als das? Ihr habt doch sozusagen alle Kunstgattungen aufgeführt, die unsere Musik kennt?«
»Verzeiht, wenn ich in Perspektiven denke. Erinnert Ihr Euch des großen kahlen Saales, der Camera degli Sposi? Meister Mantegna hat die Trostlosigkeit der Wände in einen endlosen Raum verwandelt, hat sie ausgestaltet. Was er schuf, ist monumental, aber nicht im alltäglichen Sinne. Ich habe gehört, was Ihr über die erste und die zweite Praktik gesagt habt. Es überraschte mich. Wir glauben von jedem anderen Künstler, daß der Quell seiner Schöpfungen sprudelnd aus seiner Werkstatt hervorbricht, und da wurde mir klar, daß auch Ihr bewußt schafft, Euer Talent ausnützend, das Euch die Vorsehung bereits in die Wiege gelegt hat. Ich komme nochmal auf das Wort zurück: Monumental ... In unserer Kunst denken wir dabei in erster Linie an Tizian ... an Veronese ... an Tintoretto – doch nie an Giulio Romano, wie groß die Flächen auch sind, die er mit den Farben seiner Palette bedeckte. Ihr werdet mir meine Unbescheidenheit nachsehen: Manchmal habe ich das Gefühl, ich würde, wenn es meine Zeit zuließe, mit meinen Fresken ganz Mantua ausschmücken. In Eurer Welt schaffen die Unsterblichen sicherlich auch so ... Palestrina? Meister Lassus? Sie habe ich am häufigsten loben hören. Deshalb frage ich Euch, Messer Claudio: Warum schafft Ihr nicht etwas in Eurer Werkstatt, das nicht während eines einzigen Hoffestes verwelkt?«
Der Meister sah ihn lächelnd aus seinem Lehnstuhl an, antwortete nicht, aber sein Lächeln bedeutete mehr als alle Worte. Rubens fuhr fort:
»Verzeiht mir, daß ich Euch, obwohl Ihr ein Jahrzehnt älter seid als ich, zu raten wage. Aber ich liebe Eure Musik so sehr ... Bitte spielt mir zum Abschied etwas.«
Er setzte sich auf die mit einem Teppich überdeckte Bank und pflückte einige Weinbeeren. In seinen Augen saß Andacht, so harrte er, daß das Clavicembalo erklang.
Es wußten nur sehr wenige, warum Vincenzo Peter Paul Rubens wirklich an den *Unica Corte*, den vornehmsten und hochmütigsten aller europäischen Höfe, nach Madrid entsandt hatte. Dieser düstere Hof lebte in der Vorstellung der Menschen auch nach dem Tode des großen und schrecklichen Philipps II. noch immer als schwarze Felsburg der unheimlichen Beständigkeit. Dies hielt die freien Geister der westlichen Welt in Furcht. Spanien wurde noch immer als das Land der »Dü-

sternis« dargestellt . . . ein wenig so, wie es die rachsüchtige Feder des Antonio Perez, des aus dem Kerker geflohenen Ministers Philipps, geschildert hatte.

Wie sollte Vincenzo kein Dorn im Auge des spanischen Hofes sein? Als Reichsvikar des habsburgischen Kaisers konnte man ihm mit einer direkten Aktion zwar nichts anhaben, aber dort, wo es möglich war, kreuzte man die mantuanischen Interessen, vereitelte seine Pläne: Alle schönen Hoffnungen Vincenzos scheiterten an dem spanischen Nein.

Der Herzog versuchte das Unmögliche. Er wollte sich anstatt an den »schlecht unterrichteten« König Philipp III. an Seine »wohlunterrichtete« Katholische Majestät wenden. Aber es gab nur einen einzigen Menschen, der dies erreichen konnte, der allmächtige Kanzler Lerma. Der spanische Herzog stand im Rufe eines großen Kunstsammlers, der die Schätze seines eigenen Palastes genausogern vermehrte wie die der königlichen Sammlungen. So war in dem vielseitigen Vincenzo der Gedanke gereift, den ausgezeichnet spanisch sprechenden jungen Maler von sicherem Auftreten nach Madrid zu senden, der trotz seiner Jugend überall in Europa schon als bekannter Künstler galt.

Vincenzo hielt in Madrid einen ständigen Vertreter, einen sogenannten Residenten, so brauchte er Rubens nicht mit dem goldenen Zierat eines offiziellen Gesandten auszustatten. Als Künstler konnte er sich freier bewegen, und Seine Hoheit war überzeugt, daß die Grandezza, die der Meister ausstrahlte, ihre Wirkung auch in Madrid nicht verfehlen würde . . . Er hoffte, auch dort würde ihn der den Olympiern zukommende goldene Nebel umgeben. Er würde den Weg und die richtigen Worte zu dem allmächtigen Minister finden. Dann könnte er unter anderem zu erfahren suchen, ob der Herzog von Lerma für seinen Sohn nicht eine Frau aus dem Hause Gonzaga erwählen möchte.

In der letzten Zeit hatte Vincenzo den jungen Maler häufiger zu Ausflügen und Jagden mitgenommen, um ihm hier – ohne Aufsehen – »den letzten Schliff« zu geben. Der Herzog, der viel in Italien umhergekommen war, beobachtete trotz seiner scheinbaren Trägheit wachsam das europäische Geschehen und war gut informiert. Seine drei Feldzüge nach Ungarn hatten ihm in den Augen der Spanier eine gewisse Achtung eingebracht, besonders der Umstand, daß er all das auf eigene Kosten unternommen hatte. Dieser maßlose, hastig wirkende Geist arbeitete ununterbrochen. Wenn sie am Waldessaum ihr Lager errichteten, zeichnete Vincenzo mit einem Zweig die Karte Europas in den Sand. Hier Prag . . . der unglückliche Kaiser . . . da das Paris von Heinrich und hier an der Seite des schwachen Philipp Lerma, der aufgehende Stern. Venedig war ein die Krallen verlierender Löwe, mit dem anzubinden aber noch immer nicht ratsam war. Der Türke hatte Lepanto schon vergessen . . . aber auf dem Meer konnte er sich nie davon erholen. Die Engländer waren Seefahrer. Nach dem Untergang

der Armada konnte von diesen Inseln stets eine Überraschung kommen. Ein winziger Kreis auf der Landkarte im Sand: Mantua. Im Norden das Erbland Montferrato, das von hier, vom Mutterland aus, kaum zu verteidigen war. Die Gonzagas wären geneigt, auf dieses Herzogtum zugunsten Madrids zu verzichten, wenn Seine Katholische Majestät dafür das nahegelegene Cremona und seine Umgebung Mantua überließen. Das war das große Tauschgeschäft, über das die Kanzleien schon seit zwei Jahrzehnten verhandelten. Aber Madrid hatte bis jetzt immer nein gesagt.
Plötzlich stockten die Worte des Herzogs: Auf dem Weg, der unterhalb eines bewaldeten Bergrückens dahinführte, kam ein Bauernmädchen daher, barfuß, mit einem Korb in der Hand, vor sich hinsummend. Als es näherkam, erkannten sie das Lied. Den Text hatte einst Lorenzo il Magnifico geschrieben ... in dem fernen Florenz. Es war ein kräftiges, schwarzhaariges lombardisches Mädchen mit wiegendem Gang, das mit seiner freien Hand Grashalme zupfte, an denen es zwischen zwei Strophen kaute. Als es aufschaute, erblickte es die Jäger. Es wich ein wenig vom Weg ab und beschleunigte seine Schritte.
Rubens betrachtete lächelnd das Mädchen, zog seinen Zeichenstift aus dem Gürtel und skizzierte mit ein paar Strichen seinen Kopf. Vincenzo neigte sich über die Skizze und stieß einen Ruf der Begeisterung aus: Er griff nach dem Blatt, drückte es an sein Herz und bot Rubens im Tausch dafür seinen Dolch mit dem goldenen Griff. All das dauerte nur wenige Minuten, in der folgenden Stille kehrte Vincenzo zu seinen vorherigen Überlegungen zurück.
»Wenn Ihr nach Madrid kommt, mein Freund, müßt Ihr unter vielen anderen noch eine Aufgabe erledigen. Ich sammle mit Vorliebe solche Bilder, die nicht nur wegen ihres künstlerischen Wertes kostbar sind, sondern von ihrem Thema her auch angenehm fürs Auge. Ja ... wozu soll ich es leugnen, ich mag es, wenn mich Bilder schöner Frauen umgeben. Striggio, der ein Dichter ist, wird einen schönen Namen für diese Galerie finden, wo ich sie unterbringen werde, damit ich und all meine Nachkommen die Schönen von einst bewundern können. Ich bitte Euch daher, wenn Ihr nach Rom reist, um Kopien anzufertigen, von denen man in Madrid nicht unbedingt wissen muß, daß es keine Originale sind, und Ihr seht dort einen schönen Frauenkopf ... eine bekleidete oder unbekleidete Gestalt, verewigt sie in einer glücklichen Stunde für meine entstehende Sammlung.«
Die Augen Rubens' waren wie das nördliche Meer, und sein Lächeln war überlegen und durchdringend. Er verneigte sich vor Vincenzo, als wäre er selbst auch ein geborener Herzog.

Valladolid, am 24. Mai 1603, der Brief des Peter Paul Rubens an den Hofminister Chieppio:
»Hochwohlgeborener Herr,

Das tückische Schicksal, das mir meine allzugroße Zufriedenheit neidet, läßt nicht von seiner Gewohnheit ab, diese mit irgendeinem Ungemach zu durchtränken, und findet selbst diesmal eine Möglichkeit, Schaden zu stiften, da keiner menschlichen Voraussicht nach nur der Verdacht einer Gefahr gekommen wäre. So erwiesen sich die Gemälde, die in Gegenwart des Herzogs von meiner Hand mit jeder nur möglichen Sorgfalt besorgt und eingepackt, hierauf in Alicante auf Drängen der Steuerbeamten nachgesehen und ohne Tadel befunden wurden, nun, da man sie im Hause des Herrn Hannibale Iberti auspackte, solchermaßen beschädigt und verdorben, daß ich daran verzweifle, sie wieder in Stand setzen zu können. Das unvorhergesehene Übel besteht nicht in oberflächlichem Schimmel oder Flecken, die sich entfernen ließen, sondern die Leinwand selbst ist (trotzdem sie von blechernen Behältnissen und doppelt gewachster Leinwand geschützt und überdies in Holzkästchen verpackt war) vielleicht durch den fortwährenden Regen, der fünfundzwanzig Tage lang dauerte, eine für Spanien ganz unerhörte Tatsache, ganz verdorben und zerstört. Die Farben sind ausgeblaßt und durch die lange Einwirkung der vielen Feuchtigkeit aufgequollen und losgelöst, so daß man sie an manchen Stellen nur ausbessern kann, wenn man sie mit dem Messer abkratzt und von neuem aufträgt. Dies ist der wahre Stand des Übels; ich habe es durchaus nicht übertrieben, um die Restaurierung bedeutender erscheinen zu lassen, der ich mich mit aller erdenklichen Mühe zuwenden werde, nachdem es Seiner Hoheit nun einmal gefallen hat, mich als Wächter und Führer der Werke anderer, an denen sich nicht ein Pinselstrich von meiner Hand findet, zu verwenden ...«*

Der berittene Bote sprengte mit dem Brief zum nächstgelegenen Hafen, aus dem das Schiff nach Italien auslief. Rubens stand vor den Bildern, in Paradestiefeln, Samthosen, aber im Malerkittel: Jeden Augenblick konnte jemand vom Hof eintreffen, ein sich langweilender Grande, ein Ratsherr aus der Kanzlei, der schon etwas sehen möchte von den geheimnisumwobenen italienischen Bildern, deren Ankunft den Hof von Madrid in solch große Aufregung versetzt hatte; er mußte den Befehl Herzog Lermas abwarten, für wann dieser die feierliche Vorführung am Hofe und die Übergabe der Gemälde bestimmte ... Doch bis dahin machte er die Nacht zum Tage und mühte sich um die Restaurierung der Bilder ... und wenn er sein Zimmer abgeschlossen hatte, ließ er nicht einmal seinen Diener herein. Rubens begann die Gemälde der Großmeister des Quattrocento zu kopieren, war doch das eine oder andere so stark beschädigt, daß sie Seine Katholische Majestät in gegenwärtigem Zustand nicht sehen durfte. Das innere Gemach Ibertis verwandelte sich so in eine Malerwerkstatt: Staffelei, Paletten, auf dem Tisch verstreute Farbmuster und Pinsel,

---

* Übersetzung der Briefe des P. P. Rubens von Otto Zoff

seitwärts Tinkturen und Lösungsmittel. Rubens allein, gleich einem Zauberer mischte er Farben, erweichte geplatzte Farbschichten, tränkte die beschädigte Leinwand mit Leim, setzte erhitzte Ziegel darunter und kurierte mit deren Wärme die zerfallenen, aufgeweichten Bilder. Er mußte Kunstwerke der seit anderthalb Jahrhunderten toten Meister neu schaffen. Wie in der Werkstatt seines ersten Meisters, wo man ihm alte Heiligenbilder vorlegte: »Fertige davon Kopien!« Die Farben Correggios und Beato Angelicos ergründen, ihre Kompositionen beibehalten. Er war ein andächtiger Schüler, der während der Erregung des Kopierens die einstigen Werkstattgeheimnisse abguckte. Bis zum Abend war er mit einem Bild fertig ... Es war erstaunlich getreu, nur die Farben leuchteten noch ein wenig zu stark ... Wie sollte er versuchen, sie zu dämpfen? ... Und was geschah, wenn es unter den eingeladenen Personen am Hofe von Madrid einen Kunstkenner gab? Würde man es der Aufmerksamkeit des Herzogs von Mantua zuschreiben und annehmen, er habe, bevor er die Geschenke auf die Reise schickte, die Farben erst ein wenig auffrischen lassen?
Todmüde schrieb er noch einen weiteren Brief an Chieppio: Der würde das Schiff auch noch erreichen.
»... ich muß notwendigerweise bedenken, daß man (auch durch die Frische der Farben) erkennen wird, daß das Werk hier gemacht ist, entweder von diesen Malern oder von meinen Händen oder von uns allen gemeinsam, was eine Irreführung versuchen hieße, die wenig Dank verdient und die ich niemals dulden würde, denn ich habe es mir immer angelegen sein lassen, mit keinem, wenn auch noch so tüchtigen Manne verwechselt zu werden ...«
Er trank einen Schluck Wein: Der dickflüssige, süße, schwere Trunk lag ihm im Magen. Wenn er malte, verließ er das Zimmer nicht, dessen Geheimnis Iberti wie ein Zerberus hütete. Der Hausherr trat besorgten Herzens ein und berichtete: In drei Tagen findet die feierliche Übergabe statt, der Herzog habe den Zeitpunkt für den Morgen des 17. Juli festgelegt.

»Valladolid, 17. Juli 1603.
Durchlauchtigster Herr,
Obwohl der Fleiß Ibertis meinen Brief überflüssig macht, kann ich doch nicht umhin, seinen ausreichenden Bericht mit drei Worten zu begleiten, nicht weil ich ihn etwa ergänzen wollte, sondern nur, um meiner Freude über den schönen Erfolg Ausdruck zu geben. Ich kann von allem wahrheitsgemäß Zeugnis ablegen, als einer, der den beiden Übergaben der Geschenke teils beigewohnt, teils sie vollzogen hat. Die Übergabe der Karosse habe ich mitangesehen, die der Gemälde und Vasen selbst vorgenommen. Bei der ersten Zeremonie nahm ich mit Vergnügen die Beifallsbezeigungen wahr, welche der König durch Handbewegungen, Zeichen und Lächeln ausdrückte. Bei der Überrei-

chung der Geschenke an den Herzog hörte ich diesen, nachdem er lange bewundert und hierbei mit seinem Urteil das Gute herausgefunden hatte, seine Befriedigung ausdrücken, die keineswegs erheuchelt war, sondern vielmehr, soweit mein Verstand sie durchschauen konnte, ihre Berechtigung in der Qualität und Quantität der Geschenke fand. Ich hoffe also, daß Eure Hoheit Ihr Ziel erreicht haben (da doch der Lohn für den Geber darin besteht, daß seine Geschenke für angenehm befunden werden) . . .«

Am gleichen Tag ging auch an Chieppio ein Brief ab:
». . . An der Gesandtschaft beim Herzog nahm ich teil. Er zeigte große Zufriedenheit über die Güte und Zahl der Gemälde, die (dank der guten Retuschierung, also im Grunde durch den erlittenen Schaden) ein ansehnliches Aussehen und den Anschein von Antiquität gewonnen haben, so daß sie zum großen Teil für Originale gehalten wurden. Diese Ansicht wurde durch keinen Verdacht getrübt, obwohl wir nichts getan hatten, sie zu fördern. Auch der König und die Königin, viele Ritter und einige Maler sahen und bewunderten die Bilder. Nachdem ich mich nunmehr meines Auftrags entledigt, werde ich mich befleißen, die mir von Seiner Hoheit aufgetragenen Gemälde anzufertigen, und werde das Werk nicht unterbrechen, wenn nicht eine Laune des Königs oder des Herzogs von Lerma dazwischen kommt . . .«

19

Alessandro Striggio, der Sohn des Musikers, Sekretär und einflußreicher Edelmann am Hofe, empfand schon Sympathie für Claudio, seit der junge Bratschist aus Cremona in die Reggia gekommen war. Im Schatten der Basteien von Esztergom war dieses Gefühl beinahe zur Freundschaft geworden, wo zwei fast gleichaltrige Männer zu den Geschützstellungen emporgestiegen waren.
Striggio war im Elternhaus in der Achtung zur Musik aufgewachsen, der bejahrte und sehr angesehene Dirigent und Komponist hätte seinen Sohn auch gern im Musizieren unterrichtet, aber Alessandro den jüngeren zog es mehr zum Schreiben, wenngleich er nach der Mode der Zeit auch zahlreiche Madrigale komponiert hatte. Als er sich vor einigen Jahren im Geleit des Herzogs die Festspiele in Florenz angesehen hatte, (deren nicht verblassende Erinnerung in zahllosen Gesprächen am Hofe immer wieder auftauchte), beschloß er, an einer Rappresentazione zu arbeiten, die die bisherigen Darbietungen am Hofe, die gewohnte Folge von Aufzügen, Turnieren und Madrigalspielen auflösen sollte.
Seit wann trug er sich mit dem Gedanken, ähnlich wie Rinuccini auch

seinen Orpheus zu schaffen? Der wunderbare Sängerheros aus der Mythologie war ein ewiges Sinnbild für jeden Komponisten und Textdichter: Auch andere – so beispielsweise Caccini – hatten versucht, ihre gelehrten Thesen über Variationen und Allegorien mittels dieses ewigen Themas zum Leben zu erwecken. Aber Striggio, der beim größten Teil der Debatten, die nach der Aufführung der »Eurydike« im Kreise der Camerata entbrannt waren, teilgenommen hatte, begriff, daß dem Werk Rinuccinis und Peris deshalb kein größerer Erfolg beschieden sein konnte, weil den Darstellern die echte Leidenschaft fehlte. Ja ... man mußte tiefere Empfindungen in die Herzen der Helden einpflanzen, die Worte der Hirten mit doppeltem Sinn bereichern, den Chor und das Orchester verstärken: Jede Möglichkeit ausnützen, die reichere Bühneneinrichtungen und großartigere Rahmen in den Fürstenhöfen bieten konnten.
Striggio bereitete sich in der Seele seit langem darauf vor. Wie oft hatte er den spöttischen Blick seines Herrn gefühlt! Manchmal in den unverhofftesten Situationen und Minuten – meistens dann, wenn von künftigen Feierlichkeiten, von fürstlichen Hochzeiten die Rede war. Manchmal war es nur soviel: »Was habt Ihr Uns doch versprochen, Alessandro?« oder »Striggio verspricht und verspricht nur ... und statt zu arbeiten, macht er schönen Frauen den Hof ...« Solche Worte gingen im verrinnenden Leben des Hofes unter, tauchten höchstens in den wöchentlichen Berichten des venezianischen Gesandten, Herrn Morosinis, als vertrauliche Nachricht auf: »›Mein Monteverdi‹, hat Herzog Vincenzo dieser Tage gesagt, ›nimmt es in Italien mit jedermann auf. Mit ihm kann es weder der Dirigent der Serenissima noch der Maestro der Hauskapelle Seiner Heiligkeit aufnehmen ...‹« Nach solchen Äußerungen sahen sich die Alten im Rat der Zehn an: »Hört Euch das an, dem kleinen Mantua schwillt der Kamm!« Aber sie schrieben dennoch ihrem Gesandten, er solle etwas von den neuesten Kompositionen dieses berühmten Mannes auftreiben. Der behutsame Morosini ließ sich beim nächsten Empfang nach dem Musikabend am Freitag von Seiner Hoheit den Text und die Musik jener neuen Komposition geben, die Messer Monteverdi an jenem Tag aufgeführt hatte und die allgemeinen Beifall gefunden hatten. Der Titel des Werkes: »Questi vaghi ...« Der Meister habe darin nach Ansicht der anwesenden Musikkenner, schrieb der Gesandte, mit dem üblichen fünfstimmigen Satze gebrochen und sein Werk nach irgendeinem Stile nuovo geschaffen: Es ist für zwei Chöre geschrieben und würde sich, fügte er hinzu, um auch eine neue Farbe auf seiner Palette zu mischen, gut für den doppelten Musik- und Gesangschor und die zwei Orgeln in San Marco eignen.
Vincenzo war glücklich, das Musikstück auf kunstvolles Pergament abschreiben und eine wappengeschmückte Kapsel schnitzen lassen zu können, um die Komposition so dem Dogen von Venedig zu schicken. Doch als er sie dem Gesandten überreichte, bemerkte Morosini wie ne-

benbei: »Wie ich hörte, Hoheit, habt Ihr in Ferrara zwanzig weittragende Geschütze für die Festung in Casale bestellt . . . Die Serenissima würde Euer Hoheit zum gleichen Preis auch gern zur Verfügung stehen . . . Unsere Bronze ist nicht schlechter als die der Ferrareser.«
Striggio hatte in der Tat nicht viel Zeit, sich in seine Arbeit zu vertiefen. Der Herzog, leicht entflammt, machte von Minute zu Minute neue Pläne, baute Luftschlösser auf, die lautlos zusammenfielen. Um alles mußte sich Striggio kümmern: Jagden, Theateraufführungen, Gelehrtendebatten, diplomatische Verhandlungen und Liebesabenteuer. Und wenn ihm Zeit blieb, setzte er sich abends mit Chieppio zusammen, um zu beratschlagen, wo man die meist sinnlosen Verschwendungen des Herzogs einengen, zügeln könnte. Seine Hoheit war überzeugt, ein großartiger Kaufmann zu sein: Er verkaufte überflüssige Perlen für gutes Geld, aber was er dafür bekam, das schluckten die gauklerischen Alchimisten . . . Er trennte sich von Diamanten: Die Niederländer kauften sie für indische Fürsten, zugleich aber ließ er aus purer Laune ein altes Schloß abreißen und um eines Einfalls willen einen Palast ins Nichts errichten. Unterdessen verarmte das Volk, das reiche, während der Regierungszeit des Gobbo überall in Italien beneidete Volk Mantuas, und was noch schlimmer war, es murrte bereits laut. In den Kirchen der Vorstädte fanden sich bereits kühne Prediger, die in verhüllten Worten, aber verständlich ihre Stimme erhoben: »Genug!« Genug der ständigen Steuererhöhungen, der neuen Zölle, der neuen Salzpreise, der gestiegenen Preise für Brennholz . . .
Der Herzog war unverbesserlich. Seine Söhne wuchsen bereits heran, und er hatte noch immer neue Abenteuer im Kopf. Wie oft hatte Striggio Seine Hoheit davon abgebracht, die Ehrenhaftigkeit Monteverdis herauszufordern, während der Maestro auf einer Probe war, einen Wagen um die geheimnisvolle kleine Caterinuccia zu schicken, um das Mädchen zu einer »Probe« in den Palazzo del Te bringen zu lassen, der seit Agneses Abreise leer stand.
Wann sollte der Sekretär des Hofes und des Herzogs seine literarischen Pläne verwirklichen, wo er tausenderlei Sorgen hatte? Er mußte alles für die Verhandlungen mit Rom ebnen, damit man des jüngsten Prinzen Ferdinando gedachte . . . als des ernstesten Anwärters für den traditionellen Kardinalshut der Familie Gonzaga . . . Aber er mußte sich auch die Termine der einander folgenden Hochzeiten und Feierlichkeiten an den italienischen Höfen merken. Seine wichtigste Stütze war die Herzogin: In den Augen der Medici-Tochter mit dem schmalen Gesicht und den blassen Lippen war das Feuer längst erloschen: Sie wußte alles, verstand alles, verzieh vielleicht auch alles, denn auf ihre Weise liebte sie Vincenzo, dieses leichtsinnige, ewige Kind.
Dennoch war Striggio nicht untätig: Geziert nahm er die scherzhaften Rügen seines Herrn hin, spielte den Trägen, der seine Versprechungen vergaß und gerne faulenzte. Aber während der freitäglichen Musik-

abende oder bei Hochämtern zu den Feiertagen, wenn unter den Fingern Claudios die Orgel erdröhnte, hörte der Sohn des Musikers die Worte des verliebten Orpheus ... die schweigsame Eurydike begann zu sprechen, und Leben zog in den Hades, das Reich der Toten, ein ... Proserpina vergaß, daß ihre Mutter Demeter ihretwegen die Erde in Dunkelheit hüllte, und sie setzte sich bei Pluto, ihrem mächtigen Gemahl, für die Verliebten ein ...
Striggio ritt ans Ufer des Mincio hinaus, das der Lenz launisch mit Blumen bedeckt hatte. Er holte aus seiner Tasche Papier und Stift hervor. Schnell glitten die Zeilen über das Blatt: Eine Strophe ... Farben vermischten sich, während sein Pferd unbekümmert weidete. Am Rand eilig aufgeschriebene Notizen, wie er sich die Szene in der Unterwelt vorstellte ... Charons Nachen, die wilde Landschaft am Ufer des Styx, wenn der erste Lebende, der Sänger, herniederstieg ... Überall entfalteten Chöre ihre Stimmen: Wachteln antworteten einander, Wasservögel schnatterten, der Wind drückte das Schilf übereinander, die Palmen rauschten, rhythmisch schlugen die Wellen gegen die Felsbank, unterirdische Tiere scharrten, ein Biber tauchte mit verwundertem Blick auf. Ein Bauer mit gebeugtem Rücken trieb seinen mageren Ochsen auf den Markt: Er mußte die herzoglichen Steuereintreiber befriedigen ... Vom angrenzenden Wald her brachte der Wind Flintenschüsse der Jäger herüber. Während der Stift über das Papier glitt, vernahm er das Universum.
Am Abend suchte er förmlich um eine kurze Audienz bei seinem Herrn an, den er doch den ganzen Tag über gesehen hatte. Eine ominöse Ahnung überkam Vincenzo: Wollte Alessandro vielleicht wegen Geld anhalten? Aber der Sekretär im höfischen Samtrock beugte das Knie und überreichte ihm als seinem Patron ein Bündel Manuskripte.
»Was soll das sein, Striggio?«
»Die Favola des Orfeo, Hoheit!«
Das Gesicht Vincenzos war an diesem Tag nicht heiter. Müdigkeit und Lebensüberdruß quälten ihn. Er trug sich mit dem Gedanken, das Land seinem Sohn zu übergeben und Seine Katholische Majestät um einen Kommandoposten bei der Flotte oder als Vizekönig um ein überseeisches ... fernes Reich zu bitten, in einer jener Gegenden, nach denen er sich stets gesehnt hatte. Er kam sich alt vor ... und nun stand Striggio vor ihm, mit gebeugtem Knie ... und auf dem Pergamentdeckblatt stand mit zierlichen Lettern »FAVOLA DI ORFEO«.
»Habt Ihr das zum Vertonen geschrieben? Als Textbuch?«
»Für ein Dramma per musica. Wenn Euer Hoheit die Güte haben wollten, Euer ›Placet‹ darunterzusetzen.«
»Wo sollte es aufgeführt werden? Hier im Palast?«
»Vielleicht in der Galleria dei Fiumi, Hoheit ...«
»Hat sich Claudio bereiterklärt?«
»Ich habe mal vor langer Zeit mit ihm darüber gesprochen, Hoheit.«

»Soll ich ihn darum bitten?«
»Das wäre eine zu große Gunst . . .«
»Wenn er im Palast ist, schicke nach ihm.«
Der Maestro sei schon heimgegangen, meldete man ihm. Dergleichen konnte den Herzog verstimmen. Er sprach nun schon von der morgigen Jagd. Aber sein Blick glitt erneut zu dem Manuskript zurück, das auf dem Tisch lag. »Bei Tagesanbruch reiten wir los, Alessandro, aber ich rate Euch, das Manuskript noch heute zu Monteverdi zu bringen. Ich möchte hören, was der Zauberer dazu sagt. Glaubt Ihr auch . . . wie viele am Hofe, daß er ein Magier ist? Ich habe sogar schon dergleichen gehört, daß der Geist Michelangelo Buonarottis in Claudio eingezogen sei . . . Beruft Euch auf mich und säumt nicht. Bringt es noch heute abend zu Claudio!«
Die Sanduhr zeigte erst halb neun. Eine Kutsche brachte den Hofsekretär zum Hause Cattaneos. Striggio betätigte den Klopfer, das Tor öffnete sich, er sah im Fenster noch Licht. Der Maestro arbeitete. Auf das Geräusch hin eilte er in geflickter Hausjacke mit tintenverschmierten Fingern herbei.
»Ist etwas passiert, Messer Striggio?«
Der Sekretär wurde sich bewußt, daß er den Meister grundlos und unsinnigerweise in der späten Abendstunde störte; beschämt zog er das Bündel aus der Tasche.
»Verzeiht mir, aber ich habe versprochen . . . es Euch zu bringen. Noch damals in Esztergom. Die Favola . . . für Euer Ehren . . . hier ist sie!«
Auf dem Tisch des Meisters brannten zwei kleine Talgkerzen, und von dem vielen Schreiben waren seine Augen gerötet. Er zwickte ein Stückchen brennenden Docht ab und schickte sich an, die stolzen Wachskerzen in dem Armleuchter anzuzünden. Als wären es Zaubergeräte, so tauchten die schweigenden Instrumente in der Ecke aus dem Halbdunkel. Am Fenster stand ein schmales Virginal . . . in greifbarer Nähe des Meisters das breitere Clavicembalo: Sicher war er von ihm aufgestanden, als zu ungewohnter Stunde der Klopfer am Tor ertönte oder er durch das Fenster das Geräusch der ankommenden Kutsche vernommen hatte . . . Der Meister zeigte der Reihe nach seine Schätze. Vor kurzem hatte man ihm ein neues Instrument zur Probe geschickt, natürlich auch dies aus Cremona. Man nannte es Clavicytherium, eine Mischung aus Tasteninstrument und Zither. In der Ecke auf einem Regal lagen Saiteninstrumente: Eine dickbauchige, neunsaitige Laute mit zurückgebogenem Kopf und mit Perlmutt ausgelegten Wirbeln. Eine kleine Geige mit einem unwahrscheinlich dünnen Hals, auf dem die Saiten wie Adern spannten, und eine größere Viola, die er unlängst aus Nürnberg bekommen hatte: Sie hatte sechs Saiten; man konnte das Instrument in der Hand spielen, es aber auch zwischen die Beine stellen.

Als wäre er ein naher Freund, so geleitete er ihn durch das Zimmer. Gewiß spürte er die innere Erregung Striggios und bemühte sich, die Spannung durch sanfte Worte zu mildern. Und wie er so sprach, wie sich bei dem stärker werdenden Kerzenlicht die »Werkstatt« heraushob, wurde der Plan, der im ersten Augenblick unsinnig erschien, für Striggio eher zur greifbaren Wirklichkeit als die Hatz der herzoglichen Windhunde und der schallende Lärm der Jäger und der Hundeführer. Der Maestro stand mit einer Lederkappe auf dem Kopf da, blätterte die erste Seite auf und nahm dann mit einer langsamen, feierlichen Bewegung die Kopfbedeckung ab.
»Sei gegrüßt vom ersten Leser!«
Seine Stimme klang feierlich, wie ein priesterliches Ritual. Er schenkte Wein ein, fand aber nur ein Glas. Da öffnete er die Tür und rief leise hinaus: »Claudia!« Die Frau kam herein mit einem Kinderkleidchen in der Hand, auf das sie einen runden weißen Kragen anpaßte. Lange war sie nicht mehr am Hofe gewesen. Sie war magerer als früher, und es dünkte, als wäre der Glanz des einst reizenden Cattaneo-Mädchens im Erlöschen. Als sie Striggio erblickte, überzog ein Lächeln ihr Gesicht: Beide waren am Hof aufgewachsen, und Claudia hatte als kleines Mädchen den Vater Striggios gekannt, den liebenswürdigen alten Edelmann, der in Mantua als Maestro die Musik pflegte.
»Euer Gnaden beschämen uns in dieser Unordnung, aber das habt Ihr Euch selbst zuzuschreiben, weil Ihr Euer Kommen nicht angekündigt habt ...«
Striggio zeigte stumm auf das Manuskript. Der Blick der Frau glitt darauf, sah das ORFEO.
»Und Eurydike? Wo ist hier die Rolle der Eurydike?«
Striggio lachte. Die Verlegenheit löste sich. Er überlegte, blätterte. Jetzt beugten sie sich zu dritt in den Lichtkreis der Kerze, dann zog der Maestro den Armleuchter näher. Der Augenblick war unvergeßlich schön. Die Lippen Claudias formten leise die Worte, als ihr Blick den Zeilen folgte und sie die klare Handschrift des herzoglichen Sekretärs las. Striggio schaute zu ihr empor. Wie oft hatte der Hof bei ihrem schönen Agnus oder Gloria Tränen vergossen.
»Ob ich überhaupt noch singen kann? Signor Striggio, seit unser Jüngster, Massimiliano vor drei Jahren geboren wurde, habe ich kaum wieder gesungen ...«
»Ich bin überzeugt, daß es der Favola zur Ehre gereichte, Madama Claudia.«
Der Rotwein stammte aus Cremona: Der Geschmack aus der Heimat versetzte den Maestro in Begeisterung. Ein Tropfen rollte vom Rande des Glases herab ... lief rotschillernd dahin, wo der Name Orfeo begann.
»Beginnen wir schon heute nacht mit dem Komponieren?«

Sie lachten. Striggio hatte, als er das Haus Monteverdis verließ, das Gefühl, dies sei die geheimnisvolle Nacht, in der das Werk empfangen wurde.

Die Stille verschlang das Geräusch des sich entfernenden Wagens des »Dilettanten«. Die Frau ging nicht in ihr Zimmer zurück, blieb bei ihrem Mann. Der Maestro schlug den in Pergament gebundenen Folioband auf. Die Schriftzüge Striggios: Diese Hand war der Verkünder des Willens Seiner Hoheit, wenn es um Gunst, um Gesetze und Todesurteile ging. Hier und da war eine Zeile gelöscht, ausgebessert . . . neu begonnen. Das Manuskript war das Geheimnis Striggios. Er hatte es keinem Kopisten anvertraut. Auf der ersten Seite stand mit großen Lettern

DRAMATIS PERSONAE

Erster und Zweiter Hirte, Nymphe, die Hoffnung, dann Proserpina, und siehe . . . Charon und Pluto aus der Unterwelt, und nach den beiden ewig Liebenden die Botin Sylvia.
Der Meister blätterte. Die Hand Claudias hielt mit einemmal die Finger des Mannes fest, er sah, wie sich das Gesicht der Frau belebte, wie Glanz in ihre Augen zog . . . Und gleich einer Karstquelle brach das Rezitativ hervor:

A te ne vengo, Orfeo,
Messaggera infelice
Di caso più infelice e più funesto.
La tua bella Euridice – –
La tua diletta sposa è morta.*

Plötzlich überkam sic cin Husten, sie verstummte. Claudio betrachtete sie verstohlen, besorgt, mit dem forschenden Blick, mit dem Doktor Baldassare die Beschwerden seiner Kranken zu ergründen suchte. Sie standen da, einander umschlungen. Die Hand des Mannes glitt auf seine Stirn, an seine Schläfe, als wollte er den hartnäckigen, immer wiederkehrenden Kopfschmerz vertreiben, den die aus den Sümpfen Mantuas aufsteigende miasmatische Luft verursachte. Das Lächeln der Frau schwand . . . Der Mann blätterte weiter: SPERANZA hieß es im Text, und die Hoffnung geleitete den Sänger an das Ufer des Styx. »Lasciate ogni speranza . . .«**, stand geschrieben, und jetzt wechselte

---

* Dir, Orpheus, komm ich melden,
Ich unglückselige Botin,
Mit Nachricht, unglückseliger, grauenvoller,
Eurydice, die schöne – –
Dein teures Weib ist tot.
(Nach der Übersetzung von Johannes Oeschger)

** Laßt alle Hoffnungen fahren

der Pergamentband in die Hand Claudias. Leises Geräusch, an der Tür klopfte es, vom Zimmer Claudias her. Es war Caterinuccia, mit der Kerze in der Hand, verängstigt, blond, mit weitgeöffneten Augen. »Ich hatte solche Angst . . .« sagte sie verlegen, und ihr Blick suchte Claudia. »Lies«, sagte der Meister zu ihr, und die Augen der Romanina glänzten grünlich im Kerzenlicht. Das Mädchen las schön, in Mantua hatte es auch einen Lehrmeister für klassische Sprachen; selbstvergessen nahm es das Manuskript in die Hand, es war eher nur sein Instinkt, der ihm zuflüsterte: Eine Rolle. »In quei campi di pianto e di dolore . . .«* Sie hielt inne . . . wünschten der Maestro und Claudia, daß sie weiterlas? Der Mann nickte, und als sie sich über den Text neigte, war etwas Leuchtendes und Glorreiches in ihrem Gesicht und ihr Lesen wurde unwillkürlich zum Rezitieren.

Teco venir, che amara legge il vieta,
Legge iscritta col ferro in duro sasso . . .**

Und schon befand sich das Textbuch wieder in der Hand Monteverdis. Claudia kannte sein Gesicht am besten: Die Falten glätteten sich, die sich über die Wangenknochen spannende gelbe Haut rötete sich.

Dove, ah dove ten' vai,
Unico del mio cor dolce conforto?
Poichè non lunge omai
Del mio lungo cammin si scopre il porto,
Perchè ti parti e m'abbandoni, ahi, lasso,
Sul periglioso passo?
Qual bene or più m'avanza
Se fuggi tu dolcissima Speranza?***

Die Augen lächelten sanft, die Stimme folgte den schmerzlichen Wendungen des Textes, als würde er mit dem Rezitativ hoffnungslos die Hoffnung bestürmen, doch so, wie der Dichter mit der Hoffnungslosigkeit spielt, wenn er eine Frau oder das Schicksal zu bestürmen sucht.

---

* Dort im Gefild, wo Schmerzenslaute tönen . . .

** Mit dir zu gehen verbietet bittre Satzung, Gesetz, von Erz in härtesten Stein geritzt . . .

*** Wohin, ach wohin entschwindest
Du einziger Trost meines Herzens?
Da nah und näher dem Auge
Das Ziel der langen Fahrt sich endlich zeigte,
Was wendest du dich ab und läßt mich, wehe!
Wo die Gefahr am größten?
Was kann mich fürder trösten,
Da du mir, Hoffnung, süßeste, entgleitest?

Sein flehendes Wort wurde eben geboren, entsprang dem Nichts als Blume des Augenblickes, geformt von den Lippen des Meisters, Claudia sah den Schatten ihres Mannes an der Wand – er hielt den Band, und die Flammen verschönten die langgestreckte Linie der beiden Arme zu Schmetterlingsflügeln ... Dann schwieg er, Caterina hob den Kopf, ihre Augen waren feucht von Tränen, und da sahen sie, daß auch Cattaneo schon im Zimmer saß, auf seinem gewohnten Platz, mit forschendem Blick: Was sich in dem nächtlichen Haus Sonderbares zutrug?
Dort in der Ecke saß Cattaneo, der bejahrte Meister, der während der Jahrzehnte am Hofe so viele herzogliche Einfälle hatte zur Welt kommen und verblühen sehen, und er dachte: Wer entsinnt sich heute noch, was für ein Turnier, ein Intermezzo, ein Maskenspiel oder eine Faschingskomödie Anno Domini ..., vor zehn oder zwanzig Jahren, die Reggia bewegt hat? Wozu die viele Aufregung? Es ist, als wollte man auf den Spiegel des Wassers Buchstaben schreiben ... Wer entsinnt sich, ob ein Lied geboren wurde, ob es im Stück ein Tenorsolo gab ... von wo der Kastrat kam, damit man auch einen weittragenden Sopran oder einen Alt hatte? Wozu diese seltsame nächtliche Unruhe in diesem stillen Haus, die unterdrückte Glut der drei, die sich über das Manuskript des »Orfeo« neigten?

Die Nacht über hatte es in Strömen geregnet. Die Flußmündung wogte wie ein Meer, die Ebene, ein endloser Sumpf, trieb den nach Moor riechenden Nebel auf die Stadt zu. Es war Sonntag, und wie üblich wurde Seine Hoheit zum Hochamt im Dom erwartet. Die Sänger hatten Palestrina eingeübt. Der Domkapellmeister war bei Tagesanbruch erwacht, sein stechender Kopfschmerz vom Vorabend war gewichen, zurückgeblieben war eine dumpfe bleierne Schwere am Hinterkopf. Claudia hatte die Nacht viel gehustet. Das war sein erster Gedanke der Erinnerung. Dann fiel ihm das Manuskript ein ... die Stimmen ... Striggio ... die beiden Stimmen der Botin und der Hoffnung, wie sie ineinandergriffen. Seine Hand ruhte auf dem von zu Hause mitgebrachten zeitlosen Totenschädel. Sein Vater hatte geschrieben, er möge Claudia mit den Kindern zur Luftveränderung nach Cremona schicken ... Er hatte eine halbe Nacht, in der konnte er die Welt nicht aus den Angeln heben. Caterinuccia hatte den Text Sperenzas, der Hoffnung, gesprochen ... War es ein Lied? Wie der Vogel auf der Erde stelzt, hüpft und jedermann weiß, ein Augenblick noch, und er fliegt davon! Waren die melodisch artikuliert gesprochenen Silben Gesang oder Rezitativ? Sollte dies jene Musik sein, nach deren Spuren die Florentiner forschten? Eine den heiligen Text untertänig begleitende Musik?
Galilei hatte zu beweisen versucht, daß die Darsteller im Theater Athens, in Ekstase geraten, nicht deklamiert, sondern gesungen hätten.

Aber wer von den Mitgliedern der Camerata war in Athen dabei gewesen, als die »Perser« aufgeführt wurden, als die Klage der Antigone erklang? War es kein Irrweg, was die Camerata verkündete – im heiligen Haß gegen die Polyphonie der namenlosen Kuttenträger? Wenn fünf oder fünfzig Menschen mit den Noten in der Hand sangen ... Stunden, lange Stunden hindurch, selbstvergessen, ohne darüber nachzudenken, was sich in der lebendigen Welt des Textes ereignete? Dachten sie daran, was die Worte Schmerz, Sehnsucht oder Tod bedeuteten? Es waren nur Silben, die auf den Schwingen des Rhythmus sich senkten oder emporschwangen, wie es der Aufbau verlangte – aber der Sinn des Wortes? Und die grünäugige Speranza, als sie sprach ... stieg aus der Kinderstimme, aus dem ängstlichen Rezitativ nicht ganz anders, nicht mit einem hellen, triumphierenden Sopran die Hoffnung empor? Ja, Harmonia und Oratio gemeinsam ... damit die Berge im Hades davon widerhallten!
Der alte Cattaneo hatte gestern abend noch eine halbe Stunde darüber gesprochen, an wie viele singende Darsteller konnte er sich erinnern. »Bemühe dich nicht, es lohnt nicht, sich damit zu plagen: Es wird einmal erklingen ... und nach einer Woche entsinnt sich niemand mehr daran. Du glaubst selbst nicht, daß sich eine solche Favola drucken ließe. Messe und Madrigal, Claudio ... geh nicht weiter!« Bis er sich auf den Weg zum Dom machen mußte, blieb ihm noch eine halbe Stunde, damit seine innere Erregung sich legen konnte. Auf einem Regal gegenüber den Instrumenten standen seine Lieblingsbücher. Wie klang der Chor in den antiken Tragödien? Wie lange schon hatte er nicht mehr im Sophokles geblättert? Sein Vater hatte sich nicht gescheut, ihn, als er das nötige Alter erreicht hatte, in Cremona zu einem griechischen Lehrer zu schicken. Die Worte Elektras sprangen ihm ins Auge. »O weh, wilde Qual eines unbeschreibbaren Mahles bei Nacht ...« Wird ihr der Chor antworten? »Du selbst vermehrst deine Qualen, führst dein unruhiges Herz in immer neuen Kampf: Die Mächtigen herauszufordern, ist nicht gut!«
Die dumpfe Beklommenheit löste sich, unverschleiert hoben sich die Worte aus dem Halbdunkel ihres Ursinnes. Während er las, hörte er es. Ja, er hörte ganz deutlich den Chor, die Männer, einen nach dem anderen, wie sie einander ins Wort fielen, doch so, daß sich in der zweiten Zeile bereits das Unisono herausbildete ... und wieder auseinanderriß. Sollte dies die wahre ... die heilige und wiedergefundene Polyphonie sein? Der Chor lebte und durchglühte mit eigenem Feuer die Ereignisse. Ja ... diese Elektra lebte ganz anders als die Eurydike ... und der Chor brach nach dem Willen des Sophokles gleich Lava empor, während die Worte Striggios kraftlos und holpernd waren ...
Doch hier ... hier verstärkten sie sich ... der Chor ermunterte Orpheus:

»Dunque fa degni, Orfeo, del suon de la tua lira«*, dies könnte er auch kürzer, dramatischer sagen: »Sing, Orpheus!« Aber an dieser Stelle ... als es heiter erklingt, fast so frisch, wie Striggio es sich vorgestellt haben mag:

Lasciate i monti, lasciate i fonti,
Ninfe vezzose e liete ...**

Das strömte klar und heiter durch das vom Morgennebel umhüllte Haus: Das war der Dunst, wie er im Überschwemmungsgebiet des Mincio aufstieg und durch Mantua wallte ... mit seiner Weichheit alles überzog, und die Gegenstände, der Raum hatten keine genauen Umrisse, und der Meister selbst schien zu schweben ... Er hörte die Laute, wie sie hervorbrachen, sich auflösten, Variationen stiegen auf, er dachte in anderen Instrumenten. Dieses »Lasciate i monti« war eine so reine arkadische Stimme ... War vielleicht dies der Weg? Darin war nichts mehr von der düsteren Vielstimmigkeit der Liturgien, wo lamentierende, in Kutten gekleidete Sänger einander ins Wort fielen ... Jede Silbe badete im Sonnenschein, jede Verszeile des Textes lebte im spielerischen Plätschern des Wassers auf.
Noch griff seine Hand nicht nach der Feder, noch schlug er keine einzige Taste an. Die Zeit um ihn verstrich, und sein Gewissen klopfte gleich einem Specht: Du hast versprochen, am Morgen mit den Sängern die drei mittleren Sätze nochmals durchzunehmen ... Das letztemal waren sie auseinandergefallen ... Er lehnte sich auf seinem Stuhl zurück. Wenn er so saß, strömte das Blut nach hinten, der einzige Punkt im Weltall, wo er seine Kopfkrämpfe zu lindern vermochte. Im endlosen Spiegel seiner geschlossenen Augen sah er eine riesige Skizze. Als wäre sie von Peter Paul Rubens ... Fresken schienen die riesigen, leeren Flächen in der Trinitatiskirche zu bedecken. Vorerst waren es nur Umrisse, punktierte Linien, für Figuren und Farben ... hingeworfene Linien eines Profils, das die gelegentlichen Gäste der Werkstatt nachdenklich betrachteten ... So sah er die Skizze, die sich entfaltete, während er mit geschlossenen Augen regungslos auf dem Stuhl saß. Licht und Ton ... Eurydike ergriff zweimal das Wort: Einmal als von der Schlange gebissene Tote ... und einmal als die Lebende.

Io non dirò qual sia
Nel tuo gioir, Orfeo, la gioia mia,
Che non ho meco il core,
Ma teco stassi in compagnia d'Amore;

---

* Drum, Orpheus, auf! Verschöne mit Klängen deiner Leier ...
** Herab von den Klüften, herbei aus den Schlüften,
Nymphen ihr losen, ihr feinen!

Chiedilo dunque a lui, s'intender brami
Quanto lieto gioisca, e quanto t'ami.*

Sonntagsglocken läuteten. Während er sich zum Gehen anschickte, seinen Stock ergriff, hörte er das Rauschen der Wiesen, auf denen Eurydike und Orpheus die Herzen tauschten. Was hatte Striggio daraus gehört? War es möglich, daß der Sohn des Musikers taub gegen seine eigenen Verse blieb? Sollte er nicht das Pulsieren der Harmonie in den mal glänzenden, mal abgegriffenen Wendungen der Verse empfunden haben? Warum war er nicht zu Peri gegangen? Dort ... in Florenz wurden solche Favolas vielleicht zu Dutzenden geboren, und für ihn war es so unvorstellbar schwer, als müßte er erst die Berge der Polyphonie zur Seite rücken.
Sechs Zeilen der Eurydike, doch was alles darin enthalten war. Süßes Arkadien ... und schon fühlte man, daß das nahende Schicksal diese sonnenbeschienene Welt begraben würde, weil das Glück zu groß war. Wollte Striggio, der Gelegenheitspoet, das sagen? Muß es bestraft werden, wenn zwei Menschen, von Freude berauscht, auf einer im Sonnenschein liegenden Wiese leben?
Den breitrandigen Musikerhut auf dem Kopf, den Stock in der Hand, klang in ihm die entstehende Musik, dabei schmerzte ihn das Geräusch eines jeden seiner Schritte in den Adern und Nerven. Er hatte am Morgen zu essen vergessen. Das fiel ihm unterwegs ein, als Mägde mit dem in der Nachbarschaft gebackenen Sonntagskuchen an ihm vorübereilten. In der Nacht hatte er lange dem strömenden Regen gelauscht: Er liebte das monotone, rhythmische Geräusch. Auf dem Kopfsteinpflaster breiteten sich große Pfützen aus, über die er hinwegspringen mußte. Die Handwerksburschen lachten sicher hinter dem Rücken des Meisters. Stimme, Bild und Vers schwirrten in ihm. Nicht als würde er das Ganze sehen ... es in Szenen zerlegen, nach Aufzügen antiker Tragödien gliedern. Noch war alles Urmaterie, stand ihm aber schon näher ... viel, viel näher als gestern abend, um zu empfinden, worauf er sich vorbereiten mußte.
Als er den Dom erreichte, dachte er, daß dessen Baumeister Leon Battista Alberti zu Lebzeiten sein Prachtwerk nicht mehr sehen konnte. Der Dom in Cremona war wesentlich dunkler: Das Schiff von Sant'Andrea war heller, heiterer als das der gotischen Kirchen. Er ging am Grabe Mantegnas vorüber, kehrte dann um und blieb davor stehen. Seit hundert Jahren schon lag er in seinem kühlen Marmorbett, seine

* Wie kann mein Glück ich künden?
In deinem Glück ist's, Orpheus, aufgehoben!
Mein Herz ging mir verloren,
Mit Amor steht's im Bund in deinem Herzen.
Ich frage, drängt's dich, Lieber, zu erkunden,
Wie heiß ich brenn', wie ich in Liebe lodre.

Schüler hatten ihm zu Ehren die Wände des Domes mit Fresken geschmückt. Er hörte das Gemurmel der sich von der kleinen Pforte her nähernden Musiker und Sänger, das sonntägliche Summen, an das er sich von Woche zu Woche gewöhnt hatte. Für einen Atemzug blieb er stehen und ließ den Blick auf dem Märtyrium des heiligen Sebastian ruhen.
Marinoni, der einzige Freund im Chor, beugte sich über die Brüstung und sah, wie er mit unsicheren Schritten daherkam, die Stirn für eine Minute an den kühlen Marmorsims lehnte.
Leise sagte der Freund zu den anderen hinter ihm: »Claudio hat heute wieder Kopfschmerzen ... paßt auf, reizt ihn nicht ... Sagt, er soll sich ausruhen. Sicher hat er die Nacht nicht geschlafen ...«
Als er den Chor betrat, erblickte er dort einen Fremden. Ein großer, aber unproportionierter Körper, das gealterte, bartlose Gesicht eines Jünglings mit kleinen, funkelnden Augen. Marinoni stellte ihn als Giovan Gualberto Magli, den berühmten Sänger des florentinischen Großherzogs vor, den Seine toskanische Hoheit auf Ersuchen Vincenzos für ein Gastspiel von einigen Monaten Mantua überlassen hatte. Der Kastrat mit der unbeholfenen Gestalt, dessen Stimme die Hofkreise in Florenz verzauberte, war ein Schüler Caccinis. Er hatte sich herauf in den Chor begeben, weil er neugierig war, wie Meister Monteverdi Palestrina dirigierte. Die Tradition in Mantua gestattete nicht, daß man sich gegen die Natur verging, und so hatten die Gonzaga selbst nie Kastraten, aber um so mehr waren sie auf die Gesangskunst dieses oder jenes Verschnittenen gespannt, und selbst der geizige Guglielmo hatte Riesensummen für das Gastspiel des einen oder anderen Kastraten gezahlt.
Magli ließ sich mit einem höflichen Lächeln in der Bank der Sänger nieder: Sein Erscheinen hatte im Chor Neugierde, zugleich aber auch Unsicherheit ausgelöst. Die Anwesenheit des in ganz Italien berühmten und wohlausgebildeten Sängers – so war zu befürchten – würde den Chor stören. Die Probe nahm ihren Anfang. Das A-cappella entfaltete sich, die Partien des kaum ein Jahrzehnt toten Großmeisters wuchsen gleich endlosen Spitzbögen über die Köpfe der Sänger hinaus.
Aber Claudio vermochte nicht, seine ganze Aufmerksamkeit auf die Messe des Papstes Marcellus, auf die Gesangsprobe zu konzentrieren: Furchteinflößende Dissonanzen entstanden in ihm, sonderbare Klanggruppen stellten sich in seinem Unterbewußtsein ein. In der Flut der Polyphonie stieg mit unwiderstehlicher Kraft das Verlangen nach dem großen freien Himmel, nach Bächen, Licht ... nach Lebensfreude in ihm auf. Der tote Meister, den er persönlich nie gekannt hatte, herrschte mit überirdischer Sicherheit, mit erschreckender Kraft über den Partien: Die Stimmen stürmten mit wohl nie geahnter Wucht und Einklang den Himmel.
Plötzlich ein Bild: Als er auf der Reise durch Flandern mit Herzog

Vincenzo in Dijon weilte, hatten sie sich den ehemaligen Palast der Herzöge von Burgund angesehen. Ein Grabmal konnte er seither nicht vergessen: Aus Bronze gegossene Mönche und Familiaren brachen unter der Last des Erzsarkophags des Herzogs, den sie auf der Schulter trugen, fast zusammen. Die Gesichter waren fast ganz von Kapuzen verhüllt, nur ein Auge ... die gebrochene Linie eines Profils ... das Ende eines Kinns waren noch zu sehen. Nein ... er konnte nicht zu namenloser Untertänigkeit solcher an Erinnerungen tragender Mönche herabsinken. Ihm war, als kämpften zwei Giganten in seiner Brust. Das gotische Gewölbe Palestrinas und die verlockende Sonne über den Gefilden Arkadiens.
Die Probe war zu Ende, die Musiker liefen auseinander, zum größten Teil in nahe gelegene Schenken, um die Zeit totzuschlagen, bis das Hochamt begann. Monteverdi blieb mit Magli auf der kleinen Bank zurück. Plötzlich begann der Kapellmeister zu sprechen: Die Worte brachen aus seinem Inneren hervor.
»Was entsteht in Florenz, Messere? Bei der Camerata?«
»Dort wird mehr griechisch gesprochen, als gesungen, Herr. Mir kommt es vor, als kochte man die Musik wie Brühe in einem Topf, bis sie ganz verdampft ist und nichts anderes bleibt, nur der trockene Text, zu dem kaum noch ein Sänger gebraucht wird. Aber von Euer Ehren erzählt man ...«
»Die Musiker sind immer voller Gerüchte ...«
»... daß Ihr mehr anstrebt ... irgendein Gesangspiel vorbereitet. Mehr als was der dortige Stile rappresentativo bietet. In Wirklichkeit bin ich deshalb nach Mantua gekommen, um mit Euch über Euer Vorhaben zu sprechen und Euch zu bewegen, mir eine Rolle darin zu geben. Denn seht, Maestro, ich habe die ewigen Madrigale nun schon satt. Mein Meister, Messer Caccini, verdient alle Achtung von mir: Er hat mir seine wunderbare Kunst vermittelt ... aber offen gesagt, auch er singt anders und spricht anders. Es ist, als wäre das, was man in Florenz schafft, für Italien schon zu eng. Ich weiß nicht ... aber ich habe auf meinen Instinkt gehört, als ich den Großherzog ersuchte, mich hierher gehen zu lassen.«
Das Gesicht des Kastraten rötete sich, das Lächeln verschönte das welkende Pergamentantlitz: Er schaute wieder mit begeisterten Kinderaugen, die er sich aus der Zeit als Chorknabe bewahrt hatte, auf Claudio ... Statt einer Antwort umarmte ihn Monteverdi, und ihre Blicke trafen sich erneut ... Der Kastrat empfand mit feinem Instinkt die stumme Frage. Leise begann er zu sprechen.
»... Ich habe so gern gesungen, nicht nur sonntags ... bin viel in den Chor gegangen. Ich war noch keine zwölf Jahre alt, als mich mein Vater eines Tages bei der Hand nahm ... Wir gingen durch fremde Straßen ... durch viele, viele römische Gäßchen nach Trastevere in ein Haus, in das ich auch heute noch hinfinden würde, obwohl ich seither

nicht wieder dort gewesen bin. Es roch überall so seltsam nach Medikamenten, in Retorten standen Destillate ... Mein Vater schien mit einem bärtigen Mann, der eine Brille trug, um ein Osterferkel zu feilschen. Er setzte uns Wein vor. Mein Vater bekam ein Glas und ich eins, doch aus einer anderen Flasche. ›Der ist süßer, mein Sohn‹, sagte er. Ich höre seine Stimme heute noch und sehe ihn hinter der Flasche blinzeln. Ja ... der Wein war süß und betäubend, ich kann seinen Geschmack seither nicht vergessen ... Mir war, als würde die Welt um mich langsam versinken ... und auf einmal kam das Nichts ... Ich erwachte erst auf meinen eigenen Schrei ... Ich wälzte mich in einem schrecklichen Schmerz, aber wieder neigte sich der Bärtige über mich und flößte mir von dem Blut, dem Wein oder Betäubungsmittel ein ... Nein, diesen Geschmack kann ich nie vergessen.«
»Ihr Vater ... Messere?«
»Er tröstete mich: ›Siehst du, du wirst nie als Soldat gehen müssen.‹ Ja ... wie hätten wir unser Elend meistern sollen, wenn ich nicht für immer Sopransänger geworden wäre. Einen jeden Knaben entfernt man aus dem Chor, wenn sich der Stimmbruch einstellt. Dann beginnt die Not. Mir aber zahlten die Chorleiter ... im Laufe der Jahre immer mehr. Meine Stimme wuchs ... wurde kraftvoll. Ich behielt die hohen Register, und Messer Caccini brachte mir bei, wie ich diese Gabe verfeinern konnte, die ich mir durch die Qual des Körpers erkaufte ... Signor Marco da Gagliano sagte von mir, in mir klinge die Engelsstimme mit der Kraft der Teufel ...«
Als Claudio den Dom verließ, um in der frischen Luft einen kurzen Spaziergang zu machen, dachte er, daß er nun schon einen Sänger für das ihm gestern abend überbrachte Drama habe. Im Hades begegnen sich zwei Frauen: Proserpina, die der König der Unterwelt auf blumenübersäter Wiese geraubt hatte, und Eurydike, die infolge eines Schlangenbisses in das Schattenreich gekommen war. Welche von beiden Partien würde Gualberto übernehmen?
Er machte eine Runde um den Dom. Hier kannten ihn alle, zogen die Mütze, wichen ihm aus, schauten ihm nach: Der Maestro. In seinem Kopf summte es vom Gesang des Chores. Rhythmen aufklingender und verebbender Gesangsfetzen. Ein Bild ... noch ehe er danach greifen konnte, löste es sich wieder auf. Plötzlich wurde er sich bewußt, daß er heute noch zu Chieppio gehen mußte, um ihn erneut um einen Abschlag für seine seit drei Monaten ausstehenden Bezüge zu ersuchen. Er fühlte den stummen Blick Claudias auf sich gerichtet, die den um sein Geld kommenden Metzger oder Schuhmacher mit »morgen« vertrösten mußte ... Die Kinder ...
Er kehrte um. Allmählich füllte sich die Kirche, ehe der Hof seine Patronatsplätze einnahm. Den forschenden Blick Maglis suchte er schon vergebens. Die Musiker waren gelöst, es war ein gewöhnlicher Sonntag, wie jeder andere ... Die Musik Palestrinas schwebte makellos, der

Hof lauschte traumverloren, in Andacht versunken neigte Seine Hoheit den Kopf. Striggio sah: Er war still eingeschlummert.

Seine Hoheit hatte heute einen trüben Tag. Er zeigte Chieppio den Brief von Rubens.

»... Das heilige Bild der Madonna della Vallicella, das zu Häupten meines Bildes stehen soll, wird nicht vor Mitte September transportiert werden können, denn eines geht mit dem andern und eines kann nicht ohne das andere enthüllt werden. Außerdem wird es notwendig sein, daß ich die Malerei an Ort und Stelle selbst retuschiere, bevor sie enthüllt wird, was man immer zu tun pflegt, um sich nicht zu täuschen ...«

»Seht Ihr, Annibale, Pietro Paolo zieht seinen Aufenthalt in Rom nur in die Länge. Wie er schreibt, will er von dort nach Flandern reisen, das sind auch einige Monate. Wann wird er das Bild hier beenden? Wir erwarten Gäste, und ich habe damit gerechnet, ihnen zum Ruhme des Hauses Gonzaga die Bilder der heiligen Dreifaltigkeit vorführen zu können. Dazu die Bildnisse meines Vaters ... und von mir, die würdig neben den Wandgemälden in der Camera degli Sposi werden bestehen können. Und wenn ich ihn dränge, vertröstet er mich: Wir hätten noch viele Jahre ... Er hat leicht reden, er ist halb so alt wie ich!«

»Hoheit, erneut Gäste ...?«

»Ihr denkt freilich immer nur an die Kosten. Aber seht, Annibale, diese Bilder ... der Palast ... die Schauspieler: Das ist meine Armee. Damit erreiche ich mehr, als wenn ich fünfzehntausend Mann an die Grenze von Parma schickte ... wie die Herzöge von Savoyen. Von mir weiß man: Hier gibt es die edelsten Pferde, die meisten Handschriften Tassos, und man sagt, die Fedelis seien die besten Schauspieler der Welt ... Zu den Musikabenden freitags kommen die Fremden weit her aus Italien. Habt Verständnis für all das, Annibale ... Vielleicht gibt das Mantua seine Machtstellung. Ja ... die Geburtsstätte Vergils wird durch die Musen beschützt ...«

Chieppio neigte den Kopf. Er fand kein Argument. Leise fragte er: »Warum seid Ihr mißgestimmt, Hoheit?«

»Alessandro sagte mir, er habe sein Manuskript schon vor zehn Tagen dem Maestro übergeben. Seither habe ich nichts über die Favola gehört. Was machen die beiden? Ich wage Striggio nicht zu fragen: Vielleicht ist das Ganze im Sande verlaufen. Seht Ihr, dabei habe ich gedacht ... wenn wir schon kein Bild mit der heiligen Dreifaltigkeit einweihen können und wenn wir keinen Tasso mehr haben — Herrn Follino kann ich keineswegs mit dem armen Torquato vergleichen —, so könnten wir vielleicht dies unseren Gästen an Vergnügen bieten. Denn wir müssen uns ernstlich vorbereiten, Annibale, wenn wir Festlichkeiten planen. Die in die Reggia als Gäste kommen, sind Italiens beste Dilettanten. Alltägliche ... mittelmäßige Werke kommen nicht in Frage.

Mir schwebt etwas vor, das selbst die Alten der Serenissima vor Neid erblassen läßt, wenn sie den Bericht Morosinis lesen.«
»Fragt doch Striggio, Hoheit ... Ich verbürge mich dafür, daß die Sache nicht im Sande verlaufen ist.«

Striggio kannte das Gesicht seines Herrn: Es war wie das bewegte Meer. Er warf einen Blick auf den Brief, erkannte die Handschrift von Rubens. Sicherlich verlangte er erneut Geld, und der flandrische Meister war der einzige, dem Vincenzo den Vorschuß nie verweigerte. Der Sekretär wußte nicht, von welcher Seite er einen Angriff erwarten sollte. Das beste war, in solchen Fällen zu schweigen, bis die erste Frage Klarheit schaffte.
»Kommt Ihr voran?«
»Mit Verlaub, Euer Hoheit ... wovon geruht Ihr zu sprechen?«
»Sollte ich geträumt haben? Mir ist, als hättet Ihr dieser Tage ... es ist schon recht lange her, Monteverdi einen Text gebracht. Nie bin ich unterrichtet, was in der Reggia geschieht. Was war das doch für ein Manuskript? ...«
»Das Gedächtnis Euer Hoheit ist unsere zuverlässigste Chronik.«
»Schmeichelt nicht. Sagt mir lieber, was eine Favola ist? Ein Märchen für Kinder oder können es auch andere ... auch der Hof anhören?«
»Hoheit, ich hatte mit dem Maestro schon damals gesprochen, als wir uns in Florenz »Eurydike« ansahen. Messer Claudio hat dieses Werk einer gerechten Kritik unterzogen. Damals versprach er – das war freilich leicht, weil er lange kein Textbuch bekam –, auch er werde eine Favola komponieren ...«
»Aber warum erneut diese mythologische Geschichte? Warum hat Euch gerade die Fabel des Orfeo inspiriert?«
»Es ist ein Sinnbild, Hoheit. Sonst wäre die Wahl Herrn Rinuccinis, den man als einen großen Poeten Italiens bezeichnet, nicht darauf gefallen. Es ist mehr als ein Märchen ... und wenn Claudio die Sache in die Hand nimmt, wird es ein Festtag in der Reggia!«
Der Herzog lächelte.
»Striggio, Ihr seht alles schon fix und fertig. Vertröstet Ihr mich oder soll ich darauf hoffen, daß ich damit meine Gäste werde unterhalten können. Und wie lange dauert das Stück?«
»Einen langen Abend hindurch, Hoheit. Es sind Interludien eingefügt: Diese können vom Meister nach Belieben ausgedehnt werden. Bei den Sinfonien übernehmen die Instrumente das Wort ... aber nicht so wie in »Eurydike«, wo es, wenn ich mich recht entsinne, nicht mehr als acht oder zehn Musiker gab. Claudio schwebt ein riesiges Orchester vor ... wie es das in einer Favola noch nie gegeben hat. Und der Chor ... die Ritornelle. Ich glaube, wenn wir es aufführen, hier in der Reggia, so dauert das einschließlich der Pausen mindestens drei Stunden.«
Der blaue Gonzaga-Blick wurde sanfter, der Sturm zog vorüber.

»Wie schnell arbeitet der Maestro?«
»Nicht gleichmäßig. Ich war Zeuge am ersten Abend, als ich ihm das Textbuch brachte. Am nächsten Tag erfuhr ich, daß ihm das Vorhaben auch in der Nacht keine Ruhe gelassen hat, er ist schon bei Tagesanbruch aufgestanden ... Es hat ihn beschäftigt. Seither klingt Orfeo in ihm ... aber ich weiß nicht, wieviel er davon schon zu Papier gebracht hat. Er schafft unter Qualen, ich sah, wie die Harmonie in ihm wallt, und wenn er etwas niedergeschrieben hat, wird er unsicher, löscht, beginnt von vorn, zerreißt es ... nicht so wie Caccini, der es sich nicht mehr ansieht, was er geschaffen hat. Und sein Heim ist auch nicht die stille Abgeschiedenheit ... In einem fort kommen die Mitglieder des Chores mit hunderterlei Anliegen, er unterrichtet die Romanina und noch einige andere Kinder von Hochadligen. Häufig hat er Kopfschmerzen. Frau Claudia hustet oft, auch mit den kleinen Kindern ist immer etwas los; und dann das Geld ... verzeiht, Hoheit ... er hat den Kopf voller Sorgen ...«
Der Herzog schaute auf Chieppio, mit gespielter Strenge.
»Annibale, warum seid Ihr so grausam zu dem größten Musiker Italiens? Mäßigt Euren Geiz ihm gegenüber! Wir wollen ihn jetzt ... für einige Wochen von allen anderen Aufgaben freistellen. Er mag die Favola komponieren. Selbst den Chor soll er nicht dirigieren müssen ... und auch im Dom nicht proben. Das kann auch jemand anders übernehmen. Die Favola geht vor, Chieppio.«
Die Wangen Striggios röteten sich vor Freude. Er beugte sich zu einem Kuß über die Hand des Herzogs.
»Hoheit, womit habe ich diese unendliche Gunst verdient?«
»Bald beginnt die Zeit des Vorfaschings, mein Freund. Sollen wir uns mit leeren Händen vor die Gäste stellen? Alle sind voller Erwartung, und gestehen wir es uns ein, sie haben die Turniere und Intermedien bis zum Überdruß satt. Deretwegen käme kein einziger Fürst in die Reggia. Wir brauchen etwas Neues, Chieppio ... Ich habe diese Favola nicht gelesen, die mein getreuer und findiger Sekretär geschrieben hat, und ich vertraue darauf, daß die Musik Claudios wundervoll wird ... Und wenn es gelingt, wird man es nach allen Teilen Italiens berichten, und dann ...«
»Dann, Euer Hoheit?«
»Dann könnt Ihr auf meine Gunst rechnen. Ich erhöhe Euren Adelsstand, Alessandro, und Monteverdi gewähre ich die erbetene Leibrente. Ich verleihe ihm die Bürgerrechte von Mantua. Mögen sich meine Nachkommen den Kopf zerbrechen, wovon sie die künftigen Monteverdis bezahlen werden. Aber all das nur dann, wenn die Arbeit vorangeht ... wenn alles so wird, wie ich es mir vorstelle. Und wenn Ihr mich getäuscht habt?«
»Hoheit, Ihr könnt Euch mit eigenen Augen überzeugen: Der Meister arbeitet ununterbrochen an der Favola.«

Vincenzo lehnte sich im Sessel zurück. Bereits im nächsten Augenblick sprang er auf.
»Ich nehme Euch beim Wort. Chieppio, die Gelegenheit ist verlockend. Wir setzen uns jetzt in den Wagen und werden ihn zu dritt in seiner Hexenküche überfallen. Das gibt eine Überraschung, meine Herren!«

Den Herzog von Mantua hatten die besten Musiklehrer Italiens unterrichtet, und sein Vater, der Madrigalkomponist, hatte ihn persönlich nach den Elementen der Kunst abgefragt. So hörte er sogleich die seltsame Dissonanz, als die einfache Kutsche vom Hofe angehalten hatte (es brauchte niemand zu wissen, daß im Hause des Musikers ein fürstlicher Gast weilte) und sie warten mußten, bis man das Tor öffnete. Eine frei einsetzende None schwang sich empor ... danach eine Septime. Nun folgte eine Gesangsstimme. Tief und tragisch. Leise flüsterte er Striggio zu: »Claudia ...« und plötzlich begann er mit seinem Stock gegen den Torpfosten zu schlagen, bis die Magd mit dem Schlüssel kam: »Eine Undezime – ich habe sie erkannt!«
»Ars nova«, sagte Vincenzo ergriffen, während er zum erstenmal in seinem Leben den Fuß in das Haus Monteverdi-Cattaneo setzte. Striggio sah, daß sich die schönen blauen Augen dieses seltsamen Mannes plötzlich mit Tränen füllten.
Die Magd kannte nur Striggio, der seit einigen Tagen ein häufiger Gast im Hause war. Die beiden anderen Gäste waren verdeckt durch ihre großen runden Hüte und weite schwarze Umhänge. Ihr Befehl lautete, der gnädige Herr Striggio sei zu jeder Stunde des Tages und des Abends auch ohne Anmeldung einzulassen, auch wenn nur Caterinuccia daheim sein sollte und selbst dann, wenn Madama Claudia nicht im Hause weilte. Aber andere Männer dürften nur mit ausdrücklicher Genehmigung des Meisters das Haus betreten. Das aus einem Dorf unweit der Hauptstadt stammende Bauernmädchen winkte den drei lächelnd zu, und wie sie es von ihren Herren gesehen hatte, legte sie den Finger auf die Lippen.
»Gleich ist die Signora fertig ... nein ... das ist jetzt der Herr ... Schon seit einer Stunde singen sie so schön ... zu zweit ... Der Padrone singt sehr selten ... Ich höre ihn jetzt zum erstenmal ... Es ist von einem Hirten die Rede ... Ich weiß nicht, aber es ist sehr, sehr schön. Jetzt ... jetzt können Euer Gnaden eintreten!«
Ein paar Schritte bis zum Speisezimmer, auf Zehenspitzen. Die Tür war offen, von hier ging es in das Zimmer Claudias und nach der anderen Seite ins Zauberreich des Maestros. Vincenzo sah sich um. Wann wäre er je in ein Bürgerhaus gekommen, wenn nicht zu einem Stelldichein? Wann geruhte er je, einen Blick in das Heim eines einfachen Untertans zu werfen? Neugierig schaute er sich um, und sein Blick traf die wässrigen Augen Chieppios. Das Speisezimmer war zwar nicht ärmlich, aber es fehlte darin jeder Luxus: Spitzen, Silber, Teppiche ...

Wappen, Wandbehänge, die den Glanz der hochadligen Heime hoben. Alles war sauber, strahlend, aber den Teppich mochten sie hier von einem Hausierer gekauft haben. Er war am Rande ein wenig ausgefranst ... Schöne Zinnhumpen, einige Kristallgläser, im Silberrahmen ein Spiegel, mit schon ein wenig mattem Glas ... Solange das Lied dauerte, lauschten alle verzaubert dem leisen, aber reinen Tenor des Maestros ... diesem nie zu hörenden Instrument, das sein Besitzer vor anderen verbarg. Und plötzlich riß die Stimme, der Faden des Liedes ab: Vielleicht hat der Meister trotz des verhaltenen Atems empfunden, daß hinter der Tür Menschen lauschten. Erregt erhob er sich in seiner Hausjacke, Ärger stand in seinem Gesicht, weil man ihn störte.
Der Blick traf den vorn stehenden Striggio. Er sah ihn verwundert an, als er den in seinem schwarzen Umhang mit den Schatten verschmelzenden Vincenzo gewahrte, der sich ins Halbdunkel zurückgezogen hatte. Als spielte ein Traum mit ihm, strich er sich instinktiv über die Augen ... dann trat er unbeholfen mit einer höfischen Verbeugung vor ihn.
Nun war Vincenzo in seinem Element. Ein verkleideter Kalif, der sein Volk besuchte; er spielte den guten Fürsten, der zum Volk herniederstieg, sich um seine Belange kümmerte, der nachsah (durfte er den Ausspruch seines französischen Schwagers zitieren?), ob im Topf des Bürgers das sonntägliche Huhn kochte. Er breitete die Arme aus, als wollte er den Herrn des Hauses umarmen, lüftete anstandshalber ein klein wenig den Hut, während Claudio mit instinktiver Bewegung die gewohnte, verblaßte Lederkappe vom üppigen, ein wenig schon ergrauenden Haar streifte.
Claudia hörte die Geräusche im Nebenzimmer, wollte ihrem Mann hinterhereilen, sah sich aber plötzlich im Arbeitszimmer um: Teller, Glas, Speisereste, der Maestro hatte das Mittagessen hier in aller Eile verschlungen, war seit dem Morgen nicht einmal zu den Kindern hineingegangen ... Er hatte geschrieben ... geschrieben ... geschrieben ... Und als sie die wenigen Teller zusammengesetzt und mit einer schnellen Bewegung eine Brokatdecke über den Tisch geworfen hatte, sah sie bereits beglückt und zugleich erschrocken den Herzog von Mantua. Das Gesicht der Frau hellte sich auf, auf ganz sonderbare Weise, instinktiv durchzuckte es sie: Das war der »gute« Augenblick, auf den wie im Märchen jedermann wartet ... einmal ... im Leben ... Ein Augenblick, von dem ihr Vater ein Musikerleben hindurch vergebens geträumt hatte. Gunst auf Gunst häufend, zog Vincenzo schwungvoll den Federhut, reichte seine Hand und wehrte schon von weitem den verbindlichen Handkuß ab.
»Madama Claudia, schon draußen ... unter dem Fenster, während wir warteten, ob man uns in Eure Burg einlassen würde ... erfreuten wir uns alle drei an Eurer Stimme ... Ja ... Eure tiefe Stimme kann man nicht vergessen ... Schade ... wie schade, daß wir sie jetzt so selten zu

hören bekommen ... Sie war Bestandteil unseres Seelenfriedens ... manchmal auch der Pönitenz, in der Kirche ... Während wir warteten, haben wir sie gehört, und nicht wahr, Maestro, es gab da eine ... Undezime?«
Ein ewiger Schauspieler. Er verhielt sich, als wollte er sich für immer im Hause Monteverdis niederlassen. Ungebeten fiel seine Wahl auf den bequemen Lehnstuhl, dann winkte er seinen Begleitern und dem Herrn des Hauses: Sie durften sich setzen. In einem geflochtenen Korb aus Cremona standen Weintrauben da, sie waren mit der Post von zu Hause gekommen. Er pflückte einige Beeren, lächelte, schnalzte genießerisch und schaute nach der Tür, wo die auch vor ihm eingesperrte Romanina wohnen mochte ... Dann fiel sein Blick auf die Noten auf dem Tisch. Sanft fragte er: »Gestattet Ihr, Maestro?« Als wäre gar nicht er der Herr Mantuas, dessen Worte Gesetz über Leben und Tod all seiner Untertanen waren ... Seinen kurzen blonden Bart streichelnd, las er, das war seine gewohnte Bewegung, wenn er sich – höchst selten – in etwas vertiefte, wenn er gespannt ein Thema verfolgte. Mit behandschuhten Fingern klopfte er den Takt, spitzte dann die Lippen, in der Art eines singenden Seminaristen, der vom Blatt die Aufgabe zu rezitieren hat. Wie der größte Teil seiner Höflinge war auch der Herzog ein gebildeter Madrigalsänger. Melodie und Text eines Hirtenliedes verschmolzen bereits miteinander. Spielerisch und doch entzückt wandte er sich Chieppio zu, den er auch damit zu verzaubern wünschte.

Ma tu, gentil cantor, s'a turi lamenti
Già festi lagrimar queste campagne,
Perch'ora al suon de la famosa cetra
Non fai teco gioir le valli e i poggi?*

»Er singt gut«, dachte Striggio, »wenn man bedenkt, daß er das ›Mezzo cammino‹ schon längst überschritten hat.« Sein Bariton klang noch immer rein und klar, und seine Augen glänzten, waren heiter wie in alten Zeiten ... Er wendete sich mit gespanntem Blick dem Meister zu, beobachtete mit einem Auge, ob er wirklich sein Gefallen gefunden hatte.
Langsam löste sich im Zimmer die Befangenheit, es wich die dumpfe Betäubung, die sich Claudios bemächtigt hatte in dem Augenblick, als die in seine Einsamkeit eingedrungenen drei Gäste ihn in seiner Arbeit gestört, die Inspiration des wundersamen Augenblickes verscheucht

---

* Du aber, zarter Sänger, dessen Klage
Zu herbem Ton einst dies Gefild erregte,
Was lockst du heut' nicht mit dem Klang der Leier
Zum Mitgenuß die Täler und die Hänge?

hatten. Die letzten beiden Zeilen begleitete er leise mit eigener Stimme. Vincenzo ließ den Partiturentwurf aus der Hand gleiten.
»Bekommt die Romanina eine Rolle darin?«
Nur Chieppio saß so, daß er das von den Kerzen des Armleuchters erhellte Gesicht des Maestros in voller Beleuchtung sehen konnte: Plötzlich traten die Adern an seinen Schläfen heraus, er schlug die Augen nieder, sein Gesicht verdüsterte sich. Und wie auf einen Zauberschlag trat durch die Tür hinter seinem Rücken Caterinuccia ein, der die Magd eiligst berichtet hatte, daß »drei liebenswürdige Edelleute« gekommen seien. Als sie eintrat, stand sie im Rücken Vincenzos, sah einen korpulenten blonden Mann im Lehnstuhl sitzen, der sich zurückneigte, die Beine mit den Sporenstiefeln über die Armlehne legte und mit seinen Handschuhen spielte. Auf das Geräusch drehte er sich um, und da erkannte die Romanina natürlich den Herzog.
Ihre seltsamen grünen Augen begegneten dem schwärmerischen Blick Vincenzos, der jetzt sanft war, als würden nie Stürme in ihm toben. Das Mädchen war schon fast achtzehn Jahre alt: Caterinuccia wirkte schlank, hatte ihre gedrungene Gestalt von früher verloren, schien sich in dieser geschlossenen Welt dem Geist des Ortes angepaßt zu haben, ihr Gesicht war schmaler geworden, das Haar heller, die feingeformte, kleine Nase sprang eigenwillig aus dem Gesicht, und wenn sie lächelte, bildeten sich auf beiden Wangen reizende Grübchen. Claudio sah, das Mädchen hatte in Eile ein besseres Gewand angelegt, so wußte es also, daß Gäste gekommen waren, und von Neugierde getrieben, hatte es sich hereingewagt. Claudio hütete die Romanina wie eine Gefangene und bewahrte sie sogar vor jedem Luftzug. Der Meister schliff an ihrer Stimme und sagte von Zeit zu Zeit zu Seiner Hoheit: »Das Kind macht schöne Fortschritte ... bald bekommt seine Stimme die richtige Lage ... Noch ein, noch anderthalb Jahre, Hoheit ... dann laß ich es heraus.« Und er hütete Caterina vor dem Herzog, der, wenn der Name des Mädchens fiel, immer lächelte, als könnte er von dem Jus primae noctis des Fürsten jederzeit Gebrauch machen. Aber jetzt kniete das Mädchen bereits vor dem Mann – fast in der Art eines Kindes, wie damals, als man es nach seiner Ankunft dem Herzog vorgestellt hatte –, beugte sich zu einem Handkuß, während Vincenzo mit einer plötzlichen Bewegung seinen Handschuh abstreifte, den er in dem Bürgerhaus anbehalten hatte, und das Mädchen spürte den kostbaren Duftstoff, den die Hand ausströmte. Seine Hoheit richtete das Mädchen mit einer Bewegung, die nicht nur sinnbildlich war, auf und wandte sich mit einer Geste des ewigen Weltmannes an Claudia.
»Madama, seht ... das Kind ist unter Euren Händen schon zum Fräulein herangewachsen ... eine richtige Damigella ... Und deine Stimme, mein Kind, hat sie schon die richtige Lage? A posto«, fügte er im Jargon der Sänger hinzu, zeigend, daß ihm nichts fremd war. Mit von den Handschuhen befreiten Fingern umfaßte er den Hals der ne-

ben ihm stehenden Viola da gamba und griff in die Saiten: Auch darauf verstand er sich ... Er strahlte. Plötzlich wandte er sich dem Mädchen zu, das sich über nichts wunderte, was hier, im Hause des Zauberers, geschah.
»Kennst du die Favola? Hat dir der Maestro darin schon eine Rolle gegeben?«
Claudio breitete die Arme aus.
»Hoheit, so weit ist es noch nicht ... Wir haben nur geprobt!«
Als würde er es gar nicht hören, wandte er sich erneut an das Mädchen:
»Deine Rolle?«
Sie sahen einander in die Augen. Mit hellklingender Stimme, im römischen Tonfall, antwortete das Mädchen fast jubelnd:
»Speranza ... Die Rolle der Hoffnung!«
Vincenzo war erneut Tyrann, dessen Wort Gesetz war.
»Maestro, setzt Euch ans Clavicembalo. Ich möchte es hören.«
Er lehnte sich auf dem Stuhl zurück, schloß die Augen und lauschte, als das Instrument erklang. Er hatte die größten Sänger Italiens gehört in Florenz, Rom, Turin, aber auch welche in Spa, Antwerpen, Wien ... Er hatte das Empfinden, der kostbarste Edelstein der Gonzaga strahlte in seiner geschliffenen Form zum erstenmal in diesem Zimmer. Hatte es gelohnt, was mit diesem Mädchen geschehen war? Eine einzige Laune hatte ein Leben aus seiner Bahn gelenkt. Im römischen Armenviertel wäre Caterina längst Frau, wenn ... Die Mühe hatte sich gelohnt. Die Bewegung des Mädchens war schon vollkommen, wie es an das Instrument trat, sich verneigte, lächelte. Und als es hervortrat, schienen alle im Zimmer zu Standbildern zu erstarren, die stillen Männer und die Frau in der halbdusteren Ecke.
Es war, als würde das Mädchen mit den türkisfarbenen Augen bereits eine Rolle vor Seiner Hoheit spielen. Die Notenblätter lagen kreuz und quer auf dem Tisch, Caterina blätterte mit sicheren Fingern, erkannte von weitem: Das war ihres ... Verstohlen hatte sie ein Kreuz an den Rand gemalt, um, wenn es still im Hause wurde, wenn Claudia mit den Kindern in den Garten zog und der Maestro im Dom probte, sich ans Cembalo zu setzen und anstelle ermüdender Übungen das zu proben, was der Zauberer in der Nacht geschaffen hatte. Eine leise Tonfolge ... wie ein Hauch, zur Einleitung ...
Vincenzo hob den Kopf, wie er es versprochen, hatte er das Mädchen nicht rufen lassen, hatte es nicht singen gehört, seit es in die Reggia gekommen war und sich vor drei Jahren vorgestellt hatte. Es war ihm versagt, solange der Meister nicht erklärte: »Jetzt.« Und nun war er doch in das Haus eingedrungen, und das Mädchen, dieser halbfertige Edelstein, verneigte sich in der Stille, in der hier alle stumme Darsteller waren.

Ecco l'atra palude, ecco il nocchiero
Che trae gl'ignudi spirti al l'altra riva,
Dove ha Pluton de l'ombre il vasto impero.*

Der Herzog verfolgte gespannt alle Schattierungen der Stimme. Die Rolle der Speranza war also fast ein Mezzosopran ... Das paßte zu ihr ... auch zum Text, dessen fehlerlose Intonation die neue Schule verriet: Hier schwebte sie leicht, erfüllte das Zimmer ... aber war sie stark genug, um sich unter dem Gewölbe der Galleria dei Fiumi emporzuschwingen ... auch die Wandgemälde des Giulio Romano erzittern zu lassen?

Striggio hatte das Gefühl, als würde sich eine neue, unbekannte Welt hinter seinen Versen eröffnen, die er tiefer, nuancierter empfand, und die jetzt in den Schatten gestellt wurden ... Oh, wo blieb die »Domina absolutissima« hinter dieser herzergreifenden Melodie, die voll und süß von den Lippen der Romanina klang? Er hatte sich die Speranza im grünen Gewand vorgestellt, mit einem grünen Efeukranz auf dem Haupt, und jetzt ließ die Stimme des grünäugigen Mädchens das Rezitativ aufleuchten ... bis der letzte Akkord verklungen ... das Piano verhallt war, bis es kein anderes Geräusch mehr gab, nur den leisen Hauch des Atems. Alle waren stumm ... Wußte Caterinuccia, daß dieses Schweigen eine größere Gunst des Fürsten war, als wenn er gelangweilt einige Male die behandschuhten Hände ineinandergeschlagen hätte?

Die Stimme war verklungen, aber ihr frischer Glanz beherrschte noch das Zimmer. Vom Gesicht des Maestros konnte man noch nicht ablesen, ob er mit dem ersten Auftritt seines Zöglings zufrieden war oder nicht. Die Romanina stand da, befangen und tapfer zugleich, die drei Männer in ihren Sesseln waren eine Minute lang regungslos. Das wäre also der im geheimen geschliffene Edelstein der Gonzaga? In der Kehle dieses Mädchens?

Vincenzo wandte sich plötzlich Claudia zu, die Frau hatte sich gleich einem Schatten in die dunklere Ecke des Zimmers zurückgezogen: Hierher reichte das Licht des Kandelabers nicht. Das Spiel lag Vincenzo im Blut und im Instinkt; wenn er Lust verspürte, gewahrte er jedes winzige Erbeben. Er hörte den tiefen, fast erregten Atemzug der Frau. ›Heute wollen wir Gunst verteilen.‹

»Madama, seit Ihr den Hof verlassen habt und nur in der Kirche singt, ist unsere Reggia ärmer geworden. Es gereichte uns zur Freude, wenn diese schöne Favola Euch uns wiedergeben würde. Wer vermöchte das miteinander verschmelzende Opus zweier Künstler schöner zu vermit-

* Hier schau den schmutzigen Sumpf und hier den Fergen:
Entleibte Seelen rudert er hinüber
Wo Pluton herrscht im weiten Reich der Schatten.

teln als Claudia Cattaneo? Als wir an Eurem Hause anlangten ... glaubte ich, die Stimme der Eurydike gehört zu haben. Ist diese Passage denn schon ganz fertig?«

Sie kam aus der vertrauten Ecke hervor, wo sie für ihren Mann Noten zu kopieren pflegte. Vincenzo las in ihrem Gesicht: Sie blieb, solange sie lebte ... Sängerin; sie schmerzte dieser frische, aufstrebende, jetzt geschliffene Sopran, der plötzlich das Zimmer erfüllte. All dies vollzog sich im Unterbewußtsein Claudias, sie ließ Caterina ja auch die Tonleitern singen, hörte sie ab ... und dabei versuchte sie, den Anteil des Meisters an ihrer Kunst herauszufinden ... Sie probten gemeinsam mit dem Mädchen. Um wieviel brachte Caterina mehr als das, was Monteverdi von seinem eigenen Können und Wissen der einst ungeschulten Stimme eingepflanzt hatte?

In der zerbrechlichen, zurückgezogenen Frau des Maestros erwachte langsam die Tochter Cattaneos, deren Stimme so manchmal am Hofe erklungen war. Als ihr jüngster Sohn Massimiliano vor drei Jahren geboren wurde, hatte sie lange das Gefühl, ihre Stimme verloren zu haben. Bis einmal, an einem grauen Morgen, als sie Caterina die Tonleitern singen ließ ... sie sich plötzlich, wie durch ein Wunder, wieder einstellte. Oh, dieser Morgen ... sie wollte nicht, daß das Mädchen es gewahrte, aber ihre Augen waren feucht ... so begleitete sie es, leise ... ganz leise. Caterinuccia konnte nicht ahnen, was in ihr vorging ... Seither ... seit diesem Tag schmerzte sie das Strahlen des Mädchens und die Geste, mit der Claudio – als würde er das Eis brechen – der Romanina die Partitur überreichte.

Claudia Cattaneo würde wohl nie wieder in der Reggia singen, aber hier in diesem Augenblick, bereitete sie sich auf ihr letztes Gastspiel vor ... Und es war vielleicht schöner als die farbenprächtige Reggia, wenn die Seidenkleider der Gäste sie füllte, wenn im gelblichen Kerzenlicht der Marmor glänzte und die Maschinen auf der Bühne der Kraft des Wassers ächzend gehorchten.

Der Mann sagte fast flehend:

»Hoheit ... das sind alles nur Entwürfe, Bruchstücke von meinem Tisch ...«

»Eure Entwürfe sind ein fertiges Kunstwerk. Ich hab's schon gemerkt! Ich möchte es hören!«

Hatte diese Höflichkeit des Fürsten einen doppelten Sinn? Der Maestro schaute auf Claudia: Das Gesicht der Frau war erschreckend fremd, so hatte er es noch nie gesehen. Sie hatte keine Angst, war nicht untertänig, schaute auf niemanden. Langsamen Schrittes trat sie ans Cembalo, und der Mann folgte ihr.

Sie ließ sich nicht bitten, tat keine einzige überflüssige Bewegung, brauchte kein Notenblatt. Sie war daran gewöhnt, sich jede Nuance, jede mögliche Variation zu merken, und sie kannte den Anschlag ihres Mannes. In der Favola trat Eurydike nur zweimal auf, aber darin war alles enthalten, was ein solcher begrenzter Auftritt, dieses Bühnenstück vielleicht verstohlen bergen konnte: eine Frau, die fast zu gleicher Zeit mit dem Tod die Bühne betritt und aus deren Worten schon herauszuhören ist, daß auf sie das Schicksal der Schatten in der Unterwelt lauert ... ›So dient Claudia der Kunst zwischen Trotz und Angst ... denn was sonst vermag eine Frau zu empfinden‹, dachte der Herzog, ›die im Schatten ihrer verblühenden Schönheit ein achtzehnjähriges Mädchen versteckt.‹

Vincenzo entsann sich, daß seinem Vater einst ein Madrigal Claudias sehr gefallen hatte: »Die Tochter Cattaneos hat Gold in der Kehle«, glaubte er die Stimme des Gobbo zu hören, als auf dem Cembalo die Sinfonia erklang und er danach die letzten, die Abschiedsworte der ins Schattenreich zurückbefohlenen Eurydike vernahm – und mit ihm zum erstenmal die Welt.

Ahi, vista troppo dolce e troppo amara:
Così per troppo amor dunque mi perdi?
Ed io, misera, perdo
Il poter più godere
E di luce e di vita e perdo insieme
Te d'ogni ben più caro, o mio consorte.*

Striggio war der einzige Dichter unter den Anwesenden. Aus den Worten und der Stimme hörte er heraus, daß sich eine schwere, beklemmende Atmosphäre auf das Zimmer senkte. Claudias Gesang sprengte die Disziplin: Das war kein Gesang mehr ... auch keine Koloratur. Der Meister selbst stand blaß von seinem Platz auf, wie jemand, der leichtfertig die Geister gerufen hat: Jeder Ton war ihm bekannt, soeben geboren, erst diese Nacht von seinen Händen aufgezeichnet, und doch waren jetzt alle Offenbarungen, die Saiten ... die Intonation ... die Melismen: Die Klage zweier Menschen ... Die Stimme Claudias brach herein (was kümmerte sie sich um Striggio und um den Herzog) wie in eine Bucht einbrechende Wogen, die die Felswand bestürmen. Ob Caterina davon etwas empfand? Diese tiefe, tragische Kunst, die schon jenseits der Stimme lag ... jenseits allen meßbaren Werten erlernbarer Aufgaben. Unterdrückt brach aus dem Gesang der Frau alles hervor, was sich hinter dem Text verbarg, und was der Stimme Farbe und Tiefe verlieh, zitterte in der schrecklichen Entsagung; in »perdo« versagte die *Monodie*, wurde zum letzten Klagewort. Trennung, Sehn-

* Weh! Anblick allzu süß und allzu bitter!
Verlierst mich so durch Übermaß von Liebe!
Und ich verlier', Unselge,
Das süße Mitgenießen
Von Licht und Leben; schmerzlichster Verlust:
Du selber, Gatte, teuerstes der Güter!

sucht, Abschied rangen miteinander bis zur letzten Silbe und darüber hinaus. Eurydike kämpfte, bis ihre Stimme endgültig verstummte, bis sich der ewige Schleier des Schattenreiches über sie breitete.
Die sechs Menschen waren in diesem Augenblick alle Künstler, fühlten, daß ein einziges falsches Wort, eine einzige falsche Geste den Augenblick des Zaubers zerstören würde, in dem das Werk seine Wiege verlassen hat: Gleich einer Flut riß es die Leidenschaften mit sich, und die süße Melodie verschmolz mit der Tragik, die den sanften Text durchpulste ... Der Meister selbst zog sich in den Halbschatten zurück, war bleich: Er hatte dem Werk zum Leben verholfen.
Aus dem Innersten, von den Ufern der Erinnerung her, entstand Bewegung in Vincenzo: Als würde er eine Zeremonie vollführen, umarmte er den Maestro (Chieppio entsann sich noch, so hatte er Meister Torquato in der Zelle von Sant'Agata begrüßt), und nun war er der Regisseur, der mit sicherer Hand die Details einstellte, schuf und neu formte, die Träume in Stein, Spitze und Harmonie kleidete.
»Die Rolle der Eurydike gebührt Madama Claudia. Caterina soll die Hoffnung singen. Sic jubeo.«
»Und der Kastrat, Hoheit, den uns der Großherzog geliehen hat?«
»Maestro ... wieviel Frauenstimmen gibt es in der Favola?«
»Nymphe ... Botin ... Proserpina. Das ist ein Mezzosopran ... vielleicht die schönste Rolle, Hoheit.«
»Er kann auch zwei singen ... auch drei. Für Giovan Gualberto sind alle Rollen zu wenig ... Sprecht mit ihm, Maestro! Und jetzt laßt sehen, was Ihr mit dem Chor plant? Wie groß soll das Orchester sein? Was wird mit den Sinfonien? Wer wird sie spielen?«
»Herr Striggio gab mir das Intermedium ›Psyche und Amor‹ seines seligen Vaters ... Es wurde wohl vor einem halben Jahrhundert gespielt ... Es ist schon deshalb interessant, weil darin die Instrumente aufgezählt werden. Damals hat Amati vielleicht noch gar nicht gelebt ... wer hätte da an eine viersaitige Violine gedacht? Hoheit, in diesem Orchester saßen noch vier Streicher nebeneinander, Violen, die anderen Instrumente bilden keinen Chor, es gibt verhältnismäßig viel Bläser ... Insgesamt vierundvierzig Musiker, Hoheit. Wie ist Herr Striggio seligen Andenkens mit einem so großen Orchester zurechtgekommen? Ich habe alle zusammengerechnet: Mein Orchester ist kleiner, aber ausgeglichener, geschlossener. So wird die Wirkung – auf jeden Fall – kraftvoller. Ich werde zehn Geiger ... echte Geiger, hintereinander setzen. Sie bilden das Rückgrat des Orchesters ... das Fundament – zwei Baßgeigen; die Streicher führen die Partie: Sie klingen wie menschliche Stimmen, wenn sie klagen. Ich benötige für das Stück sechsunddreißig ständige Musiker, Hoheit. Dabei ist freilich die Harfe nicht mitgerechnet, aber eine Harfe wird gebraucht ... Ich schreibe dafür ein Solo ... das schönste Harfensolo, das man je in Italien gespielt hat ... Dann werden gebraucht: eine große Zither

und kleine Flöten, aber nur an den Stellen, wo ich sie in die Partitur einfüge . . .«
»So weit seid Ihr schon?«
»Umrisse, Hoheit, abends schreibe ich . . . und in der Frühe korrigiere ich. Der Schluß wird sehr schwierig sein. Schon wegen des Textes. Herr Striggio schwankt selbst zwischen zwei Möglichkeiten der Katharsis. Aber ich muß wissen, auf welche seine Entscheidung fällt: Werden die Bacchantinnen den untröstlichen Sänger zerreißen oder wird Apoll heruntersteigen, um ihn in die goldene Höhe des Olymps zu entführen? Doch sind wir noch weit davon entfernt, uns darüber den Kopf zu zerbrechen, womit der letzte Aufzug endet.«
»Wo haltet Ihr jetzt die Proben?«
»In der Reggia . . . im Raum der Musiker, aber dort werden wir oft gestört . . . Das inspiriert nicht. Eine unfreundliche Atmosphäre.«
»Wäre die Galleria dei Fiumi in der Reggia günstiger?«
»Ich wagte nicht darum zu bitten, Hoheit . . . so viel Künstlervolk im Herzen des Palastes . . .«
»Ich werde während der Proben Leibwächter aufstellen. Niemand darf kommen und darf gehen, solange Ihr nicht anders verfügt, Maestro. Übrigens kann am Ende der Galerie ruhig die Bühne stehen. Auch die Fedelis spielen dort ihre Komödien . . . Wenn sie für die Andreinis gut ist . . . Und die Bühne braucht ja nur umgebaut zu werden.«
Chieppio, der bis jetzt geschwiegen hatte, regte sich.
»Das brächte der Schatzkammer große Ausgaben, Hoheit!«
Das Gesicht Vincenzos lief rot an. Mit fürstlichem Hochmut gab er zur Antwort:
»Ihr möchtet wohl, daß man in Italien über uns lacht? Soll ich nicht einmal den bescheidensten Traum meiner Künstler verwirklichen können? Bedenkt, Don Annibale, daß die geplante Rappresentazione, die mit goldenen Lettern in die Annalen Mantuas eingehen soll, sonst zu einem gewöhnlichen Gelegenheitsfest zusammenschrumpfen würde. Ehre dem Opus, Chieppio!«
Der Schatzmeister, wenn er sich im Recht fühlte, gab nicht so leicht auf.
»Hoheit . . . denkt an die Überschwemmungen. Eine Reihe von Dörfern kann keine Steuern bezahlen und repariert im Frondienst die Dämme. Die Pächter laufen uns einer nach dem anderen davon, weil sie die Pacht nicht bezahlen können . . . Auch mit den Juden gibt es Schwierigkeiten. Selbst die Toleranzsteuer fließt nicht so ein wie früher . . . Hoheit, wir stöhnen noch immer unter den Schulden der flandrischen Reise!«
»Mantua ist reich. Wenn Lorenzo de Medici die Hand auf die zusammengetragene Mitgift der Jungfrauen von Florenz legen durfte, als seine Stadt in Gefahr war – wie sollten da nicht unsere Bürger alle . . . und jeder einzelne dafür zahlen, daß in Mantua ein Werk zur Aufführ-

rung gelangt, wie sie es ähnlich bisher nicht gesehen haben ... Sie mögen ihre Ketten verpfänden ... daheim das Goldene Kalb umtanzen ... mögen zahlen! Und wer zahlt, wird zur Feier eingeladen. Aber was hat Euch in Wirklichkeit so in Schreck versetzt, Annibale, was soll soviel Geld kosten, Claudio?«

»Wie es eben zum Ausdruck kam, tasten wir noch an der Schwelle der Träume. In erster Linie ist es das Orchester, Hoheit ...«

»Die Musiker bezahlen wir ja ohnehin. An den Wochentagen lungern sie nur herum!«

Claudio wechselte mit Chieppio einen Blick. Von Woche zu Woche wiederholte sich die gleiche Qual, wenn die hungrigen Musiker bereits am Montag den hinteren Hof besetzten und laut und schimpfend ihre Bezüge forderten. In diesem Zusammenhang hatte der Maestro keine Angst vor dem Herzog.

»Hoheit, das gehört nicht zu ihren üblichen Aufgaben. Das ist eine sehr, sehr schwere Arbeit. Es wird Probe auf Probe folgen müssen ... mit den einzelnen Partien der Instrumente ... dann das *Tutti*, wenn das Orchester und die Sänger gemeinsam proben. Das kann man ihnen für ihren Monatsbezug nicht abverlangen. Sind die Musiker aber mißgelaunt, Hoheit ... Mit Verdrossenen kann ich ›Orfeo‹ nicht spielen!«

Wie er so aufgerichtet dastand, war er ein gutgewachsener, großer Mann – gegenüber dem sich im Lehnsessel breitmachenden Herzog. Er wuchs geradezu über ihn hinaus, und hier in seinem Heim sagte er ihm, was Seine Hoheit von seinen Höflingen nie zu hören bekam. Vincenzo sah ihn von der Seite argwöhnisch an, nahm dann den Kopf mit gespielter Verzweiflung zwischen die Hände.

»Schrecklich, wie die Armen leben müssen. Annibale, von morgen an kommt der Bratschist vor dem herzoglichen Offizier. Habt Ihr verstanden? Fahrt fort, Claudio. Was wird noch gebraucht?«

»Die Bühnenbilder, Hoheit. Das erste ... eine Wiese mit den Hirten ... Das würde keine größeren Kosten verursachen: Schäferspiele haben auch die Fedelis aufgeführt, vielleicht hat man davon noch Kulissen in der Reggia. Schwieriger wird es, wo Orfeo in die Unterwelt gelangt: Das Ufer des Styx, der Nachen Charons, die Gottheit, die Schatten ... Herr Striggio meint auch, die Versenkung der Szenerie müßte sich wie durch einen Zauber vollziehen, die Geister sollten über die Szene schweben. Ich erinnere mich, was Herr Rubens aus Madrid schrieb, als er in Begleitung von Herzog Lerma das königliche Theater besichtigte. Es müßte freilich alles so entworfen werden, daß es in der Galleria dei Fiumi Platz hätte ... Euer Hoheit entsinnen sich sicher des Palazzo Corsi: Dort machte die Einrichtung einen zu ärmlichen Eindruck, als daß sich fürstliche Personen daran ergötzen könnten.«

»Das war das stärkste Argument, Annibale. Es werden viele kommen, die sich seinerzeit in Florenz ›Eurydike‹ angesehen haben. Schon, um die beiden Darbietungen gegeneinander abzuwägen. Ich habe erfah-

ren, daß Giovan Gualberto im geheimen einen Brief an Peri geschickt hat, in dem er berichtet, welche Gerüchte im Palast um die entstehende Favola kreisen. Jemand hat den Boten betrunken gemacht, und in der Kanzlei hat man – wie so üblich – den Brief abgeschrieben. Der Kastrat spornt die Camerata an, sie soll sich beeilen ... wenn sie nicht will, daß Mantua sie vor ganz Italien beschämt. Es sei möglich, schreibt Magli, daß in der Prosakunst den Komödianten der Reggia der erste Rang gebühre, aber in der heiligen Musik dürfe sie Florenz den Lorbeerkranz nicht von der Stirn reißen ... Ja, meine Herren, so schreibt der Kastrat an Peri!«
Er sprach, halb ernst, halb scherzend, während er so saß, daß der Blick seiner blauen Augen Caterinuccia erfaßte, die auf einer schemelartigen Sitzgelegenheit mit andächtig weitgeöffneten Augen dem Gespräch der Männer lauschte. Der Anstand gebot, daß sie demütig den Kopf neigte und sich nicht von der Stelle rührte, bis ihr der Herzog Erlaubnis zum Gehen gab. Aber die grünen Augen unter den sich launisch lösenden Locken kreuzten immer häufiger den Blick des männlichen Augenpaares. Claudia war hinausgegangen, bereitete eilig Erfrischungen, Wein und Früchte für die unverhofften Gäste. So fühlte sie sich freier ... Aber der schöne Abend verlor bereits, wie heruntergebrannte Kerzen, von seinem Glanz. Als die Tabletts hereingebracht wurden, blieben nur noch die eiligen Gesten der üblichen Gasterei. Einige Minuten noch, die drei Männer in ihren schwarzen Umhängen standen schon, der Hausherr verneigte sich und geleitete sie bis ans Tor. Von der Schwelle rief Vincenzo zurück, damit alle im Zimmer es hören konnten:
»Bei den Proben werde ich nach Möglichkeit selbst zugegen sein. Die erste setze ich für morgen nachmittag vier Uhr in der Fiumi an. Das Mädchen muß die Speranza fleißig üben. Ich will es hören!«

Die Musiker schritten in ihren schweren Schuhen unsicher durch die Marmorgänge des inneren Palastes. Der Kapellmeister wies ihnen die Plätze an. Vor jedem stand ein kleiner strohgeflochtener Stuhl; und wie Streiter der Muse formierten sie sich auf ein gegebenes Zeichen, die sechsunddreißig Musiker und dazu der Harfenist und der Zitherspieler, die nicht zum herzoglichen Orchester gehörten. Chieppio hatte den Musikern vor der ersten Probe Reste von der Festtafel geschickt und in Maßen auch Wein. Außerdem hatte am Morgen jeder auf seine ausstehenden Bezüge zwei Wochen Lohn erhalten. In der geheimnisvollen Flut der Nachrichten war der gestrige Fürstenbesuch im Hause Monteverdis schon märchenhaft ausgeschmückt worden. Als Claudio auf Befehl Seiner Hoheit Tag und Nacht nur noch an der Favola arbeitete, war es im Reich der Musiker kein Geheimnis mehr, daß »große Dinge bevorstanden«.
Strahlenden Auges umringten sie den Maestro, der noch blasser war als gewöhnlich und behutsam aus einem blauen Tuch Noten auspackte.

In erster Linie wollte man den Standort des Orchesters, seine Aufgaben und seine Aufstellung besprechen. Aber das Mädchen mußte dem Meister folgen, wenn man dem launischen Befehl Seiner Hoheit nicht zuwider handeln wollte. So waren also auch die Sänger gekommen. Als sie das Tor der Reggia erreichten, ließ die Wache verwundert mit dem Maestro auch das junge Mädchen passieren, das sie bis jetzt nicht kannten. Monteverdi lächelte, als er die fragenden Blicke sah: »Freust du dich, daß du mit in den Palast kommst?« Es regnete. Die Tropfen rollten über die zarten, frischen Wangen des Mädchens, unter seinem Tuch schaute ein liebreizendes, lächelndes Gesicht auf den Maestro. »Es ist freilich noch zu früh ... viel zu früh. Noch hat deine Stimme nicht den sicheren Sitz. Seine Hoheit hat es so gewünscht ... aber noch habe ich das letzte Wort nicht gesprochen. Gib dir Mühe! Viel hängt davon ab, was die Musiker sagen. Sie sind grausam! Aber paß auf, überanstrenge deine Stimme nicht bei der ersten Probe ... Die Galerie ist lang und hoch, da bedarf es der kräftigen Stimme eines Kastraten oder der Madama Sabina, um sie auszufüllen ... Wir werden schön langsam vorgehen ... Sei vorsichtig, halte deinen Hals warm. Gerade heute hat man uns keinen Wagen geschickt.«
Wie versprochen hatte Seine Hoheit den Flügel der Reggia durch Wachen absperren lassen. Es blieben die Galerie und einige angrenzende Zimmer und Kabinette, in denen sich die Musiker aufhalten konnten, bis die Probe begann. Von allen Seiten versuchten erregte Höflinge hereinzuspähen, aber entsprechend dem Befehl Seiner Hoheit gewährte man heute keinem Zutritt. In einem Raum, unter den Fresken Giulio Romanos, wurde für die Musiker gedeckt, ein, zwei Becher Wein versetzten alle in bessere Laune, und auch der naschhafte Giovan Gualberto nahm am Tisch der Musiker Platz. Herr Rasi, der erste Kammersänger, der natürlich mit der Rolle des Orpheus betraut worden war, zeigte sich noch nicht. Der Maestro drängte die Musiker zur Eile, und als sie dem großen Saal zustrebten, vergaß er in dem Lärm und dem Gedränge das Mädchen. Caterina sah sich mit strahlenden Augen unter den Schätzen im Palast um, bewunderte die Darstellungen auf den Gobelins, die Bilder, die Fresken an den Decken, so geschah es fast unbemerkt, daß sich ein Kämmerer zu ihr gesellte, ihr lächend die Sehenswürdigkeiten zeigte, eifrig auf all ihre Fragen antwortete, ihr sogar einen Becher Wein anbot, dann höflich eine Tapetentür öffnete, hinter der ein kleiner Gang folgte, der in eine Wendeltreppe mündete. Das Mädchen schritt bereits selbstvergessen an der Seite des unbekannten Herrn, als sie an eine kleine Tür gelangten, wo dieser mit seinem Ring klopfte: Caterinuccia stand vor dem Angesicht Seiner Hoheit!
Nardenduft erfüllte den prächtigen kleinen Raum, der nur von dem Schein einer einzigen Kerze beleuchtet wurde: Ein kleiner Tisch, drei Stühle, eine kunstvolle Anrichte aus kostbarem Holz und eine breite

Liege mit Teppichen darauf. Das Mädchen bewegte sich sicher im Reich des Zaubers, wunderte sich über nichts, machte einen Knicks und neigte sich zum Handkuß. In diesem Augenblick umfaßten es zwei heiße Hände. »Du bist mein«, hörte es nur, das Blut wallte ihm durch die Adern, es war in diesem schwülen, mit duftigem Dunst erfüllten Raum der Ohnmacht nahe.
Ein Schatz des Herzogs, den er gekauft hatte ... wie er Edelsteine, Gelehrte oder Pferde kaufte. Bisher hatte er sie nicht behelligt ... Das Haus Monteverdis war eng, ewig Gesangsübungen, Onkel Cattaneo und die beiden Knaben ... Geld an die Eltern nach Rom. Gewänder kaufen ... schönere ... höfische Gewänder, denn sie wuchs aus all ihren Sachen heraus ... und der Duft, er war so heiß wie die Hand Seiner Hoheit. Und der Herzog ... dessen Ruf als Lüstling bis in das stille Haus gedrungen war ... die Mägde erzählten sich seine vergnüglichen Abenteuer. Der beleibte, in weiße Seide gekleidete, blondbärtige Mann mit graumeliertem Haar und vollen gierigen Lippen war der Herr ihres Schicksals. Durfte sie ... schickte es sich für sie, ihre Tugend in der Art eines unschuldigen Mädchens bis in alle Ewigkeit auch dem Herzog gegenüber zu verteidigen? Es war üblich, daß die Jungfrauen einen kleinen Spieldolch aus Silber am Gürtel trugen. Auch sie war so in den Palast gekommen. Durfte sie ihn zücken ... zeigen, daß sie sich verteidigte ... wenn ... wenn der süße Duft sie nicht berauschte, wenn ihr Blut nicht wallte ... während der Herzog, der ihr Vater sein könnte, sie heiß umfaßte, aber doch nicht umarmte ...
»Tut mir heute nichts, Hoheit ...«
Es war vielleicht das Klügste, was sie sagen konnte. Es verstieß nicht gegen den Anstand, erweckte Hoffnung und versprach ... aber nicht heute. Und was dann immer geschehen mag ... Seine Hoheit würde nie behaupten können, sie sei ihm in die Arme getaumelt wie eine kleine Magd ... Vincenzo gab nicht leicht auf, aber in der Kunst der Liebe bewandert, fiel er nicht als der Herrscher über sie her, sondern blieb der blonde Vincenzo, war nicht gewaltsam, zerriß nichts ... war nicht hastig, streichelte sie sanft, fühlte das Beben, das durch den Mädchenkörper lief ... liebte sie in dieser Minute vielleicht wirklich ... bewahrte sie wie einen Edelstein, damit die Erregung ihrer Stimme nicht schadete ... und langsam ... Schritt für Schritt ... gleich einem Spieler, stahl er sich auf Männerart in ihre Gunst ... Er neigte sich zu ihr, beruhigte sie und brachte sie unbemerkt zum Glühen. Und auf einmal (das war das Geheimnis der Akustik dieses kleinen Raumes), als wäre es unmittelbar nebenan, als trennten sie keine Wände, erklang der Prolog des Orpheus.
Die Instrumente setzten ein, als würde die Hand des Magiers die Reggia erschüttern, die Fenster erzittern lassen. Es war unbeschreiblich süß und schmerzlich zugleich: Die Sinfonia klang wundervoll, noch nie hatte Vincenzo etwas so Schönes gehört. Noch kämpfte in ihm die auf-

flackernde Leidenschaft, noch umfaßte er das Mädchen, aber Caterina fühlte, daß die Arme sie nicht mehr so umspannten ... Der Herzog war Künstler und Dilettant: Die Beute entglitt ihm ... er ließ sie aus der Hand; während er sie an sich zog, ihren Kopf auf seine Schulter legte, sie streichelte, waren seine Gedanken schon bei der Musik. Er schlürfte sie wie den süßesten Nektar, sein Satyrgesicht verschönte sich, Glanz überzog es, es strahlte, seine Augen wurden feucht vor Andacht. Das grünäugige Mädchen blickte zu ihm auf, verwundert und ungläubig: Heute noch nicht ... noch konnte sie fliehen, sich losreißen, konnte die verborgene Tapetentür suchen, zurückeilen zu Claudio, zu dem Meister, der sie unter seine schützenden Fittiche nehmen würde.

Sie war die Stärkere, denn im Kampf, der in Vincenzo tobte, behielt die Musik die Oberhand. Und so glitt Caterina vom Rande der Liege herunter, wohin der Herzog sie gezogen hatte, und sie umfaßte auf dem weichen Teppich seine Hosen am Knie, wobei das Strumpfband feucht von Tränen wurde: Heute noch nicht ... Das Spiel war süß, dieses Sträuben war notwendig ... Ein Geschenk! Seine Finger waren voller Ringe, aber jedermann würde es gewahren, wenn er einen davon der Romanina auf den Finger steckte. Lächelnd beugte er sich über sie, hob sie zu sich, küßte ihr die beiden grünen Augen, der Kuß war süß und er schmeckte nach Salz, dann wischte er ihr die Tränen mit seinem Tuch ab, dem spitzenbesetzten Kunstwerk, in dem der aufreizende Nardenduft saß.

»Es gehört dir«, und nun schwiegen beide verzaubert ...

Die Probe wurde für eine Minute unterbrochen. Der Maestro mochte sie abgewinkt haben. Die Worte waren nicht zu verstehen, nur ein dumpfes Gemurmel, und dann begann, nun schwungvoller, ungebrochener, das Ganze von vorn. Vincenzo bebte am ganzen Körper. Er war sich kaum noch bewußt, daß das Mädchen bei ihm war, obwohl der Kammerherr das Stelldichein mit geübter Hand vorbereitet hatte. Die Reggia hallte erneut wider, und der Herzog hatte das Gefühl, selbst die Vögel würden in ihrem Flug innehalten ... Wie lange wird es dauern? Plötzlich verhallte die Musik, obwohl er ihr Stunden, lange Stunden hätte lauschen können. Durch die einsetzende Stille drang eine Stimme ... schmetternd, die Galerie entlang. »Die Sänger!«

Der Herzog machte die Tapetentür auf.

»Sing, ich werde dir von hier lauschen!« Und schon öffnete unten eine Hand erneut die kleine Tür, und Caterina schwebte durch den Seiteneingang in die Galleria dei Fiumi hinein, als hätte sie sich nur ein wenig verirrt.

Rasi intonierte so leise, daß der Meister lächelnd fragte: »Schont Ihr Eure Stimme so sehr, Messere?« Der verwöhnte Hofsänger hielt das Notenblatt weit weg von den Augen (auch er hatte die Jugend schon

hinter sich), wartete das einleitende Interludium des Orchesters ab und begann dann, als wäre es ein einschmeichelndes Madrigal mit seinem Auftritt im zweiten Akt.
Striggio war der einzige Höfling, der als Autor an den Proben teilnehmen durfte. Er hatte den Degen in seinen Schoß gelegt, damit er nicht auf dem Marmorboden klirrte. Der Blick Claudias traf jetzt das Mädchen: Seine Augen waren beängstigend geweitet, als würde es Tränen zurückhalten, auf seinen Wangen glühten Rosen der Erregung, seine Hand zerrte an einem Spitzentüchlein. Hatte vielleicht einer der Musiker gegen den Anstand verstoßen? Ein Glück, daß niemand vom Hofe zugegen war ... wegen der Musiker brauchte sie nicht um das Mädchen zu bangen.
Der Text saß noch bei keinem so recht ... und die Probe verlief auch nicht in der Reihenfolge der Szenen des Stückes. Der Maestro setzte sich mit Rasi auseinander: Der Sänger schmückte die Melodie allenthalben aus, und Monteverdi erklärte ihm leise und lächelnd, daß die Melismen nicht überall zu der Rolle des Orpheus paßten. Claudia hatte einen großen Korb mit Früchten gebracht: Sie verteilte diese unter den Musikern und Sängern, die sich in der Probenpause zerstreuten. Sie setzte sich und verschnaufte. Wie lange war sie nicht mehr in der Reggia gewesen ... ein jeder Winkel erweckte Erinnerungen in ihr, alle Ecken riefen verflossene, ihr teure Erlebnisse in ihr wach ... und es war so gut, sich aus dem von Geistern besuchten Haus zu befreien, das, seit der Herzog es aufgesucht hatte, seine ursprüngliche Ruhe verloren zu haben schien: Seit Tagen war der Meister nicht mehr in den Dom gegangen, hatte sein Zimmer kaum verlassen. Dann und wann hörte man einen Akkord auf dem Cembalo, und es klang, als würde ein seltsamer Schmerz aus den Saiten aufsteigen.

Als hätte er den im Blick des Meisters verborgenen leisen Vorwurf gefühlt, entfaltete Rasi seine volle Stimme, sang mit vollendeter Kunst. Er mußte mit gutem Beispiel vorangehen, gerade er, der Kammersänger und Musikgelehrte, den auch die Camerata sehr schätzte. Sonst könnte der Kastrat ihn in Verruf bringen, wenn er nach Florenz zurückkehrte und von der Aufführung in Mantua berichtete. So lebte sich Rasi immer stärker in seine Rolle hinein, und es war, als erwärmten sich Klangfarbe und Intensität von Takt zu Takt. Der Kammersänger hatte bis jetzt noch nie auf der Bühne gespielt. Oratorium und Madrigal waren ihm gleichermaßen lieb, um sie mit Gefühlen zu erfüllen, und der Text war das Mittel, um den Zauber seiner Stimme aufleuchten zu lassen. Aber jetzt stand er vor einer anderen Aufgabe: Er mußte zugleich spielen, und im künstlerischen Erlebnis verschmolzen Gesang und Text, Gesten, Gesichtsausdruck, Schritte und tänzerische Bewegung. Rasi war Künstler, und er empfand instinktiv die Zauberkraft seiner Rolle: Er lebte sich wohl am leichtesten in die Handlung hinein. Seine

Hände begannen zu leben, nach einigen Takten saß ein Lächeln auf seinen Lippen, und nach dem ersten tragischen Satz griff er sich mit der Sicherheit des geborenen Mimen ans Herz, taumelte betroffen zurück wie einer, der das Zeichen des Schicksals auf der Stirn trägt.
Striggio nahm eine kleine Phiole aus der Tasche, roch hinein, um so seine aufsteigenden Tränen zu unterdrücken. Der Autor empfand, daß Rasi seine Rolle liebte, er war der wirkliche, der erträumte Orpheus: Männlich, mit klarer Stimme und deutlicher Aussprache. Ihm wird jeder glauben, daß er Dichter und Sänger war, ein verliebter und unerschrockener Mann, der sich selbst in die tiefste Hölle hinunterwagte, um die Gattin zu befreien. Rasi wuchs, Monteverdi leitete ihn nur noch mit den Blicken; das Orchester war auch verzaubert von diesem außergewöhnlichen Erlebnis: Von der sich vor ihren Augen entfaltenden Harmonie zwischen Mann und Rolle.
Giovan Gualberto stand schon hinter ihm, um die Rolle der Messaggera, der Unglücksbotin, zu übernehmen, sobald die Stimme des Orpheus verklang. Ehe er einsetzte, erklang das Interludium, und das Orchester durchwob die Harmonien mit tragischen Tönen. Jedermann, der den Pulsschlag der Tragödie kannte, mußte fühlen, daß das Schicksal jetzt seinen Lauf nahm. Die innere Spannung, die in den antiken Dramen vom Chor durch unheilverkündende Gesten und Worte schon im voraus angekündigt wurde, steigerte sich.
Noch klangen die lieblichen Worte des »ersten Hirten«: Er erinnerte den Dichter und Sänger an die Pracht der blühenden Wiesen, an den süßen Balsam der Sonne, aber schon erhob sich hinter ihm der Arm der Messaggera, und es erklang der männliche Mezzosopran, die kraftvolle helle Stimme, die, als käme sie aus der Kehle eines Überirdischen, so glänzend und ehern tönte, sich in die Höhe schwang und dann bis zur Schwelle des Alls hinabsank.

> Ahi, caso acerbo, ahi fato empio e crudele
> Ahi, stelle ingiuriose, ahi, ciel avaro . . .*

Die Stimme des Kastraten drang durch die Galleria dei Fiumi, und die Saalwächter mit ihren Hellebarden erschauerten. Die Stimme klang sehr rein, in den hohen Tönen so strahlend, daß ihn jedes Mädchen darum beneiden konnte, und dabei war sie so kraftvoll, brach mit solch gewaltigem sprudelndem Schwung hervor, daß sich darin keine einzige Frauenstimme mit ihr hätte messen können. Der Alte mit der Gestalt eines Jünglings intonierte mit der Sicherheit berühmter Meister: Hier kam die Kühnheit der Caccini-Schule zur Geltung, die Pracht, der breite Schwung, das Eindringliche des Dramatischen. Mit den Fioritu-

---

* Weh, herbes Leid! Oh grausam bittres Schicksal!
Weh, unheilvolle Sterne! Schnöder Himmel!

ren ging er sehr behutsam um, um die dramatische Wirkung nicht zu verringern: Jede Nuancierung, jedes Erbeben war bewußt, im Gegensatz zu Rasi hatte er nichts Instinktives in sich: Er glaubte seinem Text nicht ... glaubte nicht, daß Eurydike wirklich von einer Schlange gebissen worden war ... Er spielte nicht, erfüllte die Botin nicht mit Leben, aber er bot mit seinem wunderbaren Sopran einen Hochgenuß ... Sein Blick ruhte auf den Augen des Maestros und auf seinen Händen, mit denen er das Cembalo spielte, und dann holte Magli tief Atem ... kaum daß sein Dialog mit dem Ersten Hirten verklungen war, kam von seinen Lippen die unheilvolle Kunde in ihrer nackten Wirklichkeit:

A te ne vengo, Orfeo,
Messaggera infelice,
Di caso più infelice e più funesto.*

Alle warteten ... der tiefe Atemzug glich dem Flügelschlag des Schicksals:

Ohimè, che odo?**

kam die Frage des Orpheus. Und darauf die Worte der Messaggera:

La tua diletta sposa è morta.***

Mit halbgeschlossenen Augen leitete Claudio die erste gemeinsame Probe. Probierend, tastend, in noch lockerer Form suchte er den einheitlichen Stil, die Form und den Rahmen: Noch sollten die Musiker und die Sänger ihre Freude daran haben, danach würden alle ihre Meinung dazu sagen, und man könnte diese oder jene Stelle noch verbessern, den einen oder anderen Musiker oder Sänger ermahnen ... oder austauschen. Noch war das Ganze roh und ungeschliffen, noch fehlte dem Werk die Geschlossenheit, und dennoch zeichnete die Probe bereits den Rahmen der Favola auf.
Sein Blick glitt auf Striggio. Der Dichter und Sekretär saß zur Seite gelehnt in seinem Sessel, hielt fest den Griff seines Degens und wenn die Reihe an die Sänger kam, schloß er die Augen.
Striggio dachte an die Geschichte, die er von dem aus dem Orient zurückgekehrten Sekretär des venezianischen Gesandten gehört hatte: Der Geist sprengt die Flasche, in die man ihn eingesperrt hat, wächst in einem einzigen Augenblick zum Riesen. So entfaltete sich vor seinen

---

* Dir, Orpheus, komm ich melden,
Ich, unglückselige Botin,
Mit Nachricht, unglückseliger, grauenvoller.

** Weh mir, was hör ich?

*** Dein teures Weib ist tot.

Augen ... binnen weniger Stunden der Orpheus. Es war noch nicht lange her, als er sich mit den Reimen abgemüht hatte ... am Ufer des Mincio spazierend, war die Wirklichkeit um ihn versunken, und er hatte versucht, die Worte der arkadischen Hirten zu erlauschen. Es waren nur Verse, die ergeben den Spuren Rinuccinis folgten: Und nun entwuchs die Favola der Flasche, in die man sie eingesperrt hatte. Sie erfüllte die Galleria dei Fiumi, wogte unter den Gewölben dahin, erwachte inmitten der kalten Spiegel, der Fresken und des Goldzierats zum Leben.

Er schaute auf Claudio. Der Meister ließ seine Hände auf den Tasten ruhen, hatte vor dem nächsten Akt eine Pause angeordnet. Die Musiker blieben auf ihren Plätzen. Keiner rührte sich, als hielten unsichtbare Fesseln dieses sonst laute, sich drängende Volk fest. Das Werk war erschreckend tiefgründig, unterschied sich von allem Bisherigen. Rasi, der in Florenz gewesen war, und Striggio, der als Sohn eines Künstlers schon seit seiner Kindheit in der Welt der Chöre und Orchester lebte, empfanden jetzt: Die »Eurydike« der Camerata war nur ein Anfang. Der dort noch schwerfällig, oratorienhaft agierende Orpheus wurde hier zum Menschen aus Fleisch und Blut, dem das Leiden Schwingen verlieh. Ereignisse ... Schicksalsschläge jagten einander, einer fiel dem anderen ins Wort, Dialoge lösten sich ab, und der Chor bekam eine Rolle wie in den antiken Tragödien. Das Orchester wurde durch die Kraft der fast vierzig Musiker zu einem einzigen mächtigen Instrument, das von einem Giganten geleitet wurde. Es war mehr als das steile Emporschwingen der Phantasie eines einzigen Musikers zu den Hoffestspielen: Schmerzliche und zugleich lieblich kühne Harmonien entstanden. »Wenn Artusi dies hören könnte!« flüsterte Striggio Claudia zu.

Die Frau wartete mit zusammengepreßten Lippen auf ihren Einsatz, als Künstlerin, als Kritikerin, als um ihr Ansehen kämpfende Hofsängerin, als Musikerin und bangende Geliebte, nicht als Signora Monteverdi. Ja, wenn Artusi das hören könnte! Wie diese sanfte, sittsame, vier- oder fünfstimmige Musik hervorbrach, wie sie zu einem einzigen schmerzlichen, menschlichen, nicht mehr gekünstelten Klagewort verschmolz, wie der Chor anhob und Orpheus ermunterte, zu seiner zauberischen Leier zu greifen und mit der Kraft des Instruments seine Worte zu verstärken ... Und als die Trauer um das Schicksal sich offenbarte, wurde seine Stimme scharf wie eine Klinge und andeutungsvoll, sie wurde stärker, drückte alles aus, was der Dichter empfunden haben mochte. Die Melodie war Wunder und Balsam zugleich, die in dem erschütternden Harfensolo endgültig Form erhielt.

Wenn der Herzog einen Spiegel zur Seite schob, konnte er aus seinem verborgenen Kabinett in die Galleria dei Fiumi sehen. Die Teppiche verschlangen das Geräusch des kleinen Raumes, und er, der Unsichtbare, konnte alles sehen und hören, was sich unten unter den Gewölben zutrug. Das Geheimnis dieses Verstecks kannten nur wenige Eingeweihte. Der Blick des Herzogs konnte sich hinter den Fresken Giulio Romanos, den kunstvoll gemalten hölzernen Gittern und Lauben forschend und spähend verborgen halten. Aber Vincenzo wollte jetzt keine Geheimnisse des Hofes ergründen, nicht durch List vertraute Gespräche der Kammerherren, der Damen oder der Gesandten erlauschen, wie er und auch seine Ahnen es schon getan hatten. Der Dilettant wollte, als er Caterinuccia gehen ließ, die Darbietung allein genießen. Er wollte von hier unbemerkt das neue Opus erlauschen, die Form, die in der Welt der Musiker bereits als »stile drammatico« bezeichnet wurde. Das Werk, das alles bisher Gehörte überflügelte, die Ketten des langweiligen Rezitativs abstreifte, und mit einemmal zum Meer anschwoll, dessen Wellenschlag sich nach seinen eigenen Gesetzen verstärkte, noch tastend, suchend, behutsam probierend, bis es plötzlich die Norm und den Kanon fand, an denen man sich künftig orientierte.

Wie heiter klang es, als das Scherzo hervorbrach ... und die Stimme des jungen Hirten hörte sich an, als sänge er eine Frottola: Der junge Claudio schien auf der Wiese zu spielen, und er, der als reiner Mensch galt, von dem es keine Gerüchte über Liebesabenteuer gab ... Claudio, der mit Claudia vor ihn getreten war, um bei ihm als seinem Patron um ihre Hand anzuhalten. Und seitdem lebten sie zusammen: Zwischen den Stimmen des Chores, den Klängen der Sinfonie, in der Stille und im Gesang des Orpheus verbarg sich Claudio – glühender, leidenschaftlicher als je einer, der Kunst geschaffen hat. Wußte er mehr über Orpheus als jene, die sich in der »Ars amatoria« als Meister bezeichneten?

Die Stimme ... Warum fiel ihm das Abenteuer in Florenz ein? Im vergangenen Jahr hatte er inkognito einige Tage bei den Medicis verbracht. Ja ... nur die »Mamma« wußte, daß dort die leichtfertige, strahlende Caccini-Tochter, Francesca mit den hundert Gesichtern, die Seine geworden war. Er hatte dort das Heim Giulios besucht, den man in Florenz merkwürdigerweise »Giulio Romano« nannte ... jenes Künstlerhaus, in dem der Vater, die drei Töchter und die anderen Mitglieder der Familie den ganzen Tag über diskutierten, sangen, musizierten und komponierten: Miteinander und gegeneinander, nach außen in furchteinflößender Geschlossenheit, nach innen in erbitterter, eifersüchtiger Zwietracht. Francesca hatte ihm die Partitur eines »Torneo« angeboten, die schon lange in der großherzoglichen Kanzlei gelegen hatte. Ihr Bestreben war, daß es in Mantua aufgeführt wurde und daß der Herzog es kaufte. Warum sollte nicht auch ein Mädchen komponieren können? Warum sollte dies ein Vorrecht der Männer sein? Sie war so kühn, fast schamlos, amüsant und leidenschaftlich, daß man diese Cecchina nicht auslassen durfte. In Cascine, einer kleinen Villa, war sie fünf Tage sein Gast. Dann floh er entsetzt aus Florenz: Fran-

cesca war keine bequeme Geliebte. Sie war fordernd, leidenschaftlich, launisch, überheblich und ergeben, wechselte ständig die Gesichter ... Oft hatte er das Gefühl: Das Mädchen wußte, daß es eine Rolle spielte. Es müsse alle Intrigen, all seinen Zauber in einige Stunden drängen, um damit einen fremden Herzog zu betören. Ja ... er hatte das »Torneo« gekauft: Francesca Caccini jedoch hätte gewünscht, daß man dies anstelle des »Orfeo« aufführte.
Wieder klopfte die Hand auf den Kasten des Cembalos. Der Meister war ein Tyrann in seinem Reich. Alle setzten sich auf die strohgeflochtenen Stühle, die Musiker stimmten ohne ein Wort ihre Instrumente. Nun begann es erneut. Das Ganze hatte der Herzog schon gesehen, jetzt machte er sich mit den Details vertraut. Den zweiten Hirten müßte man auswechseln. Er zog ein dummes Gesicht, wenn er sang. Dafür gab es bis jetzt kein Beispiel ... Die Worte waren das Privileg der Fedelis, die Stimme ... die Harmonie das der Hofsänger. Beide verschmolzen jetzt miteinander: In der Favola durfte man keinen einzigen Sänger auftreten lassen, der nicht auch spielen konnte. Erneut die Messaggera: Ihm war, als würde der Sopran des Kastraten, der vom Gewölbe widerhallte, jetzt noch triumphaler klingen.
War er es dem Meister schuldig, daß Claudia die zwei kurzen wunderbaren Strophen der Eurydike am Anfang und am Ende der Favola sang? Konnte die Frau noch singen? Er hatte sie vor dem Haus gehört, als er wartete, daß man das Tor öffnete.

Ma teco stassi in compagnia d'Amore.*

Er beugte sich vor: Diese Zeile kannte er nicht ... sie war seiner Aufmerksamkeit entgangen. Die schönste Zeile. Warum hatte sich Barbara in das ferne Colorno begeben? Jetzt könnte sie hier bei ihm in dem verborgenen Raum sein. Die »Mamma« würde neben ihm sitzen, sie war schon seit zwanzig Jahren nicht mehr seine Geliebte, aber mit dem Recht der alten Liebe würde sie neben ihm sitzen, und sie würden sich verstehen ohne viele Worte. Was würde sie zu der Stimme Claudias sagen ... die ein wenig müde einsetzte, sich aber doch entfaltete, als würde sie Dinge von wunderbarer Tiefe und ewiger Gültigkeit offenbaren. Warum hatte Striggio die Rolle Eurydikes mit solch geiziger Hand bemessen? Wußte er, daß es wohl ein Traum des Meisters war, daß Claudia sie sang ... noch einmal, zum letztenmal am Hof?
War es eine augenblickliche Güte, daß er Signora Monteverdi diese Rolle zugeteilt hatte? Oh ... diese herzergreifende, schattenüberzogene Fröhlichkeit, wie sie sich entfaltete ... gar nicht in Zeilen, in jedem einzelnen Wort ... in jedem Hauch, in jeder Modulation ... Die

* Mit Amor steht's im Bund in deinem Herzen.

Stimme bewegte sich in der halblauten Mittellage, im Mezzo, klang in ihren Tiefen bereits, als rüstete die Sängerin jetzt in der Tat für die ferne Reise ins Reich der Schatten. Eine Minute, während sie noch sang, und als sie schwieg, herrschte Stille. Der Maestro intonierte nicht, gab dem Chor kein Zeichen zum Einsatz. Man war unter sich, fühlte, daß diese kurze Strophe ein opfervolles Meisterwerk war. Es war mehr als Gesang und auch schmerzlicher, denn die Frau verbarg danach das Gesicht in ihrem Tuch. Sie hustete. Blies der Wind in das Zimmer Claudias? Hatten sie einen Teppich, den sie vorspannte, wenn sich der Sturm auf Mantua legte? Er sah sich um. In dem geheimen Kabinett lagen Teppiche über Teppiche. Zwei davon würde er morgen Monteverdis schicken . . .

Die Minute des Schweigens war verronnen: Die Welt der Musiker belebte sich wieder. Der Meister mochte die nächste Passage angekündigt haben, denn plötzlich tauchte das vor Erregung gerötete Gesicht der Romanina hinter dem Clavicembalo auf.

Hier, von seinem Versteck aus, beobachtete er verstohlen den Magier: Leuchteten die Augen des Meisters auf, wurde sein Atem schneller, seine Wangen röter, wenn das Solo des Mädchens folgte? Ja . . . nun waren die Musiker an der Reihe, es begann das letzte Interludium vor dem Auftritt der Speranza!

Seltsamerweise schienen die Stimmen sich hier in dem verborgenen Raum nicht im Nichts aufzulösen: Der fast unverfroren hohe und kraftvolle Sopran des Kastraten und das herzzerreißende Mezzo Claudias schlugen sich nieder . . . denn es bedurfte all dieser Konzentration zur Tragik, die über dem Glück des Orpheus und der Eurydike schwebte. Vielleicht hielt die Nacht noch an, die Liebenden vereinend, vielleicht empfing sie auch ein Kind, um das Geheimnis ihres Leibes mit sich ins Reich der ewigen Schatten zu nehmen . . . Aber es naht die Hoffnung . . . Vincenzo erschauderte von den Worten der Messaggera, als sie sagte: »Dort lauerte verborgen im hohen Gras die Natter, stach ihr den Fuß mit giftgeschwollnem Zahne . . .« Seit seiner Kindheit graute ihm vor Reptilien, und plötzlich fiel ihm ein Erlebnis aus der Jugend ein: Er floh vor einer Viper . . . Ein Unwohlsein überkam ihn. Auf einem kleinen Tablett standen zwei Gläser, das eine war noch für die Romanina hingestellt: Die Farbe des Weines war wie Bernstein. Ein Schluck vertrieb die Beklemmung, er setzte sich wieder zurück auf seinen Lauscherplatz.

Nun war Rasi wieder an der Reihe. Vincenzo empfand immer wieder von neuem, daß Rasi in der Tat ein großer Künstler war. In dieser Rolle wurden seine Stimme und sein Spiel zum Gesetz. Magli war nur Sänger – Rasi in einer Person auch Schauspieler . . . Ja, er umfaßte mit einem einzigen Ton seiner weichen, einschmeichelnden Stimme das »Ganze« . . . mit den Farben geizte er noch, um sie zurückzuhalten, bis die Leidenschaft gleich einem Lavastrom hervorbrach . . . »E, intenerito il cor del rè de l'ombre . . .«* hörte Vincenzo, und plötzlich zuckte es ihm durch den Kopf: Warum sehen die Fürsten auf der Bühne gern Fürsten, in anderen Gewändern, in erdachten Ländern, in tragischen oder komischen Spiegelbildern? Der venezianische Gesandte hatte aus London erzählt: Dort werden in dem nach dem Globus benannten Theater in der Sprache des Dramas die Vorfahren des Königs gepriesen . . . auch jene, die sich des Thrones mit Blut und Arglist bemächtigten. König sein und nicht nur Herzog von Mantua . . .

Während man den Fürsten des Schattenreiches anflehte, zog an Vincenzo blitzartig die Geschichte seines Hauses vorüber. Oh . . . auch hier hatte es an Blut nicht gefehlt. In der Zeit, als sich die Gonzaga von Hauptleuten des Volkes zu Tyrannen der Stadt emporkämpften, hatte sich eines abends in der Reggia – damals hieß sie noch nicht so . . . war sicherlich der alte Castello – Herr Sigismund, der beschwingte deutsch-römische Kaiser und König der Ungarn, hier vergnügt. Der Kalender zeigte das Jahr 1432. Die Geschichte dieser Nacht war in keinem Jahrbuch festgehalten, dennoch kannte sie jeder Gonzaga. Der Kaiser vergnügte sich und hielt um Geld an. Hier . . . in Mantua sah er zum erstenmal echte italienische Dukaten: In Säckchen . . . noch unberührt, wundervoll geprägte, klangvolle Dukaten . . . Sein Ahnherr hatte einen Trinkspruch auf den Kaiser ausgebracht, und Sigismund hatte ihm mit seinem nördlichen Latein plötzlich die Frage gestellt: »Was willst du werden, Giovan Francesco?« Am unteren Ende des Tisches rollten die Würfel: Mantuanische Edelleute, deutsche Kapitäne, ungarische Barone nahmen einander das Geld ab. Der Kaiser rief etwas ungarisch: Es war die Sprache, derer er sich am liebsten bediente. Damals gab es in Italien noch keine Herzöge. Der nüchterne Ahnherr schloß für einen Atemzug die Augen und platzte dann heraus: »Markgraf von Mantua.« Sigismund lachte auf, zog seinen Dolch und ritzte eigenhändig in den dunklen, riesigen Eichentisch: »Marchio Mantuae – Sigismundus Imp. Rex.« Seither bewahrte man diesen Tisch im alten Flügel des Castellos auf: Wenn seltene Gäste kamen, führte man sie hierher, an den Ursprung des Hauses Gonzaga. Nun waren sie Herzöge. Es vergingen hundert Jahre, ehe sie im Rang stiegen. Der ihnen dazu verhalf, war ein junger Kaiser. Er war nicht so trinkfreudig wie Sigismund. Eine richtige Heimat hatte er nicht, aber in seinem Reiche ging die Sonne nie unter. Als Kaiser Karl Federigo II. zum Dux erhob, herrschten schon fast in allen Provinzen Herzöge.

Aber König werden . . .! Als erster in Italien. Den hochmütigen, großherzoglichen Schwager überflügeln, der heute vom Rang her der Erste auf der Halbinsel war, seit an die Stelle des neapolitanischen Königs ein spanischer Statthalter gelangt war . . . König werden! Eleonora wußte noch gar nichts davon, erst vor einigen Tagen hatte er die ge-

* Die Brust des Schattenfürsten zu erweichen . . .

heime Nachricht erhalten. Als die albanischen Stammeshäupter vor ihm erschienen waren und mit gebeugtem Knie eine märchenhafte Krone anboten, hatte Chieppio zwar gesagt: »Hoheit, wir haben kein Geld für dergleichen Abenteuer ...« Nur eine Meeresenge und ein Weg von wenigen Meilen trennten Albanien von Mantua, das über kein Meer verfügte ... Unten entwickelte sich die Sinfonie ... Welch tiefgründiger, welch wundersamer Zauberer Monteverdi doch war: Es genügte ein Wink der Hand und dem Herzog erschienen in seinem Versteck in wenigen Augenblicken wie im Traum die Vergangenheit und die Zukunft.

Ja, es war, als würde die tote Reggia durch »Orfeo« zum Leben erwachen. Als würden die Geistergestalten in der Camera degli Sposi, die Götter auf den Fresken Giulios, die antiken Marmorstatuen, die Torsos, die Heiligen, die zu Mitternacht umherirrenden Schattenwesen neugierig zusehen. Vincenzo schaute hinunter auf die Bühne. Der Meister winkte Speranza zu sich und zeigte ihr, wie sie die Hand Rasis ergreifen und ihn führen sollte: Und schon geleitete der großartige Mime das immer wieder zögernde, unerfahrene, vielleicht noch ein wenig zu steife Mädchen. Der Maestro plagte sich seit dem Morgen mit Kopfschmerzen. Er wies den ihm angebotenen Wein zurück und neigte den Kopf für einen Augenblick auf den kühlen Notenständer. Die Gruppe der Tänzer versammelte sich bereits in der Nische der Galerie ... Caterina stand einen Schritt vom Cembalo entfernt: Ihr Abenteuer ließ sie noch jetzt erschauern, sie zerdrückte das Spitzentüchlein, das den Nardenduft des Herzogs in sich trug ... Während ihr Blick auf den Tasten haftete und sie auf den Einsatz des Meisters wartete, zitterte sie am ganzen Körper vom Fieber ihres halbtagealten Sieges: Heute noch nicht, Hoheit ...

Das vierte Jahr lebte sie im Hause Monteverdis. Seitdem teilte sie Tag für Tag das Schicksal dieses schweigsamen, von Kopfschmerzen geplagten Mannes, der keinerlei Launen hatte, bescheiden und ängstlich war, den jede kleine Sorge, jedes winzige Leid niederdrückten, der sich anscheinend nicht um die eitlen Freuden dieser Welt kümmerte, aber dennoch glücklich war, wenn er seinen Stock nehmen und sich in den Trubel des Palastes begeben konnte. Manche hielten auch ihn – vielleicht weil er Michelangelo ähnelte – für einen Zauberer, aber für Caterina war er ein zeitloser Mann, ein Mann ohne Alter. Sie wußte nicht, was sie für ihn empfinden sollte und was der Meister und ihr Gastgeber für sie empfand, als er ihr Unterkunft gab, wenn er sie unterrichtete, wenn er am Tisch mit freundlichen Worten erzählte, wenn er sie manchmal zu sich rief und ihr auf dem Cembalo vorspielte.

Denn er spielte für sie, und das war vielleicht ihr einziges gemeinsames Geheimnis. Unlängst hatte der Maestro seine Viola hervorgeholt, er mochte sie lange nicht in der Hand gehabt haben, denn er mußte sie lange stimmen. Aus seiner zweiten Sammlung spielte er ein Madrigal.

Der Meister entlockte der Bratsche Klänge, die einer Männerstimme ähnelten: Es war ein Tenorsolo ... an sie gerichtet, und Caterina verstand es ... verstand es eine Weile, bis der Künstler sich immer höher schwang, über Gipfeln schwebte, wohin ihm das Mädchen nicht mehr folgen konnte. Das Solo wuchs über das Madrigal hinaus. Und dazu war nur er, Claudio Monteverdi berechtigt, sein eigenes Werk neu zu schaffen, seine frühere Schöpfung zu überflügeln, Neues zu sagen ... die einstige Liebe zu erklären: Während er wiederholte, sank er immer tiefer in das Purgatorium der Leidenschaften ... Die Bratsche sprach in Sinnbildern zu ihr, klang wie die Klageworte eines nicht mehr jungen Mannes, drückte wohl auch ohne Text ein Geständnis aus. Mitten in einem Lauf war das Spiel plötzlich abgebrochen, und der Meister hatte seine Viola wortlos auf das Regal gelegt.
»In quei campi di pianto e di dolore«,* sang das Mädchen – aber fühlte die grünäugige Caterina, was Schmerz war und wo jenes Jammertal liegen mochte, das mit den Ausdünstungen seiner Sümpfe bereits das Tor der Unterwelt hütete?
Die Stimme der Hoffnung war noch schwach, als Caterina zu singen begann. Der Kreis der Sänger schloß sich fester um sie: Es war das erstemal, daß die Romanina in weltlicher Musik eine Rolle bekam. Bis jetzt hatte sie nur selten einmal sonntags zum Hochamt (und nicht einmal an einem besonderen Feiertag) im Dom singen dürfen. So kannten sie ihre Stimme und wußten, daß sie ihrer Rolle gerecht würde, und als Werk des Meisters geschliffen glänzte. Aber hier ging es um mehr, nicht nur um den Gesang. Nach den hier entstehenden Gesetzen des Dramma per musica mußte die Speranza auch daran glauben, daß er, den sie führte, sein Ziel erreichte: Orpheus mußte ein Wunder vollbringen – aber würde er das Herz des Fährmanns auf dem Fluß der Unterwelt zu erweichen vermögen?
Die Augen aller Musiker hafteten neugierig auf dem Antlitz des Mädchens. Sie fühlten: Sein Gesang und sein Spiel verschmolzen noch nicht zur Einheit. Die »Schule« und der Instinkt rangen miteinander. Nach der Intonation Monteverdis schien sie sich plötzlich zu befreien ... mit der Sicherheit einer Lerche in die Luft zu heben. Ihre Rolle begann mit dem erhabenen klassischen Rezitativ: »Lasciate ogni speranza«**, das mußte mit besonderer Kunst aus dem Text Striggios hervorgehoben werden, damit alle fühlten, dies ist der ewige Dantische Pfeiler, an den sich alle italienischen Verse anlehnten. Das Spiel des Mädchens mußte – hier an dieser Stelle – fühlbar machen, daß sie am Rande der Unterwelt wanderten, daß es Orpheus an der Hand führte, bis sie die Grenze der Stadt des Leidens, der *Città dolente,* erreichten. Von hier an konnte auch die Hoffnung den Sänger nicht mehr führen.

---

* Dort im Gefild, wo Schmerzenslaute tönen
** Laßt ... alle Hoffnung fahren

Caterina hatte ihr Lampenfieber überwunden. Sie holte tief und regelmäßig Atem, wie der Meister es sie gelehrt hatte. Nach ihrer Rolle mußte sie die himmlischen Mächte anflehen, und so schaute sie zur Decke empor, die Giulio Romano mit schwebenden Putten, einem Heer in Schleiern einherfliegender Amoretten bevölkert hatte ... Und da erblickte sie zwischen den dichten Ranken des die Wand bedeckenden gemalten Efeus plötzlich ein spähendes Augenpaar. Ein gieriger und zugleich flehender, fast tränenfeuchter Satyrblick drang durch die geheime Gitterwand des Verstecks.
Mag sein, daß Vincenzo das Spähfensterchen um Haaresbreite weiter geöffnet und sich ganz nahe herangeneigt hatte, damit ihm nichts entging, was unten geschah: Dadurch sah das Mädchen auch die üppigen roten Lippen in dem blonden Vollbart, oder es ahnte sie nur ... So mußte Caterina die Hoffnung singen: Während ihr Blick gleich einem unruhigen Vogel am gemalten Himmel kreiste, stand sie entsprechend ihrer Rolle und ihres Gesanges vor dem Palast in der Unterwelt. Sie hörte ihre eigene Stimme wie so oft während der Proben, und jetzt war ihr doch, als würde diese von außen ... aus der Höhe als etwas Fremdes zu ihr dringen, während der gierige Silen sich neugierig in seinem Versteck verbarg und sein lüsterner Blick an ihrem Körper haftete.
Konnten auch andere den Herzog sehen? Wußte jemand, daß man durch das verborgene Fensterchen in der als luftige Laube dargestellten Wand hervorspähen konnte?
Caterina hob den Kopf. Alle, die auf der Probe zugegen waren, fühlten verwundert, daß sich in dem Mädchen eine Veränderung vollzog. Seine Stimme war strahlend und voll, sein Blick von einem Lächeln beseelt. Es erlebte den Text, dessen geheimste Schwingungen es genau kannte. Jetzt folgte der Abschied – die Umkehr, das Geräusch der verhallenden Schritte ... »Da te men fuggo e torno. A l'usato soggiorno.«* Hier trennte sich die zaudernde Speranza von Orpheus, floh vielleicht sogar vor dem Mann, der nun mit den Schatten wird ringen müssen. Die Hoffnung durfte ihn nicht weiter begleiten.
Monteverdi blickte von den Tasten auf: Überrascht hörte er, daß Caterina anders, ganz anders sang als auf den Proben, nein ... nicht so hatten die beiden Abschied genommen ... Wer oder was mochte diese Veränderung verursacht haben? Vielleicht Rasi, dachte Claudio, sollte er es gewesen sein, der als echter Künstler das ewige Feuer der Kunst auf das Mädchen übertrug? Der Zauber, der in diesem großartigen Sänger Bewegungen und Mimik auslöste? In diesem Augenblick mußten alle empfinden, daß Speranza Orpheus nur widerwillig verließ, daß sie ihm durch alle Höllen folgen würde, wenn das himmlische Gesetz sie nicht zwänge, sich von ihrem Weggefährten zu trennen. Der Blick

* Flieh' ich von dir und kehr' zu mir vertrauten Stätten.

Claudios traf plötzlich das Antlitz des Mädchens: Warum hatte sich Caterina mit einemmal verändert? Ihr Gesicht war wie das eines aufgeschreckten Vogels, dann huschte etwas darüber, sie lächelte, fast spöttisch ... woran mochte sie denken, während sie sang ... so wundervoll, so selbstvergessen sang?
Die Stimme Caterinas war so durchdringend, so leidenschaftlich, daß der Meister überrascht aufhorchte: Das war nicht das folgsame, brave Mädchen, seine Schülerin. Welche unbändigen, unbekannten Kräfte wurden in ihr wach? Wollte sie alles übertreffen, was der Maestro sie gelehrt hatte? Ihr Gesang geriet dadurch in Konflikt mit dem versöhnlicheren Inhalt des Textes.
Wollte sich die Speranza wirklich von Orpheus trennen, wie der Text es forderte? Sehnte sie sich danach, auf die geruhsame Erde zurückzukehren? Ihr Gesicht war so verängstigt, als würde sie von jemandem verfolgt. Ihr Blick kreiste ruhelos um eine einzige Stelle des Gewölbes. Ja, in ihren Augen saß Schreck, als würde jemand sie verfolgen, und nun wich sie vor den bösen Schatten zurück: »torno« – das klang so verzweifelt, als wollte sie sich mit den Worten »ich kehre zurück« losreißen von diesem furchteinflößenden Zauber.
Rasi fühlte, daß die Hand des Mädchens in der seinen zitterte ... ihr Druck verriet seine innere Erregung ... der Kammersänger beobachtete in der Art des Meisters, ob Caterina es stimmlich schaffte? Ob sich ihre Stimme verstärkte, ob ihre Intonation der Rolle gerecht wurde? Und plötzlich hörte er, und auch die anderen bemerkten es verwundert, daß sich ihre Stimme reicher als bei allen bisherigen Proben emporschwang, sich ausbreitete, den ganzen Raum erfüllte.
Die Romanina war aus der Abgeschiedenheit im Arbeitszimmer des Meisters in die neugierige Welt der Öffentlichkeit getreten. Ihr Ruf war ihr vorausgeeilt, am Hofe glaubte man zu wissen, daß sie nach dem Willen Seiner Hoheit – sobald sie von ihrem Meister alles erlernt hatte – mit der Schönheit ihrer Stimme alle Künstlerinnen in Italien überflügeln sollte. Rasi könnte es sich leisten, daß er auf der Probe nur markierte; wie er zur Aufführung singen werde, wußte man, aber Caterina mußte hier vor den unerbittlichen, sachkundigen Musikern ihre Prüfung ablegen.
Rasi – der Künstler und Höfling – ahnte mehr als jeder andere. Er übernahm das Zittern der Hand, den fiebernden Druck, folgte dem Blick des Mädchens, und plötzlich erspähte auch er den hinter den Ranken der gemalten Laube hervorleuchtenden Faunblick. Freilich, er konnte niemanden erkennen, sah nur das Augenpaar durch das verborgene Gitter aufleuchten. Und als die Hand Caterinas allmählich die seine losließ, grübelte Rasi darüber nach, wer dieser geheimnisvolle Späher sein könnte? Der Herzog selbst? Dann war die Romanina der neue Stern, dem die Gunst Seiner Hoheit galt? Der letzte Ton war verklungen, und als Rasi die Hand des Mädchens ausließ, sah er, daß sich

Caterina an dem goldverzierten Cembalo festhielt, als wäre sie einer Ohnmacht nahe.
Rasi bereitete sich indessen für sein Solo vor. Er schaute in die Ferne, damit sein Blick nicht zufällig dem sich verbergenden Augenpaar begegnete. Plötzlich dachte er, sollte dies auch jemand anders gewahrt haben, wüßte in einer Stunde der ganze Hof, daß sich in Mantua etwas anbahnte, und in einer Woche käme die Romanina in allen Gesandtenmeldungen vor ... Rasi lächelte, das Gesicht des Maestros wandte sich ihm zu, sein Zeichen zum Einsatz war kaum wahrnehmbar, und schon begann Orpheus zu singen: »Dove, ah, dove ten' vai ...«*
Der Kammersänger sah, daß der neugierige Silen hinter dem gemalten Laub sich zurückzog. In seiner Rolle mußte Rasi in die Augen der Romanina sehen – doch jetzt schaute er sie anders, tiefer, spähender an: Standen die beiden im Bunde miteinander ... war sie schon die Geliebte des Herzogs? Das Mädchen errötete unter seinem Blick, dann erwiderte es plötzlich sein Lächeln, mit jenem sanften, fast kindlichen und dennoch andeutungsvollen Lächeln, mit dem es ihm gelungen war, das Herz Vincenzos zu fesseln.
Der Gesang des Mannes klang virtuos: Rasi eröffnete keine neuen Perspektiven, seine Kunst war dennoch jene sichere Säule, auf die sich die ganze Aufführung stützte. Nach dem Solo Rasis nahm der Meister die Hände von den Tasten und zeigte damit an, daß er eine kurze Pause wünschte. Die Spannung der Szene löste sich, und die übrigen Darsteller scharten sich um Rasi und Caterinuccia. »Ich brach fast in Tränen aus, als die Madonnina sang«, sagte Magli mit schwärmerischer Begeisterung der Kastraten. Caterina schüttelte den Kopf. Das Lächeln auf ihrem Gesicht verblaßte, es wurde hart, verängstigt, als würde sie verfolgt. Ihr Blick suchte Claudia. Die Frau saß auf einem niedrigen Schemel vor einem venezianischen Spiegel. Ihr Spitzentuch drückte sie an die Lippen, hüstelte vielleicht schon aus Gewohnheit. Das Mädchen stand vor ihr und versuchte zu ergründen, ob Claudia etwas bemerkt hatte. Aber die Frau lächelte ihm freundlich, mütterlich zu: »Es war schön, zu Hause werden wir uns darüber unterhalten, mein Kind. Diese Rolle wirst immer du singen.« Claudia stand auf, drückte die Romanina an sich und fühlte so, daß das Mädchen zitterte. »Hat dir jemand etwas getan?« fragte sie mit dem Blick, aber Caterina antwortete nur mit erschrockenem Gesicht, Zeit für Worte blieb nicht, denn der Maestro beendete die Pause: Noch einmal wurde die Arie geprobt, in der Orpheus versucht, das Herz des Fährmanns in der Unterwelt zu erweichen.

* Wohin, ach wohin entschwindest ...?

20

Francesco, der Thronfolger Mantuas, schrieb einen Brief nach Pisa an seinen an der Universität studierenden jüngeren Bruder Ferdinando, der von der Familie Gonzaga für die Kardinalswürde ausersehen war.

»Durchlauchtigster Herr, gütiger Bruder!

Morgen ist es an unserer Akademie soweit, daß man die Favola aufführt, nachdem Giovan Gualberto Magli wieder gesund ist... Er hat seine Rolle binnen kurzer Zeit einstudiert – so vortrefflich, daß sein feines Rezitativ alle begeistert. Die ganze Favola hat meine vollste Zufriedenheit gewonnen. Ich habe verfügt, den Text des ›Orfeo‹ zu drukken, so können die Zuschauer jeweils ein Exemplar erhalten und auf diese Weise den Gesang der Darsteller mit Aufmerksamkeit verfolgen... Ich schicke auch Euer Durchlaucht ein Exemplar und lege ebenso einen Bühnenentwurf der Aufführung bei.

Ich bitte Euer Durchlaucht, wenn Ihr dort von einer ähnlichen Veranstaltung hört, versäumt nicht, davon Euren Euch liebenden Bruder zu unterrichten, der Euer Durchlaucht mit der ganzen Wärme seines Herzens umarmt...

Gegeben zu Mantua, am 23. Februar 1607

der Bruder und zugleich Diener Euer Durchlaucht!

Francesco, Erbprinz von Mantua....«

Der schlanke Prinz mit der ausgeprägten Unterlippe der Habsburger empfing Claudio Monteverdi mit huldvoller Herablassung in seinem eigenen Gemach. Auch der Meister näherte sich lächend seinem jungen Herrn, denn er kannte ihn fast von seiner Geburt an. Der junge Herzog wandte sich mit vertrauter Geste an den Maestro.

»Messer Claudio, die Favola ist in jeder Hinsicht zu unserer vollen Zufriedenheit ausgefallen. Ihr habt auch damit Eure Treue gegenüber Eurer Wahlheimat unter Beweis gestellt. Dennoch hätten wir noch eine Frage an Euch. Ist bezüglich der Drucklegung der Favola schon etwas verfügt worden?«

»Seine Hoheit hat seine Zustimmung dazu gegeben. Die Stiche werden in der Werkstatt des Riccardo Amadino in Venedig angefertigt... Seine Arbeiten sind die schönsten und kaum teurer als die der Pisaer oder Bergamasker...«

»Ist die Widmung schon fertig? Und an wen habt Ihr gedacht, Messere?«

»Ich bin Euer Durchlaucht ergebener Diener...«

Tief, fast argwöhnisch schaute der Prinz Claudio in die Augen.

»Wenn Ihr sie bis jetzt keinem anderen versprochen habt... wäre ich Euch dankbar, wenn Ihr sie mir widmen würdet.«

Am Hof wurde darüber geflüstert, daß Vater und Sohn miteinander

wetteiferten... Vielleicht nicht immer im Zeichen innigster Liebe. Zwei voneinander abweichendere Menschen ließen sich wohl kaum finden. Vincenzo war ein launisches, ewiges Kind, das mit einer einzigen Bewegung jeder Verantwortung auswich, er hatte immer neue Einfälle, scheute jedoch vor der kleinsten Schwierigkeit, war ewig verliebt, aber stets bereit, den Mantel der Kreuzfahrer umzulegen...
Francesco hatte von seinem jesuitischen Beichtvater viel gelernt. Er war kalt und argwöhnisch. Von Ehrgeiz beseelt, strebte er himmlische und irdische Ziele an. In seiner kühlen Verschlossenheit erinnerte er an Eleonora, aber ihm fehlte das verständnisvolle Wohlwollen seiner Mutter. Mit einem hie und da fallengelassenen Wort deutete er so manches Mal an: er sei der einzige, der über die Würde des Hauses Gonzaga wache. Offenbar verachtete er seinen Vater, weil dieser seine Gefühle nicht zu zügeln vermochte.
»Wenn Seine Hoheit einverstanden ist, will ich es gern tun!«
»Und ohne dem?«
»Wollen Euer Durchlaucht meine Treue zu meinem Herrn auf die Probe stellen?«
Francesco verzog den Mund zu einem schwachen Lächeln.
»Es war in der Tat nur eine Probe, Maestro. Ich habe diesbezüglich schon mit meinem Vater gesprochen. Entsprechend seinem Wunsch werden wir das Libretto mit dem Text Striggios zu Ehren der Gäste hier in Mantua drucken lassen. Das erhalten die Gäste, und da wir das Stück auch in der Akademie aufführen, können es auch jene in Empfang nehmen, die dort der Aufführung beiwohnen, also nicht nur der Hochadel. Dieser Text wird Eure Widmung tragen, wie üblich... mit der allerhöchsten Gunst des durchlauchtigsten Herzogs... Aber die gesamte Favola muß auf dem Titelblatt meinen Namen tragen... Ich weiß, daß der Druck mit viel Sorgen verbunden ist... die will ich Euch von den Schultern nehmen, indem ich die Kosten trage. Unser Gesandter wird mit Amadino sprechen, damit man mit besonderem Eifer an die Herstellung der Druckstöcke geht. Die Widmung werdet Ihr verfassen...«
»Hat Seine Hoheit wirklich seine Zustimmung dazu gegeben?«
Der Prinz biß sich verärgert auf die Lippen.
»Ihr glaubt meinen Worten nicht?«
»Herzog Vincenzo ist nicht nur mein Gebieter, sondern auch mein Patron. Ich möchte mir nicht einmal in Gedanken seinen Unwillen zuziehen... Nur deshalb meine Frage... Aber die Worte Euer Durchlaucht beruhigen mich...«
»Ihr hättet mir die Dedikation auch freudiger geben können, Signor Monteverdi!«
Ein Kopfnicken. Der Meister entfernte sich ohne Lächeln, mit einer tiefen, höfischen Verbeugung.

Die Favola wurde in Mantua zur öffentlichen Angelegenheit. Der Herzog hatte seine Einwilligung gegeben, daß sie im Sitz der Gelehrtengesellschaft »Accademia degli Invaghiti« gleichsam als Hauptprobe aufgeführt werden durfte: Hier jedoch pflegte man sonst nur neue Oratorien aufzuführen: Ohne Kulissen, ohne Mechanismen und ohne Tanzgruppe. Es war also eher so, als wollte man das Werk auf die Waage des Kunstsinnes dieser vortrefflichen und gelehrten Männer legen, damit auch sie sich ein Urteil bilden konnten.

Freilich, die Akademiker (wohlgesinnte Dilettanten, gebildete Prälaten und sich langweilende Aristokraten) hatten schon alle von dem Werk gehört, denn die mit Hofangelegenheiten vertraute Gesellschaft der Stadt wartete erregt auf Nachrichten über das entstehende Dramma per musica. Einzelne verurteilten schon weit im voraus diese leichten mythologischen Spiele, die den Logos verspotteten und jene frommen Darbietungen zwischen die Mauern der Klöster verbannten, die zur Erbauung der Seele geschrieben wurden, die aber der Frivolität der Faschingszeit entbehrten.

Chieppio hatte zwischen dem Herzog und jenen Akademikern vermittelt, die nicht zu den konservativen Dilettanten gehörten und die gern den Festsaal der Akademie für solche Versuche öffneten. Seine Hoheit seinerseits hatte seine Zustimmung gegeben, daß auf dem Titelblatt des Textbuches von »Orfeo« (dies sollte unter den Gästen verteilt werden) als Donator auch das Wappen der Accademia degli Invaghiti erscheinen sollte – dafür würde sich die gelehrte Gesellschaft mit einer erklecklichen Summe an den Unkosten beteiligen, die beträchtlich genug waren, den Fasching des Jahres 1607 auch so noch schwer zu belasten.

Nachdem die vertraulichen Verhandlungen abgeschlossen waren, der Herzog und die Akademie sich geeinigt hatten, konnte der Zeitpunkt der Hauptprobe und der Uraufführung im Schloß festgelegt werden, und so blieb dann nichts weiter zu tun, als den Gesandten und den befreundeten Höfen mitzuteilen: Mantua öffne sein Herz und seine Tore vor den Gästen, die der Aufführung des »Orfeo« beiwohnen möchten – wenngleich die Darbietung dieser namhaften Favola gleichsam ein Versuch, eine Gelegenheitsprobe für die im nächsten Jahr vorgesehenen Hochzeitsfeierlichkeiten sei, die Herzog Vincenzo plane.

So konnte man mit den tausend Dukaten der Gelehrtengesellschaft vielerlei Rechnungen begleichen: Die mantuanischen Musiker und Sänger – der Maestro mit einbegriffen – hatten bis jetzt nur Versprechungen erhalten, allein für Magli hatte man das vereinbarte Auftrittshonorar gezahlt, doch daran ließ sich nichts ändern, denn ohne einen Kastraten war keinerlei Musikfestspiel vornehm genug. An die Autoren hatte bislang niemand gedacht: Striggio war ein Edelmann, Hofsekretär und der Maestro erhielt ohnehin seine Bezüge und würde außerdem für das Druckwerk aus Venedig sicherlich gutes Geld einstreichen. Caterinuccia zählte nicht, denn sie war fast noch ein Kind, und

sie konnte dankbar sein, daß sie unter die Sänger aufgenommen wurde. Die geringen Monatsbezüge Madama Claudias hatte man für diese zwei Monate dem Gehalt der Hofsänger angeglichen, und dann blieben keine weiteren Ausgaben mehr, nur die Kulissen. So beruhigten sich Chieppio, der Herzog und auch die Musiker, die man jetzt regelmäßig bezahlte. Sie versammelten sich daher mit guter Laune zu den alltäglichen Proben, die man vormittags in der Reggia hielt.
So geschah es, daß Meister Monteverdi mit dem Orchester gerade den dritten Akt probte, als eine Hofkutsche vor das Haus Monteverdis rollte und ein Kammerherr auf Befehl Seiner Hoheit Fräulein Caterina Martinelli aufforderte, mit ihm in den Palazzo del Te zu fahren, wo Seine Hoheit sie in einer Sonderprobe zu hören wünsche. Der Dienerin legte er ans Herz, niemandem ein Wort zu sagen, nicht einmal ihrer Herrschaft. Die Ehre für Caterinuccia sei so groß, daß davon in der Straße niemand erfahren dürfe. Eine Viertelstunde später rollte der Wagen über das Kopfsteinpflaster dem Palazzo del Te zu.

Das Faungesicht hatte sich nicht verändert: Es glühten dieselben Silenaugen wie hinter dem verborgenen Gitter, nur empfing der Herzog die Romanina jetzt in einem Purpurgewand mit einem kurzen Hermelinumhang darüber, und auf seiner Brust schaukelte an einer dicken Kette das winzige Widderfell vom Orden des Goldenen Vlies.
Vincenzo war ein beleibter Mann mit schon kahlen Ecken über den Schläfen. Sein Schnurr- und Vollbart waren nach spanischer Mode gestutzt. Dieses bejahrte, gefurchte Gesicht strahlte plötzlich auf, als der Kammerherr Caterina hereingeleitete. Im Hintergrund hing ein großes Bild: Ein Doppelporträt, das den Herzog und seinen Vater, den Gobbo, darstellte. Aber während Rubens seinen Auftraggeber genau studieren konnte, vermochte er den verstorbenen Herzog Guglielmo nur an Hand alter Darstellungen mit seinem Pinsel auf die Leinwand zu bringen. So richteten Vater und Sohn ihre Augen in andächtiger Demut auf gleicher Ebene gen Himmel. Und während diese zur Einkehr gemahnende gewaltige Leinwand den Hintergrund vor dem Mädchen verdeckte, spiegelte das volle, siegesbewußte Gesicht des Herzogs keinerlei selbstvergessene Demut mehr.
»Sing!«
Konnte denn in Mantua einer Künstlerin eine größere Ehre zuteil werden, als daß Seine Hoheit sich persönlich an das auf graziösen Beinen stehende, kunstvoll geschnitzte Cembalo mit Perlmuttintarsien setzte? Der Herzog stand zu seinem Wort: Er wollte sich Caterina selbst anhören, und seine Finger glitten mit der Behendigkeit des geübten Dilettanten über die Tasten: Auf dem Notenständer befand sich schön gebunden die Partitur des »Orfeo«.
Er war ein guter Spieler, wie er ein guter Fechter und ein guter Reiter war und darüber hinaus ein Dilettant, der Madrigale und Sonette kom-

ponierte. Er griff nun nach den Noten, legte »Orfeo« beiseite (als er allein war, hatte er sicherlich daraus gespielt) und darunter befand sich ein neues Werk Monteverdis, die *Scherzi musicali* – eben im Druck erschienen. Das Mädchen, das sich scheu in dem kleinen, mit Teppichen behangenen Raum umsah, in den kein einziger Laut der Außenwelt dringen konnte und den die Bewohner des Palastes spöttisch Musikzimmer nannten, beruhigte sich langsam. Nein ... im Gesicht Vincenzos war nichts von einem Verführer. Ein sich langweilender Großherr, der jetzt musizieren wollte. Er suchte ... blätterte ... überall waren es mehrere Stimmen: Sopran ... Bässe ... zwei Geigen, ein Cello und ein Cembalo. »Kennst du diese Stelle, Caterina?« Das Mädchen beugte sich näher.
Die Hand hatte ihre Sicherheit schon gefunden ... spielte die einleitenden Akkorde. Er schaute fragend zur Romanina auf, das Mädchen, blond, frisch und graziös, begann zu singen, als übte es zu Hause ... bei dem Meister.
»Amorosa pupilletta che saetta ...«
Das leichte Thema entlockte seinen Lippen kein Lächeln ... keine Leidenschaft, die dem Lied des Maestros vielleicht innewohnte, durchglühte es. Caterina blickte auf nichts anderes, schaute nur auf das Notenblatt, konzentrierte ihre ganze Kraft, ihr ganzes Bestreben auf ein einziges Ziel: Den Zauber ihrer sich entwickelnden Stimme so schön wie möglich, so klar wir möglich erstrahlen zu lassen.
Der Dilettant lebte in der Welt des Madrigals: Dieser Mann im besten Alter ging die Partitur wie ein Kind an, stürmte gegen die eine oder andere schwerere Passage an, biß sich auf die Lippen, wenn ihm ein Fehler unterlief, mußte er doch auch die anderen Stimmen und Instrumente auf das Cembalo transponieren. Eine schwere Aufgabe ... einst beherrschte er sie, hatte aber lange nicht geübt, schwitzte dabei, Schweißperlen saßen ihm auf der Stirn. Caterinuccia empfand die beklemmende Atmosphäre, aber ihr Instinkt sagte ihr, solange sie sang, konnte ihr nichts passieren ... Rhythmus und Harmonie umschlangen sie wie ein weicher Schutzgürtel. Der Herzog hatte das schwerste hinter sich: Er ließ das Mädchen singen ... es ermüden, als wartete er darauf, daß die Romanina selbst sagte: »Ich kann nicht mehr, ich möchte ausruhen!«
Aber die Romanina machte bei Monteverdi eine harte Schule durch, und ihre Stimme, anstatt schwächer zu werden, klang immer kraftvoller. Den Band kannte sie, hatte jede schönere Komposition mit dem Maestro durchgenommen, ehe er die »musikalischen Scherze« in die Druckerei gegeben hatte ... Sie zitterte und war dennoch stolz und glücklich, denn das war die wahre Prüfung: Sie durfte ihrem Herrn und Gebieter, von niemandem gestört ... von niemandem gekränkt, ihre lang verborgene Kunst zu Gehör bringen.
Hätte ein Höfling Vincenzo jetzt gesehen, er wäre erstaunt über das

Glück wesen, das sich in diesem blonden Gesicht spiegelte ... Seine Finger glitten so heiter, so frohgemut über die Tasten, lächelnd ermunterte er Caterinuccia ... Sie paßten sich einander an, wenn der eine oder andere einen Fehler beging, lächelten sie sich schon zu ... es gab keine Trennwand, keine Angst zwischen ihnen ... und das Mädchen hatte plötzlich das Gefühl, zu Hause zu sein, nichts könnte ihm widerfahren ... Die Romanina erschrak nicht vor der Bewegung Vincenzos, als der Herzog seine Begleitung für eine Minute unterbrach und mit der Linken leicht und zart ihre Taille umfaßte ... Das Cembalo verklang mit einem metallenen Klageton, aber Caterina durfte mit dem Singen nicht aufhören. Wie eine Schlange umwand der Arm des Mannes ihren Körper, aber sie mußte singen, mußte alle Kunst der Koloratur strahlen lassen, weil die Berufsehre es so verlangte: Wenn alles um sie zusammenstürzte, wenn nur die Übung und die Gewohnheit sie aufrecht hielten, sie mußte ihr Lied auch dann fortsetzen!
Und Caterinuccia wußte, solange das Lied dauerte, trug sie einen Panzer, solange konnte ihr das Ungeheuer – wie der Jungfrau im Märchen – nichts anhaben ... Deshalb beendete sie das Lied nicht nach der zweiten Strophe, sondern stimmte auch die dritte an ... dabei hatte sie das Gefühl, zentnerschwere Felsblöcke lasteten auf ihren hämmernden Schläfen ... sie halte es nicht aus ... halte es nicht länger aus. Dennoch schwang sich ihre Stimme empor, strahlte noch immer, war schon gar nicht mehr ihr Sopran, sondern der Gesang eines fremden Vogels, der da sang, weil er hoffte, Schutz zu finden.
Ihr Suchen nach Schutz war ganz instinktiv. Aber sie fühlte, daß die Hand des Mannes immer heißer wurde, daß sich sein in Brokat gehüllter Arm immer fester um ihre Taille schlang, und so mußte sie das letzte Wort des Textes singen ... schreien: »Maledetto« – Oh, Verdammter! Und plötzlich, wie bei einem Kind, versagte ihr die Stimme ... es ging nicht weiter!
»Weißt du denn? Königliches Blut schändet nicht!«
Während er ihr diesen buhlerischen Leitsatz der französischen Könige ins Ohr flüsterte, fühlte Caterina, mit welch stählerner Kraft diese dem Anschein nach weiche, schlaffe Männerhand sie drückte, spürte aus unmittelbarer Nähe den fürstlichen Pomadenduft und auf ihrer Brust die Last der heißen Umarmung des keuchenden Mannes in dem golddurchwirkten Gewand ... Plötzlich preßten sich die vom blonden Bart gerahmten Lippen auf ihren Mund ... er kam näher ... immer näher ... es gab kein Entfliehen mehr ... nirgend wohin, auch nicht in den Gesang, denn die Martinellis hatten sie verkauft, hatten sie als Kind an den Großherrn verkauft, als drei gelehrte Doktoren noch in Rom auf kunstvollem Pergament ihre Unschuld bezeugt hatten ... Seither gehörte sie dem Herzog, war sein Spielzeug, seine Beute ... Sie mußte sich noch bedanken, daß er sie nicht schon früher begehrt hatte ... sie erziehen ließ, für sie zahlte, sie ernährte, kleidete und ihr

den größten Meister Italiens zum Lehrer gab, so daß sich heute die Kammerherren vor dem armen Bürgermädchen verneigten, das »morgen« die geheime Favoritin des Herrschers sein konnte ... Sie war Eigentum des Herzogs wie ein Sklavenmädchen, das man auf dem Markt kaufte und verkaufte ... Und nun war er da und forderte den Preis: Seine Stirn war gefurcht, er atmete keuchend, über seine Stirn rollte eine vom Duftstoff ölige Schweißperle ... in seinem Mund fehlten hie und da Zähne, und der Hermelinumhang verdeckte den vorstehenden Bauch nur dürftig.

Doch war er zeitlos ... ein von Ast zu Ast springender wohlgelaunter Satyr ... ein Faun, wie er mit haariger Brust dort auf dem kostbaren Wandteppich spähte.

Sie wollte sich losreißen ... hob abwehrend die Hand vor sich ... wich zurück ... faßte nach hinten, weil sie an etwas gestoßen war ... griff mit der Hand ins Cembalo, und aus dem teuren Instrument brachen plötzlich ächzende Laute hervor ... Vincenzo war abergläubisch, ihm war, als würde diese Kakophonie aus dem ominösen Reich der Geister emporsteigen ... Ein Augenblick genügte, und das Mädchen hatte schon einige Schritte zurückweichen können, möchte zu dem Gesang fliehen: »Solange du singst, kann dir nichts widerfahren!« Caterina begann erneut zu singen ... vom Instinkt getrieben ... Die Tränen rollten ihr übers Gesicht, als sie aufs Geratewohl die Schlußzeile eines Liedes anstimmte ... Aber der Faun lachte auf, und das Mädchen sah nur noch, daß seine beringte Hand im Schein des Kandelabers funkelte, als sie wie eine richtige Schneuze das Kerzenlicht erstickte ...

Ja ... die Diamanten glänzten noch einmal, bevor sich Stockfinsternis auf das Musikzimmer legte und der Faun von dem Gobelin regungslos auf die Liege starrte.

21

Der Tag von Fastnacht zu Aschermittwoch brach an. Die Palastdiener löschten die Kerzenflut aus. Sie ließen in den Kandelabern nur so viel Lichter brennen, um in dem langgezogenen Raum die zwischen die Bänke gefallenen Spitzentücher, Schnallen, Duftfläschchen und auch mal einen Scudo sehen zu können ... Sie fanden manchmal ein intimes Briefchen über ein Stelldichein (ein solches Schreiben konnte Gold wert sein ...), in den Reihen der Aristokraten zwei Fächer, einen Handschuh und viele, viele verwelkte Blumen, die am Nachmittag noch frisch im herzoglichen Wintergarten geduftet hatten.

Die Bühne trennte nur drei gemalte Stufen von dem Marmorfußboden der Galleria dei Fiumi. Hier lagen die zertretenen Blumen in Haufen: Hingerissene Zuschauer hatten sie im Sturm der Begeisterung den

Darstellern zu Füßen gestreut. An der Öffnung der Versenkung lagen Seidenfetzen und Bänder ... der mit Wasser getriebene Mechanismus ging zu schnell, hatte den spitzenbesetzten Saum am Gewand eines Hirten eingeklemmt ... Am widerwilligsten kehrten sie vor den verlassenen Notenpulten der Musiker: Hier lagen nur Kolophoniumstückchen, zertretene Kerzenstummel, Dochte, weggeworfene Papierschnitzel und Bleistückchen ... aber kein einziger Scudo.
Die Kirche gebot, daß in dieser Nacht, wenn die Mitternachtsglocke erklang, das Gelage überall ein Ende nahm und die Gläubigen sich bußfertig zum Fasten rüsteten. Ergebene Büßer sollten sich mit dem Ruß der Kerze ein Kreuz auf die Stirn malen ... und nach der Ermahnung »Memento quia pulvis es« darauf vorbereitet sein, am Morgen Asche auf das Haupt gestreut zu bekommen ... Ja ... so war es eine Minute lang ... Und danach brach die Unterhaltung erneut, noch lärmender, durch Schuldbewußtsein gesteigert noch ungestümer los. Die Musiker spielten in rasendem Tempo ... fast ohne Unterbrechung die Scherzi, Frottolen und Villanellen ... Schweiß rann von ihrer Stirn, die Gesichter der Bläser blähten sich, die Violen weinten, wie ein gequälter Mensch: Jetzt trugen die Fürsten ihren Bruder, den Karneval, zu Grabe.
Der Diener, der als letzter in der Galerie geblieben war, hob in einer Ecke ein wappenverziertes, goldgeschmücktes Heft mit schmutzigem Deckblatt auf: Jemand von den Großherren hatte das Textbuch fallen lassen, nachdem Apoll den für ewig verwitweten Orpheus in den Himmel geleitet hatte. Der Diener lebte in der Stadt, er konnte lesen. Bei dem Licht einer einzigen Kerze versuchte er, die Buchstaben zu entziffern:

L'ORFEO
FAVOLA IN MUSICA
DIESES MUSIKSPIEL WURDE ZU FASTNACHT IM JAHRE DES HERRN 1607 IN DER ACCADEMIA DEGLI INVAGHITI UNTER DEM HOHEN PATRONAT DES GNÄDIGEN UND GENEIGTEN DURCHLAUCHTIGSTEN HERZOGS AUFGEFÜHRT

»Was liest du da?« rief einer seiner Gefährten ihm zu.
»Sieh dir's an ... lauter Golddruck ... verziert und erhabene Worte ... Nimmt man es in die Hand, ist es lauter Schmutz! ›So erwirbt des Himmels Gnade, wer die Hölle litt auf Erden‹, haben sie gesungen ... Ja, man hat Rasi versprochen, daß er in den Himmel aufsteigt ... und wie ist es gekommen: Seit Stunden singt er nun schon unten für sie ... Da kennen sie kein Erbarmen. Als ich vorhin Wein hineinbrachte, sah ich, daß der Schweiß nur so von ihm rann ... Nein, es gibt kein Erbarmen für den, der Hofdiener ist ... Der Medici-Bastard und der bärtige steife Prinz aus Turin haben ihn grinsend sein Lied wiederholen lassen ... Und was erhält Rasi dafür? Vielleicht wirft ihm einer der Betrunkenen ... einen Dukaten zu ...«

»Warst du bis zum Schluß dabei? Während der Aufführung der Favola?«
»Dort, wo man das Wasser in die Maschinerie goß, dort hielt ich mich auf, half das Faß halten, damit der Kammerherr mich nicht hinausjagte. Alles habe ich gesehen, denn der Maestro war nicht weiter von mir entfernt als hier die Tür. Und wer den Maestro sieht, der sieht alles, mein Freund. Sein Blick ... er genügt schon, um Bratschist, Sänger ... und den Bühnenmeister, der die Kulissen drehte, in Bewegung zu setzen. Wenn du gesehen hättest, wie die Augen des Kastraten an ihm hingen, als er sang ... Nicht um die Welt hätte er woanders hingeschaut, nur auf Monteverdi.«
»Was war das Schönste ... für dich?«
»Als Rasi unten in der Vorhölle weilte. Er schläferte den Alten ein, der mit dem Nachen über den Fluß fährt ... und dann gerieten die Götter in Streit um die Frau ... Es war, als würde die Reggia erbeben ... Die vielen Blumen sind auf einmal verwelkt, als man die roten und gelben Flammen auf sie blies ... Schwefliger Dampf drang ... aus den Löchern empor. Ein Neapolitaner soll diese Einrichtung ausgeklügelt haben ... Aus der Ecke, wo es ganz dunkel war, hörte man das Wehklagen der verdammten Seelen ... Dazwischen spielte dann und wann die Musik. Weißt du, das nennen die Herren Interludium! Vor jeder Strophe erklang Musik. Das war für mich das Schönste. Denn dergleichen habe ich noch nie gehört ... Das Schönste? Warte mal ... als die Harfe allein spielte ... Ich konnte von hier sehen, daß selbst in dem häßlichsten Herrn das Blut erstarrte ... Es war herzergreifend ... Der Herzog, denn auch ihn habe ich gesehen, trocknete sich die Augen ... Das war wie ein Zeichen, denn plötzlich schluchzten alle ... wischten sich die Tränen ... Es schickte sich für die Damen und die Ritter zu weinen.«
»Und die kleine Gans ... wie hat sie gegackt?«
»Wenig ... aber sehr schön. Sie hatte auch keine Angst. Ganz mutig trat sie hervor ... im grünen Gewand ... alles an ihr war grün ... und sie geleitete Rasi, so schnell, daß dieser Dickwanst fast außer Atem geriet ... Als sie ihren Gesang beendete, zog Seine Hoheit die Handschuhe aus, um besser klatschen zu können ... Das will was heißen ... das will schon was heißen ... Sabina, ich habe es von meinem Platz gesehen, wurde puterrot ... Ihr hat der gnädige Herzog nie solchen Beifall geklatscht, obwohl er auch sie gar oft in dem kleinen Zimmer mit den vielen Teppichen ... beehrt haben soll ...«
»Der Kutscher hat erzählt, er habe dieser Tage Caterinuccia in das Te gebracht ... Zwei Stunden später fuhr er sie wieder nach Hause. Niemand hat sie gesehen ... So lautete der Befehl. Die fängt auch schon zeitig an ...«
In der Ecke glänzte etwas. Er ging näher heran, ohne daß es seinem Gefährten auffiel. Es war eine Halbmaske, silberbestickt, mit kleinen

Edelsteinen . . . Es hatte sich gelohnt, das Kerzenlöschen zu übernehmen. Unauffällig steckte er die kostbare Maske in die Tasche, damit sein Gefährte es nicht gewahrte . . .

Seine Hoheit verließ das Gelage kurz nach Mitternacht. Durch eine Tapetentür gelangte er in einen geschlossenen Gang, öffnete hier mit seinem Schlüssel eine zweite Tür und betrat sein Arbeitszimmer. Hier wartete in Begleitung von Chieppio der neue Gesandte der Serenissima, Contarini, der um die nächtliche Audienz ersucht und diese gewährt bekommen hatte.
»Durchlauchtigster Herzog (die Venezianer titulierten ihn nie mit Hoheit), empfangt meinen aufrichtigsten Dank im Namen der ganzen Signoria für das heutige einmalige Fest. Euer Durchlaucht haben mich mit einem Erlebnis bereichert, das ich meinen Gebietern mit ungeschickter Feder zu schildern versuchen werde. Ehe ich noch auf den eigentlichen Grund meiner Audienz zu sprechen komme, bitte ich Durchlaucht, mir eine Bitte zu gewähren!«
Vincenzo war der Rausch völlig aus dem Kopf gewichen. Es galt auf der Hut zu sein, wenn er mit dem Gesandten des Heiligen Markus verhandelte.
»Die Besitzungen meiner Familie . . . der Contarini, liegen bei Padua in Piazzola. Mein Großvater hat dort ein Theater erbauen lassen . . . genauer, er hat das kleinere erbauen lassen, das größere mein Vater. Meine Aufgabe wäre es, diese Mauern mit Leben zu füllen. Wenn Eure Durchlaucht gestatten wollten, daß wir dort den ›Orfeo‹ aufführten!«
War das ehrlich? Nie konnte man wissen, welche Gefühle das hinter dem blaurasierten Gesicht arbeitende venezianische Gehirn verbarg. Aber er konnte ein Lächeln nicht unterdrücken.
»Hat es Euch wirklich gefallen, Contarini?«
»Euer Durchlaucht wissen, daß ich viel in fremden Ländern umhergekommen bin, in Madrid war ich im Theater des Königs . . . in Versailles im Theater der Königin . . . in London habe ich mir für Geld ein Billett gekauft, denn dort ist das möglich, es verstößt nicht gegen die gesellschaftlichen Sitten. Ich habe Tragödien gesehen, leichte Komödien, Schäferspiele und fromme Darbietungen. Aber ich sage aus ehrlichem Herzen, und ich bitte, dies nicht als Schmeichelei aufzufassen: Etwas vergleichbar Schönes habe ich noch niemals gehört. Es ist, als hätte man einen Weg gefunden . . . den wir vor langer, langer Zeit . . . seit Boëthius verlassen haben . . . Ob die Musik unserer Ahnen so geklungen hat, ehe wir die Insel des Rialto besiedelten, weiß ich nicht . . . Aber daß dieses Dramma per musica ein Grenzstein ist . . . das wird mir die Signoria glauben.«
»Werdet Ihr das so berichten . . .? Und der Grund Eures Besuches, edler Herr?«
»Der ›Orfeo‹ war für mich Honig, der den bitteren Geschmack der

Politik versüßt hat. Nach unseren Informationen hat Parma ein geheimes Bündnis mit Fuentes, dem spanischen Statthalter von Mailand, geschlossen. Madrid verzeiht Euer Durchlaucht den Festungsbau in Casale nicht ... Wenn wir mit unserem bescheidenen Rat zur Sicherheit Mantuas beitragen dürfen, würde ich empfehlen, die Eheverhandlungen in Turin zu beschleunigen. Euer Durchlaucht stehen allein; nur die Sympathie der Republik San Marco ... und das Wohlwollen des Großherzogs von Florenz sind Euch sicher. Sobald jedoch das Ehebündnis geschlossen ist, stehen auch die zwanzigtausend Mann des Herzogs von Savoyen bereit.«
»Mein Resident aus Madrid meldet keinen Sturm!«
»Lerma liebt schöne Bilder ... Er zeigt all seinen Gästen die Gemälde, die Herr Rubens im Auftrag Euer Durchlaucht überbracht hat. Vielleicht weiß er nicht ... oder posaunt es nicht aus, daß ein Großteil der Bilder ... nicht ganz echt ist ... Aber durchlauchtigster Herzog, es ist etwas anderes, was in der Unica Corte als frommer Spruch gesagt wird, als das, was der eiserne alte Fuentes tut. Die Spanier mögen an ihren italienischen Grenzen die Italiener nicht. Auch die Stadt des San Marco muß auf der Hut sein, sollten die getreuen Söhne Seiner Katholischen Majestät versuchen, die Serenissima in Scharen zu besuchen. Bis jetzt hat Fuentes nur gedroht, solange es unter den italienischen Fürsten keinen Verräter gab. Aber der Parmaer Farnese haßt Euer herzogliche Durchlaucht und ist zu allem zu haben! Er hat mit dem jahrhundertealten Feind einen Pakt geschlossen ... Ja, Euer Durchlaucht wissen, wenn es um das Wohl ganz Italiens geht – dann sind auch die Venezianer Italiener! ... Dies haben auch die Vorfahren Euer Durchlaucht gelernt, als sie sich vor hundert Jahren auf die Seite der französischen Eindringlinge stellten ... Aber das betrifft schon Klio und nicht uns, durchlauchtigster Herzog. Die Signoria hat mich ermächtigt, im gemeinsamen Interesse Italiens Euer Durchlaucht flehentlich zu bitten, Mantua und Turin mögen so schnell wie möglich ein Bündnis schließen. Das wäre eine kalte Dusche für den parmaischen Verräter! Nach all dem wünsche ich mir die offenbar noch wundervolleren Feierlichkeiten erleben zu dürfen, die *Euer Hoheit* planen, wenn der junge Herzog Francesco seine Braut in die Reggia geleitet!«

Claudia hatte sich schon zur Ruhe begeben, die Knaben schliefen, nur Vater Cattaneo fuhr auf: Aus dem Zimmer des Mädchens drang noch immer Kerzenlicht herüber. »Schlaf, Nuccia, morgen ist auch ein Tag.«
Claudio lockerte den Gürtel, legte den Spitzenkragen ab, streifte seine etwas engen Schuhe von den Füßen. Sein Dirigentenstab, der Dolch mit dem silbernen Griff und der Federhut lagen bereits auf dem Tisch. Wie er es von seinem Vater gelernt hatte, füllte er einige Tropfen Beruhigungsmittel in das mit gewässertem Wein gefüllte Glas. Noch ehe auf

der Sanduhr eine Viertelstunde verronnen war, empfand er eine wohltuende Betäubung. Die halbseitigen Kopfschmerzen wichen. Bis zu diesem Zeitpunkt aber pulsierten noch alle Regungen des Abends in ihm; die Favola war eine launische Fee: Dem Schein nach die Mär mit antiken Göttern, ein mythologisches Herbarium, in Wirklichkeit, wenn die Darsteller – Musiker, Sänger und Chor – den Gipfel der Leidenschaft erreichten, schon ein fertiges Drama. Alle bekamen menschliche Züge ... alle im goldenen Nebel eingeschlossenen, im Reich der Schatten schwebenden Geister wurden zu Menschen, in deren Klagen sich ihre Seele offenbarte.

Als die Darbietung zu Ende war, hatten sich die erlauchten Herren versammelt, fremde Prinzen, Gesandte und Prälaten. Die Favola, hatte Fernando de Medici gesagt, stehe ohnegleichen da. Die einstige Aufführung der »Eurydike« könne sich nicht mit ihr messen. Ein leichtes Tanzspiel ... die Darsteller in fast unbewegter Pose, das farblose, am Text hängende Rezitativ der Sänger, nicht mehr sei das Drama Peris und Rinuccinis im Vergleich zu »Orfeo« gewesen. »Wir würden die Favola gern einmal in Florenz sehen«, und das war das Äußerste, was ein Medici sagen konnte.

Der Erzbischof von Mantua war ein bejahrter, müder Mann. Er hatte es schon lange aufgegeben, im strengen Geiste des Tridentinischen Konzils den Hof Vincenzos zu reformieren. Zu dieser Aufführung war er dennoch gekommen, hatte nichts auszusetzen, machte keine Vorbehalte, und als Claudio zum Handkuß vor ihn getreten war, hatte er ihm stumm das Zeichen des Kreuzes auf die Stirn gemalt. »Nihil obstat«, besagte dieses Zeichen, und er hatte leise hinzugefügt, daß eine Favola, die edle und reine menschliche Gefühle erwecke, keineswegs das Werk des Teufels sein könne.

Der Zauber hatte alle überwältigt: Noch wogte die Bühne, als schon die letzten Akkorde verklungen waren, und in der plötzlichen Stille schwangen die Metallsaiten noch nach, da erschallte bereits dröhnender Beifall, der die Galleria dei Fiumi erbeben ließ. Hundert Frauenhände warfen Blumen und Sträuße auf die Bühne, aber im Begeistungsanfall auch Tücher, Fächer, Gesichtsmasken: All das verdeckte in der nächsten Minute den Rand der Versenkung, die Kulissen und den Schlund der Hölle. Die Darsteller bildeten Gruppen, verneigten sich ... auf ihren geschminkten Gesichtern zogen die Tränen der Freude ihre Furchen. Die Sänger breiteten die Arme aus oder drückten sich die Hände aufs Herz ... Der Kastrat stand da mit dem Kranz auf dem Haupt (in seiner zweiten Rolle hatte er Proserpina gespielt), nun trat dieser große Mann von seltsamer Gestalt langsamen, fast sakralen Schrittes an das Clavicembalo, an dem blaß und ohne Lächeln der Meister stand, nahm den Kranz vom Kopf und setzte ihn Claudio Monteverdi auf. Der Beifall schwoll an, eine Hand berührte seine Schulter, Claudio verließ seinen Platz, trat nach vorn, vor seinen Augen tanzten feurige Kreise, ein heftiger Kopfschmerz erfaßte die Schläfen, und als er den Bühnenrand erreichte, erhob sich Vincenzo in seinem weißen Hermelinumhang, trat zu ihm hinauf, und der Souverän umarmte seinen Untertan.

»Morgen sprechen wir über alles, Monteverdi. Nehmt heute meinen Dank . . .«

Noch währte der Glanz, einige Minuten lang, bis der Faschingstrubel das Bühnenbild wegschwemmte. Der Meister dachte: Wer wird sich am Aschermittwoch noch an die Belustigungen zur Fastnacht erinnern? Eine Hofkutsche brachte zwei Kammerherren in den Palazzo del Te, diese nahm auch ihn und Claudia mit. Cattaneo, sein Schwiegervater, machte sich zusammen mit Caterina und dem kleinen Francesco (der Knabe hatte heute zum erstenmal ein Hoffest gesehen) zu Fuß an dem schönen mondhellen Abend auf den Heimweg.

Bevor der Maestro und seine Frau einstiegen, trat ein zu den Feierlichkeiten in die Stadt gekommener italienischer Verwandter des spanischen Vizekönigs in Neapel an die hüstelnde Claudia. Er breitete die Arme aus und sagte mit echter, südländischer Begeisterung: »Madonna, solange ich lebe, werde ich Eure Arie nicht vergessen.« Vom Kutschbock konnte man ins Innere des Wagens sehen. Claudio schaute hinein: Die Augen seiner Frau waren weit geöffnet . . . von Tränen schön . . . Sie strahlte verklärt, und der Ritter aus Neapel sah sie entzückt an . . . Wie schön sie heute abend war . . . sie war wieder die Claudia von einst!

Caterinuccia war noch zu jung, um an dem Hofball zu Fastnacht teilnehmen zu können. Das konnte Claudio noch nicht gestatten. So ging das Mädchen, fröstelnd in dem vom Mincio wehenden eisigen Wind, eingehakt bei Vater Cattaneo . . . Der Wind hatte ihren dicken, glänzenden Haarzopf unter dem Kopftuch hervorgeweht. Sie raffte ihren Rock ein wenig hoch, trat auf den Zehenspitzen von Kopfstein zu Kopfstein, damit der aufspritzende Schlamm ihr schönes Gewand nicht beschmutzte.

»Siehst du«, sagte Cattaneo leise, den der Abend gleichsam in einen Poeten verwandelt hatte, »siehst du, einige Musiker . . . Sänger . . . und der Meister haben dieses Dramma per musica aus dem Nichts geschaffen. Wer hat während des Harfensolos nicht geweint? Wer hätte nicht empfunden, daß die Heiterkeit der Hirten auf der Hochzeit des Orpheus und seiner Gattin . . . nicht von langer Dauer ist: Dies ließ schon die Musik empfinden . . . Jeder Musiker hat so gespielt, daß man wußte: Darauf kann nur etwas Trauriges folgen . . . Nur das Ende hat mir nicht gefallen.«

»Wie Herr Striggio es erst geschrieben hatte, so war es besser. Warum durfte es nicht so aufgeführt werden?«

»Der Herr Inquisitor hat es nicht gestattet. Dort hätten Bacchantinnen den Orpheus zerrissen, der nach Eurydike künftig niemanden mehr lieben wollte ... Das hätte die Leidenschaften zu sehr aufgepeitscht ... gerade zum Ausklang des Faschings ... Lieber sollte Apoll herniedersteigen und den Sänger mit sich auf den Olymp nehmen ... Schade, mein Kind ... die Lösung Striggios mit den Bacchantinnen war sehr schön gemacht ... Aber wir wollen uns freuen, daß alles so gut gelungen ist ... Man sagt, der Inquisitor habe sehr lange überlegt, ob er die Favola überhaupt aufführen lassen sollte.«

Die Sandkörner der Uhr hatten bereits den Strich erreicht: Heute, wie es schien, wirkte der Schlaftrunk langsamer. Ja ... der Schluß, dachte Claudio, war etwas flach ... er wäre mit dem Lied und dem Tanz der Bacchantinnen schöner, blutvoller, erregender gewesen ... Doch davon konnte das Publikum nichts wissen ... Hustete Claudia wieder? Ja ... der Beifallssturm war das schönste und schmerzlichste ... Es klang, als hätte man eine Kanone abgefeuert, als die hundert Händepaare aneinander schlugen ... Er sah sich, wie er im schwarzen Hofgewand dastand ... sich verneigte ... womöglich unbeholfen, weil er an dergleichen öffentliche, weltmännische Ehrung nicht gewöhnt war ... Die beiden Arme Seiner Hoheit hatten auf der Lehne geruht ... im nächsten Augenblick stand er auf ... »Claudio ...« kam es leise aus dem Nebenzimmer ... es klang, als würde Claudia die schmerzliche Rolle Eurydikes fortsetzen. Er kannte diese Stimme ... kannte sie gut. Er vergaß seinen eigenen Kopfschmerz und entnahm der kleinen Hausapotheke Doktor Baldassares das für Claudia bestimmte Beruhigungsmittel ...

Contarinis Diener schob schon die zweite Kerze vor seinen Herrn. Der venezianische Gesandte hatte angeordnet, sobald er den Bericht beendet und versiegelt hatte, sollte der Kurier unverzüglich losreiten. Als erstes kam der politische Teil: Der Gesandte berichtete von seinem nächtlichen Gespräch mit Vincenzo ... danach konnte er sich in die Schilderung des gesellschaftlichen Lebens vertiefen; mag sein, daß dies die Zehn mehr interessierte als die spanische Macht und die Festung in Montferrato.

»... Der Kunstgattung nach wüßte ich nur schwer zu sagen, was der Favola ähnelt. Messer Rinuccini nannte die Art, in der er Eurydike geschrieben hat, stile rezitativo. Sein Stolz war, daß die Musik und der Gesang den dichterischen Glanz der Diktion und des Stils nicht unterdrücken.

Aber ich, der in Florenz anläßlich der Hochzeitsfeier im Hause Medici mit Verlaub Euer Gnaden die dortigen Festlichkeiten gesehen habe, fühle, daß das Musikdrama in Italien mit ›Orfeo‹ einen neuen Wendepunkt erreicht hat. Vielleicht ist es der Aufmerksamkeit Euer Gnaden nicht entgangen, daß ich bei der ›Eurydike‹ nur den Dichter erwähnte, denn ich habe empfunden, daß die Musik Messer Peris dem Text wie ein Schatten folgte. Aber hier ... bei ›Orfeo‹ schien die Sache gerade umgekehrt zu sein. Der Kapellmeister des Herzogs, Claudio Monteverdi, hat die Favola auf den schönen, aber für sich allein kaum als Kunstwerk zählenden Text des edlen Herrn Striggio wie ein Demiurg aufgebaut. Wenn die Florentiner ihre Kunst ›stile rezitativo‹ genannt haben, so wage ich, den gestrigen Abend (der Tag von Aschermittwoch ist schon angebrochen, mit Verlaub Euer Gnaden) als Triumph des ›stile drammatico‹ zu bezeichnen.

Was ist diese Favola? Diese Fabel brauche ich nicht in Erinnerung zu bringen . . ., aber ich kann berichten, daß die Musik und der Text diese alte Favola der Liebe mit solch tiefen Empfindungen zum Leben erwekken, daß sich daran auch jede fromme christliche Seele erfreuen kann. Das Orchester erhält eine selbständige Rolle: Wenn es – wie am Anfang – ohne Sänger spielt, nennt man das Sinfonia. Das Orchester bestand gestern abend, wie ich gezählt habe – das wird das Orchester von San Marco vielleicht interessieren –, aus etwa vierzig Mann; darunter zehn Violinen, zwei Positive . . . und Harfen. Eine der Harfen spielte ein bedeutendes Solo. Die Bläser empfand ich am stärksten in dem Akt in der Unterwelt: Wenn mein bescheidenes Gedächtnis mich nicht täuscht, haben darin die Sonaten unseres großen Meisters Gabrieli ihre Spuren hinterlassen. Was den Gesang betrifft: Einige Strophen des Orpheus haben die Zuschauer zu Tränen gerührt. Ritter haben geweint, Priester sich die Augen gewischt. Maestro Rasi spielte den Orpheus gekonnt. Man sagt, er habe auf Empfehlung Monteverdis genau beobachtet, wie sich das Komödiantenvolk auf der Bühne bewegt, und er schritt, bewegte sich und sprach mit gleicher Sicherheit und Natürlichkeit wie die Akteure Fedelis.

Ich habe das Gefühl, daß die Klage des Orpheus, das Lamento, es ist, in dem die Kunst des ›stile drammatico‹ ihren Höhepunkt erreicht hat. Wenn ich den Vergleich Diener und Herrin gebrauchen darf: Weder der Text noch die Musik ist des anderen Diener. Bei ›Orfeo‹ erscheinen beide als leibliche Geschwister nebeneinander. Der Zuschauer hat den Eindruck, als hätte die Poesie die Musik geboren . . . doch seht, welch verborgene Möglichkeiten der Musik der Meister aufleuchten läßt, wenn er jedem Darsteller das Instrument zuordnet, das am besten seine Lage . . . oder die in ihm verborgene Leidenschaft ausdrückt.

Die italienischen Gäste hielten das große Arienrezitativ des Orpheus, in dem er die unterirdischen Mächte zu bewegen versucht, für das Schönste. Darin wird die Kunst des Sängers am meisten auf die Probe gestellt. Rasi ist diesem bis zum äußersten gesteigerten Anspruch größtenteils gerecht geworden, wenngleich ich oft das Empfinden hatte, als wäre die Hand des Meisters ein wenig zu streng gewesen . . . Die Fiorituren blieben größtenteils aus . . . obwohl man doch am Hofe Mantuas an die Verzierungen Rasis gewöhnt ist.

Ich muß Euer Gnaden noch von dem Chor berichten. In der ›Eurydike‹ gab es einige Sänger, die mit dem Blatt in der Hand da standen –

wie das im Oratorium üblich ist – und einfielen, als die Zeit ihres Auftritts gekommen war. In ›Orfeo‹ traten vielleicht an die zwanzig Hirten auf, sie kamen und gingen auf der Bühne, rannten um die gemalten Haine . . . ihre Stimmen klangen anfangs, als wären es Scherzo- oder Frottolasänger . . . aber so wie man die Tragödie sich nähern fühlte, so wurden sie immer ernster.

Während ich diesen Brief schreibe, höre ich den Chor immer noch singen: ›Vieni, Imeneo.‹* Ich möchte sagen, es eignete sich sogar als Kirchenmusik. Was die musikalische Komposition betrifft, bedauere ich zum erstenmal, daß die Gesetze der Serenissma es nicht gestatten, daß die Kinder von Edelleuten im Chor mitwirken dürfen. So vermag ich in meiner Unwissenheit nur meinen Empfindungen Ausdruck zu geben.

Seine kühnen Harmonien fielen allen auf, die sich noch an den gegen Monteverdi gerichteten Angriff eines gewissen Priesters aus Bologna, namens Artusi, erinnerten. ›Eine Septime‹, empörte sich neben mir bei einer frei einsetzenden Septime ein konservatives Mitglied der hiesigen Akademie. Und was folgte darauf? Als von den Lippen des berühmten Kastraten die Worte der Messaggera erklangen, gipfelte diese Injurie für das Ohr des frommen Herrn in einer frei einsetzenden None.

Diese Dissonanzen sind Ausdrucksmittel des neuen Stils des Meisters. Und die Musikgelehrten werden sich darüber sicherlich mit ihm auseinandersetzen. Alles zusammengenommen bleibt die äußerst harmonische Stimmung der Favola dennoch unbestritten. Wenn Euer Gnaden darüber mehr erfahren wollen, werde ich einen meiner gelehrten Freunde bitten, seine Wahrnehmungen zu Papier zu bringen. Er könnte genauer bestimmen, welches Instrument zu den einzelnen Darstellern gehörte, um deren Wesen zum Ausdruck zu bringen. Ich möchte nur erwähnen, daß die Worte der Messaggera von den Klängen des Positivs, der Chor und die Tanzszenen von dem wundervollen Cembalospiel Meister Claudios begleitet wurden . . . an anderen Stellen bekamen die Violinen, die Baßgeigen, die Harfe oder der Chitarrone eine Rolle entsprechend einer mit sachkundiger Hand aufgebauten Musikordnung.

Ich gestehe, daß im Vergleich zu diesem Orchester das der Camerata nur als schwacher Versuch angesehen werden kann.

Die Gesetze unserer Republik haben edleren Ambitionen nie die Flügel gestutzt. So will ich bekennen, daß ich stolz und glücklich wäre, wenn in unserem kleinen Theater in Piazzola irgendein Werk Signor Monteverdis erklingen könnte. Was kann man wissen? In seiner Welt ist das Schicksal wandelbar, und bei Künstlern kommt es manchmal auch ohne ersichtlichen Grund vor, daß sie zum Wanderstab greifen. Vielleicht tut er es auch, weil ihm Mantua zu eng wird . . . oder weil er den Geiz des Schatzmeisters nicht mehr erträgt. (Das möchte ich noch ne-

* Komm, holder Gott.

benbei berichten, denn es ist kennzeichnend für den ganzen Hof: Vor einigen Wochen hat sich Madonna Claudia, die Gattin des Maestros, die gestern Abend in einer kürzeren Rolle der Eurydike besonders brillierte, persönlich in einem Brief an den Hofsekretär gewandt, möglicherweise ohne Wissen ihres Mannes, und darin Vorwürfe gemacht, daß sie nicht so viel Geld hätten, um das Feuerholz für den Winter kaufen zu können, das sie schon deshalb notwendig brauchten, weil sie selbst oft huste, die Gesundheit des Meisters auch zu wünschen übrig lasse und die Kinder klein seien.) Dies berichte ich deshalb, damit sich Euer Gnaden den Namen Meister Claudios in ihr nie erlahmendes Gedächtnis prägen möchten. Italien kann stolz sein, daß Signor Monteverdi nicht als Flame oder Franzose, sondern als Italiener geboren wurde. Ich kann das ohne Übertreibung sagen, denn dies war die Meinung aller Gäste, die bei der gestrigen Aufführung zugegen waren. Die Frömmigkeit des Meisters ist allgemein bekannt, auch gestern Abend verließ er mit den Angehörigen seines Hauses unverzüglich den Hof, als das übliche Faschingsvergnügen begann. Er führt ein ordentliches Leben, man hört kein schlechtes Wort über ihn. Er ist sanft und wohlgesinnt zu jedermann. Viele halten ihn dennoch für einen Zauberer, weil er im Reiche der Harmonie mit geschlossenen Augen verkehrt, in dem sich jeder andere verirren würde ... Und vielleicht auch deshalb, weil aus seinen Augen manchmal eine Flamme schlägt, die die Dilettanten versengt.

Der Morgen bricht herein ... Ich bitte Euer Gnaden beim Lesen der Zeilen Eures Gesandten und Dieners zu bedenken, daß diese unter dem Eindruck des gestrigen Abends und der heutigen Nacht entstanden sind. Nun habe ich noch eine Nachricht, um derentwillen ich mich beeile, daß der Brief rechtzeitig zu der Ratssitzung am Sonntag eintrifft. In einer Woche läßt der Herzog die Aufführung wiederholen. Auch das ist bisher ohne Beispiel. Wenn ich nicht irre, ist dies der neunte Tag des Monats März. Wenn jemand aus Venedig dazu kommen möchte, so wird Herzog Vincenzo dies sicher als Ehre seitens der Serenissima empfinden ...«

Er zog den Ring vom Finger, der Geruch des zischenden Siegellacks erfüllte das Zimmer. Sein Sekretär kam verschlafenen Auges herein. Sie waren beide venezianische Patrizier, Contarini schloß die müden Augen und sagte leise:

»Ich möchte erleben, daß Monteverdi Venedig gehört. Wenn du eine Stelle erhältst, in der du das vorantreiben kannst, versäume es nicht. Die Musen haben der Serenissima schon viele Schlachten gewonnen. Monteverdi kommt fast – Lepanto gleich!«

Er lachte. Der Sekretär entfachte mit einem Blasebalg die in der Pfanne schwelende Glut der Holzkohle und streute duftende Kräuter darauf. Contarini war ein bejahrter Mann, fröstelte selbst in seinem pelzbesetzen Gewand. Mit seiner alten, gebrochenen Stimme summte er den Refrain: »Lasciate i monti . . . lasciate i fonti . . .« Mocenigo, der Sekretär, verließ auf Zehenspitzen das Zimmer. Der Gesandte war eingenickt.

Die Mantuaner Tugendwächter sagten den Weltuntergang voraus, nachdem der Herold des Hofes am Sonntagmorgen auf dem großen Platz die Bekanntmachung des Herzogs verlesen hatte.
»Seine Hoheit lädt alle Damen . . . alle Mädchen und Frauen Mantuas für den Abend des 9. März in die Reggia ein, wenn dort die Favola des Edelmannes Alessandro Striggio und des Maestros Claudio Monteverdi, der ›Orfeo‹, wiederholt wird. Wer der Einladung Seiner Hoheit folgen möchte, melde sich drei Tage zuvor an der kleinen Pforte der Kanzlei!«
Selbst die Herzogin schüttelte mit gespielter Entrüstung den Kopf, als sie von dem Aufruf Seiner Hoheit erfuhr. Vincenzo strahlte und stolzierte wie ein Pfau einher. Er ließ seinen jüngeren Sohn aus Pisa heimrufen, der in wenigen Monaten sein zwanzigstes Lebensjahr vollendete und dann hoffentlich den Kardinalshut erhielt. Außerdem waren sämtliche weibliche Mitglieder des Hauses – einschließlich seiner älteren Schwester, der verwitweten Herzogin von Ferrara, der Madama di Ferrara – zu dieser für die Damen veranstalteten »dritten« Vorstellung eingeladen.
Der Kammerherr meldete, Claudio Monteverdi ersuche seinen Herrn um Audienz. Vincenzo wurde sich plötzlich bewußt, daß er seit der triumphalen Aufführung des »Orfeo« keine Zeit gefunden hatte, um den Maestro zu sich zu bitten, obwohl er ihm in der Begeisterung des großen Erfolges dies für den nächsten Tag zugesichert hatte, und darin verbarg sich eine verhüllte Versprechung auf eine zu erwartende Belohnung . . . So gewährte er die Audienz ein wenig widerwillig.
Der Meister ersuchte um Urlaub nach den Vorstellungen. Claudia huste oft und den Kindern sei der in Mantua ungewohnt harte, schneereiche Winter auch nicht bekommen. Sein Vater habe die ganze Familie seines Sohnes für einige Monate nach Cremona eingeladen. Überdies möchte die Gelehrtengesellschaft seiner Vaterstadt, die Accademia degli Animosi in Cremona – die von dem Erfolg in Mantua gehört habe – den »Orfeo« aufführen. Wie ihm zu Ohren gekommen sei, solle sich auch der Sohn Meister Vincenzos, der vortreffliche und gelehrte Galileo Galilei, erkundigt haben: Wenn der »Orfeo« aufgeführt werde, käme er gern von seinem neuen Aufenthaltsort Padua nach Cremona, um ihn sich anzuhören.
»Nach der dritten Aufführung . . . Ich halte es für sehr richtig, wenn Ihr nach Hause reist . . . So könnt Ihr mich wenigstens ohne Aufsehen davon unterrichten . . . besonders wenn die Favola dort aufgeführt wird und Ihr mit vielen Menschen zusammenkommt, wie es der Cremonenser Adel aufnehmen würde, wenn ich doch das Geschäft mit den

Spaniern machen sollte und ihnen Montferrato im Tausch für Cremona gebe. Wenngleich ich unbesehen glaube, daß die Herrschaft von Mantua weniger streng wäre als die von Madrid ... Nein ... sicherlich sind die Kastilier auch dort nicht beliebt ...«
Der Herzog wurde ernst. Forschend schaute er den Maestro an.
»Lest Ihr Spanisch?«
»Ich hab's noch nicht versucht, Hoheit!«
»Schade ... Iberti hat mir vor einigen Wochen ein Buch aus Madrid geschickt. Er schreibt, es habe dort viel Staub aufgewirbelt ... Es würden Prozesse darum geführt. Er erwähnt auch den Autor, doch an seinen Namen kann ich mich nicht mehr erinnern, ich weiß nur noch soviel, daß auch er der Sohn eines Arztes ist ... Seht Ihr, ich war in meiner Kindheit dank meinem Vater fleißiger, ich kann Spanisch, und so habe ich es gleich gelesen. Lange schon habe ich mich nicht so gut amüsiert. Ein Ritter namens Don Quijote ist der Held des Buches, dem allerlei Abenteuer widerfahren ... Aber was mit ihm auch geschieht, immer wieder verspottet er die Spanier, das heißt, die dortigen Großherren. Iberti schreibt, die Granden sind deshalb sehr erbost, denn die Diener lachen hinter ihrem Rücken und versuchen zu erraten, an wen der Autor, dessen Name mir entfallen ist, dabei gedacht haben mag ... Ihr erkundigt Euch also auch, ob die Spanier in Cremona beliebt sind, haltet Eure Augen offen. Wenn Ihr zurückkommt, werdet Ihr mir alles berichten . . Der ›Orfeo‹? Ja ... ich weiß, er hat Euch viel Zeit gekostet und es wäre schicklich, daß die Schatzkammer sie Euch vergütet ... auch als Zeichen unseres Dankes. Ich werde mit Chieppio sprechen ... Wir werden eine Gelegenheit und Möglichkeit finden ... Nur wißt Ihr ja selbst, daß die Faschingsvergnügen unsere Schatzkammer stark erschöpft haben ... Dann also auf morgen ... Unsere Gäste werden Damen sein ... Man könnte etwas gefühlvoller ... *in modo sostenuto* spielen ... Ich mag es, wenn in den Augen schöner Frauen Tränen glänzen. Und wartet, Claudio. Was wäre, wenn wir Mantua einen kleinen Streich spielten? Ich verstehe darunter die Scheinheiligen ... wenn wir ...«
Nachdenklich strich er sich den Bart und wandte sich dann plötzlich Claudio zu.
»Solange es nicht entschieden war, welches Finale wir spielen ... haben die Musiker und die Sänger doch beide Varianten geprobt?«
»Wir hatten damit begonnen, Hoheit ... aber nachdem die Entscheidung des Heiligen Officiums eingetroffen war ... haben wir die Proben mit den Bacchantinnen eingestellt.«
»Ist die Szene lang?«
»Sie dauert nur einige Minuten, Hoheit. Ich bedauere ehrlich, daß wir nicht auf diesem Schluß bestanden haben. Das Drama hätte ein tragisches Ende gefordert, keine Apotheose von Apolls Gnaden.«
»Die Geistlichkeit ist für morgen nicht eingeladen, Claudio: Wir sollen

uns diesen Scherz nicht entgehen lassen. Ihr seid für heute nachmittag und morgen früh freigestellt ... Wenn Ihr bis zum Abend proben würdet? Abendessen schicke ich den Musikern aus der Küche ... Die Rollen der Bacchantinnen würden auch die Hofdamen übernehmen ... Man braucht nur wenig ... luftige Bekleidung ... schöne Beine ... volle Busen ... Schlimmstenfalls erkälten sie sich ein bißchen ... Aber es ist vielleicht doch besser, wenn Ihr sie Euch unter den Schauspielerinnen aussucht ... Sie bewegen sich sicherer auf der Bühne ... Das wird ein Riesenspaß, Claudio. Seht Ihr, der Herzog muß sich immer den Kopf zerbrechen, wie er dieses verwöhnte Mantua unterhalten soll!«

Es schneite. Das närrische Wetter brachte Aufregung in die Fastenzeit, und Herzog Vincenzos Einladung an die Damen gab Grund zu heftigen Debatten. Die Herolde hatten alle ehrbaren Frauenspersonen Mantuas im Namen Seiner Hoheit in den Palast eingeladen – und das hörte sich tatsächlich an, als stünde die Reggia für alle Frauen offen, die die Vorstellung beehren wollten. Die zahlreichen Fragen mußte der Zeremonienmeister des Palastes beantworten. In der Galleria dei Fiumi sei nicht übermäßig viel Platz und so könnten die Gatten und die Väter ihre Familienmitglieder nur herbegleiten und sie wieder abholen, aber Messer Viani, der herzogliche Baumeister, sei nicht in der Lage, auch für die Männer Platz zu sichern. Auf wen sich die Einladung außer den Edelfrauen noch bezog, war den Worten des Herolds nicht zu entnehmen. Gewiß, die Patrizierinnen und die Frauen der Hofbeamten von Mantua durften nicht fehlen ... aber konnten auch die Frauen und Töchter der Kaufleute, der Handwerker und Arbeiter einen Platz beanspruchen?
Aus den Kutschen und Sänften schwebten in Pelze und Samtmäntel gehüllte Damen und verschwanden im Haupteingang der Reggia. Am Tor mit der Wache aber begannen sich seit dem zeitigen Nachmittag die Töchter und Frauen der Bürger zu versammeln. Die Musketiere zügelten dieses eine Mal ihre spitzen Zungen, und als Viani das Zeichen gab, öffneten sie das Tor. Von hier gelangten alle – Damen des Adels und die Frauen des niederen Volkes vermischt – in den inneren Palasthof, in dessen gewölbter Auffahrt einsam, gleich einem Torgötzen Vincenzo Gonzaga, der Herzog von Mantua, stand.
Er schwenkte den Hut und empfing alle mit einem Lächeln, als seine »Gäste«, wie es die Etikette gebot. Und die Frauen machten Knickse vor dem Herzog, über die Lippen der einen oder anderen kam ein lauter freundlicher Ruf. Heute war alles erlaubt, der Herzog war allein, und er antwortete auf jedes Wort mit einem Lächeln. Wer den Toreingang passiert hatte, wurde von Pagen und Hofdienern weitergeleitet, der Edelfrauen nahmen sich weiter drinnen die Kammerherren an. Nur den Damen des Hochadels waren gesonderte Plätze reserviert. Die an-

deren bekamen, natürlich Adel und Bürgertum getrennt, so wie sie eintrafen, einen Platz angewiesen. Die Galerie füllte sich mit wohligem Summen, und Vincenzo, als er das Empfinden hatte, seinen Verpflichtungen als Gastgeber Genüge getan zu haben, begab sich schleunigst in den verborgenen kleinen Raum und musterte mit ergötzten Blicken die Gästeschar.

Alle Erschienenen erhielten Wein, Früchte und Backwerk, um die Zeit des Wartens zu verkürzen.

Der Herzog warf seinen Mantel ab, stolz und eitel stand er da von Kopf bis Fuß in Weiß und parfümierte sich noch einmal. Der Spiegel warf seine Gestalt mit dem blonden Haarschmuck zurück, den die Jahre schon mit silbernen Fäden durchwebt hatten. Er kam die schmale Treppe herab, begab sich in den anderen Flügel des Palastes, wo im Audienzsaal sein Gefolge wartete. Alle waren zugegen, Striggio, der glückliche Autor in Hofgala, Follino, der Chronist, Viani, der Palastverwalter, während Chieppio im Saal das Stimmengewirr der Frauen ein wenig in Schranken zu halten versuchte.

Als gehörte auch das zum höfischen Zeremoniell, kamen der Reihe nach die Palastdiener in Festgewändern aufmarschiert und zündeten hundert und aber hundert Kerzen an. Im Hintergrund des Saales wurden in eiserne Ringe ein wenig rußende, flackernde Fackeln gesteckt. Einige Minuten noch, doch schon spürten alle, daß sich die Krönung des Abends näherte. Wie bei großen Stadtfesten, Umzügen oder öffentlichen Hinrichtungen hatte die Erregung ihren Höhepunkt erreicht. Inmitten dieses tausendfachen Stimmengewirrs nahmen Bläser mit ihren silbernen Fanfaren Aufstellung, um den Einzug des Hofes zu begrüßen.

Die blasse Herzogin mit strengen Zügen, Madama di Ferrara von gewaltiger Gestalt, die einem Musketier zur Ehre gereicht hätte, und die beiden jüngeren Prinzessinnen . . . und gleich hinter ihnen, als gehörte sie selbst auch zur fürstlichen Familie, erschien Barbara di Sanseverino mit gestärkter Mühlsteinkrause, über der ihr rätselhaftes Gesicht strahlte, gerahmt von einer roten diademgeschmückten Haarkrone. Die Eingeweihten wußten, daß der Herzog eigens einen Boten nach Colorno geschickt und die »dritte Vorstellung« so angesetzt hatte, daß die Gräfin Sala anwesend sein konnte.

Die Sänger wären am liebsten schon ausgeflogen, die Beurlaubung des Kastraten war abgelaufen, Rasi rüstete nach Ferrara und Monteverdi wollte so schnell wie möglich nach Cremona reisen. Aber das Anliegen des Herzogs war allen Befehl, und so konnte Claudio den Gebieter der Stadt entsprechend der Etikette nun um Erlaubnis bitten, mit der Vorstellung beginnen zu dürfen.

Der Herzog zog aus seinem Gürtel einen kleinen silbernen Schlüssel und warf ihn dem Maestro zu: Es war der Schlüssel zum Clavicembalo und somit das Symbol zum Beginn der Rappresentazione. Genauso

sprungene Saite, ein hingeworfener Holzsplitter deuteten die zerstörte Leier an, und die Bacchantinnen umtanzten mit graziösen Sprüngen noch einmal den toten Poeten ...
Die Lichter in der Galleria dei Fiumi leuchteten auf. Es war Fastenzeit, der Herzog konnte für die Damen der Stadt keinen Ball geben. Wie es nach den Schlußakkorden in großen Oratorien üblich war, erhoben sich alle und huldigten in einmütiger Stille der Erinnerung des Abends. Erst dann brach der Beifallssturm los ... Die Vertreter des Hofes sahen einander an. Mit dieser Feier war der ungehörig verlängerte Karneval in Mantua endgültig beendet: Als sich die Schar von Damen durch die Türen in Bewegung setzte ... nahmen sie die Erinnerung an eine Favola mit sich, deren Namen nach einem Jahr vielleicht niemand mehr wußte ...

22

Die Welt der orphischen Hymnen, in der er lebte, solange der Zauber der Favola anhielt, schien sich in dem heranrückenden Lenz von Cremona völlig aufzulösen. Er stand unten im Sonnenschein zusammen mit seinem Vater und seinen beiden Söhnen. Francesco war schon acht Jahre alt: Er entsann sich noch an alle Einzelheiten ihres letzten Besuches. Ein ernster, ruhiger Knabe, den das forschende Auge des Großvaters für irgendein Amt beim Magistrat ausersehen hatte. Vielleicht wurde Claudio einst sogar geadelt, und dann wäre dem Knaben in Italien wirklich kein Weg versperrt. Vorerst lebte er glücklich in der mystischen Welt des Arzthauses, zwischen den Düften der Hexenküche, der trocknenden Kräuter, des Drachenlebersudes und zwischen den Skeletten.
Claudio verwandelte sich in Cremona immer zurück in ein Kind. Hier umschloß ihn erneut der Kreis der Familie, ihn, den Erstgeborenen, und es zählte nur die innere kleine Welt, wie sehr er in ganz Italien schon von Ruhm umgeben war. Der Vater nannte ihn – mit spielerischem Ernst – wieder »mein Junge«, dem man die Hausaufgaben abhörte, der Rechenschaft über seine Zeit geben mußte und der am Sonntagmorgen seine zehn Scudi erhielt. Die Miene des Doktors verfinsterte sich nur, wenn er auf seine Schwiegertochter schaute. Schon beim ersten Anblick hatte er die Fieberrosen in ihrem Gesicht gewahrt, als sie sich, erschöpft von der Reise, hüstelnd an den Tisch gesetzt hatte. Er wollte die Freude des Wiedersehens nicht stören, aber schon am ersten Abend mußte Claudia ein Elixier einnehmen, das »helfen mußte«.
Tags darauf standen sie im Sonnenschein, der März hatte die schlafende Natur geweckt: Violette und gelbe Teppiche überzogen die

braunen Wiesen und Felder, Mimosensträucher legten ihr Blütenkleid an, und es war, als hätten auch die aus dem Winterschlaf aufgeschreckten Häuser und Straßen neue Farben erhalten.
Sie standen vor dem Tor. Claudia lehnte sich an die Wand, genoß den Sonnenschein. Der Blick des Arztes traf den seines Sohnes: Im starken Sonnenlicht sah man an der Stelle, wo Claudia stand, eine schmale vermauerte Türöffnung. Das war die Porta dei morti, die Tür, durch die man die Särge trug. Baldassare hatte sie, als er eingezogen war, zumauern lassen: Sein Haus verließen die Kranken immer lebend.
Francesco kam vom anderen Ende der Straße zurückgerannt.
»Großvater, warum gibt es an unserem Haus nicht so eine kleine Tür?«
Der Blick des Arztes traf seinen Sohn. Claudio senkte den Kopf.
»Wir brauchen sie nicht, mein Kind . . .«
»Aber wenn doch jemand im Hause stirbt, wie bringt man den Sarg heraus, wenn es keine kleine Pforte gibt? Du müßtest auch eine machen lassen!«
Francesco wartete auf Antwort. Die Erwachsenen gingen wortlos ein paar Schritte weiter. Niemand antwortete dem Kind.

Die Hauptstadt für die Cremonenser war Mailand. Hier, inmitten so vieler Lombarden, konnten sich die Habsucht und der Stolz der Spanier nicht durchsetzen – die Stadt hatte kaum von ihrer pulsierenden Kraft verloren. Die Mailänder wurden nur dann mißmutig, wenn sie hörten, um wieviel das Leben anderswo, in Mantua, Ferrara oder Florenz, besser, freier und leichter war.
Die spanische Provinz zu verlassen war nicht leicht, aber innerhalb der Lombardei konnten die Bürger frei nach Belieben reisen. Wenn sie des Lebens in der Kleinstadt überdrüssig waren, brachen sie auf und besuchten für einige Tage Mailand, wo selbst der Fasching – dank dem einstigen Bischof Ambrosius seligen Andenkens – drei Tage länger dauerte als irgendwo sonst auf der Welt. Den Mailändern waren die von allen Seiten herbeiströmenden Menschen willkommen: Sie amüsierten sich über sie, schröpften sie, und doch war es der Reiseverkehr, der das sterbende Gewerbe und den Handel in der Stadt, gewürgt durch den engen spanischen Kragen, belebte.
Noch immer war Herr Ricardi der erste Ratsherr, Präsident des Senats und die rechte Hand des spanischen Statthalters. Um so größer war die Ehre, daß der örtliche Vertreter des Grafen Fuentes Claudio in einem eigenhändigen Brief eingeladen hatte. Seine Exzellenz hatte erfahren, daß der Kapellmeister des Herzogs von Mantua in der Lombardei weilte. Aber er wußte auch davon, daß man am Hofe von Mantua irgendeine Favola aufgeführt hatte, von der in Italien schon viel gesprochen wurde. Vielleicht wäre auch dem Statthalter seine kostbare Zeit nicht zu schade, um mit Maestro Monteverdi ein paar Worte zu wechseln. Natürlich ginge es nicht darum, hier dasselbe musikalische

Drama aufzuführen wie am Hofe der Gonzaga. Der Meister müßte irgendeine neue Rappresentazione schreiben, die die guten Mailänder erfreuen, aber auch den geschliffenen und wählerischen Geschmack des spanischen Adels befriedigen würde.
Claudio entschloß sich nur schwer zu der Reise. Aber der Vater drängte seinen Sohn selbst, sah er doch, daß der frühzeitig gebeugte Claudio, in dessen Bart sich schon graue Fäden mischten, den ganzen Tag über einsam spazierte und nur selten lachte. Er grübelte. In solchen Fällen ist es gut, wenn sich die Welt um einen dreht. Der Vater kümmerte sich selbst um die Postkutsche, belegte den Platz, damit sein Sohn damit keine Sorgen hatte.
Während der Wagen über die schlechten Straßen rollte, zählte er, wieviel Jahre, Jahrzehnte vergangen waren, seit er diesen Weg das letztemal zurückgelegt hatte. Die eine oder andere Bergkette, eine Burgruine ... rot- oder grüngestrichene Häuser in einem Dorf erschienen ihm bekannt: als hätte die Erinnerung soviel bewahrt. Er brauchte nicht mehr zu befürchten, daß sein bißchen Geld alle würde, bevor er vor Seine Exzellenz gelangte. Der Statthalter hatte ihm in einem Flügel des Palastes ein Quartier zur Verfügung gestellt ... Sein zufälliger Reisegefährte, ein geschwätziger Kaufmann, der häufig in den Dialekt seiner Vaterstadt Neapel verfiel, war begeistert und schwärmte für die lombardische Hauptstadt, in der die Lebensfreude ein ewiges Fest ... eine Orgie feierte. Aber Claudio dachte an die drückende heiße Sonne ... sah sich als jungen Studiosus, wie er die Viola da gamba schleppte und seine Tasche von Notenblättern schwoll. Noch immer verfolgte ihn die beschämende Erinnerung: Die drei Dukaten, die ihm Ricardi für die Widmung des Madrigalbandes hingezählt hatte. Mag sein, daß ihn in der Tiefe seines Selbstbewußtseins diese Kränkung anstachelte: sich erneut in die Augen zu sehen ... die Erniedrigung vor zwei Jahrzehnten auszugleichen.
Sein Gewand war aus feinem französischen Tuch, sein Schnitt verriet den besten Schneider Mantuas. Am Hals trug er eine dicke goldene Kette, deren Medaillon ein Miniaturbild Herzog Vincenzos mit einer persönlichen Widmung Seiner Hoheit barg. Seine Handschuhe waren florentinische Arbeit, der Dolch an seiner Seite zeigte, daß sein Träger, wenn auch nicht Edelmann, doch zumindest ein Cortigiano, ein Höfling, war.
War es das gleiche Zimmer von einst, in dem ihn Ricardi empfing? Ein weißbärtiger alter Herr mit harten Zügen saß ihm gegenüber, ruhend in einer Art Liegesessel, wie ihn für den seligen Philipp II. sein flämischer Diener gebaut hatte. In Reichweite von ihm standen Krug und Becher, auf einem Tischchen Bratenschüsseln. Auf der anderen Seite, damit das Gleichgewicht gewahrt wurde, eine erbauliche Lektüre, Medikamente und ein beinernes Kruzifix. Als der Sekretär Monteverdi hereingeleitete, deutete Ricardi eine Bewegung an, als wollte er sich er-

heben, ihn zu empfangen. Für einen Augenblick erfüllte Lebensfreude sein Gesicht, ein Lächeln blitzte auf den vollen Lippen auf, als hätte er erst gestern das letzte Mal mit seinem Gast gesprochen, schenkte er sich in der Art eines Großherrn die Einleitung.
»...ja, um in medias res zu kommen, kann ich nur sagen, daß ich überall nur vom Ruhm Vuestra Merced* gehört habe ... Seht ... seht, Ihr habt meinen lieben Freund, Graf Bardi, beschämt. Seit wann jagt er mit seinen Freunden die Harmonie ... die dem Text zum Opfer gefallen ist. Ihr habt sie am Schopf gepackt ... mit dieser Favola. Mir scheint, unter uns gesprochen, hier hat doch die Musik über die Poesie triumphiert ... Das heißt, Eure Musik über den Text unseres Freundes Striggio. Ist es wahr, daß der Herzog versprochen hat, ihn in den Grafenstand zu erheben? Schau, schau, fängt Mantua auch schon an zu ›krönen‹? Wenn ich Euch so betrachte, Maestro, beginne ich mich zu erinnern, daß Ihr, als Ihr in meiner besten Zeit hier weiltet, fast genauso ausgesehen habt wie jetzt. Ihr habt Euch in Mantua keinen Bauch angegessen. Wie es scheint, werden dort die Schüsseln des Hofes für solche mageren Menschen bemessen. Aber Euer Haar ist vom Reif befallen ... Auch die Spanier sind eine spindeldürre Rasse, nur wir, alte Lombarden, essen uns noch hie und da gerne satt ...
... Amice, schreibt Ihr uns eine Favola? Wir würden sie hier im Palazzo aufführen. Mit wem? Maestro Claudio, wir haben hier soviel Harfenspieler, Flötisten, Cembalospieler ... jeder meiner Sekretäre fiedelt, klimpert oder singt ... ich kann mir sie schon gar nicht alle merken. Und das sind nur die Herren. Auch an echten Musikern gibt es in der Stadt des heiligen Ambrosius soviel Hungerleider, daß sie, wenn man sie versammelte, den ganzen Domplatz füllen würden.
Das Künstlervolk ... das Künstlervolk, verzeiht mir, da schaut jeder nur, wie er zu einem Verdienst kommen kann. Wir aber hüten das Geld Seiner armen Katholischen Majestät, deshalb sind wir hier. Der König ist deshalb arm, weil irgendwelche englische Piraten wieder den ganzjährigen Ertrag der mexikanischen Silberminen erbeutet haben ... Davon hätten wir auch bekommen sollen. Aber wenn ich berichten könnte, daß wir uns für eine fromme ... erbauliche Rappresentazione vorbereiten: Damit läßt sich in Madrid immer Wirkung erzielen ... Ich weiß nicht, ob es stimmt ... man hat uns berichtet, in Mantua sollen bei der Aufführung der Favola die Brüste der Bacchantinnen der Reihe nach herausgehüpft sein ... als sie tanzten und mit Orpheus rangen. Dergleichen käme hier, amice, nicht in Frage. Wir sind fromm. Das heißt, wenn wir dem wackeren Volk gegenüberstehen. Ich will nicht sagen, davor und danach ... ein oder zwei kleine Proben ... im engen Kreise ... hier, in einem kleinen Raum des Palastes ... Das könnte die Zugabe sein. Aber die eigentliche Aufführung selbst, ich wiederhole,

* spanisch: Euer Gnaden

muß ein erbauliches Spiel sein. Hauptsächlich vom Titel her. Den Text liest man in Madrid ohnehin nicht. Es könnte vielleicht ›Triumph der Frömmigkeit‹ heißen, und wenn Ihr unbedingt alte Götter auf die Bühne bringen wollt, sollte darin eine Hochzeit vorkommen. Das lieben die Spanier. Ich schließe meine Augen und sage Euch, was wir zahlen können. Wir sind Lombarden, amice, wir verstehen etwas von Geld. Dreihundert ... dreihundert spanische Taler kann ich Euch geben. Um keinen Scudo mehr. Ich weiß nicht, wie man Euch in Mantua verwöhnt, aber für soviel Geld kommt sogar ein Kapellmeister aus Flandern hierher.«
Claudio hatte während der zwei Jahrzehnte die Menschen kennengelernt. Dieser lombardische Patrizier mit den hervortretenden blutgeäderten Augen flehte ihn mit seinen derben Worten förmlich an ... Einmal möchte auch er die italienischen Fürsten nachahmen, nach denen er von hier, hinter dem spanischen Schild, ein Menschenalter lang die Zunge herausgestreckt hatte, die er, der königliche Diener, aber beneidete. Wenn im Palast von Mailand eine Komödie Monteverdis erklänge, wüßten alle, diese könne nur der alte Ricardi herbeigezaubert haben. Was die dreihundert Taler betraf: Irgendwo würde er sie abknappen, wenn es sein mußte, sie stehlen. Übrigens solle ein Cremonenser Bürger soviel Anstand besitzen, daß er wisse, was er seiner Hauptstadt schulde.
»Wenn es sein muß, Eccellenza, auch umsonst ... Wenn sich die Statthalterei in solchen Schwierigkeiten befindet ...«
Ricardi verstand die verhüllte Beleidigung.
»Feilschen wir? Wir feilschen nicht! Noch untersteht Ihr den lombardischen Gesetzen!«
»Seine Hoheit Herzog Vincenzo hat mich damit ausgezeichnet, mir und meinen Nachkommen für alle Zeiten das Mantuaner Bürgerrecht zu verleihen.«
»Wußte ich nicht. Welcher Titel steht Euch da zu? Was ist in Mantua üblich? Euer Ehren ... oder gar Euer Gnaden, das wäre auch möglich. Beleidigt Ihr mich, Maestro? Werft mir wie einen Knochen einen Monteverdischen Leckerbissen hin. Mir, Ricardi, umsonst ... wie einem Bettler? Daß ganz Italien darüber redet? Ich betrachte Eure goldene Kette ... sicherlich habt Ihr sie von dem Herzog bekommen, aber so wie ich Herrn Vincenzo kenne, wird sie sicherlich ein Drittel Kupfer enthalten ... Eine Kette habt Ihr also ... aber würdet Ihr einen schönen silbernen Gürtel mit einer goldenen Schnalle von mir annehmen, zusätzlich zu den dreihundert, wenn die Mailänder Favola zustandekommt? Aber es müßte bald sein ... bis zum Fasching. Ihr wißt ... das Äschern ist bei uns nicht am Mittwoch, sondern am darauffolgenden Montag, für den Donnerstag oder Freitag zuvor brauchte ich die Komödie!«
Er lachte, daß ihm die Tränen über die Wangen rollten. Monteverdi

verfiel unwillkürlich in den Dialekt seiner Kindheit: Zwei Lombarden, ein beleibter und ein hagerer, stießen mit ihren Gläsern an.
»Ist Eure Stimme noch immer so schön, Maestro, wie damals ... als Ihr letzthin hier gesungen habt ... Wartet, ich entsinne mich noch ... der Titel lautete ... Ecco mormorar l'onde ... Wie jung Ihr wart ... Der Schluß ... wartet ... der Schluß ... es hieß darin auch: E rider Oriente ...* und der Schluß ... wartet ... L'aura è tua Messaggera ...** Nicht wahr, ich entsinne mich gut ... Ein alter Mann bittet Euch, etwas zu singen ... Ich möchte Eure Stimme ... Euren Tenor noch einmal hören.«
Das Clavicembalo stand in der Ecke, zugedeckt. Eine Staubwolke stieg auf, als er den Deckel aufschlug. Wie lange hatte man darauf nicht mehr gespielt! Er schaute nicht auf den Alten, auch der wendete sich ab, holte tief Luft, während er die Tränen unterdrückte. Die Finger Claudios glitten über die Tasten. Er freundete sich mit dem Instrument an. Ganz leise begann er, fast wie ein Hauch. Er sang die Abschiedsworte des Orpheus.

Eine schlechte Nachricht ist wie ein Vogel mit schnellen Schwingen, sie fand ihn oben auf dem Chor des Domes von Mailand. Die Kirchenmusiker hatten sich ihm zu Ehren versammelt, und nach gutem lombardischem Brauch war eine erregte Debatte im Gange. Siehe, in dem »Et incarnatus« löste E-Dur das »In illo tempore« beginnende C-Dur ab. Manche glaubten, in Monteverdis Musik einen Einfluß des venezianischen Gabrieli zu erkennen, andere wurden an die Motette des Flandrers Gombert erinnert. Der mailändische Chorleiter hatte für diese Sonntagsmesse seinen Platz – wie das unter den Maestros üblich war – seinem Kollegen aus Mantua überlassen. Claudio hatte plötzlich das Gefühl, als befände er sich in einem Marmorwald von furchteinflößendem Ausmaß. Als wäre der Dom nicht von Menschenhand geschaffen, oder als hätten sich frühere Generationen mit einer Frömmigkeit, wie es sie heute schon nicht mehr gab, gemüht, den Mailänder Dom fertigzustellen. Aber wer außen die ewigen Gerüste sah, die den goldverzierten Marmorbau jahrzehntelang umschlossen, wußte, daß etwas Wahres daran war, wenn man in der Lombardei behauptete, der Mailänder Dom würde nie fertig.
Jemand berührte seine Schulter, er zuckte zusammen, schaute zurück. Ein Franziskaner stand hinter ihm mit Zügen, als hätte die Zeit sie in harten Stein gemeißelt. »Ich komme aus Cremona, Maestro.« Die beiden Gesichter ... die beiden Augenpaare näherten sich einander. Claudio fühlte, er könnte dem Mönch nicht entfliehen. Das Antlitz war wie das Schicksal. Die im römischen Dialekt gesprochenen Worte klangen

* Und der Orient lacht
** Du schickst das Lüftchen als Bote zu uns

wie die der Messaggera: »Messere, vertraut auf den Herrn, Eure Frau ist schwer krank ...«
Der Priester umarmte ihn, mit sicherer Bewegung, wie er schon sehr viele Leidende umarmt haben mochte. Claudio bewegte sich wieder, man hatte Verständnis für sein Gehen, er verneigte sich, nahm Abschied von seinen Gastgebern und begab sich zum Handkuß zu dem Kanoniker, der den Chor leitete. Auf den Stufen wurde es dem Maestro für einen Augenblick schwindlig, er mußte sich an dem kühlen Steingeländer anhalten, das seit Jahrhunderten nie Sonne bekam. »Lebt sie noch?« Der Pater wußte nicht viel zu berichten. Er hatte auf der Durchreise im Ordenshaus in Cremona übernachtet, und der Guardian hatte ihn gebeten, dem Maestro in Mailand die schlimme Nachricht zu überbringen.
Monteverdi mietete von der spanischen Post den schnellsten Vorspann. Ricardi schickte einen Burschen mit, der den Kutscher zur Eile antreiben sollte. Der Maestro reiste ab, als in Mailand die Hundstage anbrachen. Auf der Herfahrt hatten ihn noch das Bild, das grünviolette Wogen der leichtverstaubten Landschaft, die satten Farben und der Duft der Abende interessiert. Jetzt saß er da mit trockenen Augen und zusammengepreßten Lippen in seinen Mantel gehüllt, die Reisegefährten konnten seine Beklemmung aus seinem Blick ablesen. Dem Postillion versprach er fürstliche Belohnung, wenn er überall die schnellsten Pferde auswählte, und wenn sie Cremona noch bis zum Abend erreichten.
All das war eine tolle, erinnerungslose Kavalkade, trockene, staubige Straßen, dahinhuschende Landschaften, schwebende Kruzifixe, angesengte Dächer, jaulende Hunde, herrschaftliche spanische Kutschen, Pilgerscharen ... am Wegesrand zwei Studiosi mit Lauten ... Sie riefen etwas, schwenkten ihre Instrumente ... Weiter ... Und als ihm die Landschaft dann bekannt erschien, als er fühlte, daß seine Vaterstadt sich näherte, hätte er die Meilen am liebsten ausgedehnt ... Noch war nichts gewiß ... noch konnte er hoffen ...
Wagenrattern ... Peitschenknallen, lauter Lärm. Der aufkommende Abendwind zauste das Röhricht, das Handpferd wieherte ... Schon sah man den Torrazzo, den gewaltigen Glockenturm, von dessen Balkon die Bewohner der Stadt seit Jahrhunderten zu den Waffen gerufen wurde ... Von hier noch zehn Minuten ... nicht einmal mehr soviel ... Der Kutscher schaute zurück, fragend, ob sein Gast zufrieden sei. Dessen Augen waren auf die Toreinfahrt gerichtet: Nein ... es war niemand da, der die vermauerte Pforte aufbrach. Am Tor standen keine Leute.
Der Bursche Ricardis zückte seine Tasche, der Postillion bekam seinen Lohn. Monteverdi stand vor dem väterlichen Haus, das mit dem Äskulapstab geschmückt war.
Der Klopfer dröhnte am Tor: Clara Massimilia, seine jüngste Schwe-

ster, hatte ihn schon gesehen, sie kam auf das Wagengeratter hin herausgelaufen. Tränen schossen ihr in die Augen, sie umarmte den großen Bruder. Beide sprachen in halben Sätzen.
»Seit vier Tagen Fieber ... Heute geht es etwas besser ... Sie spuckte Blut ... so hat es begonnen.«
»Was sagt Vater?«
»Du kennst Vater! Er schweigt! Wenn es um jemand anders ginge, würde er sagen: Sie ringt mit dem Tod ... Wir müssen auf alles gefaßt sein, Claudio!«
Sie hatte das Wort ausgesprochen, das Ergebenheit fordert.
»Francesco?«
»Man kann ihn nicht von seiner Mutter wegbringen. Wir hatten ihn zu Andrea gegeben, aber er ist ausgerissen und zurückgekommen ... Vater hat ihm etwas zu trinken gegeben, davon schläft er. Massimiliano sitzt nur in der Ecke, weint nicht, spielt nicht. Er sitzt nur da.«
Das Zimmer Claudios. Es war das, was ihm als dem Erstgeborenen im väterlichen Haus zustand. Jeder Winkel, jeder Riß, jede Ecke waren ihm tausendfach vertraut.
Die Frau hatte schon aus dem Geflüster draußen, aus dem Geräusch der Schritte, vielleicht aus dem Straßenlärm vernommen, daß sich etwas tat ... daß jemand kam ... ihr Gatte ... Der Klopfer dröhnte am Tor ... War es Claudio? War Claudio doch noch gekommen? Es tat ihr nichts weh, sie litt nicht, fühlte sich nur sehr schwach. Auf dem Kopf hatte sie einen Umschlag, der drückte das Fieber. Der Doktor hatte aus einer Grube Eis besorgt. Das legte man ihr auf den Körper. Und man zerkleinerte es und gab es ihr zum Lutschen, und von Zeit zu Zeit sah sie sich die Eisstückchen an, ob der schäumende Speichel sie rosa färbte? Schon saß er neben ihr und hielt ohne Worte ihre Hand. Warum war in diesem Augenblick nicht sein Vater hier, an dem er sich hätte festhalten können ... wie stets an dem Doktor, der mehr wußte.
Sie schwiegen. Die Augen der Frau waren geweitet ... Sie fragte – eher nur mit dem Blick – was sich in Mailand getan hatte? Wie er vorankam? Als würde er in der Schule antworten, mit solchem Eifer berichtete er von Herrn Ricardi, von seinem Empfang ... von der neuen Mailänder Favola ... im Dom habe man das »In illo tempore« geprobt ...
»Gut, daß du gekommen bist, Claudio!«
Das war von Claudia sehr viel. Sie zeigte nicht gern, wie stolz sie auf ihren Mann war. Still, die Hand des anderen haltend, warteten sie, bis sich der Abend neigte und der Doktor von seinen Kranken nach Hause kam.
Gebeugt betrat er das Zimmer. Der Sohn sah ihn an, als wäre er der Schicksalsengel. Es war der Vater und Richter, der den Arm Claudias am Handgelenk faßte und am Pulsschlag die Lebenskraft maß. Er sprach mit kurzen, zarten Worten zur Kranken wie zu einem Kind.

Claudio kannte alle Regungen im Gesicht seines Vaters. Wenn er sich draußen mit den Angehörigen seiner Kranken unterhielt, breitete er die Arme aus. Mit solch stillen Gesten und leisen Worten pflegte er das Urteil zu sprechen.

Der vierte Tag, seitdem er aus Mailand zurückgekommen war. Er erwachte wieder mit Kopfschmerzen, doch empfand er sie diesmal nicht als drückenden eisernen Ring, ihm war vielmehr, als arbeiteten Meißel und Hammer hinter seiner Stirn. Beschämt setzte er sich im Bett auf, in das er bei seiner Totenwache von Müdigkeit übermannt gesunken war. Allmählich kam er zu sich. Das Läuten der Glocke brachte den Morgen herein. Er mußte sich zum Magistrat begeben, wo die Geburten und Sterbefälle zu melden waren. Die Stadt betrachtete die Gattin des Maestros als ihre eigene Tochter: Claudia wurde im Dom aufgebahrt, und würde von dort nach San Nazzaro, der Ruhestätte der Familie Monteverdi, überführt. Er saß am Bettrand ... hörte rhythmisches Hämmern, doch kam dieses von außerhalb seiner pulsierenden Schläfen. Er horchte. Es war das Geräusch von Spitzhacken. Er schaute hinaus. Maurer öffneten die vermauerte kleine Pforte.
In Zeiten der Trauer dreht sich alles um die Ordnung. Die menschliche Weisheit reiht kurze Worte, Ritus und Brauch aneinander: Die Worte der ihr Beileid aussprechenden vielen Menschen vertreiben die Trauer zwar nicht, aber sie mildern sie ... Wie war Claudia? Wer war Claudia? Wie wurde sie krank, wann bemächtigte sich ihrer das Leiden? All dies zu berichten und auch, daß der Vater alles getan hat ... daß er sie selbst mit dem Blut seines eigenen Herzens geheilt hätte ... Sie wurde ein Opfer Mantuas ... der schlimmen Nebel, der Ausdünstung des Sumpfes ... Zwei Schwestern Claudios wachten und beweinten sie. Der Gatte saß auf einem niedrigen Stuhl, sein Blick ruhte auf der Toten. Francesco begriff bereits, was geschehen war. Der Großvater raunte ihm ins Ohr: »Paß auf den Kleinen auf!«
Dann betrat der Doktor das Sterbezimmer. Sein Gesicht war wie aus Stein. In einem Glas mit gewässertem Wein löste er eine Pille auf. »Trink das!« Daraufhin ließ der Kopfschmerz nach, das Pulsieren in den Adern legte sich.

Des Geburtstages Barbara Sanseverinas pflegte Vincenzo stets zu gedenken. Seine Laune gebot, daß das Sonett, das er in verspielter Stimmung mit erhabener Hand selbst geschrieben hatte, Claudio Monteverdi vertonen sollte. Dieses beschwingte, liebliche »Opus« sollte eine aus jungen Edelleuten bestehende feierliche Abordnung in einem mit Edelsteinen verzierten Futteral nach Colorno hinüberbringen. Seine Hoheit war mißmutig, warum hielt er einen Hofkapellmeister, wenn dieser nicht im Palast war? Was war das für ein neuartiges Privileg, daß er immer wieder um Urlaub ersuchte? Wenn auch die anderen Be-

diensteten am Hofe seinem Beispiel folgten, könnte der neue Brauch die ganze Hofhaltung auf den Kopf stellen. Lakai, Zwerg, Koch, Hofnarr, Kammerdiener: Eines schönen Tages könnten sie alle vor ihn treten und um Urlaub ersuchen! Seine Hoheit aber und seine Familie könnten allein in der Reggia umherirren, sich selbst etwas kochen und sich selbst ankleiden!
Striggio bemühte sich, die schlechte Laune ihres gemeinsamen Herrn zu mildern. Claudio habe sich zuviel aufgebürdet, die Favola habe ihn sehr erschöpft. Das Klima Mantuas schade nur dem nicht, der von Kindheit an daran gewöhnt sei. Schon Vergil habe in seiner Georgica bittere Anspielungen auf die Ausdünstungen der Sümpfe gemacht! Und der Fall Claudias ... Dem Meister selbst war es gar nicht bekannt, daß seine Frau mehrfach Blut gehustet habe ... Und da der Hof ohnehin im Begriff war, in die Sommerfrische in ein Bad zu gehen ... habe man der Beurlaubung zugestimmt.
Aber das Sonett konnte nicht warten. In zwei Wochen war Geburtstag! Die Begeisterung des Herzogs war entfacht worden, als Messer Follino, der gelehrte Chronist und Historiker am Hofe, dieser Tage erzählt hatte, daß jene berühmte Lesbia die Verse Catulls nur dann gnädig entgegengenommen habe, wenn der Poet sie ihr mit einem für teures Geld erworbenen griechischen Sklaven überbringen ließ, den er zusammen mit dem Gedicht Lesbia schenkte. Der Herzog dachte nach ... Solche griechische Sklaven konnte man freilich heutzutage nicht mehr erwerben, Schmach genug, daß die Heiden christliche Gefangene kauften und verkauften. Ein kleiner Mohr würde es auch schon tun, aber für die gab es nur in Venedig einen Markt ... Wenn sein venezianischer Resident ein paar dieser kleinen Sklaven erwerben könnte, ließe man ihnen prächtige kleine Prophetenkleider nähen, und sie würden mit der Abordnung das Gedicht nach Colorno bringen und gleich dort bleiben. Seine Hoheit war ganz in Fieber geraten ... Er ließ dem Resident schreiben ... Wieviel Arbeit mit einem scheinbar einfachen Sonett ... Nein, er könne den Magistrat heute nicht empfangen, der um die Herabsetzung der drückenden Salzzölle ersuchen wollte.
Am Tag nach der Beerdigung traf die herzogliche Post in Cremona ein. Die Totenkerzen waren schon heruntergebrannt, der alte Doktor, seine Töchter und die Magd bemühten sich, Ordnung in dem Trauerhaus zu schaffen. Der Arzt besuchte wieder seine Kranken, die Kinder hatte man in das Haus Amati hinübergebracht. Claudio saß in seinem Zimmer und ordnete alte Manuskripte. Als der Bote eintrat, erkannte Claudio gleich die steilen, verschnörkelten Buchstaben des herzoglichen Sekretärs. Dem Sonett lag ein Brief Striggios bei. Er schrieb darin, wie sich der Herzog die Musik für das Sonett wünschte. Hauchzart ... ahnungsvoll ... doppelsinnig ... eventuell könnte auch ein türkisches Motiv darin vorkommen für den Fall, daß es gelänge, Mohrenknaben zu kaufen. Die verborgenen Anspielungen Cupidos sollte er so

instrumentieren, daß es in Colorno von dem dortigen kleineren Orchester aufgeführt werden könne. Die Singstimme könne ruhig kunstvoll sein, denn Seine Hoheit gedenke Rasi mit der Abordnung zu schicken: Er solle die Arie in der Nachtmusik singen. Die Zeit dränge, er bitte ihn, sich unverzüglich an das Komponieren zu machen (Seine Hoheit sei jetzt ohnehin ein wenig ungeduldig) und das Sonett bis Donnerstag mit dem berittenen Burschen zurückzuschicken, der bis dahin in Cremona bleibe.

Die Beerdigung hatte Doktor Baldassare erledigt. Im Dom hatten die einheimischen Sänger mit einer Motette Claudios Abschied von der Toten genommen, die man in der Stadt gar nicht kannte. Als er von der Trauerfeier nach Hause gekommen war, machte er den Eindruck eines gebeugten Mannes. »Er ist im besten Alter«, sagten die Bekannten mitleidig, und es setzte von allen Seiten ein Gerede ein, daß man für den Maestro und die beiden mutterlosen Waisen ein unverheiratet gebliebenes Mädchen oder eine warmherzige Witwe finden müßte.

Auf Befehl des Herzogs müßte er in nicht ganz drei Tagen eine hauchzarte, ahnungsvolle Musik auf ein schwaches, konventionelles Sonett komponieren. Er wußte, daß es für Barbara bestimmt war ... für Sanseverina, an der die Jahre spurlos vorüberzugehen schienen ... Wie ihr Kopf aus der riesigen Mühlsteinkrause ragte, mutete er an wie auf einem Tablett (er schauderte bei dem Gedanken ... Salome ...). Der Text? »Solange ich lebe, darf kein Hauch dein Haar berühren ...« Solange ich lebe? Sprach Vincenzo mit solch immer gültiger Gewißheit? Sieht er nicht, wozu das Schicksal fähig ist? Auf diese Zeile müßte man die Komposition aufbauen. Aber keine hauchzarten Spitzen klöppeln ... Wenn dieses zarte Madrigal von zweimal vier und zweimal drei Zeilen zu einem viergegliederten Requiem würde? Schick dies nach Colorno, Gonzaga! Er richtete sich auf. Man ist ein Diener! Auf dem Tisch lag ein Geldbeutel mit dem Mantuaner Wappen. Chieppio hatte etwas zusammengescharrt, damit der Bursche nicht ganz mit leeren Händen kam.

In dem Zimmer herrschte mit Rücksicht auf Claudio Stille: Alle rings um ihn bewegten sich auf Zehenspitzen ... man respektierte seine Trauer. Aber die Dinge erinnerten in ihrem beredsamen Dasein in mannigfaltiger Weise an frühere Musik. Das Cembalo stand in der Ecke ... da lagen zwei Violen, Blasinstrumente, die Laute mit der gerissenen Saite ... Jetzt könnte er nicht das Erklingen auch nur einer einzigen Saite ertragen. Feder und Papier lagen in Reichweite. Die Gewohnheit war stark, und vielleicht sollte er dem Herzog jetzt sogar dankbar sein, daß er ihn aus dem bleiernen, kontemplativen Nichts herausriß ... Wenn der Herzog gewußt hätte, daß Claudia gestorben war, würde er das Sonett auch dann zum Komponieren geschickt haben? Vor seinen geistigen Augen tauchte das fleischige Gesicht auf, die ekstatischen Augen, wie der Pinsel von Meister Rubens sie verewigt

hatte. Wahr und heuchlerisch zugleich ... Auch wenn er es gewußt hätte, hätte er das Sonett geschickt!
Er komponierte auf das »Solange ich lebe«. Darauf baute er die ganze Komposition auf. Nein, sie wird nicht hauchzart. Wenn Rasi sie in die Hand nimmt, wird er fühlen, hier ist von etwas anderem ... von etwas ganz anderem die Rede als von einem frohen Geburtstagsgruß. Ohne zu überlegen begann er im dreistimmigen Stil der Scherzi musicali. Aber glaubte denn Orpheus in der Tat, Eurydike zurückbringen zu können? Hatte er nicht nur um eines wahnwitzigen Abenteuers willen versucht, die Unterirdischen zu bewegen?
Der Vater kam auf Zehenspitzen, warf einen Blick herein, lächelte ... Auf dem Tisch lag das Notenpapier. Er nickte ... der Blutkreislauf der Seele hatte schon wieder eingesetzt. Die Stunden eilten dahin. Der Bursche aus Mantua streifte müßig im Garten und der Stadt umher, während der Maestro sein Thema auf das »Solange ich lebe« aufbaute. Was aber wird sein, wenn es Vincenzo eines Tages nicht mehr gab, wenn Barbara ihn womöglich überlebte? Ist es beruhigend für eine Lebende, daß über sie nur ein einziger Lebender wacht. Und danach? Mit zwei kleinen Kindern allein bleiben. Plötzlich, als bewegte sich etwas, als würde es sich aus der Tiefe eines Strudels emporheben: Grüne Mädchenaugen, langer Zopf, römisches Lächeln. Sie hatten Caterina zu Hause gelassen – Cattaneo sollte nicht allein bleiben. Am gleichen Tag, als Claudia gestorben war, hatte er die Trauerbotschaft nach Mantua berichtet ... Aber man konnte ja nie wissen, wann die Post ankam.
Am nächsten Tag sprengte der Bursche mit den Notenblättern davon. Würde Seine Hoheit, wenn er die Komposition sah, sie in der Tat nach Colorno schicken? Auf dem Tisch lag ein Entwurf. Davon hatte er sie ins reine geschrieben. Ein Motiv hatte er nicht benutzt, jetzt ... als vollführte er ein grausames Spiel mit sich selbst, fegte er die anderen hinweg. Er schrieb es neu, nun schon für sich. Die Grundlage blieb auch jetzt das »Solange ich lebe«, aber die Musik war so tiefgründig, so tragisch, daß Sanseverina, von der man behauptete, sie sei weise wie die Sibyllen, davon erschauern würde: Sie würde die grausamen Worte des auf sie lauernden Schicksals erahnen.

Wohl zehn Tage nach dem Tode Claudias traf die erste Post auf die Todesnachricht ein. Als ersten erbrach Monteverdi den Brief Follinos.
»... Ich weiß, mein Freund, was es bedeutet, eine so einmalige, tugendreiche Frau zu verlieren ... Aber Ihr müßt jetzt in mannhafter Weise Eure Trauer überwinden, und Ihr solltet so schnell wie möglich nach Mantua zurückkehren, denn jetzt ist die Zeit gekommen, daß Ihr den größten Ruhm erntet ... den Ruf erwerbt, wie sich eines besseren noch keiner auf dieser Welt erfreute ...«
Das schrieb ihm Federigo Follino in seinem Brief. An der Wand gegen-

über hing ein alter, matter Spiegel. Das Gesicht, das er zeigte, war voller Furchen. Im Schatten des gepflegten Bartes waren Stoppeln gewachsen. Der graue Schnurrbart hing schlaff über den bitteren Lippen. »Der größte Ruhm ... dessen sich je jemand auf Erden erfreute ...« Er hatte die Vierzig überschritten, war ein Witwer mit zwei Kindern, den in Wirklichkeit wieder sein Vater unterhielt ...
Am Abend, als er des Vaters Zimmer betrat, sah er, daß Baldassare, der über einen Bogen Papier geneigt dasaß, ihn mißtrauisch anschaute. Als sein Sohn das Zimmer wieder verlassen hatte, nahm er ein sauberes Blatt hervor und begann seinen an die Herzogin von Mantua gerichteten Brief ins reine zu schreiben.

»Durchlauchtigste Frau!
Mein Sohn, Claudio Monteverdi, ist unmittelbar nach Beendigung der Feierlichkeiten in Mantua zu mir gekommen, in einer sehr schlechten gesundheitlichen Verfassung, mit Schulden beladen, fast zerlumpt. Jetzt hat ihn auch Signora Claudia für immer verlassen, mit zwei kleinen Kindern, was meinem Sohn große Sorgen bereitet, betragen seine Monatsbezüge doch nur zwanzig Scudi. Was aber seinen Gesundheitszustand betrifft, so bin ich sicher, daß die Wurzel allen Übels die Luft Mantuas ist, die ihm in starkem Maße schadet. Sein Zustand wird verschlimmert durch die viele anstrengende Arbeit, die er auf sich geladen hat und auch weiterhin auf sich laden muß, wenn er im Dienste bleibt. All das kommt zu den vielen Schwierigkeiten hinzu, die er erdulden mußte, seit er vor achtzehn Jahren in den Dienst des durchlauchtigsten Herzogs getreten ist. Gerade deshalb habe ich mich als Vater entschlossen, Euer Hoheit zu schreiben und in Gottes Namen untertänigst zu bitten, ihn seines Dienstes zu entbinden, uns die Gnade zu erweisen, ihn zu entlassen. Denn, durchlauchtigste Frau, ich bin gewiß, wenn mein Sohn nach Mantua zurückkehrt, bedeutet dies seinen Tod, dann aber bleibe ich mit zwei kleinen Kindern zurück, ich, der ich selbst schon alt und gebrechlich bin ... Es ist nicht nur einmal vorgekommen, daß ich fünfhundert Scudi und noch größere Summen für meinen Sohn bezahlen mußte, als der Dienst bei Seiner Hoheit ihn nach Ungarn ... und später nach Flandern rief ... Ebenso hat es mich nicht wenig Geld gekostet, als er samt Frau und Kindern nach Cremona kam ... So war es auch in anderen Fällen, mit denen ich Euer Hoheit jetzt nicht belasten möchte. Auch die arme Claudia hat diesbezüglich eine Bitte an Eure Hoheit gerichtet, da sie aber keine Antwort auf ihren Brief erhielt, ersuche ich jetzt Euer Hoheit, Euch bei Eurem durchlauchtigsten Gatten zu verwenden, meine untertänigste Bitte zu erfüllen, weil ich gewiß bin, daß all das dem Wohle Claudios dient ...
Gegeben zu Cremona, den 27. November 1607

Baldassare Monteverdi.«

Eleonora hielt den Brief aus Cremona in der Hand und wandte sich nach der Messe an ihren Gatten, daß sie ihn sprechen möchte. Die Herzogin lockerte in solchen Fällen ein wenig die starre Etikette der spanischen Tracht, der fast männliche Eindruck ihres länglichen Gesichtes, ihres forschenden Blickes, wie Rubens ihr Gesicht festgehalten hatte, schien sanfter zu werden, ein etwas mütterliches, nachgiebiges Lächeln zog in die Winkel ihres schmalen Mundes ein. Der Herzog ließ sich gehorsam in dem Sessel nieder, wie einer, der schon im voraus Angst vor der Strafpredigt hat.
»Ich habe einen Brief bekommen, Vincenzo, von Monteverdi dem Älteren. Er bittet darin, daß wir Claudio aus unserem Dienst entlassen. Du weißt ja selbst, daß er nie erhält, was ihm zustünde.«
Vincenzo atmete erleichtert auf. Sein geheimes Stelldichein in der vergangenen Woche mit Caterinuccia im Te war also noch nicht bekannt geworden. So wog er die Ereignisse plötzlich mit Würde ab.
»Siehst du, Leonora, so sind sie alle ... Sie murren ... ja, das ist das Recht der Diener, das *Jus murmurandi*, und dann flehen sie wieder darum, an unseren Hof gelangen zu können. Ihn gehen lassen? Den besten Paradefalken fliegen lassen ... Claudio, um den uns ganz Europa beneidet? Heinrich schrieb mir aus Paris, ich solle – wie er schreibt – Meister Montvert seinem Hof für einige Monate ausleihen. Im Tausch dafür verspricht er mir ein Dutzend Vollblüter ...«
»Seine Frau ist gestorben, er ist mit zwei kleinen Kindern zurückgeblieben.«
»Das passiert anderen auch. Zum Glück ist nicht er gestorben. Wenn er wieder hier ist, werden wir ihm eine passende Frau suchen. Du hilfst uns dabei.«
»Was soll ich dem Doktor schreiben?«
»Das Wichtigste ist Geld. Chieppio soll etwas zusammenscharren. Schicke dem alten Feldscher ein Geschenk ... Frage unseren Hofarzt, was solche Quacksalber gerne haben ... Eine Dose ... ein altes Buch ... irgendeine Äskulapstatue, wie sie hie und da ausgegraben werden. Claudio soll man mindestens hundert Scudi schicken. Ich will nicht, daß mir der Alte immer wieder den Feldzug nach Ungarn vorwirft. Wieviel Jahre sind das her ... und immer wieder wärmt er diesen Fall auf ... Verstehe, Leonora, wir müssen diesen Menschen versöhnen ... gerade jetzt! Für meine nächstjährigen Pläne ist mir Claudio mehr wert als zwei Dutzend Kanonen ... als ein Kardinal in Rom ... als mein bester Gesandter ...«
»Pläne, wieder nur Pläne, Vincenzo ...«
Der Mann stand auf, ging zur Tür und warf einen Blick in den kleinen Vorraum, ob dort nicht eine Hofdame lauschte. Er hielt seine Gattin für eine kluge Frau, die zu »konsultieren« sich mitunter lohnte.
»Paß auf, wenn wir den Vertrag endgültig unter Dach und Fach haben und Francesco uns eine Schwiegertochter aus Savoyen bringt, will ich

in Mantua eine Hochzeit, wie sie in Italien nicht ihresgleichen hatte, seit aus Neapel der letzte König verschwunden ist. Aber ich habe nicht soviel Geld, daß ich zehntausend Soldaten in scharlachrote Uniformen stecken und mit ihnen eine Parade veranstalten kann ... auch nicht, daß ich soviel gräfliche Vasallen einlade, wie dies in Madrid oder Paris möglich ist. Aber etwas habe ich doch zu bieten ... jenen, die meine Gäste sind. Wenn ich mit keiner Pracht aufwarten kann, die jeden anderen Fürst in den Schatten stellt, so biete ich ihnen das »gemalte Abbild des Wunders«. Dieser Ausdruck stammt nicht von mir, man hat ihn deinem Ahnherrn in den Mund gelegt, es sollen die Worte von Lorenzo il Magnifico sein ...«

»Sprich deutlicher, woran du denkst.«

»Die Favola war die Probe! Sie ist gelungen. Darauf versteht sich kein anderer in Italien, nur Monteverdi. Er wird mir noch größere ... noch schönere komponieren. Auf bessere Texte. Der Chor wird größer sein, es werden mehr Musiker spielen ... wir werden größere Maschinerien einbauen. Ich lasse ein Theater errichten ... Das wird die Grundlage des Erfolges sein. Wir werden nicht nur eine Favola aufführen, nicht nur ein Dramma per musica. Ich weiß gar nicht, wie ich diese gesungenen Komödien nennen soll ... Die Komponisten selbst bezeichnen sie einmal so, ein andermal anders ... Stile rappresentativo ... Stile rezitativo ... Weiß der Teufel. Aber nicht nur Monteverdi allein soll komponieren. Es muß der größte Musikwettstreit Italiens werden. Auch Peri soll komponieren ... auch Marco da Gagliano ... wenn ich an Don Gesualdo herankomme, bitte ich auch ihn um eine Komposition ... Alle Musiker in Italien sollen vom Fieber erfaßt werden ... Mir schwebt etwas vor, Leonora, wie es die alten römischen Cäsaren veranstaltet haben ... Und es soll nicht nur einen Tag dauern, sondern eine Woche oder zwei. Jeden Tag eine Feier ... jeden Tag eine andere Darbietung ... Ja, du begreifst, ›Circenses‹ sind noch immer billiger als ›Panis‹. Im Grunde genommen kostet ein solches Fest nicht viel. Die Musiker erhalten ihre üblichen Bezüge ... bei den Sängern kommt es darauf an, daß keine teuren Kastraten auftreten ... die Maschinerien und die Kulissen kann man auch ein andermal wieder verwenden ...«

»Vincenzo, hast du darüber schon mit Chieppio gesprochen?«

»Wenn ich eine Jagd veranstalte, kosten allein die neuen Waffen, das Pulver und das Blei schon ein kleines Vermögen, die Pferde und Falken gar nicht gerechnet. Dabei kommen immer wieder Treiber um, die kosten auch Geld. Wenn wir hier an einem Abend die Herzen füllen, da entgehen auch die Ohren und die Augen dem Zauber nicht, und man wird Wochen ... ja monatelang nur darüber sprechen. Und damit man darüber spricht, werde ich alle italienischen Fürsten ... alle freien Städte einladen. Sie sollen meinen Ruhm verkünden.«

»Und warum sehnst du dich gerade jetzt danach? Ist dir Mantua plötzlich zu klein geworden?«

Das Gesicht des Mannes wurde jetzt todernst. Er rückte noch näher an Eleonora heran. Plötzlich ergriff er die lange, knochige Hand der Frau, zog sie an sich und küßte sie.

»Wähle: Wo möchtest du, daß man mich krönt – in Monza mit der Eisernen Krone ... oder in Aachen? Wo man die alten Kaiser gekrönt hat?«

Die nüchterne Medici-Tochter mit dem kühlen Blick verzog den Mund. Ihre grauen Augen schauten spöttisch: Wieder war er der hochfliegende, Luftschlösser bauende, unverbesserliche Vincenzo! Aber der Mann fuhr fort:

»Es weiß noch niemand davon: Der französische Gonzaga, der Herzog von Nevers, hat mir geschrieben. Er wurde vom Heiligen Vater empfangen. Pius liebt die Spanier nicht, ebenso auch Rudolf nicht. Der alte Kaiser ist verrückter denn je. Die Sankt-Stephans-Krone hat ihm Erzherzog Matthias schon abgetrotzt, aber das kaiserliche Zepter gibt er noch nicht aus der Hand. Der Heilige Vater möchte einen kühnen Streich sehen, der beide Linien der Habsburger zugleich trifft.

Albanischer König kann ich an dem Tag werden, wann ich will. Das ist nur eine Frage von Gold. Aber ich habe es mir überlegt ... ich will mehr. Der Kaisertitel des Heiligen römischen Reiches deutscher Nation liegt auf dem Tisch der Kurfürsten, sobald Rudolf stirbt oder abdankt ... oder zum Abdanken gezwungen wird. Inter duos litigantes ... haben unsere Mantuaner Dukaten einen reinen Klang. Ich habe schon versucht, den einen oder anderen Elektor zu bewegen, bei der Wahl an mich zu denken. Die katholischen Fürsten stehen auf meiner Seite, und die Protestanten wissen, daß ich die Inquisition nicht mag. Nie würde ich mit Feuer und Schwert gegen sie ziehen, um die Einheit der Kirche wieder herzustellen.«

»Ich verstehe nicht, was das alles mit deiner Favola zu tun hat, Vincenzo?«

»Die Hochzeit ist der Vorwand. Jeden Abend eine andere Rappresentazione, jeden Abend eine Kostprobe vom Zauber Mantuas ... ein kleiner Vorgeschmack vom Stil Mantuas: Was könnte ich alles tun, wenn ich die Kaiserkrone auf dem Kopf hätte? Glaub mir, Nevers ist kein leichtfertiger Spieler ... wenn er auf mich setzt, so sieht er darin eine Chance.«

»Vincenzo, ich habe mit meinen Worten nur eine kleine Ader öffnen wollen: Ich habe dich gefragt, was ich dem Doktor nach Cremona antworten soll ... und du siehst dich schon mit kaiserlichem Zepter ... und was noch mehr ist, du willst auch mich in dieses Dramma senza musica hineinziehen ...«

Vincenzo lachte. Erleichtert, befreit umarmte er Eleonora.

»Freilich ... all dies so zusammen ist viel ... Aber schreib, schreibe dem Doktor möglichst bald. Er soll seinen Sohn trösten ... soll Sude brauen, ihn an Leib und Seele stärken. Schicke Geld und befiehl, daß er zurückkommt. Ich lasse mir in das Räderwerk des Glücks keinen Sand streuen!«

23

Die Beratung begann im innersten Raum der Hofkanzlei. Meister Follino, der Historiker, Rossi, der Generalissimus, Baumeister Viani, Chieppio als Hofminister und Striggio als Dichter und Sekretär nahmen daran teil.
Der Baumeister breitete riesige Zeichnungen auf dem breiten, tintenbekleckten Tisch aus. Seine nervösen Finger hantierten mit dem Zeichenstift, als wäre es ein Dolch. Er war in seinem Element: Ingenieur, Dichter, Feldherr und Schatzmeister in einer Person ... Siehe, mit welcher Andacht ihm die Mächtigen lauschten!
»Wollte ich den Befehl Seiner Hoheit ausführen, müßte ich das achte Weltwunder zustandebringen, meine Herren. In drei Monaten soll ein Theater erbaut werden, das Tausende von Zuschauern aufnimmt, und es soll alle Einrichtungen aufweisen, die man seit den alten römischen und griechischen Ahnen von einem Theater verlangt. Vor Euer Exzellenzen will ich mich jetzt nicht auf das Beispiel des Domes in Mailand berufen, der schon seit einem Vierteljahrtausend im Bau, aber noch immer nicht fertig ist ... Ich kann mich nicht auslachen lassen ... Das ist, als würde man sagen: Eine Frau soll drei Monate nach der Empfängnis ein Kind zur Welt bringen.«
Rossi sagte mit leiser, aber drohender Stimme:
»Ihr habt es nicht mit Lebewesen zu tun ... sondern mit fügsamem Material. Das Theater muß bis zur Hochzeit fertig sein!«
Viani lachte gespielt.
»Wenn mir die olympischen Götter dabei helfen ... aber mir ist nur von Demeter bekannt, daß sie in Eleusis einen Tempel erbaut hat. Die anderen haben alle nur zerstört ... Wie kann Seine Hoheit das im Ernst verlangen?«
Follino vermittelte behutsam.
»Messer Viani, Ihr wißt, was auf dem Spiel steht. Seine Hoheit verfolgt weitgehende Ziele ... mit diesem Theater und den Aufführungen ... Graf Rossi hat richtig gesagt: Das muß werden. Die Zukunft Mantuas ... und unseres Landes baut heute auf dem Theater auf!«
»Doch womit? Und wo? Wo ist das Material? Ich habe einige Pläne mitgebracht, damit Eure Exzellenzen sehen, wie und woraus ein so riesiger Saal erbaut werden kann, der für solche Aufführungen geeignet ist.«
Rossi, den die Verzweiflung des Baumeisters amüsierte, lachte auf:
»Seht, die Neapolitaner lassen durch Feuerwerk Paläste entstehen ...

Gewiß, sie zerplatzen schnell, aber solange sie halten, blenden sie allen die Augen ... Wenn Ihr nicht in der Lage seid, in drei Monaten aus Marmor einen Palast als Heimstätte der Musen zu errichten, so baut etwas, was anspricht, was der Aufgabe gerecht wird ... in den paar Wochen, solange die Faschingsfeiern dauern.«

»Meinem Meister Sansovino wären auf solche Worte hin die Tränen gekommen. Ein Baumeister besteht, solange wie möglich, auf Marmor, der gewissermaßen Symbol der Ewigkeit ist. Aber wenn Seine Exzellenz Rossi uns einen anderen Weg zeigt, so gestatte man mir zu gestehen, daß ich auch in dieser Richtung gewisse Vorstellungen habe ...«

Die Stimme Chieppios unterbrach die erwartungsvolle Stille.

»Entscheidet Euch gleich für die billigste Lösung, Messere!«

»Innerhalb des Grabenbereichs des alten Kastells liegt ein weiter Raum, der zur Zeit frei ist. Wenn ich das Theater so baue, daß ich diesen Platz ausnütze, könnte man eine Mauer des Castellos in den Bau miteinbeziehen und einen Abschnitt des Grabensystems als Grundmauer verwenden. Auf diese Weise ließe sich das Kellersystem für die Versenkungen einsparen ... So wäre es vielleicht möglich ... daß sich der neue Bau in die Harmonie der Reggia einfügt und daß er trotz seiner leichten Bauweise das Gefallen Seiner Hoheit findet.«

»Seid Ihr unterrichtet, Messere, wo in der letzten Zeit solche Theaterbauten errichtet wurden?«

»Hauptsächlich im Lande des Katholischen Königs ... Aber dort ist das leicht, dort herrscht ewiger Sonnenschein, wie man sagt ... dort braucht man vielleicht nicht einmal ein Dach ... vielleicht nicht einmal Mauern ... nur einige Seile, mit Hilfe derer man einen Platz absperrt ... Dort können die Schauspieler dann auftreten. Übrigens hat man unlängst in Florenz auf dem Santa-Croce-Platz irgendeine musikalische Komödie des Herrn Peri gespielt ... Aber bei uns, das wissen Eure Exzellenzen auch, ist es zur Faschingszeit kalt ... Da braucht man nicht nur ein Dach, da verlangen die Zuschauer sogar eine Heizung ... wie bei den alten Römern, die unter dem Fußboden Rohre mit heißem Wasser entlangführten ... Aber wenn wir im Ernst sprechen ... In England werden solche Theater gebaut. Messer Contarini war mir eine große Hilfe, denn er ist in dem einen oder anderen gewesen, als er Gesandter in London war und er darüber dem Ältestenrat berichten mußte. Er hat es herausgesucht und mir gezeigt, was er damals über den Theaterbau geschrieben hat.«

»Ihr habt Euch gründlich für die Aufgabe vorbereitet. Laßt hören, in was für ein Theater die Inselbewohner gehen.«

»Sie bezeichnen das Theater Globe ... Sie als Abtrünnige ... können offen verkünden, den frommen Lehren zum Trotz, daß die Erde rund ist ... Doch darüber wollen wir jetzt nicht diskutieren. Messer Contarini hat sich den Bau von allen Seiten angesehen: Er ist sechseckig, mit sehr vielen Fenstern, das Dach ist aus Brettern und mutet wie zwei gesonderte Häuschen an. Von hier wird ausgerufen, welches Stück abends zur Aufführung gelangt und von hier erklingen auch die Glokkenschläge, die den Beginn der Vorstellung anzeigen ... Was das Innere betrifft, ist die Bühne in zwei Teile geteilt, der erste ... größere Raum, wo sich das Wesentliche der Aufführung abspielt, mündet geradewegs in den Zuschauerraum und ist gleichsam ein Bestandteil dessen. Aber es gibt auch eine kleine Einbuchtung ... wo sich die Bühne hinten vertieft: Diese wird gewöhnlich durch einen Vorhang von dem Vorraum getrennt. Wie das geschieht, darüber werde ich noch sprechen. Hier befindet sich eine Art Tribüne, ich könnte sie als Loge bezeichnen: Sie wird gewöhnlich verdeckt; wird sie benötigt, schmückt man sie. Rings um den Zuschauerraum befinden sich Sitzplätze, genauer eine Art Käfige, die sich von den anderen Teilen des Zuschauerraumes absondern lassen. In der Mitte des Zuschauerraumes befinden sich Stehplätze für weniger angesehene Zuschauer. Schließlich gibt es oben noch die Galerie, die eher nur für Besucher aus dem Handwerkerstand gedacht ist.«

»Was für Stücke werden in diesem Theater gespielt?«

»Messer Contarini entsinnt sich dessen nicht genau ... Man hat nicht gesungen, und es gab kein Orchester. Er sagt, er habe heitere Stücke gesehen und auch Tragödien, in denen allerlei Könige ermordet wurden. Aber wer soll sich schon erinnern, wer diese Stücke geschrieben hat?«

»Unterhält der König das Theater aus eigenen Mitteln?«

»Keineswegs, hohe Herren! Es haben sich wohl mehrere reiche Herrschaften zusammengetan, die Globe erbauen lassen und dann an die Schauspieler verpachtet. Halbe-halbe ... Was abends für die Steh- und Sitzplätze und für die als Logen bezeichneten Käfige einkommt, das erhalten zur Hälfte die Besitzer und zur Hälfte die Schauspieler.«

»Was sagt der Venezianer, wurde das Theater mit viel Kosten erbaut?«

»Wenn ich richtig verstanden habe, ist es aus Holz erbaut und anschließend verputzt worden; als Messer Contarini es sah, bröckelte der Putz bereits ab. Euer Exzellenz sagten, wir sollten für einige Wochen Glanz schaffen. Das würde der frische Putz zum Karneval tun. Innen ...? Ich hatte Glück, Messer Contarini fand seinen Gesandtenbericht ... Außerdem haben er und seine Sippe auf ihren Besitzungen in Piazzola irgendein Theater erbauen lassen, und so hat es ihn besonders interessiert, was die Engländer können. Er hat seinem Bericht eine ausführliche Einleitung vorangestellt, in der er in der Art eines gelehrten Mannes beschreibt, was für Maschinerien die Völker der Alten Welt, besonders unsere römischen Ahnen verwendet haben ... dann erwähnt er Leonardo da Vinci, der viel dergleichen aufgezeichnet hat. Ich habe darüber nachgedacht: Das ist der schwierigste Teil des Ganzen, denn ohne allerlei Maschinerien kann man heute kein Theater mehr betreiben. Und diese Maschinerien und Einrichtungen muß man in drei Ebenen unterbringen. Oben, in der Höhe ... hier, wo ich mit dem Finger hinzeige, muß man eine Art Boden errichten. Da befinden sich die Aufzugsvorrichtungen für den Vorhang. Auch die Gardine der Hinterbühne wird von hier hochgezogen. Dazu genügt ein Rollenzug. An beiden Seiten der Bühne werden von innen, damit die Zuschauer es nicht sehen, dünne Eisendrähte von einer Seite zur anderen gespannt. Mit deren Hilfe können Feen oder Götter herniederschweben oder in einem Boot gefahren oder auf dem Rücken eines Tieres geritten kommen. Am schwierigsten sind die Mechanismen, die sich unter der Bühne befinden, nämlich die Versenkungen ... die Werkstatt in der Unterwelt. Denn es gibt kaum ein Stück, in dem nicht jemand von der Hölle verschlungen wird oder wie in ›Orfeo‹, daß man das Reich Plutos darstellen muß. Dafür wird das meiste Geld gebraucht, denn diese Räder werden von Wasser getrieben und das Wasser muß so eingeführt werden, daß es genügend Kraft zum Antreiben der Maschinerien besitzt.«

»Habt Ihr an das Orchester gedacht, Messere?«

»Das hat es in dem Theater, von dem Herr Contarini berichtet, nicht gegeben. Aber ich nehme an, die Zuschauer wollen die Musiker nicht sehen, sondern nur hören. Sie gleichen jenen, die aus der Tiefe oder aus der Höhe die Mechanismen lenken. Sie verdienen sich ihr Lob nicht durch ihr Angesicht, sondern durch ihre Arbeit. Ich denke, das Orchester sollte hinten sein ... und wird mal irgendein höfisches Stück aufgeführt, in dem sich auch Persönlichkeiten von Rang und Stand im Tanze wiegen, dann könnte man die zu diesem Zweck schmuck gekleideten Musiker in einer Ecke des Saales plazieren.«

»Messer Viani, wie wollt Ihr an die Arbeit herangehen?«

»Wir brauchen Holz ... Holz ... Holz, soviel wie möglich, mit Verlaub Eure Exzellenz. Ich kann den Bau nur gewährleisten, wenn jeder andere Herrendienst eingestellt und alle arbeitsfähigen Männer nach Marmirolo oder Soave zum Holzeinschlag beordert werden. Die Zimmerleute bearbeiten die leichten und zähen Stämme gleich hier unterhalb der Reggia. Da müssen wir einen geeignet großen Platz abgrenzen, wo die Handwerker arbeiten können. Ich werde mit Messer Chieppio besprechen, wieviel Maurer und Zimmerleute gebraucht werden ... wer die Mechanismen anfertigt ... und wann die Kalkbrenner mit der Arbeit beginnen müssen ... Doch man gestatte mir auch, eine Frage zu stellen: Warum und für wen läßt Seine Hoheit das Theater erbauen?«

»Messere, kümmert Euch jetzt nicht darum. Ihr sollt nur das Ziel vor Augen haben, bis Fasching fertig zu sein. Dem Herzog schweben mehrere Vorstellungen vor ... Es wird sogar fünf oder sechs geben. Bleibt das Theater bestehen, läßt es sich immer für etwas verwenden. Ihr aber müßt daran denken, daß alle Fürsten in Italien eine Einladung erhalten, daß Kardinäle und Gesandte fremder Länder kommen werden. Außerdem soll auch die Bevölkerung Mantuas Platz bekommen, natürlich zu Tausenden.«

»Zu Tausenden?«
»Seine Hoheit denkt an fünftausend Plätze. Ich weiß nicht, wieviel Menschen in einem Raum von der Größe Platz finden, wie Ihr ihn geplant habt. Auf die genaue Zahl kommt es jetzt nicht an, Hauptsache, es sind möglichst viel, selbst wenn die Bürger beengt unterkommen. Was Ihr von den Käfigen gesagt habt, ist sehr richtig. Der Adel soll sich auf keinen Fall mit dem gemeinen Volk vermischen. Wenn wir die neue Favola aufführen ...«
»Aber wird Meister Claudio rechtzeitig fertig werden? Man erzählt, er sei so bedrückt, daß man kein Wort von ihm hört.«
Auf die Frage Follinos winkte Rossi nur ab.
»Habt diesbezüglich keine Angst. Der Theaterbau ist eine viel härtere Nuß als die Favola. Wenn Seine Hoheit Euer Gnaden den Auftrag gibt, bis zum Fasching einen ganzen Foliant mit Geschichten vollzuschreiben, werdet Ihr es gewiß tun, und sie werden ohne Makel sein. Wenn der Befehl an Monteverdi lautet, daß er mit dem Stück bis zur Aufführung fertig sein müsse – so ist das eine Frage der Kerzen ... die aber erhalten wir vom Hoflieferant sogar noch auf Kredit.«
Der Generalissimus lehnte sich mit seinem schweren Körper auf den Tisch, daß das Holz krachte. Er lachte auf.
»Messer Antonio Maria Viani, für heute sind wir fertig. Euer Ehren werden Befehlshaber über Euer eigenes Heer. Ihr könnt darin bestrafen und belohnen ... aber erbaut das Theater so, daß darin nicht nur der Herzog unseres kleinen Mantua ... sondern vielleicht der Kaiser des römischen Reiches der Herr sein wird.«
Chieppio schüttelte erschrocken den Kopf. Der Befehlshaber des Heeres war ein Schwätzer: Man durfte ihm kein Staatsgeheimnis anvertrauen.

Mit Rinuccini kam ein frischer Wind aus Florenz. Wer ihn als einen der bekanntesten Poeten Italiens am meisten erwartete, war der jüngere Prinz, Ferdinando, der seine Studien an der Universität zu Pisa unterbrochen hatte, um während der Vorbereitung der großen Spiele zu Hause zu sein und hier auf die Entscheidung des Heiligen Vaters zu warten, wann dieser den Kardinalshut schickte. Die florentinische Camerata war, seit Graf Bardi als Gesandter in Rom wirkte und Herr Corsi verstorben war, immer mehr unter den Einfluß Caccinis geraten. Da es aber keinen reichen Mäzen gab, kündete nur eine Aufführung, ein allegorisches Schauspiel zu den hohen Feiertagen, von der Kunst dieser namhaften Gesellschaft. Auch galt der Großherzog als geiziger Patron – wie hätte er sich in puncto Freigebigkeit mit Herrn Vincenzo messen können? Der Herzog hatte bisher schon ein Vermögen für die Fedelis geopfert, und jetzt war er dabei, neben den Künstlern des Wortes eine ähnliche Gruppe für Sänger und Musiker zu schaffen.
Ferdinando saß bereits am ersten Abend im Gastzimmer Rinuccinis.

Der wesentlich ältere florentinische Patrizier behandelte den jungen Herzog gleichsam als seinesgleichen, betrachtete ihn als Poeten; sie suchten gemeinsam nach Allegorien, feilten Reime, und der künftige Kardinal zeigte der Reihe nach die Erstlingswerke seines bisherigen Schaffens. Mit grenzenloser Begeisterung wandte er sich dem Dichter zu und versicherte ihm mit fast schwärmerischen Worten, daß er auch als Kirchenfürst nur darauf bedacht sein werde, anstelle des treulosen, prosaischen Florenz Mantua zur Heimstätte der Musen zu erheben.
Seit Rinuccini angekommen war, waren im Schloß alle vom Fieber gepackt. Die Reggia füllte sich plötzlich mit Musikern, Dichtern und Kunstfreunden – wobei man natürlich nur den Adel zu den Dilettanten zählte. Und dieser Rausch bemächtigte sich auch der übrigen Gonzaga, einschließlich der Herzogin ... Andererseits wurde bitter geklagt, daß man nicht mehr richtig ruhen könne, denn schon am zeitigen Morgen erfüllte der unheimliche Lärm des gemeinen Volkes, der Fronarbeiter, der hierher beorderten Gefangenen und der Fuhrwerke, das Dröhnen der abgeladenen Baumstämme, das laute Fluchen der Aufseher ... all der Heidenlärm, den der Bau des Theaters mit sich brachte, die Umgebung der Reggia, wenn auch alle einsahen, daß der Bau nicht mit Weihwasser errichtet werden konnte. Schlimmer war, daß keine Hand für eine andere Arbeit mehr zur Verfügung stand: Alle besseren Handwerker Mantuas arbeiteten als *nobile officium* unentgeltlich am Bau des Theaters.
In dem ausersehenen Palastabschnitt erschienen die Kalkbrenner, Gefangenen gab man Äxte und Sägen in die Hand, und ein ganzes Heer herzoglicher Leibeigener wurde aus den Dörfern zum Transport von Holz und Steinen herbeibefohlen. Rossi leitete den Theaterbau, als handelte es sich dabei um ein militärisches Vorhaben: Wenn Seine Hoheit eintraf, sollte er das vor aller Augen wachsende, anfangs einem unförmigen Urtier ähnelnde, allmählich Gestalt annehmende, riesige Holzgerippe wenigstens in seinen Umrissen sehen.
Denn Vincenzo verhandelte in Turin, um die noch bestehenden Meinungsverschiedenheiten zu beseitigen, die letzten Hindernisse, die einer Ehe Francescos mit Margherita von Savoyen entgegenstanden, wegzuräumen. Das war der Vorwand. In Wirklichkeit ging es um ein sich auf ganz Italien erstreckendes Bündnis der Fürstentümer und Städte, an dessen gegen Spanien gerichteter Einstellung niemand zweifeln konnte. All dies schien im Einklang mit den einzelnen deutschen Höfen zu geschehen, wie der Herzog aus den Berichten vernahm. An mehreren Stellen hatten – vom fernen Glanz der Mantuaner Dukaten beeinflußt – die Kurfürsten zumindest nicht nein gesagt ...
Der Postweg von Turin nach Mantua führte durch die Lombardei, und Fuentes, der ergraute spanische Statthalter, war in seinen Mitteln nicht wählerisch, wenn es um Informationen ging. Der spanische Graf hätte jedoch nicht schlecht gestaunt, wenn er das Schreiben geöffnet und ge-

lesen hätte: »Den Bau des Theaters, Chieppio, mit aller Kraft vorantreiben – cito, cito, citissime, so schnell wie möglich! Alles hängt davon ab.« Fuentes hätte glauben müssen, hinter dem Wort »Theater« verberge sich eine geheime spanienfeindliche Bewegung.

Solange die Fronarbeiter angetrieben werden mußten, kümmerte man sich nicht viel um den Maestro: Seine Aufgabe kannte er selbst, und daß auch er in die Angelegenheit des Theaterbaues mit hineinredete, war nicht nötig. Im Haus des Witwers gab es nicht viel Freude, Caterinuccia wies die Magd an, sich um die beiden Knaben sowie um Claudio und Großvater Cattaneo zu kümmern. Der Maestro stand manchmal am zeitigen Morgen auf, begab sich in den Dom, wo er bis Mittag mit den Musikern und Sängern probte. Unterwegs aß er dann schnell etwas zu Mittag, ergriff wieder seinen Stock und setzte seinen Weg in die Reggia fort. Denn hier wurde er bereits erwartet, besonders von Follino und Striggio – und seit Rinuccini angekommen war, auch von ihm und von dem jungen Prinzen Ferdinando. Beratung, Hilfe, Auswahl, Vorschläge, Gegenvorschläge, Noten und Texte – im wirren Durcheinander. Jeder wollte etwas anderes, jeder hatte einen anderen Zeitplan, doch solange man keinen endgültigen Beschluß gefaßt hatte, konnte keine Rede davon sein, schon mit den Proben zu beginnen. Von hier kehrte der Meister zur Abenddämmerung todmüde nach Hause zurück, nahm das Abendessen in seinem Zimmer ein und schrieb manchmal bis weit nach Mitternacht mit eiliger Hand oder malte Notenköpfe.

Die Aufgabe, die man ihm aufgebürdet hatte, forderte übermenschliche Kräfte. Wenn er hundert Tage gehabt hätte und vom Morgen bis zum Abend sich nur seinen Kompositionen hätte widmen können, wäre das noch immer zu wenig für das gewesen, was Seiner Hoheit vorschwebte. Man verlangte nicht weniger, als daß er für das fertig vorliegende fünfaktige Dramma per musica Rinuccinis die Musik komponieren und daß ein liebliches Musik- und Tanzspiel mit schönen Gesangsrollen und Bühnenlösungen – ebenfalls aus der Werkstatt Ottavio Rinuccinis – den herzergreifenden Ernst der Arianna mildern sollte. Von Arianna weiß jeder, der in der Mythologie bewandert ist, daß sie die von Theseus verlassene kretische Königstochter war. Dem kürzeren Lustspiel hatte Don Ottavio den Titel »Il ballo delle ingrate« gegeben, und nur den unmittelbar Beteiligten hatte man erklärt, daß sich der Titel »Ball der Grausamen« hier auf jene grausamen Damen bezog, die das Flehen ihrer Ritter nicht erhörten ... Doch damit war die Arbeit Monteverdis noch nicht erschöpft: Er mußte auch die Proben des musikalischen Teils von »La idropica«, dem großen Schauspiel von Guarini, übernehmen und schließlich die Aufsicht über alle während der Feierlichkeiten zur Aufführung kommenden Musikwerke führen, in denen das herzogliche Orchester oder Sänger Seiner Hoheit mitwirkten.

Claudio beneidete wohl die Caccinis um ihre Arbeitsweise, die blitzschnell, je nach Begehren zu komponieren verstanden. Er dagegen arbeitete zu Hause unter Schmerzen, grübelnd: Seine wiederkehrenden Kopfschmerzen, die unheimliche Stille im Haus, der nach seiner Tochter seufzende Cattaneo, die vernachlässigten Kinder, all dies förderte die Inspiration nicht. Und Caterina bewegte sich im Haus wie ein seltsamer, flatternder Schmetterling. Ihre Augen waren verschleiert, und ihm schien, als würde sie seinem Blick ausweichen. Claudio war kein schneller Arbeiter. Manchmal starrte er bis Mitternacht ins Kerzenlicht, ehe er einige Zeilen schrieb, sie dann wieder zerriß und neu begann. Mitunter war er schon im Begriff, ins Zimmer Claudias zu gehen, wie er es einst zu tun pflegte, wenn er an irgendeiner Stelle nicht weiterkam. In der schönen, klaren Schrift des Kopisten Rinuccinis lag der Text vor ihm. Ein wunderbarer Dichter und vortrefflicher Handwerker: Anweisungen folgten einander, Einfügungen, Vorstellungen, Empfehlungen für den Komponisten. Rinuccini war der bedeutendste Librettist der Camerata, und er folgte noch den Spuren der Dialoge Vincenzo Galileis. Die *pittura verbale,* die musikalische Malerei, sei Aufgabe des Komponisten.
Er schloß die Augen und versuchte, sich Ariadne vorzustellen, aus der die florentinische Mundart Arianna gemacht hatte. An der Küste Kretas riß bei Tagesanbruch der Nebel auf. Mag sein, daß die Athener Flotte schon in der Nacht vor der Insel angelangt war, aber Theseus wartete den Morgen ab ... oder war es Abend? Nach den Anweisungen gestanden sich Teseo und Arianna nachts – ja schon in der ersten Nacht – einander ihre Liebe. Aber bereits während dieser glühenden Zuneigung mußte die Musik andeuten, daß das Verhängnis nahte. Arianna wurde von bangen Vorahnungen gequält ... Warum fand die Liebe des Theseus das Gefallen der Götter nicht, warum wollten sie die Tochter des Königs Minos von ihm trennen? Nur Poseidon, der alte Meeresgott, stellte sich auf die Seite seines Sohnes ... und siehe, dennoch hat Arianna das rettende Fadenknäuel Theseus in die Hand gegeben, mit dessen Hilfe er wieder aus dem gefürchteten Labyrinth herausfand, nachdem er das Ungeheuer Minotauros erreicht, mit ihm gekämpft und es getötet hatte.
Wie weit lag Kreta und die sonnenbeschienene Welt der Götter von Mantua entfernt. Als er als Studiosus die Universität in Cremona besuchte, ließ ihn sein griechischer Sprachmeister den Text des Bacchylides lesen: Wie Theseus den Ring des Königs Minos vom Meeresboden heraufgeholt hatte. Soviel wußte er von dem antiken Helden ... Freilich, der Text Rinuccinis war ungebundener, spielerischer als das Werk der alten Meister, die den Mythos in Dichtung geformt hatten ... Das entstehende Drama kündigte sich im zweiten Akt in dem einsamen Grübeln des Theseus an. Das würde das Interludium einleiten. Wenn seine Liebe zu Arianna siegte, gelangte er vielleicht nie nach Athen, um

dessen Thron er aber kämpfen mußte. (›Hier‹, dachte der Meister, ›hinkt der Text ein wenig. In der ursprünglichen Fassung nimmt Theseus das Mädchen bis auf die Insel Naxos mit, und erst dort beginnt Ariadnes Leid.‹) Das Orchester mußte also das tragische Erwachen Ariannas aus dem schweren Traum vorbereiten: Ihr Geliebter befand sich nicht an ihrer Seite ... so steigerte sich ihre Unruhe ... Den Dialog begann sie mit ihrer Vertrauten: Die Frau tadelte sie wegen ihres Kleinmutes. Arianna schämte sich hierauf und bereute ihre Zweifel.
Zu Beginn des nächsten Aufzuges mußten das Meer und der Wind zu hören sein. Der Bote erhielt auch hier eine Rolle: Er hatte gesehen, wie die Athener Flotte im Schutze der nächtlichen Dunkelheit in See stach, wie der salzige Südwind die Segel blähte, hatte die Steuerruder knarren, das Rasseln der Ketten beim Lichten der Anker gehört: Die Schiffe nahmen Kurs auf Athen. Nun ergriff Arianna das Wort – ein einziges Mal! Ihre erschütternde Klage, das *Lamento* mußte den ganzen Akt mit Trauer und dennoch mit Kraft erfüllen: Dieses Wehklagen bildete das Rückgrat des ganzen Dramma per musica. Die weiteren Rollen fielen der Vertrauten und dem Chor zu. Sie mußten nach dem Vorbild des antiken Chores den Grund der schrecklichen Treulosigkeit erklären.
Mit müden Fingern stieß er auf den Text. »Lasciate mi morire! Lasciate mi morire! ... Teseo mio ... Teseo mio ... sì ... sì ... che ti vo' dire: dov' è ... dove è la fede? Che tanto mi giuravi? Ahi che pur nun risponde ... ahi che più d'aspre sord' a miei lamenti ...«*
Während er blätterte, war es nüchterner Text, der keinen Sturm in ihm entfachte. Aber bei dem Lamento schien sich jäh alles in ihm zu rühren. Plötzlich beweinte er mit all seinen Sinnen Claudia. Warum hatten ihn diese wenigen Worte so aufgewühlt? Die Klage eines sagenhaften kretischen Mädchens? Warum diese nächtliche Spannung? »*Lasciate mi morire* ...« Er regte keine Hand, er saß am Ufer des Nichts, in dieser würgenden, schmerzlichen Spannung. Gedämpft ... halblaut beginnen? So wie Claudia in den letzten Jahren gern gesungen hatte? Töne – Töne, wie sie gegen das Felsufer schlugen. Es klang abgehackt ... aber es war ihre Stimme ... Lasciate mi morire ... Die Arme, sie bat nur noch mit dem Blick um den Tod, so schwach war sie ... Ein Blutsturz nach dem anderen ... Das Eis half nicht, die Sude halfen nicht ... Als der Priester gegangen war ... Lasciate mi morire ...: Hat Claudia nicht die gleichen Worte gebraucht?
Wenn jetzt jemand käme, wenn er nur ein Klopfen am Tor hörte ... würde dieser Schleier zerreißen ... dieser ferne Gesang verstummen.

* Laßt mich sterben! Laßt mich sterben! ... Mein Theseus ... mein Theseus ... ja ... ja ... das will ich dich fragen: Wo ist ... wo ist sie geblieben, deine Treue? Die du mir so heilig geschworen! O weh, du antwortest nicht einmal ... o weh, meine Klagen stoßen auf taube Ohren ...

Von der Küste Kretas oder vom Strande von Naxos ... Die ihn einhüllende weiche Stille, die wie eine lose Schneedecke die Stimmen durchließ, sie filtrierte ... Drei Worte. Alle anderen lebten nicht. Die herzergreifende Bitte, der in der heiter ausklingenden Favola kein Tod folgte ... Sein Auge ruhte auf der Sanduhr Claudias. Zwei Uhr nach Mitternacht. Ohne Essen und Trinken, wie lange wohl schon? Warum hatte Caterina nicht zu ihm hereingesehen? Mezzo? Wie hättest du es gesungen, Claudia?
Die Hand war ein folgsamer Diener. Sie nahm vom Stoß einige Blätter, in einem Behälter standen fein zurechtgeschnittene Federn für die Abschrift ... Er quälte sich nicht mit Alternativen, es kümmerten ihn keine Varianten. Diesmal löschte er keine Takte aus, schrieb keine neuen darüber ... nicht so wie sonst, wenn er verbesserte, durchstrich, zerriß und von neuem begann. Als würde der gute Geist Claudias sie führen, glitt seine Hand dahin ... Ja, er fühlte sich so sicher wie Orpheus, als er Eurydike noch neben sich spürte ... Er hörte die Stimme Claudias. Sie stimmte nur in den ersten beiden Worten mit denen Ottavios überein ... danach sprach sie in einfachen, stillen, ewigen Sätzen ... über das Haus und den Herbst, über die mutterlosen Knaben und den Wind, der ins Schlafzimmer wehte und das Brot, das sie nicht mehr selbst knetete ... Lasciate mi morire ... Als ihre kranke, angegriffene Lunge keine Luft mehr bekam ... als man vergebens die Fenster öffnete ... als nur noch ihre beredten Augen sagten: Laßt mich ... laßt mich sterben ... Und diese drei Worte im Krankenzimmer in Cremona klangen anders ... herzergreifender als die lallenden, wehleidigen Worte des kretischen Mädchens ... Zum Teufel also mit den Kretern! Zum Teufel mit dem scheinheiligen Text Rinuccinis! Die Worte der Klage klangen in ihm, schlugen wie Flammen empor ... wie ein Brandherd, der mit seinem Feuer alle menschlichen Leiden verschlang!
Lasciate mi morire ... Die Schneuze drückte den Docht der Kerze nieder, in der Sanduhr Claudias war der Staub bis auf das letzte Körnchen in den unteren Behälter gerieselt.
Er stand auf und ging an das Bücherregal. Gleich einem Blinden tastete er sich in der finsteren Ecke zurecht, aber seine Hand fand den geliebten Platon. Siehe, Sokrates hatte Phaidros geantwortet:

»Du fragst, warum sich die Seelen so sehr danach sehnen, die Gefilde der Wahrheit zu erblicken? Ich kann dir nur antworten: Auf diesen verstreuten, sonnigen Flecken befindet sich die Weide für den edelsten Teil der Seele, und auf dieser Weide schöpfen die Flügel neue Kraft, die die Seele tragen ...«

Vollgeschriebene Notenblätter. Fertige Notenblätter. Er zitterte. Ihm war, als wäre ihm zur nächtlichen Stunde ein Wunder geschehen. Im

Schubfach lag sein Buch mit den großen Schließen. Darin pflegte er seine Gedanken niederzuschreiben ... Entwürfe, wenn er wichtigere Briefe abfaßte; schnell flossen jetzt die Buchstaben aus der Feder.

»... Als ich das Lamento der Arianna zu schreiben begann, hatte ich kein Buch, nichts Geschriebenes, das mir verdeutlicht hätte, wie ich die Empfindungen der Seele ausdrücken, wie ich sie darstellen soll ... Selbst dafür, wie ich damit beginnen sollte, gab es wohl keinen anderen Führer, nur Platon. Aber auch er war eher nur ein flackerndes Licht, das ich mit meinen schwachen Augen kaum zu sehen vermochte ...«

Am Tor klopfte es. Dieses erste morgendliche Geräusch kannte er. Man brachte aus dem Stall nebenan die Milch für die Kinder. Eine Minute, dann hörte er die Magd, hörte das morgendliche Gespräch ... Es war noch dunkel ... aber der Bursche berichtete bereits beim Aufsteigen des Morgennebels, was es Neues in der Stadt gab. Claudio hörte jedes Wort. Seit sich seine Augen verschlechterten, war sein Gehör um so schärfer geworden. Er dehnte sich, streifte seine plumpen Alltagssandalen ab und streckte sich angezogen auf dem Bett lang.
In seinem Traum sah er bunte Segel blinken. In der Maske des im Morgenwind dahinsegelnden, auf Abenteuer ausgehenden Theseus lachte Herzog Vincenzo.

Die drei Carafa-Schwägerinnen umschmeichelten die Frau des Vizekönigs. Im Castel Nuovo strahlte anscheinend alles in den Farben Spaniens: Unter dem wunderbaren blauen Himmel schwebte das Wappen Kastiliens. Der »Hof« bestand zum größten Teil aus Mühlsteinkrausen tragenden Hidalgos, und die italienischen Aristokraten »beider Sizilien« radebrechten ihnen zuliebe das Spanisch. So geschah es, daß die drei neapolitanischen Herzoginnen der in fast haremartiger Abgeschlossenheit lebenden großen Frau aus Toledo hundert süß klingende lokale Gerüchte berichteten, als der diensthabende Kammerherr eintrat und Adriana Basile, die ungekrönte Königin der italienischen Sängerinnen, meldete.
Adriana verdankte ihre gesellschaftliche Stellung dem Umstand, daß sie dem Schein nach kokett, in Wirklichkeit aber tugendhaft war. Ihr Gatte, ein verarmter Kleinadliger, erhielt der Verdienste seiner Frau wegen manchmal einen Auftrag vom Hof oder von einem Hochadligen. Adriana aber entfaltete selbst eine Legende um ihre Herkunft. In der Zeit, als man die Kanzleien leicht mit gefälschten Urkunden täuschen konnte, hatte die hübsche Sängerin verkündet, daß sie, nach uralten Familienüberlieferungen, von den einstigen Königen Kretas abstamme, die noch in der Urzeit ihren Sitz in das damals griechische Parthenope verlegt hätten. In Wirklichkeit verdankte sie ihren Rang in erster Linie doch ihrer Stimme, die ihr die Tür zum Palast des Vizekö-

nigs geöffnet hatte, wonach sich wie auf einen Zauberschlag auch alle Häuser der vornehmsten Aristokraten auftaten. Man mußte Adriana gern haben. Diese wundervolle Komödiantin hatte tausenderlei Gesichter, war klug, vielseitig, gutherzig und gefühlvoll. Sie lachte leicht und weinte leicht, alles interessierte sie, alles hörte sie, alles wußte sie, was in Neapel und in der noblen Umgebung, in Capri oder Sorento geschah. Sie schwatzte wie ein Fischfrau vom Hafen und philosophierte wie die vornehmste venezianische Kurtisane. Ihre Stimme rühmte man schon seit ihrer Mädchenzeit in ganz Italien: Die besten Meister hatten sie unterrichtet, und ihr gefühlsreicher, voller, farbiger Sopran paarte sich mit der herrlichsten, klarsten Aussprache, ganz gleich, ob sie einen Text in der Sprache des Volkes oder in Latein sang.
Die drei Schwägerinnen, die Herzoginnen Stigliano, Cerce und Bisignano, empfingen mit einem etwas gezwungenen Lächeln die Sängerin, die ihr aristokratisches Salongespräch doch störte. Aber die Vizekönigin war über Adriana sichtlich erfreut, sie hieß sie sich neben sie auf einen niedrigen Hocker zu setzen und nannte sie zum ernsten Entsetzen der Anwesenden »mein liebes Kind«.
Adriana spielte, wie stets, auch hier. Sie empfand die Atmosphäre, die Spannung, die ihre Ankunft in dem kleinen Salon ausgelöst hatte, erhob sich jäh und wie jemand, der von tiefer Rührung ergriffen wird (und als ginge hier alles um Leben und Tod), beugte sie vor der Gastgeberin das Knie.
»Madama ... ich bin nicht würdig, in Eurer Gesellschaft zu weilen. Bitte, seht auf mich wie auf eine arme Sünderin ... Oh, nein, gütige Herzoginnen, nicht gegen das sechste Gebot habe ich verstoßen, ich suche für eine viel unwürdigere Sünde Vergebung. Ich habe gestohlen, genauer ... ich habe stehlen lassen ... Ein Geheimnis ... Ich gestehe, ich konnte dem Verlangen meines Herzens nicht widerstehen, um zu erfahren, was in der Hexenküche der Reggia in Mantua gebraut wird ... was die Gonzaga zum Fasching planen ... Was mich die Nachricht ... und ein Notenblatt gekostet haben? Ich wage es gar nicht zu sagen, meine Damen ... Aber ich habe die Festordnung in der Hand, den Ablauf der Darbietungen, die man zu Ehren der Hochzeit in Mantua aufführen wird ... Oh, wenn ich dabeisein könnte ...«
Es war ein herzogliches Thema und das Spiel würdig einer Komödiantin. Die rothaarige Lavinia wandte sich geringschätzig an die Sängerin.
»Wenn die Signora ... so zum Schatz ihrer Stimme gekommen wäre, wie jener berühmte Giovan Gualberto Magli, dann hätte sie größere Aussicht, an den Feierlichkeiten in Mantua teilzunehmen, ohne daß ihre Tugend ... und so ihr Seelenheil Schaden nehmen könnten ...«
Wie von einer Viper gebissen, sprang Adriana auf ... aber auch das war nur Spiel. Mit vorgetäuschter Empörung und wie jemand, der im Hinblick auf die Tugend keinen Scherz versteht, wandte sie sich Lavinia zu.

»Eccelenza ... wie sollte irgend jemand den Lorbeer der kleinen Romanina streitig machen wollen? Sie ist die große Hoffnung der Zukunft in unserem Italien ...«
»Der Herzog braucht dieses Plebejermädchen ... Wieviel Jahre hat er es unterrichten lassen? Ein teures Hochzeitslied ... Jetzt, wie ich höre, will er sie auf der Bühne der Reggia sogar zur Königin krönen lassen ...«
Die Vizekönigin tat, als verstünde sie die im schnellen neapolitanischen Dialekt gesprochenen Sätze nicht und zeigte mit ihrem Fächer geradewegs auf Adriana.
»Was ist es für ein Geheimnis, das zu ergründen Euch gelungen ist?«
Adriana steigerte die Wirkung. Langsam öffnete sie die mehrfach zusammengefalteten Notenblätter und legte sie auf den Tisch mit den Marmorintarsien.
»Was ist das? Dergleichen kann ich nicht lesen.«
»Das ist, mit Verlaub Eurer Eccellenza, die schönste Perle des neuen Dramma per musica ... Der Titel des Werkes heißt »Arianna«, und es ist das Lamento der kretischen Königstochter ... Den Text hat Herr Rinuccini geschrieben, die Musik dazu der größte italienische Meister aller Zeiten ... Monteverdi, komponiert.«
»Übertreibt Ihr nicht, Signora Adriana?«
»Als hätte das Schicksal mir das Klagelied in die Hände gespielt ... entstamme ich doch nach der Überlieferung selbst der einstigen Königsfamilie von Kreta ... und ich habe das ›Lamento‹ gelesen, als wäre es die Klage meiner Schwester dort am Meeresstrand, den ich nie gesehen habe ... Erst verschlang ich alles nur mit den Blicken, Madama, dann füllten sich meine Augen mit Tränen, und ich weiß nicht einmal, wie ich es zu summen begann ... Es wurde zum Lied ... Ich weinte und sang, Eccelenza . . Nein, ich übertreibe nicht ... Ich sage dies, nachdem mir die Klage der Arianna in die Hände gelangt ist.«
Die Spanierin erhob sich von ihrem Sitz, der ein wenig an einen Thronsessel erinnerte; der Sessel krachte, es war ein altes Möbelstück. Die Vizekönigin nahm Adriana bei der Hand und führte sie zu dem schwarzen, mit Perlmutt ausgelegten Clavicembalo.
»Lasciate mi morire ... lasciate mi morire ...«
Die lebenden Einrichtungsgegenstände im Raum bewegten sich: der stumme Lakai, die bedienende Kammerzofe, der sich in goldener Pracht spreizende Hellebardier ... Aus den Gesichtern der drei Carafa-Damen wich restlos der Spott und die Verachtung, ihre Augen hafteten verzaubert an Adriana. Die glänzenden braunen Augen Lavinias füllten sich mit Tränen ... und wie sich die Klageworte des betrogenen, verliebten ... verlassenen kretischen Mädchens entfalteten, so versagte die Stimme Adrianas, erstickte in einem kunstvollen Schluchzen. Die Sängerin verharrte für einen Atemzug, um ihrer Tränen Herr zu werden, trocknete sich plötzlich die Augen, da schluchzte die Die-

nerin auf, setzte das Tablett ab, neigte sich über die Lehne eines Stuhles, der Leibwächter sagte kein Wort zu ihr, wendete den Kopf ab, auch er war Neapolitaner, achtete die Gefühle ...
»Lasciate mi morire«, kam es im harten Italienisch der Spanier von den Lippen der Vizekönigin, und die Matrone mit schon graumeliertem Haar mochte jetzt in Erinnerung versunken im Park von Granada wandeln, und als von den Lippen Adrianas der letzte klagende, nach Tod verlangende Laut erstarb, saßen sie stumm da, das Notenblatt ging von Hand zu Hand, als wäre dies das geheimnisvolle Zaubermittel ...
Das Klagelied Ariannas begann seinen Siegeszug – noch vor Mantua – in Neapel!

24

Caterinuccias Fasching nahm seinen Anfang. Die sich an die Rolle der Speranza im vergangenen Jahr erinnerten, versuchten einander mit einem Höflingslächeln zu überzeugen, daß ihre Stimme »seither« noch kräftiger geworden war, jetzt allemal die richtige Lage besitze und zudem strahlenden reinen Klang nun auch den Schwung erhalten habe ... Es sei also zu erwarten, daß die schönsten Hoffnungen der jungen Künstlerin auf dem neuen Karneval Wirklichkeit würden.
Die »Arianna« konnte man nur anfangs als Staatsgeheimnis vor der neugierigen Welt verschließen: Sobald die Musiker mit den Proben begannen, wurden die Noten schon im geheimen abgeschrieben, und jeder spielte nach Belieben die eine oder andere Passage auf seinem Instrument ... In Wirklichkeit aber hatte das Stück als Ganzes die Werkstatt Meister Claudios noch gar nicht verlassen, und wenngleich der vollblütige Carlo Rossi schon wiederholt im Begriff war, den Hofkapellmeister anzufahren, fleißiger zu komponieren ... schneller mit seinen Musikern zu proben, so zähmte er auf ein Wort der Herzogin doch seine Ungeduld. Während Vincenzo in Turin wegen des hohen italienischen Einsatzes feilschte, stand Eleonora dem Kronrat bei den Beratungen über die Faschingsveranstaltungen vor. So beschloß man, den Meister nicht zu drängen und beriet, ob man nicht auf das Werk des Meisters Marco da Gagliano zurückgreifen sollte, dessen Text allerdings auch Herr Rinuccini geschrieben hatte... Freilich, »Daphne« hatte auch Meister Peri schon vertont, aber ein solches Libretto von Rinuccini war dessen würdig, daß sich die besten Tondichter Italiens an ihm maßen. Man brauchte nur einen berittenen Boten nach Florenz mit einer Einladung zu schicken, und binnen einer Woche erschiene Marco da Gagliano in Mantua.
Der Hof hätte zwar gern gesehen, wenn die Festlichkeit, die dem Fasching vorausging, als »Kostprobe« auf Weihnachten gefallen wäre: An

diesem Tag vollendete Ferdinando sein zwanzigstes Lebensjahr und erhielt auch pünktlich den Kardinalshut ... Um aber die Empfindlichkeit Monteverdis nicht zu verletzen, indem man Meister Marco in den Vordergrund geschoben hätte, wurde beschlossen, der Romanina die Hauptrolle der Daphne zu geben, und die Arbeit des Einstudierens Meister Claudio zu übertragen ... Übrigens verfolgte Rinuccini mit der neuen Aufführung der »Daphne« eine versteckte Absicht: Er hatte den jungen Kardinal so inständig gebeten, seine großartigen Musikdichtungen nicht vor der Welt zu verbergen, daß es ihm gelungen war, seine Einwilligung zu erhalten, in die Favola des Marco da Gagliano drei von ihm komponierte »Arien« einzubauen ... Als Marco da Gagliano im neuen Jahr aus Florenz eintraf, waren zur Einstudierung der Partien noch nicht viel Vorbereitungen getroffen, aber die Musiker und die Sänger hatten bereits die drei Werke des jungen Kardinals in den Händen, Marco, der Peri – eigentlich seinem Rivalen – versprochen hatte, über alles zu berichten, was sich um »Daphne« ereignete, schrieb noch vor Fasching in einem Brief, den er sicher nicht ohne die Absicht eines Nadelstiches mit den Worten gewürzt hatte: »... es geht um drei Kompositionen eines unserer bedeutendsten Akademiker, der eine mächtige Stütze und außerdem ein vorzüglicher Kenner der Musik ist ...« Peri begriff natürlich, wie diese Worte zu verstehen waren, und ersuchte postwendend den Prinzkardinal in einem flehentlichen Brief, auch ihm jeweils eine Abschrift seiner großartigen Kompositionen zustellen zu lassen.

Vielleicht hatte man in Mantua noch nie so sehr auf den Karneval gewartet. Vincenzo gastierte am Hof von Savoyen, ging auf die Jagd und betrieb seine üblichen Abenteuer. Aber soviel Zeit nahm er sich immer, daß er Tag für Tag entweder Eleonora, Chieppio oder Striggio über den Fortgang der Dinge berichtete, und dabei erstreckte sich seine Aufmerksamkeit auf jede Einzelheit, die den Theaterbau, die Proben – die Worte des Herzogs gebrauchend – »die Staatsgeschäfte Mantuas« betraf. Fast immer endete seine Ausführung mit dem Ansporn: »Haltet Claudio zur schnelleren Arbeit an!«

Der Maestro komponierte. Wenn er vor Müdigkeit ins Bett fiel, brach bereits ein neuer, mühseliger Tag für ihn an. Er schien unter der auf ihn einstürzenden Verantwortung alt und gebrechlich geworden zu sein. Noch nie war ein Komponist in einer solchen Situation: Drei Musikstücke komponieren, darüber hinaus noch zwei oder drei dirigieren ... für die Bühne bearbeiten, mit Sängern und Musikern einstudieren ... All dies zugleich, sozusagen in wenigen Tagen, als sich auf die Nachricht von den großen Feierlichkeiten ganz Italien schon in Bewegung gesetzt hatte und sogar aus den Nordprovinzen des Reiches – wie aus der Post der Kanzlei ersichtlich war – zahlreiche fürstliche und aristokratische Persönlichkeiten ihren Besuch angekündigt hatten ... Ja, Meister Claudio war für alles verantwortlich: Für die

»Arianna«, für »Il ballo delle ingrate«, für »La idropica« ... aber ebenso auch dafür, daß man mit Caterina in dem Eröffnungsstück, der »Daphne«, keine Schande erlebte.
Das war die erste Aufgabe, die er todernst nehmen mußte: Caterinuccia stand stundenlang, bereits am frühen Morgen, im Hauskleid am Cembalo. Sie nahmen das Pensum durch, sie wiederholte, und der Meister verbesserte, gab dem Ton mehr Farbe, der Stimme mehr Schwung ... Ja, die Morgen waren ganz so wie früher, als Caterinuccia noch nicht in den Wirbel des Hofes geraten war ... als er noch nicht das eine oder andere unbekannte Schmuckstück oder eine Spitze an ihr gesehen hatte ... als seine feine Nase noch nicht den Duft eines seltenen Parfüms an ihr verspürt hatte.
Der Morgen gehörte noch ihnen allein, sobald sie aber den Palast betraten, trennten sich ihre Wege, und Caterina wurde vom Labyrinth der Reggia verschlungen. Die »Früheren«, Madama Sabina und die nun mit ihr verbündete Madama Europa, intrigierten, damit der aufgehende Stern der Romanina nicht gar zu hell strahlte. Es bildeten sich Parteien unter den Würdenträgern des Hofes, und fremde Großherren wurden zu Hilfe gerufen. Die wöchentlichen Berichte des venezianischen Gesandten muteten mitunter an wie eine Komödie. Die Gegenpartei verbreitete das Gerücht, die Stimme Caterinas sei erschöpft, sie könne nur singen, wenn der Maestro zugegen sei und sie mit Zauberworten ermuntere. Hinter seiner zur Schau gestellten Bescheidenheit verberge sich ein maßloser Ehrgeiz ... Doch die erfahreneren Höflinge hüteten sich davor, Partei gegen die Sängerin zu ergreifen. Seine Hoheit war zwar seit langen Wochen fern von Mantua, aber aus Turin kam mit unmißverständlicher Deutlichkeit der Befehl: Die erste Rolle in »Daphne« erhält Caterina Martinelli.
Um alle zufriedenzustellen, entschied der Kronrat unter Vorsitz der Herzogin: Die offizielle Eröffnung des Theaters erfolgt erst zum Hochzeitsfest, wenn das junge Paar in die Reggia einzieht.
Die »Daphne« sollte gleichsam nur als Hauptprobe – in den letzten Tagen des Januar – aufgeführt werden. Sie würde in Abwesenheit des Herzogs im neuen Theater stattfinden, um zu sehen, wie die Zuschauer darin Platz fanden, wie die Maschinerien funktionierten, ob das Orchester gut zu hören war und ob man den Adel und die Würdenträger ganz von den Plätzen der Bürger im Parkett und auf der Galerie trennen konnte ... Denn der Präfekt Viani hatte Wort gehalten: Das zum Teil im Winter erbaute riesige Holztheater war fast ganz fertig und wirkte frisch verputzt und gestrichen als Anbau am Flügel der Reggia in der Tat monumental. Würde der Januar nicht übermäßig kalt und füllte die Menge das Theater, brauchte man nicht zu befürchten, daß die Wärme der an mehreren Stellen aufgestellten, aber immerhin doch schwachen Öfen nicht ausreichte.
Obwohl die »Sonne Mantuas« noch über dem Hof von Turin strahlte,

füllte sich die Stadt allmählich mit Faschingsgästen. Der Reihe nach trafen die Gesandten der italienischen Höfe und der deutschen Fürsten ein, aber auch die Städte, die Schweizer Kantone und selbst die Hansestädte schickten ihre Vertreter. Zwei junge, sich langweilende Erzherzöge waren eingetroffen, der eine aus Wien und der andere aus Graz, unter den Künstlern und Dilettanten aber erregte es wohl größeres Interesse, wer das strahlende, geistige Florenz repräsentierte? Der toskanische Großherzog hatte gütigst seinen Sänger Brandino hergeliehen, und während Meister Peri seine Ankunft für einige Wochen später ankündigte, schickte Florenz als Vertretung der Caccini-Dynastie die hübsche Settimia Caccini mit der schönen Stimme – die jüngere Schwester Francescas. Die junge Sängerin komponierte ebenfalls, und überall in Italien kannte man bereits ihr gefühlvolles Madrigal »Già sperai – non spero hor più«*.

Wie ein gigantisches Vorspiel verlief die Aufführung der »Daphne«. Platz gab es nur für geladene Gäste, und die Schreiber aus der Kanzlei zählten die Ankommenden, um für die Hochzeitsfeier genau zu wissen, wie man die Vornehmen in den Logen unterbringen konnte und wieviel Sitz- und Stehplätze zur Verfügung standen. Das Orchester erhielt, wie Viani es geplant hatte, hinter den Kulissen Platz. Auf dem Podest des Maestro saß an diesem Abend der Gast, Marco da Gagliano.

Monteverdi befand sich schon Stunden vor der Aufführung hinter den Kulissen. Mit leisen Worten ermunterte er die Sänger, half bei den letzten Proben, beim Inszenieren und belebte mit den Hinweisen eines erfahrenen Mannes den Ablauf der Aufführung. Über die Komposition selbst sprach er ganz allgemein. Striggio gestand er unter vier Augen, daß er die »Daphne« in der Komposition von Peri, die er aus den Noten kannte, für besser halte als das Werk Meister Gaglianos. Seine Komposition sei monumental, aber starr, stark oratorienhaft, die Handlung biete den Darstellern keine Möglichkeit zur Entfaltung ihrer Leidenschaft.

In Wirklichkeit interessierte ihn eine einzige Rolle: Wenn sich der Vorhang hob (diese neue in London abgeguckte Erfindung) und in der Tiefe des sich verdunkelnden Zuschauerraumes die Bühne heraustrat und in dem von Viani entworfenen »Beleuchtungsgraben« Hunderte und aber Hunderte Kerzen aufflammten, stand eine einzige Gestalt auf der Bühne. Ein weißer Peplon umhüllte ihre junge Gestalt und ein Blumenkranz schmückte ihr schönes, üppiges Haar ... Sie trat hervor, ihre seltsamen, weitgeöffneten grünen Augen spiegelten den Glanz der Lichter ... Claudio beugte sich nach vorn. Als das Mädchen den Mund öffnete, war es, als würde auch er Atem holen ... stumm intonieren. Als dann die Stimme Caterinas erklang, wurde er als ergebener Begleiter leise. Sie begann piano, leicht, wie ein Hauch, ihr Gesicht belebte

* Einst habe ich gehofft – nun hoffe ich nicht mehr

sich, ein Lächeln gab ihm Farbe, sie bewegte sich, gestaltete mit Gesten, brachte zum Ausdruck: Das war ihre Rolle. Eine augenblickliche Pause, nur so lange, daß die Erregung des stummen Zuschauerraumes die künstlerische Spannung steigerte ... und schon schwang sich ihre Stimme immer höher, mit unwahrscheinlicher Leichtigkeit, bis sie mit der Stimme Rasis hinter den Kulissen verschmolz ... Jetzt sang erneut das Mädchen auf der Bühne, und Rasi, der auf seinen Auftritt wartete, stand neben Monteverdi. »Ein Meisterwerk«, sagte er auf die Romanina deutend und betrat mit der Sicherheit eines erfahrenen Künstlers in Helm und Panzer die Bühne und wurde von seinen Bewunderern mit Beifallsstürmen empfangen.

In der Pause suchte Ferdinando den Maestro hinter den Kulissen auf. Er wehrte den Handkuß ab, der ihm als Kardinal zustand, sprach leise, etwas außer Atem: Ein wenig als Mitautor war er mit Recht aufgeregt. »Die Herzogin läßt Euch bitten, in unsere Loge zu kommen.« Monteverdi hatte heute keine Rolle. Es dirigierte Meister Marco. Und dennoch empfanden alle, das Theater ... die ganze Atmosphäre, der Klang der Stimme der Romanina, die Sicherheit des Orchesters, der genaue Rhythmus der Sänger waren Mantuas und somit Monteverdis Verdienst. Als träfe ein Fürst ein, so verneigten sich die Würdenträger des Hofes vor dem schwarzgekleideten Mann. Eleonora reichte ihm die Hand zum Kuß. Er beugte das Knie und sie ließ die andere Hand für einen Augenblick auf seinem grauwerdenden Haupt ruhen. »Wir danken Euch ... das Mädchen singt wundervoll, und Ihr seid die Seele von allem ...«

In der Loge erschien auch Settimia Caccini. »Caterina ist schon eine fertige Künstlerin«, sagte sie, ein wenig herablassend, und mit der Sicherheit verwöhnter Gesellschafter wandte sie sich plötzlich Claudio zu. »Mein Vater dürfte das nicht hören, aber ich wäre glücklich, wenn der Maestro auch mich unterrichtet hätte ...« Man lachte leise, das Herz des Meisters durchfuhr eine seltsame Freude. Eleonora erspähte mit einem schnellen Blick, daß er eine Träne abwischte. Das bemalte, mit einem Wappen geschmückte Holzgitter im Vordergrund der fürstlichen Loge hatte man geschlossen: Das Volk sollte nicht sehen, was sich in der Pause in der Loge der Hoheiten zutrug. Die Loge: Ein tiefer, mit Spiegeln, Wandbehängen und kostbaren Möbeln ausgestatteter Salon, in dem bis zu zwei Dutzend Gäste Platz finden konnten. Es galt als besondere Ehre, wenn jemand hierher eine Einladung erhielt. Caterina ließ die Herzogin nicht rufen. Ihr schickte sie mit dem Kammerherrn als Zeichen der Anerkennung ein mit kleinen Perlen besticktes Tuch, aber persönlich empfing sie sie nicht. Vielleicht waren die Wände des Palazzo del Te doch nicht so dicht?

Eine vergoldete Kutsche brachte die drei nach der Vorstellung nach Hause: Neben Cattaneo saß das Mädchen, ihnen gegenüber der Maestro. Die Temperatur war stark gefallen. Claudio hatte Caterina noch

einen Mantel geben lassen und ermahnte sie nicht zu sprechen, keine kalte Luft einzuatmen. Sie hatte Wein getrunken, war erhitzt: Dieses Wetter war das gefährlichste für die Stimme ... Er sprach gelehrte Sätze aus der Welt der Medizin, wie er sie von seinem Vater gehört hatte. Cattaneo nickte ein. »War ich gut?« fragten die grünen Augen. Der Mann empfand in dem engen Wagen, wie ihm die Wärme des Frauenkörpers entgegenströmte, sie saßen ohne ein Wort und regungslos und dennoch verband sie in diesem Augenblick eine unerklärliche Gemeinsamkeit... Der Wagen rollte langsam über das glatte Kopfsteinpflaster ... Caterina neigte den Kopf nach hinten, ihr Haar löste sich, wurde nur noch von dem welkenden Blumenkranz zusammengehalten ... Jetzt war es einerlei, so blickte sie im schwachen Schein der Wagenlaternen den Mann an, aus dessen lächelndem Gesicht die Jahre entwichen schienen.
Das Ehepaar, das im Dienst bei ihnen stand, war von der Aufführung eher zurückgekehrt: Im Kamin loderte das Feuer und Glühwein wurde zubereitet. Tizia, die Frau, streichelte Caterina mit Bewunderung, sie kannte sie seit ihrer Kindheit, aber heute abend mied sie verlegen das »Du«. Sie sprach einige Worte über Arbeiten im Hause, dann sagte sie: »Ich konnte Francesco kaum nach Hause bringen ... er wollte durchaus im Theater bleiben ...« Da versagte ihr die Stimme, sie lief mit unbeholfenen Schritten zu Caterina, sagte »Signorina« zu ihr, küßte sie halb weinend, halb lachend und rannte hinaus. Jetzt müßte sie den Maestro fragen: »Als ich dort das *re diesis* intonierte und das Cembalo zu laut war ...«, aber sie schwiegen beide in der Nacht. Die schweren Schritte Cattaneos verhallten. Die Kerze im Kandelaber flackerte, daß ihr Schein auf den Spiegel fiel. Er hatte das zweiundvierzigste Lebensjahr vollendet. Das Mädchen kam näher. »Wenn«, sagte es zaghaft, »wenn ich Euch morgen vorsingen dürfte ...« Morgen! Plötzlich durchzuckte sie die Erinnerung: Morgen, hatte sie zu dem blonden, nach Moschus riechenden Silen gesagt ..., und zwischen diesen beiden »Morgen« war Caterina erwachsen geworden. Der blasse Witwer berührte sein Glas eben nur, setzte es wieder ab. Der Dampf des gewürzten Glühweines wallte heraus und beschlug langsam den Spiegel ... Er sah sich nicht, sah sie beide nicht.
Und wie sie so standen, zog binnen eines Augenblickes vor beiden eine getrennte Welt vorüber. Weihnachtsfeste und Vespern und ein grauer breiter Strom bei Esztergom, das Meer in Flandern, der Mezzosopran eines Kastraten ... Während Claudia mit dem Jüngsten ging ... damals hörte er zum erstenmal am zeitigen Morgen ihr Husten ... Das Mädchen sah vom Rande der Kindheit die ärmliche Welt der Martinellis, die Piazza del Popolo, deren Staub von den Kutschen der Rom verlassenden Kardinäle aufgewirbelt wurde. Caterina trat näher, ganz nahe, und diese ihre Bewegung ... daß sie kam und nicht er auf sie zuging, war wie ein Schild ... Sie stellte sich auf die Zehenspitzen, damit

sie so groß ... fast so groß war wie der Maestro. Beide Arme ausgestreckt, zog sie seinen Kopf zu sich. Das graubärtige Gesicht neigte sich – wie ein sich erhellender Riesenmond – über sie. Sie küßte ihn nacheinander auf beide Augen und Wangen. Als wäre der Vorhang gefallen, rannte sie hinaus.

Es gab kein Erbarmen. In der Frühe nahm er seinen Stock, schlüpfte in seine schweren Schuhe, die auf den Proben längst ausgedient hatten, und machte sich auf den Weg. Unterwegs begegnete er einem Priester, der zu einem Sterbenden eilte. »Ein schlechtes Omen«, brummte er vor sich hin. Salviati, der Arzt, kam ihm entgegen und klagte, daß man ihn die Nacht wieder aus dem Bett geholt habe. Zeitiger Morgen. Dies war ein anderes Mantua als das abendliche, das feiernde, das sich zum Fasching rüstende. Aus dem Wald des Herzogs kamen Fuhrwerke mit Holz, sie mochten die ganze Nacht gefahren sein, der eisige Regen war an den Bärten und Kleidern der Männer gefroren. Zu jedem Wagen gehörten auch Bewaffnete. Waren es Gefangene oder nur Bauern, die mit lauten Rufen zur Fronarbeit angetrieben wurden?
Die Stadt schlief. Der Kreislauf setzte erst in der kleinen Welt des Domes ein. Wie es seine Gewohnheit war, begab er sich nicht gleich hinauf auf den Chor, er mochte die steile Wendeltreppe nicht. Er durchschritt erst das Kirchenschiff ... blieb vor dem Bild Pagnis stehen, das von dem blassen, flackernden Schein dreier Kerzen notdürftig beleuchtet wurde. Hölle, Fegefeuer, Paradies. Wer entsinnt sich in der Welt des Todes noch an die gestrige Aufführung? Nun begab er sich hinauf zu seinen Musikern: Hier lebten noch alle in der fieberhaften Stimmung des gestrigen Abends. Als der Meister eintrat, hatten sie sich schon in heftige Debatten verstrickt, freie, ungeschminkte, manchmal übertreibende Künstlerausdrücke schwirrten durch die Luft. Sie sprachen frei vor ihm, ging es doch um die Musik Meister Marcos ... Und dennoch klang es in seinen Ohren wie Schmeichelei, wenn er dann und wann hörte: »›Daphne‹ ist im Vergleich zu ›Orfeo‹ überholt ... und sie wird es erst recht sein, wenn ›Arianna‹ zur Aufführung kommt ... Aber Rasi hat die Pianos schön gesungen ... und gestern konnte er seine Rolle ausgezeichnet ... Er hat Rücksicht auf die Romanina genommen ... Das Mädchen machte seinem Meister keine Schande ... Sie hat einen Schatz in der Kehle ... In einigen Jahren wird sie die Koloratursopranistin Italiens sein.«
Marinoni, der wie ein Schatten immer bei Claudio war, las aus den Zügen des Meisters: In seinem Gesicht war nichts Heiteres, er war noch schweigsamer als sonst. Er verteilte die Noten der heutigen Messe, setzte sich, sank fast auf die Seitenbank: Sein Antlitz war eingefallen und voller Falten, die Augen von Äderchen durchzogen. Leise sagte ein Musiker zu Marinoni: »Der Maestro hat wieder die ganze Nacht gearbeitet!«

Die Stunden auf dem Chor vergingen, als hätte die Zeit hier kein Gewicht. Er klopfte das Sanctus ab, ließ das Kyrie eleison zweimal wiederholen. Heute sang er nicht, fiel nicht mit ein, wie er es manchmal tat, wenn er Lust dazu verspürte. Er schwieg, schüttelte den Kopf, klopfte ab. So ging die Probe der Messe früher zu Ende. Er verneigte sich vor den Musikern, nahm den Mantel und den Hut und brach auf seinen gewohnten Weg zum Palast auf, als Tizia, die Dienerin, ihm entgegenkam. »Padrone, ich weiß nicht, was mit Caterina ist ... Sie ist sehr krank ... wird vom Fieber geschüttelt ... Ich habe schon zu Doktor Salviati geschickt, er soll herüberkommen ...«
Die beiden Knaben warteten vor der Tür Caterinas, Tizia verjagte sie. Die jüngere Dienerin befand sich bei der Kranken. »Man war schon dreimal aus der Reggia hier, warum Caterina heute nicht zur Probe käme. Seine Exzellenz Chieppio ließ ausrichten, sie könne sich heute wegen des Geldes melden ... Sicherlich ist von den Mantuaner Juden die angehobene Toleranzsteuer eingetroffen.«
Salviati schüttelte den Kopf. »Ich dachte nicht, Maestro, daß wir uns so schnell wiedersehen ...« Der Arzt war ein bejahrter Mann, auch er kam aus Padua, kannte Baldassare Monteverdi, beide waren Schüler des Vesalius gewesen.
Er untersuchte das Mädchen eine reichliche halbe Stunde, kam dann heraus, hüstelte, betrachtete seine Fingernägel und wusch sich die Hände im heißen Wasser. Er trocknete sie ab und stand mit gesenktem Kopf da. »Die Pocken ...« Einen Augenblick wartete er. »In solchen Fällen befinden sich die Kranken in Gottes Hand ... Es gibt welche, die sie überstehen ... wenn Herz und Lunge gesund sind ... Gegen Abend komme ich wieder. Bis dahin soll sie die Sude einnehmen, und man mache ihr warme Schlammpackungen an die Füße ... und gebe ihr viel Holunderblütentee zu trinken ... Die Kinder sollen selbst die Umgebung des Zimmers meiden, und du paß' auch auf, Tizia!«
Am Nachmittag, als der Maestro nun schon in die Reggia gehen mußte, saß in allen Gesichtern die Betroffenheit und alle, mit denen er sprach, fragten: »Caterinuccia ist krank?« Die Krankheit hätte zu keiner unpassenderen ... zu keiner schlechteren Zeit kommen können. Im Fieber der bevorstehenden großen Aufführungen, wo ohnehin alles auf dem Kopf stand. Ferdinando ließ sich von Monteverdi persönlich berichten. Der Hofarzt bestätigte die Meinung Salviatis ... Wenn ihr Herz es aushält ... Der Prinzkardinal war hier jetzt das Familienoberhaupt. Noch am gleichen Abend sprengte ein berittener Bote nach Turin und brachte seinem Bruder, dem Thronfolger Francesco, einen Brief.

». . . Am Abend des 2. Februar ... Um die Sache der ›Arianna‹ steht es wahrlich schlecht. Es ist nicht sicher, ob die Romanina die Krankheit übersteht ... sie schwebt vielmehr in Lebensgefahr. Übrigens hat Monteverdi alles gehalten, was er versprochen hat, er hat fast schon die gesamte Komposition abgeliefert. Das sind die neuesten Nachrichten, die ich Dir mitteilen kann . . .«

Am Abend setzte sich der Kronrat zusammen. Die Herzogin, Viani, Follino, Graf Rossi und Striggio. Das herzogliche Paar hatte den Tag der Eheschließung für den 19. Februar festgelegt. Mindestens zehn Tage würden die Feierlichkeiten in Turin in Anspruch nehmen, aber Anfang März würde die Reggia voller Gäste sein. Bis zu diesem Zeitpunkt würden alle eintreffen und hier auf den feierlichen Einzug der Jungvermählten warten. Bis dahin mußten die »Arianna«, »Il ballo delle ingrate« und »La idropica« fertig sein, ganz zu schweigen von den kleineren musikalischen Beiträgen, den Gesangskomödien, der Parade und den Schauspielen.
Niemand wagte seine Befürchtung offen auszusprechen, alle sprachen nur mit frommen Wendungen von der Vergänglichkeit. Die Pocken, eine gefährliche Krankheit der Zeit, wütete besonders unter den Jüngeren fast wie der Schwarze Tod. Manchmal glaubte man schon, eine Besserung zu erkennen, und plötzlich versagte ohne sichtbaren Grund das Herz den Dienst. Fast stündlich trafen Nachrichten aus dem Hause Monteverdis ein. Neben Salviati kümmerten sich auch die Hofärzte um die Kranke. Die Knaben hatte man zu den Nachbarn gebracht. Der Meister konnte erst dann ruhig arbeiten, wenn sich nachts das ewige Kommen und Gehen einigermaßen gelegt hatte und wenn ihm das Nachtlämpchen verriet, daß Tizia neben der Kranken wachte.
Gute und schlechte Nachrichten jagten einander. Heute abend schrieb man nach Turin:

»Signorina Caterina hat noch sehr unter den Pocken zu leiden, aber es scheint, als würde das Eiterungsfieber zurückgehen . . . aber sie hat große Schluckbeschwerden . . . Alles in allem ist doch etwas Besserung zu verzeichnen . . . man beginnt bereits von Hoffnung zu sprechen . . .«

Im Krankenzimmer zuckte matt und unruhig das grüne Augenpaar. Caterina war wieder zum Kind geworden, jeder Hofglanz war von ihr gewichen.
Sie rief leise nach ihrer Mutter, an der Schwelle zwischen Wachsein und Schlaf: »Mamma . . .« und sich quälend schluckte sie mit geschwollener Kehle die bitteren, nach Gift riechenden Elixiere.
Der Meister, wenn er zu Hause war, schaute stündlich nach ihr, lächelte, sagte mit leiser Stimme etwas Beruhigendes, eine Nachricht, über die sich das Mädchen freute, etwas Scherzhaftes, das ein Lächeln in Caterinas Blick lockte. Er setzte sich auf den niedrigen Stuhl am Bett und alte Cremonenser Erlebnisse wurden in ihm wach. »Weißt du, eines Abends rief man meinen Vater zu einem Mädchen, und als

er ...« Caterina hörte angestrengt zu. Man sah ihr an, daß es sie große Mühe kostete, die Augen offenzuhalten. Wenn nachmittags das Fieber anstieg, dann rötete sich das Gesicht ... zog noch furchterweckenderes Feuer in ihre Augen ein ... dann lächelte sie nicht, sprach auch nicht.

Von »Daphne« redete niemand mehr: Alle im Palast waren von dem Fieber um die »Arianna« gepackt, waren sich einig, daß Meister Claudio ein wundervolles Werk komponiert habe, der Text dem Werk auch würdig sei ... aber der Schluß zu wünschen übrig lasse. Die Herzogin vertrat die Meinung, ein Hochzeitsstück dürfe nicht traurig enden.

Der gefügige Autor lebte in der Welt der Reggia, und Rinuccini erklärte sich gern bereit, die tragische Lösung umzuschreiben. Nach dem neuen Schluß landete Bacchus mit einem heiteren Schiff auf Kreta, um den Kummer von dem Gesicht der Prinzessin mit dem gebrochenen Herzen zu wischen. So kam es zwischen dem liebenswürdigen Gott und dem sich langsam tröstenden Mädchen doch zu einer Hochzeit, vor der Theseus treulos geflohen war ...

Ein neuer, fünfter Aufzug, binnen Tagen, ja Stunden. Doch dazu bedurfte es einer neuen Komposition, mit neuer Instrumentierung, neuen Rollen, Chor, Begleitmusik und Interludium.

Wollte man die durch das Lamento wogende Trauer ... die schmerzlichen Schatten Claudias mit diesem albernen Hochzeitsfest vergessen lassen? Lustlos setzte er sich am Abend an den Arbeitstisch. Er komponierte, strich durch, schuf neu: Ein gewaltiges Hochzeitsballett, unter das sich auch die Damen und Kavaliere des Hofes mischen würden, zur Begeisterung der Nichtstuer in der Reggia, die sich gern hervortaten.

Er arbeitete mißmutig, da ihm die Inspiration fehlte ... Die fertigen Teile übergab er Follino. Marinoni sollte es mit der Kapelle einstudieren, während er sich mit den notgedrungenen Lösungen des neuen Aktes abquälte.

Einen Tag und eine Nacht verließ er nicht einmal das Haus. Bei Tagesanbruch stand er von der Arbeit auf und stürzte auf sein Lager, wie wenn eine Eiche vom Sturm entwurzelt wird. Bald darauf nahmen musikkundige Schreiber das Notenbündel in der Kanzlei auseinander und kopierten die einzelnen Stimmen ... Fertig ... fertig ... Die ›Arianna‹ war fertig!

Aber ihm blieb kein Augenblick der Ruhe ... Eine Stunde später begann alles von vorn. Nun war »Il ballo delle ingrate« an der Reihe, dieses leichte, ein wenig frivole kleine Kunstwerk Meister Rinuccinis, das er geschrieben hatte, um damit die tragische Grundstimmung der ›Arianna‹ zu mildern. Jetzt, nachdem das »große« Dramma per musica ein heiteres, bacchisches Finale erhielt, wäre der »Ballo« vielleicht gar nicht mehr nötig. Aber alle, denen bisher dieses kurze Werk in die Hände geriet, hatten es so liebgewonnen, daß sie sich davon eine der

schönsten Aufführungen während der großen Faschingsfeierlichkeiten erhofften.
Chieppio war auf der Jagd nach Geld. Tag für Tag neue unverhoffte Ausgaben ... unerwartete Gäste, anwachsende Hofhaltung. Wo waren die ruhigen Tage geblieben, als die Reggia das Bild einer stillen, sparsamen Residenz bot? Wenn er den herzoglichen Dienern gegenüber knauserig war, wenn er die Musiker, die Sänger und Komponisten nicht bezahlte, verloren durch die ewigen Versprechungen schließlich alle die Lust, und in dieser Stimmung ließen sich in Mantua keine unvergeßlichen Feierlichkeiten zaubern ... War der Meister mit dem Komponieren der »Arianna« fertig? Dann konnte mit »Il ballo delle ingrate« und danach mit »La idropica« begonnen werden. Der Kronrat hatte überdies beschlossen, zu Ehren der versammelten fürstlichen Gäste all das noch mit einem Intermedium Chiabreras zu erweitern.
Der Minister zog alle Steuerschrauben an: Salzabgabe, Zoll, Toleranzgebühren, Händlerrabatt ... alle bekamen die vorgesehenen Feierlichkeiten zu spüren. Darüber hinaus hatten alle Juden für »besondere Toleranz« noch fünfundzwanzig Scudi ... als Geschenk für die Hochzeit des Prinzen zu entrichten. Von der Wand im Castello verschwand immer mal ein Bild, es wurde sorgfältig in eine Kiste verpackt und nach Rom oder Flandern geschickt, wo auf den großen Bildermärkten Händler darauf warteten. Chieppio rechnete. Ein Priester in Siena hatte ein neues System zur Buchführung erfunden, jemand in der Reggia probierte es aus, es bewährte sich. So sah der Kanzler sorgenvoll, daß die Ausgaben der großen Feierlichkeiten eine Million überschritten!
Der Kurier sprengte dahin, durch die Lombardei auf Piemont zu. Noch am gleichen Abend konnte der Herzog den Bericht lesen.

»Der Zustand Caterina Martinellis war bis jetzt sehr kritisch; heute jedoch haben die Ärzte den Eindruck, es bestehe gewisse Hoffnung, daß sie am Leben bleibe. Ihre Kehle, die bis jetzt Grund zu größter Besorgnis gab, scheint sich etwas gebessert zu haben ...«

9. März. Am Vortag waren Zeichen der Besserung zu erkennen: Die Kranke bedankte sich lächelnd für die seltenen Früchte, die man ihr aus der Reggia geschickt und die der Maestro eigenhändig ausgepreßt und ihr als Erfrischungstrank gereicht hatte. »Es geht schon leichter ...« sagte sie mit tränenerstickter Stimme, als sie den Zitronensaft durch die wunde Kehle gewürgt hatte. Der Meister sprach ihr Mut zu: »Mach dir keine Sorgen, meine Tochter. Die Aufführung der ›Arianna‹ wurde um drei Wochen verschoben, die Herzöge treffen erst später aus Turin ein ... Bis dahin wirst du ganz gesund sein ... du wirst die Partie der Prinzessin singen ...«
Als er das Zimmer verließ, bekreuzigte er sich. Heute sah er zum er-

stenmal ein hoffnungsvolles Aufleuchten in den Augen, die die ganze Zeit matt und traurig waren. Der Meister war, wie immer in der letzten Zeit, auch heute sehr müde. Er arbeitete nicht, blies die Kerze früher aus. Noch rötete sich der Morgen nicht, als Tizia an seiner Tür klopfte: »Padrone ... Padrone ... dem Mädchen geht es schlecht ...«
Eine Stunde später umarmte Doktor Salviati den Maestro. »Gegen den Willen des Herrn und die Fügung der Mater natura kann man nichts tun ... Sie ist sanft eingeschlafen ...«
Annibale Chieppio schrieb an den Herzog einige Zeilen.

»9. März ... Der Tod Signorina Caterinas hat eine solche Aufregung verursacht, Hoheit, daß ich nicht weiß, wie wir dieser Herr werden sollen ...«

Alles was nun geschah, war Angelegenheit des Hofes. Der Meister saß in seinem Zimmer und blätterte mechanisch in alten Noten. 10. September, der Todestag Claudias, und jetzt schrieb man den 9. März. Im Gang zeichneten sich die Schatten der Patres in braunen Kutten ab. Im uralten, endlosen, leisen Chor löste sich das Miserere auf: Im Zimmer befanden sich drei Klageweiber. Überall war die Erinnerung an Claudia noch frisch und schmerzlich ... Nun mußte er auch die zweite verlieren. Verdammter Palast; sicherlich hatte sich das Mädchen dort erkältet ... zwischen den schwitzenden, feuchten, modrigen Wänden zur Winterszeit in leichten Kleidern proben ... tanzen ... singen ... Theater, Spiele, Interludien, Intrigen. Die Hälfte des »Il ballo delle ingrate« hatte er in einer Woche zu Papier gebracht. Noch gestern arbeitete er daran ... Die Luft war durchglüht, er trank ein Glas schweren Weins. Salviati hatte gelächelt: »Vielleicht hat sie die Gefahr überwunden ...« Gestern. Er war an der Stelle, an der die Stimme Plutos erklingt, und er den unterirdischen Geistern befiehlt:

Aprite ... aprite, aprite le tenebrose porte
De la prigion caligiosa e nera
E de l'anime ingrate
Traete qui la condannata schiera ...*

Ja ... der Herr der Unterwelt entläßt auf die flehenden Worte von Venus und Amor hin jene in ewiger Dunkelheit Leidenden, die in ihrem Leben »grausam« waren ... Er läßt sie heraus, sie mögen auf den Ball des Herzogs von Mantua gehen und dort in dem tugendhaften Palast

* Öffnet, o öffnet die Tür
des feuchten und dunklen Kerkers
und entlaßt die verurteilte Schar
der grausamen Seelen

zeigen, wie es jenen ergeht, deren Herzen sich dem Flehen der jungen Ritter verschließen . . .
Gestern. Schnell glitt die Feder dahin . . . die Heiterkeit Amors und das ewig beschwingte Lied der Venus jagten einander . . . Selbst Pluto war nicht düster, ließ sich vielmehr von seinen Erinnerungen leiten, als er die angebetete Persephone von der wundervollen, blumigen Flur raubte . . . »Alles wird gut werden . . .« Sollte er sich weiter in die frivole Handlung des »Ballo« vertiefen, während vom Gang das Miserere hereindrang?
Aus dem Palast schickte man einen Wagen nach dem Maestro. Umkleiden, das Hofgewand und leichtere Sandalen anziehen. Chieppio war der erste, dem er begegnete. Er schaute ihm in die Augen, umarmte ihn. Annibale war ungewohnt niedergeschlagen. »Eheu fugaces . . .« sagte er leise. Gesenkten Hauptes gingen sie beide zur Herzogin. Kühl, als handelte es sich um eine unaufschiebbare Staatsangelegenheit, stellte Eleonora dem Meister die Frage, wer die vakante Rolle der Arianna bekommen sollte? Im Zimmer waren mehrere anwesend, der Blick des Meisters irrte dahin, als begriffe er gar nicht recht, worauf er antworten mußte. Die Medici-Tochter las wohl in seiner Seele, denn leise, etwas sanfter wiederholte sie die Frage. »Ich verstehe Euch, aber Ihr müßt uns helfen. Könnt Ihr uns nicht jemanden empfehlen?« Er sah sich unsicher um, alle Augenpaare ruhten auf ihm. »Einmal . . . in Bergamo habe ich in einer Kirche ein Mädchen mit einer wunderbaren Stimme gehört . . . Nicht ganz vor einem Jahr . . . Gesehen habe ich es nicht. Vielleicht . . .« Follino unterbrach ihn: »Settimia Caccini ist hier, warum versuchen wir es nicht mit ihr?«
Der Meister hörte seine eigene Stimme. »Sie hat schon die Rolle der Venus einstudiert. Wir wollen das Fertige nicht nochmals umstoßen . . .« Eine Stunde später sprengte ein Bote nach Bergamo. Wenn möglich, sollte er das Mädchen in der Postkutsche gleich mitbringen.
Am nächsten Morgen schrieb Carlo Rossi seinem Herrn einen Brief.
». . . vielleicht läßt sich die Angelegenheit mit der Commedia in musica ohne Schwierigkeiten lösen, Hoheit. Madama hat einen Kurier nach Bergamo geschickt, der das Mädchen holen soll . . . Die Florentinerin spielt nämlich die Rolle der Venus . . .«
Die neue Hoffnung wurde für den nächsten Tag erwartet – Die Sitzung des Kronrates war für Mittag anberaumt. Man wollte sich die »Bergamasca« anhören, und wenn sie geeignet erschien, war es Aufgabe des Maestros, Tag und Nacht mit ihr zu proben und ihr die Rolle einzutrichtern. Der Kurier kehrte in der Nacht zurück. Man weckte Chieppio aus dem Schlaf. Das Mädchen mit der schönen Stimme sei leider bucklig. Ihr Gesang ähnele dem der Engel, aber sie selbst wolle das Halbdunkel des Kirchenchores nicht verlassen – sie würde das Rampenlicht nicht ertragen. Noch in der Nacht wurde der Rat zusam-

mengerufen. Während alle vor sich hinbrüteten, sagte der junge Kardinal.

»Heute sprach ich mit Florinda ... Sie hat mir anvertraut, sie würde die Rolle versuchen ...«

Das Bild belebte sich: Florinda nannte man am Hofe die erste Schauspielerin Fedelis, Virginia Andreini, nach ihrer schönsten Rolle, durch die sie in ganz Italien berühmt geworden war. Sie war eine große, vielseitige Künstlerin: Ihre Schönheit, der Glanz ihrer Erscheinung, ihre Bewegung, der Zauber ihrer Stimme und ihr wandlungsreiches Spiel fesselten den Hof, verzauberten aber auch die Umgebung Heinrichs IV. in Frankreich. Aber konnte die Andreini auch singen? Bis jetzt hatte sie sich ja nur in der Kunst des Wortes und des Verses versucht. Ferdinando neigte ein wenig verschämt den Kopf: »Ich habe sie einmal gehört, gewiß, da ...« Auf einen mißbilligenden Blick der Mutter hin, verstummte der junge Kardinal.

Es blieb keine Zeit zu verlieren. Florinda wohnte im gegenüberliegenden Gästeflügel der Reggia. Sie sollte sich unverzüglich in Staat werfen und vor dem Hof erscheinen. Es war Nacht ... aber als wäre sie auf diese Aufforderung vorbereitet gewesen, erschien sie unwahrscheinlich schnell, in einem schönen Gewand, strahlend in der Sala delle Piastrelle. Den Hintergrund schmückten zwei wundervolle Bilder Mantegnas: Die Tugend, die entsetzt vor dem Laster flieht – und an der gegenüberliegenden Wand der Parnaß. Die Noten hatte man bei der Hand. Das Zeremoniell dauerte einige Minuten: Ob Madonna Virginia die Rolle annehme? »Wenn Euer Hoheit mich schon heute abend empfangen wollten ...« Die Anwesenden wechselten Blicke: Eine große Künstlerin im Dienste einer Muse kann eine zweite vielleicht leichter erobern ...

Am Abend erschien Virginia in einen weiten Mantel gehüllt vor der Herzogin, begleitet von ihrem Mann, einem vortrefflichen Schauspieler: »Madama, wenn ich den Vorschlag machen darf, gehen wir allesamt hinüber ins Theater, um zu sehen, ob die Stimme Virginias der Aufgabe gewachsen ist ...«

Der Hof brach auf bei rieselndem Schnee, man legte Pelze um. Im Hof des Kastells nahmen Bedienstete mit Fackeln Aufstellung, damit die Würdenträger auf dem nassen, unebenen Gelände nicht in die Pfützen traten. In dem finsteren, geräumigen Saal wich mit einemmal die Dunkelheit. Alles war halbfertig, wartete auf die Vorstellung. Monteverdi hatte man aus dem Palast herübergerufen, wo er im Zimmer der Musiker sitzend alte Madrigale verbesserte. Er erblickte Florinda und sagte fast flehend:

»Nur nicht das Lamento ...«

Zwei Tage später würde die Romanina beigesetzt werden, wenn vom Herzog der Befehl eingegangen war, wo sie zur letzten Ruhe gebettet werden sollte.

Alle fröstelten und hüllten sich so gut wie möglich in die schweren Mäntel. Der Maestro rieb sich die frostigen Hände. Alt, gebeugt neigte er sich über das Cembalo. Und es erklang aus dem ersten Akt die selbstvergessene, glückliche Liebesarie der Arianna . . .

Der Herzog liebte Turin nicht. »Diese Savoyer«, sagte er zu Chieppio, »sind wahrhaftige Strohpuppen. Sie formen ihre eigene Größe aus Hochmut und Dummheit. Aber sie sind hart! Sie leben im Norden, und ihre Soldaten schlagen sich gut. Läge nicht Montferrato zwischen uns wie der Apfel der Eris, wären sie die getreuesten Verbündeten Mantuas.«

Vincenzo hatte in einem Flügel des Schlosses eine richtige kleine Kanzlei eingerichtet. Während am späten Vormittag und am Nachmittag die Verhandlungen geführt wurden und ihn Abend für Abend die steifen Banketts langweilten, erledigte er am zeitigen Morgen – er war Frühaufsteher – so gut wie möglich die dringendsten Mantuaner Angelegenheiten, die ihm dreimal in der Woche ein Kurier herüberbrachte. Er war Gast des Schlosses und darüber hinaus der Vater des Bräutigams, so mußte er seine Abenteuerlust zügeln. Der starre, auf Etikette bedachte Hof in Turin begünstigte ohnehin nicht seine Neigungen. »Hier gehen die Herren eher auf Jagd, als daß sie eine Frau in die Arme schließen«, sagte er einmal gallig nach einem mißlungenen Abenteuer. Es ist etwas Eigenartiges – für Wochen – Gast in einer fremden Residenz zu sein, deren sich durch Jahrhunderte herausgebildete Gewohnheiten man erst ganz allmählich kennenlernt. Aber er wußte bereits, was es bedeutete, als der Posten auf dem Schloßturm ein Hornzeichen gab. Die nächtliche Wache waltete ihres Amtes, man fragte den berittenen Boten aus, ließ dann die Zugbrücke herunter. Nun folgte eine erneute Kontrolle . . . So reichte man den Kurier von Hand zu Hand. Fremde Stimmen, während im Gang des Schlosses schwere eiserne Schuhe dröhnten, langgezogene piemontesische Worte der Hellebardiere sich näherten. Er kannte bereits ihre Schritte, als wäre er ihr Gefangener, für den jedes kleinste Geräusch das Leben oder den Tod bedeuten konnte . . . Draußen an der Tür zum Vorzimmer des fürstlichen Gastes klopfte der Präfekt oder Kammerherr des Schlosses. Der Page Vincenzos wurde geweckt, dieser gab die Nachricht dem diensthabenden Mantuaner Kammerherrn weiter, der Chieppio weckte, und der etwas asthmatische Minister klopfte dann hüstelnd und sich räuspernd an der Tür seines Herrn.

Als erstes erbrach der Herzog das Siegel am Brief Rossis. Carlo war ein Verwandter, und so machte er von seinem Recht Gebrauch, in seinem Schreiben auf allerlei übliche Höflichkeitsfloskeln und Formalismus zu verzichten und brachte sein Anliegen – in der Art eines Soldaten – unumwunden zu Papier . . . Ja, er hatte eigenhändig geschrieben, die wenigen Zeilen des Briefes füllten einen ganzen Bogen.

»Die ›Arianna‹, die mit dem Tod der armen Caterina zu sterben schien, ist heute abend zu neuem Leben erwacht. Madama hatte die Güte, Florinda anzuhören, die einige der schwersten Passagen der Rolle gelernt hat. Sie hat die Arianna in einer Weise rezitiert, daß vor Bewunderung alle ganz hingerissen waren ... Zum Teufel also mit der Buckligen aus Bergamo: Wenn sie dem Ruf Madamas nicht gefolgt ist, so mag sie bleiben, wo sie gerade ist ...«

Der zweite Brief – er erkannte es gleich – war von der Hand seines Kammerherrn Antonio Constantini. Auch ihm war zur Aufgabe gemacht, eingehend zu berichten, was sich zu Hause um die Aufführungen tat. Zerstreut überflog er die zeremoniell lange Einleitung, die unwesentlichen Abschweifungen und las dann:

»... schließlich war es sicher eine Eingebung des Herrn, es mit Florinda zu versuchen, ob sie sich vielleicht zur Gestaltung der Rolle eignet. Und siehe, sie brauchte nicht ganz sechs Tage dazu, um die Arianna ausgezeichnet einzustudieren: sie singt und bewegt sich mit so viel Grazie, daß Madama, aber auch alle anderen, voll aufrichtiger Bewunderung sind ...«

Man hatte die Romanina also schon vergessen. Er saß in seinem seidenen Schlafgewand, struppig, wie er aus dem Bett gestiegen war, als der Minister angeklopft hatte. Er fühlte sich wieder in Mantua, erlebte die Minuten der Erregung mit. So an dem frühen Morgen zogen die Gewissensbisse gleich düsteren Wolken über ihn hin. Habt ihr Caterinuccia schon vergessen? Nicht einmal drei Tage habt ihr um sie getrauert?

»Annibale, ich wünsche, daß die Romanina ... Ja, schreibe Wort für Wort: Caterina Martinelli ist die Tote Seiner Hoheit! Und weil sie meine Tote ist, ziemt es sich, Chieppio, daß ich ihre Grabinschrift verfasse. Als letzte Ruhestätte aber ... wartet mal ... diene ihr das Carmine. Dort sollen die frommen Schwestern ihr Grab pflegen in saecula saeculorum. Ja, Annibale, wie könnte sich die Seele in Dingen der Ewigkeit besser vertiefen, als wenn sie eines vergangenen jungen Lebens gedenkt, das uns lieb war. Papier und Stift ... und du wirst es zurechtfeilen, wenn es an dem Latein etwas zu tadeln gibt ...
INSPICE LEGE ...
Wanderer, sieh, lies und beug das Knie: hier ruht
CATERINA MARTINELLI
eine Jungfrau aus Rom, deren Stimme schön war wie die der Sirenen; ihr wundervoller Gesang entzückte Himmel und Erde; sie war ein geachtetes und tugendhaftes Mädchen, Vincenzo, dem durchlauchtigsten Herzog von Mantua, teuer. Früh entriß sie der Tod. Hier nun erhebt

sich nach dem Willen des huldvollen Herrschers ihr Grabmal, das ihre irdische Hülle birgt. Sie verstarb in ihrem achtzehnten Lebensjahr, am 9. März.
NOMEN MUNDO, DEO VIVAT ANIMA, MDCVIII.«

Chieppio, der nüchterne Kanzler, starrte auf das Papier. Er legte den Bogen hin, wandte sich ab und wischte sich die Augen. Eigenhändig schrieb er es ins reine und versiegelte den Brief. Vincenzo stand am Fenster, von hier konnte man auf den Schloßhof sehen. Es mochte der Gerichtstag des Schloßvogtes sein, denn einige Bauern standen mit Halseisen am Pranger und hin und wieder wurde ein Mann auf die Prügelbank gezogen. Im Gästeflügel war durch die große Entfernung ihr Wehklagen nicht zu hören.

»Seht Ihr, Annibale, das würde ich in der Reggia nie dulden. Ich weiß, ich weiß, man hält mich für weichherzig, der sich durch flehende Worte bewegen läßt, aber seht Ihr dort ... den Älteren, den man da verprügelt ... es ist geradezu abstoßend. Im Hof eines fürstlichen Palastes! Diese Savoyer haben kein Gefühl dafür, daß man sich auch im Dienste der Musen einen Namen machen kann.«

»Euer Hoheit dienen, mit Verlaub gesagt, manchmal übermäßig den Musen. Diese vortrefflichen Frauenspersonen kosten uns bisweilen mehr als Mars ... Das Theater, Hoheit, mit den Sängern, Maschinerien, Chören.«

»Und als ich Tasso aus Sant'Agata befreite? Und als ich unter den langweiligen Bildern des Meister Venius die Porträts Pietro Paolos entdeckte? Und als mir ... schon vor fast zwanzig Jahren Cesare Gonzaga einen unbekannten jungen Mann empfahl, der Madrigale komponierte? Wer außer uns hat noch einen Claudio aufzuweisen, Chieppio? Und auch die Romanina ist meine Entdeckung ... Ihr jedoch glaubt wohl, all das komme von sich selbst? Mit Tasso hatte ich es am schwersten, denn er schrieb ... oder schrieb nicht ... wie sein gestörter Geist ihn leitete ... Auch Rubens habe ich in die Camera degli Sposi geführt, an jenem Abend, als er das erste Mal in die Reggia kam ... Ich habe ihm die Miniatur vom Bild meines Vaters gezeigt ... ich habe ihn bewegt, Frauen zu malen ... überall, wo er sie sah: Frauen ... hübsche Frauen, um die Schönen der Welt in diese einmalige Galerie einzufügen, die sich in Mantua befindet. Und Monteverdi? Was schrieb er? Was konnte er? Madrigale ... Einen Band nach dem anderen. Und Motetten. Erbauliche Kompositionen. Eine Messe. Seht Ihr, das Tedeum von Visegrad ist bis heute nicht fertig geworden ... Und wieviel Jahre sind vergangen, seitdem wir in Florenz gemeinsam die ›Eurydike‹ sahen? Ihr habt es selbst gehört, wie oft ich ihn ermunterte: Schafft etwas Großes! Ich wußte selbst nicht, was mir da vorschwebte. Aber ich fühlte, daß Claudio mehr ... Größeres in sich birgt, daß er vielleicht zu schaffen vermöchte wie Buonarotti. Was er anfaßt, was ihm in die

Hände kommt, wird zur Musik, zur Komposition, erhält durch ihn Form. Aber nicht von allein, Annibale! Ich muß das Feuer in ihm entfachen, seinen Stolz anstacheln, mit guten Worten, mit List ... Und seht Ihr, wie weit er es gebracht hat! Ganz Italien lauscht verhaltenen Atems, was in der Reggia geprobt wird. Mein Resident in Neapel meldet, daß das Lamènto der Arianna selbst schon dahin gelangt sei und in allen Salons gesungen werde.«

Chieppio holte tief Atem. Er wagte jetzt nicht, dem Herzog offen zu widersprechen. Dies waren jene stillen, schönen Minuten, deren Erinnerung ihm dereinst das Herz erwärmen wird, wenn auch er schon ein von der Gicht geplagter alter Mann sein würde.

»Hoheit ... wenn nur nicht alles soviel kosten würde ... und wenn Mantua nur nicht arm wäre ... Wenn ich Claudio sehe, muß ich immer daran denken, daß ich ihm die Bezüge für drei Monate schulde. Auch die arme kleine Romanina ist so dahingeschieden.« Er machte eine Geste der Hilflosigkeit.

Aber Vincenzo dachte nicht mehr an Caterina. Er schenkte sich Wein in ein Glas ein.

»Wir werden das Geld herbeischaffen. Und glaubt mir, Chieppio, das, was wir jetzt in Mantua vorbereiten, wird das größte Fest werden ... für das es noch kein Beispiel gibt. Vielleicht einst in Athen ... als man dort nacheinander die Dramen von ... Sophokles und Euripides spielte ... Einerlei, wenn ich es nicht richtig sage. Aber Ihr seht, woran ich denke: Rinuccini, Peri, Caccini, die Florentiner, und dazu Marco da Gagliano. Ich habe nur den einzigen Monteverdi und meine Schauspieler. Und dazu Rasi. Und dennoch werden die schönsten Aufführungen Italiens, ja der Welt, bei mir stattfinden. Warum? Bin ich reicher und mächtiger als der Großherzog oder der Kaiser? Oder der französische König? Warum wenden sich alle an mich wegen Schauspielern? Warum möchte König Heinrich, daß Monteverdi seinen Hof besucht? Weil ich es will. Ich will es so. Denn ich brauche keinen fremden Dilettanten, Annibale, um zu beurteilen, ob ein Sonett schön ... ob eine Komposition harmonisch ist, ob ein Gemälde den Betrachter bis in die Tiefe der Seele bewegt. Ich kann das selbst beurteilen, Chieppio. Wäre ich nicht als Herzog zur Welt gekommen, ich hätte auch dann zu leben gehabt, denn ich hätte mir einen Fürsten meinesgleichen ausgesucht, an dessen Hof ich das geschaffen hätte, was noch keinen Namen hat ... was die Weisen noch tastend suchen, und das kein anderer ahnt ... nur ein Bratschist im Orchester, von dem als Kind einige Madrigale erschienen sind ... Ich weiß, ich weiß, man sieht mich am Hof häufig an wie einen verlorenen Sohn, der das Erbe des Gobbo vergeudet. Ich kenne das Gesicht Madamas ... und Eures auch. Ihr seht mich alle an ... mit niedergeschlagenen Augen: Wieder war Vincenzo verschwenderisch. Jetzt hat er eine neue Laune, läßt ein Theater erbauen, stellt eine Sängerin ein, läßt ein Dramma per musica komponieren und nicht nur eins, gleich zwei, drei ... eine ganze Anzahl. Entsinnt Ihr Euch, als wir an jenem Abend bei Claudio waren. In seinem Hause? Da lebte seine liebenswürdige, arme Frau noch. Seht Ihr, ihre Stimme hatte nicht mehr den früheren Glanz ... Aber hätte ich Claudia an jenem Abend nicht die Rolle gegeben, würde ihr Mann wohl keine Lust zur Fortsetzung der Arbeit gehabt haben. Und letzten Endes war es doch der Gesang Claudias, der die Mantuaner am meisten zum Weinen brachte ... Kunst? Ars una, sagten die Alten ... Nur die Dilettanten können ihn genießen, Annibale, den Wein aller Musen ...«

Als der Befehl des Herzogs aus Turin eintraf, setzte sich der Kronrat wieder zusammen. Viani, der selbst mit seiner Barttracht Seine Hoheit nachzuahmen suchte, sagte verlegen zu Rossi.
»Man kann, hoher Herr, nicht gleichzeitig den Lebenden und den Toten dienen. Solange die Feierlichkeiten am Hofe dauern, kann ich mich nicht um das Grabmal der Romanina kümmern.«
»Was habt Ihr noch zu erledigen, Herr Präfekt?«
»Was ich noch zu erledigen habe? Nur so viel, daß ich am Ufer des Sees die Burg Kanizsa aufbauen muß. Auch das ist ein Befehl Seiner Hoheit. Eine Attrappe aus Fichtenholz, die wir mit Teer und Harz bestreichen, damit sie auf einmal in Flammen aufgeht, wenn die Raketen Seiner Hoheit sie während der Feierlichkeiten anzünden, wenn diese denkwürdige Belagerung über die Bühne geht. Und seht Ihr, Exzellenz, auch Buchstaben muß ich noch zimmern lassen, die während sie brennen, leuchten werden: DUM SUB ARCE CANISIAE ... wird darauf stehen: Während Seine Hoheit unter den Basteien Kanizsas kämpfte ... Unter uns gesprochen, warum sollten wir Seiner Hoheit nicht eine Freude bereiten, daß er hier diese verdammte türkische Burg erobert, die ihm einzunehmen in der Wirklichkeit nie gelungen ist ... Aber ich benötigte dazu fünfhundert Scudi, hoher Herr, denn selbst Nägel bekomme ich vom Schmied nicht mehr auf Kredit ...«

Das einfache Volk hielt sich, wenn es gerade Zeit hatte, im zeitigen windigen Frühling im Umkreis der Reggia auf. Wenn die Hellebardiere es vertrieben, versammelte es sich erneut. Es wartete darauf, daß der eine oder andere Handwerker oder Palastdiener doch noch herausrufen würde: »Zwei geschickte Männer werden gebraucht, Abendessen bekommen sie von der Küche!« Die Ernte im vergangenen Jahr war schlecht gewesen, es folgte ein harter Winter, und sie hatten viel gefroren. Fast in jedem Haus gingen der Weizen, die Hirse und das Brot zur Neige. Das Volk lebte von Sorgen und Schulden bedrückt, vor herzoglichen Häschern und Steuereinnehmern zitternd, unter ständiger Bedrückung und wartete auf den Frühling. Die Gutscheine des Palastes, die Herr Chieppio ausgegeben hatte, wurden in den Schenken von Mantua zu einem Viertel des Nennwertes gehandelt. Mag

sein, daß man eines Tages den vollen Betrag erhielt, wenn man es erlebte ... daß man bekam, was man für den Ochsen oder für die Fuhre Heu zu bekommen hatte, den Fuhrlohn für zehn Tage, für das Holzfahren, den Tagelohn für das Schanzengraben ... Aber wie oft mußte man bis dahin laufen, betteln, die ledige Tochter schicken, die bei einer Vorsprache vielleicht mehr Glück hatte ...
Und noch immer war es nicht genug des Elends: Immer mehr Gäste kamen nach Mantua, immer größer wurde die Zahl der hungrigen Müßiggänger, die Preise aller Waren stiegen, Fronarbeiter mußten das Pflaster der Straßen ausbessern, in den Hauptstraßen wurden die Hausbesitzer verpflichtet, im zeitigen Frühjahr die Fassaden frisch abputzen zu lassen ... und dort, wo der Zug vorbeikommen würde, hatten Teppiche von den Balkons und aus den Fenstern zu hängen und Kerzen in prächtigen Leuchtern zu stehen ... denn so hatte es Seine Hoheit aus Turin befohlen.
Mantua, das Zuhause der kleinen Leute, gärte, war unruhig. Was begehrte der Herzog nicht noch? Wie weit ging Vincenzo in seinen Forderungen? Der alte geizige Gobbo hatte weniger Wert auf Paraden gelegt, dafür waren auch die Steuern niedriger, und manchmal erließ er sie sogar ganz, wenn jemand sein Elend überzeugend schilderte. Er liebte die Hochmessen, die schöne Musik ... aber das kostete nicht ein Zehntel soviel wie die heutigen Komödien. Was sich in der Reggia zutrug, wußte man in der Stadt; durch die Lippen des Volkes geformt, wurde es freilich in schreienden Farben geschildert ... so wie es durch die Postenkette der Leibwächter, das Geschwätz der Mägde ... die prahlenden Worte der Lakaien durchgesickert war ... In der Nacht habe man eine Kutsche nach Bergamo geschickt ... ein Dutzend Leibwächter sei gefahren, die »Bucklige« zu holen ... Aber der Schlangenkönig habe das Mädchen verzaubert ... es konnte sich nicht einmal rühren ... und der Schlangenkönig habe ihm einen Buckel gezaubert ... Die Gerüchte jagten einander: Heute trafen neue Herrschaften aus dem Reich ein, allerlei Fürsten, Markgrafen, Gaukler, Wunderdoktoren, Glücksjäger und Dirnen ... In Scharen, in ganzen Schwärmen überfielen sie Mantua wie die Heuschrecken. Das wurde selbst den Mönchen zuviel. Die Dominikaner waren die kühnsten: Sie brauchten wenigstens die Inquisition nicht zu fürchten. In der Predigt am Sonntagmorgen klangen die Worte des Priesters wie Peitschenhiebe: »Finis Mantuae ... Jahrmarkt der Eitelkeit – unsere Stadt ist zu Sodom und Gomorra geworden ...«
Die Romanina wurde zeitig an einem nebligen Morgen am Hang des Carmine beigesetzt, unbemerkt, in einem schlichten Sarg. Vorübergehend, bis Meister Viani Zeit fand, ihr Grabmal zu entwerfen und zu behauen und in goldenen Lettern das huldvolle Epitaph Seiner Hoheit anbringen zu lassen.
Weinend stand Cattaneo am Grab auf seinen schweren Stock gestützt,

der ihm fast schon als Krücke diente, sein ältester Enkel führte ihn an der Hand. Tizia mit ihrem Mann, Striggio, einige Höflinge niederen Standes, Virginia Andreini am Arm ihres Mannes und Musiker waren die Trauergäste. Nicht gekommen war Chieppio, auch nicht Ferdinando und auch nicht der Präfekt des Palastes. Der Priester sprach wenig. Er wußte nicht, ob er vielleicht gegen die Hofetikette verstieß, wenn er lobte oder wenn er tadelte.
Eine halbe Stunde später war alles still in der Umgebung des Carmine. Als sich Claudio von seinen Knien erhob, hörte er den Chor der grauen Mönche nur noch aus dem fernen Kloster. Er griff nach seinem Stock, der Schlußsatz des »Ballo« wartete auf ihn.

Rubens reiste durch Mantua. Bereits seit Jahren lebte er in Rom, und wenngleich er sich mit dem Titel eines Hofmalers von Mantua schmückte, ließ er nur dann und wann in einem Brief von sich hören, schickte manchmal ein Bild, und wandte sich direkt an den Kanzler, wenn er seine Monatsbezüge nicht rechtzeitig erhielt.
Aus Flandern hatte er beunruhigende Nachrichten erhalten: Das einzige Wesen, das er wirklich liebte, seine Mutter, war schwer erkrankt. Er hatte beschlossen, das frische Frühlingswetter zu nützen und nach Hause zu reisen. Während des langen Weges führte er im Geiste ein Gespräch mit seiner Mutter, dieser tapferen, klugen, weitsichtigen Maria Pypelincx . . .
Zwei Jahre hatte er in Rom am Altarbild für die Chiesa Nuova gearbeitet, und als man das im Atelier so gewaltig wirkende Gemälde in den dafür bestimmten Rahmen in der Kirche einsetzte, kam es durch das schwache Licht einfach nicht zur Geltung. Hierauf hatte sich der Meister selbst dafür entschieden, das fertige Bild zu entfernen und an seiner Stelle ein neues zu malen, das dem Standort besser entsprach.
Es war allerdings möglich, daß er seine wahre Absicht nur halb enthüllte. Als er im Gästeflügel der Reggia auspackte, hängte er mit Hilfe seines Dieners das in Rom entstandene »mißglückte« Gemälde an die Stelle eines schwächeren Heiligenbildes. In der Flut der morgendlichen Frühlingssonne prangte das Bild in seinen strahlenden frischen Farben mit Maria und dem heiligen Gregor in der Mitte, umgeben von Heiligen.
Im Verlauf der großen Festlichkeiten war es eine kleine häusliche Feier, als Meister Rubens einige Freunde, Rivalen und Gönner zu einem Glas Falerner in sein Zimmer lud. Striggio stand zusammen mit Chieppio befangen vor dem Bild. Gekommen war freilich auch der junge Kardinal, begleitet von Meister Rinuccini. Follino saß in der Ecke und formulierte die Ikonographie des Bildes, um Seiner Hoheit darüber berichten und zugleich das denkwürdige Ereignis in den Annalen des Palastes verewigen zu können. Rubens fiel plötzlich der Maestro ein: Man schickte nach ihm in den Probensaal. Von hier kam

Monteverdi herauf in einer Jacke mit geflickten Ellbogen und schweren Schuhen.
Der dreißigjährige Maler strahlte jugendlich wie ein Fürst des Lebens auf dem kleinen Hausfest: Als wäre er ein Herrscher inkognito, so gnädig und herablassend sprach er mit den Anwesenden. Sein wie zufällig auf dem Tisch liegender Degen verkündete, daß er sich als zum Adel gehörig betrachtete, und das Ordensband auf seinem weinroten Rock war Ausdruck der auszeichnenden Gunst des Heiligen Vaters.
Das Bild lebte, schien sich zu bewegen ... die kraftvolle Dynamik der Komposition drohte das Zimmer zu sprengen. Die eindringenden Sonnenstrahlen brachten die purpurnen Schattierungen zum Leuchten, und selbst zwischen den blassen, sanften blauen Tönen war die unbändige Lebenskraft des Meisters zu spüren.
Claudio fragte leise:
»Was machen Euer Ehren nun mit diesem wunderbaren Bild? Wie ich hörte, habt Ihr für die Oratorianer in Rom ein anderes gemalt.«
»Ich nehme es mit für meine Mutter, Messer Claudio!«
Für einen Augenblick entstand Stille. Aller Augen waren auf die beiden gerichtet.
»Messer Pietro Paolo, dann müßt Ihr dieses Bild sehr lieben ...«
»Meint Ihr damit, daß ich mich nicht von ihm trennen wollte?«
Monteverdi schaute ihm tief in die Augen und lächelte. Rubens hob den Kopf.
»Aber davon darf in der Chiesa Nuova niemand etwas erfahren!«
Man stand eine Minute da. Rubens sagte in der Art eines Weltmannes mit leiser, andächtiger Stimme:
»Wie ich hörte, Maestro, ist Euer Haus nicht von Trauer verschont geblieben. Requiescant in pace ...«
Für einen Augenblick verstummte das leise Gespräch, alle erhoben sich, der Kardinal breitete segnend die Arme aus. Aber schon erklang die fröhliche Stimme Striggios:
»Mit Verlaub Euer Eminenz und Eurer Exzellenzen haben wir für heute vormittag eine Probe angesetzt ... Der Höllenschlund auf der Bühne ist nämlich fertig. Wir wollen uns ansehen, wie die grausamen Damen herauskommen, um die Damen Mantuas zu mahnen, Erbarmen zu zeigen. Meister Rubens wird uns sagen, ob er in Rom je eine ähnliche Aufführung gesehen hat.«

Eine ganze Reihe vergoldeter Galeeren schwamm auf dem im Frühling breiten Rücken des Flusses herunter. Es war, als hätte man vor dem Hochzeitszug auf den Galaschiffen auf beiden Ufern die vom Zug der Söldner kündenden eingeäscherten Dörfer, die Spuren der Trockenheit, der Pest, der Spanier und des Elends hinweggefegt. Der rhythmische Gesang der Ruderer versetzte die Hochzeitsgäste in noch bessere Stimmung. Es war ein langer Weg von Turin bis Mantua: Bei jeder

Stadt legte man an, empfing die Huldigung des Magistrats, die Einladungen der Nobilitäten, lustige Wettkämpfe wurden veranstaltet, Edelleute zu Rittern geschlagen, schöne Frauen geliebt. Margherita von Savoyen wurde von zwei Brüdern begleitet, die einen gefürchteten Ruf genossen. Der Glanz des Hofes der Gonzaga wurde durch die Anwesenheit von zwölf Marchesen, dreißig Grafen und hundert Edelleuten unterstrichen. Der Po führte jetzt im Frühjahr reichlich Wasser und wiegte behutsam die Galeeren . . . er mutete fast wie ein sanftes Meer an, als sich der Zug der Hauptstadt des jungen Gatten näherte. Bei der Festlegung des Reisetermins hatten auch die Astrologen mitgewirkt, und auf ihre Horoskope hin war beschlossen worden, den feierlichen Einzug am Vorabend zu Pfingsten, am 24. Mai, stattfinden zu lassen. Am gleichen Tag begannen in Mantua offiziell die Festspiele – zu Ehren des verspäteten Faschings.
Vincenzo und Eleonora trafen an diesem schönen Maimorgen im Palazzo del Te ein. Der Palast entfaltete sich jetzt in seiner vollen Schönheit: Im Mai kam das Meisterwerk Giulio Romanos voll zur Geltung. Die durch das Laub und die Schlingpflanzen der Terrassen dringenden Sonnenstrahlen ließen den Bau aus Ziegeln, Stuck und Marmor mit seinen Springbrunnen und den Myrtenalleen als harmonisches Ganzes erscheinen.
»Vierundzwanzig Jahre sind es her . . . Eleonora . . .«
Die Frau wandte sich mit einem fast verschämten Lächeln ihrem Mann zu, der sie aufrichtig ergriffen, mit Tränen in den Augen umarmte. Vor vierundzwanzig Jahren . . . auch das war an einem Frühjahrsmorgen, begegneten sie sich als Mann und Frau in der Villa Amors, die einer der Schüler Raffaels, Giulio Romano, aus einem herrschaftlichen Stall kunstvoll gestaltet hatte. Die verwitwete Herzogin von Ferrara, Madama Margherita, hatte aus ihrer Klosterresidenz ausrichten lassen, Vincenzo öffne vergebens alle Türen und Fenster im Te, er könne den »Duft der Sünden« doch nicht vertreiben. Und dann kam die schwarze Kutsche dennoch unverhofft angerollt. Madama di Ferrara hätte es nicht verwunden, wenn ihre Achtung gebietende, mächtige Gestalt bei diesen denkwürdigen Feierlichkeiten gefehlt hätte.
Das erste Zeremoniell war ganz schlicht und sehr vertraut. Die junge Margherita, die nach dem Brief Vincenzos »zwar nicht besonders schön, aber als Ehefrau annehmbar war«, kniete vor ihren Schwiegereltern nieder. Eleonora sah ihre Schwiegertochter zum erstenmal. Den toskanischen Ohren klang der Tonfall ein wenig zu sehr piemontesisch, als sie ihre neue Mutter um ihren Segen bat. Sie erhielt den Segen und erhob sich. Nun widerfuhr der Witwe aus Ferrara eine schwere Kränkung: Von ihr erbat diese andere Margherita nicht den Segen. Sie war nicht die Großmutter Francescos, sondern nur seine Tante, so beugte die junge Frau vor ihr nicht das Knie, küßte ihr nicht die Hand, verneigte sich nur tief vor ihr und schritt mit dem Hochmut

der Savoyer auf dem Gesicht weiter. Dafür mußte – wie die Chroniken der Reggia bekunden – die junge Frau noch bitter büßen.
Aber es war ein strahlender, sorgloser Tag wie die vertraute Vigilie vor hohen Festen, und alle waren glücklich, die an der Hochzeit teilnehmen durften. Vincenzo nützte diesen Tag, um zu verkünden, seine Kreuzzüge seien nicht ganz umsonst gewesen. Seine Heiligkeit habe als Belohnung seine Zustimmung zur Gründung eines Ritterordens gegeben, den er Erlöserorden nenne. Ziel des Ordens sei, Europa zu befreien ... die geknechteten christlichen Völker vom Joch des Halbmondes zu erretten. Man stehe vor der Aufgabe, ein Heer und eine Flotte zu sammeln, damit sich die neuen Ritter zu Lande und zu Wasser würdig mit dem heidnischen Heer des Propheten messen könnten.
Achtzehn Höflinge knieten vor Seiner Hoheit nieder, der im Purpurmantel, mit Reiherfedern auf dem Hut als Großmeister des Ordens stolzierte. Die Ordensbänder leuchteten, die künftigen Ritter traten in prunkvoller Kampfkleidung, in silberner Rüstung und in Panzerhemden vor ihren Herrn, aber die Härte der Ausrüstung wurde durch Seide, Samt und Spitzen gemildert. Die Klinge berührte nacheinander die Schultern der Gelobenden. »Probasti Domine«, erklang nach jedem Schlag der Wahlspruch. Danach wurde der große Balkon geöffnet, in den Garten ließ man auch »das Volk« ein, Gesandte traten vor den Souverän Mantuas, um ihre Glückwünsche darzubringen. Als der Resident Genuas vor Seine Hoheit trat, sagte Vincenzo mit gedämpfter Stimme, damit Contarini aus Venedig es nicht hören konnte:
»Ich möchte die Galeeren in Genua bauen lassen, und ich würde von der Republik auch ein Stück Meer kaufen, wenn ich selbst schon keins habe. Von da würde meine Flotte auslaufen ...«
»Hoheit, die Signoria wird sich glücklich schätzen, in Verhandlungen mit Euch zu treten, aber vielleicht darf ich daran erinnern, daß Mantua dem Bankhaus Sankt Georg achthunderttausend Dukaten schuldet. Solange diese nicht beglichen sind, Hoheit ...«
Der Bericht des venezianischen Gesandten war vom nächsten Abend datiert, und er schrieb darin über den großen Entschluß:

»Ich glaube nicht, daß die Pläne des neugegründeten Ritterordens viel Erfolg haben werden ... Die Ziele sind zu hochgesteckt, und der Herzog ändert seine Vorstellungen nach Laune ...«

All dies störte den Verlauf der Feierlichkeiten nicht im geringsten, die sich nun voll entfalteten: Aus Modena traf die junge Schwester der Braut ein, die vor einigen Tagen mit dem Thronfolger des Hauses Este den Bund der Ehe geschlossen hatte. So begegneten sich in Mantua mit Ausnahme des gehaßten, spanienfreundlichen Parma die Vertreter aller italienischen Herzogtümer und Republiken ... Überall strahlten Allegorien, im Glanze dichterischer Anspielungen und im Lichte des

Feuerwerks kam zum Ausdruck: Hinaus mit den Fremden! Italien den Italienern!
Der Morgen des Festes gehörte dem fleißigen Volk: Die gewaltige Prozession der Zünfte zog über den großen Platz und grüßte die Schar der Gäste. Auch das kostete unheimlich viel Geld, denn wer hätte der armen Zunft der Fischer abverlangen können, aus eigener Kraft das Schiff Petris zu erbauen, das mit Hilfe einer sinnreichen Vorrichtung von unsichtbaren Menschen geschoben und gezogen wurde? Die Anweisung besagte, daß alle Zunftmeister, Gesellen und Lehrjungen in Festkleidern erscheinen mußten ... Hinzukamen die Sinnbilder, Zunftladen, Fahnen und tragbaren Triumphbögen ... Die Mantuaner, die an den Feierlichkeiten in Turin teilgenommen hatten, atmeten mit freier Lunge. Hier in Mantua fand man keine Spur der düsteren Tyrannenherrschaft, die im Reich des Herzogs von Savoyen das Volk erzittern ließ: Auf die Stadt gerichtete Kanonenrohre, dahinter Kanoniere mit glimmenden Lunten, über den Platz stampfende gepanzerte Kolosse ... und eine Prozession singender Mönche, um das Murren des Volkes zu übertönen.
In Mantua war in der Tat alles heiterer. Um die Tribünen hielten sich in malerischen Gruppen die Ritter und Kammerherren auf, eine nur spärliche Postenkette, aus dem Festzug rief man dem Herrscher immer wieder im anheimelndem Dialekt zu, Vincenzo lachte schallend, antwortete in der Art des »guten Herzogs«, den Hut schwenkend ... Die Mädchen brachten Blumenbuketts, Kissen und andere Geschenke, knieten artig vor dem Lehnsherrn nieder, der die Gaben nach altem Brauch mit einem Kuß auslösen mußte ... Alle schienen fröhlich und zufrieden. In einer kleinen, abgesonderten Gruppe standen vom Staub des Kerkers noch graue Gefangene mit gesprengten Fesseln an den Handgelenken: Die fürstliche Gnade hatte ihnen am frühen Morgen die Zellen geöffnet. Unten näherte sich der fröhliche Zug der Zunft der Waffenschmiede: Alle klatschten ... Margherita sah, daß auch Vincenzo und Eleonora die Hände zusammenschlugen ... auch sie möchte mitklatschen, aber ihr Blick fiel auf ihren Bruder. Der fischäugige Emanuele Filiberto blickte mit unheimlichem Hochmut auf seine Schwester: An einer Tochter Savoyens durfte niemand irgendeine Gefühlsäußerung gewahren!
Das Mittagessen war kurz, dauerte nur anderthalb Stunden, denn das Programm des Tages war noch lang. Im Park rings um das Schloß hatten der Adel und das Bürgertum – jeweils getrennt – Aufstellung genommen, um dem künftigen Herrscher Mantuas in ungezwungener Form ihre Huldigung darzubringen. Entlang der Hauptwege drängte sich das Volk, die Leibwächter bahnten diesmal den Weg für die Kammerherren nicht mit dem Lanzenschaft ... Sie versuchten es mit freundlichen Worten, und wenn das nicht ging, bildeten sie eine Kette und bemühten sich, lachend einen Weg für die Höflinge freizuhalten.

Die Dämmerung brach herein ... Es war die Stunde, in der sich das »ganze« Mantua umzukleiden begann. Der Herr der Stadt wechselte gerade zum fünftenmal das Gewand an diesem Tage. Seine Hoheit zog Purpurschuhe an (das war noch ein Erbe der byzantinischen Kaiser), Strumpfhosen aus weißer Seide, einen violetten Samtrock und einen silber- und golddurchwirkten Taftmantel. Das war das schlichteste unter all seinen Galagewändern, denn heute gedachte er als Hausherr zu gefallen. Als einfacher Patron wollte er am Haupteingang des Theaters stehen, wenn sich der Abend neigte und Silberposaunen von den Zinnen dem draußen gebliebenen Volk Mantuas verkündeten, daß die Vorstellung gleich beginnen würde.
In der Kanzlei hatten die Schreiber und Mönche seit Tagen fleißig geschrieben, damit jedermann eine Einladung erhalten konnte: Schon diese Einladungen mit dem Gonzagawappen auf dem Blatt verrieten, daß die Aufführung der »Arianna« der Glanzpunkt der großen Feierlichkeiten des kleinen Landes sein würde ... So beehrte der Herzog, dieser beleibte, graublonde, lächelnde Mann mit dem rosigen Gesicht sein eigenes Volk, indem er oben am Treppenaufgang stand, als Zeichen seiner Achtung nur einen Handschuh trug und vor jedem einzelnen Gast, ganz gleich ob hochadlige Dame, Zunftmeister, Prälat, aus der Fremde gekommener Nobilis, Musiker oder Palastdiener mit gleicher Zwanglosigkeit den Hut mit den Reiherfedern schwenkte. Freilich, diese Ehre galt den nun schon zu Hunderten herbeiströmenden geladenen Gästen ... Am Aufgang staute sich die Menge, den Leibwächtern blieb gar keine Zeit, sich von allen die Einladung zeigen zu lassen ... die schmetternden Posaunen schienen die später Ankommenden förmlich anzutreiben, alle beeilten sich, um nicht zu spät zu kommen, um noch einen guten Platz zu erwischen. Der Tumult, das Drängen verstärkten sich so immer mehr. Schon sah es so aus, als würde die Menge die Tore eindrücken. Der Bretterbau ächzte furchterweckend unter seiner Hülle aus Putz ... Die Leibwächter waren der Menge gegenüber ohnmächtig, der Offizier rannte zu Carlo Rossi hinein: Der Generalintendant schimpfte gestikulierend mit dem Volk, die Hereinströmenden fegten auch ihn fast hinweg. Da traf eine weitere Gruppe Leibwächter ein, bahnte mit ihren Hellebarden einen Weg, als plötzlich am Treppenaufgang die Gestalt Seiner Hoheit mit dem Federhut erschien und im Mantuaner Dialekt mit derben, nicht im geringsten gewählten Worten sein treues Volk zur Disziplin ermahnte ...
Das war der Augenblick, als es schien, die Drängelei erreichte ihren Höhepunkt. Der Herzog schwenkte den Hut und rief schmetternd: »Euch allen, die einen Platz erwischen, meinen allerherzlichsten Gruß!« Er lachte, wischte sich das verschwitzte Gesicht, war heiser vom Schreien, so zog er sich in die Hofloge zurück, wo er in einem kleinen Kabinett erneut die Kleider wechselte.
Hinter den Kulissen verlief die Vorbereitung nicht minder fieberhaft.

Rossi kam mit dem Befehl Seiner Hoheit: Die Vorstellung kann beginnen. Die in Livree gekleidete Schar der Lakaien zog aus, mit Kerzenschneuzen in der Hand. Langsam verdunkelte sich der Zuschauerraum, als ballten sich Wolken vor den Augen der Zuschauer ... Er hatte lange genug gestrahlt in der halben Stunde, als man im Schein der hundert und aber hundert Kerzen die Florentiner, Neapolitaner, Venezianer, die Einheimischen betrachten, loben und schmähen konnte. Da sah man eine französische Gesandtschaft, die auf der Durchreise aus dem Morgenland in der Stadt Station machte, dort venezianische Edelleute, in langen schwarzen Röcken einige aus Mailand herübergekommene spanische Adlige, ganz am Rande der junge Kardinal, und rings um ihn in prächtigen Lehnsesseln drei rotgekleidete Kirchenfürsten. Der mittlere, so flüsterte man, sei der künftige Papst, Kardinal Montalto. Die Kammerherren kannten alle, sie zeigten hinauf auf die Galerie. Dort saßen in einer abgesonderten Reihe in dunklen Kaftanen mit gelben Zeichen darauf sieben Mitglieder der jüdischen Gemeinde: Nach Entrichtung der erhöhten Toleranzsteuer durften auch sie der Aufführung der »Arianna« beiwohnen. Natürlich waren auch die heute begnadigten Gefangenen vertreten, denn der Herzog hatte angeordnet, daß sie den ersten freien Abend in der Fröhlichkeit des Stadtfestes verbringen sollten.
Chieppio betrachtete sein Werk. Luftschlösser über Luftschlösser ... der Traum eines Pläne schmiedenden Fürsten, eines launischen Sonderlings und Phantasten, und dennoch war das Theater erbaut, die Hochzeit mit dem Hause Savoyen zustande gekommen und Dutzende Abordnungen aus fernen Ländern waren eingetroffen ... erschienen waren auch die Kardinäle ... Und das größte Wunder, der Dramma per musica war fertig geworden, und die »Arianna« konnte an diesem Abend »urbi et orbi« den Ruhm Vincenzo Gonzagas verkünden ... Und der Herzog, als wäre er Dionysos, der ewige Fürst des Lebens, strahlte, stellte sich zur Schau, war glücklich, genoß die Metamorphosen seiner Rolle.
Die Aufzugsvorrichtung auf dem Schnürboden ächzte (auf der alten Bühne in der Reggia war dergleichen noch unbekannt) und vor den Augen der staunenden Zuschauermenge zeigte sich das wogenumspülte Kreta ... ein Streifen Meer und darauf die dem Anschein nach vollkommene, in Wirklichkeit aber nur die Breitseite der Galeere, die fleißige Hände in wochenlanger Arbeit für diesen einen Abend gebaut hatten ... Es war das Schiff des Theseus, mit dem Wappen Athens auf den Segeln. Noch immer herrschte Stille ... Die Spannung erreichte ihren Höhepunkt, als Seine Hoheit traditionsgemäß den Cembaloschlüssel hinunterwarf. In diesem Augenblick erklangen die Instrumente des zweiundvierzig Mitglieder zählenden Orchesters. Der Prolog brach mit solcher Kraft empor, daß er das Gemurmel der tausendköpfigen Zuhörerschar unterdrückte. Settimia als Venus und Rasi

als Theseus standen bereits zum Auftritt bereit. Florinda in der Rolle Ariannas hielt sich nach der Gewohnheit der Schauspielerinnen – wie dies bei Fedeli gefordert wurde – schon seit einer Stunde hinter den Kulissen auf, um die Spannung der Aufführung völlig zu übernehmen, auf sich einwirken zu lassen.

Kaum einer der Zuschauer hatte jemals eine ähnliche *Commedia in musica* gesehen. Vor ihren an fromme Mysterien gewöhnten Augen und Ohren erklang jetzt auf einer echten Bühne, von den Lippen echter Schauspieler die Leidenschaft mythologischen Geschehens. Wie bei »Orfeo« hatten auch bei »Arianna« alle Darsteller ihre besonderen Instrumente, die für sie symbolisch waren, ihren Auftritt und Abgang begleiteten. Bei dem einen war es die Harfe, bei einem anderen ein Blasinstrument oder die kleine tragbare Orgel, das Positiv. Die Florentiner wetteiferten mit den Mantuanern. Die Stimme Rasis klang schöner, heißer, lyrischer, während die Aussprache der vom Großherzog geliehenen Künstler – die große Tradition der Camerata – vollkommener war ...

Mit ihrem Spiel übertraf Florinda alle: Hier ... wo es sich um das Rezitativ handelte, stellte sie alle anderen Darsteller in den Schatten. Die Zuschauer verfolgten mit verhaltenem Atem, wie ihr Liebling in unerreichbarer Grazie den Arm hob, mit einem Lächeln auf den Lippen, noch waren ihre Lippen stumm, nur die Musik klang um sie. Rasi als Theseus näherte sich verzaubert dem kretischen Mädchen (bei den Proben hatte die trügerische, die weiblich heuchlerische Florinda die Konturen ihrer Rolle nur angedeutet, und jetzt im Schein des Rampenlichtes entfaltete sich mit einemmal ihr ganzes schauspielerisches Talent), das ihn ängstlich und doch voller Wonne anschaute. Die Nerven der Zuschauer wurden auf die Probe gestellt: Wann wird sie singen ... wann kommt endlich der erste Laut aus ihrer Kehle? Und in diesem Augenblick erklang die Ariette der Arianna. Gewiß, die Stimme Madama Europas war umfangreicher, und alle, die sich auf den Proben der armen Caterinuccia des neuen, reichen Ausdrucks der Monteverdi-Schule bewußt geworden waren, hatten dem Rollenwechsel ängstlich entgegengesehen. Aber die Stimme Virginia Andreinis war angenehm, frisch, bis zum Mezzo reichend, und ihre dramatische Sicherheit half ihr über kleine Schwächen in ihrer Gesangskunst hinweg. Stimme, Spiel, Mimik, Bewegung und meisterliche Lebenswahrheit verschmolzen miteinander, und schlagartig fand Florinda den Weg zum Herzen der mit verhaltenem Atem lauschenden Zuschauer. Während des Interludiums, als nur das Orchester spielte, und die Zuschauer sich von ihrer Erregung gleichsam erholen konnten, wußte man nicht nur in den Ehrenlogen, sondern auch auf den Rängen und auf den Stehplätzen im Parkett, daß der Erfolg nicht ausbleiben konnte.

Dennoch warteten alle auf die große Abschiedsszene. Der Ruf des Lamentos war auch schon außerhalb der Reggia gedrungen, die Musiker hatten das für Pfingsten vorgesehene große musikalische Geschenk Mantuas verstohlen auf ihr eigenes Instrument umgeschrieben ... schmückten es aus, figurierten und formten es ... Arianna begann zu singen. Das Lasciate mi morire kam so leise, so hauchzart von ihren Lippen ... als rührte auch das noch von dem sich kräuselnden Meer, und während ihr Arm in das Unendliche zeigte, das den Segler des trügerischen Theseus schon verschlungen hatte, fiel ihr Kopf zur Seite (diese wundervolle Bewegung hatte Virginia einem Niobe-Torso abgesehen), ihre Stimme wechselte überraschend die Klangfarbe – nur ein Künstler vermag so mit seinem Talent umzugehen –, tragisch und herzergreifend.

Als wäre unter den Zuschauern eine Epidemie ausgebrochen: Erst hörte man es nur von den Rängen, dann kam das Schluchzen auch aus den Logen und wurde schließlich vom Parkett übernommen ... Man weinte, wie man bei den Ritornellen mit Florinda sang, die ihren Schmerz immer mehr steigerte, mit jeder einzelnen Strophe, mit meisterhafter Kunst ihre Rolle spielte, als wäre ihre Arie ein innerer, gewaltiger Monolog, von dem nur ein winziger Teil in den schmerzerfüllten Worten zum Ausdruck kam. Selbst Andreini, der durch und durch Künstler war, horchte betroffen auf: Das Lamento brachte aus Virginia eine neue Seele ... neue unbekannte Züge hervor, in solcher Fülle, mit solch elementarischer Wucht, auf die nach den Proben niemand vorbereitet sein konnte. Die Klage berührte wohl das Ufer unbekannter Empfindungen, brachte aus unergründeten Tiefen der Seele dunkle und dennoch durchschimmernde Perlen herauf. Die Tränen rollten nun schon ununterbrochen über das Gesicht Florindas, ihre herrlichen dunklen Augen schwammen in einem Tränenmeer, und die Zuschauer fühlten, daß sie gegen das elementare Schluchzen ankämpfte, mit ihm rang, das nun schon ihr ganzes Wesen ergriff ... ja, es schien, als wäre es für sie ein grenzenloses Leiden, ihren Gesang bis zum Schluß durchzustehen.

Nach dem Lamento fiel der Vorhang, und die Menge erhob sich, niemand spürte Verlangen nach dem heiteren Ballett im fünften Aufzug, das die herzergreifende Wirkung des Lamentos mildern sollte. Vincenzo sah sich beim Licht verdeckter Kerzen in der fürstlichen Loge verstohlen um: Eleonora saß vorgeneigt da, das Medici-Gesicht starrte mit strengem Sibyllenblick nach vorn, als beugte sie sich über das Schicksal und das Verhängnis. Margherita, die junge Frau, die dergleichen Schauspiel in dem Turiner Kastell nie gesehen hatte, bat ihren Gatten mit einem verschämten Lächeln um sein Spitzentuch: Das eigene war von Tränen schon ganz durchnäßt. Die beiden Savoyer Prinzen saßen mit hochmütigem Gesicht da und glotzen aus ihrem steifen, runden Spitzenkragen: Für diese Situation hatte die väterliche Etikette keine Anweisung gegeben. Das Gesicht des jungen Kardinals war gerötet vor Erregung: Auch im Purpurmantel mit Hermelinkragen und

dem großen breitkrempigen Hut mutete er an wie ein ängstlicher aufgeregter kleiner Junge. Francesco, der Thronfolger, mit dem ausgeprägten Habsburgergesicht, war bestrebt, seine vornehmeren Schwäger nachzuahmen, aber die Musik Monteverdis hatte seine Seele erweicht, in seine Augen traten Tränen.
Vincenzo dachte plötzlich daran, daß er nie eine Frau, die er geliebt, in der Art des trügerischen Theseus verlassen hatte. Seine einstigen Geliebten lebten in seiner Umgebung und freuten sich ihres Daseins. Ippolita, der er in seiner Jugend einen Band Sonette geschrieben hatte und von der niemand wußte, wer sich hinter diesem Namen verbarg, war heute als silberhaarige Großmutter noch immer schön, und man grüßte sich lächelnd, wenn man sich begegnete. Und hier war Agnese, die Spanierin, die Mutter seines Sohnes, der obwohl er nur ein Bastard der Gonzaga war, unter den anderen Prinzen aufwuchs. Siehe, Barbara konnte heute nicht kommen: Der Herzog von Parma hatte seinen Vasallen untersagt, an dem Fest des feindlichen Mantua teilzunehmen. Aber die »Mamma« hatte Nachricht gegeben. Wäre sie hier, und die arme, kleine Caterinuccia ... Er hatte eine Stunde verbracht, bis er das lateinische Epitaph verfaßt hatte ... Warum sang Florinda nicht weiter, damit aus der Tiefe der Seele das innere, menschliche, reinigende Lamento hervorbrach? Verfliegt der Zauber so leicht?
Draußen im Zuschauerraum verdrängte der Beifall Tausender klatschender Hände das Schweigen ... Die letzte Szene vermittelte bereits die Stimmung eines fröhlichen Festes, die Hochzeit des Bacchus kam unverhofft, erwies sich fast als pietätlose Episode nach dem Lamento der Königstochter mit dem tragischen Schicksal, als sie zur ewigen Linderung die Wogen des Meeres suchte. Aber auch das war Schauspiel, und hier half erneut Florinda mit den tausend Gesichtern die dramatische Wirkung zu mildern: Ihre Arianna, wie sie zu sich kam, wie sie von dem Zauber des heiteren Gottes erfüllt wurde, war großartig dargestellt. Als im Zuschauerraum die Kerzen wieder aufleuchteten, waren in der Flut der Lichter die Tränen schon getrocknet, niemand dachte mehr an Weinen, die Kraft des Lebens war zurückgekehrt.
Striggio kam: »Seine Hoheit wünscht Euch zu sprechen!« Ja ... während er am »Orfeo« gearbeitet hatte, atmete der Hof in seiner unmittelbaren Nähe, einige Schritte von ihm entfernt, er konnte seinen Herzog sehen, dieser winkte, lächelte, eine bewölkte oder heitere Welle ergoß sich über sein Gesicht, aber hier in dem riesigen Theatersaal wirkte die Hofloge, der geschlossene goldene Käfig, so fern, fast wie ein Heiligtum. Vincenzo stand in seiner Loge, der Salon war vom Licht der Kerzen erhellt. Alle durften sich nähern: die Hochadligen, die Gesandten, vornehme Fremde. In diesem belebten, bunten Bild war der schwarzgekleidete Claudio ein einsamer Farbtupfen.
»Wünscht Euch etwas von mir, Messere.«
Oh, wie sehr er sein Gesicht kannte. Das war der gnädige, der ewige

Chiaro Vincenzo ... der Mäzen in Flandern, der im Atelier seines Meisters Rubens entdeckt hatte ... der Principe, der die mit Brandwunden übersäte Ebene von Esztergom verschönte ... aus dem Klosterkerker den geistig umnachteten Tasso herausholte. Als verfügte er über allen Überfluß der Erde, so breitete er die Arme aus. Adel? – Schätze ... aus der leeren Mantuaner Schatzkammer? – Eine neue Frau aus dem Kreis der Hofdamen? – Besitzungen, Haus und Gut? Urlaub, Ruhe für ein ganzes Jahr? All das spiegelte sich in dem lächelnden Antlitz Seiner Hoheit, in den blauen Augen, in deren Tiefe noch die Tränen des Lamento glänzten. Der Mann, der mit seinen Bittgesuchen so oft vorstellig geworden war, der stets verlangen mußte, weil er nur so erhielt, was er zu bekommen hatte, senkte den Kopf.
»Heute brauche ich noch nichts, Hoheit ... Erst morgen ... wenn ich alt sein werde.«
»Wegen des Morgens braucht Ihr Euch nicht zu sorgen. Für die Person Claudio Monteverdis verfüge ich eine Rente, und diese soll sich wie ein wohlklingender Titel vom Vater auf den Sohn vererben. Sie soll Euch und Euren Nachkommen zustehen. Solange in der Reggia ein Gonzaga lebt und solange ein Nachkomme Claudio Monteverdis lebt, so verfüge ich, sollt Ihr zu Lasten der Schatzkammer zu Mantua hundert Scudi erhalten. Dies zur Erinnerung an den Abend, und das soll der Adelsbrief Claudio Monteverdis sein.«
Die Fanfaren ertönten, und Seine Hoheit gab das Zeichen zum Aufbruch. Rossi atmete erleichtert auf: Er hatte die ganze Zeit gezittert und gebangt, daß die unzähligen Fackeln und Kerzen den hölzernen Bau in Brand setzen könnten. Die Bläser bildeten eine Kette, und während sie ihre Instrumente schmettern ließen, drängten sie die Zuschauer Schritt für Schritt vor sich her. Auch in den Logen erloschen der Reihe nach die Öllampen und die Kerzen: Der Hofmeister meldete Seiner Hoheit, daß die Kutsche am Sondereingang vorgefahren sei. Inmitten des allgemeinen Aufbruchs sah man, wie sich Chieppio lächelnd von den Gesandten, Kardinälen und Nobilitäten verabschiedete, und während er sich verneigte, sagte er leise: »Seine Hoheit bittet Eure Exzellenz nach dem Abendessen zu einer kurzen Besprechung.«
Auch wenn die Unterredung am runden Tisch im Arbeitszimmer des Herzogs stattfand, tauchte unvermeidlich die Rangfrage auf. Venedig hielt sich mit gutem Grund für das erste Land in Italien, und somit beanspruchte Morosini, der außerordentliche Gesandte der Serenissima, mit Fug und Recht den ersten Platz zur Rechten des Gastgebers. Aber auch Kardinal Montalto, der päpstliche Legat, war in Vertretung Seiner Heiligkeit anwesend. Der langjährige, erbitterte Kampf zwischen Venedig und dem Heiligen Stuhl war zwar beigelegt, und Papst Pius V. hatte den über die Signoria verhängten Kirchenbann aufgehoben, dennoch konnte man ihr Verhältnis nicht als herzlich bezeichnen. Aber auch die Freundschaft zwischen den anderen italienischen Poten-

taten war durch jahrhundertealte Auseinandersetzung belastet. Parma, das voller Haß auf Mantua blickte, war nicht zugegen, und natürlich fehlten auch die beiden wohlklingendsten Saiten der »fünfsaitigen Geige«: Mailand und Neapel, in denen spanische Statthalter residierten. Die Regie Chieppios erwies sich auch hier als meisterhaft: Zwei leergelassene Lehnsessel – mit dem Wappen der Sforza und der Anjou – versinnbildlichten, daß man die in Knechtschaft geratenen Schwestern nicht vergessen hatte.

»Wir alle wissen, warum wir zusammengekommen sind, meine Herren«, sagte Vincenzo blaß und leise, als er die wichtigste Zusammenkunft seines Lebens eröffnete. »Wir sind alle versammelt, die kommen konnten, und die Worte Venedigs und des Heiligen Vaters sind ein Beweis dafür, daß wir heute hier im Namen ganz Italiens den alten Spruch aussprechen: Fuori i barbari! Hinaus mit den Fremden aus Italien!«

»Die Worte Euer Hoheit sind goldrichtig, aber Mantua ist auch nur kaiserliches Lehen ... Der höchste Lehnsherr ist genauso Habsburger wie der, der in Madrid regiert.«

»Der Kaiser ist schwach, Messer Morosini. Wie wir wissen, erwägt der Heilige Vater, ob Rudolf geeignet ist, auch künftig ein würdiger Imperator der Christenheit in solch schweren Zeiten zu sein, wenn wir jedes Jahr den großen Ansturm der Ungläubigen befürchten müssen. Außerdem dürfen Eure Exzellenz nicht vergessen, daß die Gonzaga nicht Vikare der Habsburger, sondern des jeweiligen Imperators sind. Vielleicht so, wie Venedig den Kopf vor dem Basileus beugte, solange am Goldenen Horn die Kaiser regierten.«

Den Gesandten und Potentaten war es kein Geheimnis, daß Vincenzo nach der Kaiserkrone strebte und über seine Verwandtschaft Unterstützung bei jenen Mitgliedern des Hauses Habsburg suchte, die zur Rebellion neigten. Wenn es ihm gelang, vor der Versammlung der deutschen Fürsten als führendes Haupt der italienischen Fürsten zu erscheinen, konnte er vielleicht leichter die Gunst der sieben Kurfürsten erlangen. Montalto, der als der aussichtsreichste Anwärter für den päpstlichen Stuhl galt, brach die Stille:

»Hoheit, wir beginnen ein schönes, aber gefährliches Spiel. Aber schon ein Hauch, ein schmaler Spalt genügen, daß es zu Uneinigkeit zwischen uns kommt. Der Heilige Stuhl hat nichts zu befürchten, denn dem Statthalter Christi sind alle christlichen Gläubigen gleichermaßen lieb. Aber die Schlange windet sich zwischen uns: Heute Parma, morgen vielleicht ein anderes Land ...«

»Ein Spalt, durch den der Spanier eindringen könnte?«

Der Kardinal senkte den Kopf.

»Ich möchte vermeiden, die Gefahr beim Namen zu nennen. Wir sind alle klug genug, um die Sinnbilder zu verstehen. Aber der Heilige Vater trägt sich mit dem Gedanken, den unser lieber, gastgebender Fürst

schon ausgesprochen hat. Schweren Herzens würde er jede bewaffnete Auseinandersetzung zwischen christlichen Herrschern sehen, weil dies nur den Halbmond stärkte . . .«
Unverhofft ergriff Emanuele Filiberto das Wort.
»Zwanzigtausend Mann und dreihundert Kanonen, das ist der Beitrag Savoyens!«
Während die anderen verwundert auf den kämpferischen piemontesischen Prinz schauten, versuchte Vincenzo mit weisen Worten dem Satz die Schärfe zu nehmen.
»Noch sind wir nicht so weit, um in Bewaffneten zu sprechen . . . und Euer Exzellenz sind nicht deshalb hierher auf dieses heitere Fest gekommen, um sich statt an Epitalamien zu erfreuen, diese schönen Tage mit düsteren Gedanken zu schmälern. Wir wissen, daß keiner von uns von seinem Herrn oder seiner Signoria ermächtigt wurde, hier ein Bündnis zu schließen. Aber dieser Augenblick, wie wir heute hier zusammensitzen, ist seit Jahrzehnten einmalig in unserer Geschichte. Ich bitte jeden Anwesenden in seinem Lande nur den allerhöchsten Persönlichkeiten zu berichten, was hier verhandelt worden ist, und wenn wir in unsere Quartiere zurückkehren . . . wollen wir etwas Schönes von der Einheit Italiens träumen . . .
Ich bitte Euer Eminenz, uns den Schwur des Schweigens abzunehmen.«
Montalto lächelte. Leise, lateinisch sprach er die Eidesformel: »Was hier gesprochen wurde, werde ich nie jemandem zur Kenntnis bringen, nur den regierenden Häuptern unseres Landes. Niemals wird ein Spanier durch mich erfahren, was die italienischen Fürsten planen.«
Einzeln traten sie zu ihm und leisteten den Eid. Aller Augen schauten neugierig, was Morosini tun würde. So nahe waren sich Papst und Venedig seit Aufhebung des Bannes noch nicht gekommen. Der Nachkomme des ältesten venezianischen Geschlechtes beugte das Knie, Montalto hob ihn auf und küßte ihn auf die Wangen. Einen Augenblick herrschte Stille . . . Der Herzog von Savoyen, als künftiger Souverän, beugte das Knie nicht, küßte dem Kardinal nicht die Hand, wiederholte nur mit starrem Gesicht die Worte des Schwures.
Montalto dachte, spätestens in einer Woche wird der alte Fuentes wissen, was sich heute im Saal der Atlanten in Mantua zugetragen hat.

Das Textbuch des »Ballo delle ingrate« war zweifellos frivol. Rinuccini hatte es in Wirklichkeit als Satire auf die scheinheiligen Damen des florentinischen Hofes gedacht. Ihm selbst war auch eine Kränkung widerfahren: Eine fromme florentinische Gräfin widerstand bereits seit einem halben Jahr dem Werben des großen Dichters.
In Mantua hatte man den Text, wie die Vorschrift es gebot, dem Heiligen Officium vorgelegt: Der Inquisitor war ein alter, toleranter Priester, der sich mit dem im Grunde frommen Herzog nicht anlegen

wollte. Er entschied, die Aufführung des Stückes nicht zu verhindern, aber den Text nach Rom zu schicken. Solange die Antwort nicht eintraf, dürfe keine geistliche Person der Vorstellung beiwohnen. Deshalb erschien der junge Kardinal im glänzenden Silberpanzer, über dem er ein leichtes dunkles Samtwams trug, und in der Tiefe der Logen konnte man den einen oder anderen jungen Prälaten entdecken, ebenfalls in ritterlichem Gewand. Zehn Tage waren seit der Uraufführung der »Arianna« vergangen, und Mantua lebte auch am vierten Juni noch in sich täglich erneuerndem Fieber. Man belagerte die Kanzlei um Einladungen und Eintrittskarten, und hätte man zehnmal soviel Plätze gehabt, würde die von weither herbeigeströmte Schar der Neugierigen auch diese gefüllt haben. Bereits am zeitigen Nachmittag überfluteten riesige Menschenmengen die Umgebung der Reggia, und trotz eines plötzlich niedergehenden Gewitterregens vermochten sich die Kutschen und Wagen nur schwer einen Weg zum Palasteingang zu bahnen.
Rinuccini hatte sich mit dem jungen Thronfolger in der Loge eingeschlossen, wohin sie dann auch den Kardinal bitten ließen. Die Thronfolgerin war – wie üblich – schon seit Stunden mit dem Ankleiden beschäftigt. Florinda, die die Rolle der Venus spielte, versuchte vor dem großen Spiegel ihre Masken. Man hatte beschlossen, die heitere Komödie nach alter Tradition in Masken aufzuführen.
Das Bild war vielleicht noch strahlender als bei der Uraufführung der »Arianna«, nur das Purpur der Kardinäle und das Violett der Prälaten fehlte. Am Eingang verteilten livrierte Lakaien die mit dem herzoglichen Wappen geschmückten kurzen, fünfseitigen Textbücher. Wenn auch der größte Teil der Zuschauer schon davon gehört hatte, für welche Vergehen Rinuccini die tugendhaften Frauen zur Hölle verdammte, so stand doch fest, daß seit dem göttlichen Pietro Aretino es niemand gewagt hatte, solche Frivolitäten so offen auszusprechen! Wenn es sich nicht um ein Hochzeitsfest gehandelt hätte, das auch eine solch unkeusche Darbietung gestattete, dann wäre es niemals möglich gewesen, ein solches Stück aufzuführen, das die Treulosigkeit, den moralischen Sumpf verherrlichte.
Doch heute drückte selbst die moralisch strenge Eleonora ein Auge zu, nur Madáma di Ferrara hatte ausrichten lassen, mit ihr sollte man nicht rechnen. In der Tiefe der Loge fragte der junge Kardinal den Dichter besorgt.
»Don Ottavio ... wird es heute einen solchen Erfolg geben, wie wir ihn mit der ›Arianna‹ hatten?«
Rinuccini senkte das Haupt.
»Mit Euer Eminenz spreche ich offen. Hier ist ... etwas sehr Seltsames geschehen. Ich habe eine ... heitere Komödie geschrieben. Der Brauch in Athen verlangte, daß die Tragödie durch die Stimmung eines Satyrspieles gemildert wurde. Die Heiterkeit des ›Ballo‹ wäre berufen gewesen, die Düsterkeit des Lamentos der ›Arianna‹ vergessen zu ma-

chen ... Mir schwebte nichts anderes vor, als die Zuschauer ein wenig zu unterhalten ... zum Lachen zu bringen ... Dann aber hat Messer Claudio ...«

»Nichts gegen ihn, Don Ottavio: Er ist der Stolz unseres Hauses!«

»Es gibt niemanden, der ihn mehr bewunderte als ich, sind doch der Autor und der Komponist ein Leib und eine Seele. Aber Monteverdi ... ich könnte sagen, er hat das Steuer auf halbem Weg ganz herumgeworfen. Was heute auf die Bühne gelangt, ist – offen gestanden – keine Komödie, kein Satyrspiel ... nein, es ist ein bedenkliches, frivoles Interludium.«

»Die Musik?«

»Die Musik ist, das empfinden gewiß auch Euer Eminenz, nicht heiter! Jene Frauen da unten im Reiche Plutos leiden wirklich. Ihre klagenden Worte, ihr Schmerz rufen keine Verachtung, sondern Tränen hervor. Erschrocken geht Amor im Schattenreich umher, und die einzige Frau, die dem Ruf Plutos nicht folgen und nicht wieder in die Unterwelt zurückkehren will, nimmt so herzergreifend Abschied vom Leben, daß die Zuschauer die Klageworte Eurydikes zu hören glauben.«

»Ist das schlimm, mein Freund?«

»Eminenz, es wird niemanden geben, der das Theater lachend verläßt. Die große Ballszene wird mit eingeflochten, aber selbst diese mildert die düstere Wirkung nicht.«

»Ist es nur deshalb schlimm, weil Ihr es nicht *so* gewollt habt?«

»Es widerfuhr mir zum erstenmal in meinem Leben, ich gestehe es, daß ich mich dem Willen eines anderen Künstlers beugte. Ich konnte nicht anders, nachdem die Musik fertig war. Vielleicht ist Monteverdi in der Tat ein Zauberer: Man kann sich ihm nicht entgegenstellen. Ich, Rinuccini, habe den Text des ›Ballo‹ verfaßt, aber seinen verborgeneren Sinn glaube ich nur dann zu erkennen, wenn ich ihn mit der Musik Claudios höre.«

Es klopfte, schon hörte man das sich verstärkende Schmettern der Posaunen. Jetzt näherte sich der Herzog und nahm seinen Platz ein. Er gab einen Wink, die Vorstellung konnte beginnen. In dieser Minute ertönten hinter den Kulissen ein Dutzend Trommeln: Waren sie nicht aufeinander abgestimmt? Ihr Dröhnen zerriß unverhofft die Stille. Auf dem Schnürboden begannen die Rollen zu ächzen. Der Vorhang hob sich, und vor den Zuschauern tat sich in angsteinflößender Wirklichkeit der Schlund der Hölle auf.

In voller Breite der Bühne gähnte ein gewaltiges Loch. Aber es war keine dunkle Höhle, sie wurde vielmehr von rötlichen, züngelnden Flammen erhellt! Je tiefer das Auge blickte, um so fürchterlicher loderten die roten Zungen. Wer vermochte von den Lebenden hier einzudringen? Wo fand sich eine kleine Tür, durch die ein irdisches Geschöpf hineingelangen konnte?

Überall Schreckgestalten, graue Umrisse der Höllenungeheuer, die sich in den Schatten der Flammenzungen duckten. Und plötzlich, als die Klänge des Vorspiels verstummten, das unsichtbare Hände hinter der Bühne dirigiert hatten, tauchte an diesem schrecklichen Ort, am Eingang der Vorhölle Venus auf: Ihre Gestalt erschien im nur schwachen Dämmerlicht, an der Hand ihren geliebten Sohn Amor haltend. Sobald die Göttin der Liebe eintrat, spielten die Instrumente sanfter; lyrische Klänge empfingen sie und schlossen sie gleichsam in die Arme. Allmählich wurde die Musik leiser und es erklang das liebliche Duett der Venus und Amors.

»Bella madre – schöne Mutter –«, flehte der mit Pfeil und Bogen ausgerüstete Götterknabe, und er hielt seine Mutter erschrocken am Arm zurück, als sie sich zu kühn der Höhlenöffnung näherte. »Meine Stimme wird nicht versiegen, mein Sohn, meine eindringliche Bitte nicht verstummen, ehe sich die grausame Seele des gestrengen Königs von meinem Begehren erweichen läßt.«

Amor flehte seine Mutter an, ihre erhabenen Füße nicht mit dem Staub der Unterwelt zu beschmutzen, er selbst wolle den düsteren König der Unterwelt an die Öffnung der Höhle rufen.

Während Venus draußen wartete, durchbrach Amor verwegen den ersten Flammenkranz: Die roten Zungen wie vom Wind bewegter Feuerrosen griffen nach seiner pausbäckigen Gestalt. Die sanften Klänge der zweiten Sinfonia begleiteten seine sich entfernende Gestalt. Und da erklang das Rezitativ der Venus. Oh, diese Florinda, wie sie spielte, drohte, sang ... mit dem Liebreiz des ewigen Weibes hinter der Maske, und ihre Stimme fiel auf die Zuschauer nieder wie ein lebendiger Vorwurf: »Wer ein Feind der Liebe ist, wappne sein Herz in der Blüte seines Lebens, um die Gefühle abzuschrecken. Oh, wie wird er glühen und leiden, wenn sich Schönheit und Grazie von ihm abwenden. Vergebens wird er um ihre Rückkehr flehen. O weh, die Reue kommt zu spät! Die endlosen, dunklen Fluten verschlingen nun seine Träume.«

Die Zuschauer in den Logen wechselten Blicke. Der Text ... der Text wäre verspielt, beschwingt, frivol. »Grausame, warum hast du mich nicht erhört?« Und die Musik öffnete hier an der Schwelle des Purgatoriums der leichtgläubigen Seele mit einem einzigen Wehklagen, mit wenigen Akkorden so fürchterliche Tiefen: Fürchterliche, denn Amor war es gelungen, Pluto in der Tiefe seines dunklen Reiches aufzustören. Der Herr der Unterwelt stand nun da und begann mit düsterem, aber strahlendem Baß Venus zu umwerben. »*Bella madre d'Amor*, Amors schöne Mutter,« sang er, »weshalb, auf wessen Rat nahmst du den Weg nach diesem dunklen Abgrund?«

Die seltsame Zweiheit von Wort und Melodie verstärkte sich. Venus klagte, daß in dem herrlichen Mantua die Damen, deren »Schönheit und Tugend der Morgenröte den Glanz streitig machten«, in ihrem Herzen kalt und grausam seien und die Regungen der Liebe als Scherz

und Spiel betrachten. Pluto (er hütete streng die Grenze seines Reiches) breitete als Richter die Arme aus: »Jedermann weiß auf Erden, auf dem Meer, im Himmel und in der Hölle, daß es gefährlich ist, den Pfeil Amors unbeachtet zu lassen.«
»*O barbara fierezza*, oh, barbarischer Hochmut; nur Tiger und Schlangen sehen ungerührt zu, wie sich das Opfer quält, wie der Liebste Tränen und Blut vergießt.«
Pluto wandte sich an Amor: »Woher erhoffst du also Hilfe?« Der einschmeichelnde Sopran Amors erklang: »Oh, ich weiß gut, daß aus dem unterirdischen Reich kein Weg ins Licht zurückführt. Aber wer könnte es dir verbieten, wenn du es in deiner unendlichen Macht dennoch so fügtest?«
Herr der Unterwelt: »Weise ist der Fürst, der seine Macht sparsam gebraucht.«
Eleonora berührte mit dem Ellbogen den Arm Francescos. »Diesen Satz hat Rinuccini auf meine Bitte hin eingefügt.« Der junge Prinz betrachtete im gedämpften Schein der Kerzen seine Mutter: am Rande ihrer zusammengepreßten Lippen saß ein Sibyllenlächeln.
Die süße Stimme der Venus begann nun zu flehen: »Entsinnst du dich nicht mehr, mächtiger Pluto, als ich deine schöne Proserpina auf die blumenübersäte Wiese geleitete ... Dort, in den Gefilden der ewigen Liebe ... Gestatte doch, daß man oben auf der Erde die unglücklichen Seelen sieht.«
Pluto war gerührt. Er vermochte der Venus nicht zu widerstehen. Es war, als würde die Musik den Frauenraub aus der Mythologie wieder herbeizaubern: Proserpina pflückte mit ihren Gefährtinnen Blumen, als Pluto auf seinem von schwarzen Hengsten gezogenen Gespann vorüberkam und die Tochter der Ceres raubte ... Ja, das harte Herz Plutos ließ sich erweichen: »*Udite ... Udite ...*«, rief Pluto, »hört ihr, Ungeheuer der Unterwelt!«
Im Schlund der Höhle wurde es lebendig ... die roten Flammen schrumpften, und unter dem Schleier der Dunkelheit erwachten die Ungeheuer: Mächtige, haarige Wesen reckten sich im Halbdunkel. Die Zuschauer schreckten entsetzt zurück ... Grauen und Angst bemächtigten sich aller, die in der Tiefe ihres Herzens an die Wahrheit des Dramas glaubten ... Auf die Frage der Ungeheuer erklang der Befehl des Königs: »Öffnet ... öffnet die Pforten, führt nun aus ihren düsteren Kerkern die traurige Schar der grausamen Seelen herbei.«
Die Worte der Venus drückten mit einemmal das Anliegen der schmeichelnden Höflinge aus, als sie sich an die Schatten der zu ihren Geliebten einst grausamen Frauen wendete.
»Eure Schritte führen euch jetzt in den Palast eines mächtigen Königs. Freut euch: Ihr werdet die Marmorfriese bewundern, die großartigen Werke der größten Künstler. Alle Wände strahlen, funkeln von Gold und Purpur, und wenn ihr euch in dem goldenen Labyrinth des Pala-

stes nicht verirrt, werdet ihr euch an seinen ungezählten Siegespalmen erfreuen können . . .«
»Ein wenig zuviel des Guten«, flüsterte der Gesandte des Großherzogs Medici dem Genuesen ungehalten zu. Der Gesandte der Serenissima kannte freilich den Text schon, er hob die Hand. »Was jetzt folgt, darauf möchte ich die Aufmerksamkeit Eurer Exzellenzen lenken.«
Florinda drehte sich um. Ein gewagter Schritt: Die Maske hielt sie in der Hand, obwohl die Regel dies bei einem heiteren Stück verbot. Sie ging vor, ganz bis an die Rampe und wendete sich nach der herzoglichen Loge. Jetzt war sie nur Schauspielerin: Langsam, fast skandierend sagte sie:
». . . aber eure Verwunderung wird auch dann nicht geringer sein, wenn ihr dieses großartige Theater und seine Bühne genießen werdet, die den Ruhm Athens . . . und Spaniens *in den Schatten stellen.*«
»Wirklich zuviel des Guten«, sagte der Herzog von Modena sorgenvoll. »Wenn der Statthalter von Mailand dies erfährt, schlägt er unbarmherzig zurück. Rinuccini hat viel gewagt. Es ist nicht gut, mit den Kastiliern anzubinden.«
Aber schon erhellte sich die Bühne, das rotleuchtende Feuer und der Schlund der Höhle verblaßten: Es war, als breitete sich die Dämmerung über dem Reich Plutos aus. Ein Gazevorhang senkte sich herunter, und eine Maschinerie schob von beiden Seiten die Nachbildung des Palastes von Mantua herein. Amor und Venus geleiteten die vom Staub der grauen Unterwelt traurige Schar der Damen. Als sie sich näherten, verstummte auf allen Lippen das Geflüster. Die Musik Claudios wurde noch verhaltener. Alle wußten: Dem Hades kann man nicht entrinnen, es ist nur eine einzige kurze Stunde der Freiheit zur Belehrung der Lebenden.
Die grausamen Damen schritten paarweise nach vorn: Es waren die Frauen der Würdenträger am Hofe von Mantua, alle in gleichen Seidengewändern, reich mit Silberfäden durchwoben, und durch die Rubine und Granatsteine wirkten die Gewänder, als glimme darin das ewige Feuer.
Als kämen sie aus der endlosen Nacht ihres Leidens wieder an das strahlende Sonnenlicht Mantuas, zögerten sie, standen taumelnd da, zitterten, hielten sich gegenseitig an den Händen, als in einer Ecke des Saales das in einer Loge versteckte zweite Orchester zu spielen begann.
Pluto trat heraus, umgeben von den Höllenungeheuern, und setzte sich zwischen die Zuschauer. Der Ball der Grausamen begann. So, wie die graue Schar nun paarweise die Bühne betrat, die den großen Saal der Reggia darstellte, so kamen durch einen anderen Eingang die strahlenden Damen und Kavaliere des Hofes herein. Sie trugen Halbmasken, aber an ihren Bewegungen erkannte jedermann Herzog Vincenzo und Francesco, den Thronfolger und jungen Gatten. Die acht »tugendhaf-

ten« Hofdamen, die sich nun dem Ballett anschlossen, waren nach allgemeiner Meinung gerade jene acht Damen, die ihre Gefühle und Herzen am freigiebigsten, am leichtesten verschenkten. Der Tanz begann, die im Theater gedrängt versammelten Fremden und Mantuaner bewunderten ergötzt die graziösen Schritte; die geschminkten, sich zierenden Hofpaare tanzten mit gespielter Anteilnahme um jene armen Seelen, die mit der Gier der ewig Verdammten diese unverhoffte wunderbare Stunde genossen, die ihnen die Gnade Plutos gewährte.
Während sich der Tanz entwickelte, begleitet von den Klängen des in einer Loge verborgenen Orchesters, ertönte plötzlich der düstere Baß Plutos ... Ein langes Rezitativ, als mache der Fürst der Unterwelt absichtlich viele Worte. Währenddessen durften die traurigen Seelen noch kreisen, sich verneigen, auf die würdevollen, graziösen Figuren der Pavane ... »... Die Damen und Fräulein sind nicht deshalb aus dem mächtigen Reich des Grauens emporgestiegen, um sich erneut umwerben zu lassen ... Amor, der schon einmal in mein düsteres Reich herniedergestiegen ist, hat mich bewegt, diese unglücklichen Frauen herauszulassen, die unter ewigem Weinen dafür büßen, daß sie nicht weise waren. Ich betrachte sie: Oh, wie blaß ihre Wangen sind, wie ihre Augen in Tränen schwimmen. Wenn ihr einst anders gelebt und gedacht hättet, brauchtet ihr heute nicht in meinem dunklen Verlies zu schluchzen.«
Die Tanzmusik schwoll an und wurde wieder leiser, und es hörte sich an wie der Wellenschlag eines unsichtbaren Meeres, und plötzlich erhob Pluto die Stimme »Aber für euch, verdammte Seelen, ist die Zeit abgelaufen! Kehrt zurück ins Reich der Hölle!«
Es war, als würde die Stimme Plutos mit dem Ballett ringen: Die Freude des Tanzes war stärker, übertönte für eine Minute die befehlenden Worte des Hades. Noch einmal entfaltete sich die graziöse, gemeinsame Pavane der »Lebenden« und der »Toten«. Noch wand sich die Schlange des Balles vor den zitternden Zuschauern. Aber wieder ertönte die Stimme des Königs, diesmal noch fürchterlicher, noch stärker: »Kehrt in eure dunklen Verliese, kehrt zurück dahin, wohin euch euer selbstgeschmiedetes Schicksal verdammt hat.«
Der Ruf zerriß den Tanz; als wäre jeder Widerschein des Lebens mit einemmal aus ihrem Gesicht gewichen, schwankte die traurige Schar in die Tiefe der Bühne zurück, wo die roten Flammen erneut aufloderten. So zogen sie dahin – mit Ausnahme einer einzigen, einer Empörten. Diese machte kehrt, die Zuschauer erkannten an ihrer Stimme Florinda in ihrer neuen Rolle: Sie kam vor in unmittelbare Nähe des Rampenlichtes. Ihr Haar glänzte von Silberstaub, ihre Augen schwammen in Tränen, wie sie nun leise begann und sich dann anklagend an das wunderbare Leben klammerte. »Ach, wie grausam, wie schrecklich ist mein Los, in die dunkle Hölle zurückzukehren ... Oh, süße Luft,

oh, wundervolles Sonnenlicht. Für immer muß ich Abschied nehmen. Lebet wohl, Himmel, Mond und Sonne und ihr strahlenden Sterne! Lernt Barmherzigkeit, ihr Damen und Mädchen!«
Der unsichtbare Chor hinter den Kulissen wiederholte als Echo:

»Apprendete pietà, donne e donzelle!«

Und wieder die Stimme Florindas:

»Zurück ... in den Rauch, ins Reich der Wehklagen und Tränen,
In die endlosen ... ewigen Qualen.
Und wo ist der Glanz geblieben? Wo sind die Geliebten von einst?

Wohin, wohin sind sie verschwunden?
Und wo sind die Frauen geblieben,
Die die Welt mit soviel Ruhm überhäufte?
Lernt Barmherzigkeit, ihr Damen und Mädchen!«

Der Chor sang noch einmal leise – und es klang wie ein schmerzlicher Atemzug – das Ritornello beim Abgang Florindas. Der Vorhang fiel, nach dem glänzenden, heiter beginnenden Hofballett blieb nichts übrig als die gerührte Stille im Zuschauerraum und von Tränen verschleierte Augen.
Während sich die Mitglieder des Balletts hinter den Kulissen umkleideten, umringte eine kleine Gruppe die Autoren. Rinuccini bezauberte mit dem florentinischen Klang seiner Redekunst alle, die mit Bewunderung auf den Meister blickten. Monteverdi unterhielt sich, an eine gemalte Halbsäule gelehnt, mit Coppini, dem Verleger, der seine Madrigale kunstvoll gestochen herausgegeben hatte. Der Verleger war von weither nach Mantua gekommen, um an diesem Fest teilzunehmen.
»Messer Claudio, ich bin in Paris gewesen und in einigen französischen Schlössern und habe dort höfische Ballette gesehen und gehört. Der ›Ballo delle ingrate‹, wie er beginnt, vermittelt mir den Eindruck, daß Ihr viel, sehr viel von den Franzosen gelernt habt, die man bei uns in Italien nicht genügend schätzt ... Ja, am Anfang ...«
Der graubärtige Claudio mit den funkelnden Augen beugte sich nach vorn. Coppini war ein Musikkenner und sein Urteil war viel wert.
»Messere ... ich will es offen aussprechen, Eure Musik ist so wundervoll: All meine Zweifel sind gewichen in der Hinsicht, ob die Behauptung der antiken Autoren bezüglich der Wirkung der Musik richtig ist. Ich habe ›Arianna‹ gehört ... ich habe heute den ›Ballo‹ gesehen und gehört. Ihr seid gegenwärtig der größte Komponist ... Ich bin stolz darauf, Euch persönlich meine Ehre erweisen zu können.«

Monteverdi neigte den Kopf. Claudia, Claudia, sagte er bei sich. Wenn sie hier sein und es hören könnte. Die Worte Coppinis wogen mehr als alle herrschaftliche Schwärmerei, das verschwenderische Winken der Damen mit den Fächern, das bißchen Kokettieren, mit dem die acht leichtblütigen Damen Mantuas auch den Meister auszeichneten.
Das Geräusch der Wagen und Kutschen – der Hof brach auf. Vincenzo winkte nur hinter den Kulissen hervor, während ihm sein Diener die Schminke von den Wangen wischte, und schon eilten die Herren und Damen ans Ufer des Sees: Hier hatte der Präfekt Viani nach den Vorstellungen Follinos die Burg Kanizsa aufgebaut, in der sich die Ungläubigen grimmig gebärdeten. Mörser ballerten in der Nacht, und als sich der fürstliche Zug näherte, leuchtete plötzlich am Seeufer das riesige Transparent auf:

»DUM SUB ARCE CANISIAE
CONTRA TURCOS PUGNABAT«

Ja, als Seine Hoheit unter den Mauern von Kanizsa kämpfte, was habt ihr, die anderen Fürsten Italiens, währenddessen getan? Wie ein lebendiger und bewegter Vorwurf erhob sich der Kampflärm. Wer hat Kanizsa gesehen? Wer hat an den ungarischen Grenzen gekämpft? Einer Laune folgend schickte der Herzog einen Wagen nach Monteverdi (unterhalb Esztergom war er ja auch dabei), und nun begann das Kriegsspiel. Das Feuer wurde heftiger, auf die Schüsse der herzoglichen Kanonen und Gewehre hin tauchten auf den mit bengalischem Feuer erleuchteten hölzernen Basteien zu Dutzenden beturbante Türken auf . . . Hie und da stürzte ein Roßschweif, ein türkisches Feldzeichen herunter. Wilde Klänge der Trompeten, der Hörner und türkischen Pauken. Alle Schätze aus dem Arsenal der Reggia, alle erbeuteten türkischen Instrumente waren hierher gewandert: Es herrschte ein höllischer Lärm (der Maestro hielt sich entsetzt die Ohren zu), dann steigerte sich der Krach noch, der Kampflärm und das Geschrei. Der Sturm begann.
Vincenzo, der diesen fürchterlichen, so schlecht vorbereiteten Sturm in Kanizsa erlebt, der Janitscharen, Spahis und ungarische Heiducken von Angesicht zu Angesicht gesehen, der in dem blutigen und dennoch heiteren Durcheinander des Lagers gelebt hatte, wurde jetzt mit einem Mal selbst auch nur zum Zuschauer bei diesem Schauspiel zu seiner Verherrlichung, zu seinem Ruhm. »Dum . . . contra Turcos pugnabat«, er sah, wie die roten Flammen langsam um sich griffen, auf den Zinnen der hölzernen Bastei sich launisch ausbreiteten. Wer mochte den heulenden Chor der Ungläubigen einstudiert haben? Wer mochte all das mit höllischem Durcheinander erfüllt haben, das nach der sanften Unterwelt des »Ballo delle ingrate« wie ein wirklicher Krieg wirkte? Gierig züngelten die Flammen an der hölzernen Burg empor, manchmal erstickte eine Explosion das Feuer (Viani hatte hier und dort eine Handvoll Pulver unter die Bretter versteckt), die phantastische Nach-

bildung der Burg von Kanizsa prasselte und leuchtete, dann ergriffen die Türken mit Wehgeschrei die Flucht, stürzten aus der Burg, warfen die an Lanzen befestigten Roßschweife und ihre Krummsäbel weg ... Nun folgte die Apotheose eines jeden Krieges: Auf der Erde kriechend näherten sich die huldigenden Anführer, die grüne Farbe ihres Turbans verriet, daß sie Nachkommen des Propheten waren. Nach dem Rhythmus eines Tanzes krochen sie im Staub, bis sie das gewaltige Seidenzelt des Herzogs von Mantua erreichten, das mit seiner weißen Pracht, wappenübersät, mit den gestickten SIC-Zeichen wie eine aus der Ritterzeit hierher verpflanzte Märchenwelt anmutete. Die ›heidnischen Paschas‹ krochen, als würden sie sich blind nach vorn tasten, so suchten sie den Mantelsaum des Herzogs: Sie erniedrigten sich (so verlangte es ihre Rolle), während das aus Holz gezimmerte Kanizsa in den Flammen starb.

Der Ball der Gnädigen am Ufer des Sees währte bis Tagesanbruch. Der Meister bekam keine Hofkutsche mehr, so machte er sich in der Morgendämmerung ohne Diener und ohne Lampe auf den Heimweg, sein Stock klopfte auf das Kopfsteinpflaster. Es war ein langer Tag, er war müde, und so erschienen die einander jagenden Bilder in seinem Bewußtsein fast wie Visionen. Das Schrecklichste war der Lärm, die »Erstürmung Kanizsas«, das ununterbrochene Krachen, der Kanonendonner, die Mißklänge.

Der Tag hatte am zeitigen Morgen mit der Probe der ›Idropica‹ begonnen. Sieben Stunden hindurch, als hätte das Spiel Meister Guarinis nie ein Ende nehmen wollen. Er selbst hatte dafür nur den Prolog komponiert, aber wegen der Regie mußte er bis zum Schluß anwesend sein. Die Probe hatte begonnen, als die Potentaten der Reggia nach nächtlichem Gelage ihre Betten aufsuchten. Guarini wollte in erster Linie die Zuschauer verzaubern. Im ersten Bild, als sich die Bühne öffnete, stieg eine dreifarbige Wolke empor. Es war ein Wunder der mantuanischen Bühnenmaschinerie, daß die Wolken bis zum Rande des Himmels reichten, darunter das Meer wogte und unverhofft ein Frauenkopf auftauchte ... Siehe, wie schnell Viani gelernt hatte. Beim »Orfeo« hatte er sich noch gegen den Szenenwechsel gesträubt, und nun fand er bei der dritten oder vierten Vorstellung bereits kühne und ungewohnte Lösungen. Florinda schwamm auf den Wogen, ihr langes, glattes Haar schien der Schaum erfaßt zu haben. Plötzlich fiel Licht in ihr Gesicht (den Schein von dreißig Kerzen konnte Viani mit Hilfe von Spiegeln in jede beliebige Richtung werfen), ihre herrlichen Augen glänzten, dann tauchte eine kleine Insel vor ihr auf, diese erklomm sie – als Nymphe: Ihr Körper war noch halb im Wasser, aber sie schüttelte bereits ihr von Wassertropfen funkelndes, mit Blumen bekränztes Haar, und begann zu singen.

Follino hatte sich zu dem Meister geneigt, als Florinda ihre Arie been-

dete: »Wenn alles so schön wäre wie Euer Prolog.« Denn darauf folgten stundenlange Rezitationen und anschließend erneut Gesang ... Am Ende aber lief alles ineinander, an diesem endlosen, langen Tag. »Arianna«, der »Ballo«, die »Idropica«. Nie wieder wird er zusammen mit anderen Musik komponieren!
Wie werden die Zuschauer das Werk Guarinis ertragen, wenn die Meister selbst schon todmüde dabei wurden? Gewiß, zwischen den Szenen und Aufzügen wird man sich an Früchten laben, und die Diener werden Erfrischungen reichen. Nach der Probe waren alle völlig erschöpft. Wie würde Florinda das durchhalten? Welch große Künstlerin, diese Frau: Als die anderen Darsteller durch die Deklamationen der Probe schon am Ende ihrer Kräfte waren, ließ sie die Musik Monteverdis noch frisch und ungebrochen erstrahlen.
»Idropica« war ein ungewöhnliches Stück. In seiner Laune hatte der Herzog bestimmt, daß alle in seinem Dienste stehenden Komponisten sich an der Komposition beteiligten. Gelegenheit bot sich reichlich, die Handlung zog sich sieben volle Stunden hin. Die einander folgenden Intermedien bargen hunderterlei romantische Verwicklungen. So hatte sich Claudio nach langen Besprechungen bereit erklärt, den Prolog zu komponieren, die »Licenza« übernahm der Spanier Paolo Birt, während die vier Intermedien unter Salomone Rossi, Gastoldi, Marco da Gagliano und Giulio Cesare Monteverdi aufgeteilt worden waren.
Nach der endlos langen Probe der »Idropica« nahm man noch einmal den »Ballo delle ingrate« vor. Florinda war launisch, wie ausgewechselt. »Laßt mich in Ruhe ... ich kann nicht mehr ... ich halte das nicht länger aus ... Warum besteht ihr darauf, daß ich Sängerin werde? Wenn der Maestro nicht zufrieden ist, soll er aus Neapel Basile kommen lassen. Ich halte das nicht länger aus ... Morgen früh reise ich ab, fahre nach Bologna ...« Andreini sah Follino mit einem verlegenen Lächeln an: »Manchmal ist sie so«, sagte er hilflos.
Die schwerste Arbeit hatte sich Follino aufgebürdet: Er mußte die Festspiele beaufsichtigen, während Viani Tag für Tag für das Theater zu sorgen hatte: Reinigung, neue Kerzen, Programme, Kulissen, Erfrischungen! Ein Fagottbläser mußte ersetzt werden, der infolge einer Lungenblutung ausgefallen war, dann ein Sänger aus dem Chor, der sich hemmungslos betrunken hatte.
Agnese begab sich in die Loge. Sie war mit ihrem Sohn Don Silvio gekommen, der sich auf seine Herkunft mehr einbildete als die reinblütigen Prinzen. Als wäre es Zufall, ließ Vincenzo, als der Knabe ihm die Hand küßte, seine Linke für einen Augenblick auf seinem Kopf ruhen. Er sah sich um und vernahm die flüsternden Worte Chieppios: »Hoheit, es schickt sich nicht, die einstigen Verfehlungen öffentlich zu bekennen.« Der Herzog lachte und wandte sich an Agnese: »Schöne Markgräfin, ich werde Meister Claudio bitten, gelegentlich eine höfi-

sche Favola zu komponieren, in der Ihr die schönste Rolle erhaltet. Im ›Ballo‹ dürfen leider nur die ›Grausamen‹ auftreten . . .« Für einen Augenblick tauchten ihre Blicke ineinander.
Alles das an einem einzigen Tag . . . Die Bilder lösten sich auf: Die Stimme und die Bewegung, als Florinda als einzige nicht in den Hades zurückkehren wollte. In diesem Augenblick machte sie mit einem einzigen Laut ihrer Stimme, mit ihrem Blick, ihren Gesten alles wieder gut, ihre Launenhaftigkeit, ihre Verstellung, ihr ewiges Spiel. Sie kam nach vorn, der silberne Staub aus der Unterwelt ließ ihr Gesicht fast zeitlos erscheinen, nur ihre Augen leuchteten in unheimlichem Glanz. Wie das »Apprendete pietà, donne e donzelle« ihre Lippen verließ, war es, als würde den Zuschauern der Atem stocken . . . und auch uns dort hinter den Kulissen.
Claudio blieb für eine Minute stehen, der Weg stieg hier an, er verschnaufte. Ja, die Zuschauer hatten nicht geklatscht, wie es sich nach so einem heiteren Spiel schickte. Als das ferne, wie ein Hauch zurückkehrende Echo der letzten Zeile ganz verhallt war, von den Verdammten eher geflüstert als gesungen – hatte niemand geklatscht. »Ich habe mich an Rinuccini gerächt.« Es war, als wäre der Vorhang nach dem Miserere gefallen! »Ihr wolltet ein frivoles und unzüchtiges Stück, passend in das sich auflösende große Epitalamio des Hofes. Nein, dazu habe ich mich nicht hergegeben. Denn für Euch waren hier die Donnas, die verheirateten Frauen, und die im jungfräulichen Glanz strahlenden Donzellas gleichermaßen leichtfertige Personen, die vom Teufel des Lasters umtanzt werden sollten. Das habt Ihr von mir nicht bekommen. Dieser ›Ballo‹ ist so rein wie ein Oratorium!«
Als er sein Zimmer betrat, glitt sein Blick auf die Sanduhr, deren die Nachtstunden anzeigende Striche er so gut kannte. Morgen früh hatte er keine Probe. Das nächste größere Ereignis war das Musikstück Marco da Gaglianos: »Die Opferung der Iphigenie« – nach dem Text Striggios. Er gedachte, nicht zeitig aufzustehen und erst gegen Mittag in die Reggia zu gehen, um sich anzuhören, was man über die Aufführung des »Ballo« sprach. Am Abend dann wollte er sich das Stück Marcos anhören, aus dem Zimmer der Musiker oder aus der Loge, wenn Seine Hoheit es so wünschte. Das Orchester würde Marco leiten, und dieser schwerfällige Bauernsohn war ein unheimlich guter Musiker . . . Was gab es dann noch? Ja . . . noch ein großes Galafest im Prunkhof der Corte Vecchia. Es hieß, man rechne mit sechzehntausend Zuschauern . . . Der Text war von Striggio, die Musik hatte der Thronfolger Francesco höchstpersönlich komponiert.
An den Fingern zählte er: »Dafne«, »Arianna«, »Ballo«, »Idropica«, »Iphigenie«, »Torneo«! Plötzlich fiel ihm die lateinische Fabel ein: Rana rupta et bos. Der kleine Frosch wollte sich aus Ehrgeiz in einen Ochsen verwandeln. Mantua war ein Tropfen im Meer, und sein Herzog baute solche Luftschlösser . . . Ist in den Annalen schon einmal sol-

che Torheit aufgezeichnet, daß man auf einige Wochen zusammengedrängt, Stück auf Stück häufte, unbekümmert um Musiker, Sänger, Autoren und ungeachtet der finanziellen Schwierigkeiten, die danach zurückblieben. Der Herzog, dieser zwiespältige, aber dämonische Geist sah sich schon als gekrönter Kaiser des Reiches glänzen. Striggio hatte dem Maestro anvertraut, der Herzog habe dieser Tage die Bemerkung gemacht: »Ich möchte, daß Pietro Paolo Rubens meine Krönung malt.« Alle Stimmen sollten ihn lobpreisen, alle Frauen ihn anbeten, ihn, der alle Potentaten der Welt entzückte, jedermann verzauberte, allen Sand in die Augen streute: Er, der einzige, der wundervolle Chiaro Vincenzo!
Unter dem als Beschwerer gebrauchten Totenschädel befand sich ein Bündel Handschriften. Die Verse Scipione Agnellis. Dieser vornehme Hofpoet hatte dem Maestro bereits Teile des Textes gebracht. Er hatte seinem Werk den Titel »Meeresfavola« gegeben und darum gebeten, dies als Thema für sein nächstes Dramma per musica zu wählen. Er hatte zu Scipione gesagt, solange die Festspiele nicht zu Ende seien, Mantua nicht zur Ruhe komme, könne er sich keine Zeit nehmen, um sich mit dem Stück zu beschäftigen. Scipione Agnelli ließ nicht locker: »Lest diese noch, Maestro!« Die Kerze warf ihr Licht auf den Schädel, daß der Schatten des einst Gelebten auf das Bündel fiel. So lebensecht, daß er fast erschrak. Er zog das Licht näher zu sich und nahm aufs Geratewohl einen Bogen in die Hand. – Es hieß, seit die Monodie mit der Kraft einer einzigen Gesangsstimme all dem Form zu geben vermochte, wonach die Camerata seit zwei Jahrzehnten forschte, gehe es mit der Polyphonie bergab, und mit ihr auch mit den Madrigalen, in denen sich drei, vier, fünf oder sechs Stimmen miteinander verflechten. Wie weit war das von der Reinheit des Lamento entfernt, von der Kraft des *Apprendete pietà*? Wer weint heute schon bei einem Madrigal? Er blätterte . . .

Zu Asche gewordene Hülle, armseliges Grab
der Geliebten, die Sonne und Himmel auf Erden mir war.
Weh mir, ich nahe, zur Erd' mich zu beugen,
mit dir ist mein Herz in der Brust zu Marmor geworden,
und Tag und Nacht lebt in Weinen, in Feuer,
in Schmerz, in Zorn der gequälte Glauco.

Sagt es, o Flüsse, und ihr, die ihr Glauco höret,
der mit Klagen die Luft, die Öde der Felder zerreißt
am Grabe. Alle die Nymphen, der Himmel wissen:
Speise ist mir der Schmerz, mein Trank Tränen,
seitdem die eiskalte Erde mein Liebstes,
das steinerne Bett den Leib bedeckt.

Doch dich, o Nymphe, hält im Schoße der Himmel,
um deinetwegen seh' ich die Erde verwaist,
öde die Wälder, und Tränen fließen wie Flüsse,
Dryaden, Nepäen rufen die Klagen wieder
des traurigen Glauco ...

O goldene Fülle der Haare, schneeweiße Brust,
o Lilienhände, die neidisch der Himmel
mir raubte. Wie lang nun im Grabe verborgen!
O elende Erde! Blüte der Schönheit,
sie ist dahin. O Musen, laßt fließen die Tränen ...

...
Dem Wort muß nun weichen die Träne. Geliebte,
gebe der Himmel dir Frieden. Frieden gebe auch mir
das kostbare Grab und die heilige Erde.

Caterinuccia stand neben ihm. Wenn sie den Kopf schüttelte ... bedeckte sie ein solcher goldener Strahl. Wie oft hatte er sie gesehen, wenn sie im Garten in der Sonne ihr gelöstes, soeben gewaschenes Haar trocknete ... und wenn sie den Kopf zurückwarf und tief Atem holte und wenn beim Haschen mit den Knaben das Band aus ihrem Haar fiel, flossen die gelösten Zöpfe wie goldene Bäche über ihren Rücken.

Warum waren nach dem Lamento alle Augen feucht? Warum hat nach der letzten Zeile des »Ballo delle ingrate« niemand geklatscht? Befreite sich erst jetzt das Gefühl ganz aus den Fesseln, in die es die Kompositionsregeln der alten Niederländer vor Jahrhunderten gelegt hatten? Warum kann das Gefühl im Madrigal nicht genauso mit der Kraft von fünf menschlichen Stimmen pulsieren, wie in der einen Stimme im Dramma per musica? Warum sollte er nicht dem Gedanken der immer volleren, sich immer mehr entfaltenden Stimme der kleinen Caterina ein neuartiges Madrigal komponieren? Warum sollte man die Monodie nicht auch durch fünf Stimmen vortäuschen können?

Ihm war, als spräche er mit Caterina: »... siehst du, dein Herzog, der mir sein Wort gegeben hatte, deine Unschuld zu achten, solange du bei mir wohnst, hat doch seine Satyrhand nach dir ausgestreckt ... Und du bist nicht zu mir gekommen ... hast dich vielleicht geschämt ... Und dein Herzog war ja auch wirklich gnädig, er hat dein Epitaph mit eigener, erhabener Hand geschrieben ... Für das Grabmal, das einst neben dem Carmine errichtet werden wird, wenn Chieppio Geld für Marmor und Steinmetze haben wird! Und siehst du, Caterina, jetzt versuche ich, dir ein Denkmal zu setzen in diesem stillen Zimmer ... Wird es bleibender sein als der Stein im Carmine? Es wird sich in sechs Teile gliedern ... kannst du mich hören, dort, wo du jetzt bist, Caterina? Wie du Daphne gesungen hast, als du die tödliche Krankheit schon in dir trugest... Ist es deine Stimme, Caterina, die ich da höre, oder ist es meine eigene... dieser Tenor von einst, wie ich vor dem hohen Herrn in Mailand sang? Meine frühere Stimme, von der nur noch ein Hauch, ein blasses Abbild geblieben ist, wenn ich Rasi oder Florinda zu erklären versuche, wie ich es mir vorstelle... Siehst du, Scipione Agnelli ist geizig gewesen! Er hat nur mein Flehen niedergeschrieben, deine Antwort aber ist er schuldig geblieben... Aber siehst du, es ist besser so: Dafür braucht man keine fremde Poesie, mein Kind! Deine Stimme, Caterina? Dringt sie doch aus jedem Winkel... aus jedem Schatten, deine Stimme. Wer hört deine Stimme nicht, Caterinuccia?«

Als er so saß, regungslos, Stunden hindurch, entstand die *Sestina*, nahm Gestalt an, formte sich ihre Musik.

25

Kardinal Millini, der ins deutsche Reich reisende päpstliche Legat, begleitete den Herzog, nachdem auch die letzten Holzreste der Burg Kanizsa zu Asche geworden waren.

»Kanizsa ist leider stärker als je zuvor, Hoheit. Deshalb schickt mich der Heilige Vater ins Imperium. Die Fürsten mögen sich nicht in Glaubensfragen streiten, sondern helfen, den Türken zu vertreiben.«

»Wenn wir einen anderen Kaiser hätten.«

Der Kardinal, wie alle im heiligen Kollegium, kannte den Herzenswunsch Vincenzo Gonzagas. Aber es war ihm auch kein Geheimnis, daß der Heilige Vater Pius den vom Hof des französischen Königs gekommenen Gonzaga de Nevers – ein wenig gereizt – gefragt hatte: »Hat denn Herr Vincenzo hunderttausend Soldaten, um das gutzumachen, was die gesamte Christenheit versäumt hat? Wenn ja, würde ich ihn gern zum Imperator krönen, sogar in Rom! Ja...« hatte der strenge Papst hinzugefügt, »es ist leichter, mit zwei Dutzend Komödianten der Obszönität zu huldigen, als Mohammed am Bart aus seinem Grab zu zerren!«

»Hoheit... uns ist es von amtswegen gestattet, auch verbotene Bücher zu lesen. Ich spreche jetzt nicht als Kirchenfürst zu Euch... Ein gewisser Meister Campanella ist eingekerkert, aber es ist ihm gestattet, auch in seinem Verlies zu schreiben. In seinem Reich, in dem alle Tugenden zu finden sind, ist auch den Mächtigen der Ehrgeiz fremd. Verzeiht mir meine harten Worte, Hoheit. Aber Mantua mag der Rosengarten unseres teuren Italiens, die geweihte Heimstätte der Musen, bleiben. Unter uns gesagt, womit wollen Eure Hoheit bei der sich nähernden Kaiserwahl die hungrigen Elektoren bezahlen? So etwas soll-

tet Ihr nicht einmal in Gedanken erwägen, Hoheit, das würde bestimmt zum Krieg führen: Habsburger, auf beiden Seiten ... Wien und Madrid würden an einem Punkt mit Paris zusammenstoßen. Ich befürchte, dieser Punkt wäre gerade Mantua.«
Er verneigte sich vor dem Herzog und deutete damit an, daß er nicht als Kardinal, sondern als Diplomat zu ihm gesprochen hatte. Und Vincenzo schaute auf diesen Niemand, diesen namenlosen Kleriker, dem aber sein breiter Kardinalshut doch die Macht gab, so mit ihm zu sprechen! Wen sollte er nach Rom zu dem Heiligen Vater schicken? Rubens? Ferdinando? Oder seinen Erstgeborenen? Der Legat nahm leise Abschied. Er hatte seinen Auftrag erfüllt: Ihm war klar, daß er nie wieder eine Einladung in die Reggia erhalten werde!.

Eine Woche später rollte auch die Kutsche der letzten fürstlichen Persönlichkeit aus Mantua: Von der Bastei blies man in dieser Woche aus gleichem Anlaß zum zehntenmal vom Turm. Fedeli war mit seiner ganzen Truppe am zeitigen Morgen nach Ferrara abgereist. Hatte die Staatskasse sie bezahlen können, zumindest zum Teil? In der Reggia war mit einemmal alles so totenstill geworden. Die Musikabende freitags wollte man zwar beibehalten, doch dort würden nur zweitrangige Sänger auftreten, es würde keinen einzigen berühmten Künstler, keinen einzigen Kastraten unter ihnen geben ...
In den Gästeflügel hatte der Präfekt eine Dienerschar beordert: Sie machte mit Besen und Tüchern hinter den Abgereisten sauber, schleppte viele Eimer Wasser herbei, um Herr über den Schmutz zu werden, der sich während der Feierlichkeiten angehäuft hatte. Heute morgen waren die aushilfsweise eingestellten Köchinnen, Küchenhilfen, Lakaien entlassen worden, und man ließ auch die in die Kanzlei berufenen Hilfsschreiber ziehen. Als der Herzog aus seinem Fenster hinunterschaute, sah er, wie sich die Schar vor der Kanzlei versammelte. Dieses Bild kannte er ... sie warteten, bis ihnen Chieppio gütig einen Abschlag zahlte.
Chieppio stand währenddessen drinnen, umgeben von den Rechnungsführern des Hofes. Schwitzend addierten sie die endlosen Zahlenkolonnen. Für keinen Augenblick wurde dem Schatzmeister die Last seines Amtes von den Schultern genommen: Er mußte Rechenschaft über die Ochsen, das Heu, den Fuhrlohn der freien Bauern, über Futter, Fuhrlöhne, Gehälter der Musiker und die Trostdukaten für die von fürstlichen Personen verführten Mädchen geben. Auf dem Stehpult lag aufgeschlagen ein riesiges, in Leder gebundenes Buch: Das war der Mastro Generale, das Hauptbuch, eine Erfindung Meister Luca Paciolis, in dem in verschiedenen Spalten alle Ausgaben der Reggia eingetragen waren, ebenso auch die Posten, die man schon beglichen hatte.
Am Anfang des großen Buches stand ein mit Tinte geschriebener Anruf. Der Buchhalter, der in Genua in dem Banco di San Giorgio den

heiligen Georg als himmlischen Patron der Rechnungsführer zu schätzen gelernt hatte, flehte zu ihm: Er möge ihm Kraft geben, auf den folgenden Blättern immer nur die Wahrheit, die reine Wahrheit in seiner Rechnungslegung einzutragen.
Die reine Wahrheit? Chieppio schaute düster in die Landschaft, die in einen nach Sumpf riechenden Dunst gehüllt war. Die Schreiber waren mit dem Addieren fertig, aber die beiden Seiten stimmten nicht überein, man suchte schon seit einer Stunde mit geröteten Augen den Fehler. Endlich gelang es, die falsche Position zu finden. Jetzt ging die Arbeit rasch voran. Es bedurfte nur noch einer Stunde (schon hörte man die erregten ungeduldigen Klagen, die Rufe der auf ihr Geld Wartenden) und die Bilanz war fertig. Die Festspiele hatten die herzogliche Schatzkammer mehr als zwei Millionen Scudi gekostet.

Die rothaarige Madama Europa war zu einer beleibten Matrone geworden und Madama Sabina schien nicht weit davon entfernt zu sein. Rasi hielt sich noch in der Stadt auf, aber von ihm war allgemein bekannt, daß er freitags nur mit halber Stimme sang. Als hätte der letzte Gast den Glanz der Reggia mitgenommen, wirkte alles staubig und langweilig: Es herrschte kleinstädtische Ruhe in Mantua. Der Herzog schickte nach seinem Sekretär.
»Alessandro, mit Mantua ist es aus! Wer wird für uns am Freitag singen?«
»Hoheit, wie wäre es, wenn wir nur Instrumentalmusik aufführten, wenn nur das Orchester ... Es haben sich soviel Kompositionen angesammelt ...«
»Lächerlich, Striggio. Gerade Mantua soll ohne Sänger sein? Sollen wir zu unserer Schande gestehen, daß wir unseren ganzen Glanz nur geborgt hatten? Die Kastraten sind schamlos und teuer: Ich muß ihnen bezahlen, was ihnen das ›gesegnete Messerchen‹ geraubt hat ... Wir brauchen eine echte Sängerin. Die Caccini-Töchter mag ich nicht. Francesca möchte stets ihre eigenen Kompositionen hören und vortragen, Settimia aber ist wunderlich und launisch wie ihr Vater. Und übrigens, wer hat schon gehört, daß eine Frauensperson wetteifern will – mit Monteverdi? Die einzige Frau, die die Reggia würdig vertreten könnte ... weilt fern!«
»Euer Hoheit denken doch wohl nicht an Adriana Basile?«
»Montalto, der sie gehört hat, behauptet, ihre Stimme sei die eines auf die Erde niedergestiegenen Engels, in dem sich sieben Teufel verbergen. Vor ihrer Schönheit neigen selbst die aufgeblasenen Spanier das Haupt. Aber wer ist diese Basile?«
»Man sagt, ihr Vater war ein Edelmann ...«
»In Neapel? Was will das besagen, dort, wo es Markgrafen wie Sand am Meer gibt. Ob nun adlig oder nicht ... Wie wäre es, wenn wir sie nach Mantua einladen würden?«

»Würde sie kommen, den Hof des Vizekönigs verlassen, wo sie singt?«
Das Gesicht des Herzogs nahm einen furchteinflößenden Ausdruck an. Er wurde gereizt: Da versteht nicht einmal sein eigener Sekretär, daß seine ausgesprochenen Gedanken ein Befehl sind!
»Sic volo, sic jubeo. Die Sängerin Adriana Basile soll an meinem Hof erscheinen. Alles andere ist Eure Angelegenheit!«
»Euer Hoheit befehlen ... aber Neapel ist weit. Wenn ich raten dürfte ... schreibt eigenhändig an den Vizekönig. Er sei, so sagt man, ein eitler Mensch. Nicht zu vergleichen mit Acuña, seinem Vorgänger, von dem man sich Legenden erzählt ... Zugleich könnte vielleicht unser römischer Resident unter irgendeinem Vorwand nach Neapel reisen und persönlich mit der Dame sprechen ... Verzeiht mir, Hoheit, diese Ratschläge, aber Ihr wißt besser als ich ... wenn Euer Hoheit nicht helfen, werden unsere Worte erfolglos bleiben ...«
Eine Stunde später waren in der Kanzlei die Schreiber und der spanische Übersetzer dabei, die verschnörkelten Briefe ins reine zu schreiben. Seine Hoheit saß im Reitsitz auf einem Stuhl und hatte alle neun Briefe selbst diktiert. Plötzlich hob er den Kopf.
»Warum ist der Maestro nicht hier, wenn ich in einer so wichtigen Angelegenheit eine Entscheidung treffen muß?«
Wie so oft ließ ihn sein Herr also auch jetzt unverhofft rufen: Monteverdi trat im abgewetzten schwarzen Musikerrock und schweren Schuhen ein, um den Hals hatte er keine Spitzenkrause, nur den weichen, breit herausgeschlagenen Hemdkragen. In seinem Gesicht saß die Müdigkeit der vergangenen Wochen: Es war eingefallen, mager, nur die Augen leuchteten darin.
»Was habt Ihr, Maestro, über die Basile gehört?«
Ihm war, als fiele er aus allen Wolken. Seine Augen forschten im Gesicht Vincenzos. In was für einer Auseinandersetzung hatte er zu entscheiden, wozu brauchte man den Rat Monteverdis?
»Die sie in Neapel gehört haben, behaupten, sie besitze eine herrliche Stimme ... mehr ein tiefer Sopran, schon fast Mezzo. Der Kastrat hat vor drei Jahren mit ihr gesungen. Er behauptete, ganz Neapel sei verrückt nach Adriana Basile gewesen.«
»Ihr wolltet es mir nicht glauben, Striggio, als ich sagte, ganz Italien beneidet Neapel um sie! Wenn der Maestro das gleiche gehört hat, dann können wir wirklich alle darauf vertrauen. Begreift Ihr ... oder begreift Ihr nicht? Die Reggia kann nicht ohne eine berühmte Sängerin sein. Wenn die arme kleine Romanina noch lebte ...«
Für einen Augenblick erhoben sich alle und machten zum Gedenken an sie das Kreuzzeichen.
Der Herzog stand bereits am Tisch der Schreiber. Er selbst schaute die Reinschrift durch. Es fehlte nur noch das Handzeichen und das kleine Siegel, dann konnte ein Bote mit den Briefen dahinsprengen. Man be-

gab sich in das Zimmer Chieppios, hier wurde der letzte Akt der Unterschrift und des Siegelns vollzogen. In der Ecke stand ein Clavicembalo, staubbedeckt, aber auf dem Notenständer befand sich ein vergilbtes Blatt. Der Blick des Herzogs traf es.
»Claudio, was sind das für Noten?«
Monteverdi glättete das Blatt und überflog es mit den ein wenig weitsichtigen Augen. Es war beidseitig beschrieben ... mit einem Madrigal ... Wer mochte es hier in der Kanzlei vergessen haben?
»Ist mir unbekannt, Hoheit. Es ist die Handschrift des großen Meisters Arcadelt ... und der Text ... Verse von Michelangelo.«
Er erriet den Wunsch des Herzogs und setzte sich an das Cembalo. Sein einst strahlender Tenor klang heute noch schön in dem kleinen Zimmer. »Deh dimmi Amor se l'alma di costei ...« Striggio stand mit tränenfeuchten Augen da, das hatte einst noch sein Vater gesungen ... Als Claudio aufhörte, standen die drei Männer in der über sie hereingebrochenen Stille da. Das waren die Augenblicke, deretwegen man Mantua nicht verlassen konnte.

Der Mann Adrianas, der in Neapel müßig lebende Kleinadlige Muzio Baroni, wuchs in der Welt des Vizekönigs, im Castell Nuovo, plötzlich zu einer wichtigen Persönlichkeit empor. Seit die Einladung der Gonzaga eingetroffen war, bildeten sich Parteien für das Pro und das Contra einer »Freigabe« Adrianas. Die Carafa beriefen sich auf ein unklares, altüberliefertes Lehnsrecht und wollten den bejahrten, kranken Vizekönig dazu bewegen, die Basile nicht gehen zu lassen. Aber die wunderbare Künstlerin selbst spielte die Rolle der Tugend: Sie zählte dem Gesandten Mantuas der Reihe nach jene Künstlerinnen auf, die den Fuß auf schwankenden Boden setzten, als sie den friedlichen Kirchenchor gegen die moralisch zweifelhafte Bühne in der Reggia vertauschten ...
All das war freilich nur ein Spiel und ein gewisses diplomatisches Geplänkel. Aber alle wurden darin verwickelt: das Vizekönigspaar, die spanischen und italienischen Hochadligen, und schließlich durfte auch das Heilige Officium nicht fehlen: Ein Dominikanerpater begab sich in das am Vomero gelegene Heim des Ehepaares Baroni-Basile.
Der Gesandte Mantuas hatte das Gefühl, er trage die schwerste Last der Verantwortung, denn nachdem Mantua die dreimonatige Gasterei allmählich überwunden hatte, schien die Sängerin jetzt die einzige Sorge Herzog Vincenzos zu sein. Intrigen, Feilschen und Drohungen: Der Gesandte Gonzagas argumentierte schon damit, daß sein Herr vor ganz Italien lächerlich erscheine, wenn es nicht gelang, Adriana für seinen Hof zu gewinnen.
In diesem mit verborgenen politischen Ränken gespickten Schäferspiel riß plötzlich die Künstlerin die Hauptrolle an sich. Mit einem kühnen Schachzug wandte sie sich direkt an die Herzogin von Mantua, als die

tugendhafteste aller italienischen Fürstinnen. Sie warf sich ihr untertänig zu Füßen und flehte sie an, nicht zu gestatten, daß die vorübergehende Laune Seiner Hoheit sie aus ihrem friedlichen Neapel reiße; sie sei von zarter Gesundheit, ihr Mann habe hier seine Aufgaben (von Zeit zu Zeit erhielt er von den Carafa einen Auftrag), und sie selbst habe auch keinen anderen Schatz als die *Arete* (ja, mit diesem gelehrt wirkenden griechischen Wort bezeichnete sie die »Tugend«, als wäre dies ein mit ihrer nebelhaften kretischen Abstammung verknüpfter kostbarer Ausdruck), deren man selbst eine ergebene Künstlerin nicht berauben dürfe.
Eleonora lächelte: Wie eine gütige Parze hielt sie nun die Schicksalsfäden in ihren Händen. Sie faltete den Brief Adrianas zu einem Fächer und glättete ihn wieder. Kurz ließ sie ihn Vincenzo sehen, der mit hastiger Hand danach griff, aber sie zog ihn lächelnd zurück, faltete ihn erneut, während die Hofdamen ihr überlegenes Mienenspiel neugierig verfolgten. So wurde es Abend: Vincenzo fühlte, daß seine Gemahlin den Fall der Basile in die Hand genommen hatte. Er sah sie flehend an, ließ sie dann allein und wartete, daß sich ihr guter Geist durchsetzte. Eleonora ging an ihr Schreibpult und öffnete das Geheimfach. Schnell reihten sich ihre Buchstaben wie Perlen aneinander. Ihre fürstliche Würde gestattete freilich nicht, daß sie einer Person von so niedriger Herkunft direkt antwortete, so richtete sie ihren Brief an die Vizekönigin von Neapel.

». . . Die junge Dame mit der schönen Stimme hat mir schließlich ihr Wort verpfändet, in den Dienst meines Hauses und meiner Person zu treten . . . Deshalb wäre es mein Wunsch, daß sie recht bald hier einträfe. Ich ersuche daher Eure Durchlaucht, ihr – wenn möglich – keine Hindernisse in den Weg zu legen, ihr vielmehr gütigst behilflich zu sein . . .«

Sie beendete den Brief, es war später Abend. Da fühlte sie, daß sie nicht allein im Zimmer war. Vincenzo stand in der Öffnung der Tapetentür und schaute seine Frau lächelnd an. Sie erwiderte seinen Blick und warf den Bogen auf den Tisch. Er umarmte Eleonora. Sein Gesicht verriet, daß dieses frühzeitig beleibte, große blonde Kind in diesem Augenblick unsagbar glücklich und seiner Gattin dankbar war.

Nach dem Abschiedskonzert ließ der Hofpoet Adriana mit den Worten ziehen: »Mantua hat sich an Neapel gerächt, weil ihm unsere Stadt vor anderthalb Jahrtausenden seinen großen Sohn Vergil entriß und nicht einmal seine sterblichen Überreste zurückgab . . . Nun sieht Parthenope schluchzend eine andere Auserwählte der Musen ziehen, die aus königlichem Blut stammende wundervolle Adriana, die uns die Hand Mantuas raubt . . .«

Ende Mai brach sie nach Mantua auf. Sie begab sich auf den Weg, wie es bei denen aus dem Süden üblich war, wenn sie nach dem Norden umzogen, mit Gatte, Kind, Bruder, Schwager, Hauskaplan, Arzt, zwei weiblichen Verwandten und Dienerschaft. All diese vielen Menschen standen am Seitenflügel des Palazzo Carafa inmitten unzähliger kunterbunter Gepäckstücke. Es herrschte Lärm, alle sprachen zugleich, schrieen, zankten, weinten und gestikulierten. Die Packwagen erwiesen sich als zu eng, die Kutsche war unbequem, die Pferde zu schwach. Plötzlich tauchte im Torgewölbe eine Schar junger Kleriker auf. Einer von ihnen dirigierte ... alle verfielen in tiefe Andacht, die heiße, neapolitanische Sonne schien auf den Palazzo herunter, und als der Abschiedschoral verklang, waren bereits alle wieder heiter, wischten sich die Augen ... Rufe erschallten: »Adriana ... Adriana ... das Lamento!« Sie saß bereits im Wagen, aber man ließ den Kutscher nicht abfahren. Da trocknete sie sich die Tränen, schaute zum Fenster hinaus und begann zu singen ... Der Kutscher stützte sich weinend auf seine Peitsche, die Kleriker in ihren roten Soutanen umringten die Kutsche ...

Die Peitsche knallte, und Adriana Basile, Nachkomme der kretischen Könige, rollte an der Spitze ihres Geleits aus Parthenope hinaus.

In Rom hielten sie die erste Rast. Hier wurden die Ankömmlinge aus Neapel im Palazzo der Gonzaga bereits erwartet. Es war die Residenz des jungen Prinzkardinals. Und Ferdinando, als er der zum Handkuß erschienenen Adriana zum erstenmal begegnete, wußte, daß er sich unrettbar und unsterblich in sie verlieben würde. So verwöhnte er sie, wie einer, der seine Geliebte zum gefeierten Idol erhebt. Er veranstaltete ihr zu Ehren festliche Abende, auf denen die besten Kastraten des Vatikans einander ablösten. Adriana saß zwischen Kardinälen und Herzögen, bis der Herr des Palazzo sie feierlich aufforderte, alle Anwesenden mit ihrem Lied zu erfreuen. Eine Woche lang weilte sie in Rom, und der junge Kardinal wurde immer verliebter, und seine Berichte steigerten die Neugierde in der Reggia von Tag zu Tag mehr: Ganz Mantua war gespannt auf die wunderbare Neapolitanerin.

In Florenz stand Adriana bereits eine andere, eine ernstere Probe bevor. Als erstes wurde sie im Hause Giulio Caccinis empfangen, von dort zogen sie in den Sitz der Camerata, in den Palazzo Bardi, dessen Besitzer, Graf Vernio, den neuen Stern Mantuas neugierig erwartete. Erschienen waren Peri und Rinuccini sowie die vier Caccini-Töchter – alle Musiker, Sänger, Gelehrte und Komponisten. Meister Giulio bewegte sich mit unerreichbarer Grazie zwischen seinen Gästen, sah sich das Programm Adrianas an, um nicht mit etwas Frivolem überrascht zu werden.

Dieser Abend war schwerer als jener in der Ewigen Stadt. In diesem Augenblick mußte sie wohl vor dem strengsten musikalischen Forum der Welt, den Sachkundigen der Camerata, den Beweis ihrer Kunst erbringen. Man wartete, unterhielt sich, bis auch Meister Marco da Gagliano eingetroffen war. Den weiteren Verlauf hielt der Sekretär des Herzogs von Mantua in seinem Brief fest.

». . . Den Text der Favola in musica, den die Künstlerin sang, hat Herr Rinuccini verfaßt, den Seine Hoheit bereits früher nach Mantua berufen hatte. Komponist der Arien ist Herr Claudio Monteverdi, der Kapellmeister des Orchesters Seiner Hoheit. Das sind so großartige Werke, daß es damit – man könnte sagen vollkommen – gelang, das Ansehen der antiken Musik wiederherzustellen. Und die Künstlerin bestand ihre Probe mit so viel Erfolg, daß ein großer Teil der Zuschauer in Tränen ausbrach . . .«

Caccini, der Hausherr, protestierte scherzhaft:
»Messer Marco, genügt es nicht, daß schon Herr Peri stockend vor Dankbarkeit Herzog Francesco seinen Dank für die großartigen mantuanischen Feierlichkeiten ausgesprochen hat. Jetzt laßt Ihr Euch auch noch vor den Wagen der Mantuaner spannen? Sollen wir vielleicht vergessen, daß die richtige Favola, das Dramma per musica aus unserem Haus hervorgegangen ist? Die Dialoge des seligen Vincenzo Galilei, der ›Amphiparnaß‹ des Orazio Vecchi, die ›Daphne‹ und unsere ›Eurydike‹, von Euch und von mir, sind die vielleicht nichts gewesen? Wollen wir uns den Lombarden voller Bewunderung zu Füßen werfen, nur weil sie den einzigen Monteverdi in ihren Reihen haben?«
Der neapolitanische Musikmeister klopfte auf das Cembalo. Er saß da, in spanischem Festgewand mit steifer Krause, war in Wirklichkeit das Oberhaupt der Hofhaltung Adrianas und der Arzt der schönen Frau in einer Person. Die Sachkundigen aus dem Hause Caccini wechselten Blicke. Die Probe nahm ihren Fortgang.
Es erklang das »Cruda Amarilli« aus dem fünften Band der Madrigale Monteverdis.
»Die Neapolitaner schicken Monteverdi ins Feuer – mit ihm wollen sie die Mantuaner Schlacht in Florenz gewinnen!«

Das Schauspiel ihrer Ankunft hatte der Herzog selbst inszeniert. Die Künstlerin gehörte aber zur Hofhaltung Eleonoras, die Herzogin hatte sie aus Neapel hierher gebeten, es schickte sich also, daß Seine Hoheit sich am Tag ihres Eintreffens auf einer fernen Jagd vergnügte.
Seit die Gäste Mantua verlassen hatten, plagte Langeweile die verschlafene kleine Stadt. Man hatte sich an die großen Aufzüge, die bunten Proben, die Turmmusik und die Fremden gewöhnt. Nun langweilte es die Menschen, daß seither alle nur Schuldbriefe schwenkten, die zum halben, ja sogar zum viertel Wert verschleudert wurden – zusammen mit dem Kredit der Reggia. Alle jammerten und klagten, daß die Steuereintreiber gieriger als die blutdurstigsten Mücken seien. Immer

mehr Güter, Geschäfte und Häuser wurden beschlagnahmt, und auf dem Markt war der Hammerschlag der herzoglichen Versteigerer zu hören und ihr Ruf: »Niemand mehr?« – für den beschlagnahmten, verschacherten Besitz!

Der Einzug Adrianas versprach eine gewisse Entschädigung. Sie hatte zwar keinen Anspruch auf Turmmusik, aber ein Zug Kürassiere umgab die Kutschen, schon deshalb, damit die Bevölkerung Mantuas nicht sehen konnte, wie schäbig diese Fahrzeuge aus dem Süden waren, Quartier bekam die Künstlerin und ihr Geleit freilich im Gästeflügel des Palastes. Am Nachmittag erschien der Zeremonienmeister, um die Sängerin zu Ihrer Hoheit zu geleiten. Adriana hatte sich nach der Art einer spanischen Infantin gekleidet. Ihre schwarze Pracht wurde durch den Glanz ihrer aufgetürmten Haarkrone belebt, zwischen ihren Locken schimmerten hier und dort Edelsteine, kleine Diamanten. Ein breiter Kragen aus schwarzer flandrischer Spitze ergänzte die Hoftracht: So mußte sich in Madrid eine Dame kleiden, die von der Gemahlin des Katholischen Königs empfangen wurde.

Als sie vor der Herzogin und den Hofdamen anlangte, machte sie vor Eleonora einen Knicks und verneigte sich dann mit spanischer Ekstase bis zur Erde. In einem geschmückten Etui hatte sie ihr selbstkomponiertes Lied als Geschenk mitgebracht, dies überreichte sie, nachdem das Zeremoniell des Handkusses vorüber war.

»La giovane che canta« – die junge Frau, die singt – so hatte Eleonora sie in ihrem Brief an die Gemahlin des Vizekönigs genannt. Nun verwandelte sich dieses unpersönliche, eigentümliche Fürstenspielzeug plötzlich in eine Hofdame, beanspruchte, auch als Frau beachtet zu werden, und ihre Bewegungen, ihre stolzen Gesten und das Spiel ihres Fächers verrieten, daß sie größeres Gewicht auf die Etikette legte als die ungezwungeneren Lombarden. Ihr Toskanisch klang ein wenig geziert, womit sie wohl ihren neapolitanischen Dialekt zu umgehen suchte, aber das feine Ohr der gebildeten Herzogin hörte das Unechte gleich heraus.

»Mein liebes Kind, wenn Ihr nicht sehr müde seid, wären wir froh, wenn Ihr uns heute Abend mit Eurem schönen Gesang erfreuen würdet. Bringt auch Eure Noten mit, ich werde den lieben Maestro bitten, so nennen wir Meister Monteverdi, daß er Euch auf dem Cembalo begleitet. Jetzt entlasse ich Euch in Gnaden, ruht Euch aus, fühlt Euch wohl bei uns. Ich bin überzeugt davon, daß Euer Gesang uns genauso gefallen wird, wie wir uns an Eurem Anblick erfreuten . . .«

Am Abend empfing Eleonora ihre »Gäste« in ihren Gemächern im Paradiso. In diesem Flügel des Palastes erinnerte noch alles an die große Ahnherrin der Gonzaga, an Isabella d'Este: die Möbel, Wandbehänge, Fresken und Tafelbilder, die den Räumen der »Störche« und »der Elemente« ihre unerreichbare Grazie verliehen. Ein Kammerherr führte Adriana feierlich herein. Vier Stühle waren für die Neapolitaner freige-

halten: Für den Gatten, den Bruder, den Priester und den Arzt. Natürlich hatte sich Adriana umgekleidet: Jetzt wollte sie nicht mit spanischem Prunk, sondern mit dem Zauber ihrer Jugend glänzen. Blauer venezianischer Brokat bedeckte eng das weißseidene Untergewand, Goldknöpfe zierten Brust und Ärmel. Das Gewand war nicht übermäßig lang, und so leuchteten – was eine Hofdame hinter ihrem Fächer Eleonora sogleich zuflüsterte – die purpurfarbenen Sandalen hervor, wohl eine kleine Anspielung auf ihre »königliche« Herkunft.
Nacheinander nahmen die Gäste Platz – es war der enge Kreis Eleonoras – und danach trat ohne jegliches Zeremoniell von seiten des Kammerherrn der große, ein wenig gebeugte, silberhaarige, schwarzgekleidete Mann ein, der mit einer höfischen Verneigung der Herzogin und ihrem Geleit huldigte, sich dann Adriana zuwandte, um auch sie zu begrüßen. Während die beiden Augenpaare einander begegneten, begann Adriana ihre Rolle zu spielen: Wie die Madrider Damen vor spanischen Infanten das Knie zu beugen pflegten, so verneigte sie sich vor dem Maestro. Die Hofdamen, die mit Monteverdi zusammenlebten, wie mit jeder anderen Person der Hofhaltung, und die den immer ernsten, wortkargen Kapellmeister im Grunde genommen gar nicht übermäßig verehrten, wollten kaum ihren Augen trauen, als sie sahen, daß die von Fürsten und Kardinälen umworbene Adriana vor ihm niedersank, um ihm die Hand zu küssen.
Claudio beugte sich herunter, um sie aufzurichten. Da schien ihm, als würden Adrianas sich verdunkelnde Augen in Tränen schwimmen, und sie hauchte mit versagender Stimme:
»Maestro, Ihr seid der größte unter allen Musikern der Welt!«
Ungeschickt richtete er die junge Dame auf, und dabei atmete er ungewollt den Duft ein, den man in den spanischen Kolonien aus den überseeischen, fleischigen Blumen preßte. Für einen Atemzug schaute er in die Augen der Frau: Sie spottete nicht, jetzt log sie nicht ... Alle, die im Zimmer waren und die Stimme Adrianas hörten, fühlten die Aufrichtigkeit der Bewunderung, den besonderen Zauber der Begegnung.
Es war, als würde sich auch das Gesicht Claudios wandeln: Es spiegelte sich darin keine Verwunderung mehr, er reichte Adriana lächelnd die Hand und geleitete sie auf das kleine Podium.
»Dürfen wir hier und jetzt das Lamento ...?«
Der Halbkreis der Gäste wurde unruhig: Wagte die Fremde, sich mit Florinda zu messen? Rührte sie an das Privileg, auf das Virginia Andreini so stolz war wie auf einen einmaligen Diamanten? Warf sie Florinda hier, in der Reggia, den Handschuh hin? In dem kleinen Saal waren nur wenige Männer. Die große Szene entfaltete sich vor dem Richterstuhl der Frauen: Adriana ... oder Florinda? Eleonora nickte. Noten brauchte man nicht.
Sie begann leise, wesentlich leiser als die Andreini. Ihr Auge hatte den Raum abgeschätzt: Der kleine Saal weitete sich rechts und links in Ka-

binetts mit geöffneten Türen aus, dennoch war es keine Bühne, eher nur ein Raum für Kammermusik, in dem jede Schattierung, jede Fioritur, jede Schönheit der Stimme restlos zur Geltung kamen.
Sie sang, wie sie sich bewegte, lebte, wie sie sprach. Ihr Gesang verriet die Spuren einer fernen spanischen Gesangskultur, die Traditionen des prunkvollen Stils der spanischen Hoftheater. In Florenz hatte sie auch gelernt, daß man in Mantua die Reinheit der Aussprache über alles andere stellte. Sie intonierte sauber, klar, artikuliert ... ihre Pausen waren so dramatisch, daß allen Anwesenden der Atem stockte ... Vielleicht waren diese Pausen das Schönste, während Claudios Finger über die Tasten glitten und sie auf ihren nächsten Einsatz wartete. Ihr Gesicht nahm tragische Züge an: Die kretische Königstochter trug die Klage der Königstochter von Kreta vor. Als auch die letzten beiden Zeilen: »In così gran martire – lasciate mi morire«, verklungen waren, schlossen sich die Fächer. Adriana sah sich um, statt eines Beifalls entdeckte sie in allen Augen Tränen.
Drei Madrigale hatte sie mitgebracht. Ihr Musikmeister hatte sie bereits in Neapel auf eine Stimme, auf die schönste »Voce«, umgeschrieben. Der Meister folgte lächelnd seinen Kompositionen in dieser willkürlichen Sopranform ... War es ihm doch völlig neu, wie das »Cantae un giorno«, das »Sforgava con le stelle« und als letztes das »Ecco mormorar l'onde« in dieser Stimmlage klangen. Vielleicht die drei schönsten Madrigale unter den Perlen Claudios.
Der letzte Akkord schwebte durch die Luft, und das zum Lied geformte, zur Monodie gereifte Madrigal verklang: Adriana beugte sich über das Cembalo als betrachtete sie nur die Tasten und küßte mit Tränen in den Augen die Hand Claudios.
Diese weibliche Untertänigkeit war eine seltsame künstlerische Ekstase: Alle Höflinge in Mantua kannten den Hochmut Adrianas, man erzählte von der starren Etikette des Hofes von Neapel, wo der Vizekönig das einstige Castell Nuovo der Johanna von Neapel zu einem kleinen Escorial verwandeln wollte. Und jetzt häufte die Künstlerin, als wäre sie eine namenlose Elevin, Nachfolgerin der kleinen Romanina, Demut auf Demut gegenüber dem Meister, als hätte sie selbst die Anwesenheit der Herzogin vergessen ...
In diesem Augenblick erklangen im Turm die Fanfaren: Seine Hoheit war von der Jagd zurückgekehrt, das große Tor öffnete sich vor dem Reitertrupp, und im nächsten Atemzug vernahm man das Wiehern der zum Stehen gebrachten Pferde, den Lärm der kläffenden Meute. Seine Hoheit hatte also die Jagd in Maderno eher beendet ... Plötzlich durchlief Erregung die Schar der Damen – ein paar erwartungsvolle Minuten, die Herzogin unterhielt sich mit Adriana, leise, hinter ihrem Fächer, als sie mit einer Bewegung Claudio heranrief und ihn fragend um seine Meinung bat.
»Madonna Adriana, bis jetzt hielt man die von Kardinal Montalto ent-

deckte Ippolita unvergessenen Andenkens für die berühmteste Sängerin Italiens. Ihr hättet Euch getrost mit ihr messen können. Eure Aussprache ist herrlich klar, Eure Intonation ausgezeichnet, und sehr schön sind die Pausen. Ich gestehe, ich hatte bei den Madrigalen mitunter das Gefühl, sie für Euch komponiert zu haben: So viel Neues hat ihnen Eure Stimme gegeben . . . Nun aber ist Seine Hoheit da . . .«
Im Lederharnisch, in bis zur Mitte der Oberschenkel reichenden gelben Stiefeln, mit künstlich zerzausten Locken und Bart und mit leichtem Federbarett trat Vincenzo ein: Eleonora, die ihn kannte, sah ihm an, daß er jetzt erzwungen elastisch ging, als Jüngling erscheinen wollte, sich zwanglos gab, als wüßte er gar nicht, daß er in Wirklichkeit ein Hoffest »störte«. In seinem Antlitz saß gespielte Überraschung, er stellte sich so, daß er das Licht im Rücken hatte, der Schein der Lampen sollte ruhig die Dame aus Neapel beleuchten und Eleonora brauchte nicht zu sehen, wie er seinen seit langem erwarteten Gast begrüßte.
Zwei großartige Komödianten standen sich gegenüber. Die Mantuaner kannten das Gesicht des Herzogs, die fast sakrale Feierlichkeit seiner einmal beschwingten, einmal mit herrschaftlicher Würde erfüllten Bewegungen, die Stimme, wie er als Mäzen, als gütiger Herr der Künstler, den neuen Stern des Hofes empfing. Nur Striggio stand in gleicher Linie mit dem Herzog und sah überrascht, daß sich das Gesicht seines Herrn vor Erregung rötete, daß sein Blick unsicher zu Eleonora schweifte, und er merkte auch, daß seine Stimme etwas unsicher klang, als er seine Gefühle verbergend plauderte. Sie versagte vor der Schönheit der Frau, er gewahrte seine eigene Verlegenheit, nahm das Barett ab und versuchte sich durch eine schwungvolle Verneigung zu befreien.
Striggio wußte, daß in den geheimen Annalen von heute abend an ein neues Kapitel begann.
Adriana konnte von all dem nichts merken, wenn nicht ihr Instinkt die Gefahr witterte. Claudio nahm wieder seinen Platz am Clavicembalo ein, und auf allgemeinen Wunsch erklangen noch einmal – damit auch Seine Hoheit sich daran erfreuen konnte – das »Ecco mormorar l'onde«, eine Strophe aus dem Lamento, dann auf eine erneute Bitte hin drei neapolitanische Canzonetten: Hier traten überhitzte Leidenschaften, ungebändigte Koloratur, fast morgenländischer Rhythmus an die Stelle der Monteverdischen Gefühlstiefe, beherrschten Leidenschaft und meisterhaften Komposition. Man legte dem Meister Noten vor, er improvisierte mit dem sicheren Gefühl des Musikers, erlauschte die Schattierungen der Stimme Adrianas, fügte selbst Fiorituren hinzu. Sie sahen einander an . . . plötzlich kamen sie aus dem Konzept, begannen lächelnd von vorn, versuchten wieder den Takt zu finden, als gehörte auch dies zu ihrem beschwingten, wundervollen Spiel . . . der Herzog lächelte selbstvergessen.

Fast unbemerkt belebte sich die Damenbühne: Einzeln kamen die Würdenträger des Hofes hereingeschlichen, die gerade angekommenen Begleiter des Herzogs, die sich eben nur vom Staub des Weges gesäubert hatten: Chiabrera, der Dichter, der über die Feierlichkeiten hinaus noch geblieben war und gern das Erbe Tassos angetreten hätte, sowie Chieppio und der Historiker des Hofes. Jetzt hatte Vincenzo seine herablassende fürstliche Sicherheit schon wiedergewonnen, verschwendete zeremonienhaft seine nicht viel bedeutende Gunst nach allen Seiten. War es möglich, daß nur Striggio, Helfer bei so vielen Abenteuern des Herzogs, es sah, daß sich das Herz seines Herrn für Adriana auftat?

Die Männer waren müde: Die ganztägige Hetzjagd, der wilde Galopp am Nachmittag, von dem sie erst jetzt wußten, warum er sein mußte, warum die scheinbare fürstliche Laune ihn angeordnet hatte, geboten Ruhe. Nach dem letzten Akkord blieb der gesellige Kreis noch einige Minuten zusammen, dann lud Seine Hoheit Adriana zusammen mit ihrem Gatten für den nächsten Tag zum Mittagessen ein. Für den Morgen wurde auch das Eintreffen des Kardinals erwartet; Vincenzo zeichnete in einem Anflug von Großmut auch Monteverdi mit einer Einladung aus. Das verriet den Eingeweihten, daß Seine Hoheit morgen, im engsten Kreise, Adriana noch einmal zu hören wünschte.

Zu Mittag entwickelte sich der Zweikampf zwischen Vater und Sohn, dem Herzog und dem Kardinal. Seine Hoheit sah seinen Sohn noch nie so leidenschaftlich, noch nie so verliebt. Eleonora erschien erst kurz vor dem Mittagessen: Sie hatte sich bis dahin mit Kopfschmerzen entschuldigt. Auf der Audienz vor dem Mahl setzte der Herzog voller Großmut den Gemahl Adrianas zum Verwalter eines Gutes in Montferrato ein, und bei den Carafa in Neapel hatte Muzio Baroni schon gelernt: Eine solche Gnade bedeutete, daß er seinen neuen Posten so schnell wie möglich anzutreten hatte.

Das Mittagessen verlief angenehm: Adriana war eine gute Plauderin, erwies sich als heiteres Geschöpf, tausend Themen wurden angeschnitten. Jetzt schilderte sie gerade ihre Reise – hier konnte sie ihre prächtige Mimik, ihr spöttisches neapolitanisches Komödiantenblut voll zur Geltung bringen: Sie spielte die Versammlung der Kardinäle in Rom wirklich vor, wobei sie auch den jungen Kardinal nicht ganz ungeschoren ließ, und kam dann auf den Abend der Camerata zu sprechen: Binnen eines Augenblickes erwachten Peri, Rinuccini, Marco und der göttliche »Giulio Romano«, die allen bekannte Figur Herrn Caccinis, zum Leben . . . Einige Fragen: Neapel tat sich auf mit seiner spanischen Hexenküche, mit seiner zweitausendjährigen Geschichte, die Theater, der Dünkel des Hochadels, der Hof des Vizekönigs, die durchreisenden Infanten und all das, was Bedeutung für eine Großstadt hatte. Striggio erhob sich und deutete seinem Herrn an, daß er für fünf Uhr den Empfang des durch Italien reisenden kaiserlichen Gesandten anbe-

raumt hatte. Der Blick Vincenzos glitt auf seinen Sohn. »Euer Eminenz wird es auch nicht schaden, wenn Ihr gerade aus dem Bericht des Herrn Gesandten etwas über die gegenwärtige verwickelte Lage des Imperiums erfahrt. Es wäre wünschenswert, wenn Ihr unsere heutige Audienz beehren wolltet ... Es kann jederzeit passieren, daß der Heilige Vater, Euer Eminenz als Nuntius entsendet ...«
Es bedeutete dies: der junge Prinz sollte auch nicht in der Nähe von Adriana bleiben, wenn schon der Vater zu gehen gezwungen war.
Als sie zu dritt den Speiseraum verließen, sagte Baroni leise zu Claudio:
»Gern würde ich zusammen mit Adriana Euer Exzellenz besuchen.«
Er gebrauchte die Anrede »Eccellenza«, die am Hof von Mantua nur den Ministern, dem Hochadel vom Grafen aufwärts zustand. Monteverdi sah den Neapolitaner Edelmann fragend an.
»Maestro, ich habe zu wenig gesagt. Unter all diesen Fürsten seid Ihr der König!«
Wortlos öffnete Monteverdi ihnen den Schlag seiner einfachen Hofkutsche. Die Pferde fanden auch mit geschlossenen Augen den oftgegangenen Weg mit dem Kopfsteinpflaster. Vor dem schmucken, langgestreckten Gartenhaus blieben sie von allein stehen: Die Blumen, die Platane, eine widerstandsfähige, im Freien überwinternde Palme, alles war so, wie Claudia es verlassen hatte. Im Garten, am Weg zum Haus reiften fleischige Äpfel. Adriana pflückte einen und sog den süßen und herben Duft ein. Das Ehepaar wußte, daß der Meister in Trauer war, worüber es sich zu sprechen schickte und worüber nicht. Aus dem Empfangsraum begaben sie sich in das Arbeitszimmer. Tizia brachte Früchte, Wein und süßes Backwerk. Giulio Cesare Monteverdi, der bei seinem Bruder wohnte, seit der Meister Witwer geworden war, kam herein. Zusammen mit Baroni betrat er die Terrasse und von dort den Garten. Als die beiden das Zimmer verlassen hatten, fragte Adriana leise:
»Hier also hat Madama Claudia gewohnt, bevor der Herr sie in seiner Barmherzigkeit zu sich nahm.«
Frauenaugen entdeckten überall das Andenken einer Frau. Und da blieb ihr Blick an einer Skizze haften: Eine farbige Kreidezeichnung mit einem blonden, grünäugigen Mädchen. Mit lässigen Zügen stand unten in der Ecke das Signum des Meisters: P. P. R.
»Das war die Romanina?«
Einen Augenblick lang betrachtete sie das Bild stumm, wandte sich dann plötzlich um und ergriff beide Hände Claudios.
»Maestro, um Gotteswillen, Ihr seid der einzige Mensch, zu dem ich Vertrauen habe. Wenn ich auf Euch blicke, fühle ich, daß ich nicht allein bin, inmitten von Gefahren und Feinden, in der Fremde. Man erzählt, daß alle, die hierher an den herzoglichen Hof kamen ... zu Fall gekommen sind.« (Unsicher glitt ihr Blick auf die Kreidezeichnung von

Rubens. Über eine Tote so sprechen? Andächtig, die Augen niedergeschlagen, bekreuzigte sie sich.) »Ich bin deshalb hierher gekommen, weil ich es bei den Spaniern nicht mehr aushielt. Ich wollte nicht die Magd des Vizekönigs werden. Ich bin Italienerin, ich will singen. Ich bitte Euch, Maestro, kümmert Euch um mich. Ihr steht in dem Ruf, gütig und ehrbar zu sein. Ihr werdet verstehen, daß ich mich hier fürchte. Ich gestehe, ich habe auch vor Euch Angst. Es ist mir nicht entgangen, wie Euer Auge zuckte, als ich im zweiten Madrigal einen Einsatz verfehlte. Ich weiß, daß ich noch viel lernen muß. Aber nur von Euch! Denn vor wem bin ich bis jetzt aufgetreten, vor dem Vizekönig, vor spanischen Infanten und Granden. Und in Rom vor den Kardinälen. Heute hatte ich meinen ersten ernsten Auftritt. Vor Euch, Messere!«

Adriana schaute auf den Tisch. Dort lag ein Notenblatt. »O chiome d'oro . . .«, ihr Blick glitt unwillkürlich wieder auf die Rubens-Skizze. Das Bild stellte Caterina als fünfzehnjähriges Mädchen dar. Sie selbst war zehn Jahre älter. Der Meister stützte sich lächelnd auf den Tisch.

»Manchmal fliehe auch ich aus Mantua. Heim zu meinem Vater, nach Cremona. Ihr solltet auch so ein Cremona haben, Adriana. Wenn Ihr es nicht ertragt, wenn Euch der Hof zu laut ist, wenn Ihr fühlt, daß die Jagd auf Großwild geht. Wenn Ihr den ›Ballo delle ingrate‹ gesehen hättet, könntet Ihr Euch ein Bild davon machen, was in Mantua die Tugend bedeutet . . . Rat und Hilfe? Konnte ich denn jener helfen, die in meinem Hause lebte, als wäre sie meine eigene Tochter gewesen? Wem Ihr vertrauen könnt und vor wem Ihr Euch hüten solltet? Ihr, Adriana, wißt mehr, viel mehr über die Dinge der Welt als ich. Warum fragt Ihr da mich? Ich kann Euch nur einen Rat geben: Versucht Euch auf die Seite der Poeten zu stellen, die sind am wenigsten gefährlich. Wer die Poeten sind? Auch der kleine Prinz, der Kardinal, bisweilen Chieppio, dann Striggio und Chiabrera. Wenn Ihr den Dichter in ihnen findet, die Poeten beißen nicht, Adriana.«

»Aber Ihr seid doch der einzige Poet unter ihnen! Seit Tasso gestorben ist, gibt es keinen, den man in Italien mit Euch vergleichen könnte!«

Er lachte, füllte zwei Gläser und reichte eins seinem Gast.

»In Euch fließt das heiße Blut der Neapolitaner, mein holdes Kind. Wir hier sind bescheidener. Wenn Ihr mich so erhöht, was könnt Ihr da von den anderen sagen, die im Dienste der Sacra musica viel mehr Lob verdient haben? Von Orlandus Lassus, Meister Palestrina, Arcadelt, Gesualdo . . . meinem Lehrer Ingegneri, von den venezianischen Meistern? Alles wird zu Staub und Asche, Adriana. Ihr wißt sicherlich nicht, wer Arcadelt gewesen ist. In hundert Jahren wird auch niemand mehr wissen, wer Monteverdi war, genau wie niemand wissen wird, wer die Romanina war und der Herzog, der ihr ein Grabmal hat errichten lassen . . .«

»Aber wir leben jetzt. Ihr seid nicht alt, daß Ihr an den Tod denken müßtet. Werdet Ihr mir helfen und mich unterrichten? Wie sie, die Grünäugige?«
»Ihr seid eine vollendete Künstlerin, Caterina war ein Kind.«
»Habt Ihr sie geliebt?«
»Ich habe sie geliebt. Seht ... dies habe ich ihr zum Gedächtnis komponiert ... diese Sestina.«
Adriana sah den Meister flehend an.
»Darf ich sie singen?«
Halb Spiel, halb wirkliches Empfinden. Adriana sprach weiter. »Morgen beginnt für mich das Hofleben. In der Frühe bringt man mich in den berühmten Palazzo del Te, dann folgt das Mittagessen, am Nachmittag muß ich Besuch in einer Villa machen, in der eine Markgräfin mit einem Knaben wohnt, der ein Sohn Seiner Hoheit ist. Herr Striggio hat mir erklärt, was ich die ganze Woche über zu tun habe, was für ein Kleid ich zu den einzelnen Anlässen tragen muß und wann und wie ich zu erscheinen habe. Aber ich möchte bei Euch bleiben. Singen, so wie es von Eurem Tisch kommt. Das was Ihr Sestina nennt, ist noch gar nicht fertig. Ich würde es mit meiner Stimme weihen ... Wenn mein Töchterchen aufwächst, werde ich ihm erzählen: Deine Mutter ist bei dem Zauberer Claudio gewesen, der so gütige, blaue Augen hatte, so blau, wie ich es nur in der Blauen Höhle bei Capri gesehen habe, wenn der Meeresgrund die Sonne reflektierte und die Sirenen die Farben mischen. Deine Mutter hat vor dem Zauberer gesungen!«
Baroni und Giulio Cesare kamen mit dem alten Cattaneo zurück. Tizia brachte alles herein, was dieses Haus ohne Herrin zu bieten hatte.
Ein schlankes Mädchen mit einem hübschen Gesicht schaute herein: Es erblickte seine Mutter und machte ihr im neapolitanischen Dialekt heftige Vorwürfe, weil sie es allein gelassen hatte. Ein Palastdiener hatte es hierher begleitet. In einem einzigen Augenblick wandelte sich das Bild: Neapel hielt Einzug, heftige Gesten, südlicher Wind.
Baroni blickte in den Garten hinaus, zeigte feierlich zum Horizont: »Wenn dort das Meer läge ... und diese Villa in der Bucht von Neapel stünde, wäre Euer Heim in der Tat das vollkommene Paradies, Maestro!«

Es war, als stünde Adriana inmitten eines großangelegten Schäferspiels und einer Hofjagd. Wohin sie ging, entfesselte sie in den Männern verborgene, manchmal wilde Leidenschaften. Auf dem Sims ihres Zimmers, in ihrem Bett, unter dem Kissen fand sie Sonette, Briefe, Kanzonen und Noten. Chiabrera, Bischof Pasquali, Scipione Agneli ... sie alle bestürmten sie mit Liebesbriefen. Doch am überraschendsten verhielt sich Don Silvio, dieser Gonzaga-Sproß, bei dessen Mutter Adriana vor einigen Tagen einen Höflichkeitsbesuch abgestattet hatte. Der fünfzehnjährige Jüngling umwarb sie mit der ganzen Leidenschaft seines halbspanischen Blutes, flehte, die schöne Adriana möge ihn erhören. Das Erregendste aber war die Rivalität zwischen Vater und Sohn, die manchmal eine scherzhafte, dann wieder eine todernste Form annahm. Der junge Kardinal verfolgte jeden Schritt Adrianas mit glänzenden Augen und war glücklich, wenn sie eins seiner Lieder in ihr Programm aufnahm.

Der Herzog führte den Kampf auf breiterer Ebene. Er beschloß, als Antwort auf die drohenden Truppenkonzentrationen von Fuentes, dem greisen spanischen Statthalter von Mailand, die Burg Casale in Montferrato selbst zu inspizieren.

Ein demonstrativer *passo militare* – militärischer Schritt. Das Volk in Montferrato, dieser fern von Mantua gelegenen Provinz, kannte kaum etwas anderes von den Gonzaga als die Söldner und Steuereintreiber. Jetzt vernahm man den Lärm einer glänzenden Leibgarde, von Kutschen und Hornisten, und der gute Herzog hörte sich gütig die Beschwerden der örtlichen Potestàs an. Kleine Vasallen lebten hier in ihren zwischen den Bergen verstreuten Herrenhöfen. Nun kam der Lehnsherr, besuchte ein baufälliges Schloß nach dem anderen, wischte den jahrhundertealten Staub von den vergessenen Privilegien. Er glänzte, wirkte im Harnisch und mit dem Degen am Gürtel fast zu kriegerisch. Er griff den Keiler mit dem Spieß an und maß sich mit den örtlichen Herren. Am Abend folgte im Schloß, wo man gerade abgestiegen war, ein Konzert. Wer hätte die Reggia von Mantua würdiger vertreten können als Adriana, die schon fast zur herzoglichen Hofhaltung gehörte.

Am Nachmittag erreichte man Piancerreto, den Besitz eines ausgestorbenen Geschlechts, den der herzogliche Fiskus eingezogen hatte. Der »bonorum director« erzählte langatmig die Geschichte der einst berühmten Familie. Der Blick des Herzogs streifte Adriana, die im Amazonenkostüm erschienen war, in Stiefeln, mit einer leichten Hirschlederjacke und Schlepprock. Warum sollte er nicht Gunst üben? Warum verlieh er nur der einstigen, wundervollen Agnese einen Rang, als sie Silvio empfangen hatte? Ein Augenblick genügte Vincenzo, einen Entschluß zu fassen.

Eine halbe Stunde später vollzog sich bereits in einem unbewohnten Saal des Schlosses die feierliche Investitur: Adriana Basile, die Gattin des neapolitanischen Edelmannes Muzio Baroni, war von diesem Tag an aus fürstlicher Gunst die neue Herrin und Freifrau von Piancerreto. Adriana hatte nicht umsonst in der Umgebung des Castell Nuovo gelebt, sie kannte das Zeremoniell: Sie beugte vor ihrem Herrn das Knie und bedankte sich mit einem Handkuß für die hohe Gunst, während sein Degenblatt für einen Augenblick auf ihrer Schulter ruhte. Alle traten mit ihren Glückwünschen vor die schöne Frau, heute abend war sie die Baronin Adriana, heute abend sang sie nicht. Nur Herr Chieppio war mißlaunig. Dic Schatzkammer hatte wieder ein Krongut verloren!

Als wäre es die letzte leidenschaftliche Freude des sich gegen das Alter auflehnenden Körpers, so flammte in Vincenzo diese Liebe auf. Er ritt an der Spitze galoppierender Jägerscharen, durchstreifte mit Adriana inkognito das fürstliche Wildgehege, die kleinen verborgenen Villen der Gonzaga und die Casinos taten sich vor ihnen auf, Schäferspiele und Gartenfeste folgten den Empfängen am Hofe. Der ungezügelte Lebenshunger des Herzogs schien die spanische, scheinheilige Zurückhaltung Adrianas hinweggefegt zu haben. Aber als der Herbst in der Landschaft Einzug hielt und das lange, süße lombardische Hinsterben kam, besuchte Adriana ihren Besitz, spazierte mit ihren Windspielen, ging mit den Spürhunden auf die Pirsch und erwies ihren Untertanen als Herrin die Güte und sang bei der sonntäglichen Patronatsmesse. Indessen aber nahm die Zahl der Neapolitaner immer mehr zu: Die Nachricht von der Donation verbreitete sich in der Umgebung von Vomero, nacheinander tauchten junge Kleriker auf, Cousins, Schatzsucher: Alles Angehörige der Familie, alles Herren aus Neapel, die auf ein Wunder lauerten.

»Wann wird die neue Favola fertig, Maestro?«
Denn für Adriana erwies sich der Rahmen in den Galerien Specchi und Fiumi, die improvisierten Konzerte, die Feierlichkeiten auf dem Platz und die Veranstaltungen im Schloß als zu eng. Sie verlangte nach einem Bühnenstück, wenn nun schon der große Theaterbau Vianis den Palast verunstaltete. Aber wer sollte ein neues Textbuch schreiben? Rinuccini war nach Florenz zurückgekehrt, und er ließ sich seine Werke ohnehin zu teuer bezahlen; Chiabrera war süßlich und Tasso tot ... bliebe als Favorit noch der Kardinal. Doch er zögerte noch zwischen Musik und Prosa. Womit sollte er – nach den Sonetten – Adriana, die treulose Dame seines Herzens, überschütten? Indessen wuchs der Bastard heran: Don Silvio mietete sich eine Lautengruppe und streifte an ihrer Spitze nachts im schwarzen Mantel unter den Fenstern Adrianas umher.
Nun lebten sie schon seit einer Woche im kleinen Schloß von Maderno: Hier frönten Vincenzo und Adriana der späten Liebe. Da traf ein berittener Bote vom Gardasee ein. Er brachte seinem Herrn einen Brief, einen Brief der Herzogin, die für einige Tage einen Ausflug nach dort unternommen hatte. Vincenzo erbrach ihn ... wie liebenswürdig Eleonora doch zu schreiben vermochte.
»Mantua hat sich in eine Einöde verwandelt, seit Euer Hoheit es verlassen haben ...« Aber in dem Gesicht des Boten saß Schrecken, er bat, seinen Herrn unter vier Augen sprechen zu dürfen: »Madama hatte gestern einen schweren Anfall ... Ich muß es Euer Hoheit sagen ... Man läßt Euer Hoheit bitten, sich zu beeilen ...«
Die herbstlichen Felder zogen an ihm vorüber, aber Vincenzo gewahrte es nicht ... Er jagte kein Wild, suchte nicht den Blick Adrianas.

Einige Stunden, und er sprengte mit seiner kleinen Schar in das Schloß Cavriana, den Lieblingsaufenthalt Eleonoras am Ufer des Sees. Während er dahingesprengt und Pferde gewechselt hatte, zogen an ihm die siebenundzwanzig Jahre vorüber, die er mit seiner Gattin verlebt hatte ... Er hörte ihre einschmeichelnden florentinischen Worte, ihr unaufhaltbares, heiteres toskanisches Gezwitscher ... und er sah die Kinder ... drei Jungen und zwei Mädchen, alle waren gesund ... Und nun wartete auch Francesco schon auf einen Sohn ... und die Mädchen ...

Er fand Eleonora noch am Leben, aber sie war sehr schwach. Zur Vigilie vor Mariä Geburt, bei Tagesanbruch am achten September schied die Seele aus ihrem Körper. Der große, schwer gewordene Mann erhob sich vom Betschemel. Im Zimmer waren seine drei Söhne, Francesco, Ferdinando und Vincenzo sowie seine Tochter Eleonora zugegen. Die andere, Margherita, hielt sich im Ausland auf. Von allen liebte wohl der Kardinal die Mutter am meisten. Schluchzend umarmte er seine Schwester. In den vorstehenden Augen Francescos waren keine Tränen, er biß sich auf die Habsburger Lippe und schaute starr auf das schöne, geglättete Antlitz der Mutter mit den geschlossenen Lidern. Vincenzo, der Jüngste, verbarg seine Gefühle, er konnte die Tote nicht ansehen und verließ das Zimmer.

Agnese befand sich in Begleitung der Herzogin, und sie war es jetzt, die sich um alles kümmerte, die Sorgen der Hofhaltung auf sich nahm. Sie rief den Rat der Herren zusammen, um die Einzelheiten der großen Beisetzung zu besprechen. »Messer Monteverdi soll kommen«, kam ihr Befehl. Die Musiker waren bei der letzten Ehre genauso nötig wie die gepanzerten Reiter des Trauerzuges.

Als Claudio mit der herzoglichen Schnellpost eintraf, empfing ihn bereits Seine Hoheit.

»Ihr habt unlängst zu einer Hochmesse gespielt ... es war Eure eigene Komposition. Sie ging mir ans Herz ... Entsinnt Ihr euch: Ehe das vierstimmige Crucifixus erklang. War dies ein Teilstück oder ein abgeschlossenes Opus?«

»Ich nannte die Messe ›In illo tempore‹ und schrieb sie zum Gedenken des seligen Meisters Gombert nach seiner Motette. Zwei Chöre antworteten einander, das Agnus Dei ist siebenstimmig, Hoheit.«

»Euch hat die Verstorbene sehr gern gehabt. Wieviel Jahre lebt Ihr an unserem Hof?«

»Schon dreiundzwanzig Jahre, dank Eurer Güte.«

»Seht Ihr, Claudio ... wie jung wir damals waren, nacheinander wurden die Kinder geboren. Tasso lebte hier, ging gleich einem Schatten am Hofe einher. Wenn ich daran denke: Tasso, Rubens, Monteverdi – alle in dieser kleinen armen Residenz. Nicht wahr, ich hatte kein schlechtes Auge? Mantua ließ einst Vergil ziehen. Im Vers heißt es: ›Mantua me genuit‹, aber er hat nicht hier gelebt. Ich hätte ihn nicht

gehen lassen. Aber seht Ihr, da liegt die Frau, die alles miteinander verbunden, für die alles gelohnt hat. Sie hat alles abgewogen, war das Bindeglied.«
Er setzte sich und wurde vom Schluchzen geschüttelt.
»Claudio, Ihr wißt, wie es ist, wenn einem die Frau stirbt, die man sehr geliebt hat. Ihr konntet wohl auch die liebe Claudia nie vergessen? Ihr wolltet auch der Kinder wegen nie wieder heiraten ... Vergebens redete ich Euch zu ... Ich hätte Euch die schönste, die vornehmste Hofdame gegeben ... hätte Euch geadelt, wenn es daran gelegen hätte. Ihr seid dem immer ausgewichen, dachtet an Claudia. Warum habt Ihr nicht wieder geheiratet?«
»Hoheit, quält Euch nicht. Und Ihr dürft Euch kein Beispiel an mir nehmen. Ich komme allein mit der Erinnerung aus. Eure Hoheit haben ein Land zu regieren!«
Die Beisetzung Eleonoras war eins der großen Zeremonielle. Im Dom teilte man den großen Chor in zwei Teile. Das »In illo tempore« erklang: Ein gewaltiger düsterer Chorgesang.
Die Familienmitglieder, Verwandten und Trauergäste weinten zusammen mit dem Volke Mantuas im Dom, und auf dem großen Platz davor jene, die keinen Einlaß mehr gefunden hatten.
Man sprach von Eleonora, wie sie gelebt hatte, mit ihrem spöttischen, nüchternen Blick, still und heiter. Und wie sie gelebt hatte, so war sie dahingegangen!
Der venezianische Gesandte, der bei der Trauerfeierlichkeit die Serenissima vertrat, sagte beim Abschied zum Herzog:
»Das ›In illo tempore‹ wäre des San Marco würdig gewesen. Euer herzogliche Durchlaucht besitzen in dem Maestro den größten Komponisten Italiens. Ihr müßt aufpassen, daß ihn Euch niemand entführt.«
»Solange ich lebe, Morosini, gebe ich ihn nicht einmal der Signoria! Claudio gehört mir ... Ihr werdet sehen, mit den neuen Schäferspielen ...«
Er biß sich auf die Lippe. Nach der Totenmesse schickte es sich nicht, von einer Favola zu träumen.

Taufe im Schloß. Das Töchterchen Adriana Basiles wurde unter das Taufwasser gehalten. Pate war der Herzog von Mantua und Patin Agnese, die Markgräfin von Grana. Der nominelle Vater verwaltete seit Monaten mit dem Eifer eines neapolitanischen Herrn die entlegenen Güter. Ganz Italien wußte, daß das Neugeborene, das zur Erinnerung an die Verstorbene den Namen Eleonora bekommen hatte, eine natürliche Tochter Vincenzos war. In der Reggia schien die einstige Geliebte, die schon ergrauende Agnese, die Rolle der dahingeschiedenen Eleonora zu übernehmen: Sie hatte diese Taufe organisiert, gab Ratschläge und setzte sich mit ihren Meinungen durch. Lächelnd hob sie das Mädchen in dem Steckkissen empor und erklärte in seinem Na-

men, es werde den Verlockungen des Satans widerstehen. Vincenzo beugte sich über das Mädchen: Es war ein schönes Kind, an seiner ein wenig hängenden Unterlippe trug es das unauslöschbare habsburgische Erbe.
Das war seine letzte Freude. Parma rüstete zum Krieg, und diese Nachricht traf ihn hart, denn Herzog Farnese war nur der vorgeschobene Posten der Spanier, dahinter marschierten die Terzionen des alten Fuentes auf. Das düstere, unzugängliche Burgverlies in Parma, die Rochetta, verschlang binnen weniger Tage alle, die Vincenzo in diesem kleinen Land liebte. Ranuccio Farnese, der Herzog von Parma, spann sein Netz wohl seit langen Jahren und zog es jetzt enger. Der Kern der Rache war Colorno. Er traf all jene, die zur Welt Barbara di Sanseverinos gehörten. In erster Linie den Neffen Barbaras, den »Marchesino«, der Agnese mit seltsamer, rasender Liebe umgab, die letzten Leidenschaften der welkenden schönen Frau entfachte, Briefe wechselten zwischen Parma und Mantua. Herzog Farnese baute eine ganze Spionagekette auf, um diese »Staatsdokumente« in die Hände zu bekommen. Als er alles beisammen hatte, und er darauf lauerte, daß Agnese gewohnheitsgemäß nach Colorno zum Besuch Barbaras kam, scheiterte sein Plan: Eleonora starb und Agnese mußte auf Ersuchen Vincenzos als »Ratgeberin« in die Reggia einziehen. So war die Markgräfin von Grana die einzige, die der kalten Hand Farneses entwischte, die anderen, der Marchesino und zu Dutzenden die Familienmitglieder, in erster Linie Barbara, diese noch immer schöne, sich der Siebzig nähernde, hohe Frau, landeten in den Kerkerzellen.
Vincenzo bereitete sich gerade für eine Reise nach Spa vor. Die Wunderdoktoren hatten einen guten Ruf: Mit der Kraft der Heilquellen und dem Stein des Basilisk könne man die verfliegende Jugend ersetzen. Vor Antritt der Reise traf die Kunde von den Greueltaten in Parma ein: Alle, die ihm in der verwandten parmaischen Welt lieb gewesen waren, mußten jetzt zittern vor der Rache des einstigen Schwagers, des kaltäugigen Farnese. Doch wie konnte er von hier, aus Mantua helfen? Am Abend, als Agnese die Nachricht vernahm, warf sie sich Vincenzo schluchzend zu Füßen: Nur das ... nur den einen Gefallen ... Er möge Marchesino retten ... solle ihr zehntausend Bewaffnete geben, sie selbst werde Parma stürmen und ihren eingekerkerten, dem Martertod entgegensehenden Geliebten auch vom Grunde der Hölle herausholen ... Er solle sich an den Heiligen Vater wenden ... an den Kaiser appellieren, schließlich sei die Herrin von Colorno, die Gräfin Sala, kaiserliche Vikarin und habe nach den Gesetzen das Recht, sich an den höchsten Lehnsherrn zu wenden.
Vincenzo wußte, daß es nur einen Weg gäbe, um alle retten zu können. Es lag mehr als drei Jahrzehnte zurück, was geschehen war: Seine erste Frau Margherita von Parma war eine Schwester Ranuccios. Die Natur hatte die liebenswürdige, heitere Margherita so unglücklich ge-

schaffen, daß nach dem Gutachten der besten Ärzte Italiens der fromme Bischof von Mailand Carlo Borromeo selbst den Schiedsspruch sprach: Margherita sei nicht geeignet zur Konsummation der Ehe, sie könne nie Kinder bekommen: Ergo müsse die fürstliche Ehe gelöst werden und Margherita solle in ein Kloster ziehen ... Nun lebte Margherita seit mehr als drei Jahrzehnten hier im Kloster. Wenn er sich jetzt, nach siebenundzwanzigjähriger Ehe und nach einem Witwertum von knapp einem Jahr entschließen könnte, Margherita wieder zu sich zu nehmen ... dann, nur dann könnte er vielleicht helfen ...
Während er meditierte, die Prälaten um Rat befragte, die drei Jahrzehnte alten Schriften des großen Prozesses zwischen Parma und Mantua sich bringen ließ, öffnete sich das eiserne Tor der Rochetta, und nacheinander führte man die tragischen Darsteller dieses großen Rachedramas zum Schafott. Gefolterte, gebrochene Menschen schleppten sich zur erlösenden Richtstätte: Priester, Greise, Hochadlige, Familiaren, der zwanzigjährige Marchesino und als letzte Barbara di Sanseverino, Gräfin von Sala. Sie kam im schwarzen Trauergewand, in einer Hand hielt sie ein Kruzifix, in der anderen ihr Tuch. Sie war die einzige, an der man die Spuren der Folterwerkzeuge nicht sah. Sie ließ sich die Augen nicht verbinden und warf dem Henker einen Beutel Dukaten hin. Der aus Parma verstohlen, auf Umwegen eingetroffene Bote berichtete: Der Scharfrichter habe den Kopf Barbaras emporgehoben, selbst da sei sie noch wunderschön gewesen und auch da noch habe ihr ewiges Lächeln um ihre Lippen gespielt.
Die Tragödie von Parma brach über Vincenzo herein wie ein schrecklicher Fluch. Auch er hatte nicht immer auf Gerechtigkeit gesehen ... und besonders in seiner Jugend manchen Rivalen durch einen gedungenen Mörder aus dem Weg schaffen lassen. Aber seit er regierte, verabscheute er vergossenes Blut. Warum vermochte er nicht jenen zu helfen, die seine Freunde waren? Wenn er jünger wäre, würde er seinen einstigen Schwager zum Zweikampf fordern ... Wenn Mantua stärker wäre, würde er ihn ohne einen anderen Vorwand angreifen ... Aber die Kräfte des Körpers und der Seele schwinden rasch. Übelkeit, Beklemmung und Unruhe quälten ihn. Nachts lag er schlaflos da, tagsüber nickte er auf den Ratssitzungen ein. Eines Mittags, als er aufschreckte, ließ er den ergrauten Chieppio rufen. Eine so seltsame Frage hatte der Kanzler noch nie von seinem Herrn gehört.
»Annibale, leben in Mantua viele Arme?«
»Wie überall, Hoheit. Das ist der Lauf der Welt.«
»Wie könnte man ihnen helfen?«
»Allen kann man nie helfen, Hoheit.«
»Ich muß meinen Weg vorbereiten, Annibale. Die Getreidespeicher müssen geöffnet werden. Wenn es sein muß, auch die Keller. Aber es darf niemand wissen, daß ich es verfügt habe. Du kennst sie besser ... die man in die Salzgärten und Bleigruben getrieben hat und die in den

Wäldern Frondienst leisten ... die nicht zahlen konnten und ihre Schulden abarbeiten müssen ... Sie sollen nicht mit dem Finger auf mich zeigen, wenn ich vor den Richterstuhl trete. Chieppio, Striggio wird sich im großen und ganzen erinnern, wer die Mädchen waren, die ... Das Blut Seiner Hoheit schändet nicht, sagten wir immer zu ihnen ... Aber ihr erstes Blut schändet meine Seele. Sucht sie auf: Gebt! Es gibt künftig kein Theater, keine Aufführungen mehr, keine Favola! Gib jedem, was er zu bekommen hat. Lieber sollen mich vier Mönche in einem schlichten Sarg zu Grabe tragen. Aber die Armen sollen mich nicht verfluchen. Das ist mein Befehl, hast du verstanden, Annibale? Auch du wirst einst sterben!«

Der Hofarzt verneigte sich vor dem ununterbrochen tagenden Kronrat.
»Das Blut Seiner Hoheit wird immer dicker. Wenn es das Herz erreicht ...« Der Arzt gewährte dem Beichtvater den Vortritt.
Wie der Tod eines jeden Fürsten hatte auch dieser sein Zeremoniell. Im Gang der Reggia, wo man den »Orfeo« aufgeführt hatte, sangen Mönche in braunen und schwarzen Kutten das Miserere. Noch hatte der Herzog lichte Augenblicke. Er verlangte nach Carlo Rossi, dem einstigen Waffengefährten. Er fühlte sich leichter, sah ihn plötzlich an.
»Entsinnst du dich, Carlo, als uns unter Visegrád der Türke fast gefangen genommen hätte? Wenn dieser Ungar damals nicht gekommen wäre ... Ich erinnere mich seines Namens nicht mehr ... war es der Poet oder dessen Freund? ... Vielleicht wäre der einem christlichen Ritter würdige Märtyrertod schöner gewesen ...« Seine Schwester, Madama di Ferrara, kniete an seinem Bett. Im Vorzimmer versammelten sich seine Söhne, die auch Don Silvio stumm unter sich aufnahmen. Der Herzog empfing nacheinander die Mitglieder der Familie. Er hatte keine Schmerzen, fühlte sich nur sehr matt. Soviel Kraft besaß er noch, darauf bedacht zu sein, den Abschiednehmenden ein Bild zu vermitteln, nach dem sie ihn als guten Herzog in Erinnerung behielten. Als er mit dem Beichtvater allein blieb, fragte er:
»Vater, wieviel Zeit habe ich noch?«
»Hoheit, wenn der Herr kein Wunder tut, ist diese Nacht Eure letzte ...«
Harte Priesterworte, ohne Erbarmen. Er erbebte, überwand sich aber.
»Danke ... Ich spüre schon den *Rigor mortis* in den Gliedern.«
Eine Weile lag er mit geschlossenen Augen da. Plötzlich hob er den Kopf. »Ich habe gehört, daß König Heinrich, der Gemahl Caterina de Medicis, nach Musikern verlangte ... daß er Musik hörte ... ehe er seine Seele aushauchte.«
Das waren die letzten Wünsche, daraus werden sich die Famlientraditionen knüpfen. Margherita, die Schwester, erhob sich. Vincenzo sah sie lächelnd an.

»Noch einmal möchte ich Claudio hören ... aber nicht so, wie er jetzt ... Nicht als Maestro, nur so wie damals, als er hierher gekommen ist. Er soll seine Bratsche mitbringen. Zu viert ... im Quartett ... Wie nur er zu spielen verstand.«
Das Schlafgemach weitete sich in einen Wintergarten aus. Wenn sich der Herzog hier ans Fenster gestellt hatte, konnte er auf die Seen hinausblicken. Die Höflinge und Familienmitglieder traten ein, wie es Brauch war. Aber dies war schon die große fürstliche Öffentlichkeit der letzten Stunde. Viele entsannen sich noch: Der alte Gobbo wollte nicht sterben! Er rang mit dem Tod, schrie, sein verwachsener Körper zuckte. Das Gesicht Vincenzos war sanft, fast klar wie Marmor, er lächelte mit der stillen Resignation der Versöhnten. Vier Musiker kamen mit ihren Instrumenten, in schwarzen Gewändern. Wie lange schon war Claudio nicht mehr der Suonatore di viola, der einfache namenlose Orchesterbratschist! Sie steckten Dämpfer auf die Stege, so klang es, als kämen die klagenden, einmal lebhaften, einmal leiser werdenden, sprudelnd süßen, sanften, versöhnenden Melodien aus der Ferne. Monteverdi sah, daß sich die Lider des Herzogs langsam schlossen. Chieppio nickte. Auf den Zehenspitzen verließen sie den Raum. Der Satz war beendet. Als sie schon an der Tür waren, öffneten sich die Augen Vincenzos, und mit einem Finger winkte er seinen Musikmeister zu sich. Am Himmel des riesigen Bettes flatterten die pausbäckigen, launischen Engel Giulio Romanos. Monteverdi kniete neben dem Bett auf den Betschemel nieder, von dem sich zuvor Madama di Ferrara erhoben hatte.
»Ich danke Euch, Claudio ... wie immer ... Ich hatte Euch gern ...«
Bei Tagesanbruch läuteten die Glocken Mantuas.

26

Es war, als hätte nach dem Tod Vincenzos der rauhe Wind der Gegenreformation die Reggia ausgefegt. Fürstentreffen, Kreuzzug, albanisches Königstum, Kaiserkrone, Theater für sechstausend Personen, all das erschien dem jungen Herzog Francesco als Hirngespinst, wenn er dem Schuldenberg, der drohenden Flut der Zahlen gegenübersaß. Es galt ein Beispiel zu statuieren: Nichts, aber auch gar nichts durfte bleiben ... von diesen sinnlosen Verschwendungen, von den nutzlosen, sinnlichen Aufwendungen aus der Vergangenheit.
Hier und dort malte man Schleier und Blätter auf allzu sinnliche, allzu unzüchtige Fresken, so daß Putte, Amor, Nymphe und Satyr nicht nackt vor der tugendhaften Margherita von Savoyen erschienen. Für die Bastarde war am Hof kein Platz mehr. Komödianten, Gaukler, Alchimisten, Sängerinnen – »Her mit den Rechnungslisten! Was hat all

das Mantua gekostet?« Deshalb also konnte man keine Kirchen bauen ... deshalb keine Burgen ausbessern lassen? Theater, Alchimistenküchen, Spiele auf dem See? Francesco saß seit Stunden Chieppio gegenüber und prüfte mit seinen vorstehenden Augen die Abrechnungen.

»Von der Basile könnte man das Gut vielleicht noch zurücknehmen. Mit der Begründung, daß die Donation nicht nach den Gesetzen von Montferrato erfolgte. Wie denkt Ihr darüber, Don Annibale?«

»Die Erinnerung an Seine Hoheit ist noch frisch. Wir wollen nicht in den Ruf Farneses verfallen, ich flehe Euch an!«

»Komödianten saugen Mantua aus. Die Poeten sind billiger. Für einen Teller Essen schreiben sie ein Sonett und deklamieren es beglückt persönlich. Was bekommt das Orchester?«

»Monteverdi erhält im Monat fünfzig Scudi, Hoheit. Das ist die Leibrente, die ihm der selige Herzog ausgesetzt hat.«

»In Ferrara ... in Pisa bekommen die Kapellmeister nicht die Hälfte. Wenn er sich mit der Hälfte begnügt, kann er bleiben. Wenn nicht ... Er ist ohnehin kein Mantuaner!«

»Ich darf Euer Hoheit daran erinnern, daß Messer Claudio für sich und all seine Nachkommen das Mantuaner Bürgerrecht erhalten hat. Er ist ein armer Mann ... Wir schulden ihm noch immer. Auch für die großen Festspiele ... für ›Arianna‹ ... für den ›Ballo‹ ... hat er nicht bekommen, was unser Herr ihm versprochen hatte ...«

»Ich gebe ihm nicht mehr, auch nicht dem ganzen Komödiantenvolk. Mantua war ein einziges riesiges Lupanar. Ausfegen, Don Annibale, wenn Ihr in meinem Dienst zu bleiben wünscht!«

Der bejahrte Kanzler schaute auf den mageren, schwindsüchtig wirkenden Herrscher: voller Eifer, zwei linke Hände, ungeschickte Pläne. Leise sagte Chieppio:

»Claudio Monteverdi ist einer der ersten Künstler Italiens. Ich bitte Eure Hoheit, es ihm persönlich zu sagen. Ich übernehme das nicht ...«

Seit der Herzog gestorben war, fühlte der als Witwer allein lebende Musiker, wie sehr sie miteinander verwachsen waren. Hatte er Vincenzo geliebt? Tausend und aber tausend Erinnerungen lebten in ihm, gute und schlechte durcheinander. Kränkungen, Unbekümmertheit, Nachlässigkeit, schlaues Spiel, geizige Kehrtwendungen, genausoviel wie Lächeln, freundliche Worte und unverhoffte Schenkungen. Wie oft hatte er Versprechungen gemacht: In diesen Fällen blühte in seiner Seele das Wunder fürstlicher Großmut ... Einmal, nach einem Freitagabend, hatte er ihm zugerufen: »Ich erhebe dich zum Grafen, Claudio ...« Aber er hatte ihm und seinen Söhnen immerhin eine Leibrente ausgesetzt ... und darauf bekam er dann und wann einen bescheidenen Abschlag. Er besaß ein Haus, einen Garten, hatte in Cremona für Claudia ein Grabmal errichten lassen ... Während der Trauerwochen

saß er in seinem Garten, ruhte aus, arbeitete nicht. Er begab sich erst in den Palast, als man nach ihm schickte: Seine Hoheit wünschte ihn zu sprechen.
Er kannte Francesco seit dessen Kindheit, und er empfand, sie liebten einander nie ... Es gab keine so enge, innere Bindung zwischen ihnen wie zwischen ihm und dem Kardinal. Francesco war ein düsteres, argwöhnisches Kind gewesen, das den Mund verzog, wenn sein Vater strahlte und wenn das Volk seinem Herrn zujubelte. Warum mochte Seine Hoheit ihn rufen lassen? Wünschte er eine Messe oder eine Favola?
»Messere«, sagte Francesco gemessen, »Unser Vater ist gestorben und Unsere Schatzkammer ist krank. Seine selige Hoheit war in allem groß, so auch in der Verschwendung. Wir wissen, daß man ohne Orchester in keinem Hof auskommt, aber Wir müssen mit der Sparsamkeit in der eigenen Residenz beginnen, wenn Wir nicht wollen, daß man mit dem Finger auf Mantua zeigt als Gespött der Welt. Wir müssen die Bezüge all Unserer Musiker und Sänger herabsetzen. Mehr als fünfundzwanzig Scudi im Monat können Wir auch Euch nicht zahlen.«
Er könnte sein Vater sein. Der Maestro reckte sich. Es tat ihm wohl, groß und männlich vor dem schmächtigen Herzog zu stehen.
»Ich bitte Euer Hoheit nur um eine Gunst!«
»Wir würden uns freuen, wenn Wir sie Euch erweisen könnten, Maestro.«
»Ich bitte um Eure huldvolle Gnade, aus Eurem Dienst scheiden und zusammen mit meiner Familie Eure Hauptstadt verlassen zu dürfen.«
Das hatte der Herzog nicht erwartet. Er stand da, errötete, hob den Habsburgerkopf. Er zügelte sich, sagte mit gedämpfter Stimme:
»Zieht in Gnaden ... wenn Euch die Luft an Unserem Hofe nicht gefällt!«
Ein Nicken, und beide verließen den Audienzsaal nach zwei Seiten.

Am Abend nahmen die Günstlinge Vincenzos Abschied von dem in Ungnade Gefallenen. Carlo Rossi kam, Chieppio war vorsichtiger: Er schickte nur Nachricht, sandte statt seiner seinen älteren Sohn: Der Maestro habe falsch, sehr falsch gehandelt, daß er sich die Sache so zu Herzen nahm. Man dürfe in solchen Fällen nicht auf seine Gefühle hören. Der junge Herzog sei unerfahren, er wisse noch nicht, was das Regieren bedeutet. Er hätte seinem neuen Herrn gegenüber mehr Geduld aufbringen müssen, dies hätte auch das Andenken Vincenzos verlangt. Übrigens wolle er ihm in allem behilflich sein, wenn er tatsächlich fortziehe, stelle er ihm Hofgespanne zur Verfügung. Die ausstehende Leibrente könne er ihm, leider, erst nach der Ernte schicken.
Die leichte Hand Adrianas berührte den Klopfer. Die Geliebte des Herzogs, die neue Baronin, trug einen Trauerschleier vor dem Gesicht.

Nach ihrem ersten Besuch kam sie jetzt das zweite Mal in das Haus Monteverdis.
»Ihr könnt nach Cremona heimkehren, ich kann nicht nach Neapel zurückgehen.«
Striggio verließ das Zimmer. Sie blieben zu zweit. Sie schlug den Schleier zurück, nun saß Adriana in ihrer gefürchteten Schönheit da. Leidenschaftlich brachen die neapolitanischen Worte aus ihr hervor.
»Warum habt Ihr es zugelassen? Hier ... an dieser Stelle habe ich Euch beschworen, auf mich achtzugeben! Ich bin vor Euch niedergesunken. Alles ... versteht Ihr, alles hätte ich Euch gegeben, ich gestehe es ... Wie eine Dirne ... habe ich Euch angefleht, Monteverdi, Ihr solltet auf mich achten, auf mich aufpassen. Habt Ihr Euch um mich gekümmert? Was bin ich geworden? Die Geliebte des Herzogs, eine Baronin ... die Mutter eines Bastards. Jetzt wird man mich vertreiben, weil Seine Hoheit gestorben ist. Und ich durfte nicht singen. Wo soll ich künftig singen? Wer will meine Stimme hören? Wozu lebe ich, wenn ich nicht mehr singen darf? Entsinnt Ihr Euch ... hier ... an dieser Stelle habt Ihr mir die Wangen gestreichelt ... Wir waren zu zweit. Alles hätte ich Euch gegeben. Ihr seid ein heiliger Mann, Claudio Monteverdi ... der einzige heilige Mann in diesem großen Sündenpfuhl! Wollt Ihr mir jetzt, zuletzt noch eins versprechen?«
Die Worte quollen aus ihr, brachen mit solch elementarer Kraft hervor, daß der Maestro kein Wort sagen konnte, nur dastand, ihr gegenüber und ihr zuhörte.
»Wenn Ihr noch einmal, wo auch immer, etwas komponiert ... gebt die Rolle mir! Versprecht es mir. Das schuldet Ihr mir, weil Ihr mich nicht geliebt habt.«
Blaß standen sie einander gegenüber, das Gesicht Adrianas war wie Stein. Sie legte eine Elfenbeinminiatur auf den Tisch. Meister Pourbus hatte sie vor zwei Jahren gemalt, auf Anweisung des Herzogs.
»Nehmt nicht nur das Bild der Romanina mit Euch ...«

So wie sie den Bereich der Sümpfe verließen, schwanden allmählich seine Kopfschmerzen. Es war Anfang August, die Hitze breitete sich wie ein grauer staubiger Schleier über die Landschaft. Francesco blickte zum Fenster hinaus, Massimiliano war in den Wagenpolstern eingenickt. Wenn Monteverdi zurückschaute, sah er noch den herausragenden Turmknopf des Domes ... die bläulichrote Linie der Reggia, dann drehte sich die kleine Karawane dem Westen zu, und Mantua verschwand aus ihren Augen.
Das Reisegepäck befand sich auf zwei Wagen, auf die sie auf der Poststation warten mußten. Chieppio hatte sich in letzter Minute entschuldigen lassen: Alle Hofgespanne seien unterwegs ... Er schickte einen kleinen Beutel mit Münzen. Das Geld klirrte in der Tasche seines grauen Reiseumhangs. Den hatte er sich vor zwölf Jahren machen las-

sen, als er den Herzog nach Ungarn begleitete. Er rechnete in der Kutsche: Wenn er die Postwagen bezahlt haben wird, blieben ihm noch fünfundzwanzig Scudi. Einer für jedes Jahr, das er am Hofe der Gonzaga verbracht hatte ... Mit soviel weltlichen Schätzen verließ der Kapellmeister Seiner Hoheit das im goldenen Glanz badende Mantua.
Der Druck um die Schläfen wich ... sein Kopf schmerzte nicht mehr. Das allein war beglückend. Er konnte wieder komponieren, war künftig kein Diener mehr. Gebundensein, Bücklinge, fürstliche Laune. Fünfundzwanzig Scudi waren ihm geblieben, und er reiste zusammen mit Giulio Cesare und den Kindern nach Cremona. Solange Vincenzo lebte, hatte er gedient, wie die Schrift es einem Diener gebietet, treu seinem Herrn zu sein. Doch da kam dieser duckmäuserische, beschränkte, engherzige Francesco. Und doch war dieser es, der ihm die Freiheit wiedergab. Ihm verdankte er es, daß er aussprechen konnte, was seit Jahren, seit langen Jahren in der Tiefe seiner Seele schlummerte ... Aber ... nur fünfundzwanzig Scudi ... Und was wird sein Vater sagen, der bejahrte, müde Doktor, wenn der Wagenzug in Cremona eintraf?
An der Grenze des Herzogtums prüften spanische Posten seinen Mantuaner Paß. Sie stöberten zwischen den Gepäckstücken. Der Wagen durfte weiterfahren. Nun konnte keine Staubwolke mehr hinter ihnen aufsteigen, nun konnte der Herzog keine Reiterschar hinter ihm herschicken, wie hinter einem treulosen Diener. Seltsam, daß er in der spanischen Lombardei zum erstenmal fühlte, daß er wieder frei war.
Seit Jahren war er nicht hier gewesen: Jetzt sah er mit neuen Augen, wie gebrochen, wie untertänig das Volk entlang der Straßen geworden war. In jeder Kutsche vermuteten sie einen spanischen Herrn, stellten sich an den Wegesrand, wenn es sein mußte, in eine Pfütze oder in den Straßengraben, und zogen dort die Mützen vor den andalusischen Schreibern mit den Zigeunergesichtern. Ein Satz der Sestina kreiste in ihm.
Der sechste Band der Madrigale befand sich bereits im Druck. Das werden die ersten Einkünfte sein, mit denen er in den Herbstmonaten rechnen konnte ... Die Felder glühten. Als er mit Claudia zuletzt diese Straße fuhr, war das Wetter schöner, frischer. »Hülle dich in dein Tuch«, hatte er zu ihr gesagt, als ihr Weg zwischen den kühlen Hügeln entlangführte.
Der Kutscher wandte sich zurück.
»Nun ist es nicht mehr weit, Herr, in einer Stunde erreichen wir Cremona.«
Wieviel Jahre war es her, daß Follino ihm geschrieben hatte: »... damit du deinen Platz einnimmst, als der größte der heute lebenden Menschen ...« oder einen ähnlichen Unsinn? Sich mit fünfundzwanzig Scudi in der Tasche (ein Großteil davon wird noch auf die Trinkgelder draufgehen) vor den Vater stellen. Schon näher der Fünfzig als der

Vierzig. Sich vor den alten Arzt stellen und sagen: »Nimm mich auf, der verlorene Sohn ist zurückgekommen ... mit seinen beiden Kindern ... Nimm uns auf, gib uns Brot!«
Baldassare trug eine feine, neumodische Brille: Der gelehrte Sohn Vincenzo Galileis, Galileo, hatte die Linsen für ihn geschliffen und sie ihm aus Padua geschickt. So sah er schon von weitem die Reisekutsche heranrollen, dahinter die beiden Gepäckwagen. Er sah, wie als erster der größere Enkel heraussprang, dann stieg Claudio aus, schließlich Giulio Cesare mit dem kleineren Jungen.
»Die Kinder kommen für längere Zeit, bereitet Euch entsprechend vor«, rief der Arzt ins Haus und eilte den Ankommenden entgegen. Forschend musterten seine Augen erst seine Söhne, dann die Enkelkinder: War vielleicht einer von ihnen krank? Claudia hatte man zu ihm gebracht, als ihr keine irdische Wissenschaft mehr helfen konnte. Verdammte Mantuaner Sümpfe: Wie mager ... wie blaß Claudio war. Aber das Feuer in seinen Augen, sein Lächeln, wie er unbedeckten Hauptes auf den Vater zukam, wie er sich über seine Hand neigte ... das beruhigte ihn. Es war nichts Schlimmes. Die Söhne küßten ihm die Hand, die Enkel umarmten ihn nur. Der Alte stand da und lächelte verlegen.
»Seid ihr wiedergekommen?«
Er wandte sich ab, wischte sich die Augen, öffnete die Tür ganz weit.
»Das ist euer Zuhause!«
Die gleichen Gerüche, dieselben Düfte, Kräuter, Elixiere, brodelnde Kolben, Drachenmilch. Nur das Skelett war nicht älter geworden.
Er ließ sich die Leiden Vincenzos schildern. »Wenn euer Doktor ein Schüler des Vesalius gewesen wäre, hätte er eher erkannt, daß sein Blut zu dick wurde.«
Dann wandte er sich an seine Söhne: »Erzählt hier niemandem, daß ihr Mantua für immer verlassen habt. Ihr seid auf Besuch gekommen. Claudio will sich ausruhen. Du hast viel gearbeitet ... Wie viele sind mit den Worten zu mir gekommen: ›Euer Sohn ist ein so großer Mann.‹ Die Besucher haben so manchen Krug guten Wein bei mir getrunken ... Noch gut, daß ich ihnen nicht alles geglaubt habe, sonst würde ich mich darüber wundern, daß die Mächtigen einen so großen Mann so behandeln ... Aber eins könnt ihr mir glauben, sie werden einst genauso zu Staub und Asche wie wir ...« Er lachte spitzbübisch und rief nach dem Abendessen.

Claudio stand draußen auf der obersten Stufe der Treppe, der Arkadengang umschloß den Garten. Zwischen die Heilkräuter und Arzneipflanzen des Vaters hatte der Gärtner da und dort ein Blumenbeet eingeschmuggelt. Ein kranker Holländer hatte sich mit Tulpenzwiebeln für seine Heilung bedankt, seither gab es in dem Monteverdischen Garten vereinzelt auch diese Blume. Die Knaben waren zu Bett gegan-

gen, Giulio Cesare hörte sich statt des Vaters den Bericht des Knechtes an; Claudio konnte die Stimme jetzt nicht erhören, ging weiter in den Garten, empfand jeden Laut. Nein, sein Kopf schmerzte nicht wie in Mantua, aber jedes Geräusch stürmte auf ihn ein, als spielte das hauchartige Gesäusel in der Luft auf hundert Instrumenten. Er kannte seine Freunde oder Feinde: die Winde. In Mantua pflegte man vorauszusagen, wann auf der Adria die Bora tobte, wann der Schirokko fegte, wann die sanften Winde aus dem Süden kamen . . . Zephir. Die Setzlinge schienen sich ihm zuzudrehen, der Gärtner sah den Maestro, steckte sein Pfropfmesser in den Gürtel, störte nicht. Zephir . . . er säuselte und zauste in der Dämmerung, und ihm war, als schlich sich das Lied zwischen Schlaf und Wachsein heran. Was für ein Lied? Woher kam die erste Zeile? Erst erfaßte er sie silbenweise . . . reihte sie aneinander, wußte noch nicht, ob es ein Ganzes wird. »Zeffiro torna . . .« Der laue Wind kehrt zurück . . . Sie gingen zur Schule. Vor wieviel Jahren? Wer war damals bei ihm, als sie Petrarca behandelten? Er sah seinen einstigen Lehrer vor sich, der jedes Sonett abhörte . . . und wehe, wenn einer von ihnen holperte, die fast vor einem Vierteljahrtausend geschriebenen Worte des Poeten nicht im altüberlieferten Tonfall rezitierte . . . Wie lange hatte er kein Madrigal mehr geschrieben. In seinem Schubfach lagen begonnene Notenzeilen: Mantua . . . Mantua . . . Nein, dort wehte nie der Zephir, dort strichen rauhe, grimmige Nordwinde über die Sümpfe.
Am Gürtel trug er das Tintenfaß und im Ärmelaufschlag war, wie immer, Papier. »Bringst du es noch?« fragte er sich, als er im Halbdunkel begann, die zweimal vier und zweimal drei Zeilen niederzuschreiben. Während er schrieb, sprengten die Melodien schon den Text . . . Er hörte bereits den ersten und zweiten Sopran, den Alt . . . den Tenor und den Baß. Alle fünf Stimmen übernahmen die Worte Petrarcas, und er brauchte nichts weiter zu tun, nur unbewußt die Noten aneinanderzureihen, wie sich der Vers entfaltete:

Der laue Wind hat das schöne Wetter wiedergebracht,
Und gekommen ist auch seine Familie, die Gräser, Blumen,
Die zwitschernden Schwalben und schlagenden Nachtigallen;
Nun prangt der Frühling weiß und rot.

Es lacht die Wiese, und der Himmel zeigt ein freundliches Gesicht,
Fröhlich sieht Jupiter zu, wie seine Tochter
Die Flammen entzündet; Luft, Wasser und Erde träumen von Liebe
Und alle Tiere regen sich mit neuer Lust.

Aber zu mir kehrt er nicht zurück, nur
Der dunkle Seufzer, der mein Herz um sie verließ,
Mein Glück und meine Hoffnung in den Himmel trug;

Und die vielen graziösen und freundlichen Damen,
Der Vogelgesang und das blumige Ufer: Was seid ihr für mich?
Für mich ist alles öde und trostlos leer.

Er hatte das fünfundvierzigste Lebensjahr vollendet: Sähe er den Vater nicht so rüstig in seinem Alter, würde er glauben, selbst schon an der Schwelle des Alterns angelangt zu sein. Aber der Zephir strich über den Garten, die Worte Petrarcas schlängelten sich zwischen verliebtem Spiel und Entsagung des Mannes. Blumiges Ufer ... die Feder blieb stehen, es gab nichts mehr zu schreiben ... das Madrigal für fünf Stimmen war in der ersten Aufzeichnung bereits fertig. Öde. Das Wort *deserto* war so scharf und schmerzlich, daß es plötzlich ein Gesicht bekam, als trete es aus dichtem Nebel heraus: Zwei Augen, die Lippen, hinter denen sich das spöttische Lächeln verbarg: »belle donne oneste«, heißt es in der Strophe Petrarcas ...
Unter den Arkaden war es kühl. Er brauchte nur so viel Zeit, bis er den Kerzendocht an das Ewige Lämpchen hielt. Der im Garten zerknitterte Bogen lag auf dem schrägen Schreibpult. Claudio war, als hätte vom Garten her jemand ins Zimmer geschaut. War es der Vater, die Magd oder Giulio Cesare? Kein Geräusch, keine Stimme im Haus. Auf dem Regal stand im abgenützten Einband die alte Petrarca-Ausgabe. Hatte er sich im Garten richtig erinnert? Waren alle Akzente, alle Zeichen genau gesetzt? Er unterbrach die Arbeit, schritt im Zimmer auf und ab und begann dann erneut. Um Mitternacht, als auch das letzte Körnchen die Sanduhr durchlaufen hatte, war das Madrigal geboren.

Vier Diener brachten die blinde Frau in einer altertümlichen, vergoldeten Sänfte aus dem Palazzo Anguisciola zu dem Arzt herüber. Sie war eine der Notabilitäten Cremonas, schon fast hundertjährig, kehrte sie aus Sizilien in ihre Vaterstadt zurück, um neben ihren Ahnen beigesetzt zu werden, wenn ihre Zeit abgelaufen war. Die Augen von Sofonisba Anguisciola waren seit langen Jahren vom Star befallen, dennoch brachte man die Berühmte des Cinquecento, die große Malerin, zu dem Arzt, damit die Großneffen nicht der Vorwurf treffen konnte, sie hätten ihre Pflicht versäumt.
Hunderte Geschichten gab es in der Kleinstadt über Sofonisba, die leibliche Tochter des einstigen Amilcare. Wer hatte je gehört, daß ein wohlhabender städtischer Edelmann seine Tochter Malerin werden ließ? Nicht etwa, daß sie sich als wohlhabende Tochter mit Malerei die Zeit vertrieb, sondern sie wurde eine richtige Malerin, die einer Zunft

angehörte. Sofonisba wurde für ihren Ehrgeiz bestraft: Das Schicksal raubte ihr, was ihr das Kostbarste war, das Augenlicht. Claudio entsann sich natürlich der berühmten Tochter der Anguisciola. Ihr nicht alltäglicher, griechisch klingender Name hatte seine Phantasie entzündet. Aber gesehen hatte er sie noch nie, denn als er Kind gewesen war, lebte und malte Sofonisba schon fern von zu Hause ... an königlichen Höfen. Als er nun hörte, daß man sie zum Vater brachte, wurde ihm bewußt: Sie war die einzige heute auf der Welt, die sich Schülerin Michelangelos nennen konnte.

Die alte Frau war noch immer ungebrochen und von gerader Haltung ... Das mit den hundert Jahren stimmte nicht, denn sie war erst im neunzigsten. Als man ihr aus der Sänfte geholfen hatte, ertastete sie mit ihrem Stock, der einen Silberknauf hatte, die Schwelle und wandte sich mit dem sicheren Auftreten einer weitgereisten Dame, aber in einer seltsamen, antiquierten Sprache an den Doktor, wie eine, die jeden kennt und die jeder zu kennen hat.

»Donna Sofonisba gestattet, daß ich Euch meinen Sohn, Claudio Monteverdi vorstelle!«

Die blinde Frau drehte den Kopf in die Richtung, aus der der Arzt gesprochen hatte.

»Vossignoria, wenn Ihr Michelangelo wäret ... könnte ich mich an Euren Schöpfungen nicht mehr erfreuen ... aber Eure Werke haben mir die Engel des Schicksals noch nicht versperrt. Als mich Pietro Paolo Rubens, als noch junger, aber schon berühmter Maler, in meinem Palast in Neapel besuchte, sprach er herzlich und liebevoll von Euch. Oft habe ich Eurer Musik gelauscht ... Damals fragte ich sogar, ob er wüßte, ob Ihr der Sohn unseres Cremonenser Doktors seid?«

»Donna Sofonisba, Ihr habt den Namen Michelangelo ausgesprochen ... Die Legende will wissen, daß Ihr seine Schülerin wart ...«

Die alte Frau lächelte, für einen Atemzug war es, als zöge wieder Leben in ihre blinden Augen.

»Er war jünger als ich jetzt bin ... aber nur um fünf Jahre ... Oder waren es doch mehr? Zweiundachtzig war er alt, ja ... Seht Ihr, Doktor, er fällt mir ein, wenn ich aus Langeweile ans Sterben denke. Wie er gewesen ist? Buonarotti ließ sich zu mir herab, würdigte mich eines Gespräches. Ich war achtundzwanzig Jahre alt. Mein Vater brachte mich in sein Haus und zeigte ihm meine Bilder und meine Zeichnungen ... Er schickte mir später eine Zeichnung von sich, ich sollte sie in Öl malen ... Das war damals, als er an seiner letzten Pietà arbeitete. Die Zeichnung war ein Christuskopf ... Wißt Ihr, Messere, was das für mich bedeutete? Ich lebte am Hofe Philipps II. ... Ich habe gesehen, wie Männer durch seine Gunst Herzöge wurden und wie Länder untergingen. Doch was war all das im Vergleich dazu, daß Michelangelo einem Diszipel eine Zeichnung zum Malen schickte? Es war, als wenn Ihr ein Thema zum Bearbeiten einem Schüler geben würdet, den

Ihr am meisten liebt ... Seht Ihr, ich bin viel und gern unter Musikern gewesen, ich habe die schöne Musik sehr, sehr gern. Wenn Ihr, junger Maestro, etwas über Buonarotti erfahren wollt, so müßt Ihr mich in meinem Heim besuchen. Und wie berühmt Ihr auch seid, bringt dennoch Eure Viola mit. Ja, Doktor, das solltet Ihr als Kur gegen die beiden Krankheiten verschreiben, die auch Ihr nicht heilen könnt, das Alter und den Star!«
Müdigkeit überkam sie, ihre Stimme wurde ganz leise, aber eine Minute später sammelte sie sich wieder. Sie verwandelte sich in eine Dame von Welt, die daran gewöhnt war, daß man ihren Worten gespannt lauschte.
»Ihr fragt, Maestro, wie Buonarotti gewesen ist? Oh, selbst als Greis noch von unheimlicher Kraft ... Er war gar kein sterblicher Mensch als er dort draußen lebte, in Carrara, im Herzen der Marmorbrüche, oder als er die Nacht zum Tag verwandelnd die Decke der Sixtinischen Kapelle bemalte. Dann arbeitete er so fieberhaft, daß er sich kaum Zeit zum Essen und zum Schlafen nahm. Wochenlang zog er sich dann nicht aus, einmal bekam er sogar Brand an den Fuß, und man mußte ihm den Stiefel mit dem Messer aufschneiden ... Ja, Michelangelo sprach so mit dem Marmor, kannte so die Züge der Adern in den Steinen, wie Ihr, Doktor, den Herzschlag Eurer Kranken abzuhören vermögt ... Mit Vasari habe ich so manches Mal über ihn gesprochen. Aber Vasari hatte Angst vor ihm, liebte ihn nicht. Aber wer entsinnt sich schon noch, was Vasari zusammengeschwatzt hat? Auch über mich soll er geschrieben haben, sagt man, aber ich konnte schon damals nicht mehr lesen, als das gedruckt wurde. Ja, dieser Giorgio war ein recht guter Maler, aber heute kennt man ihn eher nach seinen Biographien, die er von Künstlern verfaßt hat. Wahrlich, es sind schon fast fünfzig Jahre, daß auch er von uns gegangen ist.«
»Worauf seid Ihr am meisten stolz, Donna Sofonisba?«
»Tommaso del Cavaliere, der bei dem Meister hoch in Gunst stand, bekam von den Medici den Auftrag, irgendein Werk Michelangelos zu erwerben. Es war das Haupt der Kleopatra. Und zugleich schickte Tommaso auch eine Zeichnung von mir mit. Versteht Ihr, Maestro, das war der höchste Maßstab! Als dies geschah, war ich bereits in Madrid, am Hofe König Philipps, an der Unica Corte. Ich kannte und malte sie ... Alle, alle habe ich sie gekannt, die liebreizende Elisabeth, die man dort Isabella nannte, die Knaben ... Don Carlos, Don Juan d'Austria, den kleinen Farnese: Der ganze düstere Palast war erfüllt von ihren Stimmen. Wieviele meiner Bilder aus der damaligen Zeit hängen in den Sälen, in den Gängen! Und seht Ihr, heute sind alle, die ich gemalt habe, tot. Wenn ich an sie zurückdenke, erscheinen sie mir wie der Totentanz in der Campo Santo in Pisa. Nur ich bin von allen noch am Leben, ich, Sofonisba Anguisciola. Noch lebe ich, aber ich schlafe schlecht. Gebt mir, Doktor, für die Nacht einen Schlaftrunk,

der die Alpträume vertreibt. Die Musik habe ich sehr gern. Wenn Ihr morgen zu mir hinüberkommt, Meister, wie Ihr es versprochen habt, bringt gleich Euer Instrument mit, aber kein so neues, wie die Amati sie bauen. Zu meiner Zeit gab es die Laute und die Viola. Wenn Ihr mich besuchen kommt, spielt Ihr für mich und ich werde Euch erzählen, einverstanden?«

27

Er blätterte zwischen Handschriften. Von Striggio das Textbuch: »Die Hochzeitsfeier der Tethys und des Peleus«. Bruchstücke von Madrigalen, die er in seiner Jugend nicht weitergeschrieben hatte, eigentlich waren sie schon der Ursprung der Arietten ... Arien verbargen sich in ihnen. Die alten Madrigale begannen überall aus der Mode zu kommen.

Am Sonntag drängte sich ganz Cremona im Dom. Man lauschte seinem sechsstimmigen Werk, der *Missa in illo tempore*. Es waren nur Teile fertig, aber als diese erklangen, bewegten sie die Herzen, und besonders das Hosianna füllte den schönen alten Dom aus.

Die Zeit eilte dahin. Er überarbeitete seine Manuskripte, ging spazieren, als ereignete sich nichts, aber auch gar nichts im Hause Monteverdi. Manchmal begleitete er seinen Vater, besuchte Freunde. Dann trug er, wie in seiner Kindheit, die Arzttasche. »Claudio spannt aus«, hieß es in der Stadt. Die Zunft der Geigenbauer wählte ihn zu ihrem Ehrenmitglied. Man lud ihn zur Abendtafel der Zunft ein, damit er als erster die neuen Instrumente ausprobierte.

In Cremona, im Hause des Doktors zu leben, hieß sich mit den brodelnden Kesseln und dem Wehklagen der Kranken abzufinden. Wenn der Alte operierte – seine Hand war noch immer sicher –, konnte man doch nicht komponieren, die Schreie störten die Stille des Hauses, bis der Arzt dem Patient einen weiteren Betäubungstrank einflößte.

In Mantua war man neuerdings an seiner Rückkehr interessiert. »Zu den gleichen Bedingungen wie zur Zeit Herzog Vincenzos ...« Aber Francesco schickte nicht selbst nach ihm. Claudio rührte sich nicht, dann hatte er einige Monate gar keine näheren Nachrichten aus Mantua. Plötzlich traf der Postkutscher mit entsetztem Gesicht ein. In der Stadt sei die Pockenepidemie ausgebrochen: Das erste Opfer war das zweijährige Söhnchen Francescos, der Trieb des neuen Zweiges am Gonzaga-Stamm. Ihm folgte Don Silvio, der Bastard, und wenige Tage später starb auch Francesco, der regierende Herzog.

Die Kutsche sprengte in Richtung Ewige Stadt: Dort lebte als Kardinal Ferdinando, der liebenswürdige Dilettant, der sympathischste unter den drei Söhnen Vincenzos. Mit der Postkutsche war auch ein Kaufmann aus Mantua gekommen, zufällig ein musikverständiger Mann,

der berichtete, wie schlecht seither die sonntäglichen Kirchenmusiken seien, seit der Maestro die Stadt verlassen habe ... Man wisse gar nicht, was man als Requiem für den Herzog spielen solle. Übrigens gingen die Vorsichtigen nirgends hin, nicht einmal in die Kirche. Sie würden sich ein in Essig getränktes Tuch vor die Nase binden wie in Zeiten der Pest.
Einige Tage später erhielt Monteverdi einen Brief von Striggio, dem alten Freund. Ferdinando hatte keinen Augenblick gezögert. Zwei Tage und zwei Nächte genügten ihm, um aus Rom nach Hause zu sprengen. An der Bahre seines Bruders stand er als Kirchenfürst. Noch hatte er das Kardinalsgewand nicht abgelegt. Vorerst übernahm er als solcher die Regierung des kleinen Landes. Beim letzten Geleit glänzte der Dirigent, Meister Orlandi, nicht im geringsten. Übrigens war die Schatzkammer von Mantua noch nie so leer. Die Gläubiger, die der Zauber Vincenzos zu seinen Lebzeiten in Schach gehalten hatte, traten mit Forderungen auf. Die Bank von Genua drohte bereits mit der Bekanntgabe des Staatsbankrotts. Der Kardinal begnügte sich mit seinen kirchlichen Einkünften, predigte ehrliche Armut. »Wahrlich, lieber Freund«, schrieb Alessandro Striggio, »mit neuen Favolas ist kaum zu rechnen ...«
Mit dem Traum von Mantua war es zu Ende. Der alte Doktor schüttelte den Kopf, als er sah, wie blaß, wie mißmutig sein Sohn war. Zweihundert Scudi hatte er von Ricardo Amadino, dem Verleger in Venedig, für seine »Sanctissimae virginis missa senis vocibus« erhalten, die er nach der Motette von Gombert komponiert hatte. Das genügte für einige Monate, um mit seiner Familie dem Vater nicht zur Last zu fallen. Was noch gebraucht wurde, wuchs im großen Garten und im Weinberg und wurde vom Arzt mit Skalpell, Klistier und Elixieren beschafft.
Nahezu ein Jahr lebte er schon so, grübelnd, fast ziellos. Über der lombardischen Landschaft brütete wieder die Augustsonne, während die Weintrauben reiften und die Blätter sich färbend welkten.
»Du wirst sehen, in einigen Wochen nimmt die Ruhr überhand ...« sagte der alte Doktor. »Trotz aller Mahnungen verschlingen die Kinder und die Frauen ungewaschen das rohe Obst. Das ist die gefährlichste Zeit in der Lombardei: In diesen Wochen brechen die Epidemien aus ... Typhus und Pest.« Sie setzten sich still zum Abendbrot. Während man das Essen brachte, hörten sie herannahendes Wagengerassel, eine Minute später dröhnte der Klopfer am Tor. Baldassare schüttelte verärgert den Kopf: »Ich sage vergebens, der Kranke soll ein wenig warten, bis ich mein Abendbrot gegessen habe. Mir vergeht dabei schon der Appetit ...«
Der ankommende Herr trug den Talar venezianischer Edelleute und auf dem Kopf einen dunklen, harten Filzhut. Vermutlich ein Reisender, der unterwegs krank geworden war und den sein Kutscher hierher

brachte, zum ersten Arzt in Cremona. Aber der Angekommene fragte die Magd nicht nach dem Arzt. »Ich komme im Namen der Republik San Marco«, vernahm man seine Stimme ... Selbst weit außerhalb der Grenzen der Signoria lief dabei den Menschen ein Schaudern der Furcht über den Rücken.
Der Arzt stand auf, ließ seinen Sohn nicht hinaus. Er selbst begab sich in das Empfangszimmer.
»Im Namen der Signoria suche ich Messer Claudio Monteverdi, den einstigen Kapellmeister des Herzogs von Mantua.«
Es gab kein Ausweichen, der Doktor bot dem glattrasierten Fremden Platz an. Dieser aber stand nur da, öffnete seinen Mantel: Seine Brust zierte in Goldstickerei der Löwe des Heiligen Markus, das Zeichen der Gesandten der Serenissima.
Claudio trat ein. Sie standen sich gegenüber. Der Fremde stellte sich vor:
»Ich bin Girolamo Mocenigo und komme mit einer Botschaft Seiner Exzellenz Federigo Contarini. Halten wir uns an die Vorschrift: Hier ist mein Beglaubigungsschreiben.«
Der Blick Claudios fiel auf das Wappen, dann las er den Text: »Der allmächtige Prokurator der Serenissima beauftragt den edlen Girolamo Mocenigo, den ehrenwerten Messer Claudio Monteverdi, ›quondam‹ Kapellmeister des Herzogs von Mantua, zu unterrichten, was der Rat der Prokuratoren zu beschließen geruhte.«
»Ich höre, Euer Exzellenz!« (Soviel wußte er, daß jedem venezianischen Edelmann der Titel Eccellenza zustand.)
Aus dem Gesicht Mocenigos schien die Steifheit zu weichen.
»Am 19. Juli hat der allerehrenwerteste Kapellmeister der Markuskirche, Messer Giulio Cesare Martinengo, seine irdische Laufbahn beendet. Der Herr sei seiner Seele gnädig!«
Der Doktor stand auf und auch die Magd bekreuzigte sich. Der Edelmann fuhr fort:
»... Der erste Prokurator, der entsprechend seines Amtes die Markuskirche leitet, hat getreu seiner Aufgabe getan, was der Brauch vorschreibt, damit das wichtige Amt nicht vakant bleibe und schnell wieder besetzt würde. Die Menschen sind vergänglich, die Serenissima ist ewig. Die Väter befragten in ihrer endlosen Weisheit ihre Gesandten in Italien und in den Städten nahegelegener Länder, um in dieser wichtigen Angelegenheit ihren Rat einzuholen. Als alle Antworten eingetroffen waren, und die Prokuratoren alle Meinungen ponderiert hatten, faßten die Vorsteher der Republik des San Marco den Beschluß, für die Würde des Kapellmeisters in dieser für die Christenheit über alles wichtigen Kirche Euer Ehren, Messer Claudio Monteverdi, zu berufen. Wenn Ihr bereit seid, diesem Ruf zu folgen, dann darf ich Euch fragen, ob Ihr unserer Republik den Eid leisten wollt, wie unsere Gesetze es gebieten?«

Doktor Baldassare kam als erster aus der Verwunderung zu sich.
»Habt Dank, hochedler Herr, für die Nachricht, und Friede der Respublica . . . Aber dürften wir erfahren, in schlichten Worten, was das bedeutet?«
Mocenigo war, wie alle venezianischen Patrizier, selbst Kaufmann, so lachte er auf und setzte sich.
»Soviel ich weiß, gelehrter Herr Doktor, hat man Euch den schönen schwarzen Hut in Padua aufgesetzt. Was für Geld war dort damals im Umlauf?«
»Was für Geld? Venezianische Zechinen, hoher Herr!«
»Zechinen, wie seit tausend Jahren ununterbrochen! Keine Silbertaler, die von Jahr zu Jahr an Wert verlieren . . . dort, wo die Spanier die Herren sind!«
Der Arzt sah sich erschrocken um.
»Dreihundert Dukaten im Jahr sind viel Geld. Soviel bietet die Serenissima und freie Wohnung in der Canonica des San Marco.«
Claudio war sechsundvierzig Jahre alt, aber es schien, als verhandele noch immer der Vater für seinen Sohn. Auch jetzt war es der Arzt, der sich bittend an den vornehmen Gast des Hauses wandte.
»Ich möchte mit meinem Sohn einige Worte wechseln, mit Verlaub Euer Exzellenz.«
Im Nebenzimmer hatte Claudia für immer die Augen geschlossen. Über ihrem Bett brannte das Ewige Lämpchen. Der Doktor schlang dem Sohn den Arm um die Schultern, beide schauten auf das Lämpchen. Keiner von ihnen sprach ein Wort. Nach einigen Minuten kehrten sie zurück. Jetzt reichte ihm der Venezianer die Hand.
»In nomine Domini . . .«
»Ich betrachte es als große Ehre, hoher Herr. Dies sage ich nicht nur aus Bescheidenheit, sondern auch eingedenk der großen Vorgänger, mit denen ich mich werde messen müssen . . . Willaert . . . Cyprian de Rore saßen vor mir im San Marco, die Flandrer, dann die beiden Gabrieli . . . Claudio Merulo und Messer Zarlino, der von hier seinen Streit mit Vincenzo Galilei führte . . .«
»Das war, Messere, die goldene Zeit des San Marco. Über die Toten Gutes oder nichts. Aber jetzt liegt es an Euer Ehren, daß Ihr den ein wenig verblaßten Glanz wiederherstellt. Entspricht unser Angebot?«
Mit einem Monatsbezug von fünfundzwanzig Scudi hatte er in Mantua begonnen . . . und soviel hatte er in der Tasche, als er die Stadt der Gonzaga verließ . . . Über fünfzig hat er es gewöhnlich nie gebracht. Dreihundert Golddukaten! Ein kleines Vermögen, für die er nicht nach der Laune Chieppios wiederholt anzuklopfen brauchte.
»Was wünscht der Prokurator von mir?«
»Wie wir unterrichtet sind, in meiner Jugend war ich selbst Sekretär neben unserem Gesandten in Mantua, so weiß ich es auch aus persönlicher Erfahrung, seid Ihr ein gottesfürchtiger Künstler, der nach den

Geboten lebt. Für Euer Ehren wird der San Marco die Kirche, die Familie . . . und ein klein wenig auch der Kerker. Ihr seid für alles verantwortlich, was im San Marco in Sachen der heiligen Zeremonien geschieht. Aber zugleich wird dort Euer Wort auch das Gesetz sein.«

»Darüber hinaus . . .?«

»Die Signoria verlangt von ihren Dienern – im Gegensatz zu einzelnen kleineren italienischen Potentaten – nur das, wozu sie sie eingestellt hat. Mit Äsop gesprochen, sie will dem Fuchs nicht mehrere Felle abziehen. Von Euer Ehren erwarten wir, daß Ihr die Schönheit der altüberlieferten, klaren liturgischen Musik wiederherstellt, die frei ist von allen schädlichen neuen Wirkungen. Die sollt Ihr uns bewahren für unsere hohen Feste, aber auch für unsere Alltage.«

Der noch junge Patrizier sprach mit Würde. Monteverdi neigte sich näher zu ihm.

»Haben Euer Exzellenz davon gehört, was wir prima und seconda prattica nennen?«

»Ich weiß nur soviel, daß . . . Meister Zarlino gegen das ankämpfte, was Ihr seconda nennt. Ich liebe und schätze die Musik nur, übe sie aber nicht aus. Könnt Ihr es erklären?«

»In jedem Beruf gibt es verborgene Regeln, Herr. So ist die prima prattica die althergebrachte Praxis. Es treten drei, fünf oder fünfzig Sänger auf, mit Noten in der Hand, von Instrumenten begleitet oder ohne sie, und sie singen nach dem Kanon der alten Meister, eine Komposition von Palestrina oder Lassus oder sonst einem Komponisten. Wenn es zwei Orgeln gibt, wie im San Marco, so kann, soviel ich weiß, der Chor geteilt werden, und sie antworten einander in Form von Responsorien und Antiphonien. Nur verblaßt dabei . . . der Text, Herr. Im Wogen der Stimmen geht der Text unter. Die ineinandergreifenden Stimmen verschleiern den Sinn der Worte gewöhnlich ganz. Es gibt keinen Text. Ja . . . diese Stimmen schlagen nur gegen die Mauer der Vernunft wie gegen einen rauhen Felsrand. Die seconda prattica dagegen ist das, was wir suchen. Wir nennen es so, weil wir keinen treffenderen Namen dafür finden. Menschliche Stimmen, Instrumente und Text! Die Stimme soll nicht für den Geist unfaßbar hoch schweben, sondern die verborgenen Winkel in unserem Herzen erleuchten . . .«

»Warum sagt Ihr mir das jetzt?«

»Die Herren der Republik des Heiligen Markus, die meine Berufung beschlossen haben, kannten meine Person vielleicht nicht genügend. Die Mater musica hat viele Kinder, die nicht gleich sind. Ich bin hier aufgewachsen, Ingegneri war mein Meister. Euer Exzellenz dürfen mir glauben, daß ich die alten Gesetze der Kirchenmusik kenne. Aber ich kann nie der seconda prattica entsagen, für deren Pflege mich vor fast zwei Jahrzehnten jener Meister Artusi aus Bologna so sehr angegriffen

hat. Wie auf allen Gebieten menschlicher Forschung geht der Weg auch hier vorwärts. Wir können nicht dort stehenbleiben, wo unsere Ahnen aufgehört haben. Ich mußte Euch das sagen, ehe ich Eure Bedingungen annehme.«
»Sprecht in der Art eines ehrlichen Kaufmanns ... zu einem anderen ehrlichen Kaufmann.«
»Ihr sagtet, hoher Herr, der San Marco sei eine eigene Welt. Ich kenne die Gesetze dieser Welt und achte sie. Aber wird mir die Signoria gestatten, daß ich darüber hinaus ... die zweite Praktik so pflege, wie ich das nach einer inneren Eingebung tun muß?«
Der Patrizier machte eine Bewegung, die auch eine Umarmung sein konnte.
»Maestro! Die Gesetze Venedigs verbieten nur eins: Untreue gegenüber den Gesetzen und dem Geist der Republik des Heiligen Markus. Dagegen kämpfen seit Jahrhunderten der Große Rat, der Senat, die Zehn, die Inquisitoren. Aber wie und wohin Ihr, Messere, die Spatzenköpfe auf das Notenblatt malt ... für welche Instrumente ... für wieviel Stimmen ... ob Ihr Eure Werke unisono oder für mehrere Stimmen schreibt ... ob Ihr Oratorien komponiert oder ein Opus, das man in Mantua einmal Favola, ein andermal Dramma per musica nannte, das bleibt ganz Euch überlassen. Wenn unter den schönen Kuppeln des San Marco Ordnung herrscht, wird die Signoria Eure sonstige Kunst mit Wohlgefallen betrachten, und wenn sie sie in Anspruch nimmt, wird sie diese gesondert vergüten.«
»Und sollte mich ... ein Fürst ... eine Stadt oder eine Einzelperson mit einer Arbeit beauftragen, darf ich sie annehmen?«
»Euer Ehren werden in Venedig ein freier Bürger sein. Ihr habt das Recht, einen Vertrag zu schließen, wie jedermann, der den Schutz der Republik genießt. Aber an erster Stelle steht der San Marco, gerade deshalb dürft Ihr vor hohen Festen nicht ohne besondere Erlaubnis verreisen, und Ihr müßt all Eure andere Arbeit so verrichten, daß unsere Hauptkirche dadurch keinen Schaden nimmt. Habe ich Euren künftigen Weg klar aufgezeichnet? Oder habt Ihr noch Fragen, die einer Aufklärung bedürfen?«
»Du kannst annehmen, Claudio?« sagte der Doktor leise zu seinem Sohn.
»Dann habe ich noch eine letzte Frage: Wann kann der Maestro kommen? Denn wie gesagt, der Stuhl des Kapellmeisters steht leer, und die Musiker und der Chor arbeiten ohne Leiter, Venedig ist ewig, aber wir würden es dennoch begrüßen, wenn Ihr Euer Amt übernehmen und den Chor bereits zum Marienfest leiten könntet ... Wenn Ihr in unsere Stadt kommt, müßt Ihr entsprechend unseren Gesetzen, eine Prüfung vor den Prokuratoren ablegen. Hierauf muß ich Euch aufmerksam machen, denn davon können wir selbst in Eurem Falle nicht absehen. Daß aber Claudio Monteverdi diese Prüfung zweifellos bestehen wird, da-

von sind wir überzeugt, und deshalb auch hat mich Seine Exzellenz, der erste Prokurator, nicht ganz mit leeren Händen zu Euch gesandt. Er weiß, daß ein Umzug in Italien keine leichte Sache ist und er schickt Euch zweimal fünfzig Dukaten in Gold: Einmal für die Unkosten in Cremona, und zum anderen für die Reise ... Diese Beträge werden nicht als Vorschuß angerechnet!«
Monteverdi schaute auf das Bild Claudias. Wenn sie hätte erleben dürfen, daß sich die erste Macht Italiens an ihn wendete, ihm ungebeten Geld gab, ihn beehrte ... Anstandshalber rief er auch die beiden Knaben herein: Francesco war schlank, ähnlich dem Vater, dreizehn Jahre alt, Massimiliano geriet eher nach der Mutter, er würde bald das neunte Lebensjahr vollenden. Vor dem Edelmann wiederholte der Vater: »Wir werden für immer nach Venedig ziehen.«
»Fahren wir dann auch endlich auf dem Meer?«
Mocenigo lächelte. Er faltete die Quittung zusammen, die er über die Dukaten erhalten hatte. Die Einladung zum Abendbrot lehnte er ab. Er beeilte sich, den Prokuratoren die Nachricht zu bringen: Monteverdi wird im September, zu Mariä Geburt, den Chor des San Marco leiten.

Federigo Contarini, der Prokurator des San Marco, war ein frühaufstehender Mann, daran gewöhnt, daß er die Piazza überschritt, einen Blick in die Hauptkirche warf, sich manchmal in eine entlegene Bank setzte und sich von hier unbemerkt die morgendlichen Proben, das Orgelspiel und die Motetten anhörte. Auch heute saß er einige Minuten da, danach sah er sich, als wäre er sein eigen, auf dem Sankt-Markus-Platz um. Der Sommer war noch nicht ganz vorüber. Vom Meer her schwebte sanfter Dunst, die Sonne, die eine Wolke durchbrach, zauberte einen rosafarbenen Himmel über das Inselmeer. Er wandte sich der Kirche zu. Die Strahlen erreichten gerade die goldene Kuppel: Plötzlich begannen sich die erzenen Rosse aufzubäumen, die einst der Schmuck auf dem Forum eines römischen Kaisers waren und nun seit über vier Jahrhunderten den Stürmen hier über dem Hauptportal trotzten ... Eine Schar Kleriker in blauen Gewändern zog begleitet von einem kleinen Orchester über den Platz ... Blumenhändler begaben sich zu den Gondeln, ein Betrunkener wurde gestützt, ein frühaufgestandener Beamter eilte auf das Prokuratorium zu, wo ihn eins der hundert Amtszimmer verschlingen würde.
Gelassenen Schrittes begab sich der Prokurator in sein Amt. Der Wachposten senkte zum Gruß die Hellebarde: Der Prokurator, eine der sehr wenigen Magistratspersonen, die in Venedig auf Lebenszeit gewählt wurden, stand im Rang und in der Kleidung dem Dogen nahe. In dem Raum wurde schon gearbeitet. Die Gänsekiele kratzten, während die Sandkörnchen der Uhr rieselten. Überall Stöße von Papier. Die von hier die Republik des Heiligen Markus zu Lande und zu Wasser regierten, wußten, daß es auf dieser Welt nur etwas Ewiges gab:

Das nicht zeitbeständige Papier. Als er eintrat, erhoben sich alle ergeben, gleich darauf aber ging die Arbeit emsig weiter. Der Prokurator legte den Talar ab, und eine Minute später diktierte er schon.

»... Das so wichtige Amt des Kapellmeisters im San Marco erfordert, daß wir es einem Manne übertragen, der nicht nur in seiner Lebenweise, in seiner Moral, sondern auch vom Alter her den erforderlichen Ernst mitbringt ... Die Prokuratoren haben sich allezeit darauf verstanden, für dieses Amt Persönlichkeiten auszuwählen, die den besten Ruf genossen und die in ihrem Beruf zu den Ersten zählten. Dabei haben sie ihre Wahl nicht nur unter jenen getroffen, die sich auf praktischem Gebiet hervortaten, sondern auch unter solchen, die tiefgründige Pfleger der Theorie waren. Es müssen also Personen in Betracht gezogen werden, die berühmt sind wie einst Adrian Willaert und Cyprian de Rore und nach ihnen der gelehrte Zarlino, der mit seinen weisen Büchern seinen Wissenszweig bereichert hat. Und wenn es zutrifft, daß ein Mann, in dem all diese Eigenschaften vereint sind, in unserem Land nicht zu finden ist, so lohnt es, ihn dort zu suchen, wo es ihn gibt, an dem Ort, wo er Zeugnis, sowohl von seinem Können als auch von seiner Tugend abgelegt hat.
... Nach all dem erkläre ich, unterzeichneter Federigo Contarini, Prokurator der Markuskirche, zur Erleichterung meines Gewissens und entsprechend meinem Amte, das ich zum Wohl des Vaterlandes und aus aufrichtiger Verehrung gegenüber den huldvollen Prokuratoren auszuüben bemüht bin, meinen Herren und ehrwürdigen Kollegen, daß wir, da es in Venedig niemanden gab, der den obenaufgeführten Bedingungen auch nur annähernd gerecht geworden wäre, mit Hilfe unserer Gesandten selbst diese würdige Persönlichkeit suchen mußten, die für das Amt des Kapellmeisters überaus geeignet erscheint ...«

Der Schreiber wartete noch einen Augenblick, als der Prokurator zu diktieren aufgehört hatte. Aber Contarini sagte nichts mehr, griff stumm nach dem Schreiben, las es, rollte es zusammen, nahm es unter den Arm und begab sich, wie er gekommen war, in sein anderes Amt, die Sakristei im San Marco.
Nachdem die anderen Prokuratoren, namentlich Nicolò Sagredo, Zuliano Corner und Antonio Lando, sich das Schreiben angehört hatten, nickten sie. All das war ein Schlußstein auf dem Amtsweg. Als Contarini das im geschnörkelten Stil verfaßte Schriftstück beendet hatte, legte er die salbungsvolle Feierlichkeit ab. Lando wandte sich an ihn.
»Ist Mocenigo aus Cremona zurückgekommen?«
»Er hat zugesagt ...«
»Eine große Sorge weniger.«
»Wie alt ist Claudio Monteverdi?«
»Nicht mehr sehr weit von der Fünfzig.«

»So könnte er, wäre er in Venedig und als Edelmann geboren, sich schon für die Dogenmütze bewerben.«
Dies sagte Lando und lachte leise. Er gehörte den neueren Familien an, die für dieses Amt freilich nicht in Betracht kamen: Kaum einige Jahrhunderte, daß die Tinte mit ihrem Namen im goldenen Buch getrocknet war.
»Wenn der Cremonenser kommt, müssen wir einen genauen Vertrag aufsetzen, denn man sagt, die Bewohner dieser Stadt seien schlau.«
»Gewiß doch, aber er ist durch die Gunst Herzog Vincenzos auch Mantuaner Bürger, dort aber sind die Menschen dumm: Sie verschwenden das Geld, ohne es verdienen zu können.«
Contarini holte tief Atem, zog ein anderes Schreiben hervor, das er – wie es schien – wesentlich früher als das andere aufgesetzt hatte.
»Ich habe für meine gnädigen Kollegen bereits einen bescheidenen Entwurf zwecks Zustimmung mitgebracht, damit die Amtseinsetzung unseres Erwählten auf keine gesetzlichen Hindernisse stößt, wenn er eines Tages eintrifft.«
Die drei sahen einander an. Corner lachte auf.
»Du hast die Entscheidung also schon getroffen, Federigo. So lies vor!«

». . . Am 19. August 1613 haben in der Sakristei der Markuskirche die sehr ehrenwerten Prokuratoren Sagredo, Corner, Lando und Contarini nach Abstimmung folgende Entscheidung getroffen:
Die Prokuratoren hatten für die Wahl des Kapellmeisters der Markuskirche Sorge zu tragen, nachdem Seine Hochwürden Giulio Cesare Martinengo verstorben war; aus diesem Grunde hielten es die Prokuratoren für weise, sich brieflich an den römischen Gesandten der Republik, an die Rektoren auf dem Festland und unsere Residenten in Mailand und Mantua zu wenden, um entsprechende Informationen über die amtliche und berufliche Willfährigkeit des Dominicus Claudius Monteverdi, des einstigen Kapellmeisters der Herzöge Vincenzo und Francesco von Mantua zu erhalten. Durch die bereits im Druck erschienen Werke des Meisters und durch die Meinungen all derer, die ihn je gehört haben, wurde die günstige Meinung über seine Person bekräftigt. Deshalb haben die Prokuratoren einstimmig beschlossen, den erwähnten Signore Claudio Monteverdi zum Kapellmeister der Markuskirche zu wählen, und ihm ein Jahresgehalt von dreihundert Dukaten zuzüglich der üblichen Zuschläge und Nebengebühren auszusetzen und ihm die in der Canonica gelegene Wohnung zuzuweisen, die erst noch in Ordnung gebracht werden muß. Die Ausführung der erforderlichen Arbeiten ist deshalb angeordnet worden . . .«

Nacheinander tauchten sie die Feder ins Tintenfaß. Der bejahrte Corner sagte leise:

»Ich hoffe, er wird der letzte Maestro di musica sein, den ich gewählt habe ... Ich werde damit nichts mehr zu schaffen haben. Aber Ihr seid noch jung ...«
Sie schauten hinaus auf die Piazza. Es war ein strahlender Vormittag, der Nebel hatte sich völlig verzogen. Eine bunte Menschenschar wogte über die Mosaikplatten, unter den Arkaden richteten Händler ihre Verkaufsstände auf. Zu Hunderten bevölkerten die Fremden, von denen die Einwohner dieser Stadt lebten, in ihren andersartigen Gewändern den Platz.

Die Postkutsche erreichte die Grenze von Saguinetto: Zwei Knaben, die Magd, der Maestro und die anderen Reisenden. Man rechnete, wenn alles gut ging, am Abend irgendwo einzukehren und in der Frühe weiterzureisen. Der Weg bis Padua mit der Barke dauerte einige Stunden, und von dort war dann Venedig nur noch einen Katzensprung entfernt. Der Kutscher pfiff vergnügt, der zeitige Herbst übergoß die Landschaft mit seinem Gold. Wie die Sonne sich neigte, wurden die Schatten immer größer. An der Wegkreuzung erschallte ein Pfiff. Ein langer Bursche sprang aus dem Gebüsch, mit einer langläufigen Flinte in der Hand. Im gleichen Augenblick packte ein zweiter Bewaffneter den Zaum des Pferdes und ein dritter erschien mit einem Degen in der Kurve. In der nächsten Minute zerrten sie schon die Pferde und der Wagen holperte auf den Stoppelacker. Die Reisenden mußten aussteigen und der Wegelagerer richtete seine Waffe auf Claudio Monteverdi.
Der Blick des Maestros glitt auf den Kutscher und ihm war, als hätte er in seinem Gesicht ein kumpanenhaftes Lächeln gewahrt, als hätte er für einen Atemzug einen Blick mit dem untersetzten Straßenräuber gewechselt. Nun folgte die qualvolle Prozedur der Wegelagerer: Einer richtete den Lauf seiner Waffe auf den Meister, der andere griff mit einer fachkundigen Bewegung unter das Sitzpolster, zog den Beutel mit den Dukaten heraus, streichelte ihn mit einem zufriedenen Lächeln, forderte dann den Kutscher auf, alle Taschen, Kleiderbündel und sonstigen Gepäckstücke vom Wagen zu werfen. Mit schneller Hand riß der Räuber die Schlösser auf, löste die Knoten. Er wählte. Erst hielt er sich den neuen Samtmantel Meister Claudios an, den dieser bereits für sein Amt als Kapellmeister in der Markuskirche hatte schneidern lassen. Er war ihm zu lang ... Das verstimmte ihn, da entriß er dem dreizehnjährigen Francesco den nagelneuen Umhang, dieser aber war zu kurz und zu eng. Der Kutscher bot ihm andere Kleidungsstücke an, die Magd wehklagte, schimpfte in ihrem Cremonenser Dialekt über die Wegelagerer. Der Räuber fuhr sie an, riß ihr den kurzen Mantel vom Leib und packte allerlei Sachen hinein. Dann trat er an Monteverdi, befühlte ihn am Gürtel und am Hals, ob er nicht nach der Art der Reisenden noch irgendwo einen Geldbeutel versteckt hatte

und vielleicht auch, ob er nicht eine Schußwaffe bei sich hatte, die er in einem unbeobachteten Augenblick abfeuern könnte. Der arme Meister stand am Wegesrand und beteuerte vergebens, er habe nicht mehr Geld bei sich ... habe überhaupt nichts mehr ... nicht einmal soviel, um seine Reise fortsetzen zu können. Der Räuber lachte hell auf, warf ihm gnädig einen Scudo zu, und erneut erklang das Pfeifzeichen ... Vielleicht hatte der dritte Gefährte, der auf einen Baum geklettert war, ein sich näherndes Fahrzeug erspäht. Da machten sich alle drei aus dem Staub und ließen ihre ausgeplünderten Opfer zurück.
Am Abend wußte bereits die ganze Schenke von ihrem Mißgeschick. Man musterte den Mantuaner Kutscher mit scheelen Blicken: In dieser Gegend hatte es seit drei Jahren keinen Raubüberfall gegeben ... Ein merkwürdiger Zufall, daß sich gerade jetzt Wegelagerer einstellten, als die Postkutsche – nach langer Zeit – zum erstenmal wieder mit einem noblen Fahrgast des Weges kam.
Die fünfzig Dukaten waren dahin ... und dahin waren auch die schönen Gewänder, die vielen kleinen Andenken, die sie aus Cremona mitgebracht hatten. Die beiden Knaben erwachten am nächsten Morgen zitternd aus dem Fiebertraum. Es half alles nichts, sie mußten ihren Weg fortsetzen. Regen setzte ein. Gegen Abend mieteten sie eine Barke. Aber wie sehr der Vater auch in seinen Taschen suchte, er fand nicht die nötigen Scudi, für die er ein besseres Schiff hätte mieten können. So mußten sie sich mit einer offenen Barke begnügen: Hier verbrachten sie die Nacht, bei einmal strömendem, einmal nachlassendem Regen, durchnäßt, fröstelnd während der langen, fast einen vollen Tag dauernden Fahrt. Endlich erreichten sie an der Schwelle der Nacht Padua.
Mit zwei fröstelnden Knaben und einer wehklagenden Magd machte er sich auf den Weg nach Venedig. Den Rest des Gepäcks luden sie auf, den verdächtigen Postkutscher waren sie gerade losgeworden. Claudio rechnete, wieviel seine für drei Monate ausstehenden Bezüge in Mantua ausmachten. Wenn er Striggio schrieb ... vielleicht würde er das Herz des Schatzmeisters bewegen ... Drei Monate ... Er rechnete ... Und in Venedig wird er vermutlich erst nach dem Fest eine Bezahlung erhalten. Mit fünfzig Dukaten hätte er alle Ausgaben seiner Bestallung reichlich bestreiten können.
Der neue Tag brach an. Langsam lichtete sich der ballende Nebel. Graue und rote Töne mischten sich in die Landschaft, als die Sonne vom Meer her das flache Land überzog. An der ersten venezianischen Grenzstation prüften bewaffnete Posten der Serenissima die Pässe. Der Mantuaner hüllte sich fröstelnd in seinen Mantel. Jetzt, da die Signoria über ihn wachte, ließ seine Spannung allmählich nach, er brauchte nicht mehr zu fürchten, daß an einer weiteren Straßenkreuzung neue Wegelagerer auftauchten. Die beiden Jungen schliefen, allmählich mußte man sie wecken. Als sie in die Inselwelt einbogen, tauchte in der

Ferne schwebend der Marmorbogen des Rialto auf, und noch ferner, zwischen rostgoldenen und meerblauen Nebeln schwankend – gleich einer Fata morgana – der Glockenturm von San Marco.

28

Seit Tagesanbruch war er wach. In Mantua setzte gewöhnlich um diese Zeit sein Kopfschmerz ein. Er schaute zum Fenster hinaus. Das kleine Zimmer in der Canonica, das man ihm in Eile als Schlafgemach eingerichtet hatte, lag nach dem Hof. Er hatte den Uhrenschlag aus dem Glockenturm gehört, noch eine Weile mit der ihm in den Gliedern liegenden Müdigkeit gekämpft, stand dann auf und schaute in den Hof hinunter. Der Palast der Canonica war ein hoch emporragendes mehrstöckiges Haus – in der Eile konnte er die Etagen gar nicht gleich zählen ... drei ... vier ... fünf. Auch die Hoffassade war durch Balkonreihen gegliedert, der erste Sonnenstrahl überzog den vieleckigen Marmorbrunnen im Hof mit Gold. Überall war der Raum beengt, die Kunst gebot, die Stadt, für die man jeden Fußbreit Boden dem Meer abringen mußte, harmonisch in die Höhe zu bauen.
Die Knaben im anderen Zimmer schliefen noch nach der wechselvollen Reise. Sein schwarzes Samtgewand hatten die Wegelagerer nicht mit eingepackt. So konnte er es anlegen und sich darin dem Prokurator vorstellen. Sein Kopf schmerzte nicht. Die Luft war frisch und salzig, drang in den Hof. Die Sonnenstrahlen breiteten sich nach und nach über der Wand nebenan aus: Wie ihr Licht stärker wurde, so färbte sich die an vielen Stellen bröckelnde, ausgebesserte, mit Marmor getäfelte Ziegelwand rosa, violett und gold; Gedenktafeln, Arabesken, graziös emporstrebende Pfeiler, kunstvoll gestaltete Türen und Fenstersimse tauchten im Innenhof aus dem morgendlichen Dunst.
Einige Minuten später stand er bereits im Tor seines künftigen Königreiches. Venedig war eine spät erwachende Stadt. Der Meister schlief schlecht, so hatte er die ganze Nacht über den fernen Lärm, das ewige Rauschen gehört, das seinen an die Stille der Kleinstadt Cremona gewohnten Ohren so fremd war. Von der Piazza drang der Lärm der Spazierenden, Singenden und Jauchzenden fast bis Tagesanbruch herüber, und kaum war er verstummt, da erwachte bereits der Hafen: Man begann die Barken zu beladen, und dieses Geräusch vermochten selbst die dicken Mauern der Canonica kaum zu dämpfen.
Behutsam stieg er die feuchten Stufen der winkligen Treppe hinunter, und als er aus dem Gebäude trat, wurde er durch die wunderbare Aussicht für den nächtlichen Lärm reichlich entschädigt. Alles was sich seinen Augen darbot, war Ebenmaß, mutete leicht und luftig an, als hätte ein einziger Baumeister die Elemente seiner spielerischen Phantasie aus

Sonnenstrahlen, Marmor und Wasserspiegelungen geformt. Er ließ die Canonica mit ihrem Pförtner hinter sich, der ihn auf die gefährlichen Stufen aufmerksam machte – auf denen Messer Zarlino einst seinen Fuß gebrochen hatte –, dann waren es nur noch ein paar Schritte und er stand vor der Fassade der Markuskirche.
Sein Blick suchte die vier bronzenen Rosse. Einst standen sie auf dem Triumphbogen Neros, gelangten aus Rom für tausend Jahre nach Byzanz, und von dort brachte sie der alte Dandolo zum Ruhme der Serenissima hierher. In diesem Augenblick bekamen die vier Rosse Sonne: Erst glitt ein violetter Strahl über sie, dann tauchten die grünlichen Körper plötzlich ins Licht, durch den Glanz schienen sie sich auf ihren Sockeln zu bewegen, um sich mit einemmal in die Luft zu erheben und rhythmisch zu galoppieren, wie der einstige Bildhauer es erträumt haben mochte.
Jetzt, da Venedig seine Heimat geworden war, maß der Meister alles mit anderen Augen als die gelegentlichen Besucher. Er dachte, die Menschen sind hier zu ungezügelten, aber bewundernswerten Riesen geworden, um diese Stadt erschaffen zu können. Die Marmorfassaden leuchteten in ihren Farben, hier bekamen auch die Steine Leben, die sonst nur grau und bemoost emporragten. Wie ein endloser Spiegel hob und senkte sich das Meer am Rande des Horizontes. Alles befand sich in ewiger Bewegung, das Auge konnte für keinen Atemzug ausruhen, auf Schritt und Tritt tat sich ein neues Wunder auf, mußte eine neue Harmonie erfaßt werden. Er näherte sich ein wenig dem Meer, von hier konnte er bereits die eine Seite des Palastes erfassen, und wenn er den Weg zum Hafen einschlug, verschwanden die in Rosa schimmernden Giebel, dann sah er nur noch das goldgrüne Wasser, auf dem sich die Sonnenstrahlen wie Milchflecken ausbreiteten, als tauchten mit einemmal die Körper unzähliger goldener Delphine aus den schillernden Wogen.
Hünenhafte, zerlumpte Lastträger schleppten Ballen auf die Barken: Das waren keine Venezianer, sondern die halbwilden Bergbewohner. Das Hafengeld war hoch, jeder Kapitän war auf schnelles Laden bedacht: Lärm, Peitschenknallen, Schimpfworte . . . plötzlich wurde laut gelacht, für eine Minute ruhte die Arbeit, Brot und Wein wurden ausgegeben. Mit heranrückendem Morgen verstärkte sich der Lärm immer mehr. An all das mußte sich das Ohr gewöhnen. Einige Schritte von ihm entfernt, öffnete der Sakristan die Seitenpforte des San Marco. Die Sonnenstrahlen reichten noch nicht auf die Mosaikwürfel des Fußbodens hinunter, noch lagen deren Gestalten und Farben leblos da. Sie hüteten noch die Erinnerung an die Nacht, wenn die Piazza in Dunkelheit versank, wenn nur hie und da eine Öllampe brannte und die Lichte der Wachen zwischen den Schatten zuckten.
Die Kirche war noch fast leer. Nur einige gebeugte alte Leute irrten zwischen den Kapellen umher. Noch wurden keine Vorbereitungen für

die Messe getroffen, es brannte noch keine einzige Kerze und die Lämpchen versuchten vergebens, die Dunkelheit zu vertreiben. Der Sakristan sah verwunderten Blickes auf den zeitigen Besucher in dem schwarzen Mantel mit dem fremden Schnitt, diesen großen Mann mit hängenden Schultern, der durch die nördliche Pforte eintrat.
Es war, als trete er inkognito in sein Reich, das ihn mit seinen Kreuzschiffen und seinen Kapellen umgab. Ja, der neue Fürst des San Marco trat ein, um das Erbe der Alten zu übernehmen. Wie mochte es Willaert zumute gewesen sein, als er das erste Mal den Fuß hierher setzte . . . und dem gestrengen Cyprian de Rore? Sie waren fremd, beherrschten die Sprache Italiens nicht . . . Wie redete der Sakristan mit ihnen? Sicherlich in venezianischem Dialekt, der mit dem Erbe Dantes nicht mehr viel Gemeinsames hat. Auch er beherrschte den hiesigen Tonfall nicht, wußte, daß die Einheimischen spöttisch lachten, wenn sie den rauhklingenden Dialekt der Lombarden vernahmen, der den Cremonensern und Mantuanern doch so leicht über die Lippen kam. Er entsann sich: Wenn Tasso, der Größte aller Zeiten . . . mit seinem Diener oder mit Höflingen aus Mantua sprach, mischte er diesen rauhen, derben Dialekt mit dem von Ferrara. Hier wird man beim ersten Wort den Fremden in ihm erkennen. Wie groß mochte der San Marco sein? Wieviel Menschen faßte er, wenn er bei hohen Festen bis auf den letzten Platz gefüllt war. Irgendwo hatte er gelesen, daß sich einst unter den alten Kaisern in der geraubten Hauptkirche der Christenheit, der Hagia Sofia in Konstantinopel, vierzigtausend Menschen drängten. Wieviel mochte die Peterskirche in Rom aufnehmen? Als er in der Ewigen Stadt gewesen war, sagte man dort, sie fülle sich nie . . . niemals. Zwei Riesen nach dem Rom der Kaiserzeit gemessen. Aber der San Marco war langsam erbaut worden. Erst hatte das Schiff die Gebeine des Evangelisten aus der Krypta der Sant'Eufemia aus Alexandrien hierhergebracht. Das war die Reliquie, die eine Legende der Unverletzlichkeit um Venedig flocht: Diese Legende wurde später mit Stahl, Feuer und Blut verstärkt, und sie schlug ihre Wurzeln bis in den Grund des Meeres. Für den Schutz der Stadt sorgten die Flotte, tausende Kanonen, die venezianischen Gesandten, die zu allen Potentaten der Welt gelangten und die zahlreichen, einander ablösenden Residenten. So schützte der Evangelist Markus seine Stadt. Keine irdische Macht konnte sie überwinden und kein Lebender konnte die Weisheit der Väter übertreffen.
Am Eingang lungerte ein Ministrantenknabe. »Kannst du den Blasebalg treten?« fragte er ihn lächelnd. Der Junge begleitete ihn mit weitgeöffneten Augen zu dem Treppenaufgang.
Er erreichte die zum Chor führende Tür, drückte auf die Klinke: sie öffnete sich. Die ausgetretenen Stufen der Treppe führten in schwindelerregende Höhe. Das war die Cantoria, die Sängertribüne, die nur von oben durch ein kleines Fenster Licht bekam; das Gold der Mosaik-

heiligen war gesprungen. Hie und da fehlte schon ein Steinchen aus den jahrhundertealten Kunstwerken, das hier auf dem Chor von niemandem ergänzt wurde. Ein geheimnisvolles Gesicht starrte ihn an: Eigentlich waren es nur noch die Stirn, ein Augenpaar und die Nase, die anderen Teile hatte die gerissene Mauer verschlungen. Eine Lampe brannte, und etwas Licht drang durch die in Blei gefaßten, verstaubten kleinen Fensterscheiben. Er erblickte die Orgelbank. In seiner Tasche fand er von der Reise einen Kerzenstummel, den er an der Lampe anbrannte.

FRA URBANUS FECIT A. D. MCCCLXXXX

entzifferte er die einst vergoldete Inschrift. Die Orgel im Dom von Mantua war größer, aber das Werk eines unbekannten Meisters. Der Name und der Ruf von Frater Urbanus waren unter den Organisten lebendig geblieben. Auf einem Mosaikband standen alte Buchstaben. Der Text war schon lückenhaft:

HIC JUBET ... HIC CAPITULUS ...

Der Rest fehlte. Er schaute hinunter. Unter den Kuppeln löste sich unter einem graubraunen Schleier die nächtliche Dunkelheit auf, so wie die farbigen Fenster allmählich das Licht durchließen. Wortlos glitt seine Hand über die Tasten. Er probierte das ungewohnte Instrument, seine Register. Ihm war, als beugten sich nebelhafte Gestalten zu ihm ... Haben Adrian Willaert, Zarlino, die Gabrielis einst auch so an dieser Stelle gesessen ...? Woran mochte Pater Martinengo gedacht haben, als er bereits fühlte, daß der Schmerz in seinem Herzen heftiger wurde ...? Es hieß, plötzlich habe er innegehalten ... und die Klänge verstummten unter seinen erstarrten Fingern.

Der Junge begann wortlos mit der Arbeit, und die Tasten fingen an, unter den Fingern des Meisters zu leben. Er dachte an die Motette Gomberts, aus deren Kern sich das »In illo tempore« entfaltet hatte ... Aus der Orgel des Meisters Urbanus quollen die Töne empor. Claudio Monteverdi beugte sich über die Manuale. Der schmale Lichtkreis der Wachskerze vermochte die Tastatur nicht in ihrer ganzen Breite zu erfassen ... sie war nur in der Mitte erleuchtet, während zwei Geisterhände über die Tiefen und Höhen glitten, und in der Stunde der stummen Messe schwang sich die Musik empor.

Die Zeit schwand, die Kirche hob sich aus der schwarzen Tiefe, es war, als würden die Heiligen und die Engel auf den goldüberzogenen Würfeln eine Schlacht gegen die Nacht führen und als würden die aus der Orgel emporsteigenden Klangwellen die Fürsten der Finsternis mit neuer Kraft bestürmen. Er fühlte, daß jemand hinter ihm stand, hörte jemanden atmen. Das Kerzenlicht beleuchtete ihn nur halb: Kurzer Bart, Mönchskutte, starke Nasenwurzel, alles andere hüllte die Dunkelheit mit ihrem Schleier ein. An den Augen erkannte er ihn: Marinoni! Das Gesicht neigte sich nahe an ihn heran und die bekannte Stimme sagte: »Ich habe dich schon erwartet!«

Ich habe dich schon erwartet. Jahre waren vergangen, seit Giovan'Battista Marinoni Mantua verlassen hatte und in den Dienst der Stadt des Heiligen Markus getreten war, und die Zeit hatte jedem von ihnen Schnee in den Bart und in die Haare gestreut.
»Maestro, hättest du vor zwanzig Jahren unter Esztergom gedacht, daß wir beide uns hier treffen würden?«
»Was spielst du?«
»Ich bin bei der Viola da braccio geblieben. Im Chor singe ich den Baß. Manchmal dirigiere ich auch.«
»Wieviel Mann seid ihr?«
»Von rechtswegen – zwei Organisten, fünfundzwanzig Musiker, dreißig Chorsänger ... In Wirklichkeit bekommt man sie selbst zu hohen Festen kaum alle zusammen, Claudio.«
»Noch nicht«, dachte er. Er wollte keine Klagen hören, man sollte den neuen Maestro in der Markuskirche nicht mit Anschuldigungen erwarten, damit nicht Reibereien entstanden. Lächelnd umarmte er Marinoni.
»Wir wollen uns an einander freuen, Battista. Heute beginne ich noch nicht ... habe nur einen Besuch in der Kirche gemacht. Ich bin erst gestern abend angekommen.«
»Ich habe dich jeden Tag an der Canonica erwartet. Heute morgen erfuhr ich, daß du eingetroffen bist, fand dich aber nicht mehr in deinem Quartier. Wohin könnte der neue Herr des San Marco sonst gegangen sein? Ich sah, daß das Gitter geöffnet war ... Du bist mir doch nicht böse? Ich wollte der erste sein, der dich in die Arme schließt ... Ich bin so glücklich, daß du zu uns gekommen bist, Claudio.«
»Messer Marc'Antonio Negri ...?«
»Seit der im Herrn verstorbene Pater Martinengo nicht mehr bei uns ist, leitete er den San Marco.«
»Ich kenne seine Madrigale und Psalmen. Auch hörte ich von den ›Affari amorosi‹, seinen Liedern für zwei Stimmen ... im römischen Stil. Aber gesehen und gehört habe ich sie nicht. Er ist ein Fachmann ... Wie kommt es, daß die Musiker unter seiner Leitung davonlaufen?«
»Claudio, der du in deinem höfischen Gewand ein frömmerer Mensch bist als wir, die das Kleid des Herrn tragen ... In Venedig wirst du es erfahren, daß man hier nur einen einzigen Gott kennt: das Geld. Es ist nicht so wie dort in Mantua: Haus, Gut, eine schöne Kutsche, Pferde, das Verlangen, es dem Adel gleichzutun, auf irgendeine Weise in den Palast zu gelangen, wo der Sohn oder der Enkel irgendwie zu einem Wappen kommt. Hier in Venedig? Da gibt es keinen Landbesitz, kein Haus, und das goldene Buch des Adels wurde schon vor einem halben Jahrtausend abgeschlossen. Hier gibt es nur Paläste. Dergleichen kann unsereiner nie erwerben. Aber es gibt alles, was zum Leben gebraucht wird: Wein, Gewänder, Wohnung, Zierat für die Frauen, Kristallgläser, Speisen, Spiegel, Reisemöglichkeiten auf das Festland, schöne,

schmuckvolle Gondeln, Diener. Ich habe es noch nirgends erlebt, daß man so hinter dem Geld her wäre, es so raffte, es so liebte. Wer spricht in Mantua von Kredit, von Zinsen, von Gewürzen? Die Juden! Hier, Claudio, ist der Doge selbst auch Schiffseigner. Und die anderen? Morosini, Contarini, Mocenigo ... Barbarini ... wenn sie nicht in den Senat gehen, sitzen sie alle in ihrem eigenen Kontor und vertiefen sich in Rechnungsführung. Ihre Kanzlisten melden, soundso viel Ingwer ist eingetroffen, soviel Gewürznelken, Zimt, Rinder, Sklaven oder Räucherware konnten gekauft oder verkauft werden. Verstehst du? Aber auch die hiesigen Sänger, die Bratschisten und Fagottbläser brauchen ununterbrochen und dringend Geld. Wenn du Venedig mit Mantua vergleichst, hier gibt es anständigen Verdienst; jedermann weiß, er bekommt genau, einen Tag bevor der Monat zu Ende ist, seine Bezüge. Die Signoria bleibt niemandem etwas schuldig. Aber du wirst sehen, es genügt nicht, was sie bekommen. Venedig ist eine Großstadt ... Alle haben arme Verwandte, alle möchten noch einen Anzug ... eine Ausstattung für ihre Tochter, wollen jemanden bestechen, um den Sohn in ein Amt zu bringen. Sämtliche Musiker haben den Kopf voller Sorgen ... Sie sind nicht schlecht ... nicht nachlässig. Nur haben sie alle Sorgen ...«

»Wie kann ein Musiker noch zu Geld kommen, wenn nicht durch seinen Brotherrn, in dessen Dienst er steht?«

»Das ist ihre Kunst, Claudio! Wir haben fünfundzwanzig Musiker, und im San Marco gibt es sechsundzwanzig Stühle für Kanoniker. Jeder Domherr sieht es gern, wenn auch er ein Konzert geben, wenn er dann und wann an einem Nachmittag Gäste einladen kann. Erst recht der Großpropst, der Princimarius! Bei ihm gibt es in der Woche zwei- oder dreimal ein Konzert. Dann versammeln sich dort die Vornehmsten des Adels. Da erscheinen selbst die stolzesten Edelleute, Claudio. Für all das gibt es keine Bezahlung. Die Musiker müssen erscheinen, das ist ihre Aufgabe. Nun schwindeln sie, drücken sich von den Proben, bleiben fern, wie sie können. Nur an hohen Feiertagen sind sie mit Leib und Seele bei der Sache. Aber sonst nützen sie jede Gelegenheit, wenn sie irgendwohin gerufen werden, oder sie versuchen selbst, in adlige Häuser zu gelangen, zu bürgerlichen Hochzeiten. Andere verdienen sich noch etwas durch das Abschreiben von Noten, durch das Komponieren von Motetten und Madrigalen. Was sie dafür bekommen, das gehört ihnen. Ihre Stellung als Musiker im San Marco verleiht ihnen in den Augen der Einfältigen einen Glorienschein. Auf diese Weise verdienen sie sich etwas hinzu ... So leben sie, Claudio.«

Nachdenklich glitt sein Auge über ein endlos erscheinendes Mosaikfeld. In diesem Augenblick ertönte auf dem gegenüberliegenden Chor die andere, neuere und größere, aber vielleicht nicht so klangvolle Orgel wie diese, die einst Frater Urbanus gebaut hat. Monteverdi sah Marinoni fragend an:

»Dort spielt Gaspare Locatello!«

»Wer ist das?«
»Er ist unser Vorsitzender ... So nennen wir ihn. Du wirst es schon auch lernen. Hier sind alle Sänger und Musiker Mitglied dieser Konfraternität. Locatello hält sie zusammen. Wenn an dem Maestro etwas nicht gefällt, ist er es, der das Wort erhebt. Gegen ihn kannst du nichts tun. Und Locatello hat einen bösen Geist ... einen gewissen Domenico Aldegatti ... Ein neidischer Musiker ... eher Sänger ... Er spielt die Viola da gamba, aber schlecht. Und er schreibt Madrigale. Als der Prokurator verkünden ließ, daß du kommst ... daß die Signoria dich ernannt hat ... steckten sie die Köpfe zusammen ... Locatello ... Aldegatti und noch einige dazu ... Es soll ein Venezianer sein! Wir brauchen keinen Fremden! Der Favolaschreiber Claudio, nur so nennen sie dich ... Sie werfen dir vor, was du mit der alten Polyphonie gemacht hast ... berufen sich auf Artusi, den Priester in Bologna. Der habe dir die Meinung gesagt! ... Ihr seid euch fast in die Haare geraten, ob prima oder seconda prattica.«
Er hörte Marinoni nur mit einem Ohr zu, in Wirklichkeit lauschte er dem Orgelspiel auf der anderen Seite. Spielte der Organist gut? Ja, aber es klang, als würde er für ein Konzert üben ... Es war heitere, beschwingte weltliche Musik. Sie paßte nicht zur Markuskirche, zu den Heiligen ... eher für einen Palast, mit einem kleinen Quartett ... auf dem Clavicembalo. Aber auf der großen Orgel? Also auch hier fehlte der Schatten nicht, überall Ränkespiele, Streitsucht, Brotneid und Eifersucht. Am ersten Morgen ... gleich am ersten Morgen.
»Ich muß gehen, Battista, zu den Prokuratoren. Ich muß vor ihnen den Eid leisten.«
»Contarini ist das Haupt ... die anderen acht nicken dazu, was er sagt. Und achte auf den jungen Mocenigo, er ist noch kein Prokurator, nur Sekretär, aber er wird einmal ein großer Mann. Er ist einer der größten Musikliebhaber und überaus reich. Man sagt, er habe auf dem Meer zwanzig Galeeren fahren. Zypern, Rhodos ... Persien ... Cherson ... Mocenigo läßt die Musiker gern etwas verdienen. Er und Contarini ... die beiden. Sei auf der Hut.«
Monteverdi dachte an Vincenzo Gonzaga, an den ersten Tag, als er zwanzigjährig, klopfenden Herzens, mit Noten unter dem Arm die Schwelle der Reggia überschritt.
»Entsinnst du dich, Battista, als ich vor euch fünf dort in dem fernen ... wie hieß es gleich ... warte ... Visegrád dirigiert habe. Inmitten der Ruinen eines alten Königspalastes. Der Prunkhof stand noch unversehrt, wir hatten die Notenständer um den Marmorbrunnen aufgestellt. Zwei Medici waren zugegen ... der arme Vincenzo ... und ein ungarischer Hauptmann. Daran erinnere ich mich. Wir hatten keine Instrumente mitgebracht, sangen sechsstimmige Madrigale ... Vor zwanzig Jahren sagst du? Erst im nächsten Jahr werden es so viel, Marinoni. Wenn du mit Locatello sprichst, sag ihm, ich habe ihn spie-

len gehört. Er ist ein Künstler ... aber was er vortrug, gehört nicht in ein Gotteshaus.«
Die Procurazie Nuove, das neue Prokuratorenamt, schloß sich mit seinem frischen Marmorglanz an das alte an. Wer in den italienischen fürstlichen Residenzen zu Hause war, kannte die gewölbten Zimmer, in denen Schreiber, Mönche, Kanzlisten über Schreibpulte geneigt arbeiteten, wo sich der Geruch von Tinte und Siegellack vermischte, Kerzen brannten, wo Papier, Pergament und große Bücher die Tische und Regale bedeckten. Aber hier schien der uneingeweihte Besucher in ein furchteinflößendes Labyrinth gelangt zu sein. Zu Hunderten schrieben da Menschen, als wären es die Mitglieder eines stummen Ordens, ein fleißiges Ameisenheer. Alle waren emsig tätig, Schriftenbündel lagen da und riesige Folianten standen in Regalen an den Wänden ... Die Gänge waren endlos lang, rechts und links lagen die Zimmer. An den Türen standen Namen, Bezeichnungen, Zahlen, die Räume mündeten ineinander, und da mußte einer schon bewandert sein, der sich hier auskannte, der wußte, wo und wie lange etwas erledigt wurde, wo man eine Angelegenheit einem anderen Amt, einer anderen Kommission, einem anderen Sekretär oder Assessor übergab. All das waren bürgerliche, nicht zum Adel gehörende Personen. Bis jetzt war er keiner einzigen kirchlichen Person begegnet, die ein weltliches Amt bekleidete. Das Gesetz Venedigs duldete kein anderes Gesetz neben sich, wenn es um Angelegenheiten der Serenissima ging ... Da kam ihm ein Edelmann entgegen. Seine Kleidung erinnerte an die des Dogen, sein Talar schleifte auf dem Boden und seine beiden Hände verschwanden in den weiten Ärmeln. Er schritt mit gelassener Ruhe dahin. Rasiertes mageres Gesicht, hagere Gestalt, das graue Haar reichte wohl bis auf die Schultern, aber er trug es unter dem Barett wie einst die Römer auf antiken Statuen. Er schaute weder nach rechts noch nach links, ein Kardinal strahlte nicht so viel Würde aus ...
»Seine Exzellenz Mocenigo, der Ältere«, raunte Marinoni ihm zu, der ihn in dem Labyrinth begleitete.
Monteverdi mußte warten. Die Prokuratoren hatten eine Sitzung, und wie man hörte, waren heute ausnahmsweise alle neun erschienen, die bis an ihr Lebensende über die Sicherheit der Kirche, des Adels, der Witwen und der Waisen, der hinterlegten Gelder, über Testamente, die Hilfsmittel der in Not geratenen Edelleute und im allgemeinen über alle Angelegenheiten Venedigs zu wachen hatten. Drei Räume trennten sie von dem Wartezimmer, an den Türen standen Hellebardiere. Kein Wort ... kein Laut durfte durch die Wände dringen. Alles war geheimnisvoll ... alles war ein »Secretum«, ein Staatsgeheimnis. Und wehe dem, der dagegen verstieß ... und hundertmal wehe dem, der ein Geheimnis verriet. Die Hand der Serenissima war geräuschlos wie der Schatten. Sie traf den Schwätzer dort, wo er es nicht vermutete ...
Der junge Edelmann Tron kam ihm entgegen. Das war eine große

Auszeichnung, denn Claudio Monteverdi war kein venezianischer Edler, auch kein Mann der Kirche, dem sein priesterlicher Stand Würde verlieh. Er war ein einfacher Musiker, den die Republik des Heiligen Markus in ihren Dienst aufgenommen hatte. Der junge Edelmann kam dennoch zu ihm heraus, verneigte sich, lächelte.

»Einige Minuten noch, Signor Monteverdi. Der Rat wird seine geheime Sitzung gleich beendet haben. Der nächste Punkt der Tagesordnung ist Eure Eidesleistung und Eure Bestallung entsprechend unseren Gesetzen. Seid bitte ganz ruhig, wir alle erwarten Euch mit größtem Wohlwollen als lieben Gast Venedigs ... Signore Monteverdi, nun könnt Ihr kommen!«

Sein erster Blick fiel auf die Madonna Giovanni Bellinis: Das liebliche, lächelnde Frauenantlitz schien ihn ermunternd anzusehen, an der Schwelle des neuen Lebensabschnittes zu ermutigen. Von den neun Prokuratoren brauchten immer nur sechs im Amt zu sein, aber zu diesem Anlaß waren sie alle gekommen. Durchweg ältere Männer: Die Republik vergab diese Würde nur an verdienstreiche, abgeklärte Patrizier. Deshalb ähnelte ihre Kleidung der des Dogen. Hatten sie sich zuvor auf Gesandtschaftsposten bewährt, so stand ihnen die mit Hermelin gefütterte Seidenstola zu, sie durften einen bis auf den Fußboden reichenden Talar tragen, mit weiten Ärmeln und um den Hals eine breite Goldkette. Neun Augenpaare musterten den Meister aus Cremona. Zwei oder drei Greisengesichter waren unter ihnen, mit schneeweißem Bart, der gleich einem silbernen Bach auf die Falten des Samtgewandes fiel. Einer hatte ein narbiges Gesicht, zwei trugen ein Wundmal auf der Stirn, die Jüngeren hatten keinen Bart: Das rasierte, harte Antlitz römischer Ahnen wandte sich dem Eintretenden zu.

Er verneigte sich nur und wartete – wie das Zeremoniell es verlangte. Der Tisch, hinter dem die Prokuratoren in einer Reihe saßen, schien unendlich weit von der Bank entfernt zu sein, vor der er stand: Als wären sie seine Richter, die ein Urteil über ihn zu fällen hatten. Contarini hob das Pergament. Es schien, als wollte er all das rekapitulieren, was in Sache Monteverdi beratschlagt, korrespondiert, von Kommissionen, Behörden, Rat, Inquisitoren und dem Dogen selbst niedergeschrieben worden war. Mit gedämpfter Stimme begann er das Protokoll der Sitzung vom 19. August 1613 zu verlesen, das in der Sakristei der Markuskirche die vier Prokuratoren abgefaßt hatten. Der sachliche Text floß dahin wie die amtlichen Worte Tausender Akten, aber als er an dem entscheidenden Punkt angelangte: »... Wir haben befunden, daß Signore Monteverdi sowohl durch sein Können als auch seine Tugenden die geeigneteste Person war, und wir fanden dies vielfach auch in seinen Werken bestätigt, welche schon im Druck erschienen sind ...«; hier wurde die Stimme lebendiger, ließ fühlen, daß alles andere nur Zeremoniell gewesen war. Das bildete den Kern, und daraus klang Wohlwollen gegenüber dem »Subjekt«.

Claudio hoffte, daß die amtliche Steifheit nachlassen, daß sich die Ratsherren bewegen würden, daß einer einen Schritt auf ihn zutat. Aber als Hofmann wußte er, überall waren die Zeremonien anders und denen, die sie ausübten, waren sie heilig. In der Stille ergriff der Mann das Wort, den ihm draußen vor dem Vorzimmer sein Freund gezeigt hatte. Der römische Kopf des alten Mocenigo beugte sich ein wenig nach vorn, beim Schein der Kerze sah der Gast die rötliche Linie einer alten Wunde auf der Stirn.

»Signore Claudio Monteverdi, unser Amt und der Brauch gebieten, daß wir, wenn wir jemanden in den Dienst der Republik San Marco einstellen, der kein Sohn der Serenissima ist, ihn mit dem heutigen Stand unserer ewig bestehenden Republik vertraut machen und damit in Wirklichkeit über uns selbst zu Gericht sitzen. Signore Monteverdi, Ihr habt im Hofdienst eines berühmten italienischen Herzogs gestanden, so muß ich Euch darauf aufmerksam machen, daß das, was heute zwischen diesen Wänden gesprochen wird, nur die Angelegenheit von uns zehn ist. Euer Ehren sind Meister göttlicher Harmonien und nicht leerer, schädlicher Worte. Das kam übrigens auch in unseren Berichten zum Ausdruck. Auch das war ausschlaggebend . . . fiel ins Gewicht, als die Herren Prokuratoren – in Eurem Falle – bei der Abstimmung nur weiße Kugeln abgegeben haben.

Ihr seid ein Künstler, aber keiner kann in Venedig ein Amt bekleiden, wenn er nicht weiß, daß sich das Schicksal der Serenissima immer nur durch die Gnade des Evangelisten zum Guten wendet, haben wir doch so viele Feinde . . . umgeben uns doch so viel Gefahren, daß wir uns, wenn wir die Weisheit der Väter und die Kraft unserer Arme nicht rechnen, nur auf die göttliche Vorsehung stützen können.

Beginnen wir, wie die Reihenfolge der Mächte es gebietet, mit dem Heiligen Vater. Venedig ist es gelungen, seinen Streit mit dem Heiligen Stuhl so beizulegen, daß die altüberlieferten Rechte der Republik unangetastet geblieben sind; der Heilige Vater hat seinen Bann zurückgezogen und wir jene Dekrete, die besagten, daß der Bann des Heiligen Vaters in Venedig keine Wirksamkeit hat. Die zweitgrößte Macht der Christenheit ist der Kaiser. Wenngleich Venedig nach althergebrachtem Recht nur ein Vasall Seiner Majestät in Konstantinopel war, zollten wir auch den aus dem Geschlecht der Habsburger hervorgegangenen deutschen Königen und Kaisern des Heiligen römischen Reiches deutscher Nation Achtung. Das heißt, jene Achtung, auf die ein Herrscher Anspruch erheben kann, der alles unternimmt, um die Macht der Serenissima zu schmälern und ihr zu schaden. Ihr wißt selbst, daß sich gerade in den letzten Monaten der Kampf zwischen den ungestümen Seeräubern, den Uskoken, die als Untertanen des Kaisers gelten, und uns verschärft hat. Die österreichischen Erzherzöge unterstützen offen die Räuber, die auch von der habsburgischen Linie in Madrid, dem spanischen Hof, Beistand erhalten. Unsere Truppen belagern zur Zeit die Festung Gradiska. Ich habe Meldung erhalten«, er hob ein Blatt auf, »daß unsere Geschütze bis jetzt vierzehntausend Schuß auf die Basteien der Festung Gradiska abgefeuert haben. Wenn ich bedenke, daß das Pulver, der Sold und die Kugeln für jeden einzelnen Schuß eine Viertelzechine kosten, könnt Ihr ausrechnen, wie teuer dieser Krieg die Serenissima zu stehen kommt.

Wie Euer Ehren wissen, ist uns auch Seine spanische Majestät ein verschworener Feind. Er versucht uns das Leben schwerzumachen, wo er nur kann. In Italien können wir mit niemandem rechnen, nur mit dem Herzog von Savoyen. Aber die Tapferkeit dieses edlen Herrschers bezweckt in erster Linie zweifellos das Ziel, Mantua die Provinz Montferrato zu entreißen, das wiederum kann uns in neue Verwicklungen führen. Ein Freund ist uns der französische König. Die Politik Seiner Majestät verläuft interessengleich mit unserer, aber wir müssen jederzeit darauf gefaßt sein, daß er über unseren Kopf hinweg Madrid die Hand reicht, und dann bleiben wir allein. Wir haben keine Prinzessinnen, mit deren Heirat wir einen Bund besiegeln können. Venedig hat, Signore Monteverdi, das Meer, seine Schiffe, Geld und seine Geschichte. Die Bevölkerung der Stadt zählt hundertfünfzigtausend Seelen ... auf die Provinzen können wir nicht immer bauen, wenn es darum geht, Opfer auf sich zu nehmen.

Noch nicht gesprochen habe ich von den Türken. In diesem Augenblick binden uns Verträge mit der Hohen Pforte und den von ihr abhängigen heidnischen Fürsten in Asien und Afrika. Gegen gebührenden Tribut ... und Geschenke sichern sie die Routen unserer Schiffe, öffnen uns ihre Häfen, schützen die Wege der chinesischen Seide und sonstiger Waren durch das Rote Meer und durch die Wüste, wenn die Karawanen sie auf unsere in den ägyptischen Häfen wartenden Galeeren bringen. Ihr seid ein Künstler, Signore Claudio Monteverdi, aber soviel muß ein jeder Venezianer wissen. Wenn aber am Hofe des Padischahs die Stimmen der beschränkteren und hungrigeren Paschas tonangebend werden sollten, so könnten sie eines Tages sämtliche Verträge über den Haufen stoßen, und dann müßte die Serenissima einen Kampf auf Leben und Tod um ihre noch verbliebenen Inselbesitzungen, in erster Linie um Kreta führen. Das würde uns freilich wieder näher den christlichen Mächten bringen, mit denen wir jetzt in Zwietracht leben. Aber es wäre ein hoher Preis, den wir dafür zu bezahlen hätten. Es mag sein, daß wir vorerst davon verschont bleiben ... mag sein, daß ich es nicht mehr erlebe. Aber eines Tages wird es unvermeidlich werden, daß es auf dem Meer oder zwischen den Inseln zur Abrechnung mit den Türken kommt.

Soviel, Signore Monteverdi ... *in politicis.* Was die Künste betrifft, deren Verehrer, Pfleger und – ich spreche es aus – Mäzene wir sind, ist das Bild bei uns auch nicht tröstlich. Als ich ein Jüngling war, verkehrte ich in den Werkstätten der großen Alten. An der Wand unseres Pala-

stes hängt das Bild Meister Tizians: Es stellt meinen Vater dar. Ich besuchte Meister Paolo Veronese ... nebenbei gesagt, hatte Messer Paolo die Musik sehr gern. Ich liebe sein Bild, auf dem er – freilich nach Phantasie – die Hochzeit zu Kana gemalt hat. Im Vordergrund des Bildes spielt er selbst auf der Viola da gamba, Tizian auf dem Baß, Bassano hält eine Flöte in der Hand und Tintoretto die Viola da braccio ... Wer lebt noch von ihnen? Wen gibt es im heutigen Venedig, dessen Kunst man mit ihrer vergleichen könnte? Lebt Meister Palladio noch ...? Wo ist Sansovino? Es will einem scheinen, als hätten die Musen – auf ein geheimnisvolles Zeichen hin – den Bereich der Lagunen verlassen. Von den Dichtern ist es besser, gar nicht zu sprechen. Ihr habt, wie ich höre, Tasso gekannt. Alle Poeten Italiens zehren noch von seinem Erbe. Bleibt die Mater musica. Der Trost unser aller ist das Element, das uns nie im Stich läßt. Denn es ist eine Weisheit der menschlichen Natur, daß sie sich an den Stimmen erfreut. Doch wo ist jene Zeit, als die besten Musiker der Christenheit zu Meister Adrian Willaert oder Cyprian de Rore zum Lernen kamen? Seither ist auch diese schöne Kunst ... im Rückgang begriffen. Zwietracht erhebt ihr Haupt. In dieser ehrwürdigen Kunst wird im *bellum omnium contra omnes* gekämpft. Euer Ehren stecken, wenn Ihr schwach seid, die Hand in ein Schlangennest. Seid Ihr aber stark genug, öffnet Ihr Euch selbst den Olymp.
Nicht zufällig habe ich Mars und Pallas miteinander verknüpft. Wenn Ihr auf meine Stirn schaut, könnt Ihr darauf eine vier Jahrzehnte alte Narbe sehen. Ich habe sie mir in der Schlacht von Lepanto geholt. Auch in den Gesichtern der hier anwesenden ehrwürdigen Herren Prokuratoren seht Ihr größtenteils die Spuren vergangener Kämpfe. Aber wenn Ihr hinausgeht auf die Piazza und unsere jungen Edelleute betrachtet, werdet Ihr auf deren Gesichtern kaum ähnliche Spuren heldenhaften Lebens sehen. Euer Ehren sind der Kapellmeister des San Marco. Entsprechend Eurem Amte habt Ihr den Dienst in einer Kirche zu versehen, nichts anderes. Wenn Ihr diesen Verpflichtungen nachkommt, habt Ihr Eure Aufgabe erfüllt. Aber wir erwarten von Euer Ehren, von dem wir wissen, daß Ihr nicht nur der erste Musiker Italiens, sondern der ganzen Welt seid, mehr, Besseres, Größeres. Ihr sollt erziehen, nicht so wie in Mantua, indem Ihr die Jugend des Adels und jene Bürger, die Ihr dazu auserwählt habt, auf der Geige, der Viola und der Flöte unterrichtet. Ihr sollt das Volk unterrichten, das den Nährboden Venedigs bildet. So wie Tasso es getan hat, als er seinen Lehnsherrn zum Kreuzzug anspornte. Kämpft, Signore Claudio Monteverdi, gegen die Verweichlichung, gegen Behäbigkeit. Helft uns in der Verehrung der *septem artes*, uns, die wir möchten, daß Venedig auf der Hut ist. Man kann nicht wissen, von welcher Seite und in welchem Augenblick der Kampf auf Leben und Tod über uns hereinbricht. Wenn Tizian, Tintoretto und Veronese von uns gegangen sind ... wenn die

Reime auf den Lippen der Poeten ihren Klang verloren haben, wenn das äußere Bild Venedigs abgeschlossen ist und keine neuen Kirchen zur Bewunderung der Christenheit mehr errichtet werden, macht Ihr all das gut mit der klingenden Materie, die als göttlicher Funke in Euch wohnt. Vergeßt nie, der San Marco ist nicht nur eine Kirche, er ist Venedig selbst, in dem in der Verehrung unseres Herrn alle ihren Platz finden, der Doge, der Adel, alle Bürger Venedigs, die Fremden und selbst die Sklaven ... Es mag sein, daß wir einmal alle benötigen werden ... noch während wir Euer Ehren in den Mauern dieser Stadt und dieses Landes begrüßen können.«
Der ergraute Sagredo hob den Kopf.
»Die Serenissima hat erfahren, daß der spanische Vizekönig von Neapel, Herzog Ossuna, von einem venezianischen Edelmann die Landkarte von unseren Lagunen gekauft hat, dazu die Pläne der Befestigungen, die die Eingänge schützen, die Zeichnungen mit den Fahrrinnen auf der Adria, mit der Verteidigungskette an der istrischen und dalmatischen Küste und jenen geheim gehaltenen Zugängen, durch die man in das Herz der Republik eindringen kann. Dieser Verräter hat inzwischen, entsprechend unseren Gesetzen, seine wohlverdiente Strafe erhalten. Die Befestigungskette haben wir verändert, im Arsenal wurden neue Schiffe und neue Geschütze gebaut. Das war unumgänglich notwendig, aber die Piazza blieb unverändert und der San Marco ist heute noch so, wie damals, als er die Gebeine des Evangelisten aufnahm. Jene wirkliche Karte, die uns allen im Herzen liegt, verblaßt nicht ... verändert sich nicht im Laufe der Jahrhunderte. Euch eilt der Ruf eines großen Künstlers voraus. Dem Ruhme Venedigs dienen nicht nur seine Kanonen und seine Verträge. Auch Ihr müßt ihm mit Eurer Kunst dienen. In der Seele müßt Ihr einer von uns werden. Ihr dürft nicht – ich will es aussprechen – ein einfacher Soldempfänger sein, ein berühmter Organist, dem wir mehr zahlen, als bis jetzt irgendeiner unserer Kapellmeister erhalten hat. Euch rühmt man nach, tugendhaft zu sein! Ich schätze die Kunst, aber ich hätte die weiße Kugel doch nicht in die Waagschale geworfen, wenn ich nicht im Bericht eines jeden Gesandten das Wort *virtù* gelesen hätte ... Ja, wir brauchen Eure Tugend, Eure Ehre ... den Adel der Seele, hier, in Venedig, wo uns allmählich all das verlorengeht, was in unserer Jugend dieses Wort noch bedeutete. Signore Monteverdi, nach den Ausführungen des gnädigen Herrn Prokurator Mocenigo sind meine Worte das Gerede eines unbedeutenden, alten Mannes. Aber als der mit der Ordnung im San Marco beauftragte Senator sage ich Euch: Wenn Ihr alles tut, wie wir es von Euch erwarten, werden die Worte Claudio Monteverdis in der Markuskirche Gesetz sein. Wir werden Euch dabei unterstützen ...«
Als wären sie Kardinäle, erhoben sie sich alle auf ein gegebenes Zeichen, und als sie ihm die Hand auf die rechte Schulter legten, war das fast, als würden sie ihm ihren Segen geben. Er schaute auf Contarini,

dieser gab einen Wink, indem er die Augen schloß. Das Wort hatte Claudio Monteverdi.

»Ehrwürdige Herren Prokuratoren, ich weiß nicht, ob Meister Adrian oder Meister Cyprian einst an dieser Stelle einen Eid geleistet haben, ob dies nach den Gesetzen der Serenissima üblich ist. Eure Exzellenzen wissen, daß ich in einer Stadt geboren und erzogen wurde, die unter der Herrschaft des Katholischen Königs steht. Die schönste Zeit meiner Mannesjahre habe ich in Mantua verbracht, im Dienste eines ehrenwerten und die Künste fördernden Fürsten, der mir außer irdischen Gütern alles gab, damit ich meinen Beruf entsprechend der Bestimmung des Herrn ausüben konnte. Ich weiß, daß das Amt, das die Tasten der Orgel in der Markuskirche symbolisieren, das erste in Italien und vielleicht in der ganzen Welt ist. Wenn ich hinaufschaue bis zur Kuppel, wenn ich aus dem Chor hinunterblicke, sehe ich nicht nur den Ruhm der Serenissima, sondern auch unseren Glauben, höre dessen Worte, dessen Stimme, dessen Mahnungen. Auf meiner Herreise fiel ich in die Hände von Wegelagerern, weil sich Seine spanische Majestät nicht um die Sicherheit der Straßen kümmert. Die Grenzen der Serenissima überschreitend, wußte ich, hier droht mir fortan keine Gefahr mehr.

Die Serenissima hat mich als Leiter des Chores berufen, und ich bin glücklich, daß ich die Prüfung bestanden habe. Ich weiß, daß bei einem Teil der Väter Bedenken gegen mich auftauchten. Sie entsannen sich der Liebesmadrigale meiner Jugend und der Favola des ›Orfeo‹. Sie brachten gegen meine Frömmigkeit das ›Lamento‹ der enttäuschten Arianna vor . . . das Faschingsgedanken erweckende Spiel im ›Ballo delle ingrate‹. Sie fragten sich, ob ich wohl geeignet wäre, nach dem moralisch weniger strengen Leben am Hofe von Mantua die Stelle im San Marco einzunehmen und dessen ehrwürdigen Chor zu leiten.

Jeder Christenmensch kann hierauf nur mit *non sum dignus* antworten. Wer ist für dieses Amt überhaupt würdig? Aber nachdem die Wahl der gnädigen Herren Prokuratoren doch auf mich gefallen ist, halte ich es für richtig, zu meiner eigenen Rechtfertigung folgendes zu sagen: In der Musik gibt es zweierlei Praktiken. Die erste ist die von unseren Ahnen übernommene Polyphonie, die hier im San Marco erklingt, seitdem der fromme Bischof Ambrosius die Christen das Singen der Psalmen gelehrt hat. Die zweite, zu deren Vorkämpfern der selige Vincenzo Galilei und all jene gehörten, die sich in Florenz der Camerata des Grafen Bardi angeschlossen haben, diese zweite Praktik verkündet die wunderbare Harmonie von Text und Musik . . . wie sie lange Zeit vor uns die römischen Ahnen und vor ihnen die Hellenen gepflegt haben, wie den Schriften von Platon, Plutarch und Meister Boëthius zu entnehmen ist. Die menschliche Stimme und der dichterische Text müssen einander ergänzen . . . Denn in der Polyphonie erheben nur die Stimmen die Seele ins Reich der Andacht, nicht aber die Schönheit des Textes.

Ich muß Euren Exzellenzen all das sagen. Beide Praktiken können für sich bestehen. Sie bekämpfen einander nicht. Aber jede von ihnen hat ihren eigenen Bereich. Heute morgen kehrte ich in die Kirche ein, wo nach dem gütigen Versprechen Herrn Sagredos meine Worte künftig das Gesetz sein sollen. Auf einer Orgel hörte ich Melodien, die im Saal eines Palastes, bei einem Hofkonzert überaus am Platze sind ... sie können auch nachts unter dem Fenster eines geliebten Mädchens gespielt werden. Aber in die Welt des San Marco passen sie kaum. Demgegenüber werden vielleicht auch Eure Exzellenzen finden, daß es langweilig ist, wenn in ein Empfangszimmer, in einen Saal oder auf einen offenen Platz fünf oder sechs Sänger gezogen kommen, mit einem dicken Notenbündel in der Hand, sich setzen ohne aufzublicken und zu singen beginnen; gewiß klingt ihr Gesang schön, aber niemand weiß, wovon sie singen, weil kein Mensch auch nur ein einziges Wort versteht. Eure Exzellenzen mögen mir nachsehen, daß ich meine Aufgabe auf so kleinliche Weise beleuchte, aber man hat mich als Kapellmeister berufen, und es ist die Weisheit der Väter, daß sie jedermann dahin stellen, wohin er gehört. Ich will in San Marco die Tradition der Vorfahren achten, all die heiligen und weisen Andenken, die jene mir überliefert haben, die vor mir dieses Amt bekleideten. Aber sobald ich die Kirche verlasse, die Stimmen der Stadt vernehme, erwacht in mir die Kraft der Instrumente, bemächtigen sich meiner Wind und Meer, und ich glaube, die Stimmen vergangener und künftiger Welten zu hören. Das ist die zweite Praktik.
Eure Exzellenzen haben von dem Ruhm Venedigs gesprochen, von heroischen Tugenden, die in der Stadt gepflegt werden müssen. Ich sehe die Narben, die die Gesichter der Herren Prokuratoren zieren. Darf ich erwähnen, daß die Welt der Kämpfe mir auch nicht ganz fremd ist? Ich hatte das dreißigste Lebensjahr noch nicht vollendet, als ich nach dem Willen meines gütigen Herrn, des seligen Herzogs Vincenzo, das Kreuz auf meinen Mantel heftete und mit seinem Heer an die Donau zog – als Kapellmeister seines kleinen Feldorchesters. Dabei gewesen ist auch Seine Hochwürden Giovan' Battista Marinoni, dem ich heute in der Markuskirche begegnete. Wenn ich auch selbst die Klinge mit niemandem kreuzte, habe ich doch an den Schlachten teilgenommen, sah Zweikämpfe und beobachtete, wie man mit den Geschützen umging, vielerlei Nationen habe ich kennengelernt, habe aufmerksam verfolgt, wie die Christen und wie die Ungläubigen in den Kampf ziehen. So begegnete ich auch der Bevölkerung des Landes, um deren Flüsse, Städte und Burgen der Krieg tobte. Ich habe einen ihrer Poeten gekannt, der während meines dortigen Aufenthaltes von einer Kanonenkugel niedergestreckt wurde ... All dies berichte ich Euren Exzellenzen, um zu zeigen, daß mir das Kriegerleben nicht fremd ist. Wie oft höre ich die Stimmen noch, sehe die Bilder. Messer Tasso seligen Andenkens, der mich damit beehrte, daß er mich eines Gesprächs wür-

digte, ist nie in Jerusalem gewesen. Aber ich habe gesehen, wie unter den Basteien von Esztergom Christen und Ungläubige gegeneinander gekämpft haben.
Ich weiß es und glaube daran, daß Venedig ewig ist. Pietro Paolo Rubens, den ich als Freund ins Herz schloß, erzählte mir viele Abende hindurch von den Schätzen Venedigs. Ich bitte die Väter, mir zu glauben: Wenn die Orgel unter meiner Hand erklingt, wenn man eine Motette ... ein Madrigal ... eine Arie oder auch nur eine Ariette hören wird, die aus meiner Werkstatt stammt, so werden all diese den Ruhm Venedigs und unseres vielgeprüften Italiens verkünden. Ein jedes Jahrhundert spricht seine eigene Sprache. Meine Sprache, mein Ausdrucksmittel, ist sowohl die erste als auch die zweite Praktik. Ich bitte die Väter, mir zu glauben.«
Als ihn die Sekretäre durch das Spalier der Türsteher hinausbegleiteten, ganz bis zum Fuß der Treppen, erschallte im Arsenal der Mittag verkündende Kanonenschuß. In diesem Augenblick flogen Tausende Tauben auf, ihre Flügel verdeckten die zwischen zerrissenen Wolken durchdringenden Sonnenstrahlen. Er stand auf der letzten Stufe, der Markuskirche gegenüber. Marinoni schwenkte den breitkrempigen Priesterhut. In einer Gruppe warteten ein Dutzend Männer in dunklen Umhängen, der eine oder andere hatte sein Musikinstrument in der Hand oder unter dem Arm. Das war das Volk seines künftigen Königsreichs. Langsamen Schrittes geleiteten sie den Maestro in den San Marco.

29

Monteverdi war etwa gleichaltrig mit Galileo Galilei. Wenn er sich über die Brüstung des Turmes von Ezzelino, dem einstigen Stadttyrann, neigte, sah er das abendliche Padua unter sich: Eine wimmelnde Schar von Studenten in ihren Umhängen, mit eigentümlichen Mützen, wie die einzelnen Fakultäten sie vorschrieben, dann und wann den Talar eines Edelmannes, der würdevoll des Weges zog, vor ihm die Lampe schwenkend sein Diener. In der Mündung eines Gäßchens tauchte ein Straßenmädchen auf ... Aber alles war so winzig, mutete wie ein Ameisenhaufen an, und in der abendlichen Dämmerung verloren die Farben allmählich ihren Glanz. Galilei umarmte ihn.
»Ich danke dir, Claudio, daß du gekommen bist. In Kürze muß ich ohnehin verreisen. Man ruft mich nach Rom. Ich bedauere es, denn ich habe, seit ich in Padua bin und häufig nach Venedig komme, im San Marco noch keine wirklich gute Musik gehört.«
»Alles haben wir deinem Vater zu verdanken, Galileo. Hätte Meister Vincenzo seligen Andenkens mit seinem Dialog die Polyphonie nicht angegriffen, wir von uns aus hätten diesen ›Bildersturm‹ nie gewagt.

Auch du hast musiziert und gesungen mit deinem Vater, als du aus Pisa kamst und die Camerata dich eingeladen hatte. Siehst du, wie seltsam, wie fern wir voneinander waren und wieviel – wie wenig ich über dich weiß. Dabei ist die Zeit schon über uns beide dahingegangen. Wann bist du geboren, Galileo?«
»Anno Domini 1564 und du, Claudio?«
»Drei Jahre später. Aber vielleicht hast du nicht so viele Schicksalsprüfungen und nicht so viel Kummer erleben müssen, wie mir zuteil wurden. Du badest im Ruhm, ganz Venedig spricht von dir. Auch dich bezeichnet man als einen Magier. Wie es scheint, steht dieser schöne, aber gefährliche Titel allen zu, die eine unbekannte Sphäre ergründen. Du, so sagt man, bringst das Ferne nahe, schaust in Welten, die vorher unbekannt gewesen sind. Mein Geist kann dir dabei nicht folgen, wenn du ihm nicht Anhaltspunkte gibst.«
Galileo Galilei lächelte und nahm aus einem Schubfach eine geheimnisvolle Vorrichtung hervor: Zwei lederüberzogene Rohre, die er ineinander steckte.
»Schau hinein, Claudio!«
Die Ameisen wuchsen zu Menschen. Die Farben kehrten zurück, in den Lichtkreisen sah er Gesichter, Bewegungen, Gesten. Als wäre alles nur auf einen Schritt von ihm entfernt. Seine Augen, die durch das viele Notenschreiben so geschwächt waren, daß er sich schon manchmal eine Brille auf die Nase setzen mußte, erkannten jetzt plötzlich ganz deutlich die bewegten Bilder des Paduaner Lebens dort unten.
»Dieses Gerät vergrößert nur fünffach, Claudio ... Es ist eins der ersten. Ein etwas Besseres habe ich angefertigt, als ich vom Großen Rat eingeladen worden war. Aber ich muß auch dir gestehen: Der erste Gedanke stammt nicht von mir.«
»Ein jeder Gedanke wird aus einem anderen geboren. Wenn wir Musiker auf unsere Vorgänger verzichten wollten ...«
»Das ist etwas anderes ... Ich habe in *Sidereus nuncius* darüber geschrieben ... dort kannst du es nachlesen. Aber ich will dir schon jetzt sagen, wie das Ganze gekommen ist. Ich hatte in Venedig zu tun, weil mich die Professoren aus Padua dorthin geschickt hatten, um Klage zu führen, daß die Mauern unserer *Bò*, wie wir unsere alte Universität nennen, verfallen. Am Abend setzte ich mich in der Riva in eine Schenke. Dort verkehren Seeleute, und ich lausche gern ihren Gesprächen. Es waren Flandrer, und ihre Sprache kann ich gut verstehen. Sie unterhielten sich darüber, wer am besten flunkern kann, aber auf glaubhafte Weise. Du mußt wissen, das ist ein alter Seemannsbrauch. Da fing einer an, sprach von einer kleinen Stadt ... warte, sie hieß Middelburg. Es ging um einen Linsenschleifer, einen Brillenmacher. Der Mann habe ein Instrument erfunden, das aus nichts anderem bestehe als aus verschiedenen hintereinander angebrachten Linsen. Und damit könne man ferne Dinge ganz nahe heranholen ... Ein entlege-

ner Turm ... ein feindliches Schiff, die Bastei einer Burg von einem Hügel betrachtet, erscheinen einem greifbar nahe. Er war Steuermann, sprach verständlich, man sah, daß es ihn bewegte, was er von dem Zauberglas gehört hatte. Die anderen lachten nur: ›Erzähl uns nicht so einen Unsinn, dafür bezahlst du eine Runde.‹ Er versteifte sich, wußte sogar den Namen des Linsenschleifers ... Ich habe ihn mir unbemerkt notiert. Er hieß Hans Lippershey. Der Steuermann berichtete dann noch, daß zwei weitere Linsenschleifer Meister Hans die Priorität streit machten. Das war alles, was ich gehört habe ...
Noch in der gleichen Nacht fuhr ich mit der Postkutsche nach Padua zurück. Du weißt, das Linsenschleifen war mir immer ein Zeitvertreib. Ich gestehe, ich habe an die Niederländer geglaubt. Die ersten schön geschliffenen Linsen verdanken wir Meister Leeuwenhoek aus Delft, wenngleich sich schon Nero geschliffener Smaragde bedient haben soll. Im Schubfach zu Hause hatte ich mindestens zwei Dutzend kleinere und größere Linsen liegen. Gleich in der Frühe habe ich sie alle durchprobiert. Claudio, verstehst du etwas vom Kombinieren? Nehmen wir die Zahl fünfundzwanzig, weißt du wieviel Varianten das ergibt? Die Formel lautet ... Nein, ich will dich damit nicht ermüden. Als der Tag anbrach, sah ich deutlich den eine halbe Meile entfernten Turm, erkannte auf zwei Flintenschußweiten die Gesichter ... Die Worte des Seemannes beflügelten mich. Wenn sich in den Niederlanden drei Meister um die Priorität stritten, war es möglich, daß mir auch hier in Italien jemand zuvorkam, wenn er sich beeilte. Tags darauf begann ich bereits ein Rohr zu formen und setzte die geschliffenen Linsen ein, ein konkav und ein konvex geschliffenes Glas. Dann war es fertig. Ich habe gearbeitet wie von Sinnen, dabei mache ich gern alles in Ruhe. Das erste Paar ergab nur eine dreifache Vergrößerung, das dritte bereits eine fünffache. Das ist es, das du in der Hand hältst. Ich wollte noch weiter. Ich glaubte, es gäbe keine Grenzen. Mit einem Dutzend Linsen begab ich mich zur Signoria, zuvor aber hatte ich mich schriftlich angemeldet. Schau, hier ist der Entwurf, das schrieb ich an die Väter. Nein, keine Bange, Claudio, ich habe gewußt, wenn ich die Sache von der wissenschaftlichen Seite beleuchte, geht das Ganze im Labyrinth von Kommissionen unter. Aber ich habe geschrieben:

›Mit Hilfe dieses Instrumentes lassen sich auf dem Meer die Schiffe unterscheiden, kann man ihre Größe feststellen und damit ihre Kraft ermessen und entscheiden, ob man sie verfolgen, sich in ein Gefecht mit ihnen einlassen soll oder ob es besser ist, ihnen auszuweichen. Aber auch auf dem Festland lassen sich mit Hilfe dieses Instrumentes leicht die Festungen ergründen. Man kann erkennen, in welcher Lage sich der Feind befindet ... wie stark die Basteien sind: Es genügt, von einem fernen Hügel in das Teleskop zu blicken ...‹

Der Rat der Zehn berichtete dem Senat von meinem Schreiben. Erst mußte ich vor diesem edlen Gremium über das Geheimnis meiner Entdeckung berichten und erklären, wie ich die Versuche angestellt hatte. All das aus dem Grund, damit die Väter sahen, daß ich dazu nicht die Hilfe des Teufels in Anspruch genommen habe. Dann begaben sich die Senatoren auf den Balkon des Palastes. Das Instrument wanderte von Hand zu Hand. Sie konnten das Meer betrachten, die Piazza, die Gebäude gegenüber, und wenn sie wollten, konnten sie eine Fliege an der Wand erkennen. Alles war dreimal, zehnmal, fünfzehnmal größer als man es mit bloßem Auge sah.«

»Man sagt, Galileo, die Senatoren von Venedig lassen sich nicht leicht begeistern.«

»Jeder von ihnen dachte vielleicht daran, daß der Kapitän seines Schiffes ein solches Fernrohr bei sich tragen wird. Daß man vielleicht nur aus den Befestigungen der Serenissima den Feind von weither erspähen kann. Schon eine Woche später erhielt ich das Dekret.

›. . . Meister Galileo Galilei unterrichtet zu aller Zufriedenheit und zum großen Nutzen unserer Paduaner Schule schon seit zwölf Jahren Mathematik, was um so mehr bekannt ist, weil er während seiner Lehrjahre auch mehrere Entdeckungen gemacht hat, die nicht nur seinen Ruhm vermehrten, sondern zum Vorteil aller sind. Jetzt jedoch hat er die Geheimnisse der Perspektive erlauschend ein Instrument erfunden, mit dessen Hilfe entlegene und mit freiem Auge schon nicht mehr sichtbare Gegenstände so erscheinen, als würden sie sich uns nähern. Und dies kann uns in sehr vielen Fällen von großem Nutzen sein, wie wir das in einer gesonderten Meldung der Signoria entsprechend dargelegt haben. Da es angebracht ist, jenen entsprechend und freigiebig zu belohnen, der unermüdlich dem Wohl der Allgemeinheit dient, besonders jetzt, da die mit ihm vereinbarte Lehrtätigkeit sich ihrem Ende nähert, unterbreiten wir folgenden Vorschlag: Man möge genannten Meister Galileo Galilei auf Lebenszeit zum Professor der Mathematik an unserer öffentlichen Hochschule in Padua ernennen, und zwar mit einem Jahresgehalt von tausend Gulden. Aus diesem Grund soll das Dekret mit Ende des vergangenen Jahres in Kraft treten . . .‹«

»Tausend Gulden?«

»Die habe ich bekommen. Aber ich wollte dir nicht nur das zeigen. Wenden wir uns jetzt von unserer Umwelt ab. Ich eröffne dir Sphären, in die vor mir noch kein menschliches Auge dringen konnte. Sieh dir dieses Rohr an. Es schafft eine zweiunddreißigfache Vergrößerung. Ein halbes Jahr habe ich daran gearbeitet. Das ist mein Geheimnis. Solche Linsen kann kein anderer schleifen. Als ich das erstemal abends hineinschaute, hinauf zu den Sternen, Claudio . . . Nimm's in die Hand, richte es auf den Himmel, folge meinem Finger . . .

Siehst du dort . . . die Jupitertrabanten, der andere Stern . . . dort, der glänzende, das ist die Venus . . . Und heute haben wir einen schönen Abend, fast Vollmond . . . Betrachte ihn: Da gibt es Berge und Täler . . . wie bei uns auf der Erde. Vielleicht auch Meere.«
»Weiß man in der Welt der Wissenschaft etwas über diese Dinge, Galileo?«
»Die Neuigkeiten sprechen sich herum. Auf meine Veröffentlichung ›Sidereus nuncius‹ habe ich eine Antwort erhalten. In Prag lebt am Hofe des als verrückt geltenden Kaisers ein Astrolog namens Kepler. Unlängst bekam ich sein Buch ›Dioptrice‹. Darin macht er bereits Vorschläge, was man an dem ›Galilei‹ verändern soll. So bezeichnet er mein Instrument.«
»Bist du glücklich? Hast du doch dem menschlichen Auge, unserem beschränkten Geist größere Welten eröffnet als irgendeiner vor dir auf der Erde. Das, wohin wir jetzt nur im Traum und in Gedanken eindringen konnten, tut sich jetzt vor unseren Augen auf.«
»Glücklich sein oder ruhelos, das sind manchmal verwandte Empfindungen, Claudio. Wir haben uns seit unserer Kindheit daran gewöhnt, uns das Universum so vorzustellen, wie Ptolemäos es einst dargestellt hat. Aber bereits Meister Kopernikus hat das angezweifelt, und Kepler, dieser vortreffliche Geist, mit dem mich ein reger Briefwechsel verbindet, ahnt im wesentlichen das gleiche wie ich. Kreist die Sonne um uns und stehen wir im Weltall an einer Stelle? Oder ist alles umgedreht? Mit anderen Worten, ob die Erde ein Fixstern oder ein Planet ist – das ist heute die wichtigste Frage der Astronomen. Ich sage dir das deshalb, weil ich schon zu einer Überzeugung gekommen bin.«
»Hast du dich darüber schon öffentlich geäußert?«
»Ich habe nur angedeutet, daß wir in unserem Sonnensystem um die Sonne kreisen. Und schon erhielt ich aus der Urbs eine Botschaft. Man fordert mich auf, auch dort meine Instrumente vorzuführen und zugleich darüber zu berichten, was ich in Padua über die Erde und die anderen Sterne lehre. Das bedeutet, Claudio, daß die Kardinäle der Kurie auch mindestens soviel wissen möchten wie die venezianischen Senatoren. Das wäre soweit auch in Ordnung, aber ich spüre dahinter etwas Wesentlicheres, etwas Beängstigenderes: das Heilige Officium. Siehst du, solange ich die Reise aufschieben konnte, habe ich es getan, aber nun muß ich binnen eines Monats aufbrechen. Erst werde ich mich nach Florenz begeben, um mir wenigstens die Unterstützung der Kardinäle der Medici-Partei zu sichern. Und von dort . . .? *Vado Romam . . .*«
Er sprach lächelnd, leise, und umarmte Claudio zum Abschied.

Die Markuskirche war eine kleine Welt für sich, ein Spiegelbild der Republik Venedig. So lange die Musiker und die Sänger nicht gegen ihre auferlegten Pflichten verstießen, konnte niemand ihre altüberlieferten Rechte und Freiheiten beschneiden. Die Prokuratoren wachten sorgsam darüber, daß sie genau und gewissenhaft dem nachkamen, was sie feierlich gelobt hatten. In Mantua konnte die augenblickliche Gunst, der Zorn oder die Kränkung des Fürsten das Schicksal eines Menschen entscheiden. Und wenn Vincenzo Gonzaga etwas vergessen hatte, wer hat es schon gewagt, ihn an sein Versprechen zu erinnern? »Euer Wort wird im San Marco das Gesetz sein«, hatte der Prokurator gesagt. Aber das konnte nur durch verwickelte Zeremonien, durch die Protokolle von Kommissionssitzungen zur Geltung kommen, jeder »Fall« fand schließlich seinen Weg, irrte hin und her, schlängelte sich dahin, und eines Tages kam die »Erledigung«. Bis dahin verlor die Weisung ihre Schärfe, wie der Kieselstein, den das Wasser im Bach lange gewälzt hat.

Wie jeder Fremde wurde auch Monteverdi vom Kreis der Musiker mit einem gewissen Argwohn empfangen. Marinoni hatte den Weg des neuen Maestro vorbereitet, der von vornherein zeigen mußte, was er brachte. Aber wo hätte er solch trotzige, dann sich von Schritt zu Schritt besänftigende Schwärmer treffen können wie gerade hier im San Marco. Die Musiker, die zwischen den kleinen Sorgen und Freuden des bürgerlichen Daseins dahinlebten, versammelten sich schon am frühen Morgen um den Meister, um zu hören, was er aus der Orgel hervorzuzaubern verstand. Seine Liebe galt der »kleineren«. So gaben die Damen bereits in den ersten Tagen seines Aufenthalts in der Gesellschaft Venedigs, in den Palästen am Canal Grande flüsternd weiter: Zur Frühmesse, wenn die Republik San Marco noch schläft, sitzt der wunderbare neue Maestro an der Orgel. Gondeln glitten im grauen Herbstmorgen dahin, Lakaien halfen der Herrin ans Ufer, oder sie kamen in Sänften, und mit einemmal waren der Dienstag und der Freitag in Mode, wenn — vor den Orchester- oder den Chorproben — Claudio Monteverdi zur eigenen Freude und zur Belehrung seiner Berufskollegen die Orgel erklingen ließ.

Dabei half ihm sein erstaunliches Gedächtnis, denn im Notenarchiv der Markuskirche fand er nur Unordnung vor, zerflederte, kaum lesbare, schlecht kopierte Notenblätter noch aus der Zeit Willaerts. Die Prokuratoren zeigten Einsicht.

Die Post brachte seine mit steilen Buchstaben geschriebenen Briefe nach Rom, Mantua, Florenz und sogar in das ferne Flandern, sowie nach Paris und Wien. Die Gesandten sollten in den Notenarchiven der Dome nachforschen, Messen, Motetten, Psalmen und alles, was die

Markuskirche bereichern konnte, abschreiben und sammeln lassen. Bis dahin saß der vielbeschäftigte Mann bis spät in die Nacht über die Notenreste gebeugt, schrieb ab, korrigierte fehlerhafte und ergänzte fehlende Stimmen, als würde er wieder als Knabe im Garten Signore Ingegneris wandeln, als würde er jene Welt besuchen, von der er sich so weit entfernt hatte. Wieder waren längst verstorbene Meister seine Begleiter, jene, die er nie persönlich gekannt hatte: Gombert, Lassus, Palestrina, Viadana. Im San Marco wußten nun auch die Musiker schon, solange Monteverdi der Kapellmeister war, hatte im Dom die Musik nach den alten Regeln das unumschränkte Vorrecht: Der Kontrapunkt lebte weiter.

Die Schar der Musiker und der Sänger revoltierte: Locatello, ihr Anführer und erster Madrigalkomponist, suchte Monteverdi in der Abendstunde in der Canonica auf. In der Tür hörte er, wie innen auf dem wohlklingenden Cremonenser Clavicembalo die Musik erklang, und danach eine klare, sich zum Tenor entwickelnde Knabenstimme eine Canzonette sang.

Er wartete, bis das Lied verstummte und bis man innen das Klopfen des Ankömmlings vernahm. Vater und Sohn waren im Arbeitszimmer. Der Madrigalist fragte verwundert:

»Warum duldet Ihr gerade das in der Kirche nicht, Maestro?«

Locatello war Musiker durch und durch. Man sprach mit wenigen Worten, der Knabe ging hinaus, Gaspare nahm der Reihe nach die Partituren in die Hand, nur seine Lippen bewegten sich. Die Welt der Madrigale nahm ihn gefangen.

Plötzlich hielt er inne.

»Ich frage noch einmal, warum seid Ihr, Maestro, so unerbittlich allem gegenüber, was von heute ist, wo Ihr es doch auch liebt? Worin Ihr der größte Meister in Italien seid?«

»Der *Canto polifonico* lag im San Marco im Sterben. Es ist in der Musik das gleiche wie die Harmonie der Paläste am Canal Grande, wie die Gesetze des Staates, von denen ich nicht viel verstehe, nur weiß, daß sie viele Jahrhunderte alt sind. All dies gehört zu dem, was Wahrheit oder Legende sein kann ... Wir werden, so lange wir leben, doch nicht erfahren, ob die Republik des San Marco ewig ist oder nicht.«

»Aber Meister, ich kenne Eure Messen. Als heimlich abgeschriebene Noten zu uns gelangten, noch aus Mantua, hatte der alte Martinengo einen schweren Tag: Wir sprachen nur darüber. Wir Musiker waren uns im klaren, daß hier etwas Neues aufgetaucht war.«

»Kennt Ihr meine Messe ›In illo tempore‹?«

»Es ist, als läge diese um Jahrhunderte zurück. Sie ist so düster und erhaben wie eine Felsburg, Maestro, neben den heiteren weißen Palästen. Das, dieses Geheimnis, möchte ich ergründen, deshalb bin ich gekommen. Wir wissen, daß wir in der Mater musica einige Stufen vorangekommen sind, genau wie unsere Maler und Architekten, die mit ihren

Fähigkeiten jene übertreffen, die um viele Jahrhunderte vor uns lebten. Euer Ehren bestehen darauf, daß wir an Wochentagen nur a cappella singen – Ihr improvisiert höchstens vorher auf der Orgel (und da schon konntet Ihr sehen, Maestro, wie die Menschen geströmt kamen). Zu den Festtagen erklingen die Chöre, und Ihr beharrt auf der Überlieferung der beiden Gabrieli, wonach die Instrumente durch ihre Kraft die Stimmen der Sänger gleichsam verdoppeln. Warum verharrt Ihr, Maestro, gerade hier im Althergebrachten? Wo Ihr doch auch zu allem Neuen fähig seid? Das sollt Ihr mir begründen, das sollt Ihr mir erklären!«

Monteverdi lächelte. Mit solchen Fragen hatten sich in Mantua seine Musiker nicht an ihn gewandt.

»Messer Gaspare, soll ich sagen, der San Marco ist eben der San Marco. Er läßt sich mit nichts vergleichen, nicht mit der Galleria degli Specchi oder dem Teatro Farnese oder diesem Zimmer hier in der Canonica. Warum entfernt man von seinen Wänden nicht die Mosaikheiligen und setzt an ihre Stellen Madonnen und Engel, mit denen man heute die Kirchen schmückt? Warum setzt man keine Bilder in sie, wie Pietro Paolo Rubens sie malt? Es ist die Weisheit der Prokuratoren, etwas zu bewahren, was vielleicht noch gar keinen Namen hat.«

»Das ist, Maestro, als würden die Soldaten der Republik auch heute noch mit Pfeil und Schild kämpfen, als würden sie die Kanonen und die Gewehre verachten, nur weil die Alten diese nicht gebraucht haben!«

»Messere, die Sakristane des San Marco wachen an Festtagen mit der Hellebarde . . . und in althergebrachten Gewändern am heiligen goldenen Altar, wenn das Volk ihn bewundern darf. Käme aber die Nachricht, daß Feinde sich anschickten, die Piazza zu erstürmen, zögen sogleich die Soldaten mit ihren Gewehren auf. Alles zu seiner Zeit.«

»Maestro, könnt Ihr zu gleicher Zeit auf zwei verschiedene Arten komponieren? Nach alter Art und nach der neuen, die der selige Meister Vincenzo Galilei die moderne nannte.«

Claudio blätterte zwischen den Noten.

»Ich kann. Seht Euch dieses ›Agnus Dei‹ an. Das ist vielleicht die reinste, wirklich liturgische Musik. Das ist die *prima prattica*! Jene klare Quelle, aus der wir alle schöpfen müssen.«

»Und die andere?«

»Die ist noch in Mantua entstanden. Zwei Magnifikate und die zwölfteilige Vesper. Das ist . . . schon fast die *seconda prattica*. Aber sie, ich sage es offen, gehören nicht in den San Marco! Stehen sie im Gegensatz zur Überlieferung? Nicht gerade. Aber mit mir selbst. Wenn ich den San Marco betrete, Messer Gaspare, verändere ich mich auch.«

Francesco brach die Stille.

»Aus dem Palazzo Mocenigo kommt man nach Euch, Vater. Ich werde die Lampe tragen.«
»Ihr erlaubt, daß man Euch selbst zur Abendstunde stört, Maestro?«
»Messer Gaspare, in Mantua habe ich mich daran gewöhnt: Für die Launen der großen Herren gibt es keinen Stundenplan. Vielleicht geschah es schon noch früher. Meinen Vater, der Arzt ist, durfte man zu jeder Nachtstunde wecken.«
»Euer Befehl für morgen früh?«
»Die Sänger mögen die Motette Gomberts, deren Noten ich an die Orgel gelegt habe, üben. Um acht Uhr werde ich auch da sein. Zuvor will ich zwei Klosterschulen besuchen, um mir anzuhören, wie die Schüler . . . und die Lehrer singen. Vielleicht finde ich darunter jemanden, der würdig ist, in den Chor des San Marco aufgenommen zu werden. Gaspare, im San Marco sollen – auf Wunsch der Prokuratoren – die alten ruhmreichen Traditionen neubelebt werden. Nur noch schöner . . . Ich danke Euch, daß Ihr und all die anderen, die ganze Konfraternität, mir dabei helfen. Anders geht es nicht . . . Habt Dank.«
Der Knabe schritt mit der Lampe voran. Die beiden Musiker in ihren schwarzen Umhängen traten aus der Canonica. Eine in Himmelblau und Purpur gehaltene Gondel Mocenigos erwartete sie, der Lakai half dem Maestro einsteigen, beehrte ihn – aus übertriebener Vorsicht – mit dem den Edelleuten zustehenden Titel »Eccellenza«. Der Junge sah den Vater vielsagend an, Monteverdi lächelte.
Der Abend auf dem Canal Grande war zauberhaft. Wenn in anderen italienischen Städten sich der Nebel senkte, lauerten spanische Räuber auf die späten Passanten, zogen maskierte bewaffnete Bravos durch die engen Gassen – in Venedig schlossen sich dem Vormittag und dem Nachmittag die schönsten, die fröhlichsten Stunden des Tages, die Nacht an. Alle Schenken, Wirtshäuser, Trattorien waren geöffnet. Hunderte von Kindern belebten die Plätze, aber es schien, als verhielten auch sie sich feierlicher als am Tage. Die Passanten schritten in besseren Kleidern, wohlgelaunt, schwatzend und doch mit majestätischen Bewegungen, manchmal zog zwischen den dichten Reihen eine Amtsperson oder ein Edelmann in dem für sie vorgeschriebenen schwarzen Umhang. Die Edelleute winkten dann lächelnd den sich Verneigenden zu, als wäre ein jeder von ihnen ein persönlicher Bekannter, ein Mitglied der Familie. Manchmal streichelten sie ein Kind und warfen einem schönen Bürgermädchen einen freundlichen Blick zu. Und auch die Bewaffneten der Republik waren vergnügt. Sie hatten keinen Grund, jene mit dem Lanzenschaft zu stoßen, über deren Wohlstand die Republik wachte. Die Väter standen mitten im Leben. Sie wußten, wenn sie dem Volk Brot und Unterhaltung boten, folgte es und versuchte nicht, die Absichten der Väter zu ergründen. »Rom hat die Sache dort verfehlt«, hatte Morosini dieser Tage im Rat der Zehn gesagt, »als es zu wenig und zu schlechtes Brot verteilen ließ, und obendrein

die Zeitabstände nicht beachtete, man gab ihm alles auf einmal, und dasselbe war es mit den Spielen. Wenn das Volk hungrig ist oder sich langweilt, beginnt es zu revoltieren. Man muß es immer blenden und ihm genug zu essen geben. Ambrogio Lorenzetti hat dies einst in seinem Bild in Siena, das das gute und das schlechte Regiment zeigt, richtig dargestellt. Ja, Väter, wir müssen darüber wachen, daß wir das Brot und die Spiele gleichmäßig verteilen.«

Langsam glitt die Gondel über den Canal Grande: Den Maestro fesselte dieses sich täglich wiederholende Wunder erneut. An dem lauen Herbstabend öffneten sich die Balkontüren, das Geräusch der Abendtafeln drang heraus, dann vernahm man Bruchstücke eines Konzerts. Das Volk verharrte unten, lauschte andächtig, und wenn die Musiker endeten, klatschte es Beifall; da schickte es sich, daß sich der Herr des Hauses herausbeugte und sich mit einem gütigen Lächeln für die Ovation bedankte. Es war ein gewöhnlicher Donnerstagabend, ein Wochentag, wenngleich sich nach venezianischer Auffassung die Woche jetzt schon ihrem Ende näherte. Der Freitag war der Tag der Leiden Christi und der Samstag bereits Vorbereitung auf den Sonntag, der bis in den späten Montagmorgen reichte. Der Palazzo Mocenigo zählte zu den größten Adelshäusern. Als die Gondel am Seiteneingang festgemacht wurde, sagte der Lakai entschuldigend, heute abend seien keine Gäste da, das Haupttor sei nicht geöffnet, Seine Exzellenz möge gütigst den Seiteneingang benützen. Während sie weiter nach oben stiegen, drangen Musikklänge heran. »Alla francese«, sagte er bei sich, als er die Bruchstücke einer Ariette ausmachen konnte. Drei Stimmen sangen von einem Clavicembalo begleitet. Es waren keine Berufsmusiker, das erkannte er auf der Stelle, sie intonierten ungebundener, unregelmäßiger, aber vielleicht mit größerer Begeisterung, mit dem Eifer von Amateuren.

Girolamo Mocenigo empfing ihn. Der Sohn des Prokurators war ein Mann in den besten Jahren, er hatte ihm schon in Cremona, als er ihn kennenlernte, gefallen. In seinem Gesicht gab es keine Narben, die das Antlitz des Vaters so unheimlich zeitlos machten.

»Heute sind wir im Kreise der Familie versammelt, am Clavicembalo sitzt der Hauskaplan. Das ist, Maestro, freilich nur so eine Alltagszerstreuung. Sobald wir eintreten, wird man aufhören!«

Ein Contarini, ein Giustiniani und ein Mocenigo sangen. Die Tochter des Patriziers saß in Gesellschaft ihrer Anstandsdame etwas seitwärts in einem bequemen Sessel, mit ihrem winzigen Schoßhund wie eine echte Prinzessin. Der Hauskaplan schaute zurück, in seinem verträumten Gesicht spiegelte sich noch die Andacht für die Musik . . .

Der Maestro grüßte verhalten, winkte, es sollte sich niemand stören lassen, man möge das Hauskonzert fortsetzen. Aber der Priester sprang lächelnd von dem Instrument auf, bot ihm mit einer breiten Geste seinen Platz an: Das Ganze war, als wäre ein Bild Tizians oder

Veroneses zum Leben erwacht, nur auf der Tafel fehlten die reichen Schüsseln der biblischen Hochzeit. Hier gab es ein wenig gewürzten Wein, von dem die Anwesenden vorsichtig nippten, und einige Früchte.
Mocenigo empfing ihn, als wäre er ein Mitglied seiner Familie. Diese unvermittelte und doch klar umgrenzte Freundschaft stand jenem zu, der nach dem Brauch der Serenissima auf dem goldenen Schiff *Bucentoro* hinter dem Dogen stand, wenn sich der Herzog von Venedig alljährlich am Himmelfahrtstag mit dem Meer vermählte, indem er einen Ring in die Wogen warf.
Der Besucher kostete den Wein und sah sich im Zimmer um, denn die Gesetze der Gastlichkeit in Venedig gestatteten nicht, daß man gleich zur Sache kam.
Die Diener trugen die symbolischen Schüsseln ab, dann erschienen auf einen Wink des Gastgebers zwei Sklavenmädchen in glänzenden morgenländischen Kostümen, mit Mandelaugen und einem undurchdringlichen Lächeln. Sie hatten Saiteninstrumente in der Hand, fremdartige Zupfinstrumente mit einem geschnitzten Pferdekopf.
Sie verneigten sich, mit einer fremdartigen Grazie, setzten sich jeweils auf ein seidenes Kissen auf den Fußboden und begannen zu summen, bis sie den Rhythmus gefunden hatten.
Langsam . . . kaum wahrnehmbar belebten sich die statuenhaft starren Körper, und nun brach plötzlich das Licht, das ihr gelbseidenes Hosengewand aufleuchten ließ: Sie wanden sich wie Schlangen, mit unvorstellbarer Behendigkeit, um eine Minute später wieder in die Reglosigkeit ferner Götzenbilder zurückzufallen. Claudio lauschte ihrem monotonen Gesang, dessen Text umherschweifen mochte, so wie die Körper sich wanden, wie die zupfenden Finger mit der seltsamen Sicherheit des Rhythmus in die Saiten griffen . . . Sie begannen erneut, summten wieder, als wäre auch ihre Stimme ein Instrument.
»Wo kommen diese Mädchen her?« fragte er leise den Gastgeber.
»Es gibt eine Insel im Ozean, Maestro, sie heißt *Bali*. Nach Ansicht der Seeleute tanzen dort die Mädchen am schönsten. Ich habe für Giustiniana, meine Tochter, zwei gekauft. Zwanzig Scudi habe ich für jede über den Preis bezahlt . . . Dieser Tanz kostet mich viel Geld. Aber ich habe nur diese eine Tochter.«
Sein Gesicht strahlte. Das Mädchen mit den feinen Zügen und traurigen Augen verfolgte den Tanz der Sklavinnen, die sich summend, selbstvergessen bewegten.
»Sind sie Heiden?«
»Man hat sie getauft; sobald sie etwas in unserer Sprache verstehen, werde ich sie in unserem heiligen Glauben und auch in der Musik unterrichten lassen . . .«
»Nein, tut das nicht, laßt sie nicht in unserer Musik unterrichten! Laßt sie so . . .«

»Das ist doch keine Musik, Maestro, das sind barbarische Rhythmen!«
Der Besucher lächelte. Die Musik war unbekannt, die Melodie und auch der Rhythmus. Aber er fühlte die sichere Harmonie, die unerklärliche Verschmelzung von Körper und Bewegungen, von Gesang und klingenden Saiten.
»Tut das nicht, Exzellenz. Laßt sie, wie sie sind. Das ist etwas anderes ... Gelegentlich werden wir uns darüber unterhalten, ich danke Euch, daß ich zugegen sein durfte.«
Die Mädchen fielen zusammen wie schnell verwelkende Blumen. Der Gastgeber klatschte in die Hände und sagte etwas zu dem Palastmeister. Monteverdi sah, daß eins der Mädchen fröstelte. Er stand auf, ging zu ihm, sah es lächelnd an, ermunterte es mit leisen Worten und bat um das Instrument. Er zupfte die Saiten, hielt es ans Ohr, versuchte leise, ganz leise den Rhythmus nachzuspielen, den er gehört hatte. Erst nur hauchartig verhalten, dann mit der unheimlichen Kraft des Musikers, der alles begriff in seinem Reich, alles erreichte. Die beiden Mädchen sahen ihn an: Ihre Augen verrieten vorerst keinerlei Regung, plötzlich aber zog Leben in sie ein ... die Augen der Größeren weiteten sich, sie sagte ein Wort zu der Kleineren, ihr Blick haftete an den Fingern des Meisters, sie bewegten sich, die Körper folgten sich windend der wiedererklingenden, mit Melismen erweiterten altüberlieferten Musik: Sie verharrten an einer Stelle ... nur in ihren Bewegungen wurden sie immer feierlicher, als dienten sie einem unbekannten Ritus, und als auch der letzte Ton auf dem Saiteninstrument verklungen war, fielen sie dem Meister zu Füßen.
Die Familie Mocenigo und die Gäste sahen verwundert zu: Es waren schon einige Monate her, daß die beiden Sklavinnen hier im Hause lebten, aber etwas Ähnliches hatte sich noch nicht zugetragen. Die Größere nahm der Kleineren das Instrument aus der Hand und legte es dem Meister zu Füßen, und beide summten ein altes, hier noch nie gehörtes Lied ... oder ein Märchen, das jetzt keine Worte hatte; sie bewegten nur die Hände, als pflückten sie Blumen. Beide hatten lange, silberfarbig bemalte Fingernägel, und der Tanz der Hände mit den Blumen begann: Eine fremde, den Venezianern gänzlich unbekannte Sprache, deren Worte nur sie beide verstanden ... Erst verschränkten sie die Hände über dem Kopf, dann legten sie die flache Hand vor den Mund, ihre Augen waren halb geschlossen, keine schaute auf die andere und dennoch bewegten sie sich in einer wundervollen Harmonie. Hier sprachen die Hände miteinander: Die Finger waren sich fremd und befreundeten sich miteinander; und wenn sie sich begegneten, sich ineinander verschlangen, sich wanden, sich trennten, muteten sie an wie zwei Bäche mit roten Blumen.
Sie näherten sich immer mehr: Die für teures Geld gekauften Mädchen aus Bali beherrschten ihre Kunst. Sie führten dem Maestro etwas vor, wovon sich seine Augen weit öffneten, die Adern an den Schläfen pul-

sierend hervortraten, während sein Blick ihrem Rhythmus folgte. Und da gab der Hausherr mit den Augen einen Wink, die Mädchen begriffen und verschwanden, wie sie gekommen waren.
Giustiniana regte sich.
»Wenn der Maestro möchte, können wir ihm eins der Sklavenmädchen schenken oder mein Vater kauft ihm ein anderes?«
»Signorina, für mich gibt es nur noch eine Begleiterin, die Mater musica. Ich danke für die Absicht, aber das, was ich dank seiner Exzellenz miterleben durfte, bestärkt mich darin, daß es außer unserer engen Welt noch viele Welten gibt, deren Gesetze wir genausowenig kennen wie die jener himmlischen Sphären, in die mir Galileo Galilei einen kurzen Blick gewährt hat.«
»Giustiniana ist glücklich, wenn sie die Musik des Maestros zu hören bekommt. Alles, was bei den venezianischen Notenstechern erschienen ist, habe ich meiner Tochter gekauft. Für ihre Hochzeit, sie soll zu Fasching sein ... der schönsten Zeit in Venedig. Dann ist es, als würde sich aller Glanz und alles Gold des rastlosen, sich selbst quälenden Europas hierher, in die Lagunen, ergießen. Giustiniana hätte gern, wenn man ihre Hochzeitsfeier mit irgendeinem Opus von Claudio Monteverdi unvergessen machen könnte.«
»Woran denkt Ihr, Signorina?«
»Nicht an ein einfaches Musikstück, an kein Epitalamio und keine Motette, Maestro. Es soll mehr sein. Ich bin unersättlich, aber ich habe es den Brautjungfern bereits versprochen. Ich habe gesagt, wenn ich den Maestro bitte, wird er mir etwas schreiben, etwas Größeres, etwas Schöneres als ein einfaches Hochzeitslied.«
»Denkt Ihr an eine Favola? Oder vielleicht an ein Dramma per musica?«
Der Hausherr wandte sich ihm zu.
»Maestro, meine Tochter hat sich in den Kopf gesetzt, Ihr werdet zu ihrer Hochzeit etwas komponieren, was noch kein einziges Mädchen bekommen hat. Nicht einmal eine Prinzessin von Mantua.«
Das Mädchen beugte den Kopf, leise, schnell fragte es:
»Wen haltet Ihr für den größten Dichter, wen liebt Ihr unter den Poeten am meisten, Signore Monteverdi?«
»Tasso.«
»Dann bitte ich Euch, von ihm etwas zu wählen. Wenn Ihr nicht schon eine Wahl getroffen habt. Er hat so viele wunderbare Favolas geschrieben, und auch in seinem ›Befreiten Jerusalem‹ findet sich so vieles. Dann bedarf es gar keines gesonderten Textes. Ihr, Maestro, schreibt Eure Musik auf die Stellen, die Euch gefallen, und wir lassen sie aufführen, hier im Palast.«
»Wie in Mantua? Vor wieviel Menschen?«
»Hier haben vielleicht hundert Platz. Sitzend und stehend. Es werden vorwiegend Freunde sein, Euer Ehren suchen die Musiker aus. Wir

werden auch einige Fremde einladen, die zur Faschingszeit in der Stadt weilen. Hundert ... oder noch mehr, Vater?«
»Der Maestro hat noch nicht ja gesagt, Giustiniana, und du fragst mich schon, wieviel Zuhörer die Favola haben wird. Signore Monteverdi, nun seht Ihr selbst, deshalb habe ich Euch hergebeten, damit Ihr Euch den Herzenswunsch meiner Tochter anhört. Sie fragte mich, ob Euer Ehren geneigt wären, sie anzuhören. Jetzt spreche ich nicht als der Sohn Eures Prokurators. Ich frage vielmehr meinen verehrten Gast, ob er aus freien Stücken bereit ist, den Herzenswunsch meiner einzigen Tochter zu erfüllen.«
Monteverdi dachte, in Mantua bekam er Befehle. Chieppio ließ ihn rufen. Viani zeigte ihm, wo die Vorstellung ablaufen wird. Striggio trieb ihn lächelnd an: »Wir müssen Tag und Nacht arbeiten, Claudio.« Der Mann aus Venedig stand im schlichten, dunklen Gewand vor ihm, einer der Mächtigen der Signoria wartete auf seine Antwort.
»Unlängst habe ich im Tasso geblättert ... Wenn ich seine Werke lese, werden sie vor mir lebendig. Der Rhythmus seiner Zeilen klingt, als würde ich seine eigenen Worte hören. Nach so vielen Jahren kann ich die Schönheit der Stimme Messer Torquatos noch immer nicht vergessen ...«
»Maestro Monteverdi, wie wäre es, wenn ihr *Tasso* selbst komponieren würdet? Ein einfältiger Gedanke eines Mädchens ... aber wie wäre es ... verzeiht mir, daß ich es so sage, wenn Ihr das Rezitativ so formen würdet, als spräche es Signore Tasso? Der Basso continuo könnte ihm folgen wie der Schatten ... sanft, und doch wären es die Worte Tassos ...«
Überrascht sah er sie an.
»Fahrt fort, mein Kind!«
»Und man brauchte gar nichts anderes, kein großes Orchester und nicht viel Sänger. Nur wenige Instrumente, Herr, die ausreichen, die Herzen zu bewegen und so viele Darsteller, um eine Szene gestalten zu können.«
»Liebe?«
»Liebe ... und den Tod, beides!«
Giustiniana erschien im Schein der Kerzen durchschimmernd blaß, fast statuenhaft. Forschend sah sie den Vater an. Der Senator neigte den Kopf. Nach der Stille eines Augenblicks klang die Stimme des Mädchens fröhlich.
»Wir machen einen Vertrag ... Ich, Giustiniana Mocenigo schließe mit Euer Ehren einen Vertrag, Signore Claudio ... Oh ... ich wage Euch nicht so anzusprechen, wie Euch immer mehr nennen ... Doch, ich will es sagen: *Divino Claudio*, göttlicher Claudio ... Aber ich lasse mich nicht von Eurem Ruhm leiten. Mir gefällt so sehr, was Ihr komponiert. Wenn Ihr bereit wäret?«
Der Meister strich dem Mädchen über den Kopf. Alle hatten sich um

sie versammelt. Der Sohn des Prokurators umarmte seine Tochter mit unendlicher Zärtlichkeit, fast ängstlich, und reichte Claudio die Hand. Dann schenkte er Wein ein.

»Er ist auf Zypern gewachsen, stammt noch aus der Zeit, als diese schöne Insel der Serenissima gehörte.«

Der Wein trank sich wie ein Gemisch von Öl, Duftstoff, Feuer und Honig. Der Herr des Hauses geleitete nun den Gast in sein inneres Gemach.

»Wieviel Zeit brauchtet Ihr, Maestro?«

»Der ganze Dezember geht auf die Vorbereitung und die Proben des Weihnachtsfestes drauf ... Advent ist eine anstrengende Zeit. Da schaffe ich nebenbei nicht viel. Bis dahin müßte ich es fertig haben. Vielleicht bis Ende November.«

»Ihr werdet mich verstehen, ich tue es für meine Tochter. Ich tue alles für sie, nur soll sie nicht an den Tod denken. Ihr habt doch auch Kinder, Ihr werdet mich verstehen?«

»Mein Sohn wartet unten in der Gondel.«

»Warum habt Ihr ihn nicht mit heraufgebracht, Messere?«

»Er wollte mich zu Eurem Palast begleiten, freut sich immer, wenn er in einer Gondel fahren darf, in einer so schönen Gondel auf dem Canal Grande. Aber der Palast ist nichts für den Jungen, nichts für meinen Sohn. Ich möchte, daß Francesco Rechtsgelehrter wird ... Noch haben wir uns nicht entschieden.«

»Wenn ich Euch behilflich sein kann ...«

Der Sohn des Prokurators öffnete einen kleinen Wandschrank, entnahm ihm einen gelben Seidenbeutel und band ihn eigenhändig zu.

»Wir Kaufleute nennen dergleichen untereinander Handgeld. Unter Künstlern, unter so großen Künstlern, hat es vielleicht einen anderen Namen. Nehmt es von Herzen und seid mir nicht böse, daß ich nur meine eigene Sprache kenne. Meine Tochter habt Ihr glücklich gemacht. Die Hochzeit ist der schönste Tag im Leben eines jeden Mädchens. Für sie wird er vielleicht deshalb der schönste, weil nicht nur ihr Herz sprechen wird, sondern auch Eure Favola erklingen ...«

Es war zwar noch nicht Fasching, dennoch setzten die beiden Besucher der Canonica eine Maske auf, sobald sie aus der großen Gondel stiegen. So gingen sie die Treppen hinauf, mit klirrendem Degen, und der Ältere betätigte den Türklopfer. Der Diener ging voraus in das klösterliche weißgetünchte Vorzimmer und klopfte beim Maestro an: »Zwei Herren sind gekommen ...« Verärgert stand der Meister auf, Notenblätter bedeckten den niedrigen, runden Tisch; Entwürfe, verschriebene Blätter lagen rings umher. Er trug eine Hausjacke, denn um diese Stunde in der Dämmerung blies ein scharfer Wind von den Friauler Bergen herunter. Zwei Besucher, unangemeldet, am Abend?

Als erstes warf der Jüngere die Maske ab, und unter dem aufschlagenden Mantel kamen ein farbenprächtiges Mantuaner Seidenwams und leuchtende Samthosen zum Vorschein, und unter dem Barett erschien ein lächelndes, bekanntes, junges Gesicht, zu dem vor gar nicht allzulanger Zeit noch ein ernster Hermelinkragen, ein Purpurmantel und ein Kardinalshut gehörten.
»Hoheit . . . hier, bei mir . . . hier, in Venedig?«
Der zweite war Striggio, der Ferdinando, den Herzog von Mantua, auf seiner Inkognitoreise nach Venedig begleitete. In seiner Verlegenheit lachte der Meister auf. Das Arbeitszimmer mutete wirklich an wie eine Mönchszelle. Es gab darin nur soviel Möbel, wie unbedingt gebraucht wurden, und wieviel er aus Cremona mitgebracht hatte. Ferdinando umarmte ihn lachend und zog die Hand zurück, als der Maestro sie küssen wollte.
»Keine Angst, Maestro, ich habe meinen Thron in Mantua nicht verloren. Es ist alles in Ordnung. Aber da Ihr nicht geneigt seid, in meine Dienste zurückzukehren, bin ich selbst gekommen, um Euch zu besuchen. Und wenn ich Euch schon nicht dazu bewegen kann, nach Mantua zurückzukehren, so kann ich Euch wenigstens ersuchen, wieder für uns zu komponieren.«
»Hoheit . . . zuviel der Ehre, ich kann es gar nicht glauben.«
»Graf Alessandro fand auch, daß ich die Schwelle eines . . . Untertanen nicht überschreiten dürfe. Ich hoffe, Ihr habt nicht vergessen, daß Ihr nach dem Willen meines seligen Vaters Mantuaner Bürger seid. Aber wißt Ihr, Messer Claudio, während ich im Dienste der Kirche stand – als Kardinal –, habe ich vieles gelernt. Bestimmte Hofzeremonien sind geradewegs lächerlich. Warum sollte ich nicht zu Euch kommen dürfen, wenn ich in Venedig weile? Seid Ihr doch – ich gestehe es – einer der wenigen, zu denen ich mich seit meiner Kindheit aufrichtig hingezogen fühle. Messer Claudio, mein seliger Bruder hat Euch gekränkt. Ich weiß nicht, warum . . . Der arme Francesco war, als er den Thron bestieg, nicht mehr gesund. Als ich die Regierung übernahm, fand ich schon vieles so vor, daß es fast nicht mehr gutzumachen geht. Auch in Eurem Falle . . . Ich weiß, ja, ich weiß, daß Ihr, wie Ihr an Graf Striggio geschrieben habt – ja, Alessandro hat es verdient, daß ich ihn in den Grafenstand erhob – mit fünfundzwanzig Scudi in der Tasche Mantua verlassen habt. Wenn meine Schatzkammer nicht nach wie vor so leer wäre, würde ich es nachholen, was Chieppio, der alte Chieppio, der geizige Chieppio, zu unserer Schande versäumt hat. Aber etwas haben wir Euch mitgebracht, nehmt es, Messere, von Eurem Herzog mit gutem Herzen an . . . Werdet Ihr für mich komponieren? Werdet Ihr . . .? Woran arbeitet Ihr jetzt? An einer Favola?«
»Hoheit, ich bin im Begriff, einige Strophen Tassos zu vertonen . . . aus dem zwölften Gesang, wo Tankred und Clorinda gegeneinander kämpfen . . .«

»Ein Dramma per musica? Für wen, Messere? Wo wird man es aufführen?«

»Es ist, Hoheit ... ich möchte sagen, *senza gesto* – ohne Spiel –, aber in der Musik selbst ist etwas, was ich noch nie probiert habe. Es soll für die Hochzeit der Tochter Mocenigos sein. Das Ganze dauert vielleicht eine halbe Stunde, Hoheit, es ist nicht ein Viertel einer Favola. Einer meiner Musiker fragte mich: ›Was ist das, Maestro?‹ Ich konnte es ihm nicht sagen. Es ist kein Dramma per musica, kein andächtiges Oratorium, kein Madrigal, aber auch kein einfaches Rezitativ. Von allen etwas, Hoheit. Der Stil ist ... nicht so wie das plätschernde Wasser ... er ist voller Spannung ... ja, erregt. *Stile concitato*, ja, so könnte man es bezeichnen, erfüllt von Kampf und Leidenschaft; Zorn und Demut, fromme christliche Seele und dröhnende Schlacht, galoppierende Pferde, Kriegsgetümmel, all das zusammen und darüber hinaus noch eins. Hoheit, als ich so alt war, wie Ihr jetzt, und ich meinen Dienst in Mantua angetreten hatte, war der selige Messer Tasso so gütig, mich damit auszuzeichnen, daß er sich meine auf seine Verse komponierte Musik anhörte. Ich habe ihn nicht nur einmal gesprochen. Seither höre ich seine Stimme immer wieder. Wenn er einen Vers las, klang dies wie die wunderbarste Musik. Er hatte eine wohlklingende und tiefe Stimme, er modulierte fein und intonierte rein. Seine Stimme ... Euer Hoheit kann ich es sagen, versuche ich zu erlauschen, aus dem Nichts zurückzubringen. Er wird der *Testo* sein, der die Handlung schildert. Wie wenn in einem großen Oratorium der Evangelist das Wort ergreift. Ich möchte Messer Tasso damit ein Denkmal setzen.«

»Und für mich, Maestro?«

»Hoheit?«

»Seit Monteverdi gegangen ist, und seit die schweren Jahre über Mantua hereingebrochen sind, gibt es keine großen Hoffeste; der *Stile rappresentativo*, den wir pflegten wie eine seltene Blume, ist verwelkt. Ich hätte gern, wenn Ihr uns eine Meeresfavola schreiben würdet. Eine Favola di Peleo e Tetide. Den Text hat ein echter Edelmann geschrieben, Ihr kennt ihn ... Nein, diesmal ist nicht Striggio der Autor, wenngleich, soviel ich weiß, auch er unter diesem Titel eine Geschichte geschrieben hat. Dieser Text aber stammt von Graf Scipione Agnelli. Er hat damit die größte Anerkennung unserer Arkadischen Akademie errungen. Ich möchte Euch das Manuskript hierlassen. Denkt darüber nach ... Ihr werdet sicher gern unsere Beziehungen wieder erneuern. Und ich denke, das wäre eine gute Gelegenheit, daß Ihr Mantua wieder einmal besucht. Richtig ... richtig, Striggio, wir wollen nicht vergessen, abzugeben, was wir gebracht haben. In Venedig wird das Geld so schnell alle, und wir haben noch drei lange Tage vor uns. Antwortet jetzt gar nicht, Maestro, Ihr werdet es Striggio schreiben ... Ich freue mich, Euch gesehen zu haben und daß Ihr Euch auch im Dienste der Serenissima nicht verändert habt. Wenn ich noch Kardinal wäre, würde ich Euch den Segen erteilen. Aber der Heilige Vater hat mich losgesprochen ... nein ... nicht gerne ... So empfangt Unsere fürstliche Gunst.«

Er kannte ihn seit seiner Kindheit. Dem Anschein nach leichtfertig, unüberlegt, gutherzig und schwärmerisch. Wie war der zweite Sohn Herzog Vincenzos in Wirklichkeit? Berechnend, schlau, selbstgefällig, lebenshungrig, ein echter oder falscher Dilettant? Ein guter oder schlechter Musiker? Schon schwamm seine Gondel auf irgendeinen Palast zu, der den jungen Herrn Mantuas für einige Tage verbergen wird. Scipione Agnelli? Er hielt ihn nie für einen guten Dichter, aber der Text der »Sestina« stammte dennoch von ihm. Er legte das Manuskript in ein Schubfach zur Seite. Er war der Mythologie überdrüssig. Die schwebenden Nymphen, Najaden und Götter langweilten ihn schon.

Wie er so in der Grabesstille des Innenhofes saß, erwachten in der Tiefe seines Gedächtnisses ungewöhnliche Erinnerungen. Verschüttete Stimmen. Ihm war, als näherten sie sich ihm aus der Tiefe, aus großer Tiefe. Soldaten saßen am Lagerfeuer, ein seltsames, fremdartiges Lied, eine kurze Klangskala, ein rauhes Unisono. Er hatte zu Marinoni gesagt: »Hör dir das an, wie anders diese Ungarn singen!« Und er hatte auch türkische Gefangene singen gehört. Und wieder einem anderen Rhythmus konnte er an den Lagerfeuern lauschen, um die sich kroatische Reiter wärmten. Die Landschaft löste sich in Töne auf: Das Rauschen der Donau, die Burg, ihr leuchtendes, Roßschweife tragendes Karree bei dem nächtlichen Kanonen- und Raketenfeuer, das Zischen der Lunten, Regen, aufspritzender Schlamm in der Spur des Fußvolkes und wieder das Galoppieren der Reiter: Das war das Schönste, die Bewegung, das Dröhnen, der Wettlauf der Schlachtrosse in den schwarzen Stunden, die Nacht ... *La notte*, wenn sich die nächtlichen Stimmen in dem gewaltigen Lager erhoben und die Grillen zu zirpen begannen. Kanonen feuerten, und es folgte eine ungeheure Detonation – eine Mine oder eine Gegenmine explodierte. Wie laut ein Lager ist und wie still eine Festung. Als Tankred im Tor der Stadt stand ... worin mochte sich die von Visegrád unterschieden haben? Nie gesehener Peleus. Wer hatte eine Vorstellung von Theseus? Und von der Flotte der Athener? Von den Ungeheuern und den in der Unterwelt schmachtenden Damen? ... Aber er hatte echte Kämpfe zwischen zwei Reitern und zwei Fußsoldaten gesehen. Wie sie gegeneinander anstürmten, hartnäckig, immer wieder aufs neue wurde der Kampf geführt, dann spritzte Blut – der Stahl hatte den Weg in den Spalt der Rüstung gefunden.

Der in Leder gebundene Tasso im Oktavformat war schon abgegriffen. Es war ein Exemplar des *Gerusalemme liberata*, des »Befreiten Jerusalem«, mit einer Widmung des Autors auf der ersten Seite. Messer Torquato war tot, Monteverdi konnte unter den Texten wählen. Jetzt stand keiner neben ihm, nicht der Höfling Striggio, nicht der hochmütige Agnelli oder der Herzog selbst, der auf seinen Text ein Madrigal komponiert haben wollte ... »*Ma ecco omai l'ora fatale è giunta* ...«, »die verhängnisvolle Stunde ist gekommen«, das war die erste Zeile, die ihn faszinierte, immer wieder aufs neue. Er blätterte zurück: Wo sollte er beginnen? Aus dem sich ballenden Nichts formten sich Gestalten. Clorinda? Tankred? Er hörte sie mit der wohlklingenden, tiefen Stimme Tassos ...

Aber durfte er es so formulieren, als würde Tasso es sagen? War dies kein Sakrileg dem großen Toten gegenüber? Er mußte den Text der Musik wegen ohnehin auflösen, zerschneiden, kürzen, in eine neue Form bringen. So mag er also der *Testo* sein. Wer ihn hört, soll wissen, daß er den Meister zitiert.

Aber wie sollte er aus diesem bewegten, rohen Stoff eine Musik formen?

Giustiniana sah ihn fragend an, als er, wie er versprochen, in den Palast kam, sich im großen Saal umschaute, die Seitentüren öffnete und einen Blick in die kleinen Zimmer nebenan warf.

»*Senza gesto* ... Ein Spiel ohne Spiel also! Erst, zur Einleitung, müssen ein oder zwei sanfte madrigalartige Stücke erklingen, um die Herzen der Zuhörer zu öffnen. Ohne jegliche Inszenierung, ohne Gesten und Kulissen. Die Musiker werden hier im Nebenzimmer sitzen ... Nein, ich denke nicht an ein großes Orchester ... Seht Euch die Partitur an, Signorina: Hier beginnt der *Stile rappresentativo* ... drei der Musiker kommen herein. Aus diesem kleinen Zimmer. Clorinda und Tankred vom Kopf bis zum Fuß in Rüstung. Tankred zu Pferd ... mit einer Bühnenmaschine läßt sich das lösen. Er steigt aus dem Sattel. Der dritte ist der *Testo.* Denkt an den Evangelisten, der die Leiden des Herrn schildert. Aber ich möchte, daß seine Stimme der Messer Tassos ähnelt. Sein Gesang soll ohne Ausschmückung sein, er soll die Fiorituren meiden. Einmal ... ein einziges Mal gestatte ich es ihm, bei dem Wort *notte.* Die Frau und der Mann erscheinen in silberweißen Panzern, er im purpurfarbenen, sie im blauen Mantel. Instrumente ...«

Marinoni, der mit dem Maestro gekommen war, sortierte die Partien auseinander. Vier Violen da braccio, zwei da basso, das Clavicembalo ... Er hob den Kopf.

»Was ist das für ein Vorzeichen, Claudio? Das kenne ich nicht!«

Giustiniana kam näher, mit den Noten der zweiten Viola in der Hand.

»Hier, Meister, verschmelzen die Instrumente schon ganz miteinander, so schnell habe ich das noch nie gesehen; was ist das?«

»Signorina haben sicher noch nie gehört, wenn sich eine Reitertruppe im Galopp nähert. Noch sieht man sie nicht, fühlt nur, wenn von weitem, leise, kaum wahrnehmbar, die Erde zu beben beginnt, und langsam alle Gegenstände, selbst die Luft, das Dröhnen übernehmen. Hört

man da einen einzigen Schritt, das Geräusch von einem einzigen Huf? Alles geht ineinander über, verschmilzt miteinander, beginnt zu beben: Ich will es versuchen. *Tremolo.* Das gibt die Wucht des Kriegsgetümmels wieder, erweckt die erregte, ruhelose Stimmung, die den Kontrast zu den ruhigen, fast farblosen Worten des Erzählers bildet. Ja, die Darsteller müssen sich nach dieser Oratio richten, aber das Orchester löst sich davon. Seht Ihr, vier Viole da braccio; alle vier Stimmen, Sopran, Alt, Tenor, Baß. Sie lösen sich von dem Rezitativ, lösen sich von der Handlung.«
»Wann singt Tankred und wann Clorinda ...?«
»Sobald der Erzähler verstummt. Sobald Tasso das Wort den Darstellern überläßt. Wenn er beobachtet, wie sie, die er erträumt hat, zum Leben erwachen. Versteht Ihr, Signorina? Das Orchester übernimmt den Inhalt der Oratio, deshalb soll die Stimme des Testo klar sein, er soll den Text schön aussprechen, wie Herr Rinuccini das verlangen würde: Rein, schlicht, klar.«
»Und hier, Maestro, wieder ein mir unbekanntes Zeichen.«
»Hier genügt der Bogen nicht! Hand und Saite müssen in unmittelbare Beziehung zueinander treten. Da bedarf es des Bogens nicht. Die Saiten werden gezupft ...«
»Claudio ... eine solche Partitur habe ich noch nie gesehen!«
»Die Musiker werden mit den Fingern zupfen: Das löst eine seltsame, rasche, erregte und dennoch tiefe Wirkung aus! Glaube mir, ich habe es selbst versucht, habe die Partien selbst gespielt. Du behältst den Bogen in der Hand, zupfst aber nur, als wolltest du das Instrument stimmen. Verstehst du: Das ist das *Pizzicato*, und so wird es gespielt.«
Die Musiker kamen an und drei Sänger aus dem Chor. Während der Proben sollten sie die Rollen übernehmen. Aber die Tochter Mocenigos wollte wissen, wer die Clorinda singen würde?
»Habt Ihr, Signorina, schon einmal von Adriana Basile gehört?«
»Die die Gonzaga verzaubert hat? Die Neapolitanerin? Die zur Freifrau erhoben worden ist?«
»Sie hat mir geschrieben. Den Fasching wird sie mit ihrem Töchterchen in Venedig verbringen. Sie würde gern singen, in der Kirche oder im Theater, wenn ich eine Rolle für sie hätte. Das ist ihr Herzenswunsch ... Daheim in Mantua singt sie nicht. Sie ist Baronin, besitzt ein Schloß aus Gnade des seligen Herzogs.«
Giustiniana senkte den Kopf.
»Würde Adriana Basile zu uns kommen? Hat mein Vater soviel Dukaten, daß er sie bezahlen kann?«
»Sie tut es nicht ums Geld. Einmal, vor langer Zeit, habe ich ihr versprochen, für sie eine Rolle zu schreiben. Bis jetzt konnte ich das Versprechen nicht einhalten. Diesmal ist es nur wenig, es bedarf nicht vieler Proben. Man braucht nicht viel Kulissen. Ich kenne einen Meister, Giuseppe Schioppi, er hat sinnvolle Maschinerien erfunden, die man in

den Theatern verwendet. Wir haben noch einen ganzen Monat, Signorina. Vertraut auf mich. Es wird alles auf seinem Platz sein, bis die Hochzeitsgäste eintreffen.«

Als die Gäste nach der Trauung in der Kirche in den Palazzo Mocenigo kamen, erwartete sie im Kerzenlicht des großen Saales bereits die offene Bühne. Genauer: Es war nur ein Podium, mit den schönsten Teppichen bedeckt. Im Hintergrund hatte man Spiegel angebracht, um den Schein der Kerzen zu verstärken. Die schöne, stattliche Gestalt Girolamo Mocenigos tauchte auf, und die Gäste bildeten Gruppen: Ganz Venedig wußte von dem großen Ereignis, draußen vor dem Palast versammelten sich immer mehr Neugierige an dem sanften Faschingsabend. Die Gästeschar ordnete sich nach Schichten, dies verrieten die Staatsgewänder, die Talare, die Mäntel der Senatoren, die Hermeline und golddurchwirkten Stolen. Eigenartige Farbtupfen bildeten die erschienenen Gesandten und einige Vornehme, die mit den Fremden gekommen waren. Die Mocenigo stellten ihre Franzosenfreundschaft demonstrativ heraus (Girolamo hatte von dem Allerchristlichsten König die Rittersporen erhalten), so durfte der französische Gesandte nicht fehlen. Er kam mit Gemahlin, erwachsener Tochter, Sekretär und einem bei ihm in Venedig weilenden Gast, der auf die Rappresentazione gespannt war.
Der Abend begann mit einem Madrigal für Instrumente – gleich einer Ouvertüre –, wie Meister Monteverdi es gewünscht hatte. Die schöne, traurige sechsstimmige Musik erfüllte den Saal, alle freuten sich, wieder ein Madrigal zu hören: Seit sich die Venezianer an die neue Konzertmusik gewöhnt hatten, hörte man in den Palästen diese alte, edle Musik immer seltener.
Die großen Flügeltüren wurden geöffnet, dahinter verbarg sich das Orchester. Der Meister gab ein Zeichen, im Saal erloschen die Lichter, nur in der bühnenartig aufgebauten Ecke des Raumes strahlten die durch Spiegel verstärkten Kerzenlichter. Der Erzähler trug den dunklen Mantel Tassos mit dem Kreuz darauf und bemühte sich, entsprechend dem Wunsche Meister Monteverdis auch in seinen Bewegungen und Gesten jenen nachzuahmen, der einst Verse aus seinem *Gerusalemme liberata* so wundervoll rezitiert hatte. Clorinda trat heraus: Ein Raunen lief durch den Saal. Adriana Basile hatte, im Besitz der Einladung, selbst die Waffenkammern der Paläste durchstöbert. Nun kam sie in einem silberfarbenen Panzerhemd, das von einem Spitzenkragen gerahmt war. Dieses in Toledo geschmiedete Kunstwerk mutete an, als wäre es aus Seide, gab selbst das Wogen ihres Busens wieder. Sie trug Beinschienen, und ihren Kopf bedeckte ein riesiger, mit Federn geschmückter Silberhelm. Ihr Schwert hielt sie vor sich, an ihrem Gürtel hingen ein Dolch und »heidnische« Embleme. Von den Schultern wallte ein Mantel, dessen Linie in der Taille unterbrochen wurde. Er

war außen himmelblau und mit goldfarbener Seide gefüttert. Im Brustharnisch prunkte getrieben — oh, menschliche Eitelkeit! — das Freiherrnwappen Adriana Basiles.
Als sie eintrat, war ihr Helmvisier geschlossen. Doch mit einer einzigen theatralischen Bewegung schlug sie die leise klappende Metallmaske auf. Die Venezianer sahen jetzt zum erstenmal dieses strahlende, äußerst lebendige, spielerische, unerwartet schöne Frauenantlitz. Kaum hatte sich das Raunen des Erstaunens gelegt, als der Held auf seinem Bühnenpferd hereingeritten kam und mit einer feierlichen Bewegung aus dem Sattel stieg. Jetzt wurde der Vorhang zur Seite gezogen: Man sah das auf Leinwand gemalte Bild einer riesigen Stadt, mit Toren und Schießscharten, mit hervorspringenden Basteien, auf die der Maler — der größeren Wirkung wegen — auch einige drohende Kanonen gesetzt hatte. Andächtige Stille senkte sich auf den Zuschauerraum: Ein Page hatte an die Gäste den Text verteilt, aber die meisten kannten ihn ohnehin. Es war eine der schönsten Episoden aus dem Werk Tassos: Tankred hatte die in die Festung eilende heidnische Clorinda eingeholt und sie zum Zweikampf aufgefordert; der milde Mondschein beleuchtete das Tor, das Clorinda nicht mehr durchschreiten würde.
Der Held Tankred war zu Pferd gekommen, Clorinda war zu Fuß. Der Mann hatte sich aus dem Sattel geschwungen, er wollte im ritterlichen Kampf nicht im Vorteil sein. Beide griffen zu den Waffen, und in drei Gängen verlief der unheimliche Zweikampf . . . Der Helm Clorindas war wieder geschlossen. Er ließ die Locken des Mädchens nicht sehen, der Mantel bedeckte ihren Panzer, zeigte die Rundungen des Frauenkörpers nicht. Die Klingen sprühten Funken, Clorinda ermattete. Das Schwert fiel ihr fast aus der Hand. Sie verharrten, schlugen dann wieder aufeinander ein. Der Arm und das Schwert Tankreds waren stärker: Das Panzerhemd, das Clorinda schützte, gab nach: Der Stich drang ein, die Kettenglieder rissen, aus dem Spalt drang Blut . . . Tankred sah, daß sein Gegner stürzte. Er beugte sich über ihn, fragte nach seinem Namen . . . Zum erstenmal sprach das Mädchen: Mit süßer Frauenstimme — die versagende Stimme verriet den nahenden Tod. Clorinda bat (das war das tiefsinnige Anliegen Tassos), er, der sie niedergestreckt, in den Tod gestoßen hatte, sollte ihre Stirn mit dem Wasser des ewigen Lebens benetzen, sie taufen. Tankred beugte sich über die nahe Quelle, schöpfte Wasser mit seinem Helm, schob das Visier Clorindas hoch: Jetzt sah der tragische Held des Epos, wer es war, mit der er gekämpft, die er zu Tode verletzt hatte. *»S'apre il cielo . . . io vado in pace«* . . . »Der Himmel öffnet sich . . . ich gehe in Frieden . . .«
Tremoli und Pizzicati wechselten einander ab. Die männlich edle Stimme des Erzählers in dem dunklen, unpersönlichen Umhang verriet den besten Oratoriensänger; ein junger Contarini gestaltete den Tankred, seine Stimme war seidenweich und doch kraftvoll: Ihm hatte der Maestro die kurze Rolle einstudiert. (Die beiden Darsteller waren bei

der Probe übereingekommen, mit der Senza-gesto-Anweisung des Autors zu brechen und den Zweikampf richtig zu spielen.) Clorinda stand da ... ihre Stimme und ihre Bewegungen waren wundervoll: Alle verfolgten beklommenen Herzens, wie sie zu dem Stahl griff, wie sie bei dem sich verstärkenden Rhythmus der Instrumente, während des Rezitativs des Erzählers auflebte, am Tor verharrte, sich umdrehte und das Visier schloß – nun war auch sie ein namenloser Ritter, entsprechend bewegte sie sich, griff zu ihrer Waffe (wo mochte Adriana gelernt haben, damit umzugehen?). Ihre leichte, lange Klinge klirrte, und im Kerzenlicht zuckte rhythmisch der Stahl. Blut überströmte den Panzer (wie der Dichter sagt: »*Trapunta ... la mamella stringea tenere e leve*« – er durchbohrte ihre zarte, schöngeformte Brust) ... das Panzerhemd sprang auf, und unter dem seidenen Mantel leuchtete der Körper Adrianas auf. Und man vernahm ihre Stimme. Es war keine lange Rolle, aber wer Adriana einmal hörte, vergaß sie nie wieder. Das Piano, wie der leise Atem einer Taube, und als sich ihre Stimme verstärkte, bekam sie Glanz, widersetzte sich dem Sterbenmüssen ... Tankred mit seiner schönen, vollen, aber laienhaften Stimme stand über sie geneigt, die Andacht des Saales wuchs, als er zusammensank, und als der Erzähler den Tassoschen Schleier über sie deckte, brach im dunklen Saal die Begeisterung aus. Niemals hatte man in Mantua so getobt, in einem so unheimlichen Unisono wie in diesem Saal, in dem man nur die Auserwählten, die mit Gold und Edelsteinen geschmückten Edlen der Republik des Heiligen Markus eingelassen hatte. Noch waren in den Augen der Damen die Tränen nicht getrocknet, da hob man Adriana von der Bühne: Sie lachte, spielte, wehrte sich, schluchzte: Es war der ganz große Auftritt ihres Lebens, diese kleine Rolle, die ins Riesenhafte anwuchs wie der Schatten, den ihre Klinge auf die gemalten Kulissen warf. Die Kerzen leuchteten wieder auf, und nun standen sie blaß nebeneinander: Maestro und Schülerin.

Giustiniana Mocenigo erhob sich. Er mutete an wie eine Pantomime ... und es war, als gehörte auch dies noch zu dem großen Schauspiel. Jetzt sah man, wieviel Musiker darunter waren, die Hitze der Auseinandersetzungen erfüllte die Luft, nicht alle stimmten mit der Auffassung des Meisters überein. »Was war das, als die Violen wie von Sinnen spielten und die Töne sich überstürzten?« – »Wer hat schon mal gehört, daß man die Saiten der Viola zupft wie die Bauern ihre Zither?« Die Gruppen wogten hin und her, jedermann stand unter dem Eindruck des großen Erlebnisses. Der eine oder andere hielt das Werk Tassos in der Hand, blätterte ... las, vertiefte sich in den Rhythmus der Strophen, und so drängte sich Giustiniana zu dem Meister durch, machte einen Knicks und küßte ihm die Hand. Das war das Höchste ... die größte Ehre, die eine venezianische Edelfrau jemand erweisen konnte. Monteverdi zog die Hand verlegen zurück, lächelte hinter Tränen und legte dann beide Hände der jungen Frau auf die Stirn:

»Werde glücklich, meine liebe Tochter!« Der Vater winkte lächelnd und sagte: »Un bacio.« Giustiniana streckte dem Meister folgsam das Gesicht hin. Claudio küßte sie auf die Stirn. Jetzt kam der Auftritt Adrianas: Sie war noch immer in Rüstung, hatte nur mit einer silbernen Klammer die Stelle befestigt, die das Schwert aufgerissen hatte, und das rote Tüchlein zur Seite geschoben, das das Blut angedeutet hatte. Basile wartete: Ihre Rolle war in diesem Augenblick nicht geklärt. War sie eine Komödiantin, so mußte sie sich vor der Patriziertochter verneigen . . . aber sie war Gast in Venedig, Freifrau von Mantua und bekam für ihren Auftritt kein Geld. Und da kniete Giustiniana spielerisch vor ihr nieder: »Schlage mich zum Ritter deines Frauenordens«. Adriana umarmte sie: Wieder brach im Saal der Beifallssturm aus. Den Musikern entriß man die Noten des *Combattimento*, die Geschäftstüchtigeren hatten bereits Kopien mitgebracht und verkauften diese für eine Zechine. In diesem Augenblick klopfte das Herz Venedigs im Palazzo Mocenigo: Eine Stunde später wußten auch der Doge und die Dogaressa von dem Ereignis und waren selbst gespannt auf das »weltliche Oratorium«, mit dem der Ehebund einer Mocenigo mit einem Giustiniani besiegelt worden war.
Der Gesandte des Allerchristlichsten Königs wandte sich lächelnd an den schmächtigen, jungen französischen Ritter, den er für diesen denkwürdigen Anlaß als Gast in den Palazzo Mocenigo mitgebracht hatte.
»Für diesen Abend hat es sich wohl gelohnt, die Belagerung Bredas zu verlassen, Monsieur Descartes?«
»Es tut mir leid, daß ich mein Werk über Musik nicht diesem wunderbaren Messer Claudio gewidmet habe.«
Der Gesandte geleitete seinen Gast an den Tisch, an dem sich der Maestro von den Anstrengungen des Abends ausruhte. René Descartes sprach Monteverdi lateinisch an, seine tiefe Stimme stand im Gegensatz zu seiner zarten, zu einem Krieger kaum passenden Gestalt.
»Magister Claudius, in meiner Jugend habe ich über Musik geschrieben. Aber ich glaube, daß wir, um uns der Wahrheit zu nähern, sie zu erreichen, einmal im Leben alle Ansichten zur Seite schieben müssen, die wir fertig übernommen haben. Man muß alles neu aufbauen, vom Grund auf. Ich glaube, das trifft auf das ganze System unserer Kenntnisse zu. Ihr habt damit schon begonnen, habt alles weggeworfen, was man vor Euch geschaffen hat. Ich danke Euch, daß ich Euch zuhören durfte.«
Monteverdi betrachtete den Mann mit dem lebhaften, klugen Blick. Er versuchte, den tieferen, ihn betreffenden Sinn der kühlen lateinischen Sätze zu ergründen.
»Hätten mich nie Platon und Boëthius geleitet, würde ich Euch in all dem rechtgeben, junger Freund, was Ihr darüber sagtet, daß man die Fundamente aller Wissenschaften neu legen muß! Ich freue mich, Euch kennengelernt zu haben.«
Adriana war verschwunden. Legte sie die Rüstung ab, um dann zu-

rückzukommen, oder wartete unten bereits die Gondel auf sie, um sie in den Palast zu bringen, in dem seit der Zeit Vincenzos die zum Fasching gekommenen Herzöge Mantuas abstiegen? Ein Page verneigte sich vor dem Meister.
»Madama Adriana läßt den Maestro bitten. Sie wartet bereits.«
Man geleitete ihn durch ein Spalier von Fackeln zur Gondel hinunter. Girolamo Mocenigo umarmte ihn, als gehörte er zur Familie, wäre ein Blutsverwandter. Giustiniana steckte ihm eine Myrtenblüte an seinen Mantel.
Adriana saß in der goldenen, hellblau gepolsterten, märchenhaften Gondel, die das Wappen Mantuas zierte. Das Boot bog vom Palazzo Mocenigo ab, fuhr dahin, entfernte sich vom Canal Grande.
»Er mag Euch ähnlich gewesen sein – Buonarotti. Nur viel, viel älter. Auch er hat seine Werke aus dem Nichts geschaffen.«
»Beschämt mich nicht, Adriana. Als ich in Rom weilte, habe ich das ›Jüngste Gericht‹ gesehen. Und zu Hause, in Cremona, konnte ich noch mit der letzten Schülerin Michelangelos sprechen. Ja, der Meister war einer der Größten dieser Erde. Ihm konnte sich die Materie nicht widersetzen, und er hat vielleicht sogar die Kräfte der Natur gezwungen, ihm zu gehorchen. Im Vergleich zu ihm sind wir winzig . . . kleine Meister.«
Im Fackelschein fiel das Licht von der Seite auf sein Gesicht – als er sich nach vorn neigte. Mit seinem schmalen Profil, den tiefsitzenden Augen und dem grauen Bart erinnerte er fast geisterhaft an jene Michelangelo-Stiche, die – zum großen Teil nach seinem Selbstbildnis – häufig bei den Kunstsammlern zu sehen waren. Adriana Basile legte lächelnd ihre Hand auf die seine.
»Seht nur, Ihr könnt nicht ruhen, wie es auch Buonarotti nicht konnte. Und wer in Eure Nähe gelangt, wird von Eurer Kunst genauso mitgerissen wie jener, dem es vergönnt war, im Kreise Michelangelos zu leben. Wißt Ihr, Claudio, was alles geschehen mußte, daß ich in den Palazzo Mocenigo kam, um die letzte Rappresentazione meines Lebens zu geben, um heute die Clorinda zu spielen?«
Die Gondel, wie sie so dahinglitt, bekam das Licht einmal von der Seite, ein andermal von vorn oder von den hinter ihnen kommenden Schiffen oder den Fackeln in den Palästen. Sie schwiegen. Der Meister dachte, wie er seine den Fürsten und Städten gegebenen Versprechungen erfüllen sollte, zu bestimmten Anlässen ein neues Musikstück, einen Torneo oder eine Motette zu komponieren, und wann er nach Parma oder gelegentlich nach Mantua reisen sollte. Auch mußte er für das Studium seiner beiden Söhne sorgen. Indem sie sich jedoch dem »Palast der Mantuaner« näherten, den Vincenzo von der Serenissima gekauft hatte, wich all das wie sich lichtender Nebel: Nun hatte er das Alter und die Schatten überwunden. Er lächelte, als er Adriana in die Augen schaute, und der Glanz ließ ihre Hände sich finden.

Schon in der Vorhalle des kleinen Palastes schlug ihm die vertraute Atmosphäre der liebgewordenen Stadt Vincenzos entgegen: Alles war launisch, überschwenglich – die Stukkaturen, die Verzierungen und Möbel. Nichts erinnerte an die Welt der venezianischen Paläste mit ihrer jahrhundertealten, strengen Gotik. Hier umgab einen der Geschmack Seiner Hoheit, nur die Spiegel und das Glas waren venezianisch, und vielleicht die Teppiche, die die Farben ihrer fernen arabischen Heimat bewahrt hatten. Wie er die Treppe hinaufging, war ihm, als würde er bei jeder Stufe etwas von seinen Jahren verlieren. Ja, bei jeder Biegung entfaltete sich die wunderbare Welt Vincenzos immer lebhafter, dieses genialen Dilettanten, der Tasso aus seinem Kerker befreit, den zwanzigjährigen Rubens entdeckt und beide Galileis zu seinen Anhängern gemacht hatte. Der »Palast der Mantuaner« lag einige Ruderschläge vom Canal Grande entfernt und mutete in diesem Augenblick an, als wäre er ein Flügel der Reggia und als würde Adriana dort die Tapetentür zum Stelldichein öffnen.
Sie schlug den Vorhang zur Seite und zündete mit einem Lämpchen eigenhändig die schwefelgelben Kerzen in dem goldenen Kandelaber vor der riesigen Spiegelwand an. Erst schienen nur ihre Augen zu sprechen, als wäre ihr Summen nur ein verfliegender Hauch, aber schon erkannte er das Madrigal, auf einen Vers von Guarini aus »Il pastor fido«:

»Meine teure Seele, o Mirtillo,
könntest du sehen, wie hier drinnen
das Herz eines Mädchens schmerzt,
das du deine grausamste Amaryllis nennst,
ich weiß, du hättest Mitleid mit ihm,
das du dir auch von ihm für dich erwünschst.
Oh, die ihr an der Liebe leidet, ihr allein wißt,
was es meinem Herzen bedeutet, wenn es Liebe findet,
und meiner Seele, wenn sie einen teuren Geliebten trifft.
Ach, warum trennt uns das Schicksal,
wenn uns Amor so fest verbunden hat,
und warum hat er uns verbunden,
wenn unsere Liebe in der Hand des Schicksals zerreißt . . .?«

Sie sang eigentlich gar nicht, flüsterte nur. Es war die Kunst Adrianas, daß dies in der weichen, gedämpften Atmosphäre des Zimmers dennoch zum wunderbaren Gesang wurde, der mit dem Duft der Blumen und dem nächtlichen Wasserspiegel des Canal Grande verschmolz. War es Spiel, daß Tränen aus ihren schönen Augen rollten und daß sie die letzten Zeilen schon sprach, als hätte Maestro Guarini – vor einem Vierteljahrhundert wohl – das Madrigal für Adriana und Claudio geschrieben, für sie, die Unbekannte, weil er wußte, daß die einzige Adriana kommen würde und es zu ihrem Eigen machte? Denn sie tru-

gen beide, wie sie so dastanden, dicht beieinander, lange Jahre der Erinnerung in sich. Was jetzt mit ihnen und um sie geschah, erweckte begrabene oder in ihren Wurzeln erfrorene Gefühle, den Takt einiger Verse, einen Akkord, dessen Tiefe nur sie beide verstanden, die Betonung eines Rhythmus, in dem das Ausgesprochene mit dem Unausgesprochenen verschmolz wie Licht und Schatten auf den in Helldunkel gemalten Bildern.
Sie waren beide nur Gäste in dem Palast der Mantuaner, und dennoch führte Adriana ihren Begleiter durch die Räume, als wäre sie – nach dem Vermächtnis Vincenzos – noch immer die Herrin hier. Und wie sie so dahingingen und die weichen Teppiche das Geräusch ihrer Schritte verschlangen, empfanden beide das gleiche: Jeder Winkel und jeder Gegenstand erinnerten an den Herzog von Mantua. Es war ihnen, als würde er aus seinem geheimen Versteck sie anlächeln, ihre Hände ineinander legen, ihnen drohen, scherzhaft ernst oder vielleicht mit eifersüchtiger Leidenschaft, nach augenblicklicher Laune. Konnten sie seinem Andenken entfliehen? Sie waren umgeben von seinen Teppichen, seinen Bildern, seiner Liege. In der steifen Stadt des Heiligen Markus war dieser Palast das sich gegen die Gesetze der Nüchternheit auflehnende, sinnliche Mantua. Die Stimme Vincenzos aus seinem Versteck schien zu sagen: »Ihr seid noch jung, könnt einander lieben, wirf also weg deine Jahre, Claudio!«
Adriana zündete keine Kerzen mehr an. Eine Reihe flackernder, bunter Lichter begleitete sie auf ihrem Weg, auf dem ihnen Vincenzo voranging. Nur vor dem letzten Gemach, dem heimlichen Hochzeitszimmer, blieben sie stehen: Dessen Schloß war unberührt, es gehörte dem Herzog.
Einen Augenblick standen sie da, die Spiegel schienen im Lichterschein zu schwanken wie das Meer am Rande des Horizontes. Nur die Augen Adrianas, die die Farben wechselten, leuchteten. Von ihren Lippen sprudelten neapolitanische Worte, mit Leidenschaft, wie sie in ihrem Mädchenherzen einst keimten. Leise sprach sie die Klage der kretischen Königstochter, während ihre Hand die Lichter nacheinander auslöschte. Die Nacht breitete ihre Schatten über sie aus.

»*Il servizio poi è dolcissimo*, ja, hier in Venedig ist der Dienst angenehmer«, schrieb Claudio nach Mantua dem erprobten Freund Alessandro Striggio, der Mitarbeiter und Patron zugleich war. ». . . Da gibt es keinen einzigen Patrizier, der mich nicht verehrt, nicht achtet, und wenn ich meine eigenen Kompositionen spiele – seien diese andächtig oder profan –, dann, glaubt mir, Exzellenz, strömt die ganze Stadt zusammen. Wahrlich, der Dienst ist hier sehr angenehm . . .«
Sein Amt als Kapellmeister des San Marco verlangte, daß er für die Feierlichkeit am Himmelfahrtstag Motetten komponierte, wenn sich der Doge nach der Überlieferung vieler hundert Jahre alljährlich im

Namen Venedigs mit dem Meer vermählte. Schon viele Wochen zuvor begann man im Arsenal die Galeere des Dogen, das Bucentoro, instandzusetzen, auf Hochglanz zu bringen, neu zu vergolden. Aber es gab keinen auf sein Ansehen bedachten Edelmann oder wohlhabenden Bürger, der nicht auch sein eigenes Schiff, seine Gondel oder sein Boot in Augenschein genommen hätte: Die Holzteile wurden neu gestrichen, die Polster, die Vorhänge, die Teppiche erneuert, das Dach, die Bemalung, das Wappen und die Galionsfiguren überholt.

Einst standen im Geleit des Dogen die Statthalter der venezianischen Besitzungen im Mittelmeer: von Zypern, Chios, Samos, Morea und Achia, der Besitzungen am Schwarzen Meer, auf griechischem Boden und des unangefochtenen Dalmatien. Zu *Ascensione*, am Himmelfahrtstag huldigten alle gemeinsam dem Herzog von Venedig. Aber wo waren Zypern, die Kolonien am Schwarzen Meer, in Griechenland, das albanische Festland und das Meer geblieben?

Auf dem Bucentoro, auf dem die Vergoldung die Holzschäden verdeckte, waren zu den Feierlichkeiten des Jahres 1624 nur noch einige Personen vertreten, die den Titel eines Statthalters trugen, dazu wenige fürstliche Gäste, nur Ferdinando und seine Gemahlin aus Mantua waren gekommen, und die ausländischen Gesandten, die dem Dogen traditionsgemäß hier die Glückwünsche ihrer Regierungen überbrachten. Francesco Contarini, der fünfundneunzigste Herzog von Venedig, bestieg das Schiff. Er hatte im vergangenen Jahr das Erbe seiner Ahnen angetreten, aber die sein Pergamentgesicht, seine gebrechliche Gestalt und seine Greisenhände sahen, flüsterten einander zu: »Ein alter Bräutigam.«

Wie wurde der *Sposalizio*, das Vermählungsfest, gefeiert, als man in Venedig die Kanonen noch nicht kannte? Jetzt dröhnten die Geschütze im Arsenal und aus allen Basteien entlang der Küste, und die Batterien der an vielen verborgenen Stellen des verworrenen Inselmeeres verstreuten kleinen Befestigungen antworteten ihnen. Ein unheimliches, kriegerisches Schauspiel. Die Tauben flogen aufgeschreckt und unruhig umher, das Volk drängte sich schon seit Tagesanbruch auf der Piazzetta. Die Gondeln konnten sich kaum bewegen, soviel Gäste waren da, und das Bucentoro – mit seinen festlich gekleideten Ruderern – durchschnitt das Wasser nach dem offenen Meer gleich einer goldenen Schlange. Der Kapellmeister des San Marco nahm nach altüberlieferter Sitte den Platz unmittelbar hinter dem Dogen ein. Bei dieser Feierlichkeit war er eine Amtsperson, der Stolz der Prokuratoren: Das Ansehen und der Glanz der Vermählungsfeier hing auch von der Musik ab. Alle entsannen sich noch der, die im vergangenen Jahr, vor zwei oder drei Jahren gesungen worden war, und die Venezianer lauschten mit gespannter Aufmerksamkeit, wie sie in diesem Jahr ausfallen würde, ob sie sich mit der Tradition der Vergangenheit messen konnte, wie die Sänger glänzten, in welche Richtung der Wind den Gesang

trug, denn aus der Richtung ließen sich für die Zukunft irgendwelche orakelhafte Schlüsse ziehen.
Der Maestro di musica stand im schwarzen Galagewand hinter dem greisen Contarini. Seit Wochen hatte man die Motetten geprobt, und jeder Musiker trug soviel Stücke in der Mappe, daß man nicht zu befürchten brauchte, es werde an Musik fehlen, bevor das Fest seinen Höhepunkt erreichte.
Der Doge stand da, und die neun Prokuratoren, der Rat der Zehn, die Inquisitoren, die Senatoren, Gesandten und Edelleute bildeten eine malerische Gruppe um ihn, wie die Überlieferung dies gebot. Von nun an war er nicht mehr Contarini, und es war nicht nur das Jahr 1624: Auf dem Prunkschiff glitt ein halbes Jahrtausend dahin mit seinen einmaligen Traditionen. Die Motetten stiegen schmetternd empor. Die Augen des Meisters glänzten, er ermunterte die Sänger, zeigte mit dem Finger auf den Vorsänger der einen oder anderen Stimme, seine Lippen wiederholten stumm die Ritornelle, er nickte: Es war gut, oder er hob mißbilligend den Kopf, wenn die Intonation unsauber gewesen war.
Sein Blick glitt über das Schiff und die Gäste. Ein geflohener maurischer Herzog, ein Mandarin in gelber Seide, der Gesandte des chinesischen Kaisers, persische Vornehme, der schwarze Minister eines afrikanischen Königs. Ununterbrochen dröhnten die Kanonen des Arsenals, verkündeten die unvergängliche Macht Venedigs. Doch Ferdinando Gonzaga flüsterte seinem einstigen Amtsbruder, dem aus Rom eingetroffenen Kardinal Montalto zu: »Madrid will mit der Serenissima abrechnen, und dann gibt es keine einzige Macht in Europa, die zum Schutze der Serenissima auch nur einen Finger rührt.« Der Gesandte des türkischen Sultans sagte zu seinem persischen Kollegen: »Warum bleibt dieser goldene Vogel nicht in seinem diamantenen Käfig? Warum muß er weiter fliegen . . . nach Kreta . . . und nach Morea? Im Schatten des Padischah werden diese goldenen Vögel schon unruhig . . .«
René Descartes, der noch immer Gast seines Gesandten war, zählte als einstiger Artillerieoffizier, wieviel Kanonen Venedig verteidigten, wenn es angegriffen würde. Es war nicht die Stadt, in der er sich hätte niederlassen wollen, um ruhig arbeiten zu können. Noch zögerte er. Zwei Menschen gab es hier in der Republik San Marco, mit denen er sprechen wollte. Der eine stand hier einige Schritte von ihm entfernt und dirigierte seine Sänger. Die Motetten waren neuartig, nicht kriegerisch, nicht furchteinflößend. Sie klangen wie in einem Palastsaal, im *Stile concertante.* Die Venezianer schlossen entzückt die Augen. Sie genossen nach der Art echter Kunstverständiger die Musik Takt für Takt. Der andere, mit dem sich Descartes treffen wollte, war der Meister aus Padua, der das Weltall erforschte, die Sterne näherbrachte und mit dem Glanz seines Geistes das bisher unheimlich leere Universum

füllte. Aber Galilei weilte nicht in Padua, man hatte ihn wieder nach Rom beordert. Descartes gehörte zu den wenigen, der von den Zeitgenossen begriff, was die Kopernikanischen Thesen des Alls besagten und was es war, was Galilei verkündete. Den Motetten zu lauschen, war weniger gefährlich.

Er lehnte sich gegen den vergoldeten Mast und sah zu, wie das leichte, kunstfertig gebaute Schiff, das von tausend Booten aufgerührte Wasser durchschnitt. Man war draußen am Eingang des offenen Meeres – die Adria glänzte, als durchfurchten sie silberne Schlangen. Der Doge beugte sich, wie sein Amt es vorschrieb, über die Reling des Bucentoro.

> »Despondemus te, mare nostrum,
> in signum veri perpetuique Domini.«
> »Wir verloben dich, unser Meer, im Zeichen unserer wahren ewigen Macht.«

Dies war der Augenblick des Hosianna ... der Trompeten und Posaunen. Als öffnete sich mit einemmal das Ufer, das Meer und der ferne Horizont, krachte es von allen Seiten, Flammen schlugen empor, eine Wolke des explodierten Schießpulvers mit seinem erstickenden, schwefligen, nach Hölle riechenden Rauch schwebte über ihnen.

Auf den grauen Bart des Dogen setzte sich ein rußiger Schleier. Das Pergamentgesicht war durchschimmernd weiß, es schaute starr, regungslos nach vorn ins Meer. Seine Hand mit dem Ring darin holte aus, und durch diese magische Bewegung erhielt die Adria den wer weiß wievielten Ring schon ... Der Doge trat nicht zurück, wie das Zeremoniell es verlangte, schaute nach vorn. Plötzlich wandte er sich um, ruhig, in der Art eines alten Mannes. Seine Augen begegneten dem Blick des Maestros. Monteverdi wollte es scheinen, als wäre das Augenpaar in dem harten Patriziergesicht in einem Regenbogen von Tränen geschwommen. »Ich war neunzehn Jahre alt, Maestro, damals bei Lepanto.« Jedermann wußte, daß Francesco Contarini dort eine Kugel in die Schulter bekommen hatte, auf Deck eines venezianischen Segelschiffes. »Es gibt nur noch wenige, Maestro, die sich daran erinnern ...« Der Mann verstummte, wieder ergriff die Zeremonie die Macht. Contarini lebte marionettenhaft auf, bewegte sich, sprach mit den Gesandten, empfing die zum Wohle des »ewigen« Venedigs dargebrachten Glückwünsche. Das Bucentoro wendete. Nicht der Wind, keine Sklaven, die stählernen Arme der in Gala gekleideten Ruderer lenkten es, und jetzt, da sie in die Meeresströmung gelangten, trug der Wind die Stimmen der Motetten ans Ufer hinaus. Das war schon der Ausklang des Festes, das Verblassen des Glanzes, während der sich senkende Nebel zusammen mit der sich allmählich beruhigenden Taubenschar die einst leuchtenden Farben des kriegerischen Venedigs zudeckte.

31

»Wenn Licori vom Krieg spricht, muß der Krieg auch in der Musik zu hören sein, redet er vom Frieden, dann muß sie das zum Ausdruck bringen ... Dasselbe trifft für den Tod und alles weitere zu ...« Seit einigen Wochen quälte ihn ein Augenleiden, für einige Tage mußte er sogar die Arbeit niederlegen. Dann diktierte er einem jungen Kleriker irgendein Kapitel seines Werkes *Melodia* oder bestimmte Aufzeichnungen. Auf seinem Tisch häufte sich die Arbeit, aber auch der Stoß drängender Briefe aus Florenz, Parma und Mantua. Es verging keine Woche, daß nicht von irgendwo ein neues Textbuch eintraf, neue Erkundigungen, Zeichen fürstlicher Laune, die der Sekretär einer Kanzlei oder eines Hofes in verschnörkelte Zeilen gefaßt hatte.
An Mantua banden ihn natürlich die stärksten Gefühle. Strozzi schickte ihm von dort sein Buch: »La Finta Pazza Licori.« Als er das dicke Werk mit fünf Aufzügen in die Hand nahm, überlegte er: Wer mochte dieser Licori sein, der sich wahnsinnig stellte? Er blätterte, hier, die Kindheit des Achilles ... und Licori, der den Verrückten spielte, bald in Männer-, bald in Frauenkleidern auftauchte, inmitten zahlreicher Intrigen.
»... Ich beschäftige mich in Gedanken«, schrieb er an Striggio, »mit dem seltsamen schönen Werk Signore Giulio Strozzis und überlege mir, was man aus den vierhundert Versen machen könnte, die sein Autor nach den in Aminta verliebten Licori, der einen Narren vortäuscht, benannt hat. Dieser Licori, nachdem er sich tausenderlei drollige und listige Streiche ausdachte, um sein Ziel, die Ehe zu erreichen ... erlebte manches Abenteuer, die vertont Erfolg haben dürften ...«
Sieben Tage später ein weiterer Brief: »Ich schicke Euer Exzellenz das Werk Signore Strozzis ›La Finta Pazza Licori‹, das bis jetzt nicht vertont worden ist, noch nie auf einer Bühne gespielt wurde und auch noch nicht gedruckt ist: Der Autor ist damit gerade fertig geworden und gab mir eine Abschrift des Werkes, die ich Euch hiermit zusende. Wenn Signor Giulio überzeugt sein könnte, Seiner Hoheit damit einen Gefallen zu tun, wäre er sicherlich bereit, das Werk auf drei Aufzüge zu kürzen. Wenn Seine Hoheit tatsächlich Gefallen an dem Gedanken fände, daß ich das Ganze in Musik kleide und mit meinen bescheidenen Noten schmücke, würde ich es gerne tun, denn die Verse sind in der Tat großartig ... Meiner Ansicht nach ist die Grundidee annehmbar, ebenso die literarische Fassung. Sicher ist jedoch, daß man, obwohl Licori einmal eine Frau, ein andermal einen Mann spielt, die Rolle doch nicht in die Hand einer schwachen Sängerin geben darf ... einer, die einen Mann nicht entsprechend spielen kann ... Man darf nicht vergessen, daß die Umwandlungen recht rasch aufeinander folgen und daß – das ist meine Meinung – jene, die die großartige Rolle

erhält, die den Zuschauer mal zum Lachen veranlaßt, mal rührt, eine richtige Künstlerin, eine Sängerin von Format sein muß, die ihre Rolle so gestaltet, daß sie mit der üblichen Spielweise bricht ... Ich glaube, am besten würde sich für diese Rolle Signorina Margherita Basile eignen ...«

Er legte die Feder nieder, gedachte Adrianas. In sieben Tagen wird er das sechzigste Lebensjahr vollenden. Vor einigen Wochen hatte ihm Adriana geschrieben und ihn gebeten, wenn man eine Hauptdarstellerin für eins seiner Werke suche, würde sie ihre vor kurzem aus Neapel eingetroffene Schwester Margherita empfehlen, die in Gesang, Spiel und Schönheit die einstige Basile weit übertreffe ... Sie selbst wünsche nicht mehr aufzutreten, habe sich mit dem Combattimento verabschiedet. Und in der Tat, Striggio schrieb in einem Brief, die alte, wundervolle, spielfreudige Adriana sei in der jungen Margherita auferstanden, als diese sich in Begleitung ihrer Schwester am Hofe vorstellte. So sollte die junge Margherita die Rolle Licoris übernehmen. Briefe kamen und gingen, fast wöchentlich, zwischen Venedig, Florenz und Mantua. Am 22. Mai schrieb er:

»Ich bin mit Seiner Hoheit der Meinung, daß sich ›La Finta Pazza Licori‹ ausgezeichnet für die Bühne eignet ... Das Stück ist ganz neuartig, abwechslungsreich und amüsant ... Aber jetzt, da ich die Meinung Seiner Hoheit kenne, will ich nicht versäumen, mit Giulio Strozzi zu sprechen, der in drei oder vier Tagen aus Florenz hier eintreffen muß ... Sicher wird er bereit sein, Änderungen durchzuführen und neue Szenen einzubauen. Ich werde ihm sagen, was meine Vorstellung wäre ... Es würde für mehr Abwechslung sorgen, wenn er noch weitere Darsteller einbaut, damit Licori nicht so oft auf der Bühne erscheinen muß ... Und man sollte bestrebt sein, daß er, sooft er die Bühne verläßt und wieder zurückkehrt, in neuer, gewandelter Form erscheint. All dies sollte sich in der Harmonie und in den Gesten ausdrücken. Ich werde Euer Ehren über alles berichten ... Ja, das böte mir Gelegenheit, verschiedene Musik zu verwenden, die sich voneinander unterscheidet, und das käme auch in den Tänzen zum Ausdruck, die zwischen den Szenen eingebaut werden ...«

Zwei Tage später, am vierundzwanzigsten schrieb er einen neuen Brief an Striggio.

»Mein Ziel ist, daß Licori, sooft er die Bühne betritt, durch seine Verwandlung, in der Gestalt einer der drei Narren, neues Entzücken auslöst. Ich denke, wenn das Orchester hinter der Bühne Aufstellung nimmt und Geräusche erzeugt, die seine Worte nachahmen, und wenn das alles recht deutlich ist, so wird dies große Wirkung erzielen; genauso, wenn sich Licori tot stellt und schließlich, wenn er den Schlafenden spielt ... In diesem Fall muß die Musik den Schlaf klanglich untermalen ... Aber es gibt dennoch Szenen, in denen sich die Musik den Gesten und den äußeren Geräuschen nicht anpassen kann; eben deshalb erwarte ich Signore Strozzi, und ich werde Euer Exzellenz über unsere Gespräche unverzüglich informieren ...«

Einen Monat später:
»Signore Giulio hat sein aus fünf Aufzügen bestehendes Werk gekürzt. In vier Tagen will er es mir übergeben, ganz fertig oder zumindest zwei oder drei Aufzüge, und so hoffe ich, daß ich Euch diese schicken kann; Ihr werdet daraus ersehen, wie gut sich die Musik an die Verse anlehnt. Signore Giulio ist ein vortrefflicher Mann. Er hat sich sehr bereitwillig meiner Wünsche angenommen, und das hat es mir wesentlich erleichtert, seine Verse in Liedform zu kleiden ...«

10. Juli: »... Ich schicke den ersten Aufzug der ›Finta Pazza‹ ... In jedem Aufzug wird es ein Ballett geben, es wird etwas Besonderes werden, denn keins soll dem anderen ähneln ... Zwei Intermedien werden das Stück bereichern, diese erhalte ich morgen von dem Autor; ›Finta Pazza‹ selbst tritt erst im dritten Aufzug auf ... Sobald dieser fertig ist, schicke ich auch den ... Signore Giulio sagt, jeder Aufzug trägt eine neue Aktion in sich: Ich bin sicher, es wird sehr gut gelingen ... Es muß nur darauf geachtet werden, daß Signorina Margherita die Wandlungen richtig darstellt ... Sie muß ihre Gesten richtig beherrschen ...«

10. September: »... Anbei sende ich Euer Exzellenz den noch ausstehenden Teil der ›Finta Pazza‹, den ich nicht mit der normalen Post schicken konnte, da der Kopist mit seiner Arbeit bis zum Abgang der Post nicht fertig wurde ... Und schon muß ich mit einer neuen Arbeit beginnen ... Marchese Bentivoglio aus Parma hat vor einem Monat geschrieben und angefragt, ob ich bereit wäre, seine Verse zu vertonen, aus denen sich eine großartige Komödie für die bevorstehende herzogliche Vermählung schreiben ließe. Es soll eine Folge von Intermedien sein und kein musikalisches Lustspiel ... Er plant Intermedien in vier verschiedenen Formen ...«

In der Zeit von Mai bis September entstand die »Finta Pazza«, eine Oper in fünf Aufzügen. Er rüstete selbst zur Reise, sah in der Aufführung eine günstige Gelegenheit, Mantua wiederzusehen, zu erleben, wie Margherita Basile das Erbe der wundervollen Adriana antrat.
Doch war es für Monteverdi nicht leicht, aus Venedig nach Mantua zu reisen. Die Prokuratoren überhäuften ihn mit allerlei Gunst, hatten vor kurzem seine Jahresbezüge aus freien Stücken auf vierhundert Dukaten erhöht, und das war das Doppelte dessen, was sein Vorgänger Pa-

ter Martinengo bekommen hatte, aber man hütete ihn vor Mantua. Der venezianische Gesandte hatte vor kurzem berichtet, der Herzog habe die Aufführung der »Finta Pazza« als das Werk »seines Hofkapellmeisters« angekündigt, und da Monteverdi ein Bürger Mantuas war, würde er gern seine fürstlichen Vorrechte geltend machen. Claudio konnte nach Parma reisen und auch nach Florenz. Er durfte irgendeinen Auftrag annehmen. Aber bevor er nach Mantua reiste, mußte man von dem herzoglichen Hof gewisse Garantien verlangen, daß man ihn nicht mit Gewalt dort zurückzuhalten gedachte.

Während die Verhandlungen geführt wurden, traf aus dem Hof von Mantua ein Trauerkurier ein. Auf der Sitzung der Signoria wurde bekanntgegeben, daß Ferdinando Gonzaga unverhofft zu seinen Ahnen eingegangen sei. Sein Nachfolger, Vincenzo II., war der letzte Sohn des einstigen gütigen Patrons Monteverdis. Alle Nachrichten, alle Gesandtenmeldungen hatten bis jetzt davon berichtet, daß Herzog Vincenzo das Opfer einer geheimnisvollen Krankheit sei: Er welkte dahin, Wassersucht habe seine Beine befallen, er nehme ständig ab und werde von heftigen Schmerzen gequält. Kurpfuscher und Magier gaben sich die Klinke in die Hand, denn die berühmtesten Ärzte Italiens wußten nichts Tröstendes mehr zu sagen.

Vincenzo II. blätterte in seinem verdunkelten Schlafgemach inmitten unzähliger Medikamente, Pillen und Fläschchen in der Verwandlungskomödie. Dann und wann lachte er auf, die Handlung ließ ihn für einen Augenblick seine Schmerzen vergessen. Die eiligen Krönungsfeierlichkeiten hatten ihn ohnehin ermüdet, er zog sich in seine inneren Gemächer zurück, wünschte sich nicht in die politischen Angelegenheiten einzumischen. Striggio kannte er seit seiner frühesten Kindheit. Er war der Sekretär seines Vaters gewesen, und auch Francesco und Ferdinando hatten sich auf ihn gestützt ... Warum sollte er ihm nicht ein neues Wappen und einen neuen Rang geben? Ferdinando hatte den Sohn des Hofmusikus in den Grafenstand erhoben, er selbst verlieh ihm die Titel Hofkanzler und Minister von Mantua. Aber Striggio sollte sich um das handgroße Land kümmern wie er vermochte, alles andere ... Alles andere lag in den Händen des Herrn. Auch die Frage, wer sein Erbe in Mantua antreten würde, wenn er die Augen für immer schloß.

Mantua war schon deshalb die zweite Heimat Claudio Monteverdis, weil sich sein jüngerer Sohn dort – mit dem Doktorhut – niedergelassen hatte. Massimiliano hatte das großväterliche Erbe angetreten. Doktor Baldassare hatte in seinen letzten Jahren den auf Besuch kommenden Enkel, der Medizin studierte, selbst in das eine oder andere Geheimnis seiner Kunst eingeführt: Er erzählte ihm von jenen wundervollen Stunden, als er inPadua die Vorlesungen des Vesalius über die dem Körper abgelauschten Geheimnisse gehört hatte. Wo sollte sich Massimiliano nach Erlangen des Doktorgrades niederlassen? Venedig teilte

die Ärzte in eine strenge Zunftordnung ein, die Universität von Padua schickte der Serenissima soviel Ärzte wie die Stadt brauchte. Cremona war eine kleine Stadt, stöhnte unter der eisernen Faust der Spanier, somit nicht das Richtige für einen so heiteren, forschenden, offenen Geist wie Massimiliano, der sich mit seinen Studiengenossen an freiere Reden gewöhnt hatte, sich für Meister Galileo begeisterte, und wie alle freiheitlich empfindenden jungen Italiener die Spanier tödlich haßte.
So blieb Mantua. Und Massimiliano Monteverdi war aus fürstlicher Gunst Mantuaner Untertan. Der Hof verfolgte bestimmte Pläne mit dem Vater in Venedig, und so würde es sein Sohn, der junge Doktor, nicht schwer haben, als Hofarzt in die Reggia oder in die Häuser der bedeutenden Potentaten zu gelangen. Selbst Graf Striggio hatte seine allergnädigste Unterstützung zugesagt ... So wurde die Entscheidung gefällt. Massimiliano sollte mit allen Geräten und Instrumenten des Großvaters, mit allen Schätzen seiner Medikamentenküche nach Mantua übersiedeln. Bis er fest auf den Füßen stand, sich sein Patientenkreis herausbildete, übertrug ihm der Vater die Jahresrente, die ihm noch die Gunst seines einstigen Herren zugebilligt hatte. Mantua war eine heitere ... lebendige Stadt, man brauchte nicht zu fürchten, daß der freimütige, ungezügelte, mit gefährlichen Ideen kokettierende Massimiliano es mit den Spaniern oder der düsteren Schar der Herren der Nacht in Venedig zu tun bekam, die – aus politischen Gründen – jeden Fremden streng kontrollierten.
»Finta Pazza Licori« war zur Aufführung fertig. Signorina Margherita pries man als wundervolles Bühnentalent. Aber der Gesundheitszustand Herzog Vincenzos war kaum geeignet, daß die Oper im Rahmen einer großen Hoffeier aufgeführt werden konnte, und Striggio hatte alle Hände voll zu tun, die sich von allen Seiten Europas über dem kleinen Mantua zusammenballenden Wolken zu vertreiben.
Wenn Vincenzo starb, hatte der Zweig der Gonzaga Anspruch auf den Thron, der vor fast einem Jahrhundert nach Frankreich übergesiedelt war und dort den Titel des Herzogs von Nevers erlangt hatte. Das waren in Wirklichkeit keine Italiener mehr, sie hatten sich mit Leib und Seele der französischen Politik verschrieben, all ihre Verwandten, ihre Interessen und selbst ihre Sprache waren – französisch. Aber dies wußte man auch an den Höfen in Wien und Madrid genau. Es gab keine größere Gefahr für Italien, als wenn sich zwischen die spanischen Besitzungen wieder die Franzosen einnisteten. Seit hundertfünfzig Jahren wurde zwischen den beiden führenden Mächten Europas deshalb gekämpft. Wenn die »italienischen« Gonzaga durch »französische« Gonzaga abgelöst wurden, die nicht den habsburgischen Kaiser, sondern den französischen König als Lehnsherren anerkannte, löste sich die Ordnung der spanisch-österreichischen Hegemonie in Italien auf, und die Halbinsel konnte erneut Schauplatz blutigster Kriege werden.

Venedig war die einzige »neutrale« Macht in Italien, die sich nach alter Tradition weder der einen noch der anderen Partei anschloß. Aber jedermann wußte, wie sehr die Serenissima Angst vor den Spaniern hatte und daß die Republik des Heiligen Markus gern die Ausdehnung der Franzosen sah und die Bestrebungen der Nevers auf hundert verborgenen Wegen der Diplomatie zu fördern trachtete.

Der kranke Herzog siechte qualvoll dahin. Der Hofkanzler setzte die Aufführung der »Finta Pazza« dennoch für Beginn der Faschingszeit an. Mantua verwandelte sich inzwischen zu einer wirklichen Hexenküche: Ärzte, Diplomaten, Spione und politische Agenten nahmen die Stellen der einstigen Künstler am Hofe Vincenzos ein. Die ganze Halbinsel war von Unruhe gepackt, als empfände man die nahende Gefahr.

Auch das Heilige Officium, die Inquisition, wurde wachsamer und schickte zu dem alten Inquisitor einen eifrigeren, unduldsameren Dominikaner. Mantua war – zumindest vertrat man in der römischen Kongregation diese Meinung – die Brutstätte allerlei Sünden. Wo schon am Hof ein freier Geist herrschte, wo sich die Unkeuschheit mit freier Gesinnung tarnte, wo sich unter dem Vorwand des Gastrechts verdächtige Fremde einnisteten, Ketzer über die Alpen eindrangen, wo man die Entscheidungen der Inquisition offen kritisierte und wo sich an der Universität nicht nur die Studenten, sondern auch die Professoren für Galileo Galilei begeisterten, auf dieses Land mußte die Inquisition ein waches Auge haben! Man sah in Mantua ein schwaches Kettenglied von zweifelhaftem Wert in dem erstarkenden italienischen Religionsleben: Die Zeit war gekommen, man mußte aufpassen, wo, aus welchem Herd das Feuer hervorbrach, um die Brandstelle austreten zu können!

Eines Abends, als der Arzt Massimiliano Monteverdi seine Wohnung betrat (der Vater hatte sie um den Preis großer Opfer einrichten lassen, damit sie als Praxis für einen jungen Arzt geeignet war) hielten ihm drei stille Diener der Inquisition ein gesiegeltes Schreiben vor, er sollte unverzüglich vor dem Untersuchungsausschuß des Heiligen Officiums erscheinen. Sie trugen keine Waffen, übten anscheinend keinen Zwang aus, sprachen mit sanften Worten, und während der Wagen dahinrollte, beteten sie leise, der Beschuldigte möge seine irdische Reue mit völliger Bußfertigkeit beginnen. Die Wahrheit sollte sich herausstellen und seine Unschuld sich erweisen, seine Prüfungen seien nicht schwerer als die gewohnten, alltäglichen Stationen auf dem irdischen Leidensweg.

Massimiliano kam in ein modriges, düsteres Verlies. Die Einsamkeit von einigen Wochen ließ die Bereitschaft der Seele für ein offenes, reumütiges Geständnis reifen. Zur gleichen Zeit, als Massimiliano in den Kerker der Inquisition gelangte, nahmen die Diener des Santo Uffizio eine ganze Reihe junger Professoren, Hofbeamter, Musiker, Linsenschleifer und Maler fest, alle schriftkundige, lesende Menschen.

Einige Tage darauf flüsterte man in der entsetzten Reggia, daß verbotene Bücher von Hand zu Hand gewandert seien, und während man angeblich den Stein der Weisen suchte, habe man die Jugend mit ketzerischen Lehren verseucht. Der Pater Inquisitor habe die Fäden des Gespinstes zu fassen bekommen, jetzt werde er alle Einzelheiten dieses gefährlichen, glaubensfeindlichen Verrats aufdecken.
Striggio grübelte, wie er diesen bedauerlichen Vorfall dem Vater zur Kenntnis bringen sollte. Das Heilige Officium stand über der herzoglichen Gerichtsbarkeit. Er war vergebens Kanzler und Hofminister, von Amts wegen war er ohnmächtig. Wer konnte das Anklagematerial der Inquisitoren kennen? Wer wagte, sich in eine Diskussion mit ihnen einzulassen? Wer könnte sie offen kritisieren? Als er die Namen der Festgenommenen erfuhr, wußte er, es konnte keine schlimme, zur Ketzerei neigende Verschwörung sein, die heißblütigen Mantuaner hatten sich höchstens in größerem Maße der Freiheit bedient, die sich als Erbe der volkstümlichen Gonzaga in der Stadt eingebürgert hatte.
Doch – wie es schien – verbreitete sich die unheilvolle Nachricht schneller als die bedächtige Post des grübelnden Kanzlers, denn Striggio bekam schon nach einigen Tagen – eine Woche vor Weihnachten – einen Brief von Monteverdi.

»... Ich muß mich entschuldigen, daß ich unter diesen Umständen nicht nach Mantua kommen kann. Meine Ehre gestattet nicht, die Stadt in einer Zeit zu besuchen, in der mein armer Sohn dort im Kerker des Heiligen Officiums schmachtet. Es sind mindestens drei Monate her, daß mein Sohn ein Buch gelesen hat, von dem er nicht wußte, daß es auf dem Index steht ... Aber der Eigentümer des Buches, der ebenfalls eingekerkert wurde, hat ihn beschuldigt, obwohl er meinen Sohn getäuscht hat, indem er sagte, das Buch beschäftige sich nur mit Heilkunde und Astrologie ...«

Ja, der Vater hatte Nachricht erhalten, daß man Massimiliano bei Hinterlegung einer Kaution von hundert Dukaten auf freien Fuß setzen würde. Er bat Seine Exzellenz Striggio, das Officium aufzusuchen und sich für Massimiliano einzusetzen ... »Ich bin sicher«, schrieb er weiter, »Eure Exzellenz werden meinem Sohn Euer Wohlwollen nicht versagen, und in dieser Hoffnung wünsche ich uns allen frohe Weihnachtstage ...«
Glückliche Weihnachtsfeiertage in Mantua: Vincenzo II., der letzte Trieb des italienischen Zweiges der Gonzaga, schied am Weihnachtstag unter Schmerzen und Qualen aus dem Leben. Die Kanonenschüsse aus dem Turm der Reggia waren die düsteren Begleiter der klagenden Glocken. Striggio las den Brief. Neben den Sorgen Mantuas schrumpfte jede Klage, jedes menschliche Leid zur Nichtigkeit zusammen. Er ließ einen Sekretär rufen und diktierte eilig einige Zeilen an

den Pater Inquisitor. »Die Verdienste des Vaters mögen dem Sohn als Entschuldigung dienen.« Jetzt in dieser tiefen Staatstrauer würden vielleicht auch die Inquisitoren weichherziger urteilen. »Schreibe Claudio«, sagte er zu dem Sekretär, »ich tue alles, was in meiner Macht steht, et cetera . . .«
1. Januar 1628. Auf dem Tisch Striggios lag ein neuer Brief von Monteverdi.

». . . Ich bin Euer Exzellenz unendlich dankbar, daß Ihr Euch selbstlos bereiterklärt habt, behilflich zu sein, damit mein Sohn Massimiliano aus dem Kerker entlassen wird . . . Das ist so viel Gunst, daß ich nicht einmal einen Bruchteil davon je werde tilgen können . . . Meine Bitte wäre, daß Euer Exzellenz mit dem Pater Inquisitor spricht, er möge Massimiliano gegen eine Kaution, deren Höhe er persönlich festlegen möge, nach Hause lassen. Ich möchte das Wohlwollen Euer Exzellenz nicht übermäßig in Anspruch nehmen, deshalb schreibe ich Euch, daß ich meine Kette im Werte von hundert Dukaten zu Signor Barberi, einem reichen Juwelier, gebracht habe, der hier in Venedig lebt und seit langen Jahren ein guter Freund von mir ist. Er selbst wird auch gleich an seinen vertrauten Freund in Mantua schreiben, damit dieser in meinem Namen diese Kaution anträgt . . .«

Striggio hatte mit dem Ableben des Fürsten gerechnet, und es war ihm gelungen, in den letzten Monaten mehr Steuern, Abgaben und Zölle aus dem armen Mantua herauszupressen als mit denen sein Vorgänger rechnen konnte. Hundert Dukaten verschwanden, ein Tropfen im Meer von vielen tausend Dukaten, die eine solche Beisetzung kostete, bei der nicht nur ein Herzog, sondern ein fünfhundert Jahre altes Geschlecht zu Grabe getragen wurde. Hundert Dukaten . . .? Er benachrichtigte Zavarella, jenen Freund Barberis in Mantua, er möge ihn besuchen, bevor er sich zu den Inquisitoren begäbe. Er zählte Zavarella die hundert Dukaten in die Hand, die notwendig waren, daß sich vor Massimiliano Monteverdi der Kerker der Inquisition öffnete.
Der Brief des Vaters von jenem schicksalsschweren 9. Januar 1628:

». . . Ich habe die freundliche Nachricht Eurer Exzellenz erhalten, und ich darf sagen, die wohlwollende Geneigtheit, die Ihr mir erwiesen habt, ist eine so innige, eine so besondere Gunst, wie ich sie selbst von meinem Glücksstern nie zu erhoffen wagte . . . Aus Eurem Brief habe ich verstanden, daß Massimiliano den Kerker verlassen durfte. Nun warte ich auf seinen Brief . . . So werde ich in zwei Tagen nach Parma reisen können, um dort den ›Torneo‹ und das Bühnenintermedium zu instrumentieren . . .«

Der junge Doktor war aus dem Kerker entlassen, auf freien Fuß gesetzt worden, aber der Prozeß gegen ihn lief noch, die Mühlen der Inquisition mahlten langsam ... Der Winter wich dem Frühjahr und ging in den Sommer über, in den ersten Tagen des Juli schrieb der besorgte Maestro einen neuen Brief an den alten Freund.

»... Schmerz bedrückt mein Herz, und deshalb flehe ich auf Eure endlose Güte vertrauend Euer Exzellenz an, die wenigen Zeilen meines Briefes zu lesen und mich erneut mit Eurer gewohnten Gunst zu beschenken, für die ich Euch im tiefsten Grund meines Herzens dankbar bin ... Was mich besorgt, ist, daß ich gehofft hatte, mein Sohn würde auf Grund der Kaution und der Fürsprache endlich von jeder Anklage freigesprochen ... Aber vor kaum zwei Wochen hat er mir geschrieben, daß die traurige Angelegenheit noch nicht erledigt sei, die über ihn hereinbrach, weil er ein verbotenes Buch gelesen hat ... Und er bangt, er müsse in den Kerker zurückkehren, da er den Beweis noch nicht zu erbringen vermochte, daß nicht er dafür verantwortlich ist ... So muß ich befürchten, daß er erneut im Kerker landet, und deshalb flehe ich Euer Exzellenz an ...«

Eine Woche später klopfte man am Tor der Canonica an. Die venezianische Hausordnung war viele Jahrhunderte alt, der Torwächter, der Portier, fragte den Ankömmling aus, wenn er verdächtig war, notierte er seinen Namen und erstattete den Quästoren Meldung; vermutete man einen größeren Fisch im Netz, wurden auch die »Herren der Nacht« verständigt. Aber Massimiliano Monteverdi ließ er lächelnd die Stufen hinaufgehen. Der Sohn vernahm die Stimme der kleinen Orgel, er kannte das Spiel des Vaters. Er drückte die Klinke nieder, öffnete die Tür, der Vater spielte im angrenzenden kleinen Zimmer. Das war ihm so vertraut ... Irgendwo aus der Tiefe, von der Grenze der Kindheit, stieg eine Erinnerung auf: Sein Bruder Francesco hatte mit seinem schönen Knabensopran gesungen, und er versuchte, mit unsicherer Stimme den Bruder zu begleiten ... »Orfeo«! An wen mochte der Vater jetzt denken? Hier folgten Variationen ... ja, da eine unbekannte, schmerzliche Stelle, die ihm ungeläufig war. Massimiliano hatte eine dreitägige Reise hinter sich, bei dieser drückenden Hitze. Die Diele knarrte, das Spiel unterbrach. »Ist hier jemand?« rief Claudio hinaus. Eine Minute noch und Massimiliano, der Arzt, umarmte weinend den Vater.

Striggio, der unglückliche Kanzler Mantuas, war in diesem Augenblick der Staat selbst. Während er sich um die Beisetzung Vincenzos II. kümmerte, mußte er bereits den Regierungsantritt des neuen Herzogs vorbereiten, der – wie es verlautete – nicht nur den mantuanischen Dialekt nicht verstand, wie dies seine Untertanen erwartet hätten, son-

dern nicht einmal italienisch konnte. Der kleine Staat war schutzlos: Wenn die Spanier und die Österreicher ihn angriffen, wenn ihm Parma in den Rücken fiel und wenn der Herzog von Savoyen plündernd in Montferrato einbrach, wer half ihm? Vielleicht die Medici? Oder Venedig? Oder der Heilige Vater? Striggio saß bis spät in die Nacht in der Hofkanzlei. Täglich gingen Dutzende von Briefen an die Potentaten in allen Teilen der Erde. Den französischen Gonzaga flehte er an, sich zu beeilen, denn wenn er nicht bald komme, schlage die Flut über dem Haupte Mantuas zusammen. Der Hof – war kein Hof mehr. Zwei verwitwete Herzoginnen – die unverwüstliche Großmuhme aus Ferrara und die Witwe Ferdinandos – führten abwechselnd den Vorsitz im Großen Rat, in dem Striggio heiklere Angelegenheiten schon gar nicht mehr zur Sprache zu bringen wagte ... Der Hof? Wer dachte jetzt an Aufführungen, an Komödien, an Theater und Konzerte? Die Großvasallen verließen langsam das sinkende Schiff, warteten ab, was geschehen würde. Der Herzog von Nevers lag vorerst keinem von ihnen am Herzen. Aber wenn sie ihn nicht auf den Thron setzten, würden sich sicher die Gonzaga-Bastarde dreier Jahrhunderte in die Haare geraten, diese einige Dutzend zählenden »Markgrafen«, die im Besitz dieses stolzen Titels gern die Macht in der Reggia an sich gerissen hätten.
Die dunkle Wolke über Mantua breitete sich aus. Seine spanische Majestät bewegte sich schwer, aber seine Kriegsmaschinerie, auch wenn die Zeit sie gezaust hatte, stellte in Italien eine düstere, unbesiegbar erscheinende Macht dar. Auch der kaiserliche Lehnsherr hatte eine Botschaft geschickt: Er werde auf dem Thron von Mantua keinen französischen Herzog dulden. Die Wolke wuchs: Striggio hatte kein Heer und hatte kein Geld ... Er verfügte nur über diplomatisches Geschick, mit dem er balancierte, lavierte ... extemporierte, einen Ausweg suchte, ein Wort mit dem anderen dementierte, nur um für einige Tage Ruhe zu gewinnen, nur so viel, bis der berittene Kurier den Brief wegbrachte und zurückkehrte mit der Antwort ... oder dem Ultimatum ...
Rund hundert Jahre waren vergangen, seit jenem schrecklichen »Sacco di Roma«, als das deutsch-spanische Heer die Ewige Stadt erobert und die ungezügelten Söldner und Freibeuter sie völlig ausgeplündert hatten. Diese Erinnerung lebte noch in den schnell aufeinander folgenden Generationen, und jedermann wußte, was es bedeutete, wenn der Kaiser an der Spitze protestantischer Landsknechte in seinem Zorn den Stab über dem katholischen Italien brach. Die Worte »Verhaßte « und »Tedeschi« füllten sich dann mit lebendiger, flammender Abscheu und verknüpften die Ereignisse mit der fünfhundertjährigen Erinnerung der Verwüstung durch die Hohenstaufen ... Die Wolke wuchs: Mantua steckte gleich einem erstarrten Vogel den Kopf in den Sand und hoffte, daß die Gesamtheit der italienischen Fürsten ... die Erinnerungen, der kaiserliche Lehnsherr, der Papst ... die Signoria: irgend je-

mand von ihnen oder sie alle in ihrer Gesamtheit den in Mantua tobenden Sturm beilegen würden.
Aber die Flut war nicht mehr aufzuhalten. Der kurze, aber blutige Kampf, der große Teile Europas erfaßte, der als Mantuanischer Erbfolgekrieg in die Geschichte einging, nahm seinen Anfang. Der Kampf tobte auf den Schlachtfeldern, das unbeständige Glück war mal auf der französischen mal auf der spanisch-österreichischen Seite. Italien verwandelte sich wieder in einen blutigen Kriegsschauplatz, in der Poebene brachen anderthalb Jahrhunderte alte Wunden auf, das Gesicht der Lombardei wurde erneut blutbefleckt ... Der Krieg wurde von Heeren geführt, die für das Interesse der einzelnen Dynastien kämpften, der eigentliche Leidensweg aber führte zwischen eingeäscherten, zerstörten Gehöften, zwischen Dörfern und Städten hindurch.
Der kaiserliche General Aldringen gehörte zu dem Schlag der blutigsten und abstoßendsten Söldneroffiziere, zu jenem Typ der Glücksritter, die der Dreißigjährige Krieg so zahlreich hervorbrachte: Habsüchtig und hochmütig, und der Mantel Seiner kaiserlichen Majestät war weit genug, um alle Schätze und den jahrhundertealten Glanz einer der schönsten Städte Italiens darunter zu verbergen. Die Söldner waren nicht einfache Besatzer: Die Dragoner, die Kürassiere und Landsknechte hatten gelernt, wie man einen Vasallen bestraft, der sich dem Befehl Seiner Majestät nicht beugte. Vor den Waffen der Söldner konnte man noch fliehen, sich in Kellern verstecken, hoffend in den Kirchen, in den Palästen einflußreicher Hochadliger Unterschlupf suchen oder, solange das möglich war, aus der Stadt fliehen, hinaus in die Dörfer oder Wälder. Der schrecklichste Verbündete des Kaisers war das Feuer. Es verwüstete die schutzlose Stadt mehr als die Salven aus den Geschützen Aldringens. Mantua hatte seit Jahrhunderten keine Belagerung zu bestehen: Die Weisheit der Gonzaga, die glückliche Lage der Stadt, die die günstige himmlische und irdische Konstellation, sie hatten Mantua geschützt. Und jetzt mußte es ... im Verlauf von drei Tagen für all das bezahlen: Die Söldner trieben auf einmal alle im Verlauf der Jahrhunderte unterbliebenen kaiserlichen Steuern an Geld und Blut ein, plünderten gleichzeitig die Reggia und die Bürgerhäuser, steckten bei der Suche nach Schätzen gleichzeitig Paläste und Kirchen in Brand und schändeten gleichzeitig Bauernmädchen und Grafentöchter ... Den Söldnertruppen war freie Plünderung gestattet, ja sogar befohlen: Wie gräßliche Ungeheuer zogen sie durch die ihnen zu Füßen liegende, im Blut erstickte Stadt: Es gab kein Entkommen ... der rote Hahn flog auf die Dächer der Kirchen, das Feuer ergriff die Hauptbalken, die brennenden Reste stürzten auf die Schutzsuchenden in den Kirchen, und jene, denen die Flucht ins Freie gelang, wurden durch die Salven der unerbittlichen Landsknechte niedergestreckt. FINIS MANTUAE, schrieb der fromme Mönch des Klosters in sein Jahrbuch. Unter dem Namen *Sacco di Mantova* blieb dieses

schreckliche Ereignis in den Gesandtenmeldungen erhalten. In den Straßen lagen die unbeerdigten Toten zu Hunderten, die Landsknechte schoben die Leichen mit ihren eisernen Schuhen zur Seite: Ihre Gefährten vor ihnen hatten diese schon bis aufs letzte ausgeplündert.
General Aldringen nahm in der Reggia Quartier: Hierher durften nur die Wachkompanien des Heerführers ihren Fuß setzen, und auch sie wurden von einigen Stabsoffizieren der Soldateska mit eiserner Faust gezügelt. Der General begab sich am ersten Abend, als er sich in dem verwaisten Palast der Gonzaga einquartiert hatte, im Schein von Fakkeln auf einen kurzen Spaziergang: Ein Offizier seines Ingenieurkorps fertigte eine Skizze an, jeder Saal, jedes Zimmer, jeder Gang, jeder Erker und Balkon bekamen eine Nummer, nichts durfte der »Inaugenscheinnahme« entgehen. Aldringen bestimmte die Gegenstände, mit denen er die Gunst Seiner kaiserlichen Majestät zu gewinnen hoffte. Er kannte die Menschen seines Schlages, die Stabsoffiziere, die auf Raub und Beute lauerten. Als man den Soldaten verkündete: Drei Tage freie Plünderung, ging der Traum eines jeden Freibeuters in Erfüllung, nach dem sie sich in den Jahren ihres bitteren Soldatendaseins gesehnt hatten, und selbst der General begab sich auf Umschau. Ein kostbarer flandrischer Gobelin, ein bis auf den Fußboden reichender, goldgerahmter, großer venezianischer Spiegel, ein Bild von Rubens oder von Mantegna, ein Kelch, vielleicht noch aus der Werkstatt Meister Cellinis, eine Marmorstatue aus der Zeit Vergils, ein kostbarer Globus, ein zwanzigfach vergrößerndes Fernrohr mit Linsen, die Meister Galilei selbst geschliffen hatte, ein Ballen wundervollen Brokats, eine weittragende englische Flinte, ein illuminierter, mehrere Jahrhunderte alter Kodex, eine kunstvoll gedruckte Ausgabe aus der Werkstatt des Manutius: Der Rechnungsoffizier erfaßte in einer Liste, was für Seine Majestät gedacht war – als huldvolles Geschenk Aldringens aus dem »Sacco«. Ein Raum wurde zum Lager bestimmt. Hierher schaffte man das »kaiserliche Fünft« der Beute. Musketiere standen davor Wache. Dann zog Aldringen mit seinem Stab noch einmal durch die Reggia. Jetzt waren sie keine kaiserlichen Offiziere mehr, keine Adligen und Hochadligen, nur noch raufende, streitende, beutehungrige Plünderer: Jeder wollte begierig, selbst um den Preis seines Lebens, das ergattern ... all das zusammenscharren, wovon er ein Leben lang geträumt hatte. Sacco di Mantova. Die Archive wurden aufgebrochen, durch eine weggeworfene Fackel entstand Feuer und glimmte langsam, verborgen, tage- fast wochenlang im Verlies der Aktenbündel ... Der Musikaliensammlung ... den Noten, Partien, Partituren und Textbüchern erging es nicht besser, es war reiner Zufall, was die Verwüstung überlebte, vielleicht weil es einem umsichtigen Schreiber in letzter Minute gelungen war, es in den Keller zu bringen ... Durch den glücklichen Umstand eines umgestoßenen Eimer Wassers blieb vielleicht ein

einziges Exemplar erhalten ... oder es verbrannte, wie so viele Werke Monteverdis ... Motetten, geistliche Kompositionen, die ganze »Arianna«, der Prolog der »Idropica«, die »Favola des Peleus und der Thetys«, die »Finta Pazza Licori«, die auf Tassos Text geschriebene »Armida« ... soviel Intermedien, Prologe und Torneos ... die auf den Text des Ratsherrn Marigliani komponierte »Andromeda« ... Die Fakkel des Söldners entzündete das erste Bündel ... Das einfältige Gesicht hatte sich verärgert umgeschaut: Lauter Papier ... Bücher, Noten, Geruch nach Staub und Tinte ... enttäuscht warf er seine brennende Fakkel in die Ecke, und das übrige verrichtete der Luftzug durch die offengelassene Tür ... So gingen die Werke Claudio Monteverdis aus seinen Jahren in Mantua für immer verloren.

Wieviel gute Freunde, Musiker, Patrone, Bäcker, Gesellen oder Diener lagen mit starrem Gesicht auf dem Kopfsteinpflaster, in den Straßen gab es rote Pfützen – Wein und Blut. Finis Mantuae! schrieb der Mönch in seinem Versteck in die Annalen, denn die Söldner Aldringens hatten auch die *Salva guardia* der Klöster aufgebrochen und schleppten die seit vielen Jahrhunderten gehüteten Kirchenschätze heraus.

Im Sonnenschein lagen aufgedunsene Leichen. Aldringen zechte betrunken mit seinen Offizieren, das viele geraubte Gold lockte – wie die Leichen die Schmeißfliegen – die Kurtisanen der Lombardei an ... In der ausgeraubten, gebrandschatzten Reggia wurden nachts Gelage gefeiert und tagsüber geschlafen. Aber draußen schwärmten auf den Toten die Schmeißfliegen, und einige Tage später begann der eine oder andere Landsknecht die Drüsen unterm Arm abzutasten, wenn er nach der nächtlichen Zecherei am nächsten Tag erwachte: im seidenen Bett, auf Stroh oder im Dreck der Spelunke, wo er sich entsprechend seiner Laune oder seines Schicksals langgestreckt hatte. Hier und dort meldeten sich schwarze Flecken am Körper. Am ersten Tag wußte man »amtlich« im Lager noch nichts davon. Aber die Söldner kannten diese gefürchtete, lautlose Stille, die zur Dämmerzeit von dem Sterbeglöckchen zerrissen wurde. Man suchte nach den Giftmischern, die Nachricht verbreitete sich: »Die Mantuaner haben die Brunnen verseucht.« Aber dem Vieh fehlte nichts, und die Stadtbewohner wurden genauso rasch von den Pestbeulen befallen wie die Schweizer, die Dänen, die Elsässer und die Schwaben. Einige Stunden genügten, daß Aldringen sich der Gefahr bewußt wurde und mit seinem von der Seuche bedrohten Heer aufbrach und wie eine waidwunde Hyäne durch die Lombardei preschte. Wohin er zog, rückte ihm die Seuche nach, der Schwarze Engel der Epidemie eilte dem Heer voraus und folgte ihm. Wenn sonst ... in Friedenszeiten eine solch schreckliche Seuche ausbrach, wußten die Magistrate schon, wie sie sich dagegen schützen sollten: Sie sperrten die Zufahrtsstraßen ab, ließen keinen Fremden zu sich hinein, räucherten und tranken kein Wasser. Aber in Kriegszeiten? Die

Söldner und Marodeure gingen dahin, brachen dort ein, wo sie wollten. Die Flügel des Schwarzen Engels breiteten sich über die Lombardei aus, und als die Pest das Gebiet der Serenissima erreichte, hatte sie sich zur verheerenden Seuche ausgeweitet, wie sie schlimmer vielleicht nur im »Jahr der Großen Angst«, Anno Domini 1348, gewütet hatte . . .

Im Dogenpalast verstummte das Spiel der Maskenbälle, das nachts das geräuschlose, geheimnisvolle Tun der Bürokraten vom Tage ablöste. In den Arbeitszimmern der Serenissima setzten sich die Prokuratoren zu Besprechungen zusammen. Sie wälzten alte Akten, um zu erkunden, was der Rat in den Jahren 1348 oder 1510 . . . oder 1575/76 unternahm, als der Todesengel die Serenissima gleichfalls heimgesucht hatte. Zum Rat der Zehn begaben sie sich bereits mit fertigen Vorschlägen, der Senat faßte Beschlüsse, die vom Großen Rat bestätigt wurden. Wieder wurden Kommissionen gebildet, deren Aufgabe es war, vorbeugende Maßnahmen auszuarbeiten. Alte Verfügungen mußten neu formuliert, dem veränderten, noch pulsierenden Leben der Stadt angepaßt werden. In der Stadt des Heiligen Markus lebten zweihundertzwanzigtausend Menschen und »auf dem Festland« Millionen. Aber das waren eroberte Gebiete, die Bewohner eher Vasallen und Untertanen denn echte Venezianer.

Gruppenansammlungen mußten vermieden werden: die Zusammenkunft vieler Menschen bei Taufen, Hochzeiten, Prozessionen, Aufmärschen, Bällen, Faschingsspielen, Theateraufführungen, Volksbelustigungen und Militärparaden, aber ebenso empfahl man der Bevölkerung, sonntags die Kirchen möglichst nicht in Scharen aufzusuchen, und aus diesem Grund hatte die Serenissima dem Maestro di musica für die Dauer der Seuche untersagt, durch sein Orgelspiel und die Chormusiken die Gläubigen zu Tausenden in die Markuskirche zu locken. Eine Kommission zur Untersuchung der Brunnen, eine Kommission für die massenweise, aber gebührende Beisetzung der Toten, eine Kommission zur Kontrolle der Einhaltung des Vergnügungsverbotes, eine Kommission zum Besuch der Kranken und zur Überprüfung dessen, ob die zuständigen Personen – der Seuchenarzt, der Priester, ein Beamter des Magistrats – erreichbar waren, und ein Notar, um »letztwillige Verfügungen« festzuhalten. Vom Rat wurden dazu bejahrtere Amtspersonen bestimmt – offenbar solche, die von den Besitzern der höchsten Magistratsämter seit langem mit scheelen Augen angesehen wurden. Sie mußten die Kranken besuchen und ihre Geständnisse zu Protokoll nehmen, wenn der eine oder andere ein Staatsgeheimnis mit sich trug und als treuer Bürger der Republik des Heiligen Markus in letzter Stunde sein Gewissen erleichtern wollte.

Die Fliegen Aldringens flogen auch in das Reich der Serenissima. Niemand hatte daran gedacht, auch auf die Fliegen aufzupassen und nicht nur auf die Wanderer, die Landstreicher, die Geißelbrüder und Pil-

ger . . . auf allerlei Volk, das auf die Kunde der Epidemie hin von zu Hause aufbrach und von wilder Panik, der Geißel der *grande peur* getrieben sich gleich einer schäumenden Flut den Weg bahnte.
Die Seuche brach heimtückisch über Venedig herein, von einer ganz anderen Seite wie gewohnt. In den überlieferten Gesetzen und Annalen war immer davon die Rede, daß die Epidemie von Schiffen aus dem fernen Osten eingeschleppt wurde. Deshalb untersuchten die Hafenboote die ankommenden Galeeren, Handelssegler und Fischerboote schon weit draußen auf dem Meer, und auf das geringste Zeichen der Krankheit hin ordneten sie eine vierzigtägige Quarantäne an. Auf dem Schiff hißte man die gelbe Flagge, und damit wurde dies im Umkreis von einem halben Kanonenschuß von jedem anderen Fahrzeug gemieden. Das wußte in Venedig jedes Kind. Hundert und aber hundert Verordnungen regelten und schützten die Stadt, seit im Jahre 1510 der Schwarze Tod von einem aus Java eingetroffenen verseuchten Schiff die Serenissima hinterrücks überfallen hatte.
Aber bis jetzt waren die Miasmen der Krankheit noch nie von hinten, vom Festland her in die Stadt des Heiligen Markus eingedrungen. Diesmal trafen die besorgniserregenden Nachrichten erst aus den Städten der Serenissima ein. Verona, Brescia, Bergamo, Padua, Udine . . . der Reihe nach kamen die unheilvollen Meldungen. Man bat um Hilfe, um Soldaten, Ärzte, Priester und um fromme Brüder zur Beisetzung der Toten: Hilfe! . . . Hilfe! Das Festland konnte Venedig nicht von allen Seiten sperren wie das Meer, mit dem sich der Doge Jahr für Jahr vermählte und über seine Reinheit wachte. Die Krankheitskeime kamen vielleicht mit den Berichtsbögen, die die große Anzahl der auf dem Festland sitzenden Magistrate Tag für Tag in die Ämter der Prokuratoren und in den Dogenpalast zu schicken verpflichtet waren. Venedig lebte von Akten und mit Akten: Berittene Boten, Postgespanne, amtliche Patrouillen, Rechnungsführer, Kontrolleure, Intendanten zogen kreuz und quer durch die Besitzungen Venedigs. Würde man das lockern, löste sich die jahrhundertealte Ordnung in der Republik des Heiligen Markus auf.
Was trieb Venedig, wenn es sich nicht vergnügen durfte? Wenn das Volk abends ängstlich auf die Piazza schlich . . . die *Riva degli Schiavoni* fast ausgestorben war? »Die Herren der Nacht« glitten mit verstärkten Patrouillen in ihren verdunkelten Gondeln dahin. Sie kontrollierten die Schenken, schlossen die Freudenhäuser, verbannten die Kurtisanen auf eine Klosterinsel, sobald man einen verdächtigen Gast bei ihnen antraf.
Die Musen verstummten. Die Serenissima konnte in Zeiten, wenn sie sich um die Toten kümmern mußte, nicht Mäzen der Lebenden sein. Die Schreiber, Sekretäre, Ratsherren, Prokuratoren, Inquisitoren, und Senatoren, sie alle waren mit den Angelegenheiten der Verstorbenen beschäftigt. Wieviel Menschen starben täglich ohne ein Testament, niedergestreckt vom Sensenmann? Wieviel Sorgen, Not, Verwicklung

und Rechtsstreitigkeiten brachte das mit sich! Wer gab ihr Dahinscheiden kund? Wie erfuhren dies die Verwandten, die auf dem Festland in einer zu Venedig gehörenden Stadt oder unter Umständen sonstwo in Italien lebten? Wen setzte man als Nachlaßverwalter ein? Wer führte Buch über Hinterlassenschaften, wer rechnete ab? Wer entrichtete die Erbschaftssteuer? Auf wen gingen die Firma, das Schiff und die Verpflichtung über, einen Schuldschein einzulösen? Wer bezahlte den fälligen Wechsel, wenn die ganze Familie tot war? Wer führte das Grundbuch? Wie sollten für die Güter, Häuser, Schiffe und Rechtstitel – unter Umständen dreimal in der Woche – neue Besitzer eingetragen werden? Die Professoren des römischen Rechts bildeten eine Kommission: Sie mußten aus den früheren Entscheidungen der einstigen Prätoren herausfinden, was richtig und was zu meiden war in einer Situation, in der der Staat zwar selbst nicht gefährdet, aber das Leben all seiner Bürger nur noch eine vage Fiktion war. Die Seuche raffte nicht nur das einfache Volk und die fleißigen Bürger dahin, sie drang auch in die Adelspaläste entlang des Canal Grande. Auch jene auserwählten Beamten bekamen immer mehr zu tun, die das Goldene Buch des Adels führten, des Adels, der nach eigener Überzeugung von Glied zu Glied, von Generation zu Generation Venedig, die Republik des Heiligen Markus, allein zu tragen hatte – genau wie die seit Jahrhunderten ins Meer getriebenen Pfähle die Paläste.
Die Musen schwiegen, und die Nachbarstaaten kannten kein Erbarmen. Sie griffen die Serenissima genauso unerbittlich an, als wütete in Venedig nicht der Schwarze Tod: Die türkischen und berberischen Seeräuber enterten die venezianischen Schiffe, Erzherzog Ferdinand brach in Friaul ein, entsetzte Görz und Gradiska, als würden auf der Piazza die Bürger und Väter auch jetzt fröhlich und selbstvergessen tanzen. All das bedeutete freilich, daß sich die Sorgen des Staates vermehrten, seine Einnahmen, Erträge und Kraftquellen aber versiegten im gleichen Maße, wie sich die Seuche ausbreitete.
Und was trieb Claudio Monteverdi? Von seiner Wohnung bis in sein Reich, die Markuskirche, waren es nur einige Schritte. Es schien, als hätte der Wind die Festlichkeiten in den Palästen verweht ... Wer dachte jetzt an ein Combattimento? Die Mocenigo waren in ihr Schloß am Ufer der Brenta geflüchtet, die Contarini nach Piazzola geeilt und die Morosini suchten bei Brescia Schutz. Das heißt, die Frauen, die Kinder und das Gesinde. Die Würdenträger blieben, die im Schleppmantel einhergehenden Senatoren, Avvocatos und Prokuratoren, die bei Gefahr Venedig nicht verlassen durften.
Nur in einer Hinsicht kam die Seuche Venedig zur Hilfe: Die kaiserlichen Truppen machten halt. Aldringen wagte nicht, tiefer in das Gebiet der Serenissima einzudringen. Während die Pest anhielt, richtete sich die Stadt, die nie ein Feind eingenommen hatte, auf die Blockade des unbekannten Gegners ein.

Was trieb Claudio Monteverdi, während Tag für Tag das Miserere erklang? Statt des fröhlichen Gesangs der Maskierten vernahm man Klagelieder der Kapuzenträger, jeden Abend und jeden Morgen: Es waren Mitglieder der frommen Konfraternitäten, die mit vermummtem Gesicht, mit Fackeln in den Händen, Psalmen singend die Toten einsammelten und beerdigten.
Claudio weinte über Mantua. Viele Nachrichten waren von dort gekommen: Nach der dreitägigen freien Plünderung war es noch einzelnen Freunden, ehemaligen Schülern, gelungen, auf venezianisches Gebiet zu fliehen. Das Bild des »Sacco di Mantova« schwebte vor ihm, und alle Ungeheuerlichkeiten der Belagerung, die blutige Zerstörung waren ihm um so schmerzlicher, je mehr er fühlte, daß er alt war. Ihm schien, als wäre die ganze strahlende Welt versunken, als hätte die Höhle im »Ballo delle ingrate« die Quelle der Freuden verschlungen. Die aus Mantua kamen, berichteten von der Verwüstung des Palastes, von der schrecklichen Zerstörung des fürstlichen Archivs, der Bibliothek und des Notenarchivs.
Marinoni fragte den Meister:
»Könntest du die Werke noch einmal schreiben, die vernichtet worden sind, Claudio?«
Er sah ihn mit sonderbar tiefem Blick an, in seinen grauen Bart perlten die Tränen. Sie saßen zu zweit in der Dämmerung, draußen erklang der Totengesang der frommen Brüder. So saßen sie da, vor dem Meister lag Notenpapier. Er hatte nicht viel zu tun. Bestellungen gab es keine: Parma, Mantua, Florenz schwiegen. Der Hof der Gonzaga soll – so erzählte man – nach Ferrara geflohen sein, der dortige Magistrat habe den entsetzten französischsprechenden Herzog aufgenommen. Dort war auch Striggio, und dort mochten jene sein, die am Leben geblieben waren. Mantua? Jahresrente, das Schicksal Massimilianos, das Haus, die Erinnerungen, die Noten und Kunstwerke? Als wäre die düstere Prophezeiung der Sibylle wahr geworden. Venedig war unversehrt . . . kein Stein hatte sich von der Stelle gerührt, die Feuerwehr bewahrte es vor sprühenden Funken, ein Feind bedrohte es nicht unmittelbar . . . und dennoch . . . wie der Prokurator im geheimen verlauten ließ, überstieg die Zahl der Opfer, die die Pest dahingerafft hatte, die vierzigtausend.
Es gab keine Musikstunden, nur wenige Proben. Claudio blätterte in alten Madrigalheften, korrigierte, instrumentierte, ergänzte, notierte das eine oder andere Motiv, wenn er Tasso, Petrarca oder einen zeitgenössischen Poeten las. Aus den Büchern schauten Zeichen heraus, mit dem Stift zog er einen dünnen Strich. »Motiv«, schrieb er in sein Skizzenbuch. Und abends holte er manchmal die »Melodia« hervor, dieses im Schneckentempo entstehende merkwürdige Werk, das berufen war, zu erklären, was der Meister unter der ersten und der zweiten Praktik verstand, wie sein Verhältnis zu Artusi in Bologna gewesen

war und wie er über die Polyphonie dachte, worin sich Vincenzo Galilei als Prophet erwies und worin er geirrt hatte ... wie man die Dissonanzen gebrauchte, welche Rolle die Chromatik spielte, wie die einzelnen Stimmen als »Solo« hervortraten ... und welche Beziehung zwischen Singstimme und Instrument bestand.
Er blätterte und las, was Artusi einst über ihn geschrieben hatte. »... Diese Neuerer werden nicht müde, Tag und Nacht zwecks Effekthascherei die Instrumente durchzuprobieren. Sie begreifen nicht, daß die Instrumente Falsches lehren, denn eins ist sicher: Es ist etwas ganz anderes, mit den Mitteln blinder Empfindungen tastend zu suchen, als sorgfältig zu arbeiten und sich auf richtige Gefühle zu stützen ...«

Wie bitter hatte er die Kritik empfunden, als er sie damals zum erstenmal las. Und da hieß es weiter: »... Ich kann wahrlich mit allen Erfahrungen, die ich im Dienste der Kunst erworben habe, aussprechen, daß der Komponist dieser Werke nie etwas Gutes geschaffen hat. Ich kann ruhig behaupten, daß seine Kompositionen im Gegensatz zum Schönen und Guten stehen – was die Kunst der Musik betrifft ... Sie sind unerträglich für das Ohr, sie verletzen es, statt es zu entzücken ... Der Autor hat den Normen und Zielen der Musik nicht im geringsten Rechnung getragen. Ich verstehe überhaupt nicht ... wie sich ein Künstler zu so etwas versteigen konnte: Er begeht Fehler, die selbst einem kleinen Kind ins Auge stechen müssen ...«

Im Schubfach lag ein vergilbtes Blatt Papier ... Wie lange war es her, daß er diese »Antwort« als Vorwort im fünften Band seiner Madrigale geschrieben hatte? Ein Vierteljahrhundert.

»Geneigter Leser!
... Seid nicht überrascht, daß ich mich entschlossen habe, die Madrigale herauszugeben, ohne zuvor auf die erwähnten Anschuldigungen Artusis zu antworten. Ich stehe im Dienste Seiner Hoheit des Herzogs von Mantua, und so verfüge ich nicht immer über so viel freie Zeit, wie ich möchte. Dessenungeachtet habe ich mit meiner Replik begonnen, damit jedermann erfährt, daß ich mich bei meinen Arbeiten nicht von kleinlichen Dingen leiten lasse. Sobald diese Antwort in sorgfältiger Reinschrift vorliegt, wird sie unter dem Titel ›Die zweite Praktik oder die Vollkommenheit der modernen Musik‹ erscheinen. Sicherlich wird es manche geben, die darüber erstaunt sind, können sie sich doch gar nicht vorstellen, daß es noch eine andere ›Praktik‹ geben kann neben der, die Zarlino gelehrt hat. Seid jedoch überzeugt, in bezug auf die Konsonanzen und Dissonanzen gibt es bei deren Anwendung auch einen anderen Gesichtspunkt, als den, von dem man bis jetzt ausgegangen ist, und dieser zweite Gesichtspunkt findet reichlich Bestätigung in der Freude, die die neue Musik dem Ohr und dem Geist bereitet. All

das wollte ich nur vorausschicken, damit mir die Bezeichnung ›Seconda prattica‹ von niemandem gestohlen werden kann ...«

Er faltete den Bogen ... nein ... die »Seconda prattica« war seither noch immer nicht erschienen. Wieviel Jahre war Artusi nun schon tot? Schon fast zwei Jahrzehnte. Er aber saß noch immer da mit der schmerzlichen Erinnerung und rang mit den Schatten.
Er blätterte ... Das letzte freudige Ereignis war die Aufführung des Combattimento. Er mühte sich schon lange mit den Worten ab, die die Rolle hätten, jenen etwas klarzumachen, die sich in die Komposition und die geheimnisvolle Werkstatt des Meisters einzudringen bemühten.

»... Ich mußte zwei gegensätzliche Leidenschaften vertonen, die kriegerische und die flehende ... und, ja, den Tod. Die Erregungen unserer Seele oder genauer ihre Leidenschaften weisen ein dreifaches Charakteristikum auf: Das ist als erstes der Zorn, als zweites die Mäßigung und als drittes die Demut oder das Flehen. Diese drei Seelenzustände, die von den Philosophen so bezeichnet worden sind, entsprechen in der Tat den drei Lagen der menschlichen Stimme: der tiefen, der mittleren und der hohen ... Und schließlich finden wir sie genauso in Form von musikalischen Ausdrücken: *concitato, molle* und *moderato*! Auf die beiden letzten habe ich schon bei zahlreichen Meistern Beispiele gefunden, aber noch nirgends auf das Concitato, auf das Erregte. Den kriegerischen, den *Guerriero*-Stil habe ich das erste Mal in die Musik eingeführt. Und zwar indem ich mich an die Lehren Platons als Quelle wendete ... Ja, den ersten Versuch, den Zorn zum Ausdruck zu bringen, habe ich unternommen. Ich setzte dies fort und konnte sehen, daß auch andere Komponisten meinen Stil in ihren Werken nachahmten, was für mich eine große Freude und eine noch größere Ehre war. Diese Kunst ist vom Gesichtspunkt der Musik unbedingt erforderlich, denn ohne sie war die Musik – meiner Ansicht nach – nicht vollkommen, da sie sich nur zum Ausdruck von zwei der erwähnten seelischen Zustände eignete ...«

Sollte der achte Band der Madrigale einst erscheinen, wird er auch das veröffentlichen, vielleicht im Vorwort des Combattimento.
Hielt er zuviel von sich? Warum war er nicht demütiger? Er dachte an das Gespräch, das er vor drei Jahren in diesem Zimmer mit dem um fast zwanzig Jahre jüngeren deutschen Musiker geführt hatte, der mit ergrauendem Bart und enttäuschtem Herzen das liebliche Venedig seiner Jugend aufsuchte, wo er einst Musik studiert hatte: Heinrich Schütz. Er war der Schüler Gabrielis gewesen und hatte dessen Geist auf deutschen Boden getragen. In der Mitte seines Lebens kehrte er nun zurück, mit demütiger Seele, wie einer, der wieder lernen will.

Wie bescheiden hatte er bei ihm in der Canonica angeklopft. »Ihr seid der größte lebende Meister«, hatte er in seinem Italienisch, das mit deutscher Zunge hart klang, zu Claudio gesagt. Dennoch sprach er so, daß man fühlen konnte, diese italienischen Worte waren für ihn belebende, lebendige Melodie, deren Rhythmus er in hessischen oder sächsischen Boden zu überpflanzen suchte. Als ihm Schütz die Partitur seiner Oper »Daphne« brachte, fand er unter dem dickeren Band ein dünnes Heft, »Symphoniae sacrae« las er auf dem Titelblatt.
Kaum war Schütz gegangen, hatte sich Claudio in die Noten vertieft. Siehe, hier in dieser andächtigen Musik mochte der Wendepunkt gewesen sein, wo der zwischen den fernen deutschen Höfen umherziehende Meister mit der Tradition Gabrielis brach, mit der Polyphonie und den Psalmen. Der deutsche Mann blieb ihm unvergeßlich ... wie er sprach! Ein italienischer Künstler hätte nie so klar, so geradewegs über seine Ziele gesprochen. Er hatte ihm seine Absicht erklärt, er wußte, was er wollte. Und welche Vielfalt in seinen Schöpfungen: Passionen, Oratorien, Tanzspiele, dazwischen Madrigale und kirchliche und weltliche Konzerte – ja, so jagten sie einander im launischen Überfluß, daß der langsam und schwer schaffende Monteverdi (manchmal benötigte er drei oder vier Monate zum Komponieren einer Favola) ihn um diese Leichtigkeit beim Schaffen fast beneidete.
Den Text der »Daphne« hatte Ottavio Rinuccini geschrieben. Ja, dachte Claudio, diese »Daphne« war der Urquell, vor fast vier Jahrzehnten in Florenz geboren, und auf diesen Text hatten die ersten Dramma per musica zurückgegriffen. Plötzlich fiel ihm ein, was Schütz gesagt hatte: Er wolle versuchen, auch in der Sprache seiner Heimat zu schaffen, so wie auch die Franzosen ihre Lieder in ihrer Muttersprache sangen. Man wird also nicht nur in Italienisch und in Latein, der Sprache der Kirche Christi, singen ... Unter Esztergom hatten die Husaren und die Heiducken ihre rauhen, manchmal schwermütigen Weisen in ungarischer Sprache gesungen. Warum sollte Heinrich Schütz nicht in der Sprache seiner sächsischen Heimat schreiben können?
Schütz war gegangen. Danach kamen die Schmach Mantuas, die Pest und die Stille, die sich über den Lagunen ausbreitete. Glockengeläut. Miserere. Beerdigung. Auch auf der Orgel durfte nichts Heiteres erklingen, die hohen Feste verliefen im Zeichen »in extremis«, in Zeiten wie die jetzige. Nur die Väter saßen auch jetzt beisammen ... Woche für Woche, im Großen Rat, im Senat und im Rat der Zehn. Wenn sich der eine oder andere auf die lauten, rufenden Worte nicht meldete, schüttelten die anderen betrübt den Kopf. »Er fehlt!« ... Indessen brachte vielleicht die Totenbarke seinen Leichnam schon auf den Inselfriedhof.
Es war Abend, und der Karmeliter, der mit klappernden Holzschuhen eintrat, hatte die Kapuze tief ins Gesicht gezogen, nur seine Augen

leuchteten hervor. Claudio fuhr zusammen: Auch sein Sohn Francesco trug dieses Gewand, wenn er unter seinen Ordensbrüdern lebte und nicht im Chor der Markuskirche sang.
Der Namenlose verneigte sich mit auf der Brust gekreuzten Händen. Monteverdi sah nur, daß seine Augen feucht waren und eine Träne auf seinen rotblonden Bart perlte.
»Laudetur ...« sagte er sehr leise und legte dem Meister die Hand auf die Schulter. »Wir alle leben im Jammertal, Maestro, der eine geht früher ... der andere später ...«
Erschrocken sah er den Mönch an.
»Francesco ... mein Sohn?«
»Er war mein Bruder im Herrn. Ich habe ihn sehr geliebt ... Der Schwarze Tod ist in unser Kloster eingedrungen. Ein Tag ... einige Stunden ... Maestro, er starb unter guten Christen, hat Seelentrost erhalten. Wir konnten nicht warten, bis der Vater kam. Nach den Gesetzen der Res publica ...«
Es gab nichts zu sagen. Wie Steine waren diese wenigen Worte gefallen. Der Vater brach unter der schrecklichen Last zusammen. Der Mönch saß da, sagte kein Wort, betete nicht. Er weinte. Still, ruhig, und der Vater fühlte, daß er in dieser schlimmen Stunde nicht allein war.

So ging 1630, das verhängnisvolle Jahr der Zerstörung Mantuas und der Pest in Venedig, seinem Ende zu. Der Winter verlangsamte nur den Flug des Schwarzen Engels. Das Rauschen seiner Flügel aber war in der Serenissima noch immer zu hören. Die Zahlen in den sorgfältig geführten Registern überstiegen schon die Hunderttausend ... Im Frühjahr 1631 verschlimmerte sich die Pest, im Mai überschritten die Verluste auf dem »Festland« die halbe Million, und auf den Inseln waren es mehr als halb soviel. Alle warteten entsetzt auf das Herannahen der heißen Jahreszeit: Die Stadt starb allmählich aus. Wer es ermöglichen konnte, floh. Venedig, das vor einem Jahr mit seinen über zweihunderttausend Seelen eine der größten Städte Europas war, schrumpfte jetzt in der Zahl seiner Einwohner auf ein Viertel zusammen. Und man stand vor dem Sommer, in dem jede Seuche neuen Auftrieb erhält, die Miasmen die unglückselige Menschheit überschütten, aus den Sternen, den Ausdünstungen der Erde und den unbeerdigten Toten.
Der Sommer kam: Die Seuche verstärkte sich nicht, ging eher zurück. Im Rat der Väter gehörte das erste Wort dem Sekretär, der zu berichten hatte, wieviel der Schwarze Engel in der vergangenen Woche niedergemäht hatte. Seit einigen Wochen schien es, als würde die Seuche an Heftigkeit verlieren; zwei Wochen später wurden nur noch vereinzelte Todesfälle gemeldet. Die Ärzte begannen langsam Beispiele anzuführen: Auch die Pest könne sich erschöpfen ... so sei es auch in

dem Jahr gewesen, als Tizian – mit knapp hundert Jahren – von dem Tod dahingerafft wurde. Die Prokuratoren nickten. Der Große Rat dachte an die Lücken in den eigenen Reihen, an den Adel, den die Krankheit trotz aller Vorsichtsmaßnahmen genauso dezimiert hatte wie die Rechtlosen.

Die Väter warteten. »Es darf nichts übereilt werden«, lautete der goldene Leitsatz der Serenissima, nach dieser zweifelhaften Weisheit handelten die Väter schon immer. Doch jetzt – unter sich – faßten sie den Beschluß: Wenn im Laufe eines ganzen Monats nur noch vereinzelte Pesttote gemeldet würden, wenn die Ärzte von geheilten Kranken berichteten, wenn auf keinem einzigen Schiff mehr die gelbe Flagge aufgezogen werden müßte, wollte man nach überliefertem Brauch verkünden, daß Venedig erlöst war! Die Stadt lebte weiter. Die Republik des Heiligen Markus war ewig.

Noch wartete man ... Vereinzelt wurden von da und dort noch Todesfälle gemeldet. Von Murano, wo ein Glasbläser aus Bergamo unter verdächtigen Umständen verstorben war, und von Malamocco, wo man die Mannschaft eines flämischen Fischerbootes nicht in die Lagunen hatte einfahren lassen ... aber allmählich verstummten auch diese Alarmzeichen: Die Stadt atmete noch schwer, der Großteil der Geflüchteten war noch nicht zurückgekehrt, noch konnte man die Zahl der Verluste, der Toten, die Größe der Lücke kaum feststellen, die der Schwarze Engel in der Stadt gerissen hatte.

Die Herbstwinde hatten auch das letzte Aufflackern der Miasmen vertrieben, und im Monat Oktober gab es keine neuen Opfer mehr. Der Rat der Zehn nahm die Sache in die Hand. Auch jetzt saß im Dogensessel ein Contarini, Niccolò. Nach dem Brauch wurde eine Kommission gebildet, deren Aufgabe darin bestand, den verschiedenen Räten, Hauptkommissionen und Behörden Vorschläge zu unterbreiten, wie sich die Republik die Feier vorstellte, daß sie von der Pest befreit war. Denn solange die Fama nicht die Nachricht von einem solchen Fest aller Welt verkündete, konnte Venedig kaum damit rechnen, daß sich die Stadt zum Karneval wieder mit reichen, verschwenderischen Fremden füllte.

In der Kommission saßen die Prokuratoren, ein Inquisitor und die einflußreichsten Senatoren. Der Doge selbst – ein bedrückter Mann, auf dem die Fürstenmütze in seinen alten Tagen wie ein bleiernes Gewicht lastete – eröffnete am 22. Oktober die Sitzung mit schwacher Stimme.

»Als ich jung war, wurde auch ich aus den Reihen der Jugend ausgelost, ich saß im Großen Rat und weiß, daß man auch damals das Weichen des Schwarzen Todes gefeiert hatte. Aber damals hatte Venedig noch Künstler. Der größte, der Fürst unter ihnen, dessen Pinsel der Kaiser eigenhändig aufgehoben hatte, Tizian war zwar tot. Aber noch lebten Veronese und Tintoretto, und wir glaubten, ihr Schein und Glanz würden nicht erlöschen ... Ja, es lebte auch noch der alte Mei-

ster Palladio, und er erbot sich bereitwillig, den Vätern zu helfen, den Abzug der Gefahr zu feiern. Doch heute will einem scheinen, als wären die Sieben Künste zwischen den Lagunen ausgestorben ... als wären die Poeten verstummt, als hätte sich Nebel auf die einst strahlenden Farben der Maler gesetzt. Die Bildhauer und Steinmetze fertigen aus Bronze und Marmor nur noch Grabmäler und Gedenksteine ... Seit die Seuche über uns hereingebrochen ist, wurde in Venedig kein Haus mehr gebaut, auch kein Palast ... keine Kirche ... oder irgendein namhaftes Monument. Womit gedenkt ihr zu feiern, Väter?«
Mocenigo war auch nicht mehr jung. Sein Mantel hing auf gebeugten Schultern.
»Serenissime, Ihr habt die Musik nicht erwähnt. Und es war vielleicht auch nicht berechtigt, als Ihr von der Architektur so gesprochen habt, als wären all ihre Meister schon tot. Wenn auch einzelne treulose Musen die Lagunen verlassen haben, Polyhymnia, Thalia, Terpsichore sind bei uns geblieben, und mit ihnen einer der berühmtesten Jünger Polyhymnias ... Ich könnte auch den Baumeister nennen, der heute die Tradition Sansovinos und Palladios fortsetzt. Eure Exzellenzen wissen alle, an wen ich denke.
In ganz Italien ist bekannt, daß der größte Musiker Italiens hier, zwischen den Mauern der Canonica, still um seinen Sohn trauernd, lebt. Messer Monteverdi ist ein Mann des Herrn. Die Klänge seiner Orgel wird die Zeit verschlingen, aber seine Noten bleiben erhalten. Was zum Ruhme von Fürsten und Herzögen in den ausgeplünderten Palästen gespielt wurde – wer erinnert sich dessen noch? Aber die Noten, die man in Venedig in Druckstöcke geschnitten hat, werden den Namen Claudios bewahren, solange Menschen leben. Er mag uns jetzt ein Tedeum schreiben, das nicht mit der verrinnenden Zeit vergehen wird, es soll jedesmal erklingen, sooft das Land des heiligen Markus einer großen Gefahr entronnen ist.
Der andere, von dem ich sprach, ist ein junger Mann. Er ist noch keine dreißig, aber sein Name ist schon in aller Munde. Meister Longhena berauschen kein goldener Zierat, keine maßlosen Umrisse der neuen Mode. Er hat auch bis jetzt im Geiste der großen Ahnen geschaffen, und Palladio könnte stolz auf ihn sein, wenn er es erlebt hätte, um sehen zu können, was der junge Sproß seiner Kunst schafft. Mein Vorschlag an die Väter ist, die Serenissima mag eine neue, würdevollere Kirche als alle bisherigen erbauen lassen. Sie mag damit der Welt kundtun, daß die Zeiten Venedig erschüttern konnten, daß das himmlische Urteil über ihm in Erfüllung gehen konnte, denn es ist eine sündige Stadt, aber die Serenissima ist auferstanden und die Überlebenden danken es dem Herrn, daß sie verschont geblieben sind. Die Serenissima ist weder alt noch jung – sie ist ewig.«
So beschlossen die Prokuratoren, wie sie den für Ende November festgesetzten Danksagungsgottesdienst begehen wollten. Claudio Monte-

verdi sollte eine feierliche Messe komponieren und Baldassare Longhena, der Baumeister, den Grundstein der Kirche legen, der man den Namen *Santa Maria della Salute* geben wollte, zur Erinnerung daran, daß die Stadt der Seuche entronnen war.
Der Herold der Republik begab sich zum Maestro in die Canonica. Eine solche Aufforderung hatte immer etwas Bedrohendes an sich. Wer Abschied von seiner Wohnung nahm, wußte nicht, ob man ihn in einer amtlichen Angelegenheit rufen ließ oder wegen einer geheimen Anschuldigung, und ob er dem Blick des gefürchteten öffentlichen Anklägers begegnen würde. Während er im dunklen Gewand dahinschritt, ließ er sein Leben an sich vorüberziehen. Vielleicht von dem Tage an, als er noch als Kind in das wunderbare Arbeitszimmer Meister Ingegneris eintreten durfte, bis zu dem Tag, als der Karmelitermönch mit der Nachricht von dem Tod seines Erstgeborenen zu ihm kam.
Der stumme Bewaffnete führte ihn die Gänge des Palastes entlang: Türen öffneten sich und schlossen sich wie von unsichtbaren Händen. Alles stand im Zeichen der Lautlosigkeit, des Geheimnisses und der Mystik. In jeder Biegung standen Wachposten, hinter den Bildern schossen Blicke von Aufpassern hervor, die Teppiche verschlangen das Geräusch der Schritte. So erreichte er das innerste Zimmer, in das zu normalen Zeiten kein gewöhnlicher Sterblicher hineingelangen konnte. Claudio war einst ein Hofmann. Contarini, den Dogen, kannte er noch aus der Zeit, als dieser noch Prokurator war, und er wußte, welche Ehrerbietung er dem höchsten Ratsherrn erweisen mußte. Er stand allein da, mit entblößtem Haupt. Alle anderen saßen und schwiegen. Der Blick der Väter musterte das graubärtige, asketische Musikergesicht. Alle wußten, daß er seinen Sohn verloren hatte.
»Messer Claudio Monteverdi, nehmt Platz unter uns«, forderte der Doge ihn auf, und das war die größte Ehre, die einem nichtadligen Sterblichen in der Serenissima zuteil werden konnte.
»Messer Monteverdi, setzt Eure Mütze auf, Ihr seid auch nicht mehr jung, hier in das Zimmer bläst der Wind herein.«
Contarini lächelte. Alle waren still, warteten ... warteten noch auf jemanden.
Im Gesicht des jungen Mannes saß der Schreck: Man hatte ihn von einer Baustelle geholt. Er kam im Arbeitskittel, der voller Kalkstaub war und Spuren von Farben trug. Der ausgesandte Palastdiener durfte mit keinem Wort verraten, wohin man ihn führte, zu welchem Zweck er geholt wurde. Longhena war ein behender, junger Mann, ein Künstler mit glattrasiertem Gesicht, auf die römische Mode bedacht. Sein leichtes Barett hielt er in der Hand und bemühte sich, die langen Kniestrümpfe abzustauben. Er sah schon, daß es nichts Schlimmes sein konnte. Er war der einzige, der stand. Ihm bot der Doge keinen Platz an. Longhena war ein Handwerker und jung.

Niccolò Contarini hüstelte leise. Er dachte daran, ob er es wenigstens erleben würde, daß das Tedeum fertig war, und er zugegen sein konnte, wenn man den Grundstein der neuen Kirche legte. Bis sie aufgebaut war ...? Fröstelnd sah er in den Herbst hinaus. Mußte er gerade in solch unheilvollen Jahren regieren?
Leise ergriff der Prokurator das Wort. Es klang ein wenig schülerhaft, wie er das Elend Venedigs vortrug. Er las von einem Blatt: »In der Stadt sind siebenundvierzigtausend Menschen gestorben, auf dem Festland sechshunderttausend, auf den Inseln dreiunddreißigtausend. Rund siebenhunderttausend Seelen. In manch großen Ländern leben nicht soviel Menschen ... Das byzantinische Reich hatte nicht mehr Einwohner, als der letzte Kaiser fiel. Aber wie der Kranke, wenn das verzehrende Fieber gewichen ist, bereits vor der vollen Genesung sich aufzurichten wagt, wenn auch schleppend die belebende Sonne sucht, das Blut sich in den Adern zu erneuern trachtet, so versucht die Republik des heiligen Markus, wieder in die Ordnung des früheren Lebens zurückzufinden und dankt dem Herrn für die Befreiung von der Seuche und betrachtet die Zeit ihrer Heimsuchung für beendet.«
Longhena und Monteverdi kannten einander bisher nicht. Der sitzend zuhörende Musiker sah mit einem Lächeln die Zeichen des Handwerkerberufes an der Kleidung des jungen Mannes: Auch ihn hatte man also überraschend hierher gerufen. Die langen Sätze des Prokurators paßten sich der altüberlieferten Tradition an. Diese weitschweifigen Oratoren waren, wenn die Umstände es so verlangten, raffgierige Handelsleute, flüchtige Liebhaber und unerbittliche Kapitäne, aber hier im Rat war der Lauf der Zeit langsam wie der rinnende Sand in der Uhr.
»Die allerfeierlichste Messe soll den Dank der Serenissima verkünden, und diese Messe soll Euer Werk sein, Messer Claudio Monteverdi. Ihr seid, nicht aus der Stadt geflohen, habt Sonntag für Sonntag in der Markuskirche beim Gottesdienst Euren Dienst verrichtet, habt ihn bereitwillig für die Serenissima ausgeübt. Ihr seid würdig, damit geehrt zu werden, die Messe für diese große Danksagung zu komponieren, von der alle Welt erfahren soll.«
Das harte römische Gesicht Longhenas war nach vorn gebeugt. Jetzt wandte sich der Prokurator an ihn.
»Messer Baldassare Longhena, Ihr seid noch jung an Jahren, aber Ihr steht schon in dem Ruf, die Begabung Eurer großen Vorgänger geerbt zu haben, die mit ihrem Wissen, ihrer Kunst, ihrem Fleiß die Serenissima verschönt, zur Perle der Welt gemacht haben. Die Wahl der Väter ist auf Euch gefallen. Es geht um ein Gotteshaus, das wir Santa Maria della Salute nennen werden und das an der Mündung des Canal Grande stehen wird und dort verkünden soll, daß die Väter ihr Gelübde halten, das sie in der Zeit der Gefahr bußfertig geleistet haben. Die Väter haben beschlossen, daß die beiden größten lebenden Künst-

ler Venedigs dem Himmel und der Erde verkünden sollen: Venedig wurde für seine Sünden bestraft, aber es hat Buße getan und will nun wieder leben. Dixi! Das ist die Meinung der Väter.«
Der Rat erwartete keine Antwort, der Doge erhob sich, und jetzt sah man, wie gebrechlich er war, daß nur noch der Wille das Leben in dem schwachen Körper hielt. Lächelnd sagte er, als er auf zwei jüngere Senatoren gestützt vorüberkam:
»Die Missa Solemnissima möchte ich noch hören . . . im San Marco! Wenn ich auch im neuen Gotteshaus nie mehr beten werde, freue ich mich dennoch, daß ich heute zugegen war, daß ich all das gehört habe, daß ich diesen Tag erleben durfte.«

32

November. Inmitten der Büßer und Flagellanten tauchten schon hie und da ein lebhaft roter Mantel und Halbmasken auf, fühlte man schon den Duft des Rosenöls. Die Zahl der Bevölkerung der Stadt war zusammengeschrumpft, die Signoria lag wie ein riesiges Gerippe da, und in Hunderten von Ämtern versuchte man das Leben wieder anzukurbeln. Der Nebel kroch über die Lagunen; abends öffneten bereits die Schenken, die Freudenhäuser und Spielhöllen. Die Herren der Nacht drückten ein Auge zu: Das Leben mochte wieder in Gang kommen, die Kurtisanen Besucher heranlocken, das schreckliche ewige Miserere endlich verstummen, das anderthalb Jahre hindurch in Venedig zu hören gewesen war.
Die Missa Solemnissima, gedacht als Requiem und zugleich als Tedeum, wurde von dem verstärkten Chor der Markuskirche vorgetragen. Das war das erste große Staatsfest, das sich bereits an den Namen des neuen Dogen Francesco Erizzo knüpfte. Der alte Contarini hatte weder sie noch die Grundsteinlegung zur Santa Maria della Salute erlebt.
Im matten Sonnenschein am 28. November trafen die höchsten Würdenträger der Republik der Reihe nach ein; um neun Uhr begann der feierliche Danksagungsgottesdienst. Die ausländischen Gesandten wagten sich das erste Mal wieder in die Stadt, hie und da hörte man fremde Worte; die italienischen Fürsten sandten gute Wünsche, zeigten zumindest zur Schau getragene Anteilnahme gegenüber der in ihrem früheren Glück so sehr beneideten Serenissima. Dem Chor der Kirche schlossen sich an beiden Flügeln die berühmten Hornisten der Republik mit ihren silbernen Instrumenten an. Als der Patriarch in seiner zweistündigen Predigt in der bis zum Bersten gefüllten Kirche beim Gloria anlangte, begannen die Glocken zu läuten, die Kanonen zu dröhnen und verkündeten wie das Schmettern der silbernen Hörner

der Bevölkerung der Stadt und der fernen Welt der Lagunen: Die Stadt des heiligen Markus ist befreit von den Heimsuchungen, die Serenissima ist ewig.
Longhena hatte Monteverdi gebeten, in der Cantoria anwesend sein zu dürfen, wenn der Meister die Messe leitete. Dieser hagere blasse Mann mit seinem römischen Gesicht zog sich in eine Ecke zurück, und wenn er die Augen schloß, nahmen die Chöre in seiner Vorstellung geometrische Formen an. Er sah gewaltige Gewölbe, Bogen und Proportionen. Alles hatte seine Harmonie, war wohlgeformt, war um des Ganzen willen entstanden: Diese Bußmesse vertrug keine übermäßige Ausschmückung, keine Kantilenen, keine Arietten, der Meister mied die Melismen.
Das große Fest ging mittags zu Ende, es hatte mehr als vier volle Stunden gedauert. Die Sänger setzten sich todmüde auf die kleinen Stühle und die Orgelbank. Unten im Schiff herrschte das bunte Treiben von San Marco. Der Schein von hundert und aber hundert Kerzen ließ die toten Mosaikheiligen bewundernswert lebendig erscheinen. Die Gloriolen glänzten, der eine oder andere Himmlische schien sich nach vorn zu neigen, und es hatte den Anschein, als würde das Gold seines Heiligenscheines zwischen das Volk rieseln. Der Meister war müde, Longhena erbot sich, ihn zu begleiten. Vielleicht sollte man noch einen kleinen Spaziergang auf dem Platz machen, bevor Monteverdi zu seinem einsamen Mittagessen in die Canonica zurückkehrte. Auf der Piazzetta mischten sie sich unter die feiernde Menge, auf der Riva degli Schiavoni wimmelte es in alter Buntheit von Menschen. Der Baumeister streckte die Hand in den grauen Novemberdunst, der ein Zeichen sich senkenden Nebels war. »Dort . . . Maestro . . . seht Ihr . . . dort wird das Bild des Canal Grande abschließen. Dort wird sich meine Kirche erheben!« Die müden Musikeraugen sahen nichts, aber Longhena wölbte bereits aus dem Nichts eine Kuppel, er hatte keinen Zeichenstift bei sich, so ritzte er sie mit dem Dolch an die Wand eines Hauses, wie er sich die Kuppel der »Salute« vorstellte, wo die Fassade sein, wie die Kirche den zum Meer und zur Stadt freien, offenen Platz abschließen würde.
»Messere, teilt mein Mittagessen mit mir!« Als sie auf die Piazza zurückkehrten, erkannten die meisten Passanten Monteverdi, fast genauso viele kannten auch schon Longhena. Man schaute ihnen nach, wie der bejahrte und der junge Meister dahingingen und wie sie in den engen Gewölben der Canonica verschwanden.

33

Venedig hatte die Heimsuchung überstanden. Auf den Balkons der lange Zeit verwaisten Paläste erschienen als erstes die Diener, die dunkelhäutigen Mägde, dann auch die Herren und die Herrinnen des Hauses. Mit jedem Tag und jedem Abend kehrte mehr Glanz auf den Canal Grande zurück, einen Monat später spiegelten sich die Hunderte von Fenstern dieser einmaligen Hauptstraße der Welt wieder auf den Wogen, die geräuschlos dahingleitenden Gondeln übernahmen von den Balkons die Klänge der Musik und gaben sie einander weiter. Aber den Tod von siebenhunderttausend Menschen konnte ein so kleines Land nicht überwinden, an dessen Gesetzen und Gefüge schon seit langem der Zahn der Zeit nagte. Alle, in erster Linie die weitblickenden Väter, empfanden den Hauch der Vergänglichkeit. Die Großmächte verehrten die Serenissima seit dem mantuanischen Krieg wie einen liebenswerten, greisen Verwandten, aber als Machtfaktor, als gefürchteter Rivale spielte Venedig auf der Bühne Europas fortan keine Rolle mehr. Die Arbeit im Arsenal verlangsamte sich, es wurden weniger Schiffe gebaut, obwohl sie noch immer die besten Verkehrsmittel dieser Zeit auf dem Meer waren. Das Stadtbild hatte sich in seinem alten, sanften gotischen Glanz herausgebildet, und das Werk Longhenas, die Votivkirche Santa Maria della Salute, nahm in ihren Umrissen auch Gestalt an und schloß (gleichsam als Gegenpol zu San Giorgio Maggiore, einer der letzten Schöpfungen Palladios) im Geiste der Ahnen dieses wunderbare unabänderliche Antlitz Venedigs ab.
Meister Longhena war der letzte, der trotz seiner Jugend den in Stein geträumten zweitausendjährigen Formen der Ahnen treu geblieben war. Das Hauptportal, in der Form eines römischen Triumphbogens gestaltet, verkörperte die nicht an das vergängliche Barock gebundene antike Tradition. Aber das Leben selbst rings um die Kirchen und Paläste mutete an wie ein riesengroßer Fasching, in dem sich in wenigen Jahren niemand mehr an die Monate erinnern würde, als die Stadt nichts anderes war als ein einziger gewaltiger Friedhof. Wieder kamen die Fremden, vor denen die Republik keine Angst hatte, die sie sogar heranlockte. Die Herren der Nacht duldeten es, wenn die eine oder andere Kurtisane einen kleinen Palast kaufte und dort Tag und Nacht Gelage gefeiert wurden. Die Serenissima, die immer mehr Inseln, Besitzungen und Märkte in Übersee verlor, freute sich, wenn sie ihren Bürgern Brot geben konnte. Wenn weniger ihrer Bürger Steuermann oder Kanonier wurden, weniger als Gewürzkäufer nach Indien gingen, wuchs die Zahl derer, die in der Stadt selbst in irgendeiner Form dem allgemeinen Wohl dienten. Sprunghaft stieg die Zahl der Perückenmacher, der Parfümpanscher, der Kuppler, der Schnellzeichner, der Straßenschreiber und der Spottversdichter. Hunderte neue Berufe entstan-

den, an die früher niemand dachte. Kleine Berufsorchester, die um die Ehre ihres Stadtteiles, ihres Bezirkes kämpften, lösten die Dilettanten ab.
Der Herbst und der Fasching: Das war die wundervolle Zeit, in der die meisten Fremden kamen. In den Adelspalästen löste jetzt eine Festlichkeit die andere ab, dies versuchte die wohlhabende Schicht der Bürger nachzuahmen. Die ausländischen Herren und Damen spazierten sogar in die Armenviertel hinüber und lachten über die malerischen Lumpen der Notleidenden. Auch das gehörte zu dem Bild Venedigs: Man warf Kupfermünzen in den Kanal, und die hungrigen Kinder sprangen einem Soldo in das kalte Wasser nach.
Wie der Glanz des goldenen Netzes zunahm, so vermehrten sich die Schenken, die Herbergen und die Zahl der Säle, die man für die Stagione, die Spielzeit, mietete. Hier wurde gewürfelt, dort konnte man Kaffee trinken, diesen aus dem Morgenland gebrachten bitter schmekkenden schwarzen Trank. In einer Scheune schlugen Possenreißer ihr Lager auf, winzige Puppentheater wurden geboren, die auf Karren umhergezogen die ewigen Kinder dieser Zeit ergötzten. Wo kam Arlecchino her? Wo zog er hin? Er hielt auch in Venedig seinen Siegeszug. Die Väter lockerten hier und dort die strengen Gesetze und Verordnungen, die auch besagten, wie sich die Herren und Damen des Adels, die Männer und Frauen des Bürgertums kleiden durften und was dem niederen Volk erlaubt und verboten war. Zur Faschingszeit befreite die Maske jedermann von diesen Vorschriften, formte aus Handwerksburschen Edelleute, aus Männern Frauen, und die Patrizier der Paläste, die stolzer als Herzöge waren, liehen sich malerische Lumpen und zogen so in die Armenviertel der Stadt, Mädchen zu erobern. Nur die Kurtisanen wahrten die alten großen Traditionen: Auf sie warf die Serenissima Toleranzsteuer aus, beschränkte die Zahl ihrer Dienerinnen, klassifizierte sie nach Schönheit, Grazie und Einkommen, hauptsächlich aber danach, welche Dienste sie der Serenissima leisteten, für die sie seit vielen Jahrhunderten die zuverlässigsten Spione waren.
Die Republik blieb in ihrer Entwicklung stehen, schrumpfte, nur ihre Ohren wurden immer länger. Als wäre auch dies ein entstellter, aber kunstvoll entwickelter Zweig der Sieben Künste, bildete sich in Venedig der Typ des spitzelnden, zu allem bereiten und doch spielerischen Zuträgers heraus. Jedes größere Patrizierhaus hatte seine Spione und Gegenspione, und sie umspannten nach der Art der Unterwelt mit ihrem Netz das Leben der Stadt bei Tag und bei Nacht. Die Inquisitoren, die Prokuratoren, aber hauptsächlich die Mitglieder des Rates der Zehn, die das ungeschriebene Gesetz diktierten und Herr über Leben und Tod waren, fürchteten die Denunzianten genauso wie der Doge selbst, wie die Heerführer, die Befehlshaber des Arsenals und der Flotte. Jede Wand, jeder Palast, jede Schenke, jeder Garten und jede Gondel hatte Ohren. Eine Vielzahl von Lauschern lebte davon, daß sie

in Ermangelung anderer Waren einen Handel mit Geheimnissen trieben, kauften und verkauften. Schuldbriefe waren im Umlauf mit der Unterschrift verarmter Nobilitäten, die der Wucherer bei Fälligkeit schon in seiner Macht hatte: Sie verrieten ihre eigene Familie, erlauschten das Geheimnis ihrer Geliebten. Dieser unheimliche Sündenpfuhl ... dieser Strom von Verleumdungen, eine Mischung von wahren und falschen Nachrichten ergoß sich bis in den verborgensten Schlupfwinkel des Palastes, wo allgemein gehaßte Inquisitoren die Judasbriefe sortierten.

Aber auf der Piazza stockte das Leben für keine Minute. Nachts schwärmten die Sbirren aus, mit Bewaffneten gefüllte Gondeln standen an der Pforte, bis man das ausersehene Opfer in einen Mantel gehüllt und mit einer Maske vor dem Gesicht herunterbrachte, um es spurlos unter den Bleidächern verschwinden zu lassen. Währendessen spazierten auf der Piazza zur Faschingszeit die Fremden. Das Volk kannte sie schon, die Gastgeber wogen jeden ab, wußten, welcher Leidenschaft jeder einzelne frönte, und von wem was zu erhoffen war. Italienische Fürsten kamen inkognito, aber in immer größerer Zahl auch Herzöge aus dem Reich und Vertreter der Oberschicht, die vor den endlosen Kriegen und Verwüstungen hier Zuflucht suchten, inmitten der ewigen Religionskriege in der milden Atmosphäre des scheinbar so toleranten Venedigs das Leben genießen wollten.

Die Fremden – es war Mode geworden – interessierten sich genau wie die Venezianer für alle Arten der Bühnenkunst, angefangen von dem derben Scherzen der Possenreißer auf den Marktplätzen über die Darbietungen in den Palästen bis hin zu den Konzerten am Sonntagnachmittag in den Kirchen, von den Hauskonzerten in den Klöstern bis zu den auserwählten Darbietungen, deren Schauplatz der Dogenpalast war.

Die Patrizier waren Kaufleute, und sie zerbrachen sich schon seit langem die Köpfe darüber, wie sie aus dieser Leidenschaft Geld schlagen könnten, wurde doch jede Patrizierfamilie von Venezianern und Fremden um Einladungen bestürmt, wenn es bekannt wurde, daß man die Aufführung einer Komödie plante, oder ein Konzert veranstalten wollte – vielleicht sogar mit Berufsmusikern. Diese Darbietungen wurden, wenn sie Erfolg hatten, ein- oder zweimal wiederholt, aber die riesigen Unkosten, mit denen eine solche Aufführung verbunden war, zwangen selbst die reichsten Patrizier zum Überlegen.

Der Erstgeborene der Familie Tron aus dem jüngsten Trieb dieses Geschlechtes hatte als Gesandter Italien bereist, am französischen Hofe geweilt, war nach England hinübergesegelt, wo er häufig in den Logen des Theaters gesessen hatte. Der Patrizier Tron hatte lange darüber nachgedacht, ehe er seinen Plan dem Familienrat unterbreitete. Er beabsichtigte, im Stadtbezirk San Cassiano auf ihrem eigenen Grund ein Theater zu errichten, vor allem zu dem Zweck, hier Musikkomö-

dien, Melodramen oder auch eine Favola in musica aufzuführen. Das Theater sollte schon so beschaffen sein, daß es genügend Platz für das Orchester und die Maschinerien bot und daß man den Zuschauerraum richtig ausnützen konnte. Das Parkett und möglichst drei Logenreihen sollten der Bequemlichkeit der Besucher wie auch den Geschäftsinteressen des Besitzers dienen.
An der Familienberatung nahmen drei Generationen des Geschlechtes Tron teil. Der Senior hatte mit siebzehn Jahren bei Lepanto gekämpft und war durch das schreckliche Kanonendröhnen halb taub geworden: So interessierten ihn weder Theater noch Musik besonders. Seiner Ansicht nach war es ein gewagtes Unternehmen, das man da ins Auge faßte. Dergleichen räche sich immer. Von den Molukken Ingwer einführen, in Guinea Sklaven laden und diese in Java verkaufen: Das waren Geschäfte. Im bosnischen Bergland Wälder kaufen und das geschlagene Holz in die dalmatischen Häfen schaffen lassen: Das war Geschäft. Anteile eines florentinischen Bankhauses erwerben, wenn dies dem französischen König ein Darlehen zu sechzig Prozent Zinsen gab: Daran konnte man verdienen. Aber sich in beträchtliche Baukosten zu stürzen, deshalb allerlei dahergelaufenes Komödiantenvolk einzustellen, um für Geld Bären tanzen, Gaukler mit bemehlten Gesichtern herumhüpfen, sie mit Tuten und Knarren Krach schlagen zu lassen, das sei des edlen Geschlechtes der Tron unwürdig, von dem ein Mitglied vor hundertsiebzig Jahren die Würde eines Dogen bekleidet hatte.
Doch da hatten die jüngeren, unternehmungsfreudigen Mitglieder der Familie die Verträge bereits abgeschlossen, das Holzmaterial bestellt, die Baukosten in hartnäckigen, bis in die Nacht reichenden Verhandlungen heruntergedrückt. Das Familienoberhaupt widersetzte sich, solange es ging. Die Wirklichkeit war, daß alle Patrizier schon darauf spannten, wie das Geschäft der Trons gelingen würde, und so überredeten die anderen Familienältesten den greisen Senator, seine Zustimmung zu geben.
Der junge Tron wollte sich nicht viel um das Theater kümmern, von dem ihn in erster Linie der Gewinn interessierte. Wenn er das ganze Haus unter der Bedingung verpachtete, daß der Pächter über das Parkett verfügen konnte, dessen Einnahmen ihm somit zuflossen: Davon ließen sich die Unkosten für die Darbietungen bestreiten, und es blieb ihm sogar noch ein Nutzen. Er mußte also damit auskommen, während die Einnahmen für die Logen dem Besitzer zufielen. Der Pächter brauchte keine Pachtsumme zu bezahlen, aber er hatte dafür zu sorgen, daß im Herbst und in der Faschingszeit Abend für Abend dem Ansehen des Hauses würdige Vorstellungen zur Aufführung kamen – mit erstrangigen Sängern und Musikern. Die Eintrittspreise durften vier venezianische Lire nicht übersteigen, und soviel konnte wirklich jeder Bürger, jeder Gondoliere, jeder Handwerksbursche und jedes

Freudenmädchen bezahlen, die tagsüber etwas verdienten. Mit den Logen war das eine andere Sache: Sie wurden für die ganze Saison vermietet, auch an Auswärtige, für schöne runde Summen. Die Familie Tron würde, wenn es gelang, zwei Drittel der Logen zu vermieten, in drei Spielzeiten die Baukosten hereinholen.
In den Salons der venezianischen Patrizier war in diesem Jahr das Geschäftsunternehmen der Trons eins der Hauptthemen. Während die Zimmerleute, Maurer, Kulissenbauer und Mechaniker arbeiteten, die Lüster aufhängten, für die Garderoben sorgten, für entsprechende Unterbringung des Orchesters, die Versenkungen einbauten und den Schnürboden, zogen die Agenten der Familie Tron – drei ärmere junge Edelleute – von Palast zu Palast, besuchten die Gasthöfe und all die Stellen, an denen die mit Geld gesegneten Fremden verkehrten. Die Wirte waren an dem Preis der vermieteten Logen beteiligt, so befaßten sie sich gern mit diesem neuen Geschäftszweig, in der Hoffnung, daß sie dann und wann – durch die Gunst des Inhabers – sich das eine oder andere Stück selbst einmal unentgeltlich ansehen konnten.
Auch eine Truppe stand schon unter Vertrag. Ein florentinischer Bürger hatte sich als erster verpflichtet, die neue venezianische Bühne auszuprobieren. Mit dem Platz im Zuschauerraum mußte natürlich sehr sparsam umgegangen werden. So ließ man möglichst schmale Stühle bauen und reservierte einen großen Teil des Platzes überhaupt für Stehplätze: Hierher konnte man die Späterkommenden, für einen etwas niedrigeren Eintrittspreis ungezählt hineinstopfen. Damit aber der Lärm, die zudringlichen Blicke und das Geschwätz des niederen Volkes im Parkett die Vornehmen nicht störte, wurden die Logen jeweils mit einem kleinen Gitter versehen: Wenn der Logenmieter dies zumachte, konnte man zwar auf die Bühne sehen, blieb aber für den Zuschauerraum verborgen.
Es vergingen einige Monate, bis das Theater in San Cassiano erbaut und mit entsprechender Ausstattung eingerichtet war. Nur hatte man für die Darbietungen noch keinen bestimmten Namen. In letzter Zeit gewann die Bezeichnung *Dramma lirico* immer mehr Anhänger, während andere das *Dramma per musica* oder die *Commedia per musica* bevorzugten, viele – besonders die seinerzeit an den Hoffeierlichkeiten in Florenz oder Mantua teilgenommen hatten – sagten noch immer *Favola* oder *Favola in musica.* Das niedere Volk aber hielt – wie es schien – nicht viel von diesen in der antiken Tradition wurzelnden Bezeichnungen und nannte die Aufführungen in vorwitziger Weise einfach nur *Opera.*
Tron hatte als Sekretär die großen Aufführungen der verflossenen, nicht wiederkehrenden mantuanischen Epoche gesehen, war in Florenz und Rom gewesen, hatte die Singspiele im Palast des Kardinals Montalto miterlebt. Er wußte, daß all das unheimlich viel Geld kostete, besonders die für feste Gagen auftretenden Sänger und Musiker; das war der

Posten, bei dem man nicht viel einsparen konnte. Dagegen waren die Maschinerien, die Kulissen und alle sonstigen Dekorationen keine unnützen Ausgaben, denn diese ließen sich wiederholt, nach gewissen Veränderungen und Übermalungen immer wieder aufs neue verwenden. An den Solosängern durfte man nicht zuviel sparen, sie waren es, die das Publikum anlockten. Deshalb mußte man das Interesse des Publikums wecken, Parteien formen, die Rivalität zwischen den Sängerinnen, den Sängern und den Kastraten künstlich entfachen. Den Solosängern mußte man jeden Glanz und jede Ausstattung gewähren: Kostüme, Rüstung, Kulissen und Licht, das alles diente dem Zweck, daß die Vorstellung möglichst sehenswert wurde.
Tron rechnete. Sein einstiger Ahnherr, der Doge Niccolò, hatte in seinen verschiedenen Unternehmungen ein reiches Erbe hinterlassen, das die Familie seither ansehnlich vermehrte. Nein, hier konnte keine einzige Zechine verlorengehen, und wiesehr sich der Großvater auch sträubte, zur Herbstsaison mußte im San Cassiano schon gespielt werden. Signore Tron wandte sich an Francesco Manelli, der zu dieser Zeit als erstrangiger Fachmann galt und der sich vor einigen Jahren in Venedig niedergelassen hatte. Manelli stand früher im Dienst der Kirche und hatte seine Laufbahn als Sänger im Dom von Tivoli begonnen. Wegen einer Schauspielerin hatte er den geistlichen Stand verlassen, war einige Jahre im Dom seiner Stadt Kapellmeister gewesen, aber die sich auf der Bühne bietenden Möglichkeiten bei Favolas und Singspielen zogen ihn unwiderstehlich an. Seine erste Aufführung war in Bologna vor sieben Jahren, wo man »Delia« spielte. Tron besorgte das Textbuch, der Autor, Meister Benedetto Ferrari war Musiker, Poet, Hornist und Sänger, und bereits in Rom war man auf seine Texte zu verschiedenen Kantaten aufmerksam geworden. Man vermutete in ihm einen vorzüglichen Librettisten, und während die Handwerker im Theater die letzten Pinselstriche zogen, begann man bereits, die Solokünstler sowie Mitglieder für das Orchester und den Chor anzuwerben. Gleichzeitig wurden die Logen an Meistbietende vermietet.
Im Winter 1637 öffnete das erste Theater in Venedig seine Pforten, dessen Parkett jedermann besuchen konnte, der sich eine Karte löste. Auch die Logen standen für »jedermann« offen, der venezianische Adel beeilte sich, die besten Logen für sich zu buchen, ein Dutzend aber hielt man für Fremde zurück. Die Vertreter der Familie Tron gaben den Türstehern Weisung, in Logen, die zu Beginn der Vorstellung unbesetzt blieben, die unten wartenden Gondolieri einzulassen. Das erwies sich als ein außerordentlich glücklicher Einfall, denn dadurch kamen die Gondelführer mit den vornehmen Fremden in erster Linie hierher gefahren, und sie hielten sich gern in der Gegend des Theaters auf, in der Hoffnung, einen unentgeltlichen Platz zu ergattern. Letzten Endes steigerten die Gondolieri die Popularität des Theaters, und das bot die Möglichkeit, die Preise der Logen von Saison zu Saison zu heben.

Freilich hinter den Kulissen ging nicht alles so einfach. Die Gesetze Venedigs kannten keinen ähnlichen Fall: Ein Patrizier hatte ein Theater gebaut, und nun konnte irgend jemand für Geld einen Sitz- oder Stehplatz bekommen, ganz nach Belieben. Aber wer sorgte für Ordnung, wer gab den Vätern die Gewähr, daß in einer solchen gedrängten Menge nicht ein Funke sprühte, nicht Worte gesprochen wurden, die sich gegen die Interessen der Serenissima richteten? Wer würde sich darum kümmern, daß das niedere Volk nicht durch einen albernen Zwischenruf das Ansehen des Adels verletzte? Wenn man im Zuschauerraum den größten Teil der Kerzen löschte, wurden solche Unruhestifter schon durch das Halbdunkel begünstigt.
Die Familie Tron hatte sich verpflichtet, zwanzig Bewaffnete in ihren Dienst zu stellen, die dafür zu sorgen hatten, daß sich das Publikum gebührend verhielt, keine Rauferei entstand, und daß die Vertreter der noblen Schicht unbehelligt durch Bettler und Bittsteller in ihre Gondeln oder Sänften einsteigen konnten. Aber selbst so hatte man die Konzession nur schwer erteilt. Tron kannte die Aktenfreudigkeit der Ämter, so wandte er sich direkt an den Dogen Erizzo. Dieser langlebige, weise Staatsmann hatte seit fast einem Jahrzehnt wichtige Ämter in Venedig innegehabt. »Vermehrt euch und sammelt Reichtümer«, hatte Erizzo gesagt, als ihm Tron seine Berechnungen vorlegte. Entsprechend seiner Macht entschloß er sich zu einem kühnen Schachzug, entschied, daß die Gründung, das Betreiben und die Kontrolle jeglicher Musiktheater in den Wirkungsbereich des Rates der Zehn falle und daß dieses höchste und gefürchtete Rechtsorgan das San Cassiano im Auge behalten sollte. Wenn aber das Theater unter dem direkten Schutz des Rates der Zehn stand, wie hätten da niedere Magistrate es wagen können, in dessen Angelegenheiten hineinzureden. So konnte das San Cassiano durch die Gunst des Dogen, des Rates der Zehn, des venezianischen Volkes und der herbeiströmenden Fremden in der strengen Kälte zum Faschingsanfang eröffnet werden.
Die ersten Abende waren wundervoll. Der Zauber, daß man als Zuschauer nicht Gast war, sondern seinen Platz bezahlt hatte, und das Wissen, dafür niemandem Dank zu schulden – faszinierte die Venezianer. Wenngleich der Rat unter den Zuschauern nicht gerne Damen sah – das bezog sich in erster Linie auf die Logen –, konnte man doch nicht verhindern, daß hinter Masken versteckt auch Frauen kamen, und so wurde es bei den Damen von Venedig plötzlich Mode, möglichst oft im San Cassiano gesehen zu werden. Die goldene Jugend drängte sich nach den Plätzen. Wenn der Vorhang aufrollte, stieg ein Raunen der Begeisterung auf – aus dem Parkett und den Logen gleichermaßen. Unter den Zuschauern gab es nur sehr wenige, die schon einmal eine große Aufführung in Florenz oder Mantua miterlebt hatten. Tron stand am ersten Abend in seinen schwarzen Umhang gehüllt hinter den Kulissen. Er beobachtete, wie die Stimmen der Sänger den

Raum ausfüllten, wie die Akustik in dem Saal für das verhältnismäßig kleine Orchester und den schwachen Chor war, wie die Maschinerien funktionierten, ob die Betreuer flink genug arbeiteten und ob sich das Ballett rechtzeitig versammelte, welches die Pausen zwischen den Szenenwechseln ausfüllen mußte.

Das Geheimnis des Erfolges – so schien ihm – war die Darbietung der Sängerin. Stürmischer Beifall empfing die Primadonna aus Neapel, deren geschulter, warmer Sopran vor allem die Jugend schlagartig eroberte. Der Beifallssturm wuchs zu einem wahrhaftigen Orkan an. »*Mi butto, cara.* Ich spring zu dir hinunter, Süße«, rief ein junger Foscarini. Und plötzlich erschallte in der Tiefe einer Loge rauh der Kampfruf der Mocenigo. Während unten der Beifall rauschte, krachte in der Loge eine Pistole. Die bewaffneten Aufseher der Familie Tron bekamen schon am ersten Abend zu tun: Mit einer blutenden Wunde in der Seite schleppten sie den jungen Foscarini im geheimen über den hinteren Ausgang zu seiner wappengeschmückten Gondel. Aber dieser Streit in der Loge steigerte das Interesse für San Cassiano nur noch mehr.

»Der Erfolg der ersten Stagione ist gesichert«, dachte Tron, doch damit war die große Investierung erst zu einem Drittel beglichen. Das Stück war schwach, die Ausstattung mittelmäßig und die Sänger befriedigten nur jene, die in Mantua, Neapel oder Rom noch keine besseren gehört hatten. Wenn die erste Begeisterung des Publikums erlosch, wenn sich Abend für Abend die große Arie der Sängerin wiederholte, und wenn es danach nichts gab, womit man das Interesse der Zuschauer wachhalten konnte, würde das leicht entflammte venezianische Publikum wieder zu den gewohnten Possenreißern zurückkehren.

Eines Abends setzte sich die Familie Tron zu einer Beratung zusammen, man erörterte, was zu tun sei. Die Augen des ganzen venezianischen Adels ruhten auf ihnen, man konnte nicht zurückweichen. Sie mußten immer mehr, immer bessere Programme bieten, vor allem mehrere und bessere Stücke aufführen, wenn sie wollten, daß die Logenmieter, aber auch die Zuschauer im Parkett dem San Cassiano treu blieben.

»Wenn Claudio nicht schon alt wäre ... Ein in sich gekehrter Mann, der nur um den San Marco herumgeht und der, seit sein Sohn gestorben ist, nur noch andächtige Weisen komponiert. Seine Tage vergehen zwischen Canonica und Cantoria.«

»Wenn wir von dem alten Monteverdi keine Stücke mehr bekommen – vielleicht bekommen wir sie von dem jungen!«

Sie sahen einander an. Ascanio fragte seinen jüngeren Bruder erregt: »Woran denkst du?«

»Unser Vater hat seinerzeit ›Arianna‹ gesehen. Bei irgendeiner großen Feierlichkeit. Wenn die Noten und das Textbuch erhalten sind, was hindert uns daran, sie wieder aufzuführen.«

»›Arianna‹?«
»Und vielleicht bekommt Claudio dabei Lust zu einem neuen Stück!«
Ascanio erbot sich, den Meister aufzusuchen und mit ihm zu sprechen. Er traf ihn in der Canonica. Es war ein warmer, stiller Abend, und der Patrizier begann leise über das Theater zu sprechen.
»Würdet Ihr Euch, Maestro, mal das San Cassiano ansehen?«
Als würde sich die Winterstarre aus seinem Antlitz verflüchtigen, der bejahrte, gebeugte Mann wurde mit einemmal von Erinnerungen gepackt. Leise flogen die Worte hin und her. Der Meister lebte auf. Es schien, als würde die Blässe aus seinem Gesicht weichen, als trete er aus dem »Seelenwald«, der Selva morale, heraus, in deren Schatten er sich zurückgezogen hatte.
»Maestro, die ›Andromeda‹ ist kein schlechtes Stück. Als Anfang ... Manelli hat eine schöne Musik geschrieben und der Text Ferraris ist auch nicht schlecht. Aber es ist zu wenig ... Wer je ... auch nur einmal ...«
»Woran denkt Ihr?«
»An ›Arianna‹! Mein Vater hat sie gehört ...«
»Sie ist verstaubt, hoher Herr.«
»Deshalb bin ich gekommen.«
Der Meister stand auf, vergaß sein gichtiges Bein. Wie groß er war, wenn er sich so aufrichtete! Er war noch immer ein stattlicher Mann. Tron neigte den Kopf.
»Maestro, in Venedig ist nichts heilig, was vergänglich ist, vielleicht deshalb, weil wir alles blindlings verehren, was die Väter als ewig bezeichnen. Mit all unserem Können und ohne Kosten zu sparen, sind wir darangegangen, in der Stadt des Heiligen Markus eine Heimstätte der Mater musica zu errichten, in der sich jedermann daheim fühlen kann, der sich eine Loge mietet ... oder vier Lire bezahlt, wenn er einen Sitzplatz haben will, aber sich auch schon für zweiunddreißig Soldi auf einem Stehplatz das Stück ansehen kann. Wenn es um das Geschäft geht, kennen wir keine Verwandtschaft. Die vornehmsten Senatorenfamilien lieben das Geld gleichermaßen. Jeder belauert den anderen, wie er es macht und wem es am besten gelingt. Die Grimanis haben bereits mit dem Bau in San Giovanni e Paolo begonnen. Hierauf hat auch Senator Vendramin einen Baumeister nach San Moisè berufen. Mir bleibt keine andere Wahl: Sobald diese Theater aufgebaut sind, beginnt zwischen ihnen der Kampf. Ich kann nicht bei der ›Andromeda‹ stehenbleiben! Siegen wird, wer die Logen billiger vermietet, wer mehr Kastraten, bessere Sänger auftreten läßt ... Und das Wichtigste ist vielleicht, wie die Kulissen sind, wie oft die Szene wechselt. Und das Entscheidendste habe ich bis zuletzt gelassen: Es kommt wohl darauf an, ob dem Publikum das Stück gefällt. Deshalb habe ich Euch gebeten, Maestro, sucht uns ›Arianna‹ heraus.«
Der Meister begab sich in das Nebenzimmer: In Stößen lagen hier No-

ten von früher, Handschriften und Skizzenhefte, vergessene Textbücher und verstaubte Korrekturen. Während Claudio suchte, hob Tron vom Tisch des Arbeitszimmers einen Korrekturabzug auf.
»Kriegerische und Liebesmadrigale«, lautete der Titel und darunter: »Mit einigen zum Vortrag bestimmten kurzen Episoden, für Gesang, ohne Bühnenspiel. Gedruckt in Venedig ...«
Er begann, die Einleitung zu lesen: Ungewohnt von einem Meister, daß er seine Theorie im Text darlegte.
»... Den Ausdruck ›kriegerisch‹ habe ich in der Musik eingeführt, nach der Lehre Platons ... Aber ich setze auch den ersten Versuch fort, ein Ausdrucksmittel für den ›Zorn‹ zu finden. Eine derartige Kunst ist tatsächlich erforderlich, denn ohne sie kann die Musik nicht vollkommen sein: Sie vermochte bisher nur zweierlei Empfindungen zu verewigen: Die anmutige Liebe und den kalten Gleichmut ...«
Der Besucher nahm ein zweites Blatt auf. Es war eine Handschrift, mit den kraftvollen Buchstaben Monteverdis. Oben: »Konzert – für Alessandro Striggio«, später im Text unterstrichen: »... wie könnte ich den Wind nachahmen, wenn dieser nicht mit Worten spricht, und wie ließen sich mit der Stimme des Windes Gefühle erwecken? Arianna hat uns deshalb ergriffen, weil sie eine Frau war, Orfeo wiederum, weil er ein Mann war. Aber weder sie noch er waren – der Wind.« (Auf dem breiten Rand in flüchtiger Schrift: »Ich übernehme es nicht, eine Meeresfavola zu komponieren.«)
Tankred und Clorinda – senza gesto – ohne Spiel ... Ist das der Stile concitato? Wie hatte er doch hier geschrieben: »... die Gegensätze bewegen unsere Seele am meisten ...« Er blätterte. »Liebeslieder.« Ein Madrigal für sechs Stimmen, vier Bratschen, zwei Violinen ... Basso continuo, freilich ... Ein Petrarca-Vers stach ihm ins Auge: *hor che'l cielo e la terra* ... für sechs Stimmen, zwei Violinen ... Er vertiefte sich in die Madrigale. Sie waren ihm unbekannt, er hatte noch nie von ihnen gehört. Als letztes folgte ein dickeres Bündel mit Blättern zusammengeschnürt. Oh ... davon hatte er gehört, einst hatte man es in Mantua gespielt, in der schon so fernen, goldenen Zeit: »Il ballo delle ingrate«.
Der Meister kramte noch immer im Nebenzimmer, der Besucher hörte, wie er brummend vor sich hinsprechend die Bündel umstapelte. Und hier aus dem Stoß feuchter Korrekturblätter öffneten sich ihm hundert Farben, Stile und Formen: Text und Musik, Bruchstücke von Studien, der Hinweis auf eine begonnene Arbeit. War er schon siebzig? So alt mochte der Meister sein, und dies galt auch in Venedig als oberste Grenze des menschlichen Lebens, die zu überschreiten nur wenigen vergönnt war. Verwundert betrachtete er die gleichsam aufs Geratewohl übereinander geschichteten Werke. Kampf ... Liebe ... das Spiel des Windes, das frivole Drama der gegen ihre Geliebten unerbittlichen Schönen ... und Tankred, wie er sich zu seinem Opfer niederbeugt:

Ira . . . temperanza . . . Er las: »Läßt sich auch konzertierend aufführen, aber auch im Stile rappresentativo, auf der Bühne . . .« – »Der Himmel öffnet sich, und ich gehe still davon . . .« – »*Dolcissimo usignolo,* süßeste Nachtigall«, hieß es in dem fünfstimmigen Gesang . . . und danach die Klagen einer Nymphe nur von einer Stimme gesungen, leise begleitet vom Tenor und Baß . . . drei Stimmen. Wie schrieb der Meister hier: »Ganz leise, fast flüsternd, erbarmen sie sich der armen Nymphe.«

Jetzt standen sie einander gegenüber. Der Meister hatte die Partitur der »Arianna« gefunden, zwischen tausend verstaubten Notenblättern. Tron starrte ihn an.

»Ich war so kühn, Meister, und habe geblättert. Nicht umsonst steht Ihr hier bei uns in Venedig im Rufe eines Zauberers. All das, was Ihr mit einer Hand dahingestreut habt . . . Wenn man davon etwas für die Bühne . . .«

»›Arianna‹ habe ich gefunden, aber . . .«

»Stimmt damit etwas nicht?«

»Sie ist verstaubt. Der Text könnte bleiben . . . aber die Musik . . . Wißt Ihr, Euer Gnaden, wie ich das komponiert habe? Wann? Was um mich herum war? Tod . . . Tod . . . Euer Exzellenz. Und das Lamento? Nein . . . das darf nicht angerührt werden. Aber das andere müßte man entstauben!«

»Überlaßt Ihr mir das Stück, Maestro Monteverdi? Für mein Theater?«

»Wenn ich es durchgesehen habe . . . So nicht . . . noch nicht. Es ist verstaubt . . . Hier und dort muß etwas daran verbessert werden. Ich bin von jeder Rappresentazione so weit entfernt. Und seht Ihr, ich trage mich, seit mein ältester Sohn gestorben ist, mit dem Gedanken, das Kleid des Herrn anzuziehen. Nein . . . ich schäme mich der Darstellung des verliebten Herzens nicht, war dies doch das größte Geschenk unseres Lebens. Aber noch einmal beginnen? Proben mit launischen Sängerinnen . . . hochmütigen Sängern . . . Vorstellungen, tausenderlei Scherereien schon Wochen zuvor. Ich bin siebzig Jahre alt, mit Verlaub Euer Exzellenz. Wozu?«

Tron lächelte. Seine ausgeworfene Angel war nicht ohne Beute geblieben.

»Darf ich die ›Arianna‹ für einen Abend mitnehmen?«

»Nein. Schon heute abend möchte ich sie ein wenig entstauben . . . Sucht mich bitte . . . in einer Woche . . . wieder auf.«

34

Nach einem Vierteljahrhundert erklang wieder das Klagelied der Arianna, diesmal in Venedig. Die Gondolieri gaben die Melodie einan-

der weiter, und so bekamen sie die Fremden schon bei ihrer Ankunft zu hören. Im Theater von Tron liefen die Proben für ein neues Stück, so überließ man das Vortragsrecht der »Arianna« für gutes Geld Vendramin. Das San Moisè, das dritte Opernhaus, das eröffnet wurde, setzte sie auf seinen Spielplan und brachte sie Abend für Abend, zwei Spielzeiten hindurch, und es behielt sie auch weiterhin auf dem Programm: Das Publikum konnte nicht genug davon bekommen.
Der Maestro stand gleichsam im Kreuzfeuer zweier Richtungen. Wer hätte nicht gewußt, daß er es war, der über die Reinheit im San Marco wachte? Dort wurden die Überlieferungen der Jahrhunderte nicht nur nicht »entstaubt«, der Meister hütete die Cantoria mit gelehrter, sorgfältiger Hand sogar vor all dem, was man »modern«, konzertierend nennen konnte.
Und abends leuchteten an der Fassade des San Moisè die Lichter auf, hier nahmen die Bewaffneten Vendramins in ihren wappenverzierten Röcken Aufstellung: Nacheinander trafen in Gondeln verschleierte, maskierte Schöne ein, duftend, die eine oder andere schon mit Perücke, mit Palastdamen, Schoßhunden, Abbé und »Cicisbeo«, dem sanktionierten jungen Hausfreund, der mit einem großen Blumenstrauß der Dame den Weg bahnte. Der Zuschauerraum füllte sich beim Schein von Öllampen. Am Eingang bot man für einige Soldi Textbücher feil, dazu bekam der Besucher eine dünne Kerze, damit er während der Vorstellung im verdunkelten Zuschauerraum den Text verfolgen konnte. Beim flackernden Schein der vielen Kerzen (jeder Besucher konnte sie nach Belieben anzünden und ausblasen) mutete der Zuschauerraum an wie der Himmel, an dem die Herbstwolken dahintrieben. Oben, in den Logen flammten in den Kandelabern die feinen Wachskerzen auf und verkündeten, daß die Herrinnen gekommen waren. Die Besitzer der benachbarten Logen kannten einander. Die viertel oder halbe Stunde, bis die Vorstellung begann, mutete an wie eine echte Komödie: Intrigen, verliebte Aufschreie, Klatsch; das Überlisten der horchenden Agenten und Spione – ein neuartiges venezianisches Spiel. Die Theater beobachteten einander wachsam: Jede technische Neuerung, vom Publikum gnädig aufgenommene Novität wurden ohne zu fragen übernommen. Erfrischungen wurden angeboten, da aber die Signoria den Ausschank von Wein untersagt hatte, befanden sich auf den Tabletts nur leichte Getränke, Fruchtsäfte. Auch im Parkett tauchte hie und da eine maskierte Gestalt auf: Der Träger war ein Edelmann, der sich »unter das Volk« mischte – wohl kaum mit den anständigsten Absichten. Die Diener in den Livrees mit dem Vendramin-Wappen löschten die überflüssigen Kerzen, entlang der Rampe flammten Öllampen auf, beleuchteten mit Hilfe von Spiegeln die Bühne. Das Orchester spielte zur Einleitung einige neue Stücke: Jetzt vor der Aufführung probierte man aus, ob das eine oder andere Werk dem Publikum gefiel. Das war eine zusätzliche Einnahmequelle für die

Musiker, denn dafür bezahlte der Komponist gern. Leises Lachen, dabei griff eine behandschuhte Hand aus einer Loge und zog das Gitter von beiden Seiten zu. Was in der Tiefe der Loge geschah, war Privatangelegenheit eines jeden Mieters.
Abend für Abend erklang das Lamento der Arianna. Es gab welche, die nur darauf warteten, und sobald es verklungen war, begaben sie sich in ein anderes Theater. Einer dieser Kunstkenner war Herzog Brunswick, der am Kartentisch seine Untertanen als Landsknechte verspielte; es gab da verschwenderische Aristokraten von jenseits der Alpen, dann und wann auch einen französischen Grafen, die auf ihrer Reise nach Rom in Venedig Station machten. »Arianna« wurde in den Gesandtenmeldungen als einzige Kriegsbeute angeführt, die die Serenissima in dem Mantuanischen Erbfolgekrieg gemacht hatte . . .
Während die parfümierten Edeldamen und ihre Cicisbeos in der Tiefe der Logen leise turtelten und die venezianische Mode in den Hauptstädten Europas Einzug hielt, saß der »Zauberer« in der Canonica und bereitete ein neues Buch vor.
»Der Titel des Buches, das ich schreibe, heißt: Melodia oder die Zweite Praktik . . . Ich befürchte nur, daß ich es mit meinen schwachen Kräften nicht werde beenden können . . . Ja, unter ›zweiten‹ verstehe ich: ›modern‹. Die erste umfaßt die überlieferten Formen. Ich gliedere das Buch in drei Teile, was der Dreiteilung der Musik entspricht. Im ersten ist vom Ausdruck (Repräsentation) die Rede, im zweiten von der Harmonie und im dritten von den rhythmischen Elementen. Ich bin der Ansicht, daß das Publikum mein Buch freundlich aufnehmen wird, mußte ich doch bei meiner Arbeit, als ich mich anschickte, das Lamento der Arianna zu schreiben, feststellen, daß nirgends ein Werk zu finden war, das mir Anhaltspunkte gegeben hätte, wie man die Stimmen der Natur nachahmen kann, ein Buch, in dem auch nur ein Hinweis zu finden gewesen wäre, ob man die Natur überhaupt nachahmen darf. Die einzige Ausnahme war Platon. Seine Ausführungen jedoch sind so verschwommen, daß ich mit meinem bescheidenen Geist kaum etwas davon verstand, was er mir zur Belehrung wohl sagen konnte. Es hat mich sehr viel Mühe gekostet, diese schwierige Arbeit zu verrichten, die aber für jedermann nötig ist, der die Natur nachahmen möchte. Gerade deshalb hoffe ich, daß ich diesmal niemanden enttäuschen werde. Wenn es mir gelingt, mein Werk zu vollenden, wie ich das innigst ersehne, dann werde ich vielleicht glücklicher sein, wenn man mich wegen meiner im traditionellen Stil komponierten Werke mehr lobt als wegen meiner modernen Kompositionen. Den Leser aber bitte ich um Nachsicht wegen dieser neuen Auffassung . . .«
Vincenti, der Drucker, beriet sich tagelang mit dem Meister, wie, in welcher Reihenfolge die neugeschaffenen oder die in früheren Sammlungen unberücksichtigt gebliebenen Kompositionen aufgenommen werden sollten. (»Euer Hochwürden«, redete Vincenti den Meister an,

der sein Gelübde einlöste, als er das Ordensgewand anlegte.) »Selva morale e spirituale«, schrieb er mit kraftvollen Buchstaben auf das Titelblatt. Das Werk war Eleonora, der jüngsten und liebsten Tochter Vincenzos, die Kaiserin geworden war, gewidmet, zum Gedenken an liebliche Erinnerungen, die wie ferne Lichter und Schatten auftauchten. Er sah die kleine Eleonora unbekümmert und liebenswürdig – zum Schreck der Mutter und zur Freude des Vaters – durch die Säle der Reggia rennen, mit Zwerghunden, Zwerghofdamen und Zwergleibwächtern im Gefolge: Ihre rotblonden Locken lösten sich unter ihrer perlenbestickten Haube, sie lachte ... rannte ... Die Herzogin wandte sich mit scherzhaftem Entsetzen ab, der zur Fülle neigende Herzog mit dem schon gelichtetem Haar fing sie auf, hob sie empor ... Nun mochte der Band die Reise nach Wien antreten. »Der Kaiserin, Ihrer Heiligen Majestät ...« Wie würde Eleonora sein Werk aufnehmen? Wie mochte sie als Kaiserin sein? Wie war Eleonora heute? Er lächelte, legte die Hand Vincenti auf die Schulter.
»Wir beginnen den Band mit der Messe *Fa maggiore*, Messere. Sie ist ganz im alten Stil gehalten. Sie ist streng, ich gestehe es. Die Messe stöhnt unter den Fesseln eines einzigen dominierenden Themas. Kontrapunkt. Ich gewähre den Kantoren nur soviel Freiheit, daß sie, wenn sie wollen, das Crucifixus, das Resurrexit und das Et iterum durch ein anderes Stück dieser Sammlung ersetzen können, wenn sie das Original vielleicht zu streng, zu monoton empfinden.
Das ist der Kern ... Und hier das *Salve Regina* mit einem Echo, einem Solo und zwei Violinen ... Das hier: Für zwei Stimmen. Entweder zwei Sopranstimmen oder zwei Tenorstimmen, ganz nach Belieben ... Dieses Stück stammt aus der Werkstatt Dantes, ist ein geistliches Madrigal: *Voi che ascoltate in rime sparse in suono*. Und als letztes ...«
Der Drucker warf einen Blick hinein und sah den Meister fragend an.
»Das ist doch ... Maestro ... die Klage der Arianna? Und jetzt?«
»In dieser Sammlung erscheint sie unter dem Titel ›Madonnenklage‹, mit meinem lateinischen Text. Im ›Selva morale e spirituale‹ ist kein Platz für die Klage der verliebten kretischen Königstochter.«
Der Drucker überlegte, wog die einzelnen Werke ab. Sie kannten einander seit vielen Jahren, die Gewohnheiten des anderen waren ihnen vertraut.
»Wenn ich es noch erlebe, daß es im Druck erscheint!«
»Claudio Monteverdi lebt ewig.«
Der graubärtige Mann zeigte auf sein angeschwollenes Bein.
»Nur die Knochen halten nicht ewig, Messere. Wenn von den Salben meines seligen Vaters nichts übriggeblieben wäre und Massimiliano, mein Sohn, die alten Rezepturen nicht zu lesen verstünde, erginge es mir wie dem großen spanischen König, von dem man erzählt, daß er das letzte Jahrzehnt seines Lebens nur in seinem Liegestuhl verbracht hat.«

»Meine Druckstöcke dürsten nach Farbe. Von den Kompositionen Monteverdis gibt es nie genug. Sie sind schnell ausverkauft, verzeiht, daß ich als Drucker mit diesem Maß messe: Sie sind gesucht, werden gern gekauft, überall in Italien warten die Buchhändler schon darauf. Ich rechne, in zehn Tagen die ersten Abzüge bringen zu können . . .«

In Athen mag es vielleicht zur Zeit des Sophokles ein solches Theaterfieber gegeben haben, wie es Venedig befallen hatte, seit man ein Opernhaus nach dem anderen baute. Der Rat der Zehn vertrat nun die Meinung, daß die Aufführungen die im Volk vorhandene, verborgene Unruhe gefahrlos ableiten könnten: Die Kunst zügle die Unruhestifter in der Politik, weil sich das allgemeine Interesse dem Wettstreit zwischen den einzelnen Theatergruppen zuwandte, die entweder Schauspiele oder Musikstücke aufführten. Außerdem lockten die vielen Sehenswürdigkeiten die reichen Fremden nach Venedig. Das gab vielen Menschen Brot, in den Theatern fanden immer mehr Musiker, Sänger und Tänzer Beschäftigung, also Menschen, die, wenn sie ohne Verdienst blieben, immer Unheil stifteten. Und schließlich verlagerte sich der größte Teil der Intrigen und des gesellschaftlichen Ränkespiels ins Theater. Es gab überall Logenschließer, Sekretäre und Requisiteure, die hier Geheimnisse erlauschen und der Serenissima zutragen konnten, die bisher zwischen den Wänden der Adelspaläste wohlbewahrt waren.

Die venezianische Oper gedieh zwischen den Lagunen gleich einer seltenen Blume. Während an der Votivkirche Santa Maria della Salute jahrzehntelang gebaut wurde, schossen die Theater der adligen Familien von einer Saison zur anderen wie Pilze aus dem Boden. Jedes neue Theater versuchte die anderen in irgend etwas zu übertreffen: Entweder errichtete man bequemere Logen oder baute vollkommenere Bühnenmaschinerien ein oder versuchte, die Rivalen durch ein abwechslungsreiches, glänzendes Programm in den Schatten zu stellen. So war es verständlich, daß unzählige Menschen vom Theater und um das Theater lebten. Es entstanden Agenturen, die Musiker, Chöre und Sänger vermittelten, andere gruben vergessene Stücke aus, stellten Poeten und Komponisten in ihren Dienst und waren bestrebt, den Beifall des Publikums zu gewinnen. Die geschlossene strengere Welt der Väter, die noch vor zwei Generationen den heroischen, kämpferischen Grundton der Atmosphäre Venedigs bestimmte, verwandelte sich jetzt mit einem Mal in einen ständigen Fasching, und in der Stadt bildete sich ein fröhliches Leben hinter Masken heraus. Die Fastenzeit unterbrach den Karneval nur kurz, um im Mai, gewürzt mit Schäferspielen, um so ausgelassener zurückzukehren; nach dem heißen Sommer freuten sich dann alle, wenn der Adel aus seinen Schlössern auf dem Festland wieder in die Stadt kam: Es war Oktober, die Theater konnten nacheinander die Pforten öffnen.

Ein heiteres Treiben, in dem Schauspieler und Zuschauer manchmal die Rollen tauschten: Jedermann zerbrach sich den Kopf, um einen Scherz auszudenken, und als Gelegenheitspoet trug man Textbücher unter dem Arm. In den Nachmittagsstunden trieben sich auf der Piazza junge Männer mit guten Stimmen herum. Hier wurden Mitglieder für die Chöre ausgewählt. An anderer Stelle versammelten sich die Musiker. Sie bildeten einen Bund zum Schutze ihrer Rechte, und wehe jenem Theaterbesitzer oder -pächter, der sich mit ihnen anlegte. Es war vorgekommen, daß sie – wenn sie nicht bekamen, was ihnen rechtmäßig zustand – auf ein Zeichen ihres Leiters mitten in der Vorstellung eine Katzenmusik anstimmten.
Nur in der dämmrigen Welt des San Marco hatte sich nichts verändert. Die Musik erschallte Sonntag für Sonntag in den einander antwortenden Motetten des Kinder- und des Männerchores in ursprünglicher Reinheit. Der greise Maestro war unermüdlich. Als schlechter Schläfer begann er am zeitigen Morgen mit den Proben, oder er setzte sich in der Cantoria an die Orgel, und das frühaufstehende Volk konnte sich an seinem Spiel erfreuen. Liebe und Furcht umgaben ihn: Der einsame, traurige alte Mann wußte mehr als jeder andere, hatte länger als alle anderen gelebt. Wer hat schon gehört, daß jemand, der schon das siebzigste Lebensjahr vollendet hatte, die Hauptkirche Venedigs noch immer in seiner Hand hielt. Der größte Teil seiner Zeitgenossen ruhte bereits im Grab, oder sie waren zahnlose, hinfällige Greise. Aber Meister Claudio herrschte in der Cantoria – er war es, um den ganz Italien die Serenissima beneidete.
Und seltsamerweise veränderte sich der düstere Maestro Monteverdi, wenn er den San Marco verließ. Er spazierte gern auf der Piazza, warf einen Blick in die Buchläden, setzte sich in die Sonne. Das rechte Auge machte ihm viel Schwierigkeiten, es war entzündet, er trug von Zeit zu Zeit eine Binde; mit dem linken sah er ausgezeichnet. Er kannte die meisten der Edelleute, die Prokuratoren gingen zu ihm, wenn sie ihn erblickten, dann entstand ein Halbkreis Neugieriger um ihn: Die Nobilitäten in ihren langen hermelinverbrämten Talaren, die auf Lebenszeit gewählten Sachwalter der Serenissima unterhielten sich lächelnd und heiter mit Claudio, der sein Gelübde eingelöst und bereits das Kleid des Herrn trug.
»Mein Sohn«, sagte der Prokurator Zuan Badoer, »hat einige Texte verfaßt und sie mir gezeigt. Er dachte an Euch. Sein Wunsch wäre, sie würden Euch gefallen und Ihr bekämet Lust, sie zu vertonen.«
Badoer stammte – nach venezianischer Überlieferung – aus einer der sechzehn Familien der Tribunen, die noch unter der byzantinischen Herrschaft den Grundstein des Staates gelegt hatten, und er gehörte auch innerhalb dieser zu den ersten zwölf Familien, die man die »apostolischen« nannte. Was der greise Senator im schwachen Sonnenschein sagte, klang in die Sprache Venedigs übersetzt fast wie ein Be-

fehl. Der Maestro schloß für einen Atemzug die Augen. Wer alles war in seinem Leben nicht schon mit einem Text zu ihm gekommen? In seiner Kindheit ein beleibter Cremonenser Metzger, der die Güte seiner Erzeugnisse in einem Madrigal besungen haben wollte ... Auch Herr Ricardi hatte ihm einst aus Mailand ein Textbuch geschickt ... Dann die jungen Herzöge von Mantua, Francesco und Ferdinando ... an jenem Abend, als Striggio ihn besucht hatte, der einzige, der bis zuletzt, bis zum heutigen Tage sein Freund geblieben war, obwohl er ihm die Meeresfavola zurückgeschickt hatte. Der empfindsame, launische Edelmann Rinuccini, der düstere Strozzi, der verbannt in Mantua lebte, und viele noble Männer, Nichtstuer, die dreist genug waren, ihn mit ihren unreifen Poemen, mit ihren holprigen Sonetten zu behelligen ... Verflossene Gesichter erschienen vor seinen geistigen Augen, während er im Sonnenschein blinzelte. Es verpflichtete ihn kein besonderer Anstand, der Prokurator war es gewesen, der sich zu ihm gesellt hatte. Doch mochte der junge Badoer kommen, sein Textbuch bringen. Er sei in der Cantoria, nach der Abenddämmerung ein stets gern gesehener Gast.
Er dachte: Die Trons quälten ihn immer wieder um ein neues Stück. Oft fühlte er sich müde. Wenn seine Aufmerksamkeit ein wenig erschlaffte, erhoben im San Marco unter den Sängern und Musikern Unordnung, Verwirrung und Trägheit das Haupt. Erst dieser Tage ... Er dachte gar nicht gern daran zurück, war es doch eine der bittersten Episoden seines Lebens. Ein Sänger, ein gewisser Aldegatti, dieser aufbegehrende, unruhestiftende Mann, stand an dem schönen Junitag auf der Piazza unweit vom San Marco. Die Musiker hatten gerade das Geld unter sich aufgeteilt, das sie vom Kloster für eine Vesper erhalten hatten. Wer weiß, warum dieser Mann weniger bekommen hatte als die anderen und weshalb sich sein Zorn deshalb gerade gegen den Maestro richtete. Zu seinem Unglück kam dieser gerade jetzt hier vorbei. Es war zeitiger Vormittag, eine große Menschenmenge lungerte auf dem Markt, darunter auch Musiker, die sich gerade versammelten. Da ging dieser Aldegatti plötzlich auf den Maestro los, beschimpfte ihn, überhäufte ihn mit unflätigen venezianischen Ausdrücken, zerrte ihn plötzlich am Bart, schickte ihn in die Hölle, wagte ihn zu duzen und schmähte wutschäumend seinen alten Meister.
Als wäre es erst jetzt geschehen, so quälte ihn das Bild. Was hätte er tun können? Mit siebzig Jahren rauft man sich nicht auf der Piazza! Er stand da, nachdem die Musiker Aldegatti weggezerrt hatten, Tränen füllten seine Augen, noch klangen ihm dessen Schimpfworte in den Ohren ... Wohlgesinnte nahmen ihn beim Arm, geleiteten ihn zurück in die Canonica. Auf der Stelle griff er zur Feder und erstattete den Prokuratoren des San Marco eine Meldung über den Vorfall.

». . . Ich wende mich nicht als Claudio Monteverdi, der fromme Diener des Herrn, an Eure Exzellenzen: Als solcher vergebe ich meinem Angreifer reinen Herzens, und ich bitte den Allmächtigen, es genauso zu tun . . . Aber wie könnte ich als Maestro di musica, der sein Amt und seine Macht aus der Hand der Republik empfangen hat, dulden, daß man so mit mir verfährt, mich schmäht und beschimpft? Ich kann dies schon deshalb nicht nachsehen, denn dann könnte dieses Beispiel Schule unter den anderen Sängern machen und sie könnten sich ähnlich verhalten jenem gegenüber, der das Amt des Kapellmeisters bekleidet . . . Wenn sich aber dergleichen wiederholen dürfte, so wäre ich gezwungen, um meine Enthebung zu ersuchen und von dem wenigen zu leben, was mir meine Vorfahren in Ehre vermachten. Diese geringen Güter würden mir genügen, fern eines Ortes zu leben, wo mir dergleichen widerfahren durfte . . . Ich, Claudio Monteverdi, habe diese Zeilen geschrieben, und ich ersuche schließlich, daß meinem Angreifer kein Schaden an Leib und Leben widerfahre . . .«

Freilich war auch Badoer zugegen, als man nach gründlicher Untersuchung im Saal der Prokuratoren vor den versammelten Mitgliedern des Chores und des Orchesters das Urteil der Prokuratoren feierlich verkündete. Aldegatti erhielt die strengste Rüge und man verpflichtete ihn, dem Maestro feierlich Abbitte zu tun und sich bei ihm zu bedanken, daß das strenge Gesetz der Serenissima nicht zur Anwendung kam, nach dem der Verursacher eines öffentlichen Skandals mit dem Herausreißen der Zunge bestraft wurde.
All dies huschte ihm durch den Kopf, als er den jungen Badoer . . . oder Badoaro, wie sich die Familie abwechselnd nannte, zu sich hereinbat. Das Manuskript – er sah es mit Schrecken – war recht umfangreich. Fünf Aufzüge. Der Titel lautete: »Ritorno d'Ulisse in patria« – Die Rückkehr des Odysseus in die Heimat. Fünf Aufzüge . . . Aus der Feder der Dilettanten fließt die Tinte reichlich. Da war als erstes schon der Prolog. Die Zeit, die Liebe, das Glück und die menschlichen Schwächen begannen eine lange Auseinandersetzung über die Fehlbarkeit der menschlichen Natur . . . Er blätterte weiter: Penelope erwartete die Heimkehr ihres geliebten Mannes . . . nein, er blätterte nochmals zum Prolog zurück. Vier symbolische Gestalten . . . vier Stimmen, das ließe sich lösen. Die Frau erwartete also ihren Mann zurück. Schon hier das Lamento? Ungewohnt . . . im ersten Bild. Die Amme tröstete sie. Das wäre eine lange Partie für den Mezzosopran. Die Szene wechselte: Hier wendeten sich Melanto, die Hofdame Penelopes, und Eurimachus einander in Liebe zu. Das war ein warmer lyrischer feiner Text, gelangte das Stück aber in das Theater von Tron, könnte das San Cassiano daran zugrundegehen: Der Autor gedachte um jeden Preis ein Schiff auf die Bühne zu bringen, von dessen Deck der trojanische Held in Ithaka an Land gehen sollte. Aber er war noch weit von zu

Hause entfernt, noch verhandelten die Götter über sein Schicksal. Jupiter bat Neptun seinen Zorn zu zügeln, und so ließ der besänftigte Gott den eingeschlummerten Odysseus auf der Insel der Phäaken stranden. Nun folgte der lange, klagende Monolog des Helden: Sein Schiff war gesunken, und er richtete seine bitteren Worte an einen Hirtenknaben. Minerva – denn sie war der Hirtenknabe – geleitete den Helden zu einem wirklichen Hirten. Wieder wechselte die Szene. Minerva brachte den Sohn des Ulysses, Telemachos, in eine Wolke gehüllt zu dem gleichen Hirten, zu Eumeo. Da erkannte Odysseus seinen Sohn und eröffnete ihm und dem Hirten, wer er war. Neues Bild: Man sah die Freier, wie sie die schöne Penelope vielleicht schon zum hundertsten Male bedrängten, einen Gatten aus ihren Reihen zu wählen, denn Odysseus sei längst umgekommen. Aber die Frau wies die schmeichelnden Bewerber zurück. Hierauf drohten die Freier, Telemachos zu töten, wenn sie sie alle verschmähte. Aber Jupiter schickte einen Adler zu seinem Schutze, vor dessen scharfem Schnabel die Freier auseinanderliefen. Das vorhergehende Bild kehrte zurück. Eumeo berichtete seinem Herrn zitternd von der Niedertracht der Freier und entfachte dessen Zorn. Anfangs hatte Odysseus nur Spott für sie, wobei er mit gewohnter List und Schlauheit auf eine furchtbare Rache sann. In der letzten Szene traten die Freier wieder auf. Penelope bestand auf einer letzten Prüfung. Sie wollte die Frau jenes werden, dem es gelänge, den Bogen des Odysseus zu spannen. Wie zu erwarten, versagten alle, nur eine in Lumpen gehüllte Gestalt – der Herr des Hauses war in den Fetzen eines Bettlers gekommen – vermochte die Sehne des Bogens zu spannen. Jetzt ertönte der alte Kampfruf des Odysseus und es folgte die Mordszene: Die Pfeile schlugen tödliche Wunden und streckten die Freier nieder, die vergeblich zu fliehen versuchten.

Es folgte die letzte Szene: Telemachos und Eumeo bemühten sich, die entsetzte Penelope zu überzeugen, daß der zerlumpte Bettler ihr heimgekehrter Mann sei. Aber die Frau war so lange mit Blindheit geschlagen, bis die Götter erschienen – auf ihren Wink fiel es ihr wie Schuppen von den Augen: Mann und Frau vereinten sich nach einem Jahrzehnt der Trennung in einem Liebesduett.

Badoer hatte sich in eine Ecke zurückgezogen. Er verfolgte jede Bewegung des greisen Meisters und hätte gern in seinen Gedanken gelesen. Langsam lebte Monteverdi auf. Das dem Sohn des Prokurators zustehende höfliche Lächeln verschwand von seinen Lippen. Er hielt inne, blätterte zurück, schüttelte den Kopf. Plötzlich, als packte ihn Wut, brummte er: »Nein . . . nein . . . so geht das nicht«, er besänftigte sich wieder, starrte minutenlang auf ein Blatt ohne zu lesen. Woran mochte er denken? Er schaute nicht auf den Verfasser, ließ ihn zwischen Hoffnung und Verzweiflung schwanken. Mit einemmal blätterte er bis zum Schluß, las eine Passage am Ende, ging zurück in die Mitte, legte ein Zeichen zwischen die Blätter, er kehrte wieder an diese Stelle zurück,

und plötzlich bewegte er die Finger ... als würde er dirigieren. Das hätte eine Anerkennung sein können, aber die Bewegung verebbte plötzlich. Der junge Edelmann wartete. Er wartete auch dann, als der Meister das Manuskript aus der Hand legte, die Brille abnahm, deren Linse noch Meister Galilei geschliffen hatte. Jetzt schien sein Gesicht fröhlicher, freundlicher zu sein.
»Euer Exzellenz ...«
»Ich bitt' Euch, Maestro, nennt mich bei meinem Namen ...«
»Mein Freund, fünf Aufzüge ...? Habt Ihr keine Angst?«
»Wenn's nur daran läge, Maestro ...«
»Auch Striggio hat den ›Orfeo‹ in die Länge gezogen. Schämt Euch dessen nicht, es ist ein Fehler aller jungen Autoren. Ich weiß, ich weiß, was Ihr sagen wollt. Die ›Odyssee‹ ist lang, es ist nicht leicht, die vertonbaren Episoden auszuwählen. Sagt, haltet Ihr Euer Werk für gelungen?«
»Wenn Ihr mich so streng fragt, Maestro ...«
»Seht ... Platon hat in seinem Dialog an Phaidros sinngemäß geschrieben, daß der Seele deshalb Schwingen wachsen, damit sie ihre Last so hoch hinaufzutragen vermag ... bis zum Himmel, wo das Geschlecht der unsterblichen Götter herrscht ... Nun, mein Freund, Eurem Werk sind keine so gewaltige Schwingen gewachsen ... Ihr verzeiht mir doch meine Offenheit? Ein alter Mann hat nicht mehr viel Zeit. Die eine oder andere Passage nur so herausgegriffen ... ist aber sehr schön ... Sehr schön ist des Lamento der Penelope, das empfinde ich ... Ich könnte gleich damit beginnen. Ich gestehe, diese Stelle war es, die mein Herz als erstes bewegte ... Das Solo des Iros ... so frisch ... Ja, das ist es: *O dolor* ... Iros selbst ... *Chi lo consola* ... ist fröhlich und traurig zugleich ... aber ich stelle mir diesen Iros in der Tragödie als erfrischende, komische Figur vor ... Oder nehmen wir den Anfang: Das Rezitativ des Odysseus, in dem er berichtet, wie sich der Schiffbruch zugetragen hat, ist voller Kraft! Es ist, wie wir in Mantua sagten, ein echtes Dramma per musica. Die Stelle, wo der Held sich seinem Sohn zu erkennen gibt: Da spürt man den Atem der Tragödie, der Mord an den Freiern, wenn es gelänge, ihn auf die Bühne zu bringen, ließe sich musikalisch wirkungsvoll lösen, wenngleich ich befürchte, daß die Trons mit Rinderblut geizen werden. Die Zuschauer dagegen wollen, wenn sie Pfeile surren hören, auch Blut fließen sehen ... Und wie könnte man das Finale, die große Schlußszene gestalten? Als Duett der Penelope und des Odysseus?«
»Maestro, Ihr seht das Ganze schon fertig?«
Der alte Mann lachte und schenkte Wein in zwei Silberbecher, die mit dem Wappen der Gonzaga verziert waren.
»Diese Becher habe ich von meinem seligen, guten Herrn Vincenzo erhalten, als wir den ›Orfeo‹ das dritte Mal, nur für die Damen, aufführten. Damals habt Ihr noch nicht gelebt ... Ihr fragt, wie es möglich ist, daß ich das Ganze schon sehe und höre. Wie Ihr irgendwo im Text-

buch schreibt, ist Eigenlob eine *fragilità umana*, eine menschliche Schwäche. Aber ich habe mich während meines langen Lebens daran gewöhnt, die Proportionen einer Komposition zu empfinden. Für die Arbeit selbst braucht man Monate, selbst dann – verzeiht mir –, wenn das Textbuch wesentlich besser ist als das Eure. Seht doch, mein Freund, hier diesen Monolog mit einem Umfang von drei und einer halben Seite. Die Zuschauer kommen ja nicht alle deshalb ins Theater, um sich dort auszuschlafen. Es gibt welche, die in solchen Fällen unruhig werden, gähnen und laut husten. Drei und eine halbe Seite: Was denkt Ihr, wie lange das auf der Bühne dauert? Gewiß, auch das ist nur *fragilità umana*, daß ich mit Euch diskutiere. Warum habe ich es nötig, mich erneut an die Arbeit zu setzen, mich zu quälen und das Ganze zu komponieren? Wißt Ihr, wieviel Arbeit ein Dramma per musica ... eine Favola erfordert? Und wenn die Komposition fertig ist, dann kommt die Mühe mit dem Orchester und den Sängern. Wozu? Ihr wißt selbst, was mir widerfahren ist, vor gar nicht allzulanger Zeit auf der Piazza, als einer meiner Sänger über mich herfiel. Warum seid Ihr gerade zu mir gekommen? Und wenn ich in der Zwischenzeit sterbe? Dann ist die ganze Mühe mit einem Mal dahin. Ich würde Euch Francesco Cavalli empfehlen, den besten der heutigen Laienmusiker. Ich wäre stolz, würde er mich seinen Meister nennen. Warum geht Ihr nicht zu Cavalli, mein Freund?«
»Meister ... Ihr nehmt Euch des Stückes doch an, nicht wahr?«
»Nicht so rasch. Messer Galilei der Ältere hat freilich in seinem Werk in den Dialogen über antike und moderne Musik die Unantastbarkeit des Textes verkündet ... Auch die Florentiner bringen in ihrem Kanon zum Ausdruck: ›Oratio harmoniae domina absolutissima – der Text soll Herr der Musik sein‹ ... Nun, ich ... ich halte mich nicht mehr daran. Ihr wollt fünf Aufzüge? Ich werde es auf drei zusammenziehen. Ihr füllt Euer Werk mit langen, gefühlvollen Rezitativen, die wie ein laues Bad wirken ... Die Zuhörer schlummern davon ein. Ihr bringt gleich ein halbes Dutzend Götter vom Olymp herunter. Genug von ihnen! Sie langweilen mich. Sie reden leeres Zeug. Seht Ihr ... die Götter fürchten sich nicht, weil sie unsterblich sind. Für sie gibt es nichts zu verlieren, und deshalb kennen sie auch keine echten Leidenschaften. Wenn Ihr ein alter Mann seid, werdet Ihr verstehen, daß das Leben – zurückblickend – nur einige sehr starke Gefühle bewahrt. Versteht Ihr? Wie eine Frau um ihren Mann weint, wie ein Mann sich nach Hause zu seiner Frau sehnt, nach seinem Heim, dabei aber manchmal stehenbleibt, der Versuchung erliegt, dem Gesang der Sirenen lauscht. Circe verzaubert ihn ... Er ißt von den Früchten: Das lebt! Das ist ein Mann, wie wir ... wie wir es waren, die nach dem Willen des Herrn gelebt haben, fehlten, immer wieder sündigten, uns aber doch nicht aus der Gemeinschaft des Herrn ausschlossen ... Seht Ihr, wie Euer Bettler kommt und sich mit ansieht, wie sich die Freier vergebens mit dem

Bogen abmühen ... Er kennt den Griff genau ... war es doch sein Bogen ... Ihm juckt die Hand, um endlich selbst zufassen zu können. Das ist menschlich! Das ist dramatisch! Und dramatisch ist, wie er ihn in die Hand nimmt, wie sein Pfeil dahinfliegt und der erste Freier aufschreit, während seine Hand den Bogen blitzschnell wieder spannt ... Ein zweiter wird getroffen ... ein dritter ... Die Bühne wird plötzlich laut vom Wehgeschrei ... überall Blut, rote Flammen zucken im Hintergrund ... ein Gewitter ... es blitzt und donnert. Versteht Ihr, Amice? Hier gehört das Thema nicht mehr dem König und der Königin und den adligen Herren, hier handelt es sich nicht mehr um die Leidenschaft der Freier. Der Mensch sieht seinem Schicksal ins Auge. Der Mann. Nicht mehr jung. Odysseus kann nicht mehr jung sein ... Ein Mann mit behaarter Brust, vom Sturm zerzaust. Er ist immer noch mehr wert ... hundertmal mehr wert als diese Grünschnäbel ... Das ist ein Drama! Und wenn dann über Ithaka die Sonne aufgeht. Sie beide. Unmittelbar zuvor, ehe er die Frau in das Thalamos zieht, singen sie noch. Doch wissen schon alle, was folgen wird ... Verzeiht, Herr, daß ich daran denke, aber ich rechne mit den Augen der Zuschauer, mit ihren Gefühlen ... mit ihrer Sehnsucht. Um dieser Szenen willen ... um dieser paar großen Szenen willen übernehme ich die Arbeit. Ich übernehme sie, wenn der Herr mir erlaubt, sie zu vollenden. Übernehme auch ... die vielen langweiligen Passagen, die vielen nichtssagenden Monologe, die Götter ... diese zum Überdruß gewordenen Götter ... die Ihr auf so einfältige Weise in die Angelegenheit der Sterbenden eingreifen laßt. Ist denn Odysseus sterblich? Ja, ob er sterblich ist? Es fragt sich, ob er nicht länger leben wird als Pluto ... oder auch Jupiter? Seht Ihr, Tasso ist gestorben. Und dennoch lebt er. Auch Petrarca ist gestorben. Und auch er lebt. Wir brauchen diese sich in das Schicksal der Menschen einmischenden falschen Götter nicht ... Geht, Freund, wenn Ihr mir bei der Bearbeitung des Textes freie Hand laßt, dann bin ich bereit, den Auftrag anzunehmen.«
Am nächsten Tag saß Tron im gleichen Sessel. Die beiden Patrizier werden einander verstehen. Die Familie Badoer war sehr reich. Erst dieser Tage war unversehrt eine Schiffsladung mit Ingwer für sie von den Molukken eingetroffen. Weder der Taifun noch die Piraten hatten ihr Schaden zugefügt. Ein Vermögen. Es war nur recht und billig, daß der junge Badoer es sich etwas kosten ließ ... wenn das *Ritorno d'Ulisse in patria* im San Cassiano zur Aufführung kam!

In der Loge der Mocenigo entstand Bewegung. Während der Vorstellung des »Ulisse« öffnete sich die Tür, und der hinter seinem Rücken hochgehaltene Leuchter erhellte die Gestalt des Eintretenden. Er trug den schwarzen Talar der Patrizier mit der den Gesandten der Serenissima zustehenden goldenen Kette und Pelzbesatz. Die Damen des Hauses Mocenigo erwiderten seine Verbeugung mit einem Kopfnik-

ken. In der zu einem kleinen Salon ausgestatteten Loge wurde – es war gerade Pause – Gian Francesco Busenello, Gesandter der Republik, Doktor der Rechte, berühmter Anwalt und Bühnenautor, als von weither gekommener Gast umringt. Er gehörte zu jenen allseitig gebildeten Venezianern, die mit dem leichten, manchmal oberflächlichen Charme ihrer Lebenskunst, ihres Glanzes und ihrer Vielseitigkeit die Stadt des ewigen Karnevals verkörperten.
Busenello war gerade aus Rom zurückgekehrt, wo er beim Heiligen Stuhl langwierige und schwierige Verhandlungen in schwerwiegenden Fragen zu führen hatte, die die beiden ältesten Mächte Italiens berührten. Eigentlich war er zur Berichterstattung zurückgekehrt, aber niemand konnte wissen, ob sich die Signoria morgen, in einem Jahr oder am Sankt-Nimmerleins-Tag mit den vorgelegten Angelegenheiten zu beschäftigen geruhte. Doktor Busenello wandte sich mit glattrasiertem, scharfgeschnittenem, spöttischem Gesicht lächelnd der schönen Giustiniana zu.
»Ich weiß ... ja, ich weiß, daß Euer Gnaden in früheren Zeiten eine große Gönnerin des greisen Meisters waren. Ich war beim Combattimento in Eurem Palast zugegen. Ihr seid nach fast zwei Jahrzehnten noch immer so strahlend schön und jung. Wer hätte damals gedacht, daß Meister Claudio heute noch lebt und von seiner strahlenden Kunst auch den leichteren Musen etwas zukommen läßt.«
»Gian Francesco, Ihr seid immer noch der Alte. Nie wollt Ihr im ernsten Ton mit uns Frauen reden. Habt Ihr vergessen, wieviel Beifall ich geklatscht habe, als man im Teatro Giovanni e Paolo Eure ›Dido‹ mit der Musik des Herrn Cavalli aufgeführt hat? Warum seid Ihr heute gerade hierher gekommen? Venedig ist groß ...«
»Ich habe in Rom vom ›Ulisses‹ gehört. Die Neugierde ... meine Dame. Ich gestehe, ich hätte gar nicht zu hoffen gewagt, daß sich Meister Claudio noch einmal der Bühne zuwendet. Hätte ich das geahnt ...«
»Jetzt seid Ihr endlich aufrichtig. Gebt zu, Ihr seid neidisch, weil Badoer und nicht Ihr das Glück hattet und Monteverdi sich zu seinem Text herabließ.«
»Schöne Giustiniana, Ihr seid sehr grausam. Wir wissen, ja, wir wissen, daß es alte Liebe ist, die Euch an den Meister bindet. Ich muß dabei an Tizian denken, von dem man sagt, daß er in das neunzigste Jahr ging, als er ... wie soll ich mich ausdrücken ... zum letztenmal ...«
Giustiniana hob ihren Fächer mit einem leisen Aufschrei vor die Augen und lachte dahinter.
»Warum wollt Ihr, daß ich in der Karwoche auch noch dieses Gespräch zu beichten habe? Gleich wird die Aufführung beginnen ... Ich sehe sie heute zum drittenmal. Ich beneide Euch, weil Ihr sie zum erstenmal erlebt.«
»Welcher Aufzug ist der schönste?«

»Vielleicht der erste ... das Lamento ... und dann wohl die Stelle, an der Odysseus seine schrecklichen Leiden schildert ... und als er und Telemachos sich erkennen ... Ja, es beginnt, verhaltet Euch jetzt still, Busenello.«
Auf der Szene trieb Iros seine Ungereimtheiten: Dieser gierige, kindisch-plumpe, hie und da dennoch treffende Nimmersatt, den der Recht sprechende Odysseus dazu verurteilen wird, hungrig und durstig am Tor seines Palastes in Ithaka herumzulungern, wo er sich im Dienste der Freier fast zu Tode fressen wird ... Und jetzt, wie er den Helden schmähte, ihn verspottete: Da brach auf einmal das Gelächter des ganzen Publikums heraus ... die Zuschauer auf den Stehplätzen tobten, so daß die Aufseher ihre Hellebarden aufstießen und Ruhe geboten.

> »Komm, komm her, du altes Lumpenbündel ... du ausgedienter Krieger ... damit ich dir jedes Barthaar einzeln herausreiße ... eins ... noch eins ... und wieder eins und wieder eins ... Komm, ich will mit dir kämpfen ... komm hervor ... komm näher ... du ... du alter, bärtiger ...«

Das Publikum lachte frenetisch ... Aber plötzlich wechselte das Bild ins Lyrische: Die Zuhörer verstummten, als zwei junge Verliebte, Melanto und Eurimachos in einer Zwischenrolle des Dramas einander ihre Zuneigung gestanden ... Jetzt klang es, als würde sich in diesem Liebesrausch die Kraft des Orchesters, das im Grunde genommen recht schwach war, verdoppeln. Man hatte die Streicher durch das Clavicembalo und einige Theorben verstärkt: Diese vereinte Wirkung war hier erst nur ein Versuch, ihr Fortissimo würde sie erst erreichen, wenn Odysseus den ersten tödlichen Pfeil abschoß, und die Massenszene sich zu einem Lärm steigerte, dessen Zeitdauer der Komponist nicht in Noten gesetzt hatte, sondern die Musik endete erst, wenn der letzte Freier gefallen war. Aber das war noch fern, vorerst folgte der Tanz acht kleiner Mohren, zur Linderung der allzustarken dramatischen Spannung ... Wieder Melanto und Eurimachos, deren Auftritt im ersten Aufzug die Zuschauer nicht vergessen hatten: Die beiden wurden von einem Tag auf den anderen in Venedig zu Lieblingen der Edelleute, der Gondolieri und der Freudenmädchen. Melanto hatte eine genauso flinke Zunge, war ein genauso lebhaftes, kokettes, liebreizendes, kleines Geschöpf wie irgendeins der Mädchen aus dem Stadtviertel Rione im Streit mit ihrem Geliebten, und wer könnte das Duett der beiden vergessen, in dem sie die Beständigkeit ihrer Liebe besangen?
Und wieder erwies sich Monteverdi als Zauberer: Er vermischte Heiteres und Tragisches, Spielerisches und Gefühlvolles, erschütternd menschliche Empfindungen miteinander. Seine berühmten Kadenzen erklangen, seine doppelsprüngigen Quinten ... und die farbigen phantasievollen Variationen ... und schließlich das lange Lied Penelopes, in

dem sie ihr Glück besang, weil sie ihren geliebten Mann wiederbekommen hatte.

Der Vorhang fiel. Die Zuschauer in den Logen hatten es gewöhnlich nicht eilig: Eine angenehme halbe Stunde blieb noch für die gesellschaftlichen Freuden. Giustiniana schaute auf ihren Gast: Wie sich dieser Mann mit dem Blick eines Raubvogels nach vorn neigte, das Gitter öffnete, um besser hören und sehen zu können, fühlte man, daß er die Musik anders aufnahm, die Bilder anders sah und die inneren Zusammenhänge des Dramas anders erfaßte als andere. Von seinem Gesicht konnte man keinerlei Erregung ablesen: Nur seine großen, fast violett schimmernden dunklen Augen glänzten, manchmal atmete er kurz, beugte sich zurück, da – sicherlich erklang auf der Bühne eine Liebesariette – löste sich ein Seufzer von seinen Lippen.

»Madama kennen den Meister gut ...?«

Giustiniana horchte auf. Jetzt war seine Stimme nicht spöttisch, wie das Spiel in der Loge es verlangte. Sie zuckte zusammen, und als wäre auch sie ein Mann antwortete sie.

»Ja ... auch seither ist Meister Claudio, wenn wir uns begegnen, liebenswürdig zu mir. Warum fragt Ihr, Gian Francesco?«

»Giustiniana, ich habe die Grenze immer geachtet, die unser Haus von dem Palast der Mocenigo trennte. Aber wenn ich Euch bitten würde ... mit ihm zu sprechen?«

»Habt Ihr Angst vor ihm?«

»Ich kenne ihn nicht. Und Ihr werdet verstehen: Ich kann nicht zu ihm gehen, wie dieser junge Badoer mit seinem schwachen Textbuch bei ihm angeklopft hat.«

»Habt Ihr einen fertigen Text?«

»In Rom hatte ich viel Zeit. In Avignon liest man Petrarca, in Ferrara ... und vielleicht auch in Jerusalem ... Tasso. In Mantua wäre es schicklich, nach Vergil zu greifen. In Rom aber gibt es nur einen Autor, wenn man das wahre Bild der Vergangenheit sucht: Tacitus. Ich ging häufig spazieren – auf dem Forum und dem Capitol. Die Allegorien mit ihren Tugenden und Fehlbarkeiten habe ich satt. Ich bin am einstigen Palast Neros vorübergegangen und habe gelesen, was der Meister über ihn geschrieben hat. Versteht Ihr, Giustiniana, ich sehe anders, ich höre ihre Stimmen, mir ist, als kämen sie mir entgegen: Nero ... Ottavia, die Frau, der er überdrüssig geworden war ... Poppea, der aufgehende Stern, Seneca ... Das ganze Drama steht im vierzehnten Band der Annalen. Verzeiht mir, daß ich Euch damit langweile. Sicher würdet Ihr lieber erfahren wollen, was für neue Hüte die Damen Colonna oder Orsini in Rom tragen ...«

»Busenello, kränkt mich nicht. Was wünscht Ihr von mir?«

»Sprecht mit dem Meister. Meine Stellung, die ich durch die Gunst der Serenissima bekleide, gestattet mir nicht, mit einer Bitte bei ihm zu erscheinen. Aber wenn Ihr ihn fragen wolltet, ob er mich empfangen

würde, ob er Gefallen daran fände, statt Göttern, Nymphen und Faune auf die Bühne zu bringen, einen Blick auf ein einziges Blatt im großen Buch der Geschichte zu werfen? Ob er Lust dazu hat? Ist er noch nicht zu alt, um Musik dazu zu komponieren . . .?«
Die Frau legte den Fächer hin. Sie war sehr ernst.
»Gian Francesco, morgen gehe ich zu ihm. Wenn Ihr wollt, daß ich ihm den Text bringe, so schickt ihn mir morgen früh zu. Ich werde mit ihm sprechen. Ihr selbst sollt den Meister nur dann aufsuchen, wenn er Ja gesagt hat.«
Busenello nickte und küßte ihr die Hand. Ihm war, als umklammerten ihre Finger in dem nach Puder duftenden Handschuh heiß seine Hand. Die schöne Frau lächelte ein wenig unter Tränen: »Wir erwarten Euch morgen abend in unserem Palast, wir werden draußen auf dem Balkon sitzen!«

Am Nachmittag meldete der in Gala gekleidete Gondoliere des Hauses Giustiniani, daß seine Herrin den Meister bittet, sie zu empfangen.
Seit einigen Jahren hatte er sie nur im San Marco gesehen, beim Hochamt oder anläßlich von Staatsfeiern. Die Mocenigo waren immer Gönner des Meisters, so erfuhr er von allen Ereignissen in der Familie, von der Geburt eines Kindes, einem Trauerfall und von den Hochzeiten. Jetzt stand Giustiniana selbst vor ihm. Er sah noch immer die Braut von einst in ihr, die ihn mit einem Sklavenmädchen von den Gewürzinseln beschenken wollte. Er geleitete sie in sein Zimmer in der stillen Canonica, das, gäbe es hier nicht die schönen alten Instrumente, die kostbar gebundenen Bücher, die Möbelstücke nach mantuanischem Geschmack, wie eine Klosterzelle angemutet hätte.
Sie schauten einander an. Die Frau sah den Mann mit dem gebeugten Rücken und dem weißen Bart, den Mann, der nach der Zahl seiner Jahre ein Greis war. Den Stichen mit den Bildnissen der einstigen Großen begegnete man überall: Fast betroffen sah sie, wie sehr Monteverdi dem greisen Michelangelo ähnelte. Aber welch Feuer in seinen Augen, und wie jung seine Stimme immer noch klang. Sicherlich könnte er jetzt noch singen, wenn er wollte. Sie nahm Platz . . . und mit einem Mal verließ sie ihr Mut. Wer hatte doch dieser Tage gesagt: Meister Claudio ist der größte lebende Musiker der Welt? Sie lächelte, ein alter Mann im abgewetzten schwarzen Rock saß ihr gegenüber und bot ihr mit ungeschickter Bewegung gestriges Gebäck an.
»Habt Ihr etwas auf dem Herzen? Sprecht offen zu mir, Madama!«
»Maestro . . . ich darf Euch doch so nennen? Ihr aber nennt mich bitte wie früher . . . Giustiniana. Dieser Name gefällt mir am besten . . . Er wird mit mir ins Grab sinken. Giustiniana Giustiniani wird es keine mehr geben . . . Ich habe Angst, daß ich mich auf etwas Unsinniges eingelassen habe . . . Seht, ich komme als die Gesandte eines Gesandten

zu Euch. Hört mir zu. Es geht um den Edelmann Gian Francesco Busenello . . .«
»Ich habe seine ›Dido‹ gelesen . . . Wie ich hörte, hat er einen Text über Julius Cäsar geschrieben. Dabei ist dieser weder ein Gott noch eine Nymphe. Cavalli, den ich wie meinen Sohn liebe, hat von ihm gesprochen. Ich kenne Signor Busenello nicht, aber ich lobe mir seine Ängstlichkeit, weil er, statt selbst zu kommen, mir diese Botin geschickt hat . . .«
Er lächelte. Giustiniana rückte näher und legte ihm die Hand auf den Arm.
»Glaubt mir, Messer Claudio, ich bin nicht deshalb gekommen, als läge mir der Text Busenellos besonders am Herzen. Wir kennen einander seit unserer Kindheit. Ich achte ihn, weil ich ihn für einen der klügsten Venezianer halte. Aber Busenello darf nicht vergebens zu Euch kommen: Er ist ein zu hochgestellter Mann, als daß man ihm ins Gesicht sagt: Nein! Deshalb erbot ich mich, zu Euch zu kommen.«
»Ich weiß . . . er hat ein Stück . . . es handelt wohl von der Liebe Apollos zu Daphne . . . Nicht wahr, darum geht es?«
»Nein, es handelt von Nero!«
Der Mann hob den Kopf und sah die Frau verwundert an.
»Dergleichen habe ich . . . als Dramma per musica noch nie gehört. Nero? Habe ich richtig verstanden? Eine wirkliche, historische Persönlichkeit? Einen Menschen, der einst gelebt hat, auf die Bühne zu bringen anstelle der Götter, die, weil es sie nie gegeben hat, alles ertragen . . .? Auf der Bühne . . . in einer Tragödie, das würde ich verstehen. Von dergleichen hört man. In England sollen solche Stücke großen Erfolg haben. Aber dazu Musik komponieren . . .«
»Er hat Tacitus gelesen . . . Ich selbst hatte auch noch keine Zeit, seinen Text zu lesen, habe nur auf der Fahrt zu Euch darin geblättert. Maestro, ich glaube, Busenello hat einen schönen Text geschrieben. Ich will mich nicht allzusehr für ihn einsetzen, bitte Euch nur, wenn Ihr könntet . . . wenn Ihr bereit wäret . . . vielleicht auch ein wenig mir zuliebe, Euch mit dem Stück zu beschäftigen. Würdet Ihr es tun?«
»Ich werde Madama den Herren Prokuratoren empfehlen, sobald ein Gesandtenposten der Serenissima vakant wird, so meisterhaft entledigt Ihr Euch Eurer Mission. Offengestanden, wollte ich Euch nach Euren ersten Worten bitten, nicht fortzufahren . . . Ich bin alt und müde. Das Stück Signore Badoers hat mich sehr erschöpft. Ihr wißt vielleicht, Giustiniana, daß ich das Textbuch vom Anfang bis zum Schluß überarbeiten mußte. Keiner von ihnen ist ein Rinuccini. Das dürft Ihr mir glauben. Aber daß Busenello es gewagt hat, Nero auf die Bühne zu bringen . . . und wen noch?«
»Er sprach von Ottavia. Und von der zweiten Frau Neros, deren Namen ich – Ihr werdet es mir verzeihen – vergessen habe.«
»Poppea Sabina?«

»Ja, Poppea, und auch Seneca kommt darin vor. Keine Götter und keine Nymphen. Auch er ist ihrer überdrüssig. Darf Euch der Gesandte aufsuchen?«
Er strich sich über den Bart, dann rief er den Kleriker herein, der ihm behilflich war, seit seine Augen immer schwächer wurden.
»Was liegt noch vor ... was haben wir noch zu erledigen?«
»Maestro, der Drucker wartet auf die Korrektur. Auch den Band ›Melodia‹ müßte man sich ansehen. Dann hat Tron anfragen lassen, wann er kommen dürfte, um über ein neues Dramma per musica zu verhandeln. Dann ist der Sekretär der Herren Grimani hier gewesen. Der Teatro S. S. Giovanni e Paolo fühle sich benachteiligt, weil das Cassiano und das Moisè etwas vom Maestro bekommen hätten, und sie fragen an, ob nicht auch sie auf ein Stück von Monteverdi hoffen dürften?«
»Was habe ich dir dieser Tage gesagt, als wir uns über die Favola unterhalten haben?«
»Daß Maestro des goldenen Nebels, des Olymps und der Götter überdrüssig seien. Nach dem Ulisses wollt Ihr Euch nicht wieder mit solch profanen Dingen befassen.«
»Und die Geschichte?«
Der kluge junge Mann sah den Meister verwundert an.
»Clio läßt sich nicht in Reime fassen, Maestro!«
Giustiniana fragte lächelnd.
»Darf Busenello also kommen ...?«
Er blätterte in dem umfangreichen Textbuch und sprach die Namen betont vor sich hin.
»Nero, Poppea Sabina, Seneca, Ottavia, Drusilla, ja, Madama, auch ich habe Tacitus gelesen und nicht nur einmal, aber noch niemand, versteht Ihr, noch niemand hat es versucht, zu seinen Geschichten eine Musik zu komponieren. Das ist keine Favola, versteht Ihr mich, Madama? Nero und die anderen, die mit ihm gelebt haben, auf die Bühne zu bringen. Ein solches Dramma per musica hat es noch nie gegeben. Ich weiß nicht, ob sich das machen läßt? Ich kenne Busenello, er ist ein guter Autor, ein gescheiter Mann, gelehrt, nicht so wie dieser junge Badoer. Verzeiht mir, Madama, ich weiß, ich darf nicht so offen über Edelleute reden. Seine Exzellenz, der Herr Gesandte, mag kommen. Aber er soll sich beeilen, denn der Sensenmann lauert schon in meiner Nähe. Es ist ein einmaliger Fall, daß die Pest Tizian mit hundert Jahren dahinraffen konnte. Busenello mag kommen ... Und wenn dafür Dank gebührt, so hat er es in erster Linie Euch zu danken.«

Während einer einzigen Stunde gewannen sie einander lieb. Sie bedauerten, jahrzehntelang in der gleichen Stadt gelebt zu haben und sich noch nie begegnet zu sein. Das Textbuch war gleichsam nur Vorwand dafür, um sich über die großen Dinge der Welt unterhalten zu können. Busenello war einer jener Gesandten Venedigs, die mit offenen Augen

und forschendem Geist Länder und Höfe bereisten, Völker kennenlernten, und all das schlug sich in seinen Gesandtenmeldungen klar und deutlich nieder. Er war ein scharfäugiger Diplomat, erfahrener Jurist, und er führte eine gute Feder. Im Zeichen unerbittlicher Wahrheit versuchte er, seine Zeit und vergangene Jahrhunderte zu beurteilen. Monteverdi lächelte: Busenello kannte die menschlichen Tugenden und Schwächen, die im Zauberspiegel Venedigs wie Licht und Schatten miteinander verschmolzen.
Claudio hatte auf ihn gewartet. Dann kam der Vertreter des hohen Magistrats, warf seinen Hermelintalar ab, saß im Arbeitszimmer da und schnupfte Tabak nach der neuen Mode. Nun beugten sie sich über die Manuskriptseiten. Der Meister zeigte: »Das hier ist zu lang«, und schaute dann zweifelnd auf einen komischen Auftritt, der zwischen zwei tragische Szenen eingebaut war. Busenello sagte fast peinlich berührt: »Ich kenne meine Stadt, man verträgt die tragische Wahrheit nur, wenn dazwischen ein wenig getanzt wird . . .« Wie anders war doch dieser Text, als der von Badoer . . . aber auch anders, als einst »Orfeo«, vielleicht sogar als »Arianna«.
»Warum habt Ihr dem Stück den Titel ›Die Krönung der Poppea‹ gegeben?« Er sah den venezianischen Herrn fragend an.
»Meine Landsleute würden erschrecken«, sagte Busenello, »wollte ich es einfach ›Nero‹ nennen. Sie würden eine Tragödie vermuten . . . mit Recht. Die Venezianer lieben dramatische Lösungen in Wirklichkeit nicht. Sie sind kein heroisches Volk, ziehen den Soldatenrock nur an, wenn die Signoria sie durch das Gesetz dazu zwingt. ›Die Krönung der Poppea‹ . . . In Venedig gibt es keine einzige Poppea: Der Name selbst schon wirkt anziehend, ebenso wie das Wort Krönung. Es strahlt Festlichkeit, Glanz und Stand aus, erinnert die Zuschauer an Aufzüge, Ballette und Torneos. Meister, dieser Titel verzaubert, täuscht die Bewohner meiner Stadt. Und wenn sie erst gekommen sind, kann ich ihnen die Wahrheit über Nero und Seneca sagen.«
»Aber haben Euer Exzellenz schon einmal ein derartiges Schauspiel gesehen?«
»Der Heilige Vater in Rom liebt nur fromme und erbauliche Dramen. Die Heimat großer Schauspiele ist Spanien. Allerdings nicht das Dramma per musica, nur Sprechstücke. Dort spielt man sie in allen großen Städten, auf den Plätzen und Märkten. Aber man fängt bereits an, Theater zu bauen, freilich in erster Linie für den König und den Adel . . . Und England. Gelegentlich werde ich Euch, Messere, darüber erzählen. Ich habe in London eine Tragödie gesehen. Sie handelte von Cäsar und Kleopatra. Man kann sie nicht vergessen. Der Autor lebt vielleicht gar nicht mehr. Aber ist das nicht der sicherste Beweis für den Wert eines Werkes, daß der Meister, der es geschrieben hat, selbst schon zu Staub und Asche geworden ist, das Stück aber weiter gespielt wird? Doch kehren wir zu meinem Stück zurück. Ich war freilich ge-

zwungen, auch mythologische Gestalten einzubauen, in dieser Hinsicht mußte ich dem Geschmack meiner Stadt Rechnung tragen. Aber ich finde den Chor albern. Er formt – findet Ihr das nicht auch, Meister? – immer nur eine einfältige Meinung, und die Weisheit der Menge übertrifft gewöhnlich nicht die des Durchschnittsmenschen auf der Straße. Er drückt auch in der griechischen Tragödie die zweifelhafte Meinung des Volkes auf der *Agora* aus. Der Chor vermag keine menschlichen Leidenschaften zu gestalten. Er deutet, gleich einem blinden Greis nur an, wohin sich das Rad nach dem Willen der Götter dreht. Und vor allem: Ein Chor kostet viel Geld. Davor haben die Grimani Angst. Ein Chor ist teuer, und wenn es im Drama ohnehin schon viele Darsteller gibt, kommt der Pächter nicht auf seine Rechnung. An den Sängern kann er nicht sparen.«
»Und der Page und die Dienerin?«
»Ohne ein solches ›zweites‹ Liebespaar, Maestro, ist heute in Venedig ein Stück nicht denkbar. Da gibt es einen Kaiser, einen Barbarenkönig, Fürstinnen, einen Philosophen, Götter. Sie alle stehen unserer Gedankenwelt fern, aber daß ein junger Mann und ein Mädchen einander finden, während sie die Befehle ihrer Herren und Damen ausführen, das entspricht dem Spiegelbild aller venezianischen Jünglinge und Mädchen. Hier muß man so sprechen, daß sie sich wiedererkennen . . .«
»Im Text stieß ich, nehmt mir meine Wahrnehmung nicht übel, hie und da auf erlauchte Vorfahren. An einer Stelle auf die Worte Petrarcas, anderswo auf die Vergils.«
Busenello lachte.
»Wir Juristen zitieren gern die Prätoren, selbst dann, wenn sich der Rechtsfall nicht ganz mit ihren Worten deckt. Das verleiht Glaubwürdigkeit, gibt dem Urteil Gewicht. Glaubt mir, Maestro, die großen Poeten sind uns, den Epigonen, getreue Helfer.«
»Aber warum ereilt das Schicksal Nero hier nicht? Euer Drama endet, als er sich in glücklicher Liebe mit Poppea vereint. Nach unserer Auffassung war er ein Tyrann. Hat er sie nicht drei Jahre später mit einer einzigen Bewegung getötet?«
»Hier ist er Mensch. Glaubt Ihr nicht, Messer Claudio, daß all dies vor meinen Augen abrollte, als ich auf dem Palatin spazierte? Nero war ein Mensch, wurde erst später zum Ungeheuer. Vielleicht werde ich es einmal schreiben, wie es sich nach meiner Vorstellung zutragen konnte. Aber nicht in diesem Stück. Hier soll der künftige Tyrann nur in dem einen oder anderen Bild zu erkennen sein. Da lebt er nur für seine Liebe. Und in seinem Begehren soll er majestätisch, großartig sein. Die Zuschauer mögen empfinden, daß er auf dem Thron des Augustus sitzt.«
»Und Poppea? Schwebt Euch da jemand vor?«
Die Wangen des Anwalts röteten sich.

»Maestro, ich möchte in Poppea nicht alle Frauen ... nur eine einzige verewigen. Wenn das Stück einmal nach Neapel gelangen sollte ... Ihr seid ein weiser Mann und habt in der Welt gelebt. So wißt Ihr, daß wir Männer alle Wunden tragen. Sie, an die ich denke, hätte im ›Ball der Grausamen‹ getrost die Rolle der als letzte zurückbleibenden, zögernden, koketten Frau singen können, die dennoch grausam zu jenem war, der sie geliebt hat.«
Er war ein Mann, er litt noch immer. Als Mann baute er ein Drama um die unerfüllte Liebe auf. Er fuhr fort:
»Poppea soll so sein, wie sie nach ihrem Wesen sein konnte: Ehrgeizig und gefallsüchtig. Grausam und nachsichtig ... nachsichtig zu sich selbst. Nicht böse und nicht gut: Leichtgläubig, zielstrebig, launisch, kokett, vielleicht noch ein wenig an Ottone, ihrem früheren Mann, hängend. Der kaiserliche Glanz blendete sie, aber dennoch durchschaute sie den Cäsar. Sie mag, Maestro, in der Musik und in der Deklamation so wirken, daß alle Edelfrauen sich in ihr wiedererkennen. Dabei soll aber auch der Gondoliere oben in der Gratisloge spüren, daß es nicht lohnt, eine Frau aus Eifersucht zu erwürgen, weil sie von Natur aus alle so sind.«
»Gian Francesco, das Stück ist zu lang. Man muß hier und da kürzen.«
»Wärt Ihr dazu bereit?«
»Anders geht es nicht. Beim Komponieren werde ich merken: Hier ist es zu lang, dieses Rezitativ langweilt den Zuhörer, an dieser Stelle ist die Tugend überflüssig, das gewohnte Eingreifen der Götter, um die Maschinerie in Gang setzen zu können. Ja ... gehen wir, mit Verlaub Euer Exzellenz, sparsam mit dem *Deus ex machina* um. Höchstens in einem Fall. Vielleicht dort, wo Amor die schlafende Poppea vor dem auf sie lauernden Dolch rettet. Nicht öfter. Ich habe Euch schon gesagt, ich bin der antiken Götter überdrüssig. Ich bin alt, sie inspirieren mich nicht mehr.«
»Und Nero?«
»Nero hat gelebt. Er hat gesündigt: Ich kann ihn verurteilen. Er kannte Verlangen und Begier. Ich kann ihn für einen Menschen halten. Aber was soll ich mit den Göttern anfangen ... mit der Tugend? Seht mich an, ich hab das Fünfundsiebzigste vollendet. Ich weiß über die Menschen alles, und Ihr könnt mir glauben, daß in mir keinerlei anfechtbare Neugierde mehr lebt. Aber, Messer Busenello, all das war Leidenschaft. Selbst die Erinnerung daran erwärmt einem das Herz. Ottone, der an Poppea, seiner Frau, hängt, und den der Kaiser weit fortschickt, die ehrgeizige Poppea, die einfältige Drusilla, deren Liebe Ottone ausnützt, um seine Rache auszuführen und Nero selbst, der blind auf sein lasterhaftes Ziel zueilt. Was kümmerten ihn das Reich, daß überall Scheiterhaufen brannten? Ich kenne alles, was Tacitus über ihn und seine Zeit geschrieben hat. Aber bei Euch ist der Kaiser nicht der unerbittliche Verfolger unserer Religion, sondern nur ein Verliebter, den

diese verführerische, liebeshungrige Frau ganz nach ihrer Laune zu beherrschen glaubte. Hier werden Ottone und Drusilla schließlich von Nero begnadigt, bot ihm doch ihr Geständnis eine moralische Rechtfertigung, seine Frau Ottavia für immer zu verstoßen. Nero und Gnade? Das wird den Zuschauern sicherlich gefallen. Sie gehen nicht gern mit düsteren Gedanken in den Karneval. Die Gondolieri müssen, wenn sie den Canal Grande erreichen, die Melodie des Schlußduetts hinaustragen . . .«

»Maestro, in Euren Händen ist die Fabel wie leicht formbares Wachs. Ich habe so viel über menschliche Schwächen geurteilt und gescherzt, erlaubt mir nun, daß ich Euch, der Ihr nicht kleinlich und ohne menschliche Schwäche seid, meine Bewunderung zolle.«

Monteverdi lachte und setzte sich ans Cembalo.

Die Familie Grimani kaufte zehn Kisten Kerzen in Ragusa, weil sie dort fast um ein Viertel billiger waren als in Venedig. Für die Herbstsaison mußte das »Zanipolo«, wie das nach Santissimi Giovanni e Paolo benannte Theater im Volksmund hieß, ohnehin renoviert werden. Zum Glück hatte Busenello den Wink der Zeit verstanden und wünschte keinen Chor: Das Volk war seiner überdrüssig, sein Gesang erinnerte zu sehr an die im Rücklauf begriffene Kunst der Madrigale. Dafür wurde es reichlich entschädigt durch schnell wechselnde Auftritte, den Deus ex machina, durch die häufige Verschmelzung des Tragischen mit dem Komischen, das Spiel des Lichtes, reiche Gelage, ständige Bewegung und durch die Metamorphose der siebenunddreißig Szenen.

Busenello hatte weise vermieden, »Politik« in das Stück zu bringen, die das sich unten im Parkett drängende Volk oder die Vornehmen in den Logen in irgendeiner Form auf Kosten der Zehn hätte umstimmen können. »Mein Nero«, sagte er ein wenig geniert zu Meister Claudio, »deckt sich nicht in jeder Hinsicht mit Tacitus. Ich zeige den Tyrannen in seinem Schlafgemach: Seine Grausamkeit ist auch hier zu erkennen, kommt aber nur seinem greisen Meister Seneca gegenüber zur Auswirkung . . . Dies wird das Volk Venedigs dem Cäsar verzeihen, Maestro Claudio, handelt es sich doch bei dem Betroffenen um einen Philosophen. Ich kenne meine Stadt, es ist klüger, wenn sich ›mein‹ Nero nicht in den Senat begibt!«

Die Familie Grimani hatte wirklich nicht mit Kerzen gespart, und als an dem milden Abend Ende Oktober die Gondeln und die Sänften herbeizuströmen begannen, konnten selbst Uneingeweihte erkennen, daß die mit dem Grimani-Wappen geschmückten Herolde nicht grundlos in ihre Fanfaren gestoßen hatten und es kein Zufall war, daß man für die Aufseher am heutigen Abend kostbare Panzer ausgesucht hatte. Es kündigte sich eine Veranstaltung ohnegleichen an, das Theater wurde von solch hohen Herren beehrt, von denen das Volk Venedigs sonst nur flüsternd und ängstlich zu sprechen wagte.

Busenello hatte nicht vergessen, wem er den Löwenanteil seines Erfolges verdankte, und hatte die Familie Giustiniani in seine eigene Loge eingeladen, so auch den bejahrten Prokurator Mocenigo, der wegen seiner Gicht schon seit langen Jahren das Haus nur zur Erledigung seiner Amtspflichten verließ. Giustiniana strahlte: Dieser Abend war ihr Werk, eine glückliche Kombination, sicher im Zeichen des Erfolges geboren.
Der Maestro stand inmitten seiner Musiker wie ein Steuermann auf Deck, Marinoni, der einzige, der ihn über einen langen Abschnitt seines Lebens begleitete, sah verwundert, daß er in den letzten Jahren nicht schwächer geworden war: Er hatte die Proben mit der gleichen unbeugsamen Energie geleitet, trieb sich förmlich an, nahm kaum Nahrung zu sich, und wie oft wurde das Asketengesicht von Schweiß überströmt, während er die eine oder andere Szene immer wieder von neuem begann, einen Sänger wiederholen ließ, am Solo feilte, und manchmal mit hauchschwacher, aber noch immer klarer Stimme vormachte, wie er diese oder jene Stelle gesungen haben wollte. Der Theaterzettel war umfangreicher als allgemein üblich. Auf dem handgeschöpften, mit dem Grimani-Wappen geschmückten Blatt stand – den Lateinern zuliebe – der Originaltext des Tacitus, und darunter in dichteren Zeilen im gutem venezianischen Dialekt der Kern der ganzen Handlung. Vor die Stehplätze aber stellte man einen Ausrufer, der bei jedem Szenenwechsel mit lauter Stimme vorlas, mit welcher Geschichte aus verflossener Zeit man die Zuschauer erfreuen werde.
Mit scheingelehrter Miene lasen die Patrizier den Text aus dem XIV. Band der Annalen, aber es gab auch viele, die ihre Aufmerksamkeit auf den Ciceronedruck richteten.

»... Nero, der Kaiser, ist sterblich verliebt in die schöne Poppea, in die Gemahlin des Barbarenkönigs Ottone, der im Dienst des Kaisers steht. Nero schickt Ottone in das ferne Lusitanien, um sich die Zeit nach Gefallen mit Poppea vertreiben zu können, während er sein angetrautes Weib Ottavia vernachlässigt. Die im Glorienschein des Kaisers strahlende Poppea ist berechnend, sie bewegt Nero, seine Gemahlin zu verstoßen, und dann wolle sie, Poppea, mit ihrer Liebe ihm für immer gehören. Sie findet bei Nero ein offenes Ohr, denn er hat von Ottavia keine Kinder. Der weise Seneca, der einstige Erzieher Neros, erinnert den Kaiser, was er dem Reich und der Moral schuldet. Aber die Worte des greisen Meisters lassen Nero nur erzürnen, seine Leidenschaft zu Poppea lodert noch heftiger auf: Ohne lange zu überlegen, gibt er Seneca den Befehl, Selbstmord zu begehen. Der Weise schließt mit seinem Leben ab und lobt vor seinen Schülern die Kraft der schicksalhaften Tat. Aber diese zögern, ihm in das unbekannte Reich zu folgen.
Ottavia überredet den heimlich zurückgekehrten Ottone, seine Frau, Poppea, zu töten. Die Begleiterin Poppeas, die junge Drusilla, ist in

Ottone verliebt. Sie läßt sich mit Leichtigkeit bewegen, ihm ihr Gewand zu leihen. Der Mann kann so in den Kleidern Drusillas in den Garten schleichen, wo Poppea eingeschlummert ist. Aber Amor ist vom Himmel herabgestiegen, um seine schützenden Arme über die schlafende Poppea zu halten. So stellt sich der Mordanschlag heraus, Poppea aber hat nur das Gewand Drusillas erkannt, und so richtet sich ihr Verdacht gegen das Mädchen.
Gerichtsdiener schleppen Drusilla vor Nero, der bereits die Nachricht vom Tode Senecas erhalten hat und diese im Kreise seiner Höflinge bei einem Gelage feiert. In Nero erwacht die Bestie: Er droht Drusilla, sie schlimmsten Torturen zu unterziehen, wenn sie nicht gestehe, wer sie zu dem Anschlag angestiftet habe. Mit dem Mut einer Märtyrerin bewahrt das Mädchen das Geheimnis zusammen mit ihrer Liebe, aber Ottone stellt sich schließlich selbst: Er gesteht, daß er in den Kleidern des Mädchens den Dolch gegen Poppea erhoben habe. Nero schont das Leben Ottones, und weil er jetzt einen triftigen Grund zum Verstoßen Ottavias bekommen zu haben glaubt, verkündet er seine Scheidung und die Absicht, Poppea noch am gleichen Tag zu heiraten und sie krönen zu lassen.«

Schon vor Beginn des Stückes waren in den Logen heftige Debatten im Gange, ob es gestattet sei, ein Musikdrama über einst lebende Persönlichkeiten aufzuführen. Einige kannten bereits das Motiv des Kleidertausches und versicherten, daß solch dramatische Episoden in jedem besseren Theater Madrids vorkämen, ja, unerläßlich seien. Ein Großteil der Männer kannte Tacitus. Sie hatten Bedenken, wie Busenello diesen gedrängten, schweren Stoff bewältigen würde, da er schließlich keine Tragödie, sondern ein Dramma per musica zu schreiben beabsichtigte.
Seine Exzellenz Grimani erschien hinter den Kulissen. Gleich einem Hausherrn sah er sich um und spähte durch die Spalten des Vorhanges. Das Theater war bis zum Bersten gefüllt, in den Logen sah er die Creme des venezianischen Adels und viele ausländische Vornehme. In der Loge des Herzogs Brunswick hatten zwei Brüder des sächsischen Kurfürsten Platz genommen. Giustiniana schob einen niedrigen Schemel unter das gichtige Bein ihres Vaters und sagte lächelnd:
»Achtzehn Jahre sind seit dem ›Combattimento‹ vergangen, Vater ... Ich habe den Meister eingeladen. Er soll nach der Vorstellung nicht allein in die Canonica zurückkehren. Habe ich richtig gehandelt, Vater?«
Girolamo Mocenigo rechnete.
»Anno Domini ... warte ... das war in jenem Jahr, als bei der Insel Celebes unser Schiff mit der Ingwerladung gesunken ist ... damals habe ich die Favola in Mantua gesehen. Contarini diktierte den Gesandtenbericht, ich erinnere mich heute noch an jede Einzelheit. Frei-

lich, er wollte das Stück in ihrem Familientheater in Piazzola aufführen. Soviel ich weiß, hat man die ›Arianna‹ dort auch gespielt. Du hast richtig gehandelt. Ich bin alt, nur Monteverdi ist jung geblieben. Wäre ich dein Mann, würde ich noch immer eifersüchtig auf ihn sein!«
Die zwölf Aufseher legten ihre Waffen nieder und zogen in Helm und Silberpanzer und mit Kerzenlöschern in der Hand herein. Die großen Wachskerzen erloschen der Reihe nach, nur die kleinen billigen Talgkerzen flackerten noch vor den Textbüchern. Die Erregung wogte durch die Zuschauer. Es war anderthalb Jahre her, daß der Maestro mit der »Heimkehr des Odysseus« erneut mit einem lyrischen Drama auf der Bühne geglänzt hatte. Venedig, das sich einst nicht über Tizian gewundert hatte, war nicht überrascht, die Abendvorstellung einem Greis zu verdanken.
Die Bühne verzauberte alle: Ja, so mochte der Palast Neros ausgesehen haben. Überall Marmorgirlanden, rosafarbene Säulen in dichter Folge, und auf der den Hintergrund halbkreisförmig abschließenden Kulisse glühte rot die untergehende Sonne; die Szene wurde von allen Seiten mit versteckten Lichtquellen beleuchtet, zwischen den gewaltigen Bögen des Palastes drängte sich launisch das Laub, grüne Äste mit goldenen Früchten.
Der Prolog auf dem Olymp mit den Göttern war nicht zu umgehen: Darauf würden – wie Busenello meinte – die Venezianer noch immer bestehen. Der Dialog der Götter unterbrach die Stille: Das war noch nicht das Stück selbst – noch durfte man sich nach Gefallen bewegen und hin- und herrücken ...

»Oh ... wie hat sich die Tugend versteckt ...
Wie geriet sie in Not ... in nie geahnte Bedrängnis ...«

Die Zuschauer in den Logen wechselten Blicke: Was wollte Busenello damit sagen? Der Anwalt tut nichts ohne Absicht: Wen würde die Satire des Prologs treffen?
Langsam kam man der Handlung näher; zwei Wachen leiteten den ersten Akt ein. Sie unterhielten sich geschwätzig, ungebunden und respektlos, in der Art der Musketiere, aber aus ihrem Rezitativ erfuhr auch jener Zuschauer alles, was sich anbahnte, der nicht lesen konnte oder dem sein Nachbar das Programm nicht erklärte. Hier fiel zum erstenmal der Name des weisen Seneca.
Endlich folgte die erste große Szene. Poppea und Nero kamen aus ihrem nächtlichen Liebesnest: Die Zuschauer spürten, daß die Erinnerung der Leidenschaft sie noch verband, dies wurde ausgezeichnet gespielt von dem Kastraten, der sich in der Rolle Poppeas an Nero anschmiegte und ihm zu gefallen suchte. Aber Nero schickte sich zum Gehen an; bei dem wankelmütigen Cäsar wußte man nie, was er im nächsten Augenblick beschließen würde. Poppea erschrak.

»Herr ... oh, Herr ... geh nicht fort ...
Erlaub, daß diese Arme dich umschlingen,
wie du verliebt umschlangst
mein Herz ...«

Die Zuschauer auf den Stehplätzen atmeten wie verzaubert: Hier gab es keine in goldene Nebel gehüllte Götter. Sie vergaßen, daß ein Kastrat die Frau spielte: Der wundervolle, kräftige Sopran erfüllte das ganze Theater. Niemand konnte darüber im Zweifel sein, welche Leidenschaft diese beiden Menschen miteinander verband.
Nero bewahrte noch etwas von seiner kaiserlichen Würde.

»Meine adlige Herkunft gestattet nicht,
daß Rom von unserer Vereinigung erfährt – solange
Ottavia nicht gegangen ist ... erst dann,
wenn ich sie verstoßen habe!«

Poppea sank vor ihm nieder und flehte:

»Hab keine Angst ... hab keine Angst ... fürchte nichts:
Bleib bei mir zu allen Stunden des Tages!«

Und weil alles Bitten vergebens war – die Zuschauer fühlten, daß die Szene irgendwie enden mußte – wandte sie sich bittend an ihn: »*Tornerai*? Wirst du wiederkehren«, klang es den Zuschauern in den Ohren ... Und sie wußten noch nicht, für wen sie sich entscheiden sollten. Die Besucherinnen in den Logen gaben sich hinter ihren Fächern Zeichen: All die Schönen erlebten während des kurzen Intermediums am Körper und vielleicht auch in der Seele die Liebe der Poppea – um den Thron.
Nun erhielten die Zuschauer einen Einblick in die traurige Lage Ottavias.

»Oh, wo bist du, Nero ... mein Nero ... wo bist du?
Weh mir ... er ist in Poppeas Armen ...«

Die Amme entfachte den Stolz der Kaiserin.

»Du allein bist die Kaiserin aller Völker.«

Die Zuschauer in den Logen sahen einander an: Wollte Busenello damit dem kaiserlichen Gesandten schmeicheln? Freilich ... wegen der Unruhen in Friaul hatte sich die Spannung zwischen Wien und der Serenissima erneut verschärft ... Ein gutes Wort konnte nicht schaden. Wer war dieser Seneca? In den Logen wurde leise geflüstert: Die Schönen wandten sich an die Männer, und die Cicisbeos mußten sich plötzlich einer Prüfung in klassischer Literatur unterziehen. Im Parkett war man verstimmt: Man sah im Gespräch mit Pallas Athene einen greisen Mann, aber es war Aufgabe der Regie, eine schöne und junge Pallas Athene auf die Bühne zu bringen, die ihr Gewand so trug, daß das Rampenlicht ihre bloßen Schenkel beleuchtete. So verharrten sie, bis Nero seinem greisen Lehrer seine Absicht bekundete.

»Seneca, mein Lehrer, ich habe beschlossen,
Ottavia zu verstoßen und
Poppea zu ehelichen.«

Seneca versuchte vorsichtig, in der Art eines weisen Ratgebers, seinen Herrn davon abzubringen.

»Herr, in der Tiefe süßester Empfindungen verbirgt sich
schlummernd in unserer Seele oft schon der Keim der Reue . . .«

Der verliebte Nero verwandelte sich in einem einzigen Augenblick in den Tyrann des Tacitus.

»Laßt diese Reden, ich will meinen eigenen Weg gehen!«

Seneca, dringlicher, machte noch Einwände.

»Reize das Volk und den Senat nicht, Herr!«

Der Tyrann kümmerte sich nicht um sein Volk und sein Reich . . . Hier brach aus Busenello die Staatsräson Machiavellis hervor, mit den Worten Senecas:

»Auf den Königen lastet keine Schuld, wenn sie diese begehen, um ihr Reich zu mehren: Hier vergibt sich die Sünde von selbst . . . aber wenn eine Weibsperson Macht über dich besitzt und dich in eine Verirrung zwingt: So ist das nicht die Schuld eines Königs . . . nicht die Schuld eines Halbgottes – es ist einfach plebejische Sünde.«

Nero läßt den Weisen nun seine Macht spüren, nennt ihn »dreister Philosoph« und weist ihn fort.
Das Publikum wußte, daß die Sache Senecas verloren war. Selbst die sanften barocken Wellen der Sinfonietta vermochten nicht, der Szene die harte, politische Schärfe zu nehmen: Busenello verkehrte in den königlichen Palästen, hatte die Geheimnisse der stummen Wände erlauscht, die Krise der Reiche in der auflodernden Flamme einer einzigen sinnlichen Leidenschaft. Die Zuschauer fühlten, das war kein Spiel

der Götter mehr, keine Mythologie, an die auch die Alten nicht mehr glaubten. Hier im Dialog zwischen Nero und Seneca tobten Stürme, die Länder erfaßten, eine solche Musik hatte noch niemand gehört, in der Menschen singend das Geheimnis ihrer Seele offenbarten, und dies wurde auch nicht mehr von der Stimme des Chores übertönt.
Busenello, der all das auf den Proben so oft gehört hatte, fühlte hier über dem gedrängten, erregten Zuschauerraum, im Geräusch des verhaltenen Atems leise aufsteigende Seufzer, spürt wie die Seele Venedigs bebte, wie in der einmaligen Erregung die Atmosphäre erglühte, als Poppea eintrat. Er dachte: Wenn das Drama Neros in Rom zur Aufführung gekommen wäre, wie der Geist des Tacitus es verlangte, dann hätte er folgende süße, von Sehnsucht durchglühte Worte niemals schreiben dürfen.
Der Schatten der Inquisition schwebte über den »guten Sitten«, und die Frau, um die Busenello die Leidenschaft Neros und Poppeas wie einen Schmuck legte, hätte niemals gehört, wie er nun mit der wunderbaren Musik Monteverdis ihre Liebe und ihre Schönheit besang.
Die Inquisitoren hätten nie das Zwiegespräch Neros und Poppeas geduldet:

»Oh, mein Geliebter, sag – gibt es etwas Süßeres als meine Lippen, die ich dir in der vergangenen Nacht schenkte?«
»Es ist der lieblichste und tödlichste Mund . . .«
»Und gefielen dir die Äpfel meines Busens?«
»Die wundervollsten Worte können ihn nicht beschreiben . . .«
»Und wie meine Arme dich umschlangen?«
»Oh, meine süße Göttin, könnte ich dich doch auch jetzt noch in den Armen halten. Poppea . . . sogar der Atem ist mir ausgegangen: Ich bewundere nur deine Lippen und will mit den Augen meine entflammte Seele zurückgewinnen, die ich mit dem Feuer meiner Küsse in dich verpflanzte.«

Busenello warf einen Blick in die Loge der Domherren: Die Patrone des San Marco waren gekommen, um ihren greisen Meister zu ehren. Alle fünf glattrasierten, bleichen Patriziergesichter neigten sich nach vorn. Keiner verließ seinen Sessel, in keinem Antlitz zeigte sich Entrüstung. Siehe, in Venedig hatte man keine Angst vor dem Heiligen Officium.
Das Drama entfaltete sich. Bis jetzt hatte man nur die gewaltige Einleitung vernommen, in deren Feuer die Charaktere aufblitzten. Nun wurden die Personen des Dramas langsam lebendig, begannen auf der Bühne zu leben. Das Schlangengift der Poppea besiegelte das Schicksal Senecas. Die Stimme Neros schmetterte:

»Soldaten, her zu mir! Einer von euch bringt in Windeseile Seneca meinen Befehl: Noch heute soll er sterben. Poppea, werde wieder fröhlich: Noch heute wirst du erleben, wozu die Liebe fähig ist!«

Der große Dialog Ottones und Poppeas bereitete sich vor. Busenello legte auch dem »germanischen« Fürsten einige Sätze über die venezianische Staatskunst in den Mund, und bis Poppea mit Ottone brach, keimte in der Seele des Mannes die tödliche Rache.
Drusilla, getrieben von ihrer leidenschaftlichen Liebe zu Ottone, wurde zum fügsamen Werkzeug des Mannes, der ihr Liebe vortäuschte. Drusilla argwöhnte nur in einem matten Satz:
». . . Wie . . . in einem einzigen Augenblick wurde dein Verlangen geboren?«
Ottone blickte hinauf ins Licht und sah Drusilla nicht an, als er sagte:
»Amor ist ein Feuer, das sich an einem Funken entzündet . . .«
Und als das Mädchen wegsah, sprach er bereits zum Publikum gewandt:
»Drusillas Name auf meinen Lippen und Poppea . . . ach, Poppea, in der Tiefe meines Herzens . . .«
Busenello dachte, als er den Tod Senecas beschrieb, wohl an den letzten Abend des Sokrates, so wie er es bei seinem geliebten Platon gelesen hatte . . . oder ihm fiel vielleicht die letzte Stunde des Petronius ein, als der »Arbiter« mit dem Centurio Nachricht sandte – an denselben Nero, dessen Urteil jetzt der Philosoph empfing? Freunde und Schüler umgaben den Greis. Und Seneca nimmt Abschied:

»Geh, geh hin, Prätorianer, und sage Nero, daß sich der Abend noch nicht geneigt haben wird, wenn ich schon in meinem Grabe ruhe. Seht, Freunde, die Stunde ist also gekommen, in der ich die Tugend üben muß, die ich euch gepriesen habe. Der Schmerz des Todes währt nur einen Atemzug. Ein Seufzer, der Gast in meinem Herzen war, entschlüpft – er war ein Fremder und verläßt nun das gastliche Haus und begibt sich auf den Weg zum Olymp, wo das Glück ewig währt.«

Der dumpfe Chor der Schüler: »Ich will nicht sterben, Seneca, ich will nicht sterben! Stirb auch du nicht, Seneca!« Und gleich darauf die Stimme des Philosophen:

»Bereitet, Freunde, mein Bad: Wenn das Leben wie ein dahinfließender Strom ist, soll sich mein unschuldiges Blut in dieses laue Wasser ergießen und den Pfad meines Todes purpurn säumen . . .«

Die Spannung der großen Tragödie wurde plötzlich von dem lieblichen, verspielten Duett des Pagen und des Hoffräuleins abgelöst. Die Musik, die den Baß Senecas ungeschliffen und schmucklos im dramatischen Rhythmus vorangetragen hatte, wurde nun anmutig, von Fiorituren geschmückt, der spielerische Zauber der Koloratur konnte sich entfalten. All dies dauerte nur einige Minuten, eine echt Tassosche Episode, und schon lebte der Zuschauer erneut im Angelpunkt des Dramas, hörte wie Nero bereits den Tod seines einstigen Lehrers feierte:

> »Jetzt, da Seneca nicht mehr lebt, wollen wir singen ...
> singen, Lucanus, Liebeslieder zum Lobe der, deren Bild mir Amor mit eigener Hand ins Herz gemeißelt hat ...«

Wer war dieser Nero? Schlummerte das Ungeheuer, hatte die Begierde seinen Verstand geraubt und ihm verstohlen das Herz eines Madrigalsängers eingepflanzt?

> »Meine süße Göttin, Poppea, ich möchte dich würdig preisen, aber all meine Worte sind nur schnell erlöschende Funken im Vergleich zu den Strahlen deiner Sonne. Dein süßer Mund ist ein wundervoller Rubin, aber die Liebe meines Herzens ist fester als ein Diamant, und so haben deine Schönheit und mein Herz – als zwei prächtige Schmuckstücke die kunstvolle Werkstatt Amors verlassen.«

Nun entfaltete sich die Intrige – entsprechend den Gesetzen des Dramas – in ihrer ganzen Breite. Ottavia ermunterte den grübelnden Ottone, der bei sich den Tod Poppeas schon beschlossen hatte, aber noch nicht wußte, wie er ihn an der Geliebten des Kaisers vollstrecken sollte. Ottavias Rolle war eine Altpartie. Sie wurde von einer der besten Sängerinnen Venedigs gestaltet. Die tiefe, umfassende Kraft ihrer Stimme, die Vollkommenheit ihrer Diktion, das Recht der gekränkten Dame verschafften ihr auf der Stelle Zuneigung. Die Patrizierinnen hielten sie, vom Anfang bis zum Schluß, für die rechtmäßige Frau des Kaisers und nicht die leichtfertige Poppea. Und daß sie Ottone zum Mord anstiftete? Es war ihr gutes Recht, wendete sie sich doch mit den Worten an den »Barbaren«:

> »Wenn du dich noch all dessen entsinnst, was meine Ahnen für dich getan haben, wie sie dich mit Ruhm überhäuften – jetzt hast du Gelegenheit, das zu vergelten, jetzt, da ich dich um Hilfe bitte.«

Alles, was Ottone nun in seiner Liebe ringend durchlebte, wurde jetzt von einem unheimlich heftigen Dialog wie von einem Wirbelwind auf-

gerollt. Nur der Name Poppeas war aus diesen ineinandergreifenden Sätzen herauszuhören, die ohne Schnörkel waren: Die Rache eines Mannes und einer Frau bahnten sich einen gemeinsamen Weg.
Für den Barbarenfürsten waren die Worte der geheiligten Person der Kaiserin auch jetzt noch, da sie verstoßen war, ein Befehl. Ottavia spürte das. Während Ottone in einem Monolog mit sich selbst rang, fiel die Imperatrix mit den Worten über ihn her:

> »Was murmelst du da? Meine kaiserliche Verachtung wird dich treffen, wenn du nicht ausführst, was ich dir befehle. Du wirst mit deinem Kopf für dein Zaudern bezahlen.«

Beide wußten: Sie waren Verschworene, und dennoch gewann Ottavia die Oberhand, und offen blieb nur noch, die Einzelheiten des Mordanschlages zu besprechen.

> »Gewähr mir, hohe Frau, nur soviel Zeit, daß meine Hand stark und sicher sei ... Nein, ein einziger Augenblick genügt nicht, die streichelnde Hand des Geliebten in ein Werkzeug des Mörders zu verwandeln, der sich Poppea nähert.«

Ottavia hatte gesiegt. Ottone begab sich auf ihren Rat zu Drusilla, um sich deren Gewand als Verkleidung geben zu lassen. Sie lebte in der Welt ihrer Träume, wartete auf den Geliebten, dessen Worte so freundlich klangen, daß die Zuschauer voller Erregung lauerten: Welche Absicht der Verschwörer in Wirklichkeit verfolgte. »*Dich habe ich gesucht*«, rief der Mann. Und wie ein Echo kam die Antwort:

> »Hier bin ich ... zu deiner Freude und zu deiner Lust ...«

Er bat um ihr Gewand, verriet aber nicht, was er damit vorhatte. Das Mädchen sagte nur:

> »Dein ist mein Gewand, dein ist mein Blut ...«

Poppea war eingeschlummert. Die Amme summte noch ihr Schlaflied, und nachdem Seneca nun tot war, hoffte Poppea auf die Erfüllung ihrer Träume. Sie versank in Schlaf, die Amme huschte hinaus und statt ihrer trat Amor ein (soviel Ehre gebührte der Überlieferung des Deus ex machina), der die schlafende Liebende vor dem auf sie lauernden Schicksal bewahrte.

> »... Schlaf, schlaf nur, Poppea, du irdische Göttin ... Amor, der die Sonne und die Sterne am Himmel lenkt, wird dich vor dem Stahl der Verräter schützen ...«

Der Monolog Ottones war dramatisch und selbstanklagend, als er sich im Gewand Drusillas näherte und den Dolch aus dem Gürtel zog.

> »Ja, ich bin verkleidet . . . aber Ottone hat sich nicht in Drusilla verwandelt, er ist nur eine menschliche Schlange, deren tödliches Gift die Welt noch nicht kennt . . . Doch was muß ich sehen, ich Unglückseliger? Du schläfst! Meine süße, teure Geliebte? Du hast die Augen geschlossen, um sie nie mehr zu öffnen . . .?«

Der Liebesgott weckte Poppea, und die aufschreckende Frau sah nur eine Gestalt in Drusillas Gewand und die gegen ihr Herz gerichtete Klinge, während Ottone entfloh. Ihr Schrei durchdrang die Stille des Palastes, die Amme jagte die Liktoren Drusilla hinterher.
Drusillas idyllischer Monolog wurde von dem wilden Lärm der ankommenden Bewaffneten unterbrochen: Die rauhen Worte des Liktors: »Schweig, du bist so gut wie tot«, rissen sie aus ihrer Träumerei, und schon schleppte man sie vor den nach Rache dürstenden Nero. Die Spannung steigerte sich: Im Wortgefecht zwischen Nero und Drusilla schwebte alle Romantik der Schauderdramen mit. Der Kaiser wollte wissen, wer das Mädchen dazu angestiftet hatte, die Waffe gegen Poppea zu erheben.

> »Peitsche, Rad, glühendes Eisen und Stricke: Ehe mein Zorn dir die schrecklichsten Qualen zumißt, fordere ich den gemeinen Anstifter auf, sich zu seiner dunklen Tat zu bekennen.«

Plötzlich begriff Drusilla, warum Ottone sie um ihre Kleider gebeten hatte. Die Liebe läuterte sie, sie wehrte sich mit keinem Wort, und der liebliche Sopran erklang mit der Kraft der Märtyrer:

> »Herr, ich allein bin schuldig – ich wollte die unschuldige Poppea töten.«

Mit einemmal bekam Nero sein von Tacitus geprägtes Profil wieder.

> »Schafft diese Frau auf den Richtplatz! Henker, ich befehle, strecke ihre Qualen ins Unendliche und vervielfache ihre Leiden, bis der Tod kommt. Bediene dich aller deiner Kunst, um ihre Pein zu vertausendfachen.«

Drusilla erwiderte in der Ekstase der Totgeweihten.

> »Mein Geliebter, mein alles, wenn du nur eine vom Herzen kommende, heiße Träne auf mein Grab wirst fallen lassen,

> und sei es aus Mitleid und nicht aus Liebe, so bin ich glücklich und trete als deine wahre Geliebte vor den blinden Henker, um mit meinem Blute deine Sünden zu sühnen.«

Während der nach dem Anblick ihrer Qualen dürstende Nero die Henker zur Eile antrieb, trat Ottone vor, und es begann ein edler Wettstreit zwischen ihm und dem Mädchen: Beide bezichtigten sich des Mordanschlages an Poppea. Der Mann wendete sich an Nero, der ihm das Weib abspenstig gemacht hatte.

> »Gib mir, Herr, den Tod mit eigener Hand. Und wenn du mich dessen nicht würdigst, wenn du mich am Leben lassen willst, werde ich dir bis ans Ende meiner Tage dankbar sein, wenn du mich quälen willst, gebe ich dir die Peitsche in die Hand; und ist es dein Wunsch, so stoße mich zwischen Bären und Löwen, damit ich zwischen ihren Zähnen und Krallen für meine Sünde büße.«

Das Drama, dessen Titel nicht »Nero«, sondern »Die Krönung der Poppea« hieß, und das die Zuschauer nach der aufgepeitschten Erregung in sichtliche Freude sehenswerter Hoffeste versetzen sollte, verlangte nun, daß Nero wieder das Gesicht änderte und sich in der Maske des »guten Fürsten« vernehmen ließ. So begnadigte er Ottone, zugleich aber verbannte er ihn in die entlegenste Provinz, weit weg von Rom. Und Drusilla, die sich wieder in eine Edeldame verwandelt hatte, war wieder frei.
In diesem Augenblick hatten alle ihr Ziel erreicht: Drusilla war bereit, Ottones Schicksal für immer zu teilen, und während Ottone sich für die Gunst des Cäsars bedankte, verkündete Nero bereits mit lauter Stimme: Er werde sich von Ottavia trennen; das nächste Schiff möge die ehemalige Kaiserin in die Verbannung bringen.
Nun folgte das Duett Poppeas und Neros. So erfuhr Poppea, daß nicht Drusilla, sondern Ottone der Attentäter war. Aber sie hörte nur noch die Liebeswerbungen Neros, und da Ottavia es gewesen war, die Ottone angestiftet hatte, geschah ihr Recht, wenn der Kaiser sie verstieß. Somit öffnete sich der Weg Poppeas zu dem ersehnten Thron.
Im Dialog offenbarte sich ungeschminkt die gierige, zutiefst menschliche Natur Poppeas. In dem schnell ablaufenden Rezitativ untermalte das finstere Motiv »*in parola regal* – bei deinem königlichen Wort?« den Ehrgeiz Poppeas.
Die Szene wechselte. Der Abschied Ottavias von Rom war ein herzzerreißendes Lamento, das es mit der einstigen Klage Ariannas aufnehmen konnte. Sein Ruf war ihm bereits vorausgeeilt. Die Gondolieri auf den Gratisplätzen lauschten auf Zehenspitzen stehend, das war die

wirklich große Szene. Der Abschied der Kaiserin erhielt in den Schattierungen des Alt einen edlen Anstrich.

> »Leb wohl, Rom, und lebt wohl, meine Heimat und meine Freunde! Schuldlos muß ich von euch gehen, weinend werde ich meine Tage verbringen. Schon hat das Schiff die Segel gesetzt, ich fahre hinaus aufs wilde Meer. Der Wind, in dem mein Seufzer untergeht, trägt die Worte meines Herzens zu diesen geliebten Mauern, küßt die Steine meines Heimes, und ich bleibe allein. Eine Träne oder eine Geste, das ist alles, was ich euch schicken kann ... Ach, schrecklicher Schmerz, der du mir nicht einmal erlaubst, Tränen zu vergießen, wenn ich Abschied von euch nehme, von euch, meine Lieben, und von dir, mein Rom.«

Nachdem Ottavia die Bühne verließ, traten die zur Hochzeit rüstenden Nero und Poppea ein. Die Szene spiegelte allen Glanz der Lichter Venedigs: Bengalisches Feuer lief die Rampe entlang. Hohlspiegel strahlten den Schein versteckter Kerzen aus, und nach dem lyrischen Liebesduett folgte die Huldigung der Konsuln und Tribunen. Poppea erhielt nun den Titel *Augusta*, die Erhabene, und sie hoffte, ihre Zukunft für immer mit der Kaiserkrone zu verbinden. Hier fiel in den lauten Jubel nicht die Stimme des unheilverkündenden Chors mit ein, die einst die Hochzeitsfreuden des »Orfeo« gestört hatte.
Auf der Bühne standen sie jetzt zu zweit – die Verliebten. Im gedämpften Licht umarmten sie einander in einem unvergeßlichen, von der Kraft des Verlangens durchdrungenen Duett:

> »Dich bewundere ich, du bist meine Freude, dich schließe ich für immer in die Arme, mir gehört dein Atem, mein Leben. Ich bin dein und du bist mein, mein einziges süßes Idol. Sprich aus: Liebst du mich, betest du mich an, mein Herz? Solange ich dich betrachte, solange ich dich bewundere, dich an mich drücke, spüre ich kein Leid, keinen Schmerz. Du bist mein alles, du, meine Liebe.«

Der Vorhang fiel. Busenello neigte sich zu Giustiniana: »Was hat Euer Gefallen besonders erregt?«
»Es gab keinen Satz, kein Detail, die in ihrer Wirkung durch die Musik nicht vervielfältigt wurden. Dieses Stück gleicht nichts, was ich bis jetzt gehört habe, mein Freund! Die Harmonie wechselt die Farbe, hebt die melodischen Themen hervor ... Er kennt den Wert der Rhythmen genau ...«
Giustiniana war nicht allein. In diesem Augenblick lebte Venedig in ihrer Loge: Was hier gesprochen wurde, würde noch am heutigen Abend

auch die Dogaressa erfahren. Giustiniana lächelte, öffnete ihren Fächer, er dämpfte ihre Stimme.
»Busenello, das Seltsamste für mich war die Amme. In ihrem Lied gab es etwas Ungewohntes, etwas Fremdartiges. Und doch empfand ich es nicht fremd. Einst hatte ich zwei Mädchen von einer fernen Insel, die sangen so ähnlich. Was war das, Busenello?«
»Während der Proben bemerkte der Maestro gelegentlich, daß eine Erinnerung in ihm aufsteige. Als er jung war, belagerte Vincenzo eine Festung an der Donau, da war auch Messer Claudio mit seinen Musikern zugegen. Der Wind trug die Lieder der Türken aus der Burg zu ihnen herüber. Anfangs wollte er die Amme in das Gewand einer Ungläubigen kleiden, aber das hätte die Handlung gestört. Denn Arnalta läßt sich in dem Stück von guter Absicht leiten. In den Augen der Venezianer aber können Ungläubige immer nur Böses bedeuten.«
Busenello ging selbst, den Meister zu holen. Er saß in einem Lehnstuhl, umgeben von seinen Musikern. Er war sehr bleich. Seine Stimme klang nicht heftig, er wies auf keine versteckten Fehler, rügte nicht. Er schwieg. Der erste Geiger flüsterte dem Besucher zu, er habe Tränen in den Augen Meister Claudios gesehen. Marinoni stand neben ihm. Gleich einem dumpfen, nicht endenden Brausen drang der Beifallssturm des Publikums in den Raum der Musiker. Es wich nicht, wollte die Darsteller noch einmal sehen; am liebsten ließe es die Schlußszene wiederholen. Die Gondolieri, die bis zum Ende der Vorstellung irgendwie und irgendwo immer einen Platz ergatterten, übernahmen, sobald sie das Theater verließen, gleich die gewaltige Arie *»per te miro . . . per te godo . . . per te stringo«*. Schon schmückten sie sie mit Melismen aus, und morgen würde sie auf dem Canal Grande erklingen.
Die Grimanis erwarteten den Meister unten in der Gondel. Auch Busenello erhielt seinen Anteil an der Ehrung. Der Kreis der Patrizier: Die Mocenigo, Grimaldi, Giustiniani, Busenello – alle in Samt und Seide – bildeten am Ufer des Kanals ein buntes Spalier und umgaben den gebeugten, graubärtigen Cremonenser Meister, in dessen Augen Tränen glänzten. Die Menge durchbrach die Absperrung der Aufseher. Das Bild war unvergeßlich, auf einen Wink Grimanis schaffte man Fackeln herbei, und in dem aufflammenden Licht stand der greise Meister Aug in Aug mit dem Volk Venedigs. Die in der ersten Reihe standen, waren betroffen, jemand ließ leise die Worte fallen: »Divino Claudio.« Der Meister war kein Magier, er ging näher zu ihnen, die ihn erreichten, drückten ihm die Hand, manche küßten sie, war er doch auch ein Priester. Leise fragte er: »Hat's euch gefallen?«
Als wäre er teilhaftig an einem Wunder, stand er mitten unter ihnen, umringt an dem milden Novemberabend, die Nacht war lang . . . man hatte Zeit, Monteverdi zu feiern. Fühlte er sich müde? Giustiniana berührte seine Schulter: »Verabschiedet Euch, Maestro, Ihr braucht jetzt

etwas Ruhe. Die Gondel wartet.« Die Lichter wurden weniger, zwischen einem Spalier von Fackeln schritten die Aufbrechenden zu der festlich geschmückten Gondel. Auch Claudio Monteverdi stieg ein, blickte zurück zum Theater, winkte noch einmal und lächelte.
Als er in das Kissen sank, war er ein müder alter Mann, vor dem Palazzo Giustiniani aber schien sich wieder die geheimnisvolle Metamorphose in ihm zu vollziehen: Als sie ausstiegen, war der Meister wieder ein *Mann*, trotz seiner fünfundsiebzig Jahre schritt er aufrecht und fest, stützte sich kaum auf seinen Stock, lächelte, erwiderte eine höfische Verneigung mit einer höfischen Verneigung. Der wesentlich jüngere, von der Gicht geplagte Mocenigo bewunderte voller Neid seinen jugendlichen Gang.
Sie traten auf den Balkon des Palastes. Die Theaterbesucher hatten von den Gondolieri erfahren, wohin sie den Maestro brachten. Während auf dem großen, überdachten Balkon die Lichter aufleuchteten, begann eine in den Farben Veroneses erstrahlende Szene, wie sie sich in Venedig allabendlich von Balkon zu Balkon abspielte, und die ihre eigenen Gesetze hatte – verfolgt von den sehnsüchtigen, unehrerbietigen, aber verständnisvollen Blicken der Passanten. Das Wichtigste war die Harmonie der Farben. Die Teppiche, das Tafelzeug, Kristall, Wein und die Gewänder der Gäste mußten im Fackelschein zu einem strahlenden, aufeinander abgestimmten Ganzen reifen, aus dem Hintergrund sollte leise Musik erklingen, die mit dem Klang der anstoßenden Kristallgläser verschmolz.
Der Magier neigte sich über das Geländer. Die dunkle Linie war bereits das Wasser, die Jubelnden unten seine Anhänger . . . Claudio! . . . Claudio! . . . Die Menge duzte ihn, wie es dem göttlichen Meister zustand. Er lächelte, winkte . . . breitete die Arme aus. Giustiniana, als würde sie ein altüberliefertes, geheimnisvolles Zeremoniell ausüben, schenkte ein, zerlegte den Pfau und trank dem Maestro zu. Erinnerungen an »Tankred« umgaben sie. Die Teilnehmer des einstigen Festes suchten einander.
Busenello bat den Maestro leise, ihn eine Minute sprechen zu dürfen. Sie gingen einige Schritte über weiche orientalische Teppiche und saßen dann im kleinen Kabinett. Der Patrizier zog unter seinem Mantel einen Beutel hervor.
»Maestro, ich habe mit den Grimanis abgerechnet, mit Eurer gütigen Erlaubnis die Geldangelegenheit, die Sache eines Kaufmanns ist, auf mich genommen. Zweihundertfünfzig Dukaten für die Spielzeit . . . Sollte es auch während des Karnevals aufgeführt werden, bezahlt man das gesondert. War ich Euch ein treuer Verwalter, Messer Claudio?«
Wie schwer dieser kleine Beutel war! Hätte er ihn bekommen, damals, als er noch . . . der Augenblick war nicht geeignet, in Erinnerungen zu versinken. Er neigte das Haupt, Busenello ergriff beide Hände Claudios.

»Maestro ... die Trons waren schon wieder bei mir. Sie machen sich an mich heran: Ich soll mit Euch sprechen ... Tron meint, Tacitus und die alten Autoren seien unerschöpflich. Maestro, Ihr streut Eure Gaben reichlicher aus als je zuvor, und das Volk Venedigs drängt sich, wenn es die Musik Monteverdis zu hören bekommt.«
»Jetzt ruhe ich aus!«
Dann lachte Monteverdi und sagte leise:
»Ihr seid wohl neugierig, was ich als alter Mann mit dem Geld anfange? In diesem Augenblick habe ich mich entschieden. Ich werde verreisen, werde noch einmal Cremona besuchen, wo ich geboren wurde und Mantua, wo ich glücklich war. Ich danke Euch, daß Ihr mir dazu verholfen habt.«
Er stand auf, wirkte so würdevoll, daß Giustiniana strahlenden Auges sagte: »Seht, wie jung er ist ... noch ein richtiger Mann.« Er setzte sich zu den Gästen: Es bildete sich ein Kreis um ihn. Die Lichter der Balkonkerzen flackerten über seinem Haupt und bildeten gleichsam einen riesigen Glorienschein.
»Welches war Eure schönste Rappresentazione, Meister?«
Er lachte, merkte die Absicht: Man wollte den schweigsamen Mann zum Reden bringen, wartete, daß die Erinnerungen in ihm lebendig wurden. Die Lichter der Nacht brannten herunter, die Stunden verstrichen, Monteverdi aber war in Gedanken im einstigen Mantua.

35

Die Reise in der Kutsche war lang und beschwerlich. Niemand erwartete ihn, er hatte niemanden von seiner Ankunft unterrichtet. Ein alter Mann soll sich erst dann seiner Ankunft freuen, wenn er sein Reiseziel erreicht hat. Er begab sich in das Haus. Das Erbe Cattaneos war noch immer nicht, wie er gebeten hatte, auf Massimiliano überschrieben. Es war am Nachmittag, als er anklopfte. Das Haus war still. Der Diener des Arztes glaubte, ein Kranker sei gekommen, betrachtete forschend den greisen Herrn, dessen Wagen vor dem Haus stand. Monteverdi sah sich um und wie einer, der den Weg kennt, ging er durch die Gartentür zum inneren Eingang, strich mit der Hand über den Stamm eines Baumes, schaute nach rechts und links, schüttelte den Kopf: Siehe da, den alten Apfelbaum haben sie gefällt und an seine Stelle nur einen Zierstrauch gepflanzt ... Dem Garten sah man an, daß er nicht so gepflegt wurde wie zur Zeit der armen Claudia. »Warum jätet ihr nicht, das Unkraut überwuchert alles!« rief er dem Burschen heftig zu, der hierauf den Vater des Arztes erkannte, an den sich in Mantua nur noch wenige erinnerten und der im Ruf eines Magiers stand. »Such deinen Herrn! Ist er bei einem Kranken?« Der Bursche erwiderte grin-

send: »Eher in der Schenke, Herr!« Der greise Mann schüttelte den Kopf. Er ging durch das Haus, aus dem Musikzimmer war ein Wartezimmer für die Kranken geworden, in der Ecke im einstigen Schlafzimmer Claudias stand das Skelett des Doktors Baldassare; und in den Regalen alte, liebgewonnene, an zu Hause erinnernde Mischgefäße, Salbenbehälter und Retorten. Das Bild hatte sich kaum verändert. Aber Massimiliano kümmerte sich wohl nicht viel um sein Zuhause.
Claudio betrat das einstige Zimmer Cattaneos. Es stand halb leer, diente wohl eher als Rumpelkammer. Von hier ging es in den kleinen Raum, in dem die arme Caterina gewohnt hatte. An der Tür – ein seltsames Zeichen – ein Totenkopf. Die gekreuzten Gebeine darunter waren sogar rot ausgemalt. Er kannte das komplizierte Schloß der Tür und ließ es aufspringen.
Er schrak zurück. Die Leidenschaft der Schwarzen Magie hatte also Massimiliano gepackt? Hat ihm der Kerker der Inquisition nicht gereicht? Mußte er dem Pater Inquisitor denn nicht geloben, mit der teuflischen Alchimie zu brechen und nie wieder den Geist des Trismegistos heraufzubeschwören? War es nicht genug, das Buch der Magie zu lesen, das allein genügt hätte, um ihn zu einer jahrelangen Kerkerstrafe zu verurteilen? Auf den Regalen des Zimmers die wohlbekannten Geräte der Alchimistenküche, die kostbareren, feineren Instrumente des Sprechzimmers, die kleinen Kessel waren also genau wie die Feuerstelle und der Blasebalg hierher gewandert. Und ein großer Stoß von Pergamenten, alte kabbalistische Schriften. Massimiliano hat den Ernst des Lebens nicht begriffen!
Und der Vater beugte sich über die Aufzeichnung. Er verstand sich darauf: Ginge es nach seinem Herzen, würde er sich hinsetzen, sich in die geheime Kunst vertiefen, gemeinsam mit seinem Sohn nach den sich auf Zaubersprüche hin aus den Dämpfen zischend lösenden geheimen Kräften forschen: Das Geheimnis des Goldes, den magischen Stein der Weisen suchen ... Der Bursche klopfte: Der Padrone komme schon. Er hörte die Schritte seines Sohnes auf dem Steinpflaster. Er musterte ihn: Massimiliano war auch nicht mehr jung. Dreiundvierzig Jahre alt. Als er so alt gewesen war, erschien sein »Orfeo« im Druck.
Vater und Sohn sahen einander an. Der Sohn des Arztes musterte den Arzt. Jeder versuchte, in den Zügen des anderen die tieferen und dennoch auffälligen Zeichen des Körpers und der Seele zu erforschen. Massimiliano hatte, man merkte es, getrunken, und nun spannte er seine ganze verbliebene Willenskraft an, damit der Vater sein körperliches Gebrechen nicht gewahren sollte. Claudio richtete sich auf. Jetzt war er der Alte, der Arzt sollte nicht gewahren, daß sein Rücken gekrümmt war, daß er mit einem Auge kaum noch sah, daß sich sein Gehör verschlechterte und daß ihn die Reise sehr ermüdet hatte. Sie begaben sich ins Wohnzimmer. Das einsame Mahl der beiden Männer begann.

Die Reggia ... Seit dem schrecklichen *Sacco* war mehr als ein Jahrzehnt vergangen, und Mantua hatte es noch immer nicht überwunden. Es gab noch viele ausgebrannte Häuser, tote Ruinen. Die Verwandten prozessierten um den Bauplatz: Es war niemand da, der gebaut hätte. Die Grundstücke waren billig, die Gärten ungepflegt. Das Land war kleiner geworden, Mantua hatte Montferrato verloren, und der Herzog aus der französischen Linie der Gonzaga war auch heute noch ein Fremder: Er sprach die hiesigen Dialekt nicht und ahmte mit überwiegend gallischen Höflingen ein ärmliches Versailles nach.
Der Herzog empfing ihn. Monteverdi zu empfangen war nun eine Ehre für einen Fürsten. Als der greise Meister durch die Zimmer schritt, schnürte sich sein Herz zusammen. Die Spiegel in der Galleria degli Specchi waren gesprungen, durch das Feuer blind geworden ... die Gobelins fehlten, die Wände waren nackt, weißgetüncht. Die Teppiche, wenn es welche gab, waren ausgefranst, keine Bilder waren da. Wo war die glänzende Galerie Vincenzos geblieben? Er betrat die Gemächer der Zwerge, wo ihm seinerzeit stets lauter, aber auch freundlicher Lärm der Mißgestalten in die Ohren drang. Schweigen ... Der Herzog von Nevers liebte keine Späße ... Wie es schien, wurden in der Lombardei keine Zwerge, keine verwachsenen, verspielten Buckligen mehr geboren. Auch der offenherzige, von seinen derben Späßen bekannte Hofnarr war verschwunden, und wohin der Besucher ging, überall standen Leibwächter und Musketiere in abgetragenen Uniformen herum, eine öde, traurige Stimmung machte sich über der Residenz breit, aus der Vincenzos strahlender, pulsierender, sich an den Künsten erfreuender Geist für ewig verschwunden schien.
Sie unterhielten sich wie zwei weise Männer über die Angelegenheiten dieser Welt. »Wir wollten Euch schon so oft bitten, Maestro, auch für Uns eine Favola zu komponieren ... Daheim«, er stutzte ein wenig auf sein unwillkürliches Versprechen hin, »zu Hause in Frankreich werden, wie ich höre, in großer Anzahl neue, musikalische Komödien aufgeführt. Wir möchten ... Aber seht Ihr, als erstes müßte man die Ruinen aufräumen ...«
»Ist denn das Grabmal für Caterina Martinelli errichtet worden, dessen Inschrift noch der selige Herzog Vincenzo verfaßt hat?«
Nevers neigte das Haupt, begann von etwas anderem zu sprechen.
»Ich weiß, Maestro, Ihr habt Ansprüche an die mantuanische Staatskasse. Die Leibrente ... sie bleibt unangetastet. Und sie beschränkt sich nicht auf Eure Person; sie vererbt sich vom Vater auf den Sohn ... Der Herr möge Euch ein hohes Alter schenken ... und der Doktor wird sie erben. Es ist nur ...«
»Hoheit, die Rente wird schon seit Jahren nicht mehr gezahlt ...«
»Ich weiß, was Ihr sagen wollt, Maestro: Die Ehre Mantuas steht auf dem Spiel. Ihr sollt sie bekommen. Die ganze Summe ... für jeden Fall

aber drei Monate, und künftig wird die Staatskasse monatlich bezahlen ... Was ausgeblieben ist, Monsieur Monteverdi ...«
Er machte eine resignierende Handbewegung und starrte auf die leeren Wände.
Der Herzog spielte mit einer Miniatur. Ihre schäbige, blaue Samthülle schmückte das Gonzagawappen. Die Schließe war abgebrochen, das Elfenbein an einer Stelle gesprungen. Vielleicht hatte sie während der Feuersbrunst in einem eisernen Schrank gelegen, wodurch sie erhalten, nicht verglüht war, die Spuren der Verheerung trug sie aber für immer an sich. Claudio erkannte sie – Meister Pourbus hatte sie von Vincenzo gemalt, als die Gäste nach der großen Feierlichkeit schon abgereist, Adriana jedoch noch nicht eingetroffen war. Nun, auch Messer Pourbus hatte die Reggia verlassen und war nach Paris gegangen. Vielleicht zwanzig Jahre, daß auch er tot war. Der Herzog betrachtete mit starrem Blick das kleine Porträt, auf dem der schmeichelnde Pinsel des Malers den legendären Fürsten Mantuas noch im Vollbesitz seiner Mannesschönheit dargestellt hatte. Er war der große Vorgänger ...
»Ich bin ihm im Leben nur zweimal begegnet. Einmal als er in Flandern war, und das zweite Mal, als ich in seinem Auftrag nach Rom reiste, weil er mit Unterstützung von Papst Pius, der die Habsburger haßte, gern in den Besitz der Kaiserkrone gelangen wollte ... Das war damals ein Geheimnis, ein großes Geheimnis ... Doch heute, Maestro, unter uns beiden ... Ihr habt ihn besser gekannt: Ist er in allem so ehrgeizig gewesen? Wußte er nicht, welchen Platz Mantua beanspruchen konnte?«
Claudio betrachtete das Bild Vincenzos, bis die Züge ganz verblaßten, die gemalten Umrisse zu flimmern begannen. Er wischte sich die Augen und sprach ganz leise. Der Herzog beugte sich nach vorn, damit ihm kein einziges Wort entging.
»Vincenzo, Hoheit, war ein Künstler. Wie ich, mit Verlaub, oder der selige Messer Tasso ... oder wie Pourbus oder Guarini oder Rinuccini. Wie Rubens! Wäre er nicht hier in der Reggia geboren und hätte ihn sein Vater nicht zum Regieren erziehen lassen, wie mich meiner ein Handwerk lernen ließ, dann wäre er vielleicht ein Dichter geworden oder er hätte Madrigale geschrieben wie der Gobbo, mit Verlaub, aber es mag auch sein, daß er zum Pinsel gegriffen hätte. Messer Rubens hat ihn dazu sogar ermuntert, ich kann mich noch entsinnen, als er mit Kohle an die Wand zeichnete, nachdem er von einer Jagd zurückgekehrt war. Es ist lange her ... So ist er Herzog geworden, und wie er allen Musen gleichzeitig dienen wollte, so versuchte er auch, alle Mächtigen dieser Erde zu überflügeln, den Kaiser, den Papst, die Medici. Aber nicht so, Hoheit, wie die Turiner, die nur die Waffen im Kopf haben. Euer Hoheit haben vielleicht davon gehört, was sich Anno Domini 1608 hier in der Reggia abspielte? Der Herzog hat solche Feierlichkeiten mehr geschätzt als Feldzüge und Eroberungen, mehr

als alle Provinzen, durch die der Tod zog. Hoheit, in jedem Dramma per musica, das wir in unserer Unzulänglichkeit aufführten, sah er eine gewonnene Schlacht. Wie stolz war er, wie glücklich, wenn eine Aufführung gut gelang. Aber er merkte auch jeden Fehler. Ich entsinne mich, wir probten ›Orfeo‹, die arme Caterinuccia, nach deren Grabstätte ich Euer Hoheit fragte, sang ihre Partie, und da unterlief ihr ein Fehler, ihre Augen öffneten sich weit, als wäre sie vor etwas erschrokken. Ich bangte, daß sich bei der Premiere ähnliches ereignen konnte, aber es ging alles gut, und Vincenzo, Seine Hoheit, war so glücklich . . . ihretwegen.«

»Habt Ihr ihn so geliebt?«

»Als ich in seinem Dienste stand, nicht immer, Hoheit. Ich bin alt, und will, um mit der Schrift zu sprechen, meine Zunge hüten, daß sie nichts Böses redet. Er hat mich verletzt, kümmerte sich nicht um mich, hat mich übergangen. Meine Jugend verging so, daß ich zusehen mußte, wie Seine Hoheit das Geld mit beiden Händen ausgab, beim Würfeln, beim Kartenspiel, für Frauen und Pferde. Wir aber mußten wegen eines halben Dukaten bei Chieppio katzbuckeln. Wenn man jung ist, eine junge Frau und Kinder hat, wenn man am Hofe lebt und wegen seines schäbigen Samtrockes nicht immer beschämt im Hintergrund stehen möchte, wie sollte das nicht schmerzen . . . Und als meine Frau starb, da verlangte er von mir, Hoheit, daß ich zum Geburtstag der Sanseverina, die so unglücklich endete, ein Madrigal komponierte. Auch mußte ich drei Vorgänger abwarten, bis er die Güte hatte, mich zum Kapellmeister zu ernennen. Und dann die Geschichte mit Caterinuccia . . . Aber das ist schon das Geschwätz eines alten Mannes, verzeiht es mir, Hoheit . . .«

»Und wenn all dem so war, weshalb habt Ihr ihn da geliebt? Versteht, auch ich bin Herrscher – in einem ärmeren Mantua. Ich möchte das Geheimnis Vincenzos ergründen.«

»Wie ich schon sagte, Hoheit . . . mein seliger Gebieter war ein Künstler. Er liebte es, wenn man ihn für einen Dilettanten hielt. Häufig erwähnte er das Beispiel des Maecenas. Und was wäre, Hoheit, ohne Vincenzo Gonzaga aus uns geworden? Was wäre aus mir geworden?«

»Ihr seid heute der größte Komponist Italiens. Ihr wollt doch wohl nicht sagen, daß Ihr das ihm zu verdanken habt, Monteverdi. Das wäre eine Schmeichelei aus Eurem Munde. Soviel Ehre steht meinem Hause nicht zu . . .«

Monteverdi strich sich über den Bart, und als er den Kopf zur Seite wandte, fiel es auch dem Herzog auf, wie sehr er dem alten Michelangelo auf dessen Bildnis ähnelte. Er trank einen Schluck Wein, ein Lächeln der Erinnerung überzog das schöne, reine Greisengesicht.

»Mein erster Meister, der in Gott verschiedene Messer Ingegneri, hat mich dazu erzogen, ein getreuer Diener unserer Kirche zu sein, und die weltlichen Lieder, die Blüten der Madrigale, sollten nur wie seltene

Feiertage sein, die sich im Karneval der Jugend jeder Komponist erlauben darf. Ich habe in der Welt des Domes und in der Welt des Hofes gelebt. Solange ich nur den Titel Violaspieler des herzoglichen Orchesters trug, komponierte ich, wenn ich Lust dazu verspürte, wie es die meisten guten Musiker tun, Hoheit. Hätte mich damals mein guter Herr nicht angespornt, wäre ich wohl bei den frommen Motetten geblieben, hätte vielleicht eine Messe geschrieben, die vom Chor einmal aufgeführt worden wäre. Und ich hätte Madrigale komponiert zur eigenen und zur Freude meiner Freunde. Aber beließ es Vincenzo dabei? Ich bangte schon vor ihm: Wenn er mich sah, rief er mich aus der Reihe, und er beschämte mich, wenn ich ihm kein neues Opus brachte. Und glaubt mir, Hoheit, als wir um die Jahrhundertwende in Florenz waren und uns dort ›Eurydike‹ der Herren Peri und Rinuccini ansahen, spürte ich seinen Tadel: Warum nicht wir, warum nicht ich diese Partitur geschrieben hatte? Warum am Hofe der Medici? Die Wahrheit ist, Hoheit, daß ich schwer arbeite. Ich mußte mich auch damals abquälen. Ein Dramma per musica? Drei Akte ... ein Prolog ... fünf Akte, Chöre, Sänger, Orchester, Proben. Wer wäre vor so viel nicht zurückgeschreckt? Und mein guter Herr kam und beehrte mein Heim mit seinem Besuch. Er kam zu mir, und das war eine Auszeichnung, genau wie damals, als er Rubens in seiner Werkstatt besuchte. Da konnte ich nicht einfach aufhören. Ich konnte nicht zu ihm sagen: *Non sum dignus* ... ich bin müde, und Seine Exzellenz Chieppio hat mich schon dreimal vertröstet ... verspricht mir die ausstehenden Bezüge nur, und Claudia weint, weil die Kinder nichts anzuziehen haben ... Hoheit, ich habe oft in der Heiligen Schrift gelesen. Da ist von ›lodernden Feuer‹ die Rede. So war Herr Vincenzo. Wir hätten niemals die Kraft gehabt, so Gewaltiges zu schaffen, wäre er nicht gekommen und hätte er nicht mit seinen unvergeßlichen Worten, vielleicht zwischen zwei Abenteuern oder zwei Jagden gesagt: Bis zum Karneval muß es fertig sein! Und er setzte sich zu mir auf die Bank der Musiker und sah mich an. Ich wußte, was er wollte. Noch einen Chor ... noch ein Ballett. Ich kannte ihn schon ... Als ich den ›Ballo delle ingrate‹ komponierte, Hoheit, war es mir, als lebte ich gar nicht auf dieser Erde ... Die arme Claudia war vor ein paar Monaten von mir gegangen ... und das Mädchen ... sein Zimmer blieb auch leer, und dann diese grausamen Frauen ... Ihr wißt ja, Hoheit, Rinuccini wollte ein solches Satyrspiel ... und es ging nicht. Wenn ich die Stimme der Unterwelt zum Erklingen brachte, dachte ich an meine Lieben ... Als ich die Stelle komponierte, wo sie wieder auf die Erde kommen, noch einmal hierher, in die Reggia: Woran hätte ich sonst denken können, als daran, daß ich sie noch einmal sehen durfte? Hoheit, dieser Ball endet damit, daß eine ... eine einzige auf der Bühne zurückbleibt, die Plutos Befehl nicht befolgt und nicht zurückkehren will. Diese eine. Wer ist diese eine? Und was war das für Musik, Hoheit? Wenn Ihr die Güte habt, es

Euch im achten Band der Madrigale anzusehen, den ich die Ehre hatte, auch Euer Hoheit zu schicken . . . Satyrmusik? Heitere Musik? Nie habe ich Bittereres geschrieben! Und ich weiß, am Hofe schreckten alle davor zurück. Selbst Rinuccini hat gesagt: Es sei nicht das, was er sich vorgestellt habe. Herr Vincenzo aber beteiligte sich selbst am Ball, führte den Tanz an und erwies dem Stück damit die höchste Ehre. Kann man all das vergessen, Hoheit?«
»Und ist die Erinnerung nicht verblaßt, seit Ihr in Venedig lebt?«
»Seit ich der Serenissima diene, diene ich dem San Marco, habe in vielen Jahren nur dann und wann ein Madrigal zur eitlen Freude dieser Welt komponiert, ein kurzes Opus zu einem Text von Messer Tasso, auch das *senza gesto*. Dazu einige Favolas, aber auch an denen hatte ich nicht viel Freude. Auch nicht an ›Licori‹, das hier hätte aufgeführt werden müssen, bevor . . . Erst seit in Venedig ein Theater nach dem anderen erbaut wird, lassen sie mir altem Mann keine Ruhe mehr. ›Ulysses‹ . . . ›Nero‹ . . . ›Poppea‹. Diese ›Poppea‹ war vielleicht als einzige etwas anderes, sie hat mir sehr viel Freude gemacht. Bei der Premiere habe ich oft an Herrn Vincenzo gedacht. Das hätte auch ihm gefallen. Er wäre stolz darauf gewesen . . . nein, Hoheit, ohne ihn hätte ich nie eine Favola geschrieben. Fromme Motetten . . . ein Agnus, ein Gloria, Vespern . . . und Madrigale. Hätte er nicht darauf bestanden, wäre auf dieser Bühne in der Reggia hier nicht das erste Dramma per musica geboren worden. Als der Herzog starb, glaubte ich selbst, daß nie und nirgends mehr eine solche musikalische Komödie aufgeführt werden würde. Und doch sind sie jetzt in der Stadt des Heiligen Markus wieder auferstanden . . . auch die ›Arianna‹, nach so vielen Jahren.«
»Von ihm nehmt Ihr hier Abschied, nicht wahr, Monteverdi? Wollt Ihr zur Erinnerung diese kleine Miniatur behalten? Für uns bleibt glücklicherweise unbeschädigt das Porträt von Rubens in der Trinità.«
Er schritt durch die Corte Vecchia. Der Park war ungepflegt, die Sträucher nicht zurechtgeschnitten, die – wie man erzählte – noch die große Markgräfin Isabella hatte pflanzen lassen. Das aus Holz gebaute Theater war bei der Feuersbrunst von 1630 niedergebrannt: Nur einige verkohlte Balken waren übriggeblieben, herausgefallene Eisenteile, Metallgewichte am Rande der Versenkung, aus der einst der Deus ex machina aufstieg; aus dem Palast schaffte man die Abfälle hierher, füllte die Stelle allmählich auf, und es blieb nichts übrig, nur einige Steinplatten, ein viereckiger Hof mit Schlacke, vanitatum vanitas! Hier soll die Romanina gesungen haben? Nur bei den Proben? Und Florinda . . . und auch Adriana? Alle waren sie tot. Er lehnte sich an einen steinernen Pfeiler, mit dem der Präfekt Viani einen hölzernen Sims gestützt hatte: Der rußgeschwärzte Stein zeigte die Spuren des Feuers. Was war von dem Werk Antonio Maria Vianis übriggeblieben, was überlebte den Baumeister? Auch in der Sala degli Arcieri war die Stuckdecke heruntergebrochen, der Stolz dieses Saales. Der Saal des

Labyrinths aber war durch einen Zufall unversehrt geblieben. *Forse che si, forse che no,* las er den alten rätselhaften Wahlspruch Vincenzos: Vielleicht ja, vielleicht nein! Du selbst bist das Labyrinth gewesen, mein Herzog!
Der massige, blutfarbene Castello hatte dem Ansturm der Elemente erfolgreicher getrotzt als die zarte, leichter gebaute Reggia. Es blieb ihm nicht viel Zeit umherzugehen, der Leibgardist, den ihm der neue Palastmeister als Begleiter beigegeben hatte, stieß mit dem Lanzenschaft auf, er wurde ungeduldig. In der Camera degli Sposi blieb der Besucher stehen. Hierher war wohl Aldringen nicht gekommen, sonst hätte er sicherlich die Meisterwerke Mantegnas von den Wänden kratzen lassen. Wie oft hatte er sie gesehen ... Einmal stand er mit Peter Paul Rubens vor ihnen. Das war ein unvergeßlicher Augenblick. Der flämische Meister streckte die Hand aus, zielte genau auf die im Hintergrund bescheiden versteckte Figur Mantegnas. »Das war sicher er! Nur ein Maler kann sich so darstellen. Mit dem großen Bild in der Trinità wollte ich mich mit Andrea messen. Aber sooft ich hierher komme, Messer Claudio, habe ich das Gefühl, daß ich der Unterlegene bin!«
Er ging die Räume entlang, kam an der Kapelle an: Auch sie war die Idee Vianis, den viele Vianini nannten, fast seiner eigenen Hände Arbeit. Sie war unversehrt geblieben. Von da begab er sich in die Camerata delle Fiamme hinüber. Ein Schritt nur ... und wieder überkamen ihn Erinnerungen. Eine kleine Passage, ganz im Schatten, man nannte sie Camerino Oscuro – wohl deshalb, weil Tasso lange, monatelang hier gewohnt hatte? Er war dem Lärm der Reggia entflohen, hatte sich das finsterste, unfreundlichste Zimmer ausgesucht, sich eingeschlossen, und manchmal ließ er nicht einmal die Speisenträger bei sich eintreten. Woran arbeitete Tasso, nachdem er das »Gerusalemme« beendet hatte? Monteverdi glaubte Stimmen zu hören. Wenn man die Reggia nochmals für eine Stunde, für eine Minute zurückbringen könnte ... Tasso, Claudia, Viani, Rubens ... Vor kurzem hatte er in Venedig erfahren, daß der flämische Meister Anno Domini 1640 in Antwerpen verstorben war. Seit den Proben der »Arianna« hatte er ihn nie wieder gesehen. Alles Schall und Rauch. Wenn Adriana noch am Leben wäre, würde er einen Wagen mieten, hinausfahren und sie besuchen. Niemand wußte in Mantua zu sagen, wo die »Neapolitanerin« beigesetzt war.
Der Abend neigte sich. Als er noch hier lebte, verdichtete sich gewöhnlich zu dieser Stunde der aus den Sümpfen aufsteigende Dunst, und dann zog der Schmerz in seine Schläfen ein. Er wartete fast auf dieses Pulsieren in den Adern, diesen seltsamen dumpfen Druck, der jeden Lärm der Umwelt übertönte, wie auf einen einstigen Freund ... Und wie oft war in diesen Pausen des Schmerzes doch Musik geboren worden.
Um diese Zeit – vor dem Abendessen – zog Leben in die Reggia ein.

Die Ordnung lockerte sich, Dienerinnen und Wachposten tändelten miteinander ... Und dieses eine, wie sie miteinander spielten, scherzten, sich neckten, dieses Schauspiel war ewig. Wer kümmerte sich jetzt um den alten Mann, der sich auf einer Steinbank niederließ? Er war der Gast Seiner Hoheit, hatte keinerlei Wünsche. Der Wachposten sagte zu seinem Gefährten: »Er kommt aus dem Ausland, hat einst hier gelebt. Jeder Weg ist ihm vertraut.«
Da erklang ein Saiteninstrument. Erst rätselte er, ob es eine Laute war oder eine kleine Harfe, doch dann schwoll der Klang an: Eine neuartige Gitarre! Er richtete sich auf, die Melodie war ihm bekannt, wenngleich der Spieler sie stark ausschmückte ... Er schloß die Augen. Ein kräftiger, heller Tenor erklang.

»Wellen plätschern leise,
Wie Seufzer rauscht das Laub,
Morgenwind zerzaust den Strauch.«

Und in der Stimme lebte die morgendliche Natur auf, die Bäche sangen ihr Lied, Vogelgezwitscher antwortete darauf und am Rande des Horizontes erhob sich die Sonne.
Er stand auf, ging ein Stück, suchte mit seinen schwachen Augen den Mann. Es war ein junger Palastdiener, mit dem Gonzaga-Wappen auf der Brust. Er stellte sich hinter ihn.
»Wo hast du das *Ecco mormorar l'onde* gelernt, mein Sohn?«
»Das ist lange her ... mein Vater spielte es gern ...«
»Bringst du den Text weiter?«
»Den kennen nur die Alten ... Ich weiß gar nicht warum, plötzlich, ganz zufällig ist mir das eingefallen. Hab ich Euch damit gestört, Herr?«
Er schenkte dem Palastdiener einen halben Dukaten: Dieser folgte dem Fremden mit den Blicken, als hätte er ein Wunder geschaut. Der Alte öffnete eine geheime Tapetentür und schon war er in der Galleria dei Fiumi. Der Diener starrte ihm betroffen hinterher, hielt die Goldmünze in der Hand: War es doch kein Gespenst?
Im Carmine wußte nur noch ein alter Mönch davon, daß man zu Lebzeiten Herrn Vincenzos hier ein Mädchen begraben hatte, das in der Welt einen großen Ruf genoß und das früh verstorben war. Sein Grabmal wurde nie errichtet, und heute, nach so vielen Jahren, wer wüßte da noch zu sagen, wohin man seinen Leichnam gebettet hatte.
Während er auf die Postkutsche wartete, saß er im ehemaligen Zimmer Caterinas und unterhielt sich mit Massimiliano über Alchimie. Das Gesicht des Arztes wirkte müde, war unruhig, die Schwefeldämpfe hatten seine Augen angegriffen. Sie waren blutunterlaufen. Der einzige Monteverdi, der nicht zu musizieren verstand, der, wie er sagte, sogar schon die Noten vergessen hatte. Behutsam entfachte er mit dem Blase-

balg das Feuer in dem kleinen Ofen, auf dem Elixiere brodelten. Er war vorsichtig: Sollte sich jemand vom Magistrat oder ein Beauftragter der Inquisition für seine Experimente interessieren, dann bereitete er nur Balsam, Salben und Kräutertee. In den Nächten aber ...
Der Vater gab dem Sohn Geld und übertrug ihm seine Rente. Damit hatte er wenigstens nichts mehr zu schaffen: Massimiliano mochte sehen, wie er mit dem Herzog zurechtkam.
Die Kutsche bog nach Westen. Er kannte den Weg: Noch sah man den Turm, noch schimmerte das metallene Dach der Reggia herüber, wenn die Sonne darauf schien. Noch ein einziges Mal sah er das alles, dann war Mantua seinen Augen entschwunden. Während die Pferde auf dem herbstlichen Weg dahintrabten, erglänzten alle Stoppelfelder, alle Wiesen, alle Bergzüge und Wälder in einem zweifachen Licht. Von den Ufern der Erinnerung schlugen Wellen zu ihm herüber: Er sah plötzlich Claudia, wie sie lächelte, ihm zuwinkte, alles sei in Ordnung, in ihr Tuch hüstelte ... Dann wieder schaute Francesco zum Fenster des Wagens hinaus, seinem fröhlichen, kleinen Gesicht sah man nicht an, daß sie heimatlos geworden waren, aus Mantua vertrieben.
Der Wagen fuhr nach dem Westen, und wie er sich Cremona näherte, so verstärkte sich das Gefühl, daß dies sein Zuhause war: die Heimat. Die Spanier schienen sanftmütiger geworden zu sein, diesmal ging die Abfertigung beim Zoll schneller als vor zwanzig, dreißig, vierzig Jahren, aber in Wirklichkeit hatte sich nichts verändert. Die Nutznießer aus dem Lande der Philipps saßen wie Blutegel am Leib der Lombardei.
Wer kannte ihn noch in Cremona: Beklommenen Herzens ging er zu dem alten Haus, in dem vielleicht eine seiner jüngeren Schwestern als Großmutter zusammen mit ihren Kindern und Enkeln lebte. Das erste, worauf sein Blick fiel, war die Porta dei morti. Seitdem kein Arzt mehr im Hause wohnte, konnte sie ruhig geöffnet bleiben, schmal und dunkel wie an den anderen Häusern Cremonas. Solange Baldassare lebte, hatte er das nicht erlaubt ...
Schon am ersten Abend erfuhr man in der Stadt durch die Dienerschaft und den Postillion, daß Claudio angekommen war. Lucia, die kleine Schwester von einst, hörte, während sie das Abendbrot zubereitete, in der schnell hereinbrechenden Dunkelheit des Herbstabends einen ungewohnten Lärm von der Straße her. Plötzlich erklang vor dem Haus eine Serenade der Studenten. Claudio trat auf den Balkon hinaus (er erwog, ob die Spanier es nicht als Ordnungsstörung empfinden würden?), lehnte sich gegen den Steinsims und beobachtete mit dem Auge des Künstlers den Chorleiter und die Sänger. Es waren mindestens zwei Dutzend, schön verteilt nach Stimmen. Sie intonierten sicher und rein. Lächelnd blickten sie zum Meister hinauf, der regungslos dastand, bis ihm die Tränen in die Augen schossen. Ja ... ihm kam es vor, als wollte der Chorleiter Rechenschaft darüber geben, daß man

hier all seine Werke kannte. Aus dem zweiten Band der Madrigale sangen sie nicht die bekanntesten ... das *Ecco mormorar* und das *Non si levava alba*, sondern griffen die virtuosesten Gesangsstücke heraus: *Quell' ombra esser vorrei*, dann folgte aus dem dritten Band das fünfstimmige *Rimanti in pace* ... Ja, sie wählten aus jedem Band ein oder zwei Stücke aus ... *Non più guerra*, wie das dröhnte! Welch geheimen Sinn mochte in Cremona heute dieses Madrigal haben? Und plötzlich gab der Leiter ein Zeichen. Unter den Mänteln kamen Instrumente zum Vorschein: Nun war auch ein Orchester da; auf neun Instrumenten erklang die Sinfonia *Questi vaghi concetti*.

Während sie sangen, war ihm, als würde in der Reihenfolge der Madrigale sein Leben an ihm vorüberziehen. Heute, da die jungen Musiker schon offen vom »Tod des Madrigals« sprachen, empfand er, wie schwer der Weg gewesen war, wie schwer er sich von dem alten Stil hatte lösen können. Die Metamorphose hatte sich nicht schnell vollzogen ... Siehe, selbst im fünften Band wurde den Traditionen noch Ehre gezollt ... Und erst danach, im sechsten Band löste sich die bisherige Form auf, hier kamen auch Arien vor, hier erschien zum erstenmal die Klage der Arianna. (Wie gut, daß die Sänger da unten nicht diese sangen!) Hier gab es bereits Gesangsduette mit Musikbegleitung: *Qui rise tirsi*, hierzu benötigte man schon ein Orchester. Das *Una donna fra altre* hatte er für fünf Stimmen geschrieben mit Clavicembalobegleitung und mit Basso continuo ... Das siebente Buch schienen die Jungen nicht zu kennen: Das ließen sie aus ... Plötzlich erklang ein schöner, kräftiger Bariton, der die tiefe Stimme Plutos zu treffen suchte: *Aprite le tenebrose porte*! Der »Ball« ... oh, wie lange hatte er die Stimme Plutos nicht mehr gehört ... Alles Erinnerungen an vergrabene Stunden; als er so dastand, legte ihm Lucia einen Mantel um die Schultern, damit er nicht fror: den hatte noch der Vater getragen, wenn er seine Patienten besuchte ... Er stand da. Der Leiter schaute hinauf: Fünf junge Männer traten vor. Claudio lächelte, gab das Zeichen zum Einsatz: *Dolcissimo usignolo* ... Dieses liebliche Madrigal im französischen Stil. Er hatte es schon in Venedig geschrieben, den Text hatte er von einem jungen französischen Adligen bekommen, der auf den Namen René hörte. Die Jungen hatten auch gut gesungen, als ihr Studiengefährte sie dirigierte, aber jetzt, als sie den Blick auf den niedrigen Balkon richteten, war etwas Berauschendes in dem Fluidum, das der greise Meister ausstrahlte. Und ringsherum erwachte das sich früh zur Ruhe begebende, stille Cremona. Die Kunde verbreitete sich schnell, anfangs kamen nur die ruhelosen Alten, die der Nachricht keinen Glauben schenken wollten: War es möglich, daß Claudio noch immer am Leben war? Und wie sie sich da versammelten, wurde die Straße des Doktors zu eng, und das stille Haus, an dessen Stirnseite im Schein der Fackeln das Zeichen des Äskulap geheimnisvoll leuchtete, mutete an, als schlüge darin das Herz der Stadt.

Lucia bat die jungen Leute zu einem Glas Wein herein. Das war die schönste Stunde, als sie den Meister jetzt umringten, ihn in die Arme schlossen. Lange schon hatte er keinen so freundlichen, so anheimelnden Abend erlebt. Er war zu Hause. Einer nannte seinen Namen: Mit seinem Großvater hatte Claudio einst griechische Texte geübt, die Erinnerung an ein Mädchen stieg in ihm auf, das vor fünfzig Jahren verschieden war ... Ja, von den Ufern der Kindheit in dieser Stadt hallten all die Namen wider. Den jungen Männern schenkte man auch von dem schweren venezianischen Wein ein, den der Meister mitgebracht hatte. Lucia wollte sie heimschicken, aber der Meister ließ sie nicht gehen, ging in sein früheres Zimmer, öffnete den Deckel des alten Clavicembalos. Wie lange war es her, daß er kein anderes Instrument mehr gespielt hatte als die Orgel? Seine Finger glitten über die Tasten ... Die Jungen merkten, daß der Meister improvisierte. Er lächelte.
Die »Animosi«, die Mitglieder dieser Gelehrtengesellschaft, baten ihn, den nächsten Sonntag ihnen zu widmen: Er sollte zur Messe die Orgel spielen, einen Chor dirigieren, und am Nachmittag ihr Gast sein.
Er war müde. Am liebsten wäre er vor dieser ihm von allen Seiten zuströmenden lästigen Liebe geflohen. In der Canonica war die alte Dienerin der einzige Mensch, mit dem er manchmal sprach. Hier traten jede Minute neue Gesichter, Erinnerungen auf ... Wenn's nach ihnen ginge, würden sie ihm nicht einmal soviel Zeit lassen, die Gräber zu besuchen.
Hat Claudia wirklich gelebt? Seit sechsunddreißig Jahren war sie tot. Woran erinnerte er sich nach so langer Zeit? Hörte er ihre Stimme? War das Feuer ihrer Augen in ihm noch lebendig? Und der Vater, schritt er noch neben ihm, im langen Mantel, mit seinen nüchternen, ein wenig philosophierenden Worten, hier auf dem Friedhof hinter der Kirche?
Nicht alles auf einmal ... Er bat die Animosi zu warten, bis er sich ausgeruht, ein wenig zu Kräften gekommen sei, nach so viel Aufregungen. »Ich bin nicht mehr jung«, wiederholte er, während man ihn mit aller Gewalt in Häuser schleppte und ihn auf die Orgelbank setzte. Man behandelte ihn, als brenne ganz Cremona lichterloh, nur um Monteverdi hören zu können.
Am Nachmittag kamen der Notar und der Anwalt. Die Wunden alter Erbschaftsfragen rissen auf, Erbrecht der weiblichen Linie, Erbteil der Männer, Vorbehalte, Testamente und Vermächtnisse. Nur in Lucias Augen las er die geheime Frage nicht, wem das Vermögen Claudios zufallen werde, wenn er die Augen für immer schloß. Denn Massimiliano war auch schon ein bejahrter Mann und kinderlos. Wie könnte die Sippe in den Besitz der Mantuaner Erbrente gelangen? Das Abendessen verlief schweigsam, das scheinbar friedliche Haus war vom Erbschaftsfieber gepackt.
Er stand früh am Morgen auf. Wenn die Cremonenser etwas Neues

wollten, was noch niemals erklungen war, so sei es. Er hatte die »Messe für vier Stimmen« mitgebracht, einen dicken Band, dessen Drucklegung der gute Freund Alessandro Vincenti übernommen hatte, der beste Musikverleger in Venedig. Das Werk selbst war noch nirgends aufgeführt worden, und es schickte sich, daß es zum erstenmal in seiner Heimatstadt erklang. Aber hier waren die Musiker und Sänger nicht mehr an jene harte, schwere Arbeit gewöhnt, die vor allem die Prima prattica, der archaische Stil erforderte. Selbst in Cremona war die Kirchenmusik gelockerter, konzertierender geworden.
Der Knabenchor hatte sich allmählich versammelt, als der Maestro in der Kirche eintraf. Hübsche, klare, liebenswürdige Knabengesichter. Einzeln traten sie vor den Meister hin, anständig gekämmt, in sauberen Gewändern. Er fragte jeden nach dem Namen: Es waren die Enkel, manchmal schon die Urenkel von einstigen Freunden, Schulgefährten, Kameraden, mit denen er einst im Chor gesungen hatte. »Es wartet harte Arbeit auf euch«, sagte er lächelnd, und auf dieses Lächeln hin umringten sie ihn, vergebens winkte ihnen der Chorleiter zu, sie umarmten den »Zio Claudio«. »Ich habe schon in Venedig an einen Knabenchor gedacht, nun bin ich froh, daß ich die Messe mit euch einstudieren kann« ... Der gebrechliche Körper lebte auf, als würden frische Energien in diesem hageren Leib geboren. Schon stand er an der Orgel, intonierte ... Die Cremonenser Knaben hatten schöne Stimmen und, er hatte das Gefühl, auch ein ausgezeichnetes Gehör; als hätten alle Bewohner dieser Stadt der Instrumentenbauer schon in der Wiege einen geheimen Bund mit der göttlichen Harmonie geschlossen ... Wie schön waren diese flüchtigen Stunden! Wie die Knabenstimmen im Eifer der Begeisterung klangen, und dieser Zauber sich auf die anderen Sänger übertrug: Das war keine Probe mehr, vielmehr schon ein wundervolles Konzert. Da vernahm er unten in der Kirche Geräusche. Er schaute hinunter. Aus dem Halbdunkel des Domes tauchten dichte Menschenreihen auf. Die Stimmen klangen: *Suscipe deprecationem.* Ihm war, als füllten sie den gewaltigen Raum des dreigeteilten Domes bis in den letzten Winkel. Gut so! Die Knaben warteten auf ein Lächeln der Zufriedenheit in seinem Gesicht. Jetzt konnten sie verschnaufen ... Das *Amen* des Männerchores mußte folgen ... hier, wie beim *Eleison,* lockerte sich die strenge, schmucklose, fast düstere Wirkung: Wenn die Spannung ihren Höhepunkt erreichte, löste sie sich in Harmonien auf, die im völligen Widerspruch zu der strengen Grundkomposition zu stehen schienen.
Habt ihr das gewollt? Mag sein, daß sich die Stadt leichtere Musik erhofft hatte, ein Schäferspiel oder eine einaktige Favola. Der Meister aber beschenkte seine Stadt mit dieser gewichtigen, mühevollen, vierstimmigen Messe. Ganz Cremona drängte sich am Sonntag im Dom. Es war eine Stadtfeier: Weder der Kapitän der spanischen Besatzung noch der hiesige Resident des Statthalters in Mailand wußten davon.

Die alteingesessenen Familien hatten sich im voraus Plätze in der Sakristei gesichert, die Zunft der Instrumentenbauer – wie üblich – in der Cappella del Sacramento.
Der warme Spätsommer ging in den Herbst über, die Farben an diesem Sonntag waren überall lebhafter, Blumen über Blumen schmückten die Altäre. Wie farbenfroh ... wie wundervoll der Dom wirkte, wenn er vom Chor hinunterblickte. Im Glanz der aufflammenden Kerzen erschien ihm seine Kindheit.
Jeder Schritt war ein Bild, eine geheimnisvolle Reliquie: Woran hast du heute vor siebzig Jahren gedacht? Er beugte sich vor, der Chorleiter hielt ihn sanft am Arm fest, damit dem Maestro hoch da oben nicht schwindlig wurde.
Die Zünfte stellten eine Ehrenwache, und die Spanier gewahrten nur, daß an diesem Sonntag die anderen Kirchen fast leer blieben, alle wollten bei der Messe im Dom dabeisein.
Die größte Freude hatten die Kinder, für die meisten war es das erste große Chorerlebnis. Der greise Meister war nicht im geringsten streng, dirigierte mit einem Lächeln, schimpfte nicht, und wenn sie nichts zu tun hatten, setzten sie sich auf ein kleines Strohkissen zu seinen Füßen auf den Boden. Wer am nächsten zu ihm saß, auf dessen Haupt ruhte seine Hand.
»Die Messe für vier Stimmen«: Das war sein Abschied von Cremona. Die städtische Kutsche stand vor der zum Chor führenden kleinen Pforte: Heute Mittag war der Meister Gast des Magistrats. Er wirkte ungebrochen, war guter Laune: Im Rat entdeckte er zwei oder drei Alte, mit denen er zusammen Kind gewesen war.

Er dachte bei sich: Sein Vater war ein besserer Arzt gewesen als die Venezianer. Kam ein alter Mann zu ihm, hörte er sich seine Beschwerden an, als wäre dieser noch jung, stünde nicht schon mit einem Bein im Grab. Er hatte Verständnis für seine Klagen und wußte immer eine Salbe, ein Pulver oder ein Elixier zur Linderung der Schmerzen. Wenn der Patient im Gehen war, pflegte er lächelnd zu sagen: »Wichtig ist nicht, daß das Alter lange währt, es kommt vielmehr darauf an, daß es schmerzlos verläuft.« Daran dachte er, als er Mitte des Herbstes in die Canonica zurückkehrte und ins Bett sank, weil ihm das Rütteln der Postkutsche auf den holprigen lombardischen Straßen nicht bekommen war.
Sein Vater war ein besserer Arzt als die Venezianer gewesen, denn diese bedienten sich nur der Schröpfköpfe, deuteten Horoskope und verwirrten die Köpfe der Kranken mit geheimnisvollen Formeln. Sie zeichneten die himmlischen Konstellationen auf und wählten ihre Heilmethode nach dem Stand der Sterne. Nein, sein Vater, ein Schüler des Vesalius, stellte seine Rezepturen nicht nach den Zeichen des Zodiakus zusammen, sondern nach den Beschwerden des Kranken. Claudio stand gegen die Weisung seines Arztes auf und ging mit wankenden

Schritten zu dem aus Cremona mitgebrachten Schrank. Hier bewahrte er die alten Schätze aus der Welt Doktor Baldassares: In Beuteln Kräuter, in Tongefäßen, deren Deckel verstaubt waren, gab es hier Balsam und getrocknete Beeren, die die Schmerzen linderten und einen leichten und tiefen Schlaf spendeten.
Die Musiker gingen um die Canonica auf leisen Sohlen. Schon seit Monaten, schon während seiner Reise nach Cremona und Mantua, vertrat ihn Meister Rovetta. Er kam zwei- oder dreimal in der Woche und berichtete, was es Neues im Chor gab, bat um Rat, welche Messe am Sonntag gesungen werden sollte und mit welchen Stücken man die musikliebenden Kanoniker zu den Konzerten unterhalten sollte. Rovetta mußte, wenn er den Kranken verlassen hatte, bei den Prokuratoren einkehren und Meldung erstatten, in welchem Zustand er den Meister gefunden hatte: »Heute erschien er mir etwas lebhafter« oder »Heute nachmittag saß schon der Tod in seinen Augen.« Während der Doktor weitere Ärzte konsultierte und sich der Last bewußt wurde, weil die Serenissima auf seinen Bericht wartete, verfiel der Kranke immer mehr, fast ohne Schmerzen. Die Kraft wich allmählich aus seinem Körper, er wurde immer sanfter, nachdenklicher, wie einer, der spürt, daß seine Tage gezählt sind.
Venedig bereitete sich auf die Herbstspielzeit vor. San Cassiano, San Moisè und das Zanipolo hatten ihre Pforten bereits geöffnet: Die venezianischen Textdichter hausierten mit ihren Manuskripten auf der Piazza, Komponisten umschwärmten die Theater. Es war Vorkarneval, der mit seinen glitzernden Farben – nach dem kurzen Advent – in den richtigen Karneval mündete. Aber die Väter waren nicht so guter Dinge. Die Zehn, die Senatoren und die Prokuratoren trafen sich zu einem formlosen, stillen Gespräch: Ihre Worte klangen besorgt. Während schöne Frauen mit ihren Kavalieren in Gondeln maskiert ins Theater fuhren, erhielten die Alten Venedigs aus vertraulichen Meldungen ihrer Spione Nachricht, daß die große Abrechnung bevorstand. Zechinen waren bei der Hohen Pforte noch immer begehrt, und dafür verriet der Obertschaus genauso wie der Pascha aus dem Diwan, daß der Padischah, ehe er sich wieder gegen Wien wende, erst mit der Serenissima abrechnen wollte.
»Was wir jetzt brauchten, sind Kriegsmärsche und keine Schäferspiele!«
Drei greise Senatoren blickten bei der matten Novembersonne auf die sich belebende südliche Piazza. Mocenigo, Contarini und Morosini. Contarini meinte:
»Claudio wird nicht mehr komponieren!«

Giustiniana saß auf einem niedrigen Stuhl an seinem Bett. Sie mußte ungezwungen, lächelnd, mit ihm sprechen, als hätte sie oft ... immer hier gesessen. In der Sonne, die durchs Fenster hereinschien, glänzte das graumelierte Haar Giustinianas. Der Meister streckte die Rechte aus, die nur noch Haut und Knochen war, und ließ sie für eine Minute in der Hand der Frau ruhen. Den Augen fiel das Sprechen leichter als den Lippen.

»Habt Ihr einen Wunsch, Maestro?«

»In der Schublade ... dort ... ist ein Bild ... eine Skizze. Ein Mädchenkopf ... schon verblaßt, aber noch immer kann man die Farben des Pietro Paolo Rubens erkennen ... Bewahrt es, aber hängt es nicht zu den anderen Bildern im Palazzo Giustiniani ... Hebt es auf, wo es nicht viele sehen ...«

Er hustete, blickte auf und lächelte.

»Als Vincenzo seinen Seelenhirt fragte: Wie lange noch ...? Da hat man auch ihm gesagt: Diese Nacht wird die letzte sein. Ich stand an seinem Bett, wenn auch nicht unmittelbar daneben ... Aber ich hörte, wie er mit klaren Worten antwortete: Ich fühle den Rigor mortis schon. Ich war noch jung, Giustiniana, verstand nicht, was es war, wogegen er nicht ankämpfte ... Ein Mensch wie Vincenzo, der das Leben so geliebt hat: Schauderte er nicht ... wollte er dem kalten Hauch des Todes nicht entfliehen? Rigor mortis ... Rigor mortis ... Es sind nur Worte. In Wirklichkeit ist er wie ein schöner, sanfter Schlaf, der sich auf unsere Lider senkt. Nehmt das Bild mit und geht jetzt. Das ›Combattimento‹ war schön ... Wieviel Jahre ist das her?« Er lächelte, winkte ihr zu. Marinoni sollte kommen.

Ein alter priesterlicher Mann. Sie sahen einander an, nahmen Abschied.

»Was würdest du wählen, Claudio?«

Er überlegte. Er hörte die Klänge der Messen und Lobgesänge ... das Requiem, den Chor mit den Dankliedern ... Er lächelte.

»Das Beatus war mir lieb ... Ich komponierte es ... vor ein paar Jahren.«

»Das dem *Chiome d'oro* ähnelt?«

»Es fiel mir ein. Mein Gedächtnis ist nicht mehr vollkommen, Giovan'Battista ...«

»Wo möchtest du ...?«

»In der Frari gibt es eine stille Kapelle ... die Sant'Ambrogio ...«

Sie schwiegen. Sie vernahmen nur die einander antwortenden Schläge der Turmuhren und dann das Angelusläuten ... Wenn es verklang, begann auf der Piazza di San Marco das lärmerfüllte abendliche Leben der Stadt.

»Öffne das Fenster, Giovan'Battista. Ich möchte die Stimmen von der Piazza hören ...«

Wie seit einem halben Jahrtausend versammelten sich die Väter auch diesmal an einem Samstag. Die Alten des Senats hüllten sich in ihre Mäntel und warteten auf die Meldung des Sekretärs.

Morosini, der dieses Amt innehatte, war einer jener dreißig jungen Edelleute, die jedes Jahr durch das launische Los in den Großen Rat gewählt wurden, um zeitig den Beruf der Väter zu erlernen. Er hätte mit jenen beginnen müssen, die in der vergangenen Woche in das Leben Venedigs eintraten, als sie geboren und in ihre wappengeschmückte Wiege gelegt wurden, und dennoch griff er nach dem anderen Pergament, rollte es auf, und, als würde er lesen, sagte er mit leiser Stimme:

»Claudio Monteverdi ist tot.«

Sie saßen still da. In den größtenteils graubärtigen Gesichtern zeigte sich keine Regung. Keiner sagte ein Wort, der Sekretär durfte mit seinem Vorlesen erst fortfahren, wenn er dazu aufgefordert wurde. Contarini in der ersten Reihe ergriff das Wort:

»Hat der Meister einen Wunsch geäußert, wo er zur Ruhe gebettet sein möchte?«

Morosini, der junge Sekretär, verneigte sich.

»In der Frari . . . mit Verlaub Euer Exzellenz. Er nannte eine stille Kapelle, einige Stunden vor seinem Tod . . .«

Contarini erhob sich.

»Im Namen der Zehn: Die Serenissima läßt den Maestro im San Marco aufbahren und in der Frari beisetzen. Für das letzte Geleit sorgt die Republik. Die Sitzung des Senats ist für heute beendet.«

Die Senatoren Venedigs erhoben sich wie ein Mann. Der Hauptmann der Wache, der seine Befehle vom Prokurator des San Marco bekam, stieß mit seinem goldenen Stab dreimal auf. Die breiten Flügeltüren öffneten sich, und die Senatoren zogen hinaus. Am Todestag Claudio Monteverdis fällten die Väter keine andere Entscheidung.

Im San Marco stand die kostbar ausgestattete Bahre, der Staat gab hier jenem das letzte Geleit, der kein Sohn Venedigs war, kein edler Bürger, der aber als Fremder der Republik drei volle Jahrzehnte gedient hatte wie einer ihrer treuesten Söhne. Der Chorgesang drang hinaus auf den Platz, auf dem sich an diesem Novembertag eine riesige Menge versammelt hatte: All jene, die in der Kirche keinen Platz mehr bekommen hatten . . .

Nur wenige, jene, die einst in menschliche Nähe zu dem Meister gekommen waren, einige Patrizier, Gesandte fremder Länder und sieben aus dem Rat der Zehn waren in der Frari, als sich die Sänger und Musiker um Marinoni scharten. Aldegatti, der den Meister vor vielen Jahren auf der offenen Piazza angegriffen und am Bart gezerrt hatte, war mit verweinten Augen in der Kutte büßender Konfratres erschienen.

Der Blick Marinonis streifte die Anwesenden. Wie viele Jahre war er mit Claudio zusammen gewesen? Er lächelte: »Wir hatten uns schon aneinander gewöhnt, als er Anno Domini 1594 bei Esztergom die Vespera dirigierte . . .«

Nun war die Reihe am Chor. Entsprechend dem Wunsch des Meisters führte man das siebenstimmige Gloria auf. Darauf folgte das Salve Regina und schließlich das Beatus. Zur Tür der Sakristei traten mit einem leisen Psalm auf den Lippen zwölf Mönche herein: Jeder trug eine Kerze in der Hand, und sie entzündeten nacheinander die Lichter um den Katafalk. Wie sich ihre flinken Hände bewegten, so wurde es in der Kirche immer heller. Schließlich beleuchtete strahlendes Licht das lange Kirchenschiff. Die sich tagsüber im Halbdunkel verbergenden Grabmäler wurden durch die zu Hunderten aufleuchtenden kleinen Flammen von grellem Schein überzogen. Die Madonna auf der Assunta schien noch lieblicher zu lächeln; auch das Grabmal Tizians lag im Licht.
Der Chor sang. Alle Musiker und Sänger, die es in Venedig gab, sangen im Chor rings um den Katafalk. Nun kam die Reihe an das Beatus ... Nur Marinoni kannte das Geheimnis: In Wirklichkeit besang man jetzt die goldenen Locken ... *Chiome d'oro* ...